BOOM!

GUINNESS WORLD RECORDS 2018

▲ LE PLUS LONG VOL EN HOVERBOARD

Qui pourrait mieux introduire notre édition du *Guinness World Records* placée sous l'égide des super-héros qu'un vrai Surfeur d'argent ? Le 30 avril 2016, l'ancien champion de jet-ski Franky Zapata a parcouru 2 252,4 m sur un hoverboard, à Sausset-les-Pins (FR). Sa machine volante, *Flyboard Air*, est propulsée par un moteur à jet d'une capacité de quelque 745,7 kW. Franky a ainsi été emporté dans les airs à une distance 8 fois plus longue que celle du précédent record. Plus de records avec d'incroyables véhicules au chapitre « Transports », p. 200 et suivantes.

Sommaire

45 000 demandes de records étudiées • 3 000 records nouveaux ou mis à jour • 1 000 photographies • 60 prises de vues exclusives

L'édition de cette année compte 12 chapitres et un chapitre spécial consacré aux super-héros, plus des posters des records superlatifs à télécharger gratuitement. Ces chapitres couvrent de nombreux sujets, depuis les aventures sur les océans et sur les plus hauts sommets jusqu'aux blockbusters du cinéma et aux succès de la TV en streaming. Fascinant… Découvrez les spécimens les plus incroyables du monde animal… baleines majestueuses, adorables pandas… Les merveilles de la science et de la technologie ont aussi toute leur place, de même que les records établis dans les sports les plus divers au cours de l'année.

À la fin de chaque chapitre, des pages "En revue" vous présentent des records inclassables dans les pages thématiques habituelles. S'y ajoutent des infos de dernière minute.

100 %

À chaque fois qu'apparaît la mention 100 %, le record est représenté à taille réelle, que ce soit un coléoptère ou un poil d'oreille extra-long.

Les chapitres se distinguent par leur code couleur et chacun s'ouvre sur une photographie en double page emblématique d'un des records de la thématique.

Recordmania

Toute édition du GWR compte plus de 1 000 photos, dont nombre sont uniques et exclusives. Notre équipe en charge de l'iconographie a voyagé dans le monde pour prendre des photos des détenteurs de records les plus étonnants visuellement.

SUPER-HÉROS
À L'ÉCRAN

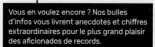

Page 88 commence notre chapitre de 16 pages consacrées aux super-héros, depuis les personnages originaux des comics jusqu'aux animations et séries télé, sans oublier les jeux vidéo et le cosplay.

Vous en voulez encore ? Nos bulles d'infos vous livrent anecdotes et chiffres extraordinaires pour le plus grand plaisir des aficionados de records.

Testez votre culture générale avec nos quiz. Vous avez la réponse ? Alors, mettez vos amis et votre famille à l'épreuve...

Nos tableaux ultra renseignés sont une mine d'infos. Vedettes des charts, fanas de sport, Monsieur ou Madame Muscles... Rien ne vous échappera !

Au top des charts

Monster Trucks

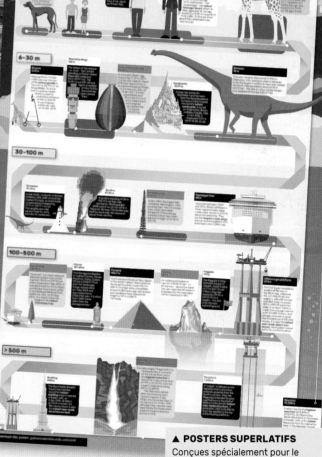

Les plus grands...

Rien de mieux que des infographies pour tout comprendre d'un seul coup d'œil.

Et n'oubliez pas de lire les petites infos dans les rubriques ovales : on y parle des détenteurs de records et des coulisses de leurs prouesses "officiellement incroyables".

▲ POSTERS SUPERLATIFS

Conçues spécialement pour le *GWR 2018*, nos doubles pages dédiées aux superlatifs mettent en lumière les records grâce aux infographies. Autant de coups de projecteur entre chaque chapitre sur un type de superlatifs : **les plus grands, les plus longs, les plus hauts, les plus lourds....**

Les records présents sur ces pages sont classés par ordre croissant (ou décroissant) afin de vous permettre de les comparer d'un seul coup d'œil. Qui est le plus rapide ? Usain Bolt ou un guépard ? Est-ce que **l'arbre de Noël le plus haut** dépasse **la femme la plus grande** ? Et quelle sera votre plus grande dépense ? **La guitare la plus chère** ou **le sandwich le plus cher** ?

Pour télécharger vos poster gratuitement, rendez-vous sur **guinnessworldrecords.com/2018**.

Le mot de l'éditeur

GWR a reçu 378 candidatures provenant de France, parmi lesquelles 88 sont devenues des records officiels. Voici certains des plus impressionnants – et des plus représentatifs culturellement !

Bienvenue dans cette édition superlative et super-héroïque. Chacun peut libérer le super-héros qui sommeille en lui et cette édition en apporte la preuve, riche de milliers d'histoires incroyables de héros du quotidien qui surmontent toutes les difficultés pour devenir les meilleurs.

Comme toujours, vous trouverez des milliers de records nouveaux et actualisés – en plus des exploits classiques tirés de nos archives – mais, cette année, nous vous proposons un angle encore plus passionnant. Pour cette édition, nous avons puisé notre inspiration dans le monde fantastique des super-héros... qu'ils évoluent dans la fiction ou la vie réelle. J'ai toujours considéré nos détenteurs de records comme des super-héros bien vivants. Avec des capacités accrues – force, endurance, intelligence, ténacité, détermination ou une combinaison des cinq –, ils sont sûrement, dans le monde réel, ce qui s'approche le plus de Superman, Wonder Woman ou Iron Man. Si nous devions réunir une équipe de super-héros, nous aurions l'embarras du choix ! D'ailleurs, vous trouverez ma suggestion : la Ligue des Superlatifs – une association de champions réels qui incarne

▲ LA PLUS GRANDE FÊTE DU CHOCOLAT CHAUD
La plus grande fête du chocolat chaud, organisée par Sanki Mayor (JP) et Chocolatier Bonnat (FR), à Mexico (MX), le 4 mars 2017, a réuni 2 106 participants. Les directives du record spécifiaient que les gourmets devaient déguster une tasse de chocolat chaud et être présents 30 min minimum – pas trop difficile quand on sait que le chocolatier primé, Stéphane Bonnat, était en cuisine pour s'assurer d'un résultat parfait !

▼ LE PLUS LONG FRAISIER
Le comité d'organisation de la Fête de la fraise a concocté le plus long fraisier, à Beaulieu-sur-Dordogne, le 14 mai 2017. Il atteignait 32,24 m. Cinquante-cinq sections préparées par 5 chefs pâtissiers professionnels ont été associées pour former un unique gâteau. Pour ce délice aux fruits, les pâtissiers ont utilisé environ 200 kg de fraises, 110 génoises, 150 kg de crème et 60 l de chantilly.

À l'heure du thé, le fraisier de 32,24 m de long, coupé en plus de 1 500 parts, a été servi aux participants de la Fête de la fraise, à Beaulieu-sur-Dordogne.

▲ LA PLUS LONGUE ROUTE SOLAIRE

Le 22 décembre 2016, la France a ouvert un tronçon de 1 km de route à Tourouvre-au-Perche, en Normandie, pavé de 2 880 panneaux photovoltaïques. D'un coût d'environ 5 millions d'euros, il verra circuler près de 2 000 véhicules par jour. Expérimenté pendant deux ans, il devrait pouvoir alimenter l'éclairage public de Tourouvre-au-Perche.

la planète. La majorité des prétendants ne trouveront pas leur nom dans cet ouvrage – nos procédures de certification rigoureuses expliquent pourquoi seul un faible pourcentage, environ 5 %, parvient à se frayer un chemin jusqu'au succès. Si nous n'avons pas accédé à votre demande, ne vous découragez pas – réessayez, faites de votre mieux pour nous prouver combien vous êtes exceptionnel. Et si vous avez reçu votre certificat officiel Guinness World Records, félicitations – vous faites partie de l'élite des champions. Vous êtes "officiellement incroyable" !

▲ LE 1ᵉʳ CHRONOGRAPHE

Le 1ᵉʳ chronographe a été conçu en 1816 par Louis Moinet (CH) et appartient désormais aux Ateliers Louis Moinet (CH), de Saint-Blaise (CH). Pendant près de deux siècles, le chronographe de Louis Moinet avait été oublié dans la collection privée d'une famille princière européenne. Redécouvert, il est vendu en 2012 à Jean-Marie Schaller, P.-D. G. des Ateliers Louis Moinet, lors d'une vente aux enchères chez Christie's, à Genève (CH).

parfaitement la diversité de nos records.

Comme la composition de cette équipe le montre, pour battre des records, inutile de porter ses sous-vêtements par-dessus son pantalon. Cela dit, ça a fonctionné pour Morgan Reardon et Natalie Edwards, détenteurs du record du **plus de sous-vêtements enfilés en 1 min [en duo]** (18). Nous croyons que chacun peut se révéler le meilleur dans un domaine et c'est la raison d'être du Guinness World Records : vous donner la chance de devenir un héros dans votre spécialité. J'espère que les exemples que vous trouverez dans cette édition vous inspireront et vous motiveront pour vous dépasser, quoi que vous souhaitiez accomplir.

Durant les 12 derniers mois, nous avons reçu plus de 45 000 demandes d'homologation de records, venant de toute

▶ LA PLUS LONGUE BD (ÉQUIPE)

La plus longue BD, qui mesure 1 602 m, a été réalisée par Lyon BD Organisation, à Lyon, le 21 mai 2016. Dessinée par les étudiants en art de Lyon et Barcelone, la BD en noir et blanc raconte l'histoire d'une jeune fille de 16 ans nommée Lea qui voyage dans le temps entre l'âge de Glace et l'an 10 000, à l'aide d'un stylo magique. Elle a été exposée dans le tunnel de la Croix-Rousse, à Lyon.

À LA RENCONTRE DES EXPERTS

Tous nos records ne proviennent pas du grand public. Une précieuse équipe d'experts et de conseillers, toujours en quête du dernier record, nous apporte son aide. Ce jury international nous permet de couvrir une vaste palette de sujets. Archéologues, gérontologues, météorologues et autres zoologistes nous renseignent

▲ LA PLUS GRANDE ÉDITION UNIQUE D'UN MAGAZINE

La plus grande édition unique d'un magazine couvre une surface de 7,591 m² et a été créée par Warner Bros. Ent. France. La revue baptisée *Cinema Teaser* mesure 2,385 x 3,183 m. Ce numéro monstre a été dévoilé, à point nommé, à l'occasion de la première de *Kong: Skull Island*, au Grand Rex, à Paris, le 6 mars 2017.

Le mot de l'éditeur

Érigée pour l'Exposition universelle de 1889, la tour Eiffel demeure le **monument payant le plus visité**, avec 7 097 302 touristes par an.

▲ LA PLUS GRANDE DÉNIVELLATION POSITIVE À BICYCLETTE EN 24 H (FEMME)

La plus grande dénivellation positive parcourue en 24 h à bicyclette par une femme atteint 14 624,89 m. Elle a été franchie par Stéphanie Gros, au mont Ventoux, en Provence, entre les 24 et 25 mai 2016. Géologiquement, le mont Ventoux fait partie des Alpes. Il présente l'une des ascensions les plus difficiles du Tour de France. Avec cette démonstration d'endurance, Stéphanie voulait battre un record tout en repoussant ses limites.

James Proud, qui intègre également l'équipe, a déniché d'incroyables records liés au transhumanisme et aux cyborgs (p. 74). Nous remercions la Fédération aéronautique internationale (FAI), qui a mis à notre disposition les records associés aux sports aériens (p. 138), et l'analyste du box-office Bruce Nash du site The Numbers pour les statistiques de l'industrie cinématographique. Parmi les autres sujets traités cette année, vous trouverez : feux de forêt (p. 28), Rubik's Cubes (p. 120), emojis (p. 152) et feux d'artifice (p. 194) – preuve,

sur tout ce qu'il y a de plus rapide, grand, vieux ou long. Nous ne pourrions rien faire sans eux.

Pour cette édition, nous accueillons de nouveaux consultants, spécialistes de sujets que nous n'avions jamais abordés jusqu'à présent ou, du moins, pas avec un tel luxe de détails. Ian Sumner, par exemple, documentaliste au Flag Institute, nous a fourni des records inédits en rapport avec les drapeaux (p. 154). Warren Dockter du Département de politique internationale de l'université d'Aberystwyth nous a procuré des records liés aux superpuissances politiques (p. 146) et les experts ès comics Rob Cave et TQ Jefferson nous ont apporté des données sur les autres superpuissances – celles incarnées par les super-héros de fiction (p. 88). L'historien de *Star Wars* James Burns nous rejoint cette année – pas d'inquiétude, ses records apparaissent p. 174 et non dans une galaxie très, très lointaine.

Les jeux Paralympiques de Rio 2016 ont été couronnés de succès pour l'athlète Marie-Amélie le Fur, qui a remporté 2 médailles d'or et 1 de bronze, et a établi 2 records du monde.

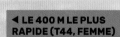

▲ LE CYCLISTE LE PLUS ÂGÉ EN COMPÉTITION

Le 4 janvier 2017, Robert Marchand (né le 26 novembre 1911) a parcouru une distance de 22,547 km en 1 h, sanctionnée par l'Union cycliste internationale dans la catégorie « Master des plus de 105 ans ». Il a établi la meilleure performance dans cette catégorie de l'UCI, au Vélodrome national de Saint-Quentin-en-Yvelines, à l'âge de 105 ans et 39 jours.

◄ LE 400 M LE PLUS RAPIDE (T44, FEMME)

Marie-Amélie le Fur a couru le 400 m le plus rapide aux épreuves T44 femmes, en 59,27 s, aux jeux Paralympiques de Rio 2016, à Rio de Janeiro (BR), le 12 septembre 2016. La catégorie T44 comprend les athlètes amputés d'une jambe sous le genou ou devant composer avec un usage limité d'une ou deux jambes. Le Fur, née à Vendôme, a perdu son membre à la suite d'un accident de scooter en 2004. Elle participe aux épreuves de sauts en longueur et de sprints.

s'il en faut, que le *Guinness World Records* couvre plus de sujets que la plupart des autres publications annuelles ! Et s'il vous arrive de le lire aux toilettes, précipitez-vous p. 158 pour découvrir une enquête sur tout ce qui les concerne – un thème étonnant, sachant que nous sommes plus nombreux sur la planète à avoir accès à un téléphone portable qu'à de l'eau propre…

En plus de ces sujets innovants – et d'un graphisme renouvelé par nos designers de 55 Design –, nous avons introduit plusieurs rubriques inédites.

▲ **LE PLUS D'ABONNÉS SUR TWITTER POUR UN DJ**
David Guetta (né Pierre David Guetta ; @davidguetta) est le DJ le plus célèbre sur Twitter, avec 21,5 millions d'abonnés, au 23 mai 2017. Calvin Harris (GB ; @CalvinHarris) est le 2ᵉ DJ le plus suivi avec 10,3 millions de fans à la même date. Guetta apparaît à la 63ᵉ place du classement général des abonnés Twitter. La star de la pop Katy Perry (US ; @katyperry) reste la **personnalité la plus suivie.**

naissance et une rubrique (p. 66) commémore sa vie remarquable, bien que tragiquement brève. Wadlow demeure sûrement le détenteur de record le plus célèbre – un vrai super-humain qui continue d'étonner le monde.
Si vous pensez pouvoir battre un record, visitez notre site guinnessworldrecords.com et remplissez le formulaire. Vous découvrirez la marche à suivre p. 12. En page 14, nous évoquons le Guinness World Records Day – notre célébration internationale annuelle des records.

Craig Glenday
Éditeur en chef

En 2017, le Téléthon mettra en lumière tous les records réalisés lors de cet événement de générosité unique au monde.

▲ **LE PLUS GRAND PLATEAU DE FROMAGES VARIÉS**
Philippe Marchand a réuni 730 fromages sur le plus grand plateau de fromages, à Nancy, le 23 septembre 2016. Sous un chapiteau réfrigéré mesurant 40 m de long, on trouvait 2 140 fromages individuels, représentant 730 variétés. L'événement s'est déroulé pendant la Fête de la gastronomie. Tous les fromages ont été offerts à la banque alimentaire de Nancy. Les Marchand, fromagers depuis 4 générations, se sont établis en 1880.

Des infographies consacrées aux superlatifs se trouvent entre chaque chapitre et peuvent être téléchargées puis imprimées à la maison. En fin de chapitre, vous découvrirez nos pages "En revue". Elles regroupent des records qui ne trouvent pas leur place dans les pages à thématiques classiques ainsi que des ajouts de dernière minute. En p. 254 les derniers records en date homologués après la clôture officielle des candidatures sont présentés. Cette année, le chapitre

Sports (p. 216) explore uniquement des records mondiaux établis l'année dernière. Quant au chapitre Animaux (p. 38), écrit sous la direction de notre consultant, le Dr Karl Shuker, il met en lumière des créatures incroyables plutôt que de couvrir l'ensemble du règne animal.
Enfin, nous souhaitons un joyeux anniversaire à Robert Pershing Wadlow, le plus grand homme de l'histoire. Février 2018 marque le 100ᵉ anniversaire de sa

▼ **LA MARCHE DE 100 M LA PLUS RAPIDE SUR SLACKLINE**
Lucas Milliard a réalisé la marche de 100 m la plus rapide sur slackline, en 1 min et 59,73 s, lors d'un événement organisé par le Parc national du glacier de Hailuogou et Huway.com, à Luding (Sichuan, CN), le 12 juin 2016. Les sangles – 50 % polyester et 50 % polyéthylène – étaient suspendues à environ 70 m de hauteur, entre 2 piliers du pont de la vallée de Hailuogou. Lucas a battu le record lors de sa seconde tentative.

**Vous aussi tentez de battre un record officiel GWR, les 8 et 9 décembre prochains en contactant l'AFM-Téléthon.
Chaque année, le Téléthon français réalise un défi incroyable en réunissant, pendant deux jours, des centaines de milliers de bénévoles qui animent près de 20 000 animations dans près de 10 000 communes.**

Les sangles du slackline, beaucoup moins tendues que le fil ou le câble classique d'un funambule et plus élastiques, permettent de rebondir comme sur un long trampoline étroit.

SUPER-HÉROS UNIS

Cette édition 2018 s'intéresse aux super-héros… qu'ils soient héros de fiction combattant le crime dans l'univers des comics ou vrais super-humains accomplissant des exploits extraordinaires afin de battre des records. Notre chapitre consacré aux héros fictifs commence p. 88, mais en guise d'introduction, voici une sélection de champions du réel inspirés par les super-héros. Et, en bonus, une rencontre avec le nouveau Spiderman du grand écran, Tom Holland…

MICHAEL KALLENBERG

Il n'est pas rare de voir des sportifs affublés de déguisements de super-héros, notamment lorsqu'il s'agit de courses caritatives. Michael Kallenberg (GB, à gauche), par exemple, a couru le **semi-marathon le plus rapide en costume de super-héros (homme)** afin de récolter de l'argent pour un militaire de la RAF. Il a terminé le semi-marathon de Cardiff (pays de Galles, GB) en 1 h, 9 min et 33 s, le 2 octobre 2016. D'autres héros costumés vous attendent p. 98 et p. 238-239.

Avez-vous le profil d'un super-héros ?

L'idée d'un héros luttant contre le crime derrière un masque et une identité secrète a émergé dans les années 1930, inspirée par des personnages tels que Robin des Bois, le Mouron rouge ou encore Tarzan. Les âges d'or et d'argent des comics ont vu l'apparition de milliers de héros (et d'anti-héros) qui continuent de nous distraire et de nous inspirer. Aujourd'hui encore, les salles de cinéma font la part belle aux justiciers masqués et autres hommes (et femmes) d'acier. Pourtant, inutile de voler plus vite qu'une balle

de fusil ou d'être mordu par une araignée radioactive pour devenir un super-héros. Tout le monde possède un super-pouvoir susceptible d'être un jour reconnu par le Guinness World Records. Nous aimons nous considérer comme les recruteurs de super-humains — à l'instar du S.H.I.E.L.D. ou de la Ligue des Gentlemen extraordinaires ! — et nous espérons que l'édition de cette année vous inspirera pour réveiller le super-héros qui sommeille en vous afin de rejoindre notre équipe de champions.

XI SHUN

En 2006, Xi Shun (CN, 2,361 m), ancien **homme le plus grand**, est intervenu dans le sauvetage de 2 dauphins qui s'étouffaient avec du plastique. Seuls les bras de l'homme le plus grand du monde pouvaient atteindre l'estomac des mammifères marins afin d'en extraire le plastique, leur évitant ainsi une opération chirurgicale dangereuse.

STAN LEE

Stan « The Man » Lee (US) est le père et le champion des comics modernes. Il imagine des personnages incroyables depuis 1941 et a inspiré un nombre incalculable d'autres artistes ayant créé leurs propres super-héros. Découvrez sa contribution héroïque à la culture pop de la p. 90 à la p. 103.

Les sculptures de Nathan font partie de son exposition « L'Art des briques : Super-héros DC », construite à partir d'environ 2 millions de briques !

NATHAN SAWAYA

Fan de comics depuis tout petit, l'artiste Nathan Sawaya (US) a créé la **plus grande exposition de super-héros grandeur nature en briques LEGO®**, avec 11 personnages DC — parmi lesquels Batman, Superman et Flash —, à Londres (GB), le 28 février 2017.

TOM HOLLAND

Le comédien Tom Holland (GB) avait précisément 20 ans et 123 jours lorsque le tournage de *Spider-Man: Homecoming* (US, 2017) s'est achevé, ce qui fait de lui le **plus jeune acteur dans le rôle-titre d'un film se déroulant dans l'univers cinématographique Marvel (MCU)**. En exclusivité pour le *GWR*, il évoque la tâche intimidante consistant à incarner l'un des super-héros les plus populaires et nous confie quel super-humain l'inspire…

Entretien : TOM HOLLAND

Que ressent-on lorsqu'on joue un super-héros à ce point emblématique ?
C'est un immense honneur. Interpréter Spider-Man me paraît encore si irréel… Je n'en reviens toujours pas ! C'est un personnage que j'ai tant aimé quand j'étais petit… C'est comme si un rêve était devenu réalité.

Pourquoi les super-héros sont-ils aussi populaires ?
Ces films s'adressent à un public très large — ils sont à la fois drôles, dramatiques, passionnants et des concentrés d'action. Tout le monde adore Spider-Man parce qu'on s'identifie facilement à lui. Au lycée, tous les adolescents connaissent ce genre de malaises : parler à une fille pour la première fois, galérer avec ses devoirs ou arriver en retard en cours. C'est rafraîchissant pour un jeune de voir un super-héros traverser les mêmes épreuves. Et ça rappellera aux plus anciens leurs années de lycée.

Et ils nous inspirent également…
Prenez Peter Parker : c'est un ado qui dispose d'incroyables pouvoirs et, au lieu de commettre des crimes, il fait le bien et les emploie pour améliorer les conditions de vie dans sa ville. Pour les enfants, c'est un message magnifique. Peter Parker représente ce qu'il y a de mieux en nous et je crois qu'il s'agit d'un bon exemple pour les plus jeunes.

Si vous aviez un super-pouvoir, un seul, quel serait-il ?
Je voudrais pouvoir me téléporter ! Avec mon travail, je prends l'avion si souvent que la téléportation serait très pratique.

Vous avez déjà une carrière bien remplie à 20 ans. Quel est votre secret ?
Je crois qu'il faut garder la tête sur les épaules et travailler. C'est difficile, mais plus on bosse, mieux on se sort de n'importe quelle situation, que ce soit à l'école, au boulot ou sur un plateau. J'insiste sur le travail… Il faut vraiment travailler dur.

Quel super-héros de la vie réelle vous inspire ?
On a tous besoin de super-héros dans la vie, et en ce moment, je tire mon inspiration de The Rock [Dwayne Johnson, ci-dessous]. J'ai eu la chance de le rencontrer récemment et c'est un homme si gentil, si sympa ! Apparemment, il ne s'arrête jamais — il travaille tout le temps. Quand je suis fatigué, j'imagine Dwayne… en train de pousser de la fonte. Et je me dis : « Il faut que je bosse plus dur, si je veux y arriver. » Et si jamais je doute, alors, je me pose une seule question : « Que ferait The Rock ?! »

The Rock détient lui aussi un record *GWR* !
Sérieux ?! Ça veut dire que je me rapproche de mon idole. Peut-être que je pourrais être le prochain Rock… Un petit Rock !

Que ressent-on quand on obtient un record *GWR* ?
Je suis un grand fan du livre. Je ne vais pas vous mentir — on me l'offrait chaque Noël. J'adore les livres *GWR* et c'est incroyable d'en faire partie maintenant ! Je suis tellement heureux – c'est dingue de détenir un record et j'ai hâte d'accrocher mon certificat au mur. Sans doute à côté de mon BAFTA !

BAFTA DE L'ÉTOILE MONTANTE

Tom a remporté le Rising Star Award lors de la cérémonie des BAFTA (Académie britannique des arts de la télévision et du cinéma) 2017. Il a connu le succès dès 2008 en interprétant Billy Elliot, version comédie musicale, à Londres. On le voit ensuite sur grand écran dans *The Impossible* (ES/US, 2012) et il fait sa 1re (et brève) apparition en tant que Spider-Man dans *Captain America: Civil War* (US, 2016).

LES SUPERLATIFS

Si le Guinness World Records devait former une équipe de super-héros, le choix ne manquerait pas. Voici l'une des possibilités, un groupe d'individus Officiellement Incroyables – car chacun est un super-humain dans la vie réelle.

LE SAMOURAÏ

Pour un héros… tranchant… capable de rivaliser avec Wolverine, nous choisissons Isao Machii (JP). En 2011, le champion du sabre a infligé le **plus de coupes dans des bottes de paille tressées en 3 min** (252), à Milan (IT). Quatre ans plus tard, il a porté le **plus de coupes sur une botte de paille** (8), à Tokyo (JP).

KILO-GIRL

Attention, Miss Hulk… Nina Geria (UA) a de la force à revendre ! Le 28 mars 2012, il lui a fallu 12,33 s pour terminer la **marche en canard la plus rapide sur 20 m en portant 120 kg**, sur le plateau de *Lo Show dei Record*, à Rome (IT). Que représentent 120 kg ? Plus de 17 fois le poids d'une boule de bowling !

L'HOMME ÉLASTIQUE

Qui mieux que Garry Turner (GB), l'**homme avec la peau la plus élastique**, pourrait rivaliser avec l'extrême souplesse de Mr Fantastique ? Affecté par le syndrome d'Ehlers-Danlos – anomalie des tissus conjonctifs qui touche la peau, les ligaments et les organes internes, et entraîne une souplesse de la peau et une « hypermobilité » des articulations –, Garry est capable d'étirer la peau de son ventre de 15,8 cm.

TORNADE

Marawa Ibrahim (AU), la spécialiste du hula hoop de l'extrême, pourrait déclencher une tornade. Parmi ses records : la **plus longue durée sur des rollers à talons hauts en faisant tourner 3 cerceaux** (2 min et 29 s) et la **plus longue distance sur des rollers à talons hauts en faisant tourner 8 cerceaux** (43,2 m).

« Superlatif »
Expression d'une qualité portée au plus haut niveau possible.

L'ARAIGNÉE HUMAINE

On le surnomme « Spider-Man » pour son penchant à grimper en haut des gratte-ciel… par la façade. Alain Robert (FR) détient le record *GWR* du **plus de bâtiments escaladés par l'extérieur en solo** (121). Il gravit tours, monuments et gratte-ciel depuis 1994 et a accompli sa dernière escalade sur la Cayan Tower – 306 m – à Dubaï (AE), le 12 avril 2015.

PROF. XAVIER

Le professeur Xavier est peut-être télépathe… mais quand il s'agit de talents à 2 roues, Aaron Fotheringham (US) est simplement e-X-traordinaire ! Il a réussi le **1er salto arrière en fauteuil roulant**, en 2008, le **plus haut saut sur rampe en fauteuil roulant** (60 cm), en 2010, et la **plus longue durée sur une roue en fauteuil roulant manuel** (18,22 s), en 2012.

LA TORCHE

Quand on parle de têtes brûlées, la Torche humaine connaît un sérieux compétiteur en la personne de Josef Tödtling (AT). Le 23 novembre 2013, Josef a supporté la **plus longue durée avec le corps enflammé, sans oxygène** (5 min et 41 s), à la brigade des sapeurs-pompiers de Salzbourg (AT).

APPLE CRUSH

Vous cherchez la super-force de Captain Marvel ? Voici Linsey Lindberg (US) ! Parmi ses nombreux records de force : le **plus de pommes écrasées avec le biceps en 1 min** (femme) (10) et le **plus d'annuaires téléphoniques déchirés en 1 min** (femme) (5).

CAPITAINE GLACE

En cas de danger, mieux vaut être accompagné d'un héros capable de garder la tête froide – et personne ne l'a plus que Jin Songhao (CN). Cet Iceman réel a supporté la **plus longue durée avec le corps entier en contact avec de la glace** (1 h, 53 min et 10 s), à Xiamen, Fujian (CN), le 4 septembre 2014.

ŒIL-DE-FAUCON

On aimerait avoir les talents à la Œil-de-faucon de Nancy Siefker (US). Cette incroyable archère a réussi le **plus long tir sur cible avec les pieds** (6,09 m), sur le plateau du *Guinness World Records Unleashed*, à Los Angeles (Californie, US), le 20 juin 2013.

Libérez votre super-héros intérieur !

Vous voulez battre des records ? Notre équipe de gestion des records vous révèle les moyens susceptibles de vous permettre d'inscrire votre nom dans le *GWR*. D'abord, il vous faut accéder à vos super-pouvoirs cachés et vous pourrez alors devenir Officiellement Incroyables !

Si vous avez l'envie irrépressible d'obtenir un certificat GWR ou si vous cherchez un moyen de lever des fonds pour une œuvre caritative, le chemin de la gloire commence sur **guinnessworldrecords. com**. Soumettez votre idée à notre équipe et elle vous donnera des conseils ainsi que la marche à suivre. Il existe de nombreuses occasions de relever des défis lors des événements et attractions GWR, dans le monde entier. On pourrait même vous demander de battre un record lors de l'une de nos émissions télévisées. Voici quelques conseils aux aspirants super-héros. Quelle que soit l'option choisie, bonne chance !

▼ GWR LIVE !

Nos juges et nos coachs parcourent les routes pour promouvoir l'esprit de conquête et donner à tous la possibilité de battre des records. Dans un centre commercial, une colonie de vacances, une salle de conférences ou de spectacles, les shows *GWR LIVE !* sont une expérience fun pour tenter de battre un record. Guettez la prochaine équipe *GWR LIVE !* qui s'installera près de chez vous !

BLACKPOOL (GB)
Le plus de bombes à eau attrapées et tenues en 1 min

KIDTROPOLIS
Le plus rapide à renverser 5 cibles avec un lance-fléchettes en mousse à pompe : 13,65 s, par Harry Lack (GB), le 26 octobre 2016

KIDZANIA 2016 – ARABIE SAOUDITE
Le plus rapide à identifier 10 fruits les yeux bandés

SIREA FILM – ALBANIE
Le plus de percussions pour une cup song : 2 016 participants, par Sirea Film (AL) à Tirana (AL), le 25 mars 2017

◄ SOLUTIONS BUSINESS

Tenter de battre un record pour lever des fonds au profit d'une organisation caritative, pour sensibiliser des écoliers, lancer un nouveau produit ou motiver ses équipes est une solution fun et très médiatique. Nos équipes vous aideront à choisir le(s) bon(s) record(s) en fonction de vos besoins et vous guideront à chaque étape de votre candidature. Que vous représentiez une école, une association ou une entreprise, rendez-vous dans la section Business Solutions de notre site Internet.

PORSCHE – GB
Le plus lourd avion tiré par une voiture de série : 284 t, par Porsche Cars Great Britain (GB), le 21 avril 2017

La plus longue distance parcourue avec le corps enflammé et tiré par un cheval : 500 m, par Josef Tödtling (AT), le 27 juin 2015.

Le plus de dominos renversés en 1 min (pas de record battu)

Le plus de ballons crevés en 1 min à l'aide d'un godet d'excavatrice : 44, par Andy Ballantyne (GB), à Strood (GB), le 16 septembre 2016

▲ TÉLÉVISION

Nous produisons des émissions de télé – dans 19 pays – depuis 1998, et nous continuons de créer des productions originales, telles que la série à succès *Officially Amazing* (voir photo). Nos découvreurs de talents guettent sans cesse de nouvelles idées, alors si vous avez un don spécial, faites-le savoir !

L'espace le plus étroit entre 2 voitures sur 2 roues : 1,29 m, par John et Alastair Moffatt (tous 2 GB), à Stafford (GB), le 12 septembre 2016

La plus rapide à mettre 6 œufs dans des coquetiers avec les pieds : 25,45 s, par Claudia Hughes (GB), le 6 septembre 2016

Nos juges étudieront volontiers vos idées de record. S'ils les acceptent, ils vous enverront la marche à suivre ou travailleront en temps réel les nouveaux exploits. Vous verrez aussi des vidéos exclusives de nos champions, à l'instar des prouesses de Josef Tödtling (AT, à gauche) ! N'oubliez pas de consulter #gwr sur les réseaux sociaux : Facebook, YouTube, Instagram, PopJam et Snapchat.

▼ ATTRACTIONS

Apprenez tout sur l'histoire du *GWR* et relevez de multiples défis sur notre site de Gatlinburg (Tennessee, US). Vous découvrirez des expositions incroyables, des objets historiques, des exhibitions extraordinaires, des jeux sympas, des quiz, des galeries à thème et même des vidéos ! Découvrez aussi 20 jeux et défis interactifs parmi lesquels : Casse-brique, Duel, Le Bûcheron, Lancer de Frisbee et d'autres encore !

▶ GUINNESSWORLDRECORDS.COM

Utilisez notre site Internet pour enregistrer votre candidature, mais également pour parcourir les archives à la recherche de records classiques et découvrir en temps réel les nouveaux exploits. Vous verrez aussi des vidéos exclusives de nos champions, à l'instar des prouesses de Josef Tödtling (AT, à gauche) ! N'oubliez pas de consulter #gwr sur les réseaux sociaux : Facebook, YouTube, Instagram, PopJam et Snapchat.

Retrouvez-nous sur :
twitter.com/gwr
youtube.com/guinnessworldrecords
Facebook.com/guinnessworldrecords

Jour GWR

Le Guinness World Records Day est la célébration mondiale des records et de ceux qui les battent. Regardons ce qui s'est produit le 17 novembre 2016...

▲ LE PLUS DE PERSONNES RÉALISANT DES FLEXIONS

La gourou du fitness Kayla Itsines (AU) a marqué le jour GWR en dirigeant un cours géant de remise en forme, à Melbourne (AU). Au total, 2 201 personnes ont réalisé des flexions, en pulvérisant le record précédent de 665. Il s'agit de l'un des 5 records de participation de masse battus lors d'un entraînement intensif organisé par Kayla qui comprenait aussi : **le plus de personnes réalisant des fentes** (2 201), **des sauts en extension** (2 192), des **abdominaux** (2 005) et **une course sur place** (2 195).

La plus grande image humaine d'un nuage

Pour promouvoir leurs services de « cloud », la société informatique Deltek (US) a invité les participants à sa conférence Insight 2016, au Gaylord National Resort & Convention Center de National Harbor (Maryland, US), à tenter de battre un record Au total, 468 personnes vêtues de ponchos blancs et bleu roi ont formé un nuage. Avec 11,38 × 19,40 m, le nuage Deltek mesure 2 fois la longueur d'un bus londonien.

▲ LE PLUS DE FLEURS ATTRAPÉES AVEC LA BOUCHE EN PONT ARRIÈRE EN 1 MIN

Liu Teng (CN) a attrapé avec les dents 15 fleurs dans un vase posé derrière ses pieds, avant de les remettre dans un autre vase, en 60 s. Elle a battu ce record lors d'une manifestation à Yongcheng (province du Henan, CN). Teng entretient une chaleureuse rivalité avec « Zlata », alias Julia Günthel (DE), qui détenait le record précédent avec 11 roses, établi à Jiangyin (province du Jiangsu, CN), le 5 janvier 2015.

La plus grande présentation d'éléphants en origami

Lorsque la Wildlife Conservation Society (WCS) a lancé au zoo du Bronx (New York, US) un appel afin de collecter des éléphants en origami pour battre un record, l'association a reçu 78 564 modèles venus de pays comme l'Égypte, l'Iran ou le Kazakhstan. Chaque pliage a été présenté. Cette exposition faisait partie de la campagne « 96 Éléphants » de la WCS, qui met en lumière le fait que, chaque jour, 96 éléphants sont massacrés pour leur ivoire.

▲ LE PLUS DE TOURS DE MAGIE PRATIQUÉS LORS D'UN UNIQUE SAUT EN PARACHUTE

Martin Rees (GB) a pratiqué 11 tours de magie en altitude, lors du GoSkydive de l'Old Sarum Airfield, à Salisbury (Wiltshire, GB). La vitesse de 193 km/h n'a pas fait reculer le magicien qui a réalisé ses tours pendant la chute libre et une fois le parachute ouvert. Cet événement a été organisé au bénéfice d'une association d'aide à l'enfance.

La plus grande pièce de puzzle humaine

Pour l'inauguration du puzzle décorant sa cheminée industrielle haute de 132 m, Covestro Deutschland AG (DE) a réuni 548 employés portant des sweat-shirts à capuche rose pour former un puzzle humain à Brunsbüttel (DE).

Le plus de tours de hula hoop suspendue par les poignets

Lors d'une tentative de record en direct sur Facebook, Marawa Ibrahim (AU) a réalisé 50 tours de hula hoop, au Hollywood Aerial Arts de Los Angeles (Californie, US). Pour battre le record, elle devait réaliser 3 révolutions en l'air. Marawa a pulvérisé le précédent record de 41 tours établi par Kareena Oates (AU), sur le plateau du *Guinness World Records*, à Sydney (Nouvelle-Galles du Sud, AU), le 4 juin 2005.

▲ LE PLUS DE CÔNES EN ÉQUILIBRE SUR LE MENTON

Malgré une nuit blanche en raison de sa nervosité, Keisuke Yokota (JP) a posé 26 cônes de chantier sur son menton, dans son jardin, à Shibuya (Tokyo, JP). Yokota pratique 2 à 3 h par jour. Le secret de son succès réside dans la force de sa ceinture abdominale, car les 26 cônes pèsent autant qu'un vélo. Yokota a battu son précédent record de 22 cônes, établi à l'Alios Park Fes d'Iwaki (JP), le 9 octobre 2016. Cette manifestation était destinée à venir en aide à la région sinistrée de Fukushima.

▶ LE PLUS D'ANNEAUX PLACÉS PAR UN PERROQUET EN 1 MIN

En 2015, une vidéo d'Otto le bouledogue skater a fait le buzz sur Internet, avec plus de 2,5 millions de vues sur YouTube. Pour le jour GWR 2016, un ara Macao nommé Skipper Blue a fait son entrée sous les feux de la rampe. Ce talentueux perroquet, dirigé par son entraîneur « Wildlife » Wendy Horton (USA), est parvenu à placer 19 anneaux autour d'un axe, en 60 s, à Los Angeles (Californie, US).

Le plus de chansons d'ABBA identifiées grâce aux paroles

En direct de son émission sur Radio Suffolk, à Ipswich (GB), le DJ Luke Deal (GB) a reconnu 15 morceaux du quatuor pop suédois en 1 min. Neuf autres DJ de radios locales ont tenté en vain de battre le record de Deal... qui tient toujours.

Pourquoi ne pas tenter un record le jour GWR ? Rendez-vous sur **guinnessworldrecords.com** pour savoir comment postuler.

Le 1er jour GWR a été organisé en 2005 pour fêter le cent millionième exemplaire du *Guinness World Records*. Chaque mois de novembre, de nouveaux records sont battus pour célébrer l'excellence.

▲ LE PLUS DE SAUTS EN DOUBLE-DUTCH EN 30 S

Dans le « Double Dutch », 1 ou 2 joueurs sautent par-dessus deux longues cordes qui tournent en sens opposé. Ayumi Sakamaki (JP) et les autres membres de l'équipe de Double Dutch « Diana » ont réalisé 129 sauts en 60 s, à Toride (Ibaraki, JP). C'est sans précédent ! Afin de compter les sauts et de s'assurer que chacun respectait les règles officielles, les juges Guinness World Records ont examiné la tentative de record au ralenti.

Le plus long lancer de ballon de basket sous une jambe

Thunder Law (US) des Harlem Globetrotters (encadré, à droite) a marqué un panier à 15,98 m, à l'AT&T Center de San Antonio (Texas, US). Law a également réussi **le plus long lancer de ballon de basket assis** (17,91 m).

Face à ses rivaux de toujours les youtubeurs sportifs de Dude Perfect, le Harlem Globetrotter Big Easy Lofton (US) a reconquis son record du **plus long bras roulé les yeux bandés,** soit 17,74 m. Il a également repris le titre du **plus long bras roulé** aux Dudes, sans aucun

▲ LE PLUS DE PANIERS À 3 POINTS AU BASKET EN 1 MIN (BALLON UNIQUE)

L'AT&T Center de San Antonio (Texas, US) a accueilli les Harlem Globetrotters (de gauche à droite, Thunder Law, Cheese Chisholm, Big Easy Lofton, Ant Atkinson et Zeus McClurkin, tous US) pour une journée entière consacrée à battre les records du basket. Ant et Cheese ont chacun réussi 10 paniers à 3 points en 60 s avec un seul ballon, qui devait être récupéré après chaque lancer.

doute déçus, en marquant à 22,1 m.

Son camarade des Globetrotters, Zeus McClurkin (US), s'est également joint aux réjouissances sur le terrain avec **le plus de dunks en 1 min (individuel)**, soit 16.

La plus longue jonglerie avec 4 ballons de basket

Marko Vermeer (NL) a maintenu 4 ballons de basket en l'air pendant 5 min et 26 s, à Utrecht (NL). Pour battre le record, Vermeer devait passer les ballons d'une main à l'autre.

▲ LA PLUS GRANDE EXPOSITION D'AMPOULES ÉLECTRIQUES EN INTÉRIEUR

Conçue par Universal Studios Singapore au Resorts World Sentosa (SG), cette exposition hivernale de 824 961 ampoules électriques compose le clou de l'attraction Universal Journey – expérience spectaculaire créée pour Noël qui offre aux visiteurs la possibilité d'explorer 8 thèmes et de rencontrer des sosies de Charlot ou de Marilyn Monroe. Il a fallu 2 mois pour construire cette exposition.

▲ LE PLUS HAUT TREMPAGE DE BISCUIT EN SAUT À L'ÉLASTIQUE

Avec l'aide d'Experience Days (GB), le plongeur trompe-la-mort Simon Berry (GB) a trempé un biscuit dans une tasse de thé depuis une hauteur de 73,41 m, à Bray Lake Watersports (Berkshire, GB). Le saut de Berry devait être incroyablement précis, car le règlement du record stipule que le mug utilisé doit mesurer au maximum 15 cm de haut et de diamètre.

TERRE

Le jour le plus long sur Terre... c'est aujourd'hui. La rotation de la planète ralentit d'environ 1,4 milliseconde tous les 100 ans. Dans 140 millions d'années, une journée durera 25 h.

Les strato-volcans, généralement de forme conique ont des pentes escarpées. Ce sont des strates alternées (couches) de lave, de pierre ponce et de cendre. L'Etna a ainsi gagné en hauteur sur près de 500 000 ans.

◀ LES ÉRUPTIONS VOLCANIQUES CONSIGNÉES SUR LA PLUS LONGUE PÉRIODE

La 1re éruption connue de l'Etna, en Sicile, qui remonte à environ 1 500 avant notre ère, est relatée dans un document évoquant l'exode des Sicanes après une explosion cataclysmique. L'Etna – strato-volcan culminant à 3 329 m – est entré en éruption près de 200 fois depuis (la dernière fois en mars 2017).

L'éruption du 3 décembre 2015 a été immortalisée par le photographe local Fernando Famiani, à l'abri dans la province voisine de Messine. « L'éruption a duré environ 30 minutes, explique Famiani, mais l'écoulement de lave s'est prolongé plusieurs jours. » L'explosion a projeté la lave à 1 km d'altitude et le panache qui en a résulté a atteint près de 7 km.

Marais, tourbières et mangroves

Des latitudes équatoriales jusqu'aux pôles glacés, les zones humides représentent environ 6 % de la surface terrestre.

▲ LE PLUS ANCIEN HUMAIN DES TOURBIÈRES
L'homme de Koelbjerg a été découvert en 1941 dans une tourbière près d'Odense (DK). Seuls son crâne et quelques os ont été retrouvés. Les datations au carbone suggèrent qu'il a vécu 8 000 ans avant notre ère et se rattache à la culture de Maglemose répandue en Europe du Nord. Au moment de sa mort, il devait avoir 25 ans. Sa dépouille ne montrant aucun signe de violence, il se peut qu'il se soit noyé.

Les divers types de zones humides

Tourbières
Plus élevées que le terrain environnant, elles sont alimentées en eau de pluie.

Marais
Gorgés d'eau en permanence, ils sont inondés à marée haute ou pendant la saison des pluies.

Marécages
Présents dans des régions sans relief et peu profonds, ils peuvent abriter des arbres. On les trouve près des fleuves.

Le plus ancien beurre des tourbières
La butyrellite est une substance cireuse fabriquée par l'homme, ressemblant à du beurre et préservée à l'intérieur de jarres en bois dans les tourbières. Il s'agit sans doute d'un exemple antique de conservation de la nourriture tirant parti de l'environnement frais, acide et peu oxygéné. Trouvée principalement en Irlande et au Royaume-Uni, cette matière composée de lait ou de graisses animales a l'apparence et la texture de la paraffine. Le plus vieux spécimen connu a été découvert dans la tourbière Ballard à Tullamore (comté d'Offaly, IE), en 2013. Vieux de 5 000 ans, il avait toujours une odeur lactée quand on l'a déterré, puis extrait de sa jarre de 30,4 cm de large et de 60,9 cm de haut. Son poids était de 45,3 kg.

LES PLUS VASTES...

Tourbières
La plaine de Sibérie occidentale s'étend de l'Oural à l'ouest au fleuve Ienisseï à l'est. Elle couvre 2,6-2,7 millions de km² – plus de 4 fois le Texas – dont 603 445 km² de tourbières. Formées grâce à des conditions de froid et d'humidité dans lesquelles les plantes mortes ne se décomposent pas entièrement, elles peuvent atteindre 10 m de profondeur.

Marais
Le marais de Vassiougan s'étend au centre de la plaine de Sibérie occidentale. Couvrant environ 55 000 km² – plus que la Suisse –, il représente près de 2 % de toutes les tourbières hautes.

Tourbière gelée
La région subarctique occidentale de la Sibérie est une tourbière gelée qui atteint 1 million de km². En 2005, les scientifiques révèlent qu'elle se met à fondre pour la 1re fois depuis sa formation voici 11 000 ans.

Projet d'assèchement de tourbières
Mega Rice est un projet désastreux conçu par le gouvernement indonésien en 1996. Son objectif était de transformer de vastes régions de tourbières en rizières pour nourrir la population indonésienne en pleine croissance. Près de 1 million d'ha de tourbières – la taille d'Hawaï – ont été asséchés. Malheureusement, le riz n'a pas poussé sur ce sol

Q : Quel nom porte la région humide et fertile autour de la Mésopotamie considérée comme l'un des berceaux de la civilisation ?

R : Le Croissant fertile.

acide et pauvre en nutriments. Le programme a été abandonné en 1998 après n'avoir produit qu'une quantité insignifiante de riz.

Roselière
Le delta du Danube, entre la Roumanie et l'Ukraine, s'est formé il y a 6 500 ans sous l'action des sédiments accumulés dans la mer Noire. Constitué de canaux naturels, lacs et mares, il avance d'environ 24 m par an dans la mer Noire. Le delta du Danube abrite également une roselière couvrant 1 563 km². Il accueille plus de 300 espèces d'oiseaux et 45 de poissons d'eau douce.

Vasière intertidale ininterrompue
La mer des Wadden s'étend sur près de 500 km le long des côtes de l'Europe du Nord, entre les Pays-Bas et le Danemark. Peu profonde, elle offre des habitats très diversifiés parmi lesquels estuaires, herbiers marins, bancs de sable, bouchots et prés-salés. Elle couvre la zone comprise entre la côte et l'archipel des îles de la Frise sur une surface d'environ 10 000 km². La mer des Wadden se révèle un écosystème primordial pour les oiseaux migrateurs : 10-12 millions d'entre eux y passent chaque année et on en trouve jusqu'à 6,1 millions à tout moment.

Marécage couvert
D'une surface de 0,1 ha et contenant 605 665 l d'eau, le marécage couvert le plus étendu se trouve dans les 53 ha du zoo Henry Doorly d'Omaha (Nebraska, US). Il abrite 38 espèces d'animaux vivant dans les marais, parmi lesquels 9 spécimens d'alligator américain (*Alligator mississippiensis*). L'un d'eux est un alligator blanc - ou leucique - rare, dont il en existerait moins de 15 dans le monde.

◄ LE PLUS VIEUX BOIS FAÇONNABLE
Agathis australis, plus connu sous son nom maori kauri, est l'un des plus grands conifères de Nouvelle-Zélande. On en retrouve des spécimens préhistoriques dans les tourbières qui ont préservé le bois et parfois l'écorce et les cônes. Ces « kauris des marais » ont environ 3 000 ans, mais certains affichent 50 000 ans à la datation au carbone. Le bois lui-même se révèle souvent en excellent état et, une fois sec, on l'emploie pour ciseler des accessoires. On nomme « blanchailles » ces pièces en kauri antique, car elles présentent une surface qui scintille à la lumière comme un banc de ses minuscules poissons. On voit ici un plateau dit « blanchaille ».

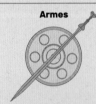

▼ LE PLUS GRAND MARAIS PROTÉGÉ

Le Sudd est un marais des plaines du sud du Soudan. Lors de la saison sèche, sa surface se réduit à 30 000 km², mais durant la saison des pluies, il peut quadrupler et atteindre environ 130 000 km². La moitié de son eau s'évapore chaque année. Depuis 2006, près de 57 000 km² ont été protégés par la Convention relative aux zones humides d'importance internationale, dite convention de Ramsar. Ce traité mondial élaboré pour contribuer à la préservation de ce type d'habitat porte le nom de la ville iranienne où la convention a été adoptée en 1971.

▲ LA PLUS GRANDE ZONE HUMIDE PROTÉGÉE

Le 2 février 2013, le gouvernement bolivien a protégé plus de 69 000 km² des Llanos de Moxos sous l'égide de la convention de Ramsar. Cette zone humide tropicale composée de savanes s'étend en Bolivie, au Pérou et au Brésil. Saisons sèche et humide y alternent. Chaque année, on célèbre la Journée mondiale des zones humides le 2 février.

▼ LE MARAIS LE PLUS VASTE

Localisé principalement dans le sud-ouest du Brésil, mais débordant sur la Bolivie et le Paraguay voisins, le Pantanal (de l'espagnol « marais ») couvre 150 000 km² — une surface plus importante que celle de l'Angleterre. Pendant la saison des pluies (décembre-mai), 80 % du Pantanal est inondé. Il abrite la plus grande biodiversité de plantes aquatiques du monde.

▲ LA PLUS GRANDE FORÊT CÔTIÈRE DE PALÉTUVIERS

Les Sundarbans, qui s'étirent sur près de 15 540 km² entre l'Inde et le Bangladesh, agissent comme une barrière naturelle contre les tsunamis et les cyclones qui balaient souvent le golfe du Bengale. Avec leurs racines adaptées à l'eau de mer, les palétuviers peuvent dépasser 21 m de haut. Ils poussent sur des îles de sable et d'argile grise déposés par les fleuves qui courent sur plus de 1 600 km entre l'Himalaya et le golfe du Bengale.

Les palétuviers sont des buissons ou des arbres vivant dans des marais côtiers. Leurs racines denses les aident à pousser dans un sol instable. À l'extrême droite, des palétuviers par marée haute sur les îles Bunaken (ID).

▼ LA SURFACE DE MANGROVE LA PLUS VASTE

Selon le rapport des scientifiques Stuart Hamilton et Daniel Casey (tous 2 US), l'Indonésie possède la plus grande étendue de mangrove. Ils ont calculé qu'en 2014, l'Indonésie en présentait une surface de 42 278 km², 25,79 % du total mondial. Hamilton et Casey ont analysé les données issues de trois bases : Global Forest Change, Terrestrial Ecosystems of the World et Mangrove Forests of the World. Ci-dessous, des palétuviers poussent dans une partie reculée de Raja Ampat (ID).

Hard Rock

Le granit constitue la majeure partie de la croûte terrestre. On le trouve sur tous les continents. Jusqu'à présent, on n'en a repéré nulle part ailleurs dans le Système solaire.

▲ L'ÉRUPTION LAVIQUE LA PLUS RÉCENTE

Une éruption volcanique recouvrant de vastes zones terrestres ou marines de lave basaltique est dite « lavique ». En 1783, Laki – système de fissures volcaniques en Islande – est entré en éruption. Ce fut l'une des deux seules éruptions laviques de la période historique. Pendant 8 mois, il émet 15 km³ de lave, ainsi que 122 millions de tonnes de dioxyde de soufre. Les effets de ce gaz furent en partie la cause des hivers très rigoureux de 1783-1784 et 1784-1785 et de l'été froid de 1784.

Les roches les plus profondes

Le 19 mai 2000, des géologues de l'université du Queensland (AU) ont annoncé la découverte de roches à Malaita (SB). Ces échantillons contenaient des minéraux qui se forment uniquement sous très hautes pressions, dont des microdiamants et de la majorite – minéral de la famille des grenats riche en silice. Après examen de la structure des cristaux de majorite, l'équipe a conclu qu'ils avaient subi des pressions de l'ordre de 23 gigapascals – près de 250 000 fois la pression atmosphérique à la surface –, indiquant qu'ils provenaient d'une profondeur de 400 à 670 km sous terre.

La plus grande éruption (panache)

Les éjectas projetés lors de l'éruption de Taupo (NZ), vers 186 apr. J.-C., sont estimés à 30 000 millions de tonnes de pierre ponce. Ils auraient recouvert une zone de 16 000 km².

Le type de roche le plus commun à la surface de la croûte terrestre

À sa surface, la croûte terrestre continentale est composée à près de 75 % de roches sédimentaires. Généralement présentes en fine couche au-dessus des roches magmatiques et métamorphiques, elles comprennent grès, mudstone, craie et brèches. Elles se forment lorsque des particules enterrées sont sujettes à de très hautes pressions. Érosion et forces tectoniques peuvent de nouveau les exposer à la surface.

Les roches sédimentaires les plus abondantes sont les pélites, parmi lesquelles on trouve mudstone, shale et siltite, composées de particules inférieures à 0,0625 mm. Elles comptent pour 65 % de toute la roche sédimentaire sur Terre et peut-être jusqu'à 80 %. Les pélites sont principalement constituées de minéraux de type argileux dont la plupart se sont formés au fond des océans et des lacs. Les déchets organiques mêlés aux sédiments originels expliquent la présence de carburants fossiles dans les roches de type shale.

Les roches lunaires les plus jeunes

Composées de basaltes volcaniques, les roches lunaires se forment dans les *maria* (mers) de notre satellite. Les exemples les plus récents remontent à 3,2 milliards d'années – ce qui les rapproche des plus vieilles roches datables présentes sur Terre. Des échantillons lunaires de 382 kg ont été rapportés sur Terre par les missions Apollo.

Q : Quelle est la différence entre lave et magma ?

R : Le magma est un liquide constitué de roches en fusion présent sous la surface de la Terre. Quand il jaillit au-dessus du sol, il prend le nom de lave.

LES PLUS GRANDS...

Météorite

Un bloc de 2,7 m de long sur 2,4 m de large, d'un poids estimé à 59 t, constitue la plus grande météorite connue, découverte en 1920 à Hoba West, près de Grootfontein (NA).

La plus grande météorite lunaire est Kalahari 009, avec une masse de 13,5 kg, trouvée dans le Kalahari (BW) en septembre 1999. Près de 50 météorites détectées sur Terre proviennent de la Lune.

Rivière de pierres

Au cours du dernier âge glaciaire, les glaciations intenses suivies de dégel ont provoqué des accumulations de rochers connues sous le nom de « rivières de pierres », ou felsenmeer. Princes Street, au nord-est de Stanley (FK), est une rivière de pierres de 4 km de long sur 400 m de large. Elle se compose de milliers de rochers de quartzite d'un diamètre compris entre 0,3 et 2 m.

Massif d'anorthosite

Roche magmatique, l'anorthosite est composée en majorité de feldspath plagioclase. Sur Terre, il en existe deux types – archéenne et protérozoïque –, apparus respectivement entre 3,8-2,4 milliards d'années et entre 2,5-0,5 milliard d'années. On pense qu'elles se sont formées dans les chambres magmatiques souterraines où des éléments du manteau partiellement fondus se sont séparés en éléments denses « mafiques » et plus légers « felsiques ». Un massif d'anorthosite d'une surface estimée à 20 000 km² se trouve au nord du lac Saint-Jean au Québec (CA).

Craton

Ce terme désigne de grandes zones de la lithosphère continentale stables et relativement préservées par la tectonique des plaques depuis la fin de la période précambrienne, il y a 542 millions d'années. Généralement localisées à l'intérieur des continents, elles abritent certaines des plus vieilles roches sur Terre. Le craton nord-américain, le plus vaste, couvre environ 70 % du continent. Il a été formé il y a 2 milliards d'années par la collision de plusieurs microcontinents.

En 1996, la sonde *Mars Global Surveyor* décolle avec un morceau de la météorite de Zagami. À la fin de sa mission, le vaisseau s'est écrasé sur Mars et a ainsi rendu ce fragment à son lieu d'origine.

◄ LA PLUS GRANDE MÉTÉORITE MARTIENNE

La météorite Zagami, qui pèse près de 18 kg, c'est-à-dire environ 6,5 fois le poids d'une brique, s'est écrasée sur Terre le 3 octobre 1962. Elle est tombée dans un champ près du village de Zagami (NG), à environ 3 m du fermier qui tentait de faire sortir les vaches effrayées de son champ de maïs. Il a découvert cette roche extraterrestre dans un cratère de 0,6 m de profondeur. Environ 32 météorites martiennes ont atterri sur Terre à ce jour.

Il a fallu 14 ans et 400 personnes pour sculpter les 4 présidents américains dans le granit du mont Rushmore (Dakota du Sud).

Les yeux du mont Rushmore (largeur) :

3,35 m

Les nez du mont Rushmore (longueur) :

6 m

S'il s'agissait d'une représentation en pied, la sculpture de George Washington sur le mont Rushmore mesurerait

141,7 m

La croûte terrestre est composée de roches à 64,7 % magmatiques, 7,9 % sédimentaires et 27,4 % métamorphiques.

Substance la plus dure sur l'échelle de Mohs

En 2005, des chercheurs du Bayerisches Geoinstitut de Bayreuth (DE) ont produit une nanobaguette de diamant agrégé (ADNR) 11 % moins compressible que le diamant.

▲ LE PLUS GRAND MONOLITHE DE GRANIT
Avec 1 095 m, El Capitán, dans le Yosemite National Park (Californie, US), est le plus haut bloc de granit. Composé de roches plutoniques qui ont émergé il y a environ 102 millions d'années, il a mis 2,7 millions d'années à se former. Roches plutoniques et volcaniques appartiennent à la famille des roches magmatiques, produites par le refroidissement et la solidification du magma ou de la lave. La roche plutonique se forme sous terre ; la roche volcanique en surface.

▲ LA CROÛTE LA PLUS ÉPAISSE
La croûte terrestre est la partie externe froide et solide de la lithosphère qui se situe au-dessus de l'asthénosphère (roches ductiles des niveaux supérieurs du manteau). Elle est divisée en plaques et comprend deux types de croûte : la croûte océanique, dense, et la croûte continentale, plus légère. La croûte terrestre est la plus épaisse dans la partie chinoise de l'Himalaya, où elle atteint 75 km.

▲ LE PLUS GRAND BLOC ERRATIQUE
Les blocs erratiques glaciaires sont des rochers transportés par des glaciers, qui se sont déposés au sol au moment de la fonte. Le bloc erratique d'Okotoks se trouve près de la ville d'Okotoks dans les prairies de l'Alberta (CA). Composé de quartzite métamorphique, il mesure 41 × 18 m, culmine à près de 9 m et pèse environ 16 500 t.

▲ LA PLUS GRANDE FORMATION MONOLITHIQUE DE GRÈS
Uluru s'élève à 348 m au-dessus des plaines désertiques du Territoire du Nord (AU). Connu également sous le nom d'Ayers Rock, ce monolithe de grès mesure 2,5 km de long sur 1,6 km de large. En réalité, près de 2,5 km de ce monument australien se trouvent sous terre. La teinte rouge caractéristique d'Uluru provient de l'oxydation du fer contenu dans la roche ; sans cette rouille, Uluru serait gris.

▲ LA ROCHE VOLCANIQUE LA PLUS COMMUNE
Le basalte représente environ 90 % de toute la roche volcanique sur Terre. Composant majeur de la croûte océanique, il constitue également le principal type de roche observé dans la plupart des formations géologiques océaniques, dont les îles d'Hawaii et l'Islande. Le basalte a une texture plutôt fine et une couleur sombre. Il est composé à près de 50 % de silice ; il contient aussi un taux assez élevé de fer et de magnésium. Ci-dessus, la Chaussée des Géants – sur la côte du comté d'Antrim en Irlande du Nord – est composée de basalte.

▶ LES PLUS HAUTES ORGUES BASALTIQUES
Devils Tower (Wyoming, US) s'est formé il y a plus de 50 millions d'années comme une intrusion de roche magmatique souterraine. Les roches sédimentaires voisines ont fini par s'éroder et dégager ce monolithe. Ses colonnes, ou orgues, dont certaines culminent à 178 m, se sont formées après refroidissement et contraction de l'intrusion magmatique. La Chaussée des Géants (à gauche) est un autre exemple de ce type d'orgue basaltique.

Les tribus amérindiennes ont donné divers noms à ce monolithe. Pour les Kiowa, il s'agit de « L'Arbre de pierre » ou « En l'air sur un rocher », tandis que les Lakota l'appellent « Le Tipi du grizzly ».

Heavy Metal

Au XVIIIᵉ siècle, seuls 7 des 84 éléments métalliques de la table périodique avaient été identifiés. Or, cuivre, argent, plomb, étain, fer et mercure sont connus depuis l'Antiquité.

82
Pb
207.2

L'ÉCOLE ÉLÉMENTAIRE

Chaque élément du tableau périodique possède un numéro atomique, un poids atomique et un symbole chimique. Le plomb, par exemple, a le numéro atomique 82, ce qui signifie qu'il abrite 82 protons dans chaque atome. Son poids atomique (ou masse atomique relative) est 207,2, ratio de la masse moyenne d'un atome de plomb comparé au douzième de la masse d'un atome de carbone 12. Le symbole chimique du plomb est Pb, qui vient du latin *plumbum*, « argent liquide ».

La plus longue demi-vie par désintégration alpha

La demi-vie mesure le temps de désintégration d'un élément instable. Une demi-vie d'une journée signifie qu'après ce laps de temps, la moitié des noyaux atomiques se seront désintégrés en un élément plus stable. En 2003, des scientifiques français ont découvert que le bismuth 209, qu'on pensait radioactivement stable, se dégradait avec une demi-vie d'environ 20 milliards de milliards d'années – plus d'un milliard de fois l'âge de l'univers.

Le 1ᵉʳ élément produit artificiellement

Le technétium (Tc) a été découvert en 1937 par Carlo Perrier et Emilio Segrè (tous 2 IT), à l'université de Palerme, en Sicile (IT). Ils ont isolé l'élément à partir d'un échantillon de molybdène (Mo), exposé à de hauts niveaux de radiation, dans un accélérateur de particules connu sous le nom de cyclotron. Son isotope le plus stable, le technétium 98, a une demi-vie de 4,2 millions d'années, ce qui signifie que tous ses dépôts importants dans la croûte terrestre se sont depuis longtemps désintégrés en ruthénium 98.

Le plus grand amas d'atomes de francium créé en laboratoire

En décembre 2002, les scientifiques de l'université d'État de New York (US) ont créé des atomes de francium (Fr) par fusion grâce à un bombardement d'ions lourds. Ils en ont collecté 300 000 à l'aide d'un piège magnéto-optique. L'isotope le plus stable du francium a une demi-vie de 22 min, ce qui en fait l'**élément naturel le plus instable**. Il ne connaît pas d'usage pratique.

La plus grande réserve de plutonium civil

En 2016, le Royaume-Uni détenait 126 t de plutonium (Pu), dont 23 appartenant à d'autres pays. Dérivé de l'uranium employé dans les réacteurs nucléaires, le plutonium est entreposé dans le site nucléaire de Sellafield (Cumbria). Il existe sous forme pulvérulente et on le conserve dans des conteneurs d'acier et d'aluminium.

Ellis Hughes, pionnier vivant en Oregon, a acheminé la météorite Willamette jusque chez lui en 1903 avec l'aide de son fils. Il leur a fallu 90 jours pour déplacer l'énorme pierre sur 1 200 m !

Q : Quel élément compose la plus grande partie du corps humain ?

R : L'oxygène. Il représente environ 65 % de tous les éléments présents.

LES PLUS LOURDS...

Élément naturel

En 1971, la scientifique Darleane Hoffman (US) publie sa découverte de traces de plutonium 244 dans des dépôts de phosphate remontant au précambrien trouvés en Californie (US). Le numéro atomique du plutonium est 94.

Métal alcalin apparaissant en quantités importantes

Occupant le groupe 1, la colonne la plus à gauche du tableau périodique, les métaux alcalins sont mous et très réactifs, avec une densité faible. Bien que le numéro atomique du césium (55) soit inférieur à celui du francium (87), ce dernier n'apparaît que sous forme de traces dans la croûte terrestre et reste invisible à l'œil nu.

Lanthanide

Les lanthanides sont constitués de 15 éléments dont le numéro atomique est compris entre 57 et 71 et connus parfois sous le nom de « terres rares », quand on y adjoint l'yttrium et le scandium. Le numéro atomique du lutécium (71) en fait le plus lourd du groupe.

Métal de transition

Tous les éléments des groupes 3 à 12 du tableau périodique (à l'exception du lutécium et du lawrencium) sont appelés métaux ou éléments de transition. Moins réactifs que les métaux alcalins, ils font de bons conducteurs de chaleur et d'électricité et comprennent or, cuivre et fer. Avec le numéro atomique 112, le copernicium (Cn) se révèle le plus lourd de ces métaux. Créé en 1996, cet élément artificiel n'apparaît pas dans la nature.

Élément créé par fusion nucléaire avec une libération d'énergie

Les éléments sont créés au cœur des étoiles par un processus nommé nucléosynthèse stellaire, au cours duquel protons et neutrons d'éléments plus légers se lient pour former des éléments plus lourds. Le fer (numéro atomique 26) est le plus lourd des éléments pouvant être créés sans addition d'énergie. Les étoiles qui produisent des éléments plus lourds que le fer perdent énormément d'énergie et finissent par s'effondrer sur elles-mêmes pour former des supernovas.

◀ LE MÉTAL LE PLUS ABONDANT DANS L'UNIVERS

Le fer (Fe) représente environ 0,11 % de toute la matière de l'univers. Sixième élément le plus courant, il compte pour 0,1 % du Soleil et 0,006 % d'un être humain. Il constitue également près de 22 % du contenu des météorites retrouvées sur Terre – telle la célèbre météorite de Willamette (à gauche), énorme fragment de débris spatial composé de fer et de nickel, pesant 14,15 t et découverte dans l'Oregon (US).

26
Fe
55.845

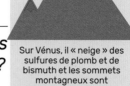

Sur Vénus, il « neige » des sulfures de plomb et de bismuth et les sommets montagneux sont recouverts de métal.

À l'époque victorienne, le trioxyde d'arsenic, très toxique, était mélangé à de la craie et du vinaigre avant d'être appliqué en crème pour le visage !

Le terme cobalt (Co) vient de *kobold*, « gobelin » en allemand.

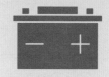

Plus de la moitié de la production mondiale de plomb sert à fabriquer des batteries de voiture.

Les cigarettes contiennent souvent des métaux lourds tels que cadmium, plomb, arsenic et nickel.

Un corps humain moyen d'environ 70 kg contient près de 0,01 % de métaux lourds (7 g, le poids de 2 pois secs).

Les caries sont comblées avec un « amalgame dentaire » – alliage liquide de mercure et d'autres métaux. Cette technique remonte à 658 apr. J.-C.

▲ LE 1ER ALLIAGE

Les alliages sont des mélanges de métaux avec d'autres métaux ou avec des substances non métalliques. Le 1er alliage créé par l'homme est le bronze, mélange de cuivre et d'environ 10 % d'étain. L'âge du bronze, qui a commencé au Proche-Orient vers le IVe millénaire avant notre ère, correspond à la période où cet alliage est devenu le matériau de choix pour les outils et les armes. Cette époque a connu le développement des techniques minières et métallurgiques ainsi que la formation de réseaux commerciaux entre les premières civilisations.

▲ LE MÉTAL LE PLUS LÉGER LIQUIDE À TEMPÉRATURE AMBIANTE

Découvert en 1875, le gallium (Ga), métal assez rare, possède le numéro atomique 31 et fond à 29,76 °C. Contrairement au mercure liquide, hautement toxique, on peut manipuler le gallium en toute sécurité et il se liquéfie dans la main. Ses propriétés en ont fait l'ingrédient principal de plaisanteries entre chimistes, qui servent par exemple le thé à un confrère avec une cuillère en gallium fondant dans sa tasse.

▲ LE POINT DE FUSION LE PLUS ÉLEVÉ D'UN MÉTAL

Comme établi par l'Association industrielle internationale du tungstène (ITIA), le tungstène (W) a un point d'ébullition de 5 700 °C avec une marge d'erreur de 200 °C, soit la température de surface du Soleil. Le tungstène a aussi le **point de fusion le plus élevé de tous les métaux** – 3 422 °C, avec une marge d'erreur de 15 °C. Son extraordinaire résistance à la chaleur fait du tungstène un métal très utile pour les applications industrielles, notamment les forets et les fourneaux.

> Le césium est si réactif qu'il s'enflamme au contact de l'air. On le conserve dans des ampoules en verre remplies d'un gaz inerte.

▲ L'ÉLÉMENT MÉTALLIQUE LE PLUS MOU

De valeur 0,2 sur l'échelle de Mohs, on peut couper le césium (Cs) avec un couteau à beurre. Il fond à 28 °C et explose violemment s'il est plongé dans l'eau. Le césium a été découvert en 1860 par les scientifiques Robert Bunsen et Gustav Kirchhoff (tous 2 DE), qui l'ont isolé depuis un échantillon d'eau minérale en employant la technique alors récente de spectroscopie à émission de flamme. On utilise principalement le césium, de couleur or argenté, dans les horloges atomiques de grande précision.

▲ LE MÉTAL LE PLUS DENSE

Découvert en 1803 par Smithson Tennant et William Hyde Wollaston (tous 2 GB), l'osmium (Os) a une densité de 22,59 g/cm³, environ 2 fois supérieure au plomb. La toxicité des oxydes d'osmium l'empêche d'être utilisé sous sa forme naturelle. Toutefois, ses qualités de résistivité sont idéales pour les contacts électriques et les plumes de stylo. Le **métal le moins dense** à température ambiante est le lithium, avec 0,533 4 g/cm³.

▶ L'ÉLÉMENT MÉTALLIQUE LE PLUS DUR

Le chrome (Cr) affiche une valeur de 8,5 sur l'échelle de Mohs, qui mesure la dureté des minéraux en comparant leur résistance à la rayure à celle d'autres matériaux. Brillant, d'une teinte gris acier, le chrome possède un point de fusion élevé et une bonne résistance à la corrosion. Ajouté au fer en quantité suffisante, il devient l'acier inoxydable. Il tire son nom du mot grec signifiant « couleur » – des traces de cet élément donnent au rubis sa couleur rouge. Elles sont aussi responsables de la teinte écarlate de ces échantillons de crocoïte (à gauche), trouvés dans une mine de plomb de Tasmanie.

▲ LE PLUS LOURD MÉTAL ALCALINO-TERREUX

Les métaux alcalino-terreux occupent le 2e groupe du tableau périodique. Éléments naturels, ils sont brillants et de couleur blanc argenté. Le plus lourd est le radium (Ra), de numéro atomique 88. Découvert par Marie et Pierre Curie (tous 2 FR) en 1898, c'est le seul membre radioactif des métaux alcalino-terreux. On l'utilise dans l'imagerie industrielle et les instruments radioluminescents.

Tectonique

L'activité géologique de la Terre se produit en majeure partie aux endroits où les plaques tectoniques se rapprochent ou se séparent.

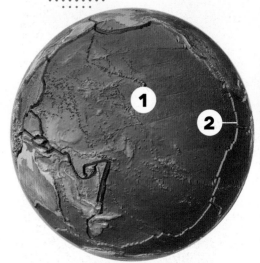

▲ LES PLUS GRANDE ET PLUS PETITE PLAQUES TECTONIQUES

La coquille rocheuse de la Terre se fragmente en vastes « plaques » en constant déplacement. La plaque pacifique (1) atteint plus de 103 000 000 km². Elle se déplace vers le nord-ouest d'environ 7 cm par an, ainsi qu'on l'a mesuré autour des îles hawaïennes.

La microplaque des Galápagos Nord (2), dans le Pacifique, au large de la côte ouest de l'Amérique du Sud, mesure 1 559 km². Elle se situe à la jonction des plaques de Nazca, de Cocos et du Pacifique.

▼ LA PLUS GRANDE OPHIOLITE

Les ophiolites sont façonnées par l'activité tectonique qui soulève des sections de la croûte terrestre océanique au-dessus du niveau de la mer et les déplace sur la croûte terrestre continentale. L'ophiolite Sama'il dans les monts Hajar d'Oman mesure environ 550 x 150 km et recouvre une superficie de près de 100 000 km². Elle s'est formée il y a 94 à 96 millions d'années, au crétacé supérieur. Elle regorge de cuivre et de chromite. L'encadré montre un gros plan de « lave en coussins » présent dans cette ophiolite – de la lave aux formes arrondies façonnées à l'origine sous l'eau.

▲ LE PLUS DE VICTIMES D'UN SÉISME DES TEMPS MODERNES

À 21 h 53 Temps universel coordonné (UTC), le 12 janvier 2010, un séisme de magnitude 7 dont l'épicentre se trouvait 25 km à l'ouest de Port-au-Prince a frappé Haïti. Le gouvernement haïtien estime à 316 000 le nombre de victimes, quand d'autres calculs évoquent plutôt 100 000 morts. Près de 1,3 million de personnes ont été déplacées par le séisme et 97 294 maisons détruites.

▲ LE SUPERCONTINENT LE PLUS RÉCENT

Plusieurs fois par le passé, le mouvement tectonique a associé la croûte terrestre continentale en une seule masse continentale — un supercontinent. Il en a existé peut-être 7 ; chacun s'est morcelé en raison des mêmes forces tectoniques qui l'avaient façonné. Le dernier s'est formé il y a 300 millions d'années, quand la croûte s'est rassemblée dans l'hémisphère sud pour créer le supercontinent appelé Pangée.

▲ LE PLUS LONG RIFT

Les rifts se forment quand les plaques terrestres s'écartent. Le Grand Rift est-africain s'étire sur 6 400 km – presque aussi long que l'Amazone –, avec une largeur moyenne de 50 à 65 km. Il relie la Jordanie au Mozambique. Les escarpements le long de la vallée oscillent en moyenne entre 600 et 900 m. Il s'est formé il y a environ 30 millions d'années quand la péninsule Arabique s'est séparée de l'Afrique.

Trois types d'interactions entre les plaques

Coulissage
Les plaques tectoniques glissent horizontalement.

Divergence
Les plaques s'écartent.

Convergence
Les plaques se rapprochent.

Le plus vaste plateau continental

Les plateaux continentaux, prolongements des continents, se caractérisent par des plaines submergées en pente. Près de 7,4 % de la surface de l'océan mondial se situe au-dessus des plateaux continentaux. Le plus vaste s'étend jusqu'à 1 210 km des côtes de Sibérie, en Russie, jusque dans l'océan Arctique.

La plus vaste zone de collision continentale

Il y a 40 à 50 millions d'années, le sous-continent indien est entré en collision avec le continent eurasien. La collision, qui a

Q : Nous vivons sur la croûte terrestre. Quelle est son épaisseur ?

R : Environ 70 km.

créé la chaîne himalayenne, se poursuit de nos jours sur une zone d'environ 2 400 km de long.

Le Nanga Parbat, montagne du Pakistan, s'est formé lors de cette collision continentale. C'est **la montagne qui se soulève le plus vite**, en « grandissant » de 7 mm par an.

La faille décrochante se déplaçant le plus vite

En Nouvelle-Zélande, les Alpes du Sud courent sur la majeure partie de l'île du Sud et marquent le point où les plaques australienne et pacifique se rencontrent. Elles se déplacent en faille décrochante (forme de coulissage – voir

▲ LA PLUS LONGUE SUBDUCTION

La « subduction » décrit le mouvement d'une plaque tectonique plongeant sous une autre (voir illustration de la convergence, en bas à gauche). La fosse Pérou-Chili court sur près de 7 000 km le long de la côte ouest de l'Amérique du Sud. La croûte océanique plus dense de la plaque de Nazca plonge sous la croûte terrestre plus légère de l'Amérique du Sud. Elle est alors recyclée dans le manteau supérieur.

▲ LE PLUS LONG SÉISME

Le séisme des îles Sumatra-Andaman dans l'océan Indien, le 26 décembre 2004, est le plus long jamais enregistré. On a évalué sa durée à 500-600 s, soit environ 10 min ! Le séisme de magnitude 9,1-9,3 a déclenché un tsunami massif (voir l'illustration des dommages) qui a dévasté les plaines autour de l'océan Indien et engendré des dégâts jusqu'en Somalie.

▲ LA PLUS LONGUE CHAÎNE MONTAGNEUSE SOUS-MARINE

Les dorsales océaniques forment une chaîne de montagnes qui s'étend sur près de 65 000 km de l'océan Arctique à l'Atlantique, autour de l'Afrique, l'Asie et l'Australie et sous le Pacifique vers la côte ouest de l'Amérique du Nord. Leur sommet s'élève à 4 200 m au-dessus du plancher océanique – environ moitié moins que l'Everest, **la plus haute montagne**.

La dorsale médio-atlantique se déplace de 10 à 40 mm par an, soit la vitesse de pousse de vos ongles.

La plaque de Nazca se déplace de 160 mm par an, soit la vitesse de pousse de vos cheveux.

Les plaques tectoniques mesurent près de 100 km d'épaisseur – environ la même épaisseur que l'atmosphère terrestre.

Atmosphère

Plaque tectonique

Magma

à gauche). Le 8 mars 2016, les scientifiques de la Victoria University de Wellington et de GNS Science (tous 2 NZ) ont révélé que les plaques se déplaçaient l'une par rapport à l'autre de 4,7 cm par an et avaient couvert 700 km au cours des 25 derniers millions d'années.

Le centre de l'expansion océanique la plus rapide

La dorsale est-pacifique est une frontière tectonique qui court de l'Antarctique jusqu'à la côte ouest des États-Unis. Une de ses sections, nommée dorsale Pacifique-Nazca, écarte les plaques pacifique et Nazca à une vitesse de 15 cm par an.

Le centre de l'expansion océanique la plus lente se trouve sur la dorsale de Gakkel, au nord de la dorsale médio-atlantique. Séparant les plaques nord-américaine et eurasienne, elle court sur 1 800 km du nord du Groenland à la Sibérie. Le taux d'écartement varie de 13,3 mm par an près du Groenland à 6,3 mm par an à l'autre extrémité, proche de la Sibérie.

L'océan le plus récent

En 2005, un rift de 56 km s'est ouvert dans la dépression de l'Afar (ET) (dépression de Danakil, point le plus bas d'Afrique). En novembre 2009, les géologues l'ont classé en nouvel océan.

Le Pacifique est **l'océan le plus ancien**. Certaines roches présentes sur son plancher ont environ 200 millions d'années.

La plus vieille preuve de la tectonique

Le 8 juillet 2002, des géologues chinois et américains ont annoncé qu'ils avaient découvert des roches indiquant que les plaques tectoniques se déplaçaient il y a près de 2,5 milliards d'années, soit 500 millions d'années plus tôt qu'on le pensait.

LE PREMIER...

Continent

Des indices géologiques suggèrent qu'il y avait une unique masse continentale sur Terre entre 3,6 et 2,8 milliards d'années. Nommée Vaalbara, elle était plus petite que tout continent actuel.

Suggestion d'une dérive continentale

En observant une carte de la Terre, il semble évident que les côtes de l'Afrique de l'Ouest et de l'est de l'Amérique du Sud se complètent. Le cartographe flamand Abraham Ortelius (1527-1598) serait le 1er scientifique à l'avoir relevé. Il pensait que les deux continents avaient été séparés par « tremblements de terre et inondations ». La théorie de la dérive des continents n'a été partagée par la plupart des chercheurs que dans la seconde moitié du xxe siècle.

Séisme enregistré depuis l'espace

Le satellite Gravity Field and Steady-State Ocean Circulation Explorer (GOCE) de l'Agence spatiale européenne (ESA) a été lancé le 17 mars 2009. Il a cartographié le champ de gravité de la Terre jusqu'au 11 novembre 2013. Il a alors entamé sa rentrée atmosphérique avant de se désintégrer. Le 11 mars 2011, en passant à travers la thermosphère terrestre très peu dense, le GOCE a enregistré des ondes sonores très faibles provoquées par un séisme dévastateur qui frappait le Japon.

Pollution et environnement

En 2016, des scientifiques ont annoncé que le trou dans la couche d'ozone au-dessus de l'Antarctique se réduisait. Si la tendance se poursuit, il sera résorbé vers 2050.

Le mois le plus chaud enregistré

Le 12 septembre 2016, la NASA a révélé que les mois les plus chauds étaient juillet et août 2016. Les analyses des chercheurs du Goddard Institute for Space Studies de la NASA, à New York (US), ont montré qu'août 2016 était plus chaud de 0,98 °C que la température moyenne d'août 1951 à 1980. Elle était 0,16 °C plus élevée que le précédent mois d'août le plus chaud (2014).

La plus petite calotte glaciaire arctique enregistrée

L'étendue de glace flottant à la surface de l'océan Arctique varie selon les saisons, avec un minimum atteint à la fin de l'été. On a enregistré sa plus petite taille attestée le 17 septembre 2012, avec une aire de 3,41 millions de km².

La zone morte la plus vaste

Les eaux de certaines côtes contiennent une faible concentration en oxygène (hypoxie), rendant la vie impossible pour certaines espèces. Ce sont des « zones mortes ». La plus vaste se situe dans la Baltique avec une surface moyenne de 49 000 km² au cours des 40 dernières années. En 1971, elle a connu un pic avec 70 000 km², plus de 2 fois la superficie de la Belgique.

La plus grande extension de banquise antarctique

Le continent antarctique est entouré d'une mer gelée ; l'étendue de cette surface de glace atteint son maximum à la fin de l'hiver austral. Le 20 septembre 2014, la banquise antarctique a atteint 20,201 millions de km². La superficie additionnelle de banquise créée par cette croissance imprévisible est éclipsée par l'étendue de glace perdue dans l'Arctique.

Le plus haut niveau de CO_2

En 2015, la concentration moyenne de CO_2 dans l'atmosphère a atteint 400 ppm pour la 1re fois. Des concentrations aussi élevées ont déjà été relevées par le passé, mais sur de courtes périodes, jamais comme moyenne annuelle.

▲ LE PLUS HAUT NIVEAU DE CO_2 EN ANTARCTIQUE
Selon la National Oceanic and Atmospheric Administration (NOAA), la station d'observation du dioxyde de carbone du pôle Sud a mesuré un taux de 400 ppm (parts par million) pour la 1re fois, le 12 mai 2016. Ces niveaux de CO_2 ont mis un certain temps à rejoindre le pôle Sud du fait que la majeure partie de la population mondiale (et sa pollution) se trouve dans l'hémisphère nord.

Après son extension en 2016, le monument national marin Papahānaumokuākea a vu sa taille quadrupler, pour atteindre une surface équivalente à celle du golfe du Mexique.

◄ LA PLUS GRANDE RÉSERVE MARINE TROPICALE
Le 26 août 2016, le président Obama (US, à gauche) a annoncé l'extension du monument national marin Papahānaumokuākea près d'Hawaii. Il atteint désormais 1,5 million de km². Jusqu'au 28 octobre 2016, il était aussi la **plus grande réserve marine mondiale**. Mais à cette date, 24 États et l'Union européenne ont annoncé la création d'un sanctuaire marin de 1,55 million de km² dans la mer de Ross (AQ). Il s'agit d'une zone où la pêche et l'exploitation des fonds marins, dont minière, est interdite pendant 35 ans.

Q : Combien de fois le papier est-il recyclable ?

R : Six. Ses fibres ne sont pas assez résistantes pour en supporter plus.

Le plus haut niveau d'acidité des eaux océaniques

Le 4 juin 2004, dans la mer de Beaufort au nord de l'Alaska (US), le pH de l'eau a atteint 6,9718 à une profondeur de 2 m. Cette concentration d'acides est plus de 10 fois supérieure à la moyenne.

Mesurer la pression d'un gaz dans l'eau permet de le quantifier. Plus la quantité de gaz dissout est importante, plus sa pression est élevée. Les échantillons prélevés le 4 juin 2004 montraient une pression de CO_2 de 3 796,8 microatmosphere (384,71 Pa). Avec plus de 10 fois la moyenne, il s'agit de la **plus haute concentration de CO_2 dans des eaux océaniques**.

La plus longue extinction mondiale de corail

Des concentrations atmosphériques plus élevées de CO_2 provoquent une augmentation de la quantité de ce gaz acide absorbée par les eaux océaniques. L'acidification des océans pourrait être l'une des causes de l'extinction des coraux. Les récifs coralliens affrontent une extinction massive repérée mi-2014 dans le Pacifique ouest. En janvier 2017, cette disparition aura duré plus de 2 ans et demi.

Le 29 novembre 2016, des scientifiques ont révélé que deux tiers d'une section de 700 km de la Grande Barrière de corail – au large du Queensland (AU) – étaient morts, **l'extinction corallienne la plus massive sur la Grande Barrière**. Une augmentation de la température des océans en est la cause. Des équipes de plongeurs menées par le professeur Andrew Baird, de l'Australian Research Council (ARC) Centre of Excellence for Coral Reef Studies, ont inspecté le récif en octobre et novembre 2016.

La 1re étude mondiale sur la pollution des océans par le plastique

Le 10 décembre 2014, une équipe internationale de scientifiques, conduite par le Five Gyres Institute (US), a publié les résultats d'une étude sur la pollution par le plastique des océans. Les chercheurs estiment – sur la base d'analyse des déchets retrouvés sur des plages, d'échantillons recueillis pendant leurs expéditions et de modèles informatiques – que les océans contiennent plus de 5 250 milliards de morceaux de plastique.

Le Programme des Nations unies pour l'environnement a étudié la composition de ce fléau. En août 2016, il a révélé que **le principal polluant des océans** – constituant 50 % de toute la matière plastique rejetée dans l'océan – est représenté par les sacs.

+ de 100

Stations essence dans la ville d'Onitsha (NG) (population : 1 million), **la ville la plus polluée du monde**

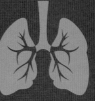

L'Inde abrite 16 des 30 villes les plus polluées du monde ; parmi elles, la plus polluée est Dehli.

La pollution de l'air provoque un risque plus élevé d'AVC, de maladies cardiaques, de cancer des poumons et de problèmes respiratoires.

3 millions

de morts sont attribuables chaque année à la pollution.

80 %

de la population urbaine de la planète est exposée à des niveaux de pollution de l'air plus élevés que la limite établie par l'Organisation mondiale de la santé (OMS).

▲ LE PLUS FORT INDICE DE PERFORMANCE ENVIRONNEMENTALE

La Finande est le pays qui a le plus haut indice de performance environnementale selon les recherches présentées par le Forum économique mondial, le 23 janvier 2016, par les scientifiques des universités de Yale et Columbia (US). 180 États ont été étudiés en employant plus de 20 indicateurs sous 9 catégories : impacts sur la santé, qualité de l'air, de l'eau et des installations sanitaires, ressources en eau, agriculture, forêts, industrie de la pêche, biodiversité et habitat, climat et énergie.

▲ LA PLUS FAIBLE POPULATION D'ARBRES MONDIALE

Le 2 septembre 2015, le rapport d'une équipe internationale de scientifiques menée par l'université de Yale (US) a révélé qu'il y a environ 3 040 milliards d'arbres sur Terre, soit 422 par habitant. L'étude suggère également que, depuis le début de la civilisation humaine, la Terre a perdu environ 46 % de ses arbres et, de nos jours, n'a jamais été aussi peu boisée dans l'histoire connue. L'activité humaine détruit près de 15 milliards d'arbres par an.

▲ LA VILLE À L'AIR LE PLUS POLLUÉ

Les PM_{10} sont des particules comprenant suie (carbone), métal ou poussière d'un diamètre inférieur ou égal à 10 microns. Selon le rapport sur la pollution de l'air de l'OMS de 2016, le port d'Onitsha, au sud-est du Nigéria, a enregistré des niveaux de 594 microgrammes par m³ de PM_{10}. Cela représente environ 30 fois le niveau de 20 microgrammes par m³ recommandé par l'OMS, et en fait la ville à l'air le plus contaminé.

▲ LA PLUS GRAVE POLLUTION DE RIVIÈRE

Le 1er novembre 1986, les pompiers combattent un incendie dans l'usine Sandoz de Bâle (CH). Trente tonnes de produits chimiques terminent dans le Rhin avec l'eau utilisée pour éteindre le feu. L'eau du fleuve devient rouge en raison des pesticides et du mercure déversés. En moins de 10 jours, la pollution atteint la mer du Nord. Un demi-million de poissons sont morts empoisonnés.

▲ LA PLUS GRANDE RÉSERVE DE CIEL ÉTOILÉ

Le 28 juin 2013, le Wood Buffalo National Park (CA) a été déclaré réserve de ciel étoilé par la Société astronomique royale du Canada. Avec 44 807 km², c'est le plus grand parc national canadien. Les réserves de ciel étoilé protègent le ciel nocturne de la pollution lumineuse afin de prévenir la perturbation des cycles diurnes des plantes et des animaux, et donnent la possibilité au plus grand nombre de voir le ciel nocturne sans l'occultation provoquée par la pollution lumineuse.

▲ PLUS GRAND PRODUCTEUR DE DIOXYDE DE CARBONE (PAYS)

EDGAR (Base de données des émissions pour la recherche atmosphérique mondiale) est un projet qui associe l'Agence néerlandaise de l'environnement et le Centre commun de recherche de l'Union européenne. Selon cette base de données, en 2015, la Chine a émis 10,64 milliards de tonnes de dioxyde de carbone. Pour situer le contexte, les émissions mondiales de dioxyde de carbone en 2015 totalisent 36,24 milliards de tonnes.

▼ LA PLUS GRANDE MENACE TOXIQUE

En 2015, l'ONG Pure Earth, ancien Blacksmith Institute, a publié un rapport évoquant les 6 principales menaces mondiales dues à la pollution. Celle au plomb, qui touche près de 26 millions de personnes, est la plus sérieuse. Le rapport cite aussi le mercure, les radionucléides, le chrome, les pesticides et le cadmium.

Les batteries au plomb des voitures contiennent du plomb hautement toxique et de l'acide sulfurique. Cette décharge de batteries se trouve à Athi River (KE).

Feux de forêt

Certains buprestes *(buprestidæ)* utilisent leurs capteurs infrarouges pour détecter les feux. Les arbres brûlés n'ont plus de défenses chimiques pour attaquer leurs œufs.

Le plus ancien feu de forêt connu

En avril 2004, les scientifiques du département sciences de la Terre, de l'océan et de la planète de l'université de Cardiff (GB) ont trouvé des preuves qu'un feu de forêt de basse intensité s'est produit il y a 419 millions d'années, au silurien. L'incendie a sans doute été déclenché par la foudre. C'est en étudiant les fossiles carbonisés de petites plantes découvertes dans la roche, près de Ludlow (GB), que l'équipe a fait cette trouvaille.

L'incendie le plus long

On pense que l'incendie dans un filon de charbon, sous le mont Wingen en Nouvelle-Galles du Sud (AU), a débuté il y a 5 000 ans. Il a été déclenché par la foudre ayant touché le filon à l'endroit où il affleure à la surface. Aujourd'hui, le feu brûle à 30 m sous terre, alors qu'il a lentement consumé le charbon.

La 1ʳᵉ utilisation d'une tente-abri

La tente-abri constitue le dernier recours des pompiers pris au piège par un feu de forêt. Conçue pour réfléchir la chaleur, éloigner la chaleur convective et contenir de l'air respirable, elle ressemble à une tente classique pour une personne et peut être déployée sur le sol ou dans une tranchée. L'explorateur William Clark a consigné dans son journal en date du 29 octobre 1804 le 1ᵉʳ usage d'une tente-abri rustique. Évoquant un feu de prairie près de Fort Mandan (Dakota du Nord, US), Clark raconte un incident au cours duquel une mère américaine avait jeté une « peau fraîche de bison » *[sic]* sur son fils pour le protéger des flammes.

Le plus haut pouvoir calorifique d'un arbre brûlé

Le pouvoir calorifique du bois dépend de sa densité, de la résine, des cendres et de l'humidité. L'arbre qui produit le plus de chaleur lorsqu'il est brûlé est l'oranger des Osages *(Maclura pomifera)*, grand arbuste buissonnant à feuilles caduques de la famille des mûriers qui recouvre toute l'Amérique du Nord. Brûlée, cette espèce relâche quelque 34,8 milliards de joules par corde séchée à l'air avec un taux d'humidité de 20 %. Une corde se

LES FEUX DE FORÊT
La photo ci-dessus montre un incendie dans l'écorégion du Cerrado (BR). Ces incendies sont souvent provoqués par l'homme, mais ils sont parfois d'origine naturelle. Les débris forestiers peuvent prendre feu et la foudre provoquer des départs. Certains incendies moins ravageurs ont des aspects positifs. La végétation ancienne est brûlée, ce qui stimule la régénération. Minéraux et nutriments sont relâchés par les plantes calcinées et retournent à la terre. La canopée s'ouvre, permettant à la lumière d'atteindre les plantes poussant au sol.

Q : Comment le grand incendie de Londres de 1666 a-t-il été arrêté ?

R : En faisant exploser les bâtiments sur sa trajectoire.

définit comme un volume de bois de 1,21 x 1,21 x 2,43 m, avec une moyenne de 2,2 m³ de bois brûlable, le reste étant composé de poches d'air.

Le plus long coupe-feu

Un coupe-feu est une rupture de la végétation bloquant l'avancée d'un feu de forêt. Les coupe-feux artificiels sont souvent créés sous la forme de routes stratégiquement érigées à des endroits connaissant des risques élevés d'incendie. En 1931 a débuté la construction de la Ponderosa Way, sur le flanc ouest de la Sierra Nevada (Californie, US). Atteignant finalement une longueur de 1 287 km — environ celle du Rhin —, elle a été bâtie par 16 000 membres des Civilian Conservation Corps (corps civil de protection de l'environnement). En 1934, ce coupe-feu a permis de contenir 9 des 11 grands incendies de forêt qui ont frappé la région.

Le plus de pompiers-parachutistes par pays

Les pompiers-parachutistes sont des pompiers d'élite déployés sur des feux de forêt reculés. Ils sautent près de l'incendie avec leur équipement, dont de l'eau et de la nourriture leur assurant une journée ou deux d'autonomie. Une fois sur le site, ils utilisent tronçonneuses et autres outils pour abattre les arbres, gratter la couche de terre arable et créer des pare-feux. La Russie, qui les a introduits dès 1936, en emploie toujours près de 4 000.

Le plus de feux de mine de charbon (pays)

La Chine, le plus grand producteur mondial de charbon, connaît des centaines d'incendies souterrains le long de sa ceinture de charbon. Certains brûlent depuis des siècles. Près de 20 millions de tonnes de charbon sont ainsi détruites par an et 10 fois plus sont rendues inaccessibles en raison de ces incendies.

La région dévastée par l'incendie de 1871 au Wisconsin et au Michigan (ci-dessous, à droite) était légèrement plus grande que la Belgique – soit 2 fois la taille du Koweït.

◄ LE PLUS DE VICTIMES D'UN FEU DE FORÊT
Le 8 octobre 1871, des incendies ont ravagé le nord-est du Wisconsin et le nord du Michigan (US), tuant de 1 200 à 2 500 personnes. Plus de 3 885 km² de forêts et de terres cultivées ont également été détruits (voir illustration, à gauche).
Des phénomènes ressemblant à une tornade, connus sous le nom de « tourbillons de feu », peuvent se produire à l'intérieur des incendies. Ils sont provoqués par la chaleur. Le **plus de victimes d'un tourbillon de feu** a été causé par le grand séisme de Kanto, le 1ᵉʳ septembre 1923, qui a frappé la région de Kanto sur l'île de Honshu (JP) (voir photographie à l'extrême gauche). 38 000 personnes ont péri alors qu'elles s'étaient réfugiées dans un ancien dépôt de vêtements de l'armée, à Tokyo.

Les feux de forêt peuvent se déclencher en raison de la combustion spontanée des feuilles mortes, brindilles et branches.

Plus de **80 %** des feux de forêt sont déclenchés par les humains – délibérément ou par accident.

Sous certaines conditions, la foudre peut déclencher des feux de forêt.

Les incendies peuvent se propager à **23 km/h**.

Aux États-Unis, **4,08 millions** d'hectares ont été détruits par des incendies en 2015, l'équivalent de...

20 000 terrains de football américain par jour !

▲ LE PLUS GRAND AVION DE LUTTE CONTRE LES INCENDIES

Global SuperTanker Services utilise un Boeing 747-400 modifié pour lutter contre les incendies. L'avion transporte 74 200 l d'eau ou de retardateur de flamme.

Lancé en 1994, le Mi-26TP est le **plus grand hélicoptère de lutte contre l'incendie** avec 33,73 m de long et une masse maximale au décollage de 56 t. Il peut être équipé du système de largage VSU-15 – vaste poche en toile de parachute pouvant être descendue dans une retenue d'eau et remplie de 15 t d'eau en 30 s environ.

Ce Boeing 747-400 largue son chargement d'une hauteur de 120 à 240 m, à près de 260 km/h.

▲ LA PIRE ANNÉE EN TERMES DE DESTRUCTION DE L'ENVIRONNEMENT PAR LE FEU

Selon le WWF, les feux de forêt volontaires ont fait de 1997 la pire année dans l'histoire de la dévastation de l'environnement. Les plus nombreux et les plus destructeurs ont touché le Brésil, où ils ont ravagé un front de près de 1 600 km. Bien que les sécheresses dans le bassin de l'Amazone et en Asie du Sud-Est (provoquées par le phénomène El Niño) soient en partie responsables de ces feux, les incendies volontaires restent la principale cause du désastre.

▲ LA 1ʳᵉ TORNADE DE FEU DOCUMENTÉE

Les tornades de feu se forment dans les pyrocumulonimbus (à droite). Le 18 janvier 2003, une tornade s'est élevée dans le panache du feu de McIntyres Hut, l'un des fronts des incendies de janvier 2003, à Canberra (AU). Elle avançait à 30 km/h, mesurait presque 0,5 km à sa base, et était assez puissante pour déplacer des voitures et arracher des toitures.

▲ LES PLUS HAUTS NUAGES FORMÉS PAR UN FEU DE FORÊT

La chaleur intense des incendies modifie la météo. Les violents courants d'air ascendants transportent en altitude vapeur d'eau et cendres et créent des nuages connus sous le nom de «pyrocumulus». Ces nuages culminent à 10 000 m. Encore plus puissants, les pyrocumulonimbus (ci-dessus) atteignent des altitudes proches de 16 000 m.

Sur cette image, un pompier lance du sable sur les flammes d'un feu de forêt menaçant, en se servant d'une branche comme d'un manche improvisé pour sa pelle.

◀ LE PLUS GRAND FEU DE FORÊT (ACTUEL)

Selon Greenpeace, jusqu'en juin 2016, les feux de forêt ont dévasté 35 000 km² en Sibérie. Un temps très sec avait avivé les incendies saisonniers. On peut accuser le changement climatique en Russie. Entre 1976 et 2012, la température moyenne a connu une augmentation 2 fois plus importante que la moyenne mondiale. La Sibérie, l'une des régions de la Terre les plus boisées, abrite une grande biodiversité et des espèces telles qu'ours, loups et aigles royaux.

Mycètes

Environ 50 % des champignons ne sont pas comestibles ; 25 % n'ont pas de goût ; 20 % sont dangereux ; 4 % s'avèrent délicieux et 1 % sont mortels.

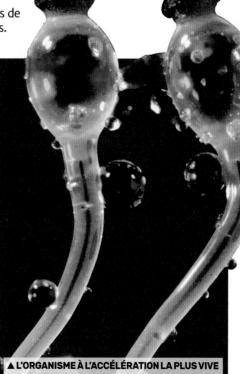

▲ LE CHAMPIGNON LE PLUS CHER

La truffe blanche comestible *(Tuber magnatum pico)* reste le champignon le plus cher du monde avec des prix atteignant 3 000 € le kilo. On la trouve uniquement en Italie dans le Piémont, en Émilie-Romagne, en Toscane et dans les Marches, ainsi qu'en Istrie (HR). On localise ce champignon, qui pousse sous terre à environ 30 cm de la surface, à l'aide de cochons ou de chiens entraînés.

▲ LE PLUS VASTE PHYLUM DES MYCÈTES

Le plus grand des 7 phylums (ou embranchement) des mycètes est Ascomycota, (ascomycètes), ou « champignons à sac ». Il comprend plus de 64 000 espèces connues. Les scientifiques estiment que de nombreuses autres restent à découvrir. Ici, dans le sens des aiguilles d'une montre, en partant du haut à gauche, on observe 4 ascomycètes aux couleurs vives : la pézize d'Autriche écarlate *(Sarcoscypha austriaca)*, la pézize verdissante *(Chlorociboria aeruginascens)*, un représentant du genre *Cookeina* et un lichen, *Cladonia floerkeana*.

▲ L'ORGANISME À L'ACCÉLÉRATION LA PLUS VIVE

Le champignon « lance-chapeau » *(Pilobolus crystallinus)* est endémique d'Eurasie, d'Amérique du Nord et d'Australie. Son sporangiophore (appareil fructifère asexué qui porte le sporange contenant les spores) en forme de tige ressemble à un serpent translucide. À maturité, une augmentation de la pression interne provoque l'éjection par le sporangiophore de son sporange en forme de chapeau avec une accélération de 0 à 20 km/h en 2 µs (microsecondes), en le soumettant à une force de plus de 20 000 g. Cette accélération dépasse celle d'une balle d'arme à feu. Pour un homme, l'équivalent serait d'être propulsé à plus de 100 fois la vitesse du son.

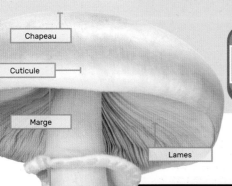

Chapeau

Cuticule

Marge

Lames

Anneau

Stipe (pied)

Volve (base)

Les champignons sont à la base du procédé industriel de 10 des 20 médicaments les plus rentables.

L'air contient environ **10 000** spores fongiques par m³.

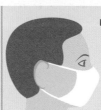

Pourcentage de la population souffrant de *Tinea pedis* – pied d'athlète –, l'**infection de la peau la plus courante.**

70 %

◄ QU'EST-CE QU'UN CHAMPIGNON ?

Les champignons remplissent le même rôle pour un mycète que les fruits et les fleurs pour les plantes : ils aident l'organisme à germer. Chaque champignon produit des spores ressemblant à des graines ou du pollen. Certaines espèces engendrent des milliers de milliards d'unités reproductives.

Le plus ancien lichen

Le lichen *Winfrenatia* a évolué il y a près de 400 millions d'années, au début du dévonien. On en a découvert des restes fossilisés dans la chaille de Rhynie — des masses calcaires contenant plantes, champignons, lichens et animaux exceptionnellement bien conservés. Ce site tire son nom du village de Rhynie (Aberdeenshire, GB).

Le plus grand mycète

Les Prototaxites sont des champignons préhistoriques ayant vécu entre la fin du silurien et celle du dévonien (il y a 420-370 millions d'années). Cette forme de vie terrestre d'Amérique du Nord produisait des structures relativement importantes ressemblant à des troncs d'arbre. Elles pouvaient atteindre 1 m de large et 8 m de haut — plus qu'une girafe. De nombreux petits tubes entrelacés d'environ 50 µm (micromètres) de diamètre composaient ces troncs. En raison de leurs

Q : Quel est le pourcentage d'eau dans un champignon ?

R : Environ 90 %

dimensions, les Prototaxites étaient de loin l'organisme le plus grand existant à cette période.

Le mycète unique le plus lourd

Le 2 avril 1992, on a découvert une colonie du champignon *Armillaria bulbosa* couvrant près de 15 ha dans une forêt du Michigan (US). On estime qu'il pèse plus de 100 t — soit environ 30 hippopotames. Issu d'une unique spore, il croît sans doute depuis 1 500 ans.

Le plus de sexes différents au sein de la même espèce

Chez certains champignons, 2 gènes différents produisent 2 sexes différents — mâle et femelle —, comme pour les animaux et les

▶ LE PLUS GROS CHAMPIGNON COMESTIBLE
Le 15 octobre 1990, Giovanni Paba de Broadstone (Dorset, GB) a trouvé un polypore soufré (*Laetiporus sulphureus*) dans la New Forest (Hampshire, GB). Ce champignon pesait 45,35 kg. En Angleterre, on l'appelle « poulet des bois » du fait de son odeur évoquant la chair de cette volaille.

▲ LA PLUS GRANDE VESSE-DE-LOUP
On trouve la vesse-de-loup géante (*Calvatia gigantea*) dans toutes les zones tempérées. Son organe de fructification sphérique (la partie charnue où se développent les spores) peut atteindre 1,5 m de diamètre et peser 20 kg. Cette espèce croît à la fin de l'été et durant l'automne dans les champs, prairies et forêts de feuillus.

◀ LE CHAMPIGNON LE PLUS VÉNÉNEUX
L'amanite phalloïde, dite « calice » de la mort (*Amanita phalloides*), est cosmopolite et responsable de 90 % des empoisonnements mortels provoqués par un champignon. Sa toxine représente 7-9 mg par gramme de son poids sec. La quantité d'amatoxines (groupe de composés toxiques) considérée comme mortelle pour l'homme dépend de sa masse. Elle équivaut généralement à 5-7 mg, soit moins de 50 g de champignon frais.

▲ LE PLUS LONG CHAMPIGNON COMESTIBLE
Un *Pleurotus eryngii* cultivé par HOKUTO Corporation (JP) dans le laboratoire de recherche de cette société, à Nagano (JP), mesurait 59 cm de long le 25 juillet 2014. Ce champignon qui pesait 3,58 kg a mis 66 jours à pousser et l'équipe a dû s'assurer qu'il ne tombe pas et ne casse pas sous son propre poids.

On utilise souvent des mycètes pour donner aux jeans « stonewashed » leur aspect délavé.

On utilise les champignons pour fabriquer du papier.

Les mycètes jouent un rôle majeur dans la production de bière, d'alcool, de vin, de pain et de fromage.

Il existerait 5,1 millions d'espèces différentes de mycètes.

---

plantes. Pour d'autres mycètes, chacun de ces 2 gènes peut avoir différentes « versions » (ou allèles), qui créent un nombre beaucoup plus élevé de sexes. Un peu plus de 28 000 sexes différents ont ainsi été découverts chez *Schizophyllum commune*, champignon extrêmement courant et très cosmopolite. L'un de ses gènes sexuels possédant plus de 300 allèles, l'autre 90, ils produisent à eux deux 28 000 combinaisons d'allèles différentes – et donc de sexes.

L'espèce de champignon la plus aquatique
On trouve *Psathyrella aquatica* dans la Rogue River (Oregon, US). Il s'agit de l'unique basidiomycète dont l'organe de fructification se développe sous l'eau. Il s'ancre sur près de 0,5 m dans les sédiments, afin de résister au fort courant de la rivière. Tous les autres champignons supérieurs connus jusqu'à présent sont terrestres.

LES PLUS GRANDS...

Truffe
Le 6 décembre 2014, une truffe blanche *T. magnatum pico* de 1 786 g a été vendue par Sabatino Tartufi (IT/US) à un acheteur de Taipei pour 61 250 $, chez Sotheby's, à New York (US). Une semaine après sa découverte en Italie, l'évaporation avait réduit sa masse, estimée initialement à 1 890 g.

Colonie fongique
Un champignon de la forêt nationale de Malheur dans les Blue Mountains (Oregon, US) recouvre 890 ha — l'équivalent d'environ 1 220 terrains de football. Nommé *Armillaria ostoyae* (armillaire sombre), on estime son âge à 2 400 ans.
Cette colonie est aussi le **plus grand organisme bioluminescent**. L'armillaire sombre est réputé pour sa surface phosphorescente, engendrée par des bactéries qui se développent notamment sur son mycélium, à 1 m sous terre.

Polypore
En 1995, on a trouvé un polypore de l'orme (*Rigidoporus ulmarius*) croissant sur un arbre mort, au Mycological Herbarium des Royal Botanic Gardens, à Kew (Surrey, GB), qui mesurait 1,6 x 1,4 m. Il atteignait une circonférence de 4,8 m.

Basidiospore
Les basidiomycètes, ou « champignons supérieurs », incluent les champignons, vesses-de-loup, polypores et pucciniales. La plupart ont une reproduction sexuée et produisent des spores minuscules spécialisées, nommées « basidiospores ». Les plus grandes de ces spores sont engendrées par *Aleurodiscus gigasporus*, une espèce de champignon corticioïde de Chine. Elles mesurent 34 × 28 μm (micromètres) et pèsent environ 17 ng (nanogrammes) avec un volume de 14 pL (picolitres). Elles représentent plus ou moins 1/10e de la taille d'un point de ponctuation de cette page.

Abysses

À partir de 200 m, on se trouve en « eau profonde » : en deçà, les températures se rapprochent de 0 °C, la lumière disparaît et la pression est plusieurs centaines de fois supérieure à celle du niveau de la mer.

▲ LES MONTS HYDROTHERMAUX LES PLUS PROFONDS
Le 21 février 2013, une équipe de scientifiques britanniques, à bord du navire de recherche RRS *James Cook*, a annoncé la découverte de monts hydrothermaux à 4 968 m de profondeur. Un véhicule sous-marin téléguidé (ROV) les a repérés au fond de la fosse des Caïmans dans la mer des Caraïbes. Le ROV a mesuré à 401 °C la température de l'eau riche en minéraux émanant de ces cheminées.

L'un des sous-marins téléguidés du RRS *Sir David Attenborough*, actuellement en construction à Birkenhead (GB), s'appellera Boaty McBoatface. Il naviguera à partir de 2019.

La plus grande épave
Energy Determination (très gros transporteur de brut d'un tonnage brut de 153 479) a explosé le 13 décembre 1979 avant de se couper en deux dans le détroit d'Ormuz, golfe Persique. Il ne transportait pas de chargement, mais la valeur de sa coque atteignait 58 millions de $.

Le plus grand sous-marin de recherches en eaux profondes
Le *Ben Franklin* (PX-15) d'une longueur de 14,85 m affichait un déplacement de 133,8 t. Conçu par la NASA et Northrop Grumman (tous 2 US) et construit en Suisse, il a dérivé dans le Gulf Stream à partir du 14 juillet 1969 avec 6 membres d'équipage lors d'une mission de 30 jours à une profondeur maximale d'environ 600 m. Vendu en 1971, il est désormais exposé au Musée maritime de Vancouver (CA).

LES PREMIERS...

Instrument scientifique employé pour l'exploration abyssale
En 1840, lors d'une expédition en Antarctique, l'explorateur Sir James Clark Ross (GB) a utilisé une sonde ayant atteint la profondeur de 3 700 m. On descendait cet instrument, constitué d'un poids en plomb attaché à une corde, jusqu'à ce qu'il parvienne au fond.

Appel téléphonique entre le plancher océanique et l'espace
Le 29 août 1965, au cours de la mission *Gemini V* de la NASA, l'équipage en orbite composé de Gordon Cooper et Charles Conrad a reçu une communication radiotéléphonique de leur confrère astronaute Scott Carpenter (tous US). Carpenter se trouvait à bord de *Sealab II*, habitat sous-marin expérimental à une profondeur de 62 m au large de la côte californienne (US). Au cours d'une immersion de 30 jours dans *Sealab II*, il a effectué des recherches physiologiques.

Carcasse de baleine connue
En 1956 paraît une recherche sur le sort des carcasses de baleine. Il faut attendre 1977 pour que le bathyscaphe *Trieste II*, lors d'une exploration du bassin de Santa Catalina, au large de la côte ouest des États-Unis, découvre la 1re carcasse naturelle de baleine. Le fond de l'océan est pauvre en nutriments et de nombreuses

Q : Qu'est-ce que la zone hadale ?

R : Zone la plus profonde de l'océan. De Hadès, dieu grec des Enfers.

espèces dépendent de la chute constante de particules organiques connue sous le nom de « neige marine ». Un cadavre de baleine de 40 t fournit une source de carbone équivalente à 100-200 ans de neige marine tombant sur 1 ha.

LES PLUS PROFONDS...

Sauvetage par plongeurs
Le 2 mai 1942, le HMS *Edinburgh,* navire de guerre britannique, coule à 245 m au fond de la mer de Barents au nord de la Norvège dans le cercle arctique. En 31 jours (du 7 septembre au 7 octobre 1981), 12 plongeurs travaillant pour un consortium d'entreprises ont récupéré 431 lingots d'or. Cinq ans plus tard, 29 autres ont été retrouvés.

Plongée d'un sous-marin militaire
Un submersible russe de classe K-278 a plongé à 1 027 m dans la mer de Norvège, le 4 août 1984. Le 1er (et unique) K-278 est mis en service le 28 décembre 1983. Prototype de sous-marin nucléaire d'attaque, il a une double coque (dont une, intérieure, en titane) qui lui permet de plonger plus profondément que les autres.

Épave
Le 28 novembre 1996, grâce à un sonar latéral, la société Blue Water Recoveries Ltd (GB) a trouvé l'épave du SS *Rio Grande*, forceur de blocus de la Seconde Guerre mondiale utilisé contre l'embargo allemand, au fond de l'Atlantique Sud. Il repose à 5 762 m.

Poisson
Des spécimens d'*Ophidiidae Abyssobrotula galatheae* ont été collectés dans la fosse de Porto Rico à une profondeur de 8 370 m.

Point de l'océan
Le Challenger Deep se trouve dans la fosse des Mariannes au cœur du Pacifique, à 300 km au sud-ouest de Guam. Selon des mesures de l'USNS *Sumner* d'octobre 2010, il se situe à 10 994 m sous le niveau de la mer.

◄ LE PLUS DE SUFFRAGES EXPRIMÉS POUR BAPTISER UN NAVIRE DE RECHERCHES
En mars 2016, le Conseil national de recherches sur l'environnement britannique (NERC) a annoncé que son nouveau navire de recherches, qui remplacera les RRS *James Clark Ross* et *Ernest Shackleton*, portera le nom choisi par un vote populaire en ligne. Avec 124 109 suffrages, le vainqueur du scrutin achevé le 16 avril 2016 est *Boaty McBoatface*. Le NERC a finalement préféré appeler le navire RRS *Sir David Attenborough*, du nom du producteur et naturaliste britannique, arrivé 4e.

NAME OF VESSEL

Niveau de la mer — 0 m

Sauvetage le plus profond avec des plongeurs — 245 m

Plongée la plus profonde en scaphandre — 610 m

— 1027 m
Plongée la plus profonde d'un sous-marin militaire

Éruption volcanique la plus profonde observée — 1208 m

Épave du *Titanic* — 3800 m

Monts hydrothermaux les plus profonds — 4968 m

Sauvetage le plus profond d'un cargo — 5150 m

— 5762 m
Épave la plus profonde

Sous-marin en service plongeant le plus profondément

Poisson le plus profond (*Ophidiidae*) — 8370 m

Point le plus profond atteint par *DEEPSEA CHALLENGER*

Point le plus profond atteint par le *Trieste*

— 10898 m
— 10911 m
Point le plus profond de la fosse des Mariannes — 10994 m

▲ LA PLONGÉE LA PLUS PROFONDE D'UN SOUS-MARIN EN SERVICE

Parmi les submersibles en service, le sous-marin de recherches *Jiaolong* (CN) plonge le plus profondément. Le 24 juin 2012, piloté par Ye Cong, Liu Kaizhou et Yang Bo (tous CN), il a atteint 7 020 m dans la fosse des Mariannes, à l'ouest du Pacifique. Au cours de l'immersion de 11 h, les « océanautes » ont exploré pendant 3 h le fond de l'océan, en prélevant des échantillons de sédiments et d'eau, et en positionnant des marqueurs.

▲ LA PLONGÉE HUMAINE LA PLUS PROFONDE

Le 23 janvier 1960, le Dr Jacques Piccard (CH, en haut) et le Lt Donald Walsh (US, en bas) ont piloté le bathyscaphe de la marine US *Trieste*, construit en Suisse, jusqu'à une profondeur de 10 911 m au fond de Challenger Deep dans la fosse des Mariannes.

▶ LE PLUS JEUNE PLONGEUR SUR LE SITE DU *TITANIC*

Le 4 août 2005, à 13 ans et 319 jours, Sebastian Harris (US, né le 19 septembre 1991) a plongé sur le site de l'épave du *Titanic* avec son père Michael, à bord du sous-marin russe *Mir-2*. Ils ont exploré le navire pendant 8 h. À droite, une tasse emportée pendant l'immersion a été réduite à la taille d'un petit verre par l'énorme pression du fond.

▲ LA PLONGÉE HABITÉE LA PLUS PROFONDE (EN SOLITAIRE)

Le 25 mars 2012, James Cameron (CA) a effectué une plongée de 2 h dans Challenger Deep, où il atteint une profondeur de 10 898 m, à bord du *DEEPSEA CHALLENGER*, sous-marin conçu en forme de « torpille verticale » pour un seul homme. Le réalisateur de *Titanic* (US, 1997) et *Abyss* (US, 1989), films ayant pour cadre l'océan, a passé plusieurs heures dans la fosse, au cours desquelles il a découvert de la vase et de petites formes de vie inconnues.

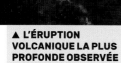

▲ L'ÉRUPTION VOLCANIQUE LA PLUS PROFONDE OBSERVÉE

Les 6-7 mai 2009, des scientifiques américains ont filmé une éruption volcanique à plus de 1 208 m de profondeur dans le Pacifique, près des Samoa. La vidéo, réalisée par un submersible robot nommé *Jason 2*, montre la lave en fusion qui jaillit du volcan Mata ouest. Ce volcan sous-marin, l'un des plus actifs du monde, se trouve à environ 200 km au sud-ouest des Samoa.

▲ LE SAUVETAGE LE PLUS PROFOND DE LA CARGAISON D'UNE ÉPAVE

Le paquebot à vapeur britannique SS *City of Cairo*, torpillé le 6 novembre 1942, a sombré en faisant 104 victimes. En avril 2015, la société de sauvetage Deep Ocean Search a révélé avoir retrouvé en 2011 son épave à la profondeur de 5 150 m. Le navire transportait 100 t de pièces d'argent. L'équipe de sauvetage a récupéré près de 52,2 millions de $ dans le navire.

▲ LA PLONGÉE LA PLUS PROFONDE EN SCAPHANDRE RIGIDE

Le 1er août 2006, le scaphandrier de l'US Navy Daniel Jackson a plongé à 610 m au large de La Jolla (Californie, US). Il testait le dernier scaphandre rigide de la Navy, le Hardsuit 2000, conçu pour les sauvetages en profondeur. Sa conception robuste permet de marcher sur le plancher océanique, bien qu'il possède un double propulseur assurant la majeure partie de la locomotion.

En revue

La température du noyau terrestre culmine à près de 6 000 °C ; la température moyenne en surface atteint plutôt 14 °C.

▲ L'ARBRE LE PLUS HAUT
Polylepis tomentella croît à des altitudes comprises entre 4 000 et 5 200 m au-dessus du niveau de la mer. Il pousse dans l'écosystème semi-aride de l'Altiplano qui traverse la cordillère centrale des Andes.
Les arbres les plus grands sont les *Sequoioideae* (genres *Sequoia* et *Sequoiadendron*) et les eucalyptus (genre *Eucalyptus*) qui peuvent atteindre 113 m.

L'éclair le plus long
En septembre 2016, l'Organisation météorologique mondiale a annoncé que, le 30 août 2012, un éclair internuageux d'une durée de 7,74 s s'était prolongé sur 200 km au-dessus du sud-est de la France. Un éclair dure en moyenne 0,2 s.

La vitesse du fer en fusion dans le noyau externe de la Terre s'élève à 1/5e de l'allure moyenne d'un paresseux en mouvement — mais reste 35 000 fois plus rapide que le rythme de pousse du gazon.

L'endroit le plus chaud sur Terre
se trouve dans l'air environnant la foudre qui peut culminer momentanément à 30 000 °C, soit 5 fois la température de la surface du Soleil.

Le plus jeune volcan
Paricutín est un cône volcanique né au Mexique dans un champ de maïs le 20 février 1943 et actif jusqu'en 1952. Très éruptif durant la 1re année, il s'est élevé pour atteindre l'altitude de 335 m. Paricutín a offert aux géologues l'occasion très rare d'assister à la naissance, l'évolution et la mort d'un volcan.

La plus ancienne eau (non météoritique)
Le 13 décembre 2016, lors d'une conférence de l'Union américaine de géophysique, une équipe de scientifiques menée par Barbara Sherwood Lollar (CA) a présenté des analyses dévoilant la découverte d'une eau datant de 2 milliards d'années, à 3 km sous la surface de la Terre, à Kidd Creek Mine, Timmins (Ontario, CA). Le liquide antédiluvien présent dans la croûte à cette profondeur témoigne des conditions qui existaient à l'époque où il a été piégé. Les éléments dissous parmi lesquels hélium, néon, krypton, xénon et argon ont permis d'analyser l'âge de cette eau, environ 8 fois plus salée que l'eau de mer.

Le tsunami le plus puissant provoqué par un astéroïde
Voici 65 millions d'années, un astéroïde d'un diamètre d'au moins 10 km a frappé la péninsule du Yucatán (actuel Mexique). L'impact a libéré une énergie 2 millions de fois plus puissante que la plus puissante des explosions nucléaires artificielles et a creusé un cratère de près de 180 km de diamètre. On estime que le tsunami en résultant devait ponctuellement atteindre 1 km d'altitude et qu'il aurait été encore plus haut si l'astéroïde avait frappé l'océan plutôt que les eaux peu profondes de la péninsule.

La plus haute vague unique
On estime à 34 m, du creux à la crête, la plus haute vague — en fonction du temps et du climat —

▲ LE MOUVEMENT LE PLUS RAPIDE DU NOYAU TERRESTRE
Le 19 décembre 2016, des scientifiques ont découvert un « courant-jet » de fer en fusion dans le noyau externe de la Terre, se déplaçant d'environ 50 km par an. L'équipe — de l'Institut spatial DTU (DEN) et de l'université de Leeds (GB) — ayant utilisé les données des 3 satellites *SWARM*, conçus par l'ESA pour étudier le champ magnétique de la Terre, a mis au jour une masse de fer en fusion à 3 000 km de profondeur. Elle mesure 420 km de large et enveloppe près de la moitié de la planète.

▼ LA PLUS FORTE CHALEUR ÉMISE PAR UN VOLCAN
De 2000 à 2014, le volcan Kīlauea d'Hawaï a émis $9,8 \times 10^{16}$ joules d'énergie thermique, selon une étude du 28 janvier 2015 de géologues américains et anglais. Leur analyse se base sur les données satellites des 95 volcans les plus actifs.
L'image ci-dessous utilise les données radars enregistrées entre janvier 2010 et mai 2011. On remarque les modifications du paysage quand le volcan se dilate, puis se contracte, pendant et entre chaque éruption. Chaque changement de couleur représente une élévation de 1,5 cm. Plus les anneaux sont rapprochés, plus la pente est raide.

L'étude montre des similitudes entre la composition chimique de ce smog et la pollution de l'air actuelle en Chine.

▲ LE SMOG LE PLUS MORTEL
Le terme « smog » vient de la contraction de *smoke* (« fumée ») et *fog* (« brouillard »). Du 5 au 9 décembre 1952, Londres a connu un épais smog, provoqué par le temps froid conjugué à un anticyclone qui a accéléré la concentration des polluants. On a dénombré 12 000 victimes.
En novembre 2016, une équipe internationale de scientifiques a publié son analyse du désastre : associées au brouillard, les émanations résidentielles et industrielles, provenant des centrales à charbon, de dioxyde de soufre et de dioxyde d'azote ont formé de l'acide sulfurique. Les inflammations pulmonaires en résultant ont souvent entraîné des suffocations, voire la mort. Une représentation de *La Traviata*, au Sadler's Wells Theatre, a dû être annulée quand le smog s'est infiltré dans l'auditorium et a caché la scène au public, secoué de toux. Sur l'île aux Chiens (East End), le smog était si épais qu'on ne voyait pas ses pieds.

▲ LA PLUS GRANDE ÉRUPTION DE VOLCAN DE BOUE
Depuis mai 2006, un volcan de boue est entré en éruption dans l'est de l'île de Java (ID). Émettant un mélange d'argile et d'eau, l'éruption et ses coulées ont enseveli 6,5 km² de la ville de Sidoarjo sous près de 40 m de boue ; 40 000 habitants ont dû être déplacés. Au pic de son activité, le volcan dégageait environ 180 000 m³ de boue par jour, soit l'équivalent du volume de la grande pyramide de Gizeh (EG), toutes les 2 semaines. On estime que l'éruption durera 25-30 ans.

officiellement enregistrée. Elle a été mesurée par l'USS *Ramapo*, qui se rendait de Manille (PH) à San Diego (Californie, US), la nuit du 6 au 7 février 1933, au cours d'un ouragan dont les vents atteignaient 126 km/h.

L'endroit le plus éloigné de la Terre
Il existe un endroit situé à 48 ° 52,6'S, 123 ° 23,6'O, dans le Pacifique Sud, à 2 699 km des côtes. Il s'agit du Point Nemo, alias Pôle maritime de l'inaccessibilité. Si vous vous y rendez et que la *Station spatiale internationale* orbitait au-dessus de vous à une altitude d'environ 400 km, vous seriez plus près de son équipage que de quiconque sur Terre.

LES PLUS GRANDS...

Continent
De tous les continents (Europe, Afrique, Asie, Amérique du Nord, Amérique du Sud, Australasie/Océanie et Antarctique), l'Asie est le plus vaste avec 45 036 492 km². L'Afrique est au 2e rang avec une superficie de 30 343 578 km².

Île
À l'exception de l'Australie, considérée généralement comme

un continent, la plus grande île de la Terre est le Groenland, avec une superficie d'environ 2 175 600 km².

La plus grande île de sable, l'île Fraser, se trouve au large de la côte sud du Queensland (AU). Elle recouvre quelque 1 630 km² et abrite une dune longue de 120 km (et plus de 100 lacs d'eau douce). En 1992, l'île a été inscrite au patrimoine mondial de l'Unesco (Organisation des Nations unies pour l'éducation, la science et la culture).

Les dunes les plus hautes ont été mesurées dans la mer de sable d'Issaouane N'Tiffernine, Sahara, au centre-est de l'Algérie. Elles atteignent 5 km de long et culminent à 465 m.

Glacier
Le glacier Lambert en Antarctique couvre une surface de 1 million de km² et alimente l'océan Austral à hauteur d'environ 33 milliards de t de glace issues de la calotte polaire orientale de l'Antarctique tous les ans.

Avec une longueur de plus de 400 km, le glacier Lambert est également **le plus long glacier** du monde.

Base de données sur les lacs
Le 15 décembre 2016, une équipe de géographes de l'université McGill de Montréal (CA) a publié la base de données mondiale la plus complète sur les lacs. Connue sous le nom d'HydroLAKES, elle contient des mesures, parmi lesquelles le volume d'eau ou la longueur de la côte, concernant 1,42 million

de lacs dont la surface dépasse 10 ha. L'équipe de l'université McGill estime le volume d'eau total de ces lacs à environ 181 900 km³. La longueur totale des côtes de ces 1,42 million de lacs atteint près de 7 200 000 km.

Lac de lave
Le volcan-bouclier Nyiragongo (CD) contient un lac de lave actif dans son cratère de 250 m de diamètre. Le volcan est entré en éruption 34 fois depuis 1882.

▲ LA 1RE ÉPOQUE GÉOLOGIQUE DE L'ÈRE MODERNE
Le 29 août 2016, les membres du Groupe international de travail sur l'anthropocène de l'Union des sciences géologiques ont présenté les preuves de l'existence d'une nouvelle époque géologique. On définit l'anthropocène comme le moment à partir duquel les activités humaines ont eu un impact sur les écosystèmes terrestres. Ce groupe recommande de faire commencer l'anthropocène vers les années 1950, lorsque les essais d'armes nucléaires ont répandu des éléments radioactifs.

Chaîne de montagnes subglaciaires
Située dans la partie orientale de l'Antarctique, la chaîne Gamburtsev traverse le continent sur 1 200 km et culmine à 2 700 m. Personne n'a jamais réellement observé ces montagnes enfouies en permanence sous un manteau de plus de 600 m de glace. Découverte en 1958 par une équipe soviétique grâce à des relevés sismiques, la chaîne est sans doute née il y a 500 millions d'années.

▼ LA 1RE ESTIMATION DE LA MASSE DE LA TECHNOSPHÈRE
Émanation de la biosphère terrestre, la technosphère comprend chaque structure et chaque objet créés par l'homme pouvant un jour devenir des « technofossiles ». Routes et villes (New York, ci-dessous), décharges (encadré) et véhicules — y compris les déchets qu'ils génèrent — s'accumulent pour former la technosphère. Le 28 novembre 2016, une équipe internationale menée par des géologues de l'université de Leicester (GB) a présenté son analyse de la masse de la technosphère terrestre dans *Anthropocene Review*. Elle l'estime à 30 000 milliards de t — environ 90 millions d'Empire State Building.

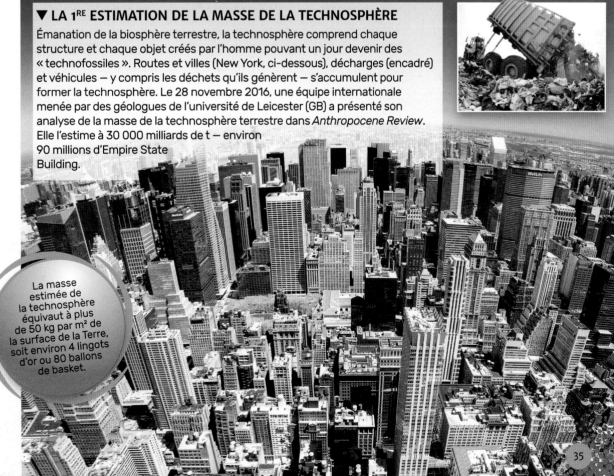

La masse estimée de la technosphère équivaut à plus de 50 kg par m² de la surface de la Terre, soit environ 4 lingots d'or ou 80 ballons de basket.

Les plus grands...

Qui est le plus grand : le plus grand bonhomme de neige ou le plus grand dinosaure ?
Le **plus grand** navire de croisière ou la plus grande statue ? Et si vous êtes plus petit
que le **plus grand** homme, dépassez-vous la taille du **plus grand chien** ?

0-6 m

Mammifère
4,6-5,5 m

Une girafe (*Giraffa camelopardalis*) adulte mâle mesure généralement de 4,6 à 5,5 m de haut. La **plus grande girafe de l'histoire** était George, un mâle Masaï (*G. c. tippelskirchi*) de 5,8 m de haut, accueilli au zoo de Chester (GB).

Homme (de l'histoire)
2,72 m

Le plus grand homme de l'histoire médicale est Robert Pershing Wadlow (US), qui mesurait 2,72 m, le 27 juin 1940, lors de sa dernière prise de mesure. Il faisait déjà 1,63 m à 5 ans et 2,45 m à 17 ans, ce qui fit de lui, sans surprise, le **plus grand adolescent** de l'histoire. Il mourut à 22 ans et fut enterré dans un cercueil de 3,28 m. Pour en savoir plus sur cet homme remarquable, rendez-vous p. 66.

Femme (de l'histoire)
2,463 m

Zeng Jinlian (1964-1982), originaire du village Yujiang dans la commune de la Lune brillante (province du Hunan, CN), mesurait 2,463 m lors de sa mort le 13 février 1982.

Taille moyenne d'un être humain
1,66 m

Chien (de l'histoire)
1,11 m

Lors de sa prise de mesure le 4 octobre 2011, Zeus (2008-2014) le dogue allemand de la famille Doorlag (Ostego, Michigan, US), mesurait 1,11 m au garrot.

6-30 m

Dinosaure
18 m

Des restes de dinosaure découverts en 1994 dans l'Oklahoma (US), appartiendraient au plus grand animal ayant jamais foulé le sol de la Terre. *Sauroposeidon* mesurait 18 m de haut (la taille d'un immeuble de 4 étages) et pesait 60 t.

Château de sable
13,97 m

Il a fallu 2 semaines à Ted Siebert et son équipe de la Sand Sculpture Company (US) pour construire le **plus grand château de sable du monde**. Érigé sur la plage Virginia Key Beach à Miami (Floride, US), il mesurait 13,97 m.

Œuf de Pâques en chocolat 10,39 m

Fabriqué par la société Tosca (IT), un œuf de Pâques en chocolat de 10,39 m de haut a été mesuré dans le centre commercial Le Acciaierie de Cortenuova (IT), le 16 avril 2011. Il avait une circonférence maximale de 19,6 m et pesait 7,2 t.

Moai (à la verticale)
9,8 m

Le plus grand *moai*, cette statue emblématique, encore debout sur l'île de Pâques (Rapa Nui), mesure 9,8 m. Située à Ahu Te Pito Kura, elle pèse 74,39 t et est surnommée Paro.

Vélo
6,15 m

Avec son *Stoopidtaller* de 6,15 m de haut, Richie Trimble (US) pourrait dépasser la **plus grande girafe**. Pour prouver que ce vélo était fonctionnel, Richie a pédalé sur une distance minimale de 100 m, à Los Angeles (Californie, US), le 26 décembre 2013.

30-100 m

Bonhomme de neige
37,21 m

En février 2008, les habitants de Bethel (Maine, US) ont construit un bonhomme de neige appelé Olympia (plutôt une femme de neige, donc) de 37,21 m de haut. Elle avait des épicéas pour bras et des skis pour cils.

Feu de joie
47,39 m

Un feu de joie de 47,39 m de haut a été érigé par Slinningsbålet (NO) et allumé le 25 juin 2016, à Ålesund (Norvège). Son édification à la main a pris environ 3 mois.

Sapin de Noël
67,36 m

En décembre 1950, le centre commercial Northgate de Seattle (Washington, US) révéla son nouveau sapin de Noël : un pin d'Oregon (*Pseudotsuga menziesii*) entièrement décoré qui aurait atteint 67,36 m de haut.

Navire de passagers
81 m

Inaugurés respectivement en 2009 et 2010, les navires de classe Oasis de Royal Caribbean, *MS Oasis of the Seas* et *MS Allure of the Seas*, ont une hauteur de 81 m de la quille à la cheminée, lorsque la cheminée télescopique est déployée.

100-500 m

Arbre (vivant)
115,54 m

Hyperion est un *Sequoia sempervirens* qui atteignait 115,54 m de haut lorsqu'il a été mesuré en septembre 2006. Il a été découvert par Chris Atkins et Michael Taylor (tous 2 US), dans le Redwood National Park (Californie, US), le 25 août 2006. Il fait presque 2 fois la taille du **plus grand sapin de Noël**.

Statue
127,64 m

Avec ses 127,64 m de haut, le bouddha Zhongyuan dans le xian de Lushan (province de Henan, CN) domine le paysage. Consacré le 1er septembre 2009, il a été mesuré le 2 décembre de la même année. Il est plus de 76 fois plus grand qu'une personne de taille moyenne.

Pyramide
146,7 m

La pyramide de Khéops, à Gizeh (EG), est la plus haute du monde. Aussi appelée la Grande Pyramide, elle mesurait 146,7 m lors de sa construction il y a environ 4 500 ans, mais l'érosion et le vandalisme ont ramené sa taille à 137,5 m.

Iceberg
167 m

Un iceberg d'une taille estimée à 167 m (55 étages) au-dessus de la surface de l'eau a été signalé à l'ouest du Groenland par le brise-glace USCGC *Eastwind* en 1957.

Hampe
171 m

La hampe de la place du roi Abdullah à Djeddah (SA) mesure 171 m de haut. Elle porte un drapeau de 49,53 m de long, la taille d'une piscine olympique !

Plate-forme de gaz offshore 472 m

La plate-forme de gaz Troll A, située en mer du Nord, au large de la Norvège, mesure 472 m, dont 303 m sous la surface de l'eau. Elle contient assez d'acier pour ériger 15 tours Eiffel et suffisamment de béton pour construire les fondations de 215 000 maisons. C'est aussi le **plus grand objet construit** par l'homme jamais déplacé : elle a en effet été remorquée jusqu'à son emplacement actuel.

> 500 m

Chute d'eau
979 m

La chute Salto Ángel (« chute de l'ange ») au Venezuela, sur un affluent de la rivière Carrao, est la **plus haute chute d'eau** du monde. Elle mesure 979 m au total et comprend le plus haute chute sans obstacle : 807 m.
La chute d'eau doit son nom au pilote américain Jimmie Ángel (mort le 8 décembre 1956), qui nota son existence dans son journal de bord le 16 novembre 1933, même si l'explorateur Ernesto Sánchez la Cruz (VE) l'avait déjà signalée en 1910.

Structure
1432 m

Si l'on entend par « hauteur » la distance verticale d'une structure à partir de la surface de la Terre, la plate-forme à câbles tendus Magnolia, dans le golfe du Mexique, est la plus **haute structure construite par l'homme**. Elle mesure 1 432 m du fond de l'océan à son sommet au-dessus de la surface.

Bâtiment
828 m

La tour Khalifa détient le record du **plus grand bâtiment** depuis son inauguration à Dubaï (AE) le 4 janvier 2010. Avec ses 828 m, cette tour de 160 étages est aussi la **plus haute structure construite par l'homme sur la terre ferme**.

Montagne
10 205 m

L'Everest a beau être la **plus haute montagne** avec ses 8 848 m, c'est le Mauna Kea (montagne blanche) sur l'île d'Hawaï qui est le **plus grand** *stricto sensu*. Du plancher océanique à son sommet, il mesure 10 205 m, dont 4 205 m au-dessus du niveau de la mer.

Animaux

D'après les chercheurs, il existerait 1 billion d'espèces de micro- et macro-organismes sur Terre. Une seule cuillerée de terre contient 10 000 espèces différentes de bactéries.

La squille multicolore donne des coups d'une force équivalente à 100 fois le poids de son corps (600 g), à une vitesse 50 fois supérieure à celle d'un battement de cils humain !

◀ LES YEUX LES PLUS SOPHISTIQUÉS CHEZ UN ANIMAL

Lorsqu'elle patrouille dans les eaux chaudes des océans Indien et Pacifique, la squille multicolore, ou crevette-mante paon (*Odontodactylus scyllarus*), est capable de voir les problèmes arriver à 1 600 m de distance. Ses yeux globuleux bougent indépendamment l'un de l'autre et contiennent des millions de cellules photosensibles dotées de 16 cônes photorécepteurs (contre 3 chez l'homme).

La squille multicolore possède aussi une arme secrète : le **coup autopropulsé le plus puissant donné par un animal**. Ce stomatopode est capable de frapper avec sa patte avant en forme de massue à 23 m/s, délivrant un coup d'une force de 1500 N. Cela lui sert à fracasser la coquille de ses proies ou à éviter les prédateurs.

Coléoptères

Pour les entomologistes, 85 % des espèces de coléoptères restent à découvrir et à nommer par les scientifiques.

▲ LE CHARANÇON LE PLUS LONG
Les scientifiques connaissent plus de 60 000 espèces de charançons, ce qui fait d'eux les types de coléoptères les plus nombreux. Beaucoup sont très petits, mais les mâles adultes de *Lasiorhynchus barbicornis* (ci-dessus) peuvent atteindre une longueur totale de plus de 9 cm.

Proportionnellement à la taille de son corps, *Antliarhinus zamiae*, un charançon d'Afrique du Sud, possède le **museau le plus long chez un coléoptère**. Avec ses 2 cm, il représente les deux tiers de la longueur totale de l'insecte.

Le plus grand groupe taxinomique
Le mot « taxinomie » désigne la classification scientifique des organismes. Les coléoptères constituent l'ordre *Coleoptera*, le plus grand groupe taxinomique. Il représente un cinquième des espèces vivantes, tous organismes confondus (animaux, plantes et champignons). Environ 40 % des espèces d'insectes de la Terre connus des scientifiques sont des coléoptères.

Les coléoptères sont présents quasiment partout, sauf en Antarctique, en Arctique et dans les habitats marins. Environ 400 000 espèces ont été décrites par les scientifiques à ce jour et de nombreuses autres viennent s'y ajouter chaque année. D'après une estimation, ce chiffre ne représenterait que 15 % de toutes les espèces de coléoptères peuplant notre planète.

La 1re espèce ressemblant à un coléoptère
Des insectes primitifs ressemblant aux coléoptères d'aujourd'hui ont été découverts dans des sédiments datant du permien inférieur (il y a environ 280 millions d'années) en Moravie, en République tchèque, et dans l'Oural, en Russie. Ils ont été classés dans la famille des *Tshekardocoleidae*, au sein de l'ordre préhistorique des *Protocoleoptera*, dont le nom signifie « premiers coléoptères ».

La larve de coléoptère la plus lourde
La larve de *Megasoma actaeon*, espèce originaire des régions septentrionales de l'Amérique du Sud, pèse en moyenne 200 g, une fois sa croissance achevée.

Le spécimen le plus lourd jamais observé était un mâle (à gauche) élevé au Japon en 2009 et qui pesait 228 g à l'état de larve – presque autant qu'un rat adulte femelle ! Ce spécimen détient aussi le record du **coléoptère le plus lourd** et de l'**insecte le plus lourd**, toutes espèces confondues.

▼ LE COLÉOPTÈRE (ET INSECTE) LE PLUS LOURD
À l'âge adulte, le scarabée goliath (famille des *Scarabaeidae*) d'Afrique équatoriale est un poids lourd dans le monde des coléoptères. Le mâle mesure jusqu'à 11 cm du bout de ses cornes frontales à l'extrémité de son abdomen et pèse de 70 à 100 g – 1,5 fois plus qu'une balle de tennis.

Q : Quel coléoptère était utilisé dans l'Égypte antique comme symbole sacré ?

R : Le scarabée.

Les plus petits insectes
Deux groupes de coléoptères peuvent prétendre au titre de plus petit insecte du monde et, en même temps, celui de **plus petit coléoptère**. Les coléoptères de la famille des Ptiliidés mesurent 0,25-0,30 mm, tout comme certaines espèces aux ailes postérieures ornées de soies de la tribu des Nanosellini, tel *Scydosella musawasensis.*

Le plus grand scarabée-tigre
Manticora latipennis, scarabée-tigre originaire d'Amérique du Sud, du Botswana et du Mozambique, atteint souvent une longueur totale de 6,5 cm. Le mâle a un aspect encore plus impressionnant du fait de ses énormes mandibules ressemblant à des défenses, qui rappellent celles des lucanes. Alors que chez ces derniers, elles jouent surtout un rôle lors de la reproduction, elles ont chez les scarabées-tigres une vraie fonction : ils s'en servent pour tenir et manipuler leurs proies quand ils les mettent en pièces avant de les dévorer.

Le coléoptère le plus social
La 1re (et actuellement la seule) espèce de coléoptère affichant un véritable comportement social (ou « eusocial ») est *Austroplatypus incompertus*, originaire d'Australie et appartenant à la sous-famille des *Platypodidae*. Ce membre de la famille des charançons forme des colonies à l'intérieur des eucalyptus. Chaque colonie compte une seule femelle fertile (la reine), protégée par des femelles stériles (les ouvrières), qui s'accouple avec des mâles fertiles (drones) pour produire les nouvelles générations. Ce système de castes est comparable à celui des abeilles sociales et des fourmis.

Le coléoptère le plus rapide
L'Usain Bolt des coléoptères – et l'**insecte le plus rapide** du monde – est *Cicindela hudsoni,* espèce australienne de scarabée-tigre, qui peut courir à 2,5 m/s, soit environ 125 fois la longueur de son corps par seconde. En se basant sur la foulée d'Usain Bolt (2,44 m), cela reviendrait pour un humain à courir à 305 m/s, juste un peu moins que la vitesse du son. Les résultats de ces recherches ont été publiés en 1999 par Thomas M Merritt, du Département d'entomologie et de nématologie de l'université de Floride (US).

Élytre : étui alaire rigide protégeant l'aile postérieure qu'il recouvre

Abdomen

Scutellum : petite plaque protectrice triangulaire située sur le thorax

Thorax

Antenne

Œil composé

Tête

Fémur

Cornes

Tibia

Bouche

Griffe

Tarse : dernière partie segmentée de la patte, se terminant par une griffe

Les coléoptères sortent de l'œuf sous la forme d'une larve (ci-dessus à gauche) et passent par plusieurs stades de développement appelés mues. Ils finissent par se transformer en « nymphe », puis en « imago ».

Une larve de *Megasoma actaeon* pèse quasiment le même poids que 6,25 moineaux adultes !

Les humains consomment au moins 300 espèces différentes de coléoptères (généralement à l'état larvaire).

Le peuple San (NA) trempe la pointe de ses flèches dans un poison mortel extrait des larves et des nymphes de chrysomèles.

TOUS LES ANIMAUX
INSECTES
COLÉOPTÈRES

Deux tiers des animaux répertoriés et nommés par les scientifiques sont des insectes, dont 40 % de coléoptères (sur environ 1,5 million d'espèces répertoriées, à peu près 400 000 sont donc des coléoptères !).

Un arbre planté à Los Angeles (Californie, US) en l'honneur du guitariste des Beatles George Harrison (GB) a été détruit… par des coccinelles et des charançons affamés !

– Miam miam

Les coléoptères vrais (d'aujourd'hui) sont apparus il y a environ 280 millions d'années. Ils ont donc survécu à tout ce qui a tué les dinosaures.

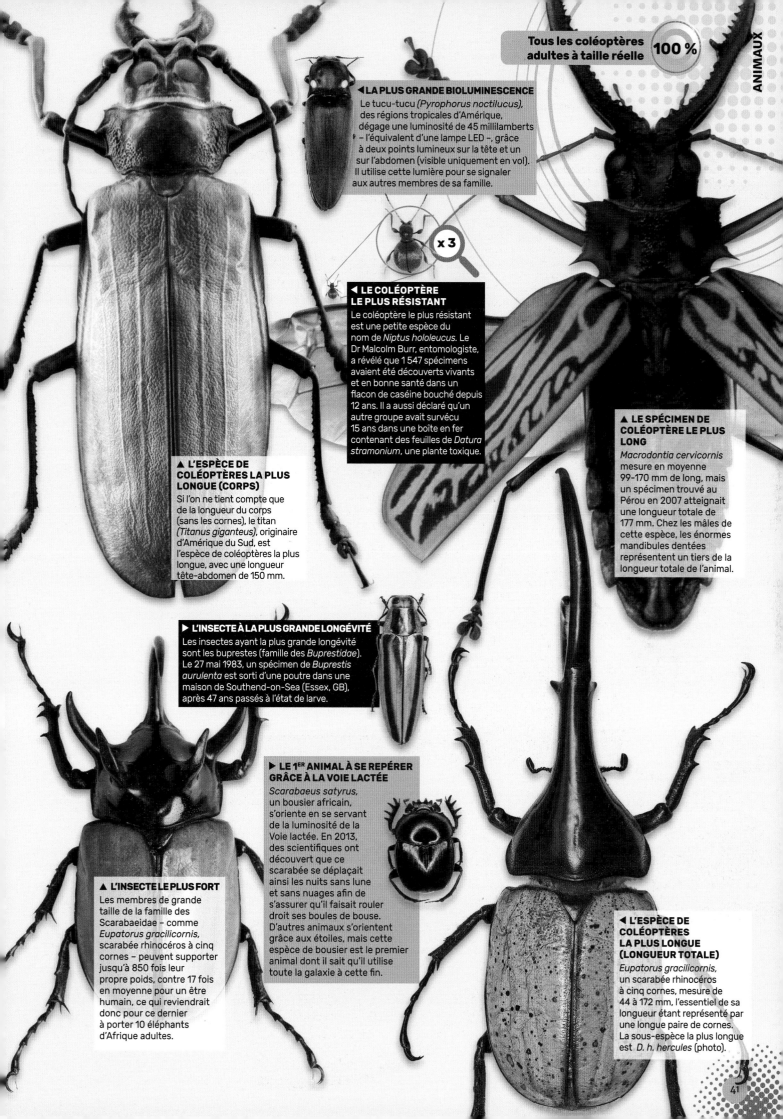

Tous les coléoptères adultes à taille réelle **100 %**

◀ **LA PLUS GRANDE BIOLUMINESCENCE**

Le tucu-tucu (*Pyrophorus noctilucus*), des régions tropicales d'Amérique, dégage une luminosité de 45 millilamberts – l'équivalent d'une lampe LED –, grâce à deux points lumineux sur la tête et un sur l'abdomen (visible uniquement en vol). Il utilise cette lumière pour se signaler aux autres membres de sa famille.

x 3

◀ **LE COLÉOPTÈRE LE PLUS RÉSISTANT**

Le coléoptère le plus résistant est une petite espèce du nom de *Niptus hololeucus*. Le Dr Malcolm Burr, entomologiste, a révélé que 1 547 spécimens avaient été découverts vivants et en bonne santé dans un flacon de caséine bouché depuis 12 ans. Il a aussi déclaré qu'un autre groupe avait survécu 15 ans dans une boîte en fer contenant des feuilles de *Datura stramonium*, une plante toxique.

▲ **LE SPÉCIMEN DE COLÉOPTÈRE LE PLUS LONG**

Macrodontia cervicornis mesure en moyenne 99-170 mm de long, mais un spécimen trouvé au Pérou en 2007 atteignait une longueur totale de 177 mm. Chez les mâles de cette espèce, les énormes mandibules dentées représentent un tiers de la longueur totale de l'animal.

▲ **L'ESPÈCE DE COLÉOPTÈRES LA PLUS LONGUE (CORPS)**

Si l'on ne tient compte que de la longueur du corps (sans les cornes), le titan (*Titanus giganteus*), originaire d'Amérique du Sud, est l'espèce de coléoptères la plus longue, avec une longueur tête-abdomen de 150 mm.

▶ **L'INSECTE À LA PLUS GRANDE LONGÉVITÉ**

Les insectes ayant la plus grande longévité sont les buprestes (famille des *Buprestidae*). Le 27 mai 1983, un spécimen de *Buprestis aurulenta* est sorti d'une poutre dans une maison de Southend-on-Sea (Essex, GB), après 47 ans passés à l'état de larve.

▶ **LE 1ᵉʳ ANIMAL À SE REPÉRER GRÂCE À LA VOIE LACTÉE**

Scarabaeus satyrus, un bousier africain, s'oriente en se servant de la luminosité de la Voie lactée. En 2013, des scientifiques ont découvert que ce scarabée se déplaçait ainsi les nuits sans lune et sans nuages afin de s'assurer qu'il faisait rouler droit ses boules de bouse. D'autres animaux s'orientent grâce aux étoiles, mais cette espèce de bousier est le premier animal dont il sait qu'il utilise toute la galaxie à cette fin.

▲ **L'INSECTE LE PLUS FORT**

Les membres de grande taille de la famille des Scarabaeidae – comme *Eupatorus gracilicornis*, scarabée rhinocéros à cinq cornes – peuvent supporter jusqu'à 850 fois leur propre poids, contre 17 fois en moyenne pour un être humain, ce qui reviendrait donc pour ce dernier à porter 10 éléphants d'Afrique adultes.

◀ **L'ESPÈCE DE COLÉOPTÈRES LA PLUS LONGUE (LONGUEUR TOTALE)**

Eupatorus gracilicornis, un scarabée rhinocéros à cinq cornes, mesure de 44 à 172 mm, l'essentiel de sa longueur étant représenté par une longue paire de cornes. La sous-espèce la plus longue est *D. h. hercules* (photo).

Cervidés

Grâce à ses yeux placés sur les côtés de la tête, le cerf a une vision à environ 310°. Il peut donc voir derrière lui.

◀ LE PLUS GRAND CERVIDÉ

L'orignal (nom américain), ou élan (nom européen), est le plus grand cervidé. Il absorbe environ 33,1 kg de nourriture par jour en été, essentiellement végétale – plantes ligneuses et buissons. L'hiver, il se nourrit de bourgeons et ne consomme plus que 15,4 kg par jour. En septembre 1897, un orignal mâle de l'Alaska (*Alces alces gigas*) de 2,34 m au garrot et de 816 kg a été abattu dans le Yukon (CA).

▼ LA PLUS LONGUE MIGRATION ANIMALE TERRESTRE

La plus longue distance parcourue par un animal terrestre lors d'une migration est attribuée au caribou (*Rangifer tarandus*) d'Alaska et du Yukon, en Amérique du Nord. Il peut parcourir 4 800 km par an. L'été, il consomme de l'herbe et des buissons dans la toundra du Grand Nord. Quand l'hiver arrive, il se déplace vers le sud jusqu'au Yukon, où il se nourrit de lichens et de végétaux du même genre.

▲ LES ONGULÉS LES PLUS ASSOIFFÉS DE SANG

Un « ongulé » est doté de sabots, comme les cervidés. Sur l'île de Rùm, dans les Hébrides intérieures (GB), la végétation est pauvre en minéraux comme le calcium et le phosphore. Pour satisfaire leurs besoins nutritifs quotidiens, les cerfs élaphe (*Cervus elaphus*) de l'île tuent les petits des oiseaux de mer qui nichent au sol, notamment les puffins des Anglais (*Puffinus puffinus*, encart). Ils leur arrachent la tête et mastiquent leurs os pour se procurer les minéraux dont ils ont besoin.

Certains troupeaux de caribous peuvent compter jusqu'à 100 000 individus.

100 000

Quatre estomacs

Comme les vaches, les cerfs ont un estomac principal divisé en 4 compartiments. C'est le cas de tous les ruminants, qui régurgitent et remastiquent les aliments qu'ils ont avalés. La rumination fait partie du processus de digestion.

Hydropotes inermis inermis, sous-espèce chinoise de l'hydropote, possède de longues défenses crochues, mais pas de bois.

La 1re espèce de cervidés aux bois caducs

Le plus ancien cervidé aux bois caducs que les scientifiques connaissent est le cerf de Sansan (*Dicrocerus elegans*). L'espèce a vécu en Europe au miocène (- 20 à 5 millions d'années). Des fossiles ont été découverts en France, en Allemagne, au Portugal, en Slovaquie et en Serbie ainsi qu'en Chine. Ses bois rudimentaires étaient ramifiés (*Dicrocerus* signifie « bois fourchus ») mais dépourvus d'andouillers (ou cors) et leur base était épaissie. Seuls les mâles portaient des bois, qu'ils perdaient chaque année. Le merrain de chaque bois se raccourcissait à chaque mue, comme chez les muntjacs d'aujourd'hui.

La plus grande espèce de daim préhistorique

Si l'on se base sur les fossiles retrouvés et les peintures rupestres, le grand cerf des tourbières (*Megaloceros giganteus*) mesurait a priori 2 m au garrot. On l'appelle aussi « élan irlandais » car de nombreux spécimens ont été découverts en Irlande, mais ce n'était pas un cousin proche de l'élan. Des études génétiques ont confirmé que son cousin le plus proche était le daim actuel.

La plus grande espèce de muntjac

Le muntjac géant (*Muntiacus vuquangensis*) est originaire du Vietnam et du Cambodge. Avec un poids de 30-50 kg, il est 2 fois plus lourd que les autres muntjacs et plus long d'un tiers, avec des bois pouvant être 4 fois plus grands. Il est donc d'autant plus surprenant que l'espèce n'ait été décrite par les scientifiques qu'en 1994.

L'espèce de chevrotains la plus récente

Les chevrotains constituent une famille taxinomique (Tragulidae) distincte de celle des vrais cerfs (Cervidae). À l'exception d'une espèce africaine, on ne les trouve qu'en Asie. La dernière espèce à avoir été formellement reconnue par les scientifiques est le tragule à rayures jaunes (*Moschiola kathygre*),

Q : Combien d'espèces de cervidés existe-t-il ?

R : Une centaine. Ils sont présents sur tous les continents, hormis l'Antarctique et l'Australie.

officiellement décrit et nommé en 2005. Il est originaire du Sri Lanka.

Le **plus petit ongulé** est le petit chevrotain de Java (*Tragulus javanicus*), qui mesure 20-25 cm au garrot, pour un corps de 42-55 cm de long et un poids de 1,5-2,5 kg. Les mâles adultes se reconnaissent à leurs canines supérieures en forme de défenses qui dépassent de la mâchoire. Les femelles sont réputées pour leur capacité à concevoir à nouveau dans les 2 h suivant la mise bas.

▲ LE PLUS GRAND GENRE DE CERVIDÉS

Il est admis que le genre *Muntiacus*, qui comprend les muntjacs, ou cerfs aboyeurs, compte 12 espèces, même si certains chercheurs en reconnaissent 16. La différence correspond à 4 sous-espèces de muntjac indien *(M. muntjak)* élevées au rang d'espèces à part entière. Les muntjacs sont originaires d'Asie, mais certaines espèces ont été introduites ailleurs, notamment en Grande-Bretagne.

▲ LA PLUS PETITE ESPÈCE DE CERVIDÉ

Le pudu du Nord *(Pudu mephistophiles)* ne dépasse pas 35 cm au garrot et pèse jusqu'à 6 kg. Il est originaire des Andes (Colombie, Équateur et Pérou). Les mâles possèdent des bois courts et pointus, qu'ils perdent chaque année, même si ceux-ci ne sont pas ramifiés comme ceux des autres espèces de cervidés. Les femelles pudu n'ont pas de bois.

▲ LA PLUS PETITE SOUS-ESPÈCE DE RENNE

Le renne de Svalbard *(Rangifer tarandus platyrhynchus)* est originaire de l'archipel du même nom. Les mâles mesurent en moyenne 160 cm de long pour un poids de 65-90 kg, contre 150 cm et 53-70 kg pour les femelles. Elles prennent du poids entre le printemps et l'automne.

Le terme « palmé », parfois utilisé pour les bois, correspond à la forme de la main, paume ouverte et doigts dépliés.

▲ LES BOIS LES PLUS LONGS

La ramure d'un orignal *(Alces alces)* tué près de la rivière Stewart dans le Yukon (CA), en octobre 1897, mesurait 1,99 m.

Le grand cerf des tourbières *(Megaloceros giganteus)*, espèce préhistorique, avait les **plus longs bois de toutes les espèces animales connues**. Les bois très ramifiés d'un spécimen découvert dans une tourbière irlandaise avaient une envergure de 4,3 m.

Tissu des bois

C'est le **tissu ayant la croissance la plus rapide chez un mammifère.** Il se développe au rythme de 2,5 cm par jour, soit plus vite que les ongles des humains.

Certaines espèces, comme le cerf de Virginie *(Odocoileus virginianus)*, peuvent faire des sauts de 9,1 m. Elles peuvent aussi faire des bonds en l'air de presque 2,4 m.

9,1 m

▼ LE PLUS GRAND CERVIDÉ DE L'HISTOIRE

Cervalces latifrons, espèce appartenant à la famille des « élans-cerfs », a vécu au pléistocène. On sait, d'après des fossiles, qu'il mesurait 2,1 m, soit juste un peu plus que le grand cerf des tourbières – *Megaloceros giganteus* (ci-dessous) –, mais il pesait à peu près 2 fois son poids, soit 1 200 kg.

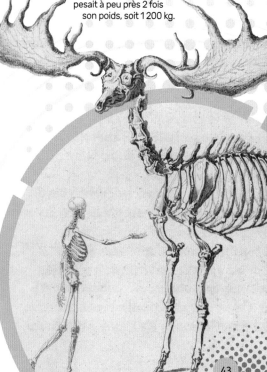

La plus petite aire de répartition pour une espèce de cervidé

Le cerf de Bawean *(Hyelaphus kuhlii)*, ou cerf-cochon de Bawean, classé « en danger critique », est entièrement confiné dans la minuscule île de Bawean, située entre Bornéo et Java. D'une superficie d'environ 200 km², elle ne mesure que 15 km de diamètre à son point le plus large. Il ne reste plus que 250 spécimens à l'état sauvage, qui forment deux populations topographiquement distinctes. Des programmes de reproduction en captivité ont été lancés ailleurs que sur l'île afin d'assurer sa survie, mais c'est toujours l'**espèce de cervidé la plus rare**.

L'espèce de porte-musc la plus répandue

Les 7 espèces de porte-musc sont rares et menacées d'extinction. L'espèce la plus répandue est actuellement le porte-musc de Sibérie *(Moschus moschiferus)*, classé « vulnérable » par l'Union internationale pour la conservation de la nature (UICN). Les 6 autres espèces sont classées « en danger ». La population mondiale de porte-musc de Sibérie est en déclin car l'espèce est chassée pour la glande que les adultes mâles possèdent et qui sécrète le précieux musc. Elle est estimée à 230 000 individus, dont 150 000 vivant dans la région extrême-orientale de la Fédération de Russie.

Les bois les plus petits

Les bois du cerf huppé ou élaphode *(Elaphodus cephalophus)* d'Asie ne mesurent que 5 cm. Ils sont souvent cachés par les touffes de poils noirs qui garnissent son front et le haut de son crâne, dont dérive le nom de l'espèce.

Le plus vieux cervidé

Un cerf élaphe *(Cervus elaphus)* écossais nommé Bambi est né le 8 juin 1963 et mort le 20 janvier 1995 à l'âge de 31 ans et 226 jours. Nourri à la main, il appartenait à la famille Fraser (GB). Les cerfs sauvages qui survivent aux dangers qui les menacent quand ils sont petits vivent 10-20 ans.

Aigles

Proportionnellement à leur taille, les yeux des aigles sont 20 fois plus gros que ceux des humains. À notre échelle, cela reviendrait à avoir des yeux 2 fois plus gros qu'une boule de bowling !

Le symbole officiel du Saint Empire romain était un aigle à deux têtes.

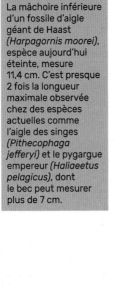

▲ LE BEC LE PLUS LONG CHEZ UN AIGLE

La mâchoire inférieure d'un fossile d'aigle géant de Haast (*Harpagornis moorei*), espèce aujourd'hui éteinte, mesure 11,4 cm. C'est presque 2 fois la longueur maximale observée chez des espèces actuelles comme l'aigle des singes (*Pithecophaga jefferyi*) et le pygargue empereur (*Haliaeetus pelagicus*), dont le bec peut mesurer plus de 7 cm.

Le genre d'aigles le plus important

En taxinomie, le genre *Aquila* compte le plus grand nombre d'espèces – 15. Il s'agit des « vrais » aigles. Parmi eux, l'aigle royal (*A. chrysaetos*) d'Eurasie et d'Amérique du Nord, l'énorme aigle d'Australie (*A. audax*), l'aigle de Verreaux (*A. verreauxii*) au plumage majoritairement noir et le magnifique aigle ibérique (*A. adalberti*).

Les 1ers (« vrais ») aigles du genre *Aquila*

Les 1ers « vrais » aigles du genre *Aquila* actuellement connus des scientifiques ont tous vécu entre le milieu et la fin du miocène, il y a environ 12 millions d'années. On dénombre 3 espèces : *A. bullockensis*, *A. delphinensis* et *A. pennatoides*. La première vivait en Australie, et les deux sont connues grâce à des fossiles découverts dans des gisements à Grive-Saint-Alban (FR).

La plus grande espèce d'aigle de l'histoire

Découvert en 1871 par le géologue Julius von Haast (DE) dans un ancien marécage, l'aigle géant de Haast (*Harpagornis moorei*) était un rapace qui vivait sur l'île du Sud (NZ). On estime que les femelles adultes pesaient 10-15 kg, contre 9-12 kg pour les mâles du même âge. En termes de taille, même les plus grandes espèces d'aigles actuelles sont environ 40 % plus petites que l'aigle géant de Haast.

La taille de ce rapace en faisait un prédateur redoutable pour les moas – oiseaux inaptes au vol, encore plus grands et plus lourds que les autruches. L'arrivée des premiers colons maoris sur l'île du Sud a entraîné une surchasse des moas et l'extinction de ces oiseaux ainsi que de l'aigle géant de Haast vers 1400.

LES AIGLES LES PLUS RARES DANS LA NATURE			
	NOM	**STATUT**	**NOMBRE**
1	Pygargue de Madagascar *Haliaeetus vociferoides*	DC	env. 240
2	Aigle de Florès *Nisaetus floris*	DC	< 255
3	Aigle des singes *Pithecophaga jefferyi*	DC	env. 600
4	Aigle ibérique *Aquila adalberti*	V	env. 648
5	Aigle des Philippines *Nisaetus philippensis*	V	600-900
6	Pygargue de Pallas *Haliaeetus leucoryphus*	V	2500-10000
7	Pygargue de Sanford *Haliaeetus sanfordi*	V	env. 5000
8	Aigle criard *Clanga clanga*	V	< 8000
=9	Aigle lancéolé *Clanga hastata*	V	3500-15000
=9	Circaète de Beaudoin *Circaetus beaudouini*	V	3500-15000
=9	Aigle de Nouvelle-Guinée *Harpyopsis novaeguineae*	V	3500-15000
=9	Serpentaire de Kinabalu *Spilornis kinabaluensis*	V	3500-15000
=9	Aigle de Wallace *Nisaetus nanus*	V	3500-15000
=9	Aigle impérial *Aquila heliaca*	V	3500-15000

DC : en danger critique ; V : vulnérable (UICN)

L'aigle le plus rare

Seuls 120 couples environ de pygargues de Madagascar (*Haliaeetus vociferoides*, voir ci-dessus) vivraient dans les forêts du nord-ouest de Madagascar. Cette île de l'océan Indien abritait autrefois un rapace plus grand, *Stephanoaetus mahery*, qui s'est éteint vers 1500. Une espèce du genre *Aquila* s'est également éteinte dans la région. Bien qu'aucun des deux n'ait survécu, on peut retrouver la trace de leur existence dans le comportement des lémuriens, qui évitent aujourd'hui encore les rapaces.

L'aigle « botté » le plus rare

Moins de 255 aigles de Florès (*Nisaetus floris*) seraient encore en vie. L'espèce est entièrement confinée dans les îles indonésiennes de Flores, Lombok, Sumbawa et Alor dans les petites îles de la Sonde, ainsi que dans les deux petites îles de Satonda et Rinca.

La plus grande proie tuée par un aigle

Un jeune hurleur roux (*Alouatta seniculus*) mâle de 7 kg a été tué et emporté par une harpie féroce (*Harpia harpyja*) (ci-dessous et à droite), dans le parc national de Manú (PE), en 1990.

Les femelles aigles sont beaucoup plus grandes que les mâles.

Proportionnellement, l'aile d'un aigle est plus résistante que celle d'un avion.

71

Nombre total d'espèces d'aigles dans le monde actuellement reconnues par les scientifiques

CONVOCATION

Nom donné à un groupe d'aigles

Le mot « pygargue » vient d'un terme grec signifiant « aux fesses blanches ».

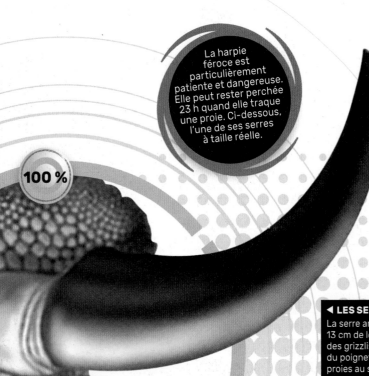

La harpie féroce est particulièrement patiente et dangereuse. Elle peut rester perchée 23 h quand elle traque une proie. Ci-dessous, l'une de ses serres à taille réelle.

100 %

◄ LES SERRES D'AIGLE LES PLUS LONGUES

La serre arrière de la harpie féroce (*Harpia harpyja*) mesure 13 cm de long, soit plus encore que les griffes de la plupart des grizzlis. Le diamètre de ses pattes peut atteindre celui du poignet d'un jeune enfant. La harpie féroce chasse ses proies au sommet des arbres de la forêt tropicale humide. Elle utilise ses serres pour exercer une pression de plus de 50 kg sur ses victimes, ce qui suffit à leur broyer les os.

▲ LA PLUS GRANDE ENVERGURE CHEZ UN AIGLE

L'aigle des singes (Pithecophaga jefferyi), ou pithécophage des Philippines, peut atteindre une envergure de 2,2 m, soit plus que l'envergure moyenne de n'importe quelle autre espèce. Compte tenu de la taille de son corps et de son poids, il a en réalité les ailes relativement courtes. Dans les forêts denses des Philippines, des ailes plus longues empêcheraient les accélérations rapides nécessaires pour capturer les singes, oiseaux et reptiles dont il se nourrit.

▲ LE PLUS PETIT AIGLE

Le serpentaire menu (Spilornis klossi) pèse 450 g et ne mesure que 40 cm de long, soit juste un peu plus que la femelle de l'épervier d'Europe. On le trouve dans les forêts de l'île de la Grande Nicobar, au nord de l'île indonésienne de Sumatra. Ce serpentaire n'a été formellement décrit qu'en 1902, puis baptisé du nom du zoologue anglais Cecil B. Kloss.

▲ LE PLUS GRAND NID D'OISEAU

Examiné le 1er janvier 1963, un nid construit par un couple de pygargues à tête blanche (Haliaeetus leucocephalus), près de St Petersburg (Floride, US), mesurait 2,9 m de large et 6 m de profondeur. Le poids de cet immense nid a été estimé à plus de 1 995 kg.

Cette performance n'est toutefois rien à côté des incubateurs en forme de tumulus du léipoa ocellé (Leipoa ocellata). Bien isolés, ils constituent les **plus grands incubateurs du monde** et utilisent des matériaux pesant jusqu'à 300 t – soit le poids moyen d'un jumbo-jet !

▲ L'AIGLE LE PLUS GRAND

Le pygargue de Steller (Haliaeetus pelagicus), du nom du botaniste Georg Steller (DE), pèse 5-9 kg. Sa masse corporelle moyenne de 6,7 kg est supérieure à celle de tous les autres aigles. Il vit surtout dans les régions côtières de Russie et dans certaines parties de la Corée et du Japon. Il se nourrit de poissons comme le saumon, la truite et la morue du Pacifique, même s'il ne dédaigne pas les crabes, les canards, les calmars et même les phoques ! L'envergure de cet oiseau lourd est impressionnante, certains individus atteignant celle de l'aigle des singes (ci-dessus). Son envergure moyenne de 212,5 cm ne le place toutefois qu'au 3e rang dans la famille des aigles.

▶ LE RAPACE LE PLUS PUISSANT

La femelle harpie féroce (Harpia harpyja) est capable de tuer et de transporter des animaux du même poids qu'elle, soit jusqu'à 9 kg (ci-contre et à gauche). Quand la harpie féroce s'abat sur ses victimes à 32 km/h, elle génère une énergie avoisinant 2 258 joules, soit presque 3 fois l'énergie cinétique d'une balle tirée avec un Magnum 357. C'est un superprédateur qui se situe au sommet de sa chaîne alimentaire et qui se nourrit notamment de paresseux et de singes hurleurs.

Pandas

Le panda a l'odorat tellement développé qu'il est capable de trouver des bambous dans l'obscurité uniquement grâce à leur parfum.

A LE 1ER PANDA CONNU DES SCIENTIFIQUES

Ailurus fulgens, originaire du sud-ouest de la Chine et de l'Himalaya, a été formellement décrit et nommé en 1825 par le naturaliste Frédéric Cuvier (FR). Quatre ans plus tôt, le major général Thomas Hardwicke avait présenté un article à la Société linéenne de Londres et nommé l'espèce, mais son article n'a été publié qu'en 1827.

Le plus vieux fossile connu de panda géant

En 2007, un crâne fossilisé de panda géant pygmée, ou panda nain (*Ailuropoda microta*), a été découvert dans la grotte calcaire de Jinyin à Guangxi, dans le sud de la Chine. Ce panda vivait dans les forêts tropicales de bambous dans le sud de la Chine il y a environ 2-4 millions d'années, au pliocène supérieur.

Le panda géant pygmée était aussi le **plus petit panda géant**. Il était plus petit que le panda géant que nous connaissons puisqu'il mesurait 1 m de long. Il ressemblait à un chien domestique bien gras. En se basant sur l'usure caractéristique de ses dents, les scientifiques ont avancé qu'il se nourrissait de pousses de bambou, tout comme son grand cousin actuel.

L'ours le plus primitif de la terre

Par son évolution et son isolement géographique, le panda géant s'est distingué des autres ursidés il y a 18-25 millions d'années. Il est rangé dans sa propre sous-famille, celle des Ailuropodinae (qui signifie « pied de chat noir et blanc »).

Avec 4,2 km² (à peine plus que Central Park à New York), le domaine vital des pandas géants femelles des monts Qinling, dans la province de Shaanxi (CN), est le **plus petit habitat pour une espèce d'ours**.

Le plus de naissances de pandas en 1 an

2006 a été une année record pour les naissances de pandas, avec 30 petits nés en captivité. La majorité a vu le jour au Centre de recherche sur le panda de Wolong, dans le sud-ouest de la Chine, mais le 30e est né à l'Adventure World de Wakayama (JP), le 23 décembre 2006.

Les espèces vivant en captivité les plus chères

La population mondiale de pandas géants est uniquement originaire de Chine et appartient à ce pays. Quatre zoos (San Diego, Atlanta, Washington et Memphis) payent chacun un « loyer » annuel de 1 million de dollars au gouvernement chinois pour un couple de ces animaux rares. Si des petits naissent (et ce sont parfois des jumeaux), une indemnité forfaitaire de 600 000 $ par bébé lui est également due. L'argent alimente les programmes chinois en faveur de la protection du panda. L'entretien d'un panda (production de bambous et sécurité compris) est 5 fois plus coûteux que celui de la 2e espèce la plus coûteuse, à savoir l'éléphant.

Lors de la fête organisée pour ses 37 ans (ci-dessous) – date à laquelle elle était déjà le plus vieux panda captif du monde –, Jia Jia a eu droit à un gâteau d'anniversaire à base de jus de fruits et de glace.

Q : Combien de doigts le panda géant a-t-il sur chaque patte ?

R : Six. Il possède 5 doigts et 1 pouce opposable.

Le régime le plus restrictif chez un ours

Le régime alimentaire du panda est constitué à plus de 99 % de bambous. Le reste consiste en végétaux autres, en petits oiseaux ou rongeurs et, occasionnellement, en charognes. En captivité, il mange aussi des œufs, des fruits, du miel et du poisson. En fait, le bambou, très pauvre en protéines et en énergie, n'est pas très nourrissant et le panda doit consommer quotidiennement de grandes quantités (jusqu'à 14 kg) de pousses de bambou pour rester en bonne santé.

LES 1ERS...

Mention écrite d'un panda roux

On trouve mention d'un panda roux, ou petit panda (*A. fulgens*), sur un parchemin chinois du XIIIe siècle. Ce document relate une scène de chasse comportant une description du spécimen et des hommes qui le poursuivent. Le panda roux n'a été découvert par les scientifiques occidentaux qu'en 1821 grâce à un article du major général Thomas Hardwicke (voir encadré vert à gauche).

Panda vivant vu par un Occidental

Le zoologue Hugo Weigold (DE) acheta un bébé panda géant en 1916 lors d'un séjour dans la province chinoise de Wassu, à l'est de la rivière Min. À cette époque, Weigold participait à l'expédition Stoetzner dans l'ouest de la Chine et l'est du Tibet, où il avait cherché en vain des pandas géants. Malgré ses tentatives pour nourrir le petit à la main, celui-ci est mort peu de temps après, faute d'une nourriture adaptée.

Panda géant élevé en dehors de la Chine

Su-Lin (qui signifie « petite chose précieuse »), bébé panda géant, était âgé d'environ 9 semaines quand il a été découvert abandonné dans le creux d'un arbre près de la rivière Min, dans la province du Sichuan (CN), en 1936. L'exploratrice Ruth Harkness, à l'origine de la découverte, ramena Su-Lin aux États-Unis en décembre de la même année. Ce qu'elle croyait être une femelle était en fait un mâle. Elle le nourrit au biberon puis, en avril 1937, le vendit au zoo de Brookfield, à Chicago. Il y vécut jusqu'au printemps 1938, date à laquelle il mourut étouffé par une brindille, d'après son autopsie.

◄ LE PLUS VIEUX PANDA CAPTIF (DE L'HISTOIRE)

Jia Jia (« bonne »), panda géant femelle, est née en 1978. Arrivée à l'Ocean Park de Hong Kong en mars 1999, elle y est restée jusqu'à sa mort le 16 octobre 2016, à l'âge de 38 ans. L'espérance de vie moyenne d'un panda géant est de 18-20 ans à l'état sauvage et de 30 ans en captivité.

On trouvait autrefois des pandas sauvages dans tout le sud et l'est de la Chine ainsi qu'au Myanmar et au Vietnam, mais la disparition de leur habitat et le braconnage en ont fait l'une des espèces les plus menacées au monde.

La couleur noir et blanc du panda a été comparée au symbole du yin et du yang (ci-dessus), qui représente pour les Chinois l'équilibre des forces opposées dans l'univers.

Le nom scientifique du petit panda ou panda roux – *Ailurus fulgens* – signifie **« chat-ours rougeoyant ».**

Le panda géant est très myope.

Un panda commence à marcher à 5 mois.

Depuis 2011, An Yanshi, chef d'entreprise chinois, cultive du thé vert en utilisant des excréments de pandas comme engrais. Le thé se vend 440 000 yuans (53 790 €) le kilo.

▲ LA NAISSANCE DE PANDAS GÉANTS TRIPLÉS LA PLUS RÉCENTE

Seuls 4 cas de naissances de triplés chez des pandas géants captifs ont été enregistrés dans l'histoire. La naissance la plus récente a eu lieu le 29 juillet 2014, au Safari Park de Chimelong Paradise, à Guangzhou, dans la province de Guangdong, dans le sud-est de la Chine. Les trois bébés, nés en 4 h, puis nourris à la main, étaient toujours en vie le 6 octobre 2016. Leur mère, Ju Xiao, avait été inséminée artificiellement en mars 2014.

Les réserves de pandas géants couvrent une superficie équivalente à environ 3 fois la taille de l'État américain de Rhode Island.

◀ LE 1ER PANDA GÉANT NÉ EN CAPTIVITÉ

Le 9 septembre 1963, un panda géant mâle baptisé Ming-Ming (« brillant ») a été le 1er individu de son espèce à naître en captivité. Sa naissance a eu lieu au zoo de Pékin (CN). Le père de Ming-Ming s'appelait Pi-Pi et sa mère Li-Li.

Presque 1 an plus tard, le 4 septembre 1964, Li-Li a mis au monde un 2e bébé. Il s'agissait d'une femelle qui fut baptisée Lin-Lin (« joli jade »).

▲ L'HABITAT LE PLUS VASTE POUR UN PANDA GÉANT

Les sanctuaires du grand panda du Sichuan, situés dans les montagnes du Qionglai et du Jiajin, constituent le plus vaste habitat continu du panda géant. Plus de 30 % de la population mondiale de pandas vit dans ce réseau de 9 245 km² de réserves naturelles et de parcs paysagers. En 2006, le site a été officiellement inscrit au patrimoine mondial de l'Unesco.

◀ L'OURS LE PLUS AFFAMÉ

Pour survivre, le panda géant doit consommer tous les jours l'équivalent de 38 % de son propre poids en pousses de bambou, ou 15 % de feuilles et tiges de bambou. Car il ne peut digérer au mieux que 21 % de tout le bambou qu'il absorbe. Il doit donc continuer à se nourrir l'hiver au lieu d'hiberner comme les autres ours. Il passe jusqu'à 15 h par jour à manger. C'est l'espèce d'ursidé qui mange le plus par rapport à son poids.

▲ L'ESPÈCE DE PANDA GÉANT LA PLUS RÉCENTE

Le panda de Qinling *(Ailuropoda melanoleuca qinlingensis)* a été formellement reconnu comme sous-espèce distincte en 2005. À la différence du panda géant *(A. melanoleuca),* dont la fourrure célèbre est noir et blanc, celle du panda de Qinling est marron clair et marron foncé. Sa tête est aussi plus ronde et plus petite que celle du panda géant. Seuls 200-300 spécimens vivraient à l'état sauvage.

47

Perroquets

Les perroquets peuvent imiter les cris des prédateurs de leurs prédateurs !
En cage, ils imitent aussi les sons de la maison de leur maître.

La plus grande super-famille de perroquets
Les Psittaciformes, ordre incluant tous les perroquets, réunissent presque 400 espèces. Il existe 3 super-familles : Psittacoidea (psittacidés, ou perroquets vrais), Cacatuoidea (cacatuidés) et Strigopoidea (strigopidés, ou perroquets de Nouvelle-Zélande). Les psittacidés, surtout présents dans les régions tropicales et subtropicales de l'hémisphère sud, sont les plus nombreux, avec 350 espèces environ.

La plus petite super-famille de perroquets est de loin celle des strigopidés, avec 3 espèces encore en vie : le kakapo (à droite), le kea (*Nestor notabilis*) et le nestor superbe (*N. meridionalis*). Toutes sont endémiques de Nouvelle-Zélande et génétiquement distinctes des autres perroquets actuels.

La 1re perruche ondulée parlante
En 1788, Thomas Watling, condamné en Angleterre pour avoir fabriqué des faux billets à Londres, fut envoyé en Nouvelle-Galles du Sud (AU). Il y éleva une perruche ondulée (*Melopsittacus undulatus*), à laquelle il apprit à dire « Comment allez-vous, Dr White ? » en hommage au Dr John White, médecin de la colonie pénitentiaire et naturaliste passionné.

Le dimorphisme sexuel le plus marqué chez un perroquet
Le terme « dimorphisme sexuel » désigne l'existence de différences de taille ou d'aspect entre les deux sexes d'une même espèce. Le grand éclectus (*Eclectus roratus*) mâle possède un plumage majoritairement vert vif, tandis que celui de la femelle est rouge vif, avec une bande d'un bleu-violet éclatant en travers du cou, ce qui leur a valu d'être considérés comme deux espèces distinctes jusque dans les années 1920.

La plus grande conure
Originaire des régions boisées du Pérou, de Bolivie et d'Argentine, la conure mitrée (*Psittacara mitratus*) peut atteindre 38 cm de long, notamment grâce à sa queue assez longue. Cette perruche au plumage vert était autrefois classée dans le genre Aratinga (conures « vraies »), mais elle a été déplacée dans le genre Psittacara à la suite d'une grande étude menée en 2013.

Le plus grand inséparable
L'inséparable d'Abyssinie (*Agapornis taranta*) peut atteindre 16,5 cm de long. Son plumage est majoritairement vert, mais le front est rouge vif chez le mâle. Il est originaire d'Afrique de l'Est (Éthiopie et Érythrée).

Le plus petit ara
L'ara noble (*Diopsittaca nobilis*), présent en Amérique du Sud, est le seul membre de son espèce. Souvent appelé « mini-ara » dans le commerce, il est très prisé comme animal de compagnie du fait de sa petite taille et de sa docilité. Il ne mesure pas plus de 30 cm de long et ne pèse que 165 g.

▲ LE PLUS VIEUX PERROQUET DE L'HISTOIRE
Un cacatoès de Leadbeater (*Cacatua leadbeateri*) nommé Cookie apparut au zoo de Brookfield à Chicago (Illinois, US) en mai 1934. Compte tenu de son âge, estimé à 1 an, on décréta qu'il était né le 30 juin 1933. Il devint si populaire que ses anniversaires étaient célébrés lors de fêtes en plein air au cours desquelles Cookie recevait un gâteau de la taille d'un muffin. Il est mort le 27 août 2016, à 82 ans et 88 jours.

De nombreux perroquets sont omnivores : ils mangent de tout, y compris de la viande ! Des kéas de Nouvelle-Zélande ont été filmés en train d'attaquer des moutons pour leur arracher de la graisse du dos avec leur bec.

100 %

Q : En quoi la façon de se nourrir des perroquets diffère-t-elle de celle des autres oiseaux ?

R : Aucun autre oiseau n'est capable de porter la nourriture à sa bouche.

La plus petite espèce d'amazones
Il existe aujourd'hui presque 30 espèces d'amazones reconnues. L'amazone verte (*Amazona agilis*), qui mesure 25 cm de long, est la plus petite. Originaire des forêts tropicales humides des montagnes du centre de la Jamaïque et autrefois très répandue, elle a vu ses populations diminuer du fait de la déforestation, des prélèvements destinés au commerce des animaux de compagnie et du braconnage. L'espèce a été classée « vulnérable » par l'UICN.

La plus vieille perruche ondulée en cage
Charlie, né en avril 1948, est mort le 20 juin 1977, à l'âge de 29 ans et 60 jours. Il avait été élevé par J. Dinsey, de Londres (GB).

LES PLUS RARES...

Cacatuidé
La population de cacatoès des Philippines (*Cacatua haematuropygia*), espèce classée « en danger critique » par l'UICN, est estimée à 560-1 150 individus. L'espèce a connu un déclin extrêmement rapide du fait de la destruction de son habitat de plaine et de sa capture pour le commerce des oiseaux de cage. Seules quelques populations éparpillées à travers certaines îles des Philippines subsistent.

Loriquet
Le dernier loriquet à diadème (*Charmosyna diadema*), espèce entièrement confinée à la Nouvelle-Calédonie, au large de l'Australie, a été observé avec certitude en 1913. Un certain nombre de témoignages oculaires fiables ont conduit l'UICN à la conclusion que l'espèce pourrait encore exister dans les zones sauvages et inaccessibles des forêts humides de haute altitude. Elle l'a donc classée « en danger critique » et non plus « éteint ».

Ara vrai vivant à l'état sauvage
L'ara canindé (*Ara glaucogularis*), également baptisé « ara à gorge bleue », est confiné à Los Llanos de Moxos, petite localité du nord de la Bolivie. D'après les études menées sur l'espèce dans la nature par l'Association Armonia et la Loro Parque Fundación, le nombre d'individus est estimé à 350-400. L'espèce, classée « en danger critique » par l'UICN, est confinée dans une réserve naturelle spéciale qui occupe actuellement 4 600 ha.

◄ LE PLUS PETIT PERROQUET
La micropsitte à tête fauve (*Micropsitta pusio*), originaire d'Indonésie et de Papouasie-Nouvelle-Guinée, mesure 8 cm de long à l'âge adulte et pèse 11,5 g. Il existe 6 sous-espèces de micropsittes (ou perruches pygmées). Toutes les tentatives d'élevage en captivité ont échoué, ce qui est rare mais qui s'explique en partie par la difficulté à conserver leur régime alimentaire, constitué de champignons et de lichens.

Les loricules (*Loriculus*) dorment suspendus aux branches par les pattes.

393

Nombre d'espèces de perroquets actuels le plus généralement admis

Le Kéa de Nouvelle-Zélande a un rire contagieux.

3 000

Nombre moyen de plumes chez une perruche ondulée

Les perroquets sont « zygodactyles ».

Cela signifie qu'ils ont 4 doigts à chaque pied : 2 tournés vers l'avant et 2 vers l'arrière.

La perruche ondulée est l'oiseau de compagnie le plus populaire du monde.

◀ LE PERROQUET LE PLUS SONORE

Au cours d'une étude menée au zoo de San Diego (Californie, US), des cris d'une intensité de 135 décibels émis par un cacatoès à huppe rouge *(Cacatua moluccensis)* ont été enregistrés. Ce cacatoès bruyant est originaire des Moluques, un archipel d'Indonésie. Son plumage majoritairement blanc s'orne d'une crête rose qui se dresse quand il est agité ou excité. Le cri de cet animal affectueux n'est destiné qu'à attirer l'attention sur lui.

▲ LE VOCABULAIRE LE PLUS RICHE CHEZ UN PERROQUET

Oskar, la perruche ondulée de Gabriela Danisch, de Bad Oeynhausen (DE), pouvait réciter 148 mots lorsqu'il a été testé le 8 septembre 2010. Son répertoire comportait des mots en allemand, anglais et polonais.

Le vocabulaire le plus riche de l'histoire chez un perroquet comptait 1 728 mots, un record détenu par Puck, la perruche ondulée de Camille Jordan, de Petluma (Californie, US). Puck est mort en 1994.

▶ LE PERROQUET LE PLUS LONG

L'ara hyacinthe *(Anodorhynchus hyacinthinus)*, originaire du centre et de l'est de l'Amérique du Sud, mesure jusqu'à 100 cm. Son poids peut atteindre 1,7 kg – le seul perroquet plus lourd est le kakapo (voir ci-dessous, à gauche). La destruction de son habitat et sa capture pour le commerce des animaux de compagnie ont entraîné son déclin. Avec une population estimée à seulement 4 300 individus adultes, l'espèce a été classée « vulnérable » par l'UICN.

▲ LA PLUS GRANDE CONCENTRATION DE PERROQUETS

Installé dans la banlieue de Puerto de la Cruz sur l'île espagnole de Tenerife, Loro Parque (« parc des perroquets ») abrite pas loin de 4 000 oiseaux, issus d'environ 350 espèces et sous-espèces. Le parc a réussi à faire naître des petits d'espèces rares comme l'ara de Spix *(Cyanopsitta spixii)*, classé « en danger critique » par l'UICN. Ci-contre : ara rouge *(Ara macao ; en haut)* et conure dorée *(Guaruba guarouba ; en bas)*. Ci-dessus : loriquets arc-en-ciel *(Trichoglossus moluccanus)*.

▶ LE PERROQUET LE PLUS LOURD

Présent uniquement sur trois îles minuscules au large de la Nouvelle-Zélande, le kakapo *(Strigops habroptilus)* est aussi atypique que rare. Outre le fait qu'il soit la seule espèce de perroquet inapte au vol, il a aussi la capacité unique de faire du gras pour stocker de l'énergie. Il n'y a donc rien d'étonnant à ce que le kakapo soit le perroquet le plus lourd, avec des spécimens adultes pouvant atteindre 4 kg.

▲ LE PLUS PETIT CACATUIDÉ

La calopsitte élégante *(Nymphicus hollandicus)*, qui ne vit qu'en Australie, mesure 30-33 cm. Contrairement aux autres espèces de cacatuidés, elle a de longues plumes caudales représentant à peu près la moitié de sa longueur. La question s'est longtemps posée de savoir si la calopsitte élégante était une perruche, mais des tests biochimiques et moléculaires ont prouvé récemment qu'il s'agit d'un vrai cacatuidé.

COCHONS

Si les babiroussas n'usent pas leurs défenses qui poussent en s'incurvant vers le crâne, celles-ci peuvent finir par le transpercer.

▲ LE PLUS GRAND COCHON

Élevé au sirop de sorgho, aux peaux de banane et à la pâtée à base de restes alimentaires, Big Bill, porc de race poland-china, avait atteint 1 157 kg – 2 fois le poids moyen d'un ours polaire mâle adulte. En 1933, il a fallu l'abattre car il s'était cassé une patte. Empaillé, il a été exposé dans les fêtes foraines avant de disparaître. On ne sait pas ce qu'il est devenu.

▲ LE PLUS GRAND BABIROUSSA

Le babiroussa, ou « cochon-cerf », se distingue par ses canines en forme de défenses incurvées. Tous les membres du genre *Babyrousa* étaient regroupés dans une seule espèce jusqu'à ce qu'on la subdivise. Le babiroussa des îles Togian (*B. togeanensis*), endémique de l'archipel indonésien du même nom, peut atteindre 90 kg. On le trouve sur les petites îles de Malenge, Batudaka, Togian et Talatakoh.

▲ LE PLUS GROS COCHON SAUVAGE

L'hylochère (*Hylochoerus meinertzhageni*) d'Afrique centrale n'a été décrit par les scientifiques qu'en 1904. Ce cochon géant qui vit en forêt mesure entre 1,3 et 2,1 m de long (tête-corps), pour une hauteur au garrot de 85 à 105 cm et un poids de 130 à 275 kg – il est plus lourd que 3 hommes.

▲ LE PÉCARI LE PLUS RÉPANDU

Le pécari à collier (*Pecari tajacu*) est présent du nord de l'Argentine aux États américains du Texas et de l'Arizona en passant par l'Amérique centrale et le Mexique. Il est également présent sur plusieurs îles des Caraïbes – Trinidad, Cuba et Porto-Rico. Avec ses 14 kg, c'est aussi le **pécari le plus léger**.

▼ LE PLUS GRAND ENTÉLODONTE

La famille des entélodontes, aujourd'hui éteints, rassemblait des espèces omnivores particulièrement agressives ressemblant à des cochons. Ils vécurent au début du miocène. La plus grande espèce (*Daeodon shoshonensis*, ou *Dinohyus hollandi*) mesurait 1,8-2 m au garrot, soit plus qu'un homme de taille moyenne (voir ci-dessous). Son crâne de 90 cm de long contenait un cerveau pas plus gros qu'une orange.

Le cri d'un cochon peut atteindre 115 décibels.

Le terme collectif utilisé pour désigner un groupe de sangliers est « compagnie ».

Le genre de cochons le plus important

Le genre *Sus* compte actuellement 10 espèces de cochons domestiques et sauvages. On y trouve non seulement le sanglier d'Eurasie (*S. scrofa*), ancêtre direct du porc domestique, mais aussi des espèces insulaires asiatiques comme le sanglier à barbe (*S. ahoenobarbus*) et le sanglier de Mindoro (*S. oliveri*).

Le plus gros cochon de l'histoire

Kubanochoerus gigas, cochon préhistorique doté d'une corne sur le front, a vécu au miocène, il y a 7-20 millions d'années, là où se trouvent aujourd'hui la Russie et la Chine. Il mesurait jusqu'à 1,2 m au garrot et pesait 500 kg.

Le sanglier le plus récent

S. scrofa davidi, sanglier d'Asie centrale relativement petit, au pelage marron clair et doté d'une longue crinière, n'a été reconnu comme sous-espèce à part entière qu'en 1981. Son aire de répartition s'étend du Pakistan et du nord-ouest de l'Inde au sud-est de l'Iran.

Q : Quelle part de leur ADN les humains partagent-ils avec les cochons ?

R : 95 % environ.

Le plus petit cochon

Le mâle du sanglier nain (*Porcula salvania*) mesure 61-71 cm de long, contre 55-62 cm pour la femelle. Endémique de la région du Terraï (IN/NP/BT), il a été inscrit en 1996 sur la liste des espèces « en danger critique » par l'Union internationale pour la conservation de la nature (UICN). Seules des populations isolées survivent dans l'Assam (IN) et dans des réserves d'animaux sauvages.

L'espèce est le seul hôte connu d'un pou (insecte ectoparasite qui suce le sang des mammifères), *Haematopinus oliveri*, ce qui fait de lui **l'ectoparasite porcin le plus rare**. Il ne reste plus qu'environ 150 sangliers nains, ce qui vaut à cet animal et à son pou d'être classés « en danger critique » par l'UICN.

▲ **LE PLUS GRAND PHACOCHÈRE**
Le phacochère commun (*Phacochoerus africanus*) est présent dans quasiment toute l'Afrique subsaharienne – Kenya, Tanzanie et Afrique du Sud notamment. Les mâles adultes pèsent jusqu'à 150 kg, les femelles étant 15 % plus légères, et peuvent atteindre 1,5 m de long. Bien qu'il puisse se montrer féroce, surtout en période de reproduction, la première tactique de défense du phacochère face aux prédateurs comme les lions et les crocodiles est la fuite.

▲ **LE PORC DOMESTIQUE LE PLUS POILU**
Le porc laineux, ou mangalica, est une race de porc domestique (*S. scrofa domesticus*) dont le long pelage épais rappelle la toison d'un mouton. Cette race hybride créée en Hongrie dans les années 1830 à partir d'un sanglier d'Eurasie, d'un Šumadija de Serbie et de deux cochons domestiques existe dans trois variétés (blond, rouge et hirondelle). Elle est appréciée pour sa viande succulente. Le seul autre cochon avec un poil aussi long, le Lincolnshire Curly Coat, est éteint.

▶ LE PLUS PETIT PORC DOMESTIQUE

Le cochon kune kune, dont le nom signifie « gras et rond » en maori, est originaire de Nouvelle-Zélande, où il serait arrivé d'Asie grâce aux bateaux de commerce et aux baleiniers au XIXᵉ siècle. Adulte, il ne mesure que 48 cm au garrot pour environ 60 kg. Il a été beaucoup chassé et il ne restait plus que 50 kune kune de race pure à la fin des années 1970. Un programme de reproduction a permis de sauver la race de l'extinction.

2 milliards

Nombre approximatif de cochons domestiques dans le monde aujourd'hui

Le mâle de *Kubanochoerus*, cochon sauvage préhistorique, possédait une seule corne entre les sourcils, comme une licorne.

19

Nombre d'espèces de cochons sauvages vivant actuellement sur terre

Big Major Cay (BS) abrite des cochons sauvages qui nagent à la rencontre des bateaux de touristes.

Un cochon domestique adulte peut atteindre 17,7 km/h.

Le plus petit potamochère africain
Le potamochère roux (*Potamochoerus porcus*), au pelage flamboyant, est originaire des forêts humides et des marécages d'Afrique centrale et de l'Ouest, notamment en Guinée et au Congo. Les adultes mâles pèsent 45-120 kg, mesurent 100-145 cm de long et 55-80 cm au garrot. Le potamochère roux se distingue également par ses vocalisations étonnamment mélodieuses.

Le plus vieux cochon de l'histoire
Une truie domestique (*S. scrofa domesticus*) du nom d'Ernestine, née le 17 juillet 1991, avait 23 ans et 76 jours lorsqu'elle est morte le 1er octobre 2014. Elle vivait avec ses propriétaires Jude et Dan King à Calgary (Alberta, CA).

Le sanglier le plus rare
On sait avec certitude que le sanglier des Visayas (*S. cebifrons*) n'est présent que sur Negros et Panay, deux des îles de la région des Visayas (PH). Sa population fragmentée a diminué d'environ 80 % ces dernières années et l'espèce a disparu d'environ 95 % de son ancienne aire de répartition.

Elle figure sur la liste des espèces « en danger critique ».

Le saut le plus haut exécuté par un cochon
Les cochons ne volent peut-être pas, mais un porc domestique baptisé Kotetsu a fait un saut de 70 cm dans les airs, à la ferme de Mokumoku Tedsukuri, à Mie (JP), le 22 août 2004. Âgé de 18 mois, il avait été entraîné par Makoto Ieki (JP).
Le plus grand plongeon effectué par un cochon s'élève à 3,31 m. On le doit à Miss Piggy, appartenant à Tom Vandeleur (AU). Elle a sauté dans un bassin de 86,5 cm de profondeur au Royal Darwin Show à Darwin (AU), le 22 juillet 2005.

La portée de cochons clonés la plus nombreuse
Le 5 mars 2000, 5 porcelets baptisés Millie, Christa, Alexis, Carrel et Dotcom sont nés grâce à une technique appelée clonage par transfert de noyau. Ils ont été créés par PPL Therapeutics Plc – la société qui a créé Dolly, la brebis clonée en 1996 –, à Blacksburg (Virginie, US).

Les 1ᵉʳˢ cochons bioluminescents
En 2005, une équipe du département des sciences et technologies animales de l'université de Taïwan a introduit l'ADN d'une méduse bioluminescente dans 265 embryons de cochons. Ils ont ensuite été implantés dans 8 truies, et 3 mâles bioluminescents sont nés. Leur peau et leurs organes internes ont une teinte verdâtre qui se met à briller comme une torche quand ils sont éclairés par une lumière bleue dans l'obscurité. Les cellules-souches prélevées sur eux serviront à tracer des maladies humaines. La protéine responsable de la lumière verte que les cochons produisent pouvant être facilement observée sans nécessiter de biopsie ou de test invasif.

La 1ʳᵉ exécution d'animal attestée
Au début du Moyen Âge, certains animaux – chiens, vaches, chevaux et cochons – pouvaient être traduits devant un juge s'ils étaient suspectés d'un délit majeur. En 1266, un cochon a été jugé et brûlé pour avoir mangé un enfant. L'exécution a eu lieu à Fontenay-aux-Roses (FR), sous la surveillance des moines de Sainte-Geneviève.

Reptiles

Depuis la sortie du *GWR* de l'an dernier, nous avons visité Reptile Gardens (Dakota du Sud, US), où les records sont légion. Une partie du personnel a posé avec quelques pensionnaires.

▼ LE PLUS GRAND ZOO DE REPTILES

Au 28 février 2017, Reptile Gardens, situé près de Rapid City (Dakota du Sud, US), abritait plus de 225 espèces et sous-espèces différentes de reptiles – plus qu'aucun autre zoo ou parc animalier.

▲ COBRA ROYAL

Ophiophagus hannah est un serpent de 3-4 m de long en moyenne, ce qui en fait le **plus long serpent venimeux**. Terry, de Reptile Gardens, manipule ici en toute confiance un spécimen impressionnant, mais qui est loin d'avoir la taille du plus long serpent de l'histoire. Cet honneur échoit à un cobra royal capturé en avril 1937, près de Port Dickson, dans le Negeri Sembilan (MY), et présenté au zoo de Londres (GB) ; à l'automne 1939, il mesurait 5,71 m.

▲ VARAN DES SAVANES

Chelsea n'a pas peur de ce varan des savanes (*Varanus exanthematicus*), un lézard de taille moyenne originaire d'une bonne partie de l'Afrique subsaharienne très prisé comme animal de compagnie. Selon la CITES (Convention sur le commerce international des espèces de faune et de flore sauvages menacées d'extinction), les États-Unis sont les **plus gros importateurs de varans des savanes**, avec 642 500 spécimens en 2010. Au niveau mondial, il n'est pas considéré comme une espèce à risque.

▲ CROCODILE DE JOHNSTON

Lance manipule avec précaution un jeune *Crocodylus johnstoni*. Originaire d'Australie, cette espèce est le **crocodile le plus rapide au sol**. Il peut atteindre 17 km/h à plein galop – une façon de se déplacer dont peu d'espèces de crocodiles sont capables.

▲ *BRACHYLOPHUS BULABULA*

Jusqu'en 2008, on ne connaissait que 2 espèces d'iguane des Fidji. Un document scientifique a révélé l'existence d'une 3e espèce vivant sur les îles du centre de cette région. **L'iguane des Fidji le plus récent**, qui n'a pas encore de nom vernaculaire, a été baptisé *Brachylophus bulabula* (*bulabula* signifiant « bien portant » en fidjien). Katherine pose ici avec un spécimen.

▲ CAMÉLÉON CASQUÉ

Chamaeleo calyptratus calcarifer, sous-espèce du caméléon casqué confinée au Yémen et à l'Arabie saoudite, ne dépasse parfois pas 43 cm de long, ce qui en fait la **plus petite sous-espèce de caméléon casqué**. Ci-dessus, Virginia sert de perchoir à l'un des membres de cette famille haute en couleur.

Dans la nature, les tortues géantes des Galápagos peuvent vivre au moins 100 ans. **La plus vieille tortue** répertoriée était une tortue étoilée de Madagascar (*Astrochelys radiata*), qui a vécu 188 ans.

▼ PYTHON BIRMAN

Les membres de cette espèce *(Python bivittatus)* atteignent en moyenne une longueur de 3,7 m, mais le **plus long python birman** – une femelle baptisée Baby – mesurait 5,74 m de long. Elle a vécu 27 ans au Serpent Safari de Gurnee (Illinois, US). Ici, Clint nous montre une variante albinos de l'espèce.

▼ LÉZARD PERLÉ

Heloderma horridum est une espèce noire et jaune vivant en forêt et pouvant atteindre 90 cm de long. Un lézard perlé a vécu 33 ans et 11 mois en captivité, ce qui en fait le **lézard venimeux à la plus grande longévité**. Ci-dessous, Kyle tient un spécimen vivant à Reptile Gardens.

« Réticulé » signifie « qui imite un réseau ». Chez le python du même nom, ce terme fait référence au motif de sa peau.

▶ PYTHON RÉTICULÉ

Kathy nous présente un spécimen albinos de l'espèce. Originaire d'Asie du Sud-Est, d'Indonésie et des Philippines, *Python reticulatus* atteint fréquemment plus de 6,25 m. Le **plus long serpent jamais répertorié** était un python réticulé de 10 m de long.

▲ MONSTRE DE GILA

Heloderma suspectum est originaire du sud-ouest des États-Unis et du nord-ouest du Mexique ; 0,4 mg/kg de son venin peut tuer une souris, ce qui en fait le **lézard le plus venimeux**. Teresa sait que les hommes meurent rarement d'une morsure de monstre de Gila, compte tenu des quantités de venin assez faibles qu'il injecte.

▲ TORTUE GÉANTE DES GALÁPAGOS

Matt pose ici derrière un membre de l'espèce *Chelonoidis nigra*, qui regroupe des tortues énormes. Il exhibe fièrement le certificat du **plus grand zoo de reptiles** décerné à Reptile Gardens par GWR. La **plus grande tortue de l'histoire** était une tortue géante des Galápagos baptisée Goliath. Elle mesurait 135,8 cm de long et 102 cm de large, pour 417 kg. Goliath a vécu au Life Fellowship Bird Sanctuary de Seffner (Floride, US) de 1960 à 2002.

▲ TORTUE CHARBONNIÈRE À PATTES ROUGES

Chelonoidis carbonaria vit dans le nord de l'Amérique du Sud. La **plus grande tortue charbonnière à pattes rouges** mesurait 60 cm de long et pesait plus de 28 kg. Son régime alimentaire et sa longévité favorisent sa forte croissance. Ci-dessus, Linda soulève un spécimen de taille plus modeste.

Tortues

La carapace d'une tortue est constituée de 50 os. Les côtes et les vertèbres se soudent à l'extérieur du corps pour former une protection résistante, taillée sur mesure.

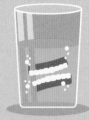

Les tortues n'ont pas de dents.

La 1re tortue dotée d'une carapace incomplète

Formellement décrite et nommée en 2008, *Odontochelys semitestacea* a vécu il y a 220 millions d'années, au trias supérieur, au sud-ouest de la Chine actuelle. À la différence des tortues modernes, elle avait des dents et, au lieu d'une dossière (carapace dorsale), elle portait des plaques neurales et des côtes élargies.

La 1re tortue dotée d'une carapace complète

Proganochelys est apparue sur terre il y a 210 millions d'années, au trias supérieur, juste après l'apparition des dinosaures et des mammifères. Elle possédait une carapace complète, avec une dossière et un plastron (carapace ventrale). Cet omnivore dépourvu de dents mesurait environ 60 cm de long.

Le 1er fossile de tortue marine

Les fossiles de *Desmatochelys padillai*, espèce de 2 m de long, initialement exhumés dans les années 1940, à Villa de Leyva (CO), ont été récemment datés. L'espèce aurait vécu au crétacé inférieur – il y a plus de 120 millions d'années.

La plus grande tortue d'eau douce de l'histoire

Les premiers fossiles de *Carbonemys cofrinii* ont été découverts dans une mine de charbon en Colombie en 2005, mais l'espèce n'a été officiellement nommée et décrite qu'en 2012. Elle a vécu il y a 60 millions d'années, au paléocène. La carapace de *C. cofrinii* mesurait 1,72 m de long, son crâne faisait 56 cm de circonférence et 30 cm de long. Sa longueur totale atteignait presque 2,5 m – un peu moins qu'une Smart.

La plongée la plus longue d'un vertébré marin

En février 2003, une caouanne femelle adulte (*Caretta caretta*) a effectué une plongée de 10 h et 14 min en Méditerranée, au large des côtes tunisiennes. Ce record de nage subaquatique a été enregistré par des chercheurs encadrés par le Dr Annette Broderick de l'université d'Exeter (GB). Les caouannes sont capables de ralentir leur métabolisme, réduisant ainsi leurs besoins en oxygène, ce qui leur permet de survivre sous l'eau pendant des heures sans respirer.

▲ LA PLUS PETITE FAMILLE DE TORTUES

Trois familles taxinomiques de tortues ne contiennent qu'une espèce chacune. Il s'agit des *Carettochelyidae*, qui comprennent la tortue à nez de cochon (*Carettochelys insculpta* ; ci-dessus), des *Dermatemydidae*, qui comprennent *Dermatemys mawii*, et des *Dermochelyidae*, qui comprennent la tortue luth (*Dermochelys coriacea*).

Le 1er spécimen d'*Archelon ischyros* répertorié a été découvert en 1895 dans le schiste de Pierre (Dakota du Sud, US). Il a été formellement décrit par le Pr G. R. Wieland (ci-dessous, avec le spécimen).

*Q : Quel âge avait Tu'i Malila, le chélonien **le plus vieux jamais répertorié**, quand elle est morte en 1965 ?*

R : 188.

La plus longue migration de reptiles

En 2006, une tortue luth (*D. coriacea*) a été équipée d'une balise et suivie pendant 2 ans par satellite. Elle a parcouru 20 558 km entre son site de ponte sur les plages de Papouasie (ID) et ses aires d'alimentation au large des côtes de l'État américain de l'Oregon. L'intrépide tortue a accompli ce voyage en 647 jours.

La tortue luth est aussi **le chélonien le plus rapide dans l'eau**, avec une vitesse de pointe de 35 km/h enregistrée chez un spécimen.

Le plus grand rassemblement de tortues

En février, des tortues sortent de la mer à la nuit tombée sur la même portion de 10 km de la plage de Gahirmatha, à Odisha, dans l'est de l'Inde. Elles y pondent plus de 50 millions d'œufs dans le sable et retournent à l'eau au lever du jour. En 1991, 610 000 spécimens de tortues olivâtres (*Lepidochelys olivacea*) venus pondre sur la plage ont été dénombrés.

La tortue la plus rare

Autrefois présente dans le Yang-Tsé-Kiang et dans toute la Chine, la tortue géante à carapace molle du fleuve Bleu (*Rafetus swinhoei*) n'est plus représentée aujourd'hui que par 3 spécimens. Un 4e est mort en janvier 2016 (ci-contre, à droite). L'un des survivants vit dans un lac dans le nord du Viêt Nam, où il a été découvert en 2008 ; les deux autres, un mâle et une femelle, vivent en captivité au zoo de Suzhou (CN). Jusqu'à présent, toutes les tentatives de reproduction ont échoué. Rien d'étonnant, donc, à ce que l'UICN la fasse figurer parmi les espèces « En danger critique ».

La tortue de mer la plus rare

Les effectifs de la tortue de Kemp (*L. kempii*) ont décliné du fait de la pollution, de la disparition de son habitat et des captures involontaires dans les filets des pêcheurs de crevettes. C'est aussi un mets populaire au Mexique. En 2014, le nombre de nids a été estimé à 118, mais cette année-là, 10 594 bébés ont été lâchés le long de la côte du Texas (US) dans le cadre d'un programme de conservation. Elle vit dans le golfe du Mexique et les régions chaudes de l'Atlantique, mais elle a aussi été repérée plus au nord, dans le New Jersey (US). Elle est classée « En danger critique » par l'UICN.

D'après une estimation, seule une tortue sur mille survit jusqu'à l'âge adulte.

La tortue verte peut rester sous l'eau sans respirer par le nez pendant 5 h.

La carapace de la tortue s'est formée à partir de sa cage thoracique et d'une partie de sa colonne vertébrale.

Il existe plus de 330 espèces de tortues.

Sternotherus odoratus, d'Amérique du Nord, doit son nom à l'odeur nauséabonde qu'émet une glande située au bord de sa carapace, sans doute pour faire fuir ses prédateurs.

◄ LA PLUS GRANDE TORTUE DE MER DE L'HISTOIRE

Archelon ischyros a vécu il y a 70 à 80 millions d'années, au crétacé supérieur, dans les mers situées là où se trouve aujourd'hui l'Amérique du Nord. Le plus grand spécimen répertorié mesurait plus de 4 m de long et 4,9 m de large d'une nageoire à l'autre. On estime qu'il pesait plus de 2 200 kg – le même poids qu'un rhinocéros. La carapace d'*Archelon* n'était pas rigide. Portée par une structure formée par son squelette, elle avait l'aspect du cuir.

Le « potage fausse tortue » est un plat sans tortue créé en Angleterre au XVIIIe siècle. Il a inspiré le personnage de Simili-Tortue d'*Alice au pays des merveilles* de Lewis Carroll (1865).

▲ LA TORTUE D'EAU DOUCE LA PLUS PARESSEUSE

La tortue géante à coquille molle (*Pelochelys cantorii*), que l'on trouve dans les grands fleuves, par exemple dans le Mékong (KH), passe 95 % de sa vie sans bouger, enterrée dans le sable sur les berges, attendant que ses proies (poissons et mollusques) s'approchent. Deux fois par jour, elle sort pour respirer. Son existence essentiellement passive contraste avec celle de la caouanne (à gauche), beaucoup plus active, même si les deux espèces passent beaucoup de temps sous l'eau.

▲ LA PLUS GRANDE TORTUE SERPENTINE

Les tortues serpentines, membres de la famille des *Chelydridae*, se distinguent par leur grosse tête et leurs puissantes mâchoires crochues. La tortue alligator (*Macrochelys temminckii*, encadré ci-dessous), dont la morsure est puissante, possède une carapace garnie de plaques. Cette tortue d'eau douce originaire du sud-est des États-Unis pèse en moyenne 80 kg, mais peut atteindre 100 kg. Un spécimen découvert au Kansas en 1937 affichait 183 kg sur la balance.

▲ LE PLUS GRAND CHÉLONIEN

Le 23 septembre 1988, une tortue luth mâle (*D. coriacea*) s'est échouée sur la plage d'Arlech, à Gwynedd (GB). Sa carapace mesurait 2,91 m de long et son envergure atteignait 2,77 m au niveau des nageoires antérieures. Avec ses 914 kg, ce monstre pesait 2 fois plus qu'un piano à queue. Le 16 février 1990, la tortue a été présentée au National Museum Wales de Cardiff (GB).

Le 19 janvier 2016, Cu Rùa (« arrière-grand-père tortue »), une tortue géante à carapace molle du fleuve Bleu, est morte à Hanoï (VN). Elle avait la réputation de porter chance lorsqu'on la voyait.

▲ LA PLUS PETITE TORTUE MARINE

La tortue de Kemp (*Lepidochelys kempii*), originaire du golfe du Mexique et des régions chaudes de l'Atlantique, possède une carapace dont la longueur ne dépasse pas 75 cm et le poids 50 kg. La largeur de sa carapace est quasiment égale à sa longueur, ce qui lui donne une forme arrondie. La tortue olivâtre (*L. olivacea*), qui vit dans les océans Pacifique et Indien, est légèrement plus lourde que sa proche parente.

▲ LA PLUS GRANDE TORTUE D'EAU DOUCE DU MONDE

La Tortue géante à carapace molle du fleuve Bleu (*R. swinhoei*) mesure plus de 1 m de long et jusqu'à 0,7 m de large. Le spécimen le plus lourd jamais répertorié pesait 250 kg. Certains prétendent que la tortue géante à coquille molle (*Pelochelys cantorii*, ci-dessus), autre tortue d'eau douce, est plus grande, mais la question fait débat car il semble probable que l'espèce soit un mélange de plusieurs espèces indifférenciées.

▲ LA PLONGÉE LA PLUS PROFONDE EFFECTUÉE PAR UN CHÉLONIEN

Chose inhabituelle chez les tortues, la tortue luth passe presque tout son temps en pleine mer, où elle plonge pour trouver des méduses à manger. Ses larges épaules et sa carapace effilée en font une nageuse puissante au profil aérodynamique. En mai 1987, une tortue luth équipée d'un système d'enregistrement a atteint selon le Dr Scott Eckert la profondeur de 1 200 m, au large des côtes des îles Vierges des États-Unis, aux Antilles.

Baleines

Le taxon « baleine » n'existe pas : les baleines constituent un groupe hétérogène de mammifères au sein de l'infra-ordre *Cetacea*.

▲ LA PLUS LONGUE DENT DE BALEINE

L'unique défense torsadée du narval mâle (*Monodon monoceros*) mesure en moyenne 2 m de long. On a toutefois parfois observé des spécimens chez qui elle mesurait plus de 3 m et pesait jusqu'à 10 kg, pour une circonférence maximale d'environ 23 cm. Il arrive, mais très rarement, que le narval ait deux défenses.

▲ LA PLUS PETITE BALEINE

On considère généralement que les baleines sont les plus grands représentants de l'infra-ordre des cétacés (*Cetacea*) qui inclut aussi les dauphins et les marsouins, mais toutes les baleines ne sont pas énormes. La plus petite espèce considérée communément comme une baleine est le cachalot nain (*Kogia sima*), qui peut atteindre 2,72 m de long et peser 272 kg.

▲ LE PLUS GRAND ANIMAL

La baleine bleue (*Balaenoptera musculus*) pèse jusqu'à 160 t, pour une longueur moyenne de 24 m. Un spécimen pêché dans l'océan Antarctique, le 20 mars 1947, pesait 190 t et mesurait 27,6 m de long. Toutefois, **l'animal le plus long** est le ver lacet (*Lineus longissimus*) qui vit dans les eaux peu profondes de la mer du Nord : un spécimen échoué sur le rivage en 1864 mesurait plus de 55 m de long.

◄ LA PLUS GRANDE DIFFÉRENCE DE TAILLE ENTRE PRÉDATEUR ET PROIE

Les baleines bleues sont **les plus grands mammifères** et **les plus grands animaux** (voir ci-dessus, à droite), mais leurs proies sont minuscules. Elles se nourrissent en effet de krill (minuscules crustacés ressemblant à des crevettes) d'environ 50 mm de long. Pour manger, elles avalent de grandes quantités d'eau de mer riche en krill. Elles expulsent cette eau en soulevant **la langue la plus lourde** du monde (en moyenne 4 t) vers le palais, piégeant ainsi le krill dans les poils de leurs fanons (lames cornées accrochées à la mâchoire supérieure) avant de l'avaler.

100 %

▼ LA PLUS GRANDE PERTE DE POIDS CHEZ UN ANIMAL

Durant les 7 mois que dure la période de lactation, une baleine bleue femelle de 120 t peut perdre 25 % de son poids en allaitant son petit. Les petits de cette espèce pèsent environ 2 500 kg à la naissance, mais ils prennent ensuite 80-100 kg par jour pendant la période d'allaitement. La mère mange très peu pendant ces 7 mois et subsiste presque uniquement grâce aux réserves énergétiques de son corps.

Le museau de la baleine bleue mesure **5 m de long**.

Les battements cardiaques de la baleine bleue s'entendent à **3 km** à la ronde.

La langue de la baleine bleue pèse le même poids qu'un éléphant mâle adulte.

Les cousins actuellement les plus proches des baleines sont les hippopotames.

Le plus long *Basilosaurus*

Les espèces du genre *Basilosaurus* sont des baleines primitives qui ont vécu il y a 34 à 40 millions d'années, entre la fin de l'éocène moyen et le début de l'éocène supérieur. La plupart se caractérisaient par un corps allongé, rappelant celui d'un serpent ou d'une anguille. Certaines étaient gigantesques. L'espèce la plus longue que l'on connaisse grâce à des fossiles est *Basilosaurus cetoides*, qui pouvait atteindre 18 m de long, voire plus. Il devait sa longueur à l'allongement prononcé de la partie centrale des vertèbres thoraciques et caudales antérieures.

La plus grande bouche

La baleine bleue a beau être **le plus grand animal** (voir ci-dessus), elle ne possède pas la plus grande bouche. Cet honneur revient à la baleine boréale (*Balaena mysticetus*), dont la bouche mesure 5 m de long, 4 m de haut et 2,5 m de large. Sa langue pèse environ 1 t – à peu près le même poids qu'une vache laitière.

La baleine à fanons la plus répandue

Du fait de sa taille relativement petite, de son faible rendement en huile et de sa répartition essentiellement limitée à l'hémisphère sud, la baleine de Minke, ou petit rorqual de l'Antarctique (*Balaenoptera bonaerensis*), a été ignorée par l'industrie baleinière pendant longtemps, ce qui a permis à ses effectifs de rester stables. En 2006, un rapport scientifique détaillant trois études sur la baleine de Minke s'étalant de 1878-1879 à 2003-2004, a estimé ses populations à plusieurs centaines de milliers, soit beaucoup plus qu'aucune autre baleine à fanons.

La plus grande famille taxinomique de baleines à fanons est celle des *Balaenopteridae*, qui contient les 9 espèces de rorquals actuellement reconnues. Il s'agit de la baleine bleue, du rorqual boréal (*Balaenoptera* [ou *Rorqualus*] *borealis*) et de la baleine à bosse (*Megaptera novaeangliae*). Comme toutes les baleines à fanons, les rorquals se nourrissent essentiellement de minuscules organismes marins qu'ils pêchent en filtrant l'eau

Q : Qu'y a-t-il d'original dans la façon dont les cachalots dorment?

R : Ils flottent « debout ».

de mer à travers de grands fanons similaires à un peigne ou une passoire, mais certains avalent aussi de plus grands poissons.

Le globicéphale mâle adulte (*Globicephala macrorhynchus*) peut mesurer jusqu'à 7,2 m de long ; c'est **le plus grand globicéphale**. La femelle adulte peut atteindre 5,5 m. L'espèce vit dans les eaux chaudes tropicales et tempérées de l'océan Pacifique.

La plus grande baleine à bec

La bérardie de Baird (*Berardius bairdii*) est l'une des 3 espèces reconnues de baleines à bec géantes. Originaire des eaux froides tempérées

La mâchoire supérieure du cachalot reste dépourvue de dents. En fait, il avale le plus souvent sa nourriture sans la mordre. Les cachalots qui n'ont pas de dents du tout arrivent tout de même à survivre.

▲ LA PLUS GRANDE QUEUE

Dans l'absolu, la queue de la baleine à bosse (*Megaptera novaeangliae*) est la plus grande de tout le règne animal. Composée de deux lobes (« nageoires »), elle est aussi large – chez l'adulte – que la girafe est grande. Une étude menée par Nancy Stevick de WhaleNet.org mentionne un spécimen dont la queue atteignait 5,28 m de long.

▲ LE PLUS GRAND MAMMIFÈRE POURVU DE DENTS

Les cachalots mâles adultes (*Physeter macrocephalus,* à droite) peuvent atteindre 20,5 m de long (la moyenne est de 16 m). L'espèce n'a des dents fonctionnelles que sur la mâchoire inférieure (18 à 26 de chaque côté). Celles-ci s'insèrent dans des fentes situées sur la mâchoire supérieure. Chaque dent de la mâchoire inférieure pèse jusqu'à 1 kg.

▲ LA PLUS GRANDE MÂCHOIRE

Le Muséum d'histoire naturelle de Londres (GB) possède une mâchoire de cachalot de 5 m de long. C'est à peu près la longueur de 5 battes de base-ball alignées bout à bout. Cette énorme mâchoire inférieure a appartenu à un mâle qui mesurait environ 25,6 m de long.

Autrefois, on pensait que la défense du narval était la corne de la mythique licorne.

Les groupes sociaux de baleines sont appelés **pods**.

▲ LE PLUS GRAND MAMMIFÈRE AYANT EXPLOSÉ

En 2004, un cachalot mâle adulte mesurant 17 m de long et pesant 50 t est mort après s'être échoué à Taipei, sur l'île de Taïwan, au sud-ouest de la Chine. Il a été hissé à l'arrière d'un camion avant d'être emporté (ci-dessous), mais le cadavre s'est décomposé et des gaz puissants se sont accumulés à l'intérieur. Le 26 janvier, le cétacé mort a explosé au moment où le camion traversait la ville de Tainan, éclaboussant les devantures de magasins, les véhicules et les piétons de son sang et de ses viscères (ci-dessus).

du Pacifique nord, elle peut atteindre 13 m de long (longueur maximale attestée) et peser jusqu'à 14 t.

La plus petite espèce de baleine à bec est la baleine à bec pygmée (*Mesoplodon peruvianus*). Elle mesure 4 m de long à l'âge adulte, contre 1,6 m à la naissance. Sa présence a été enregistrée dans les eaux tropicales du Pacifique est, du sud de la Californie (US) et de la Basse-Californie (MX), au Pérou et au Chili, au nord-ouest de l'Amérique du Sud.

En octobre 2016, **l'espèce de baleines à bec la plus récente** était une espèce japonaise baptisée par les pêcheurs locaux karasu ; elle n'a toujours pas été formellement décrite par les scientifiques ni nommée. Beaucoup plus petite et plus sombre que ses cousines les plus proches, les baleines à bec géantes (genre *Berardius*), la karasu vit dans les eaux peu profondes au large du Japon et de la péninsule coréenne, ainsi que dans la mer de Béring au large de l'Alaska.

C'est à une baleine de Cuvier (*Ziphius cavirostris*) que l'on doit **la plongée la plus profonde effectuée par un mammifère**, au large des côtes du sud de la Californie (US) en 2013. Dans le cadre d'une étude de 3 mois portant sur 8 spécimens, des scientifiques spécialistes du milieu marin ont utilisé des balises reliées à des satellites pour enregistrer les plongées des baleines, la plus profonde ayant atteint 2 992 m – l'équivalent de 3 fois et demie la hauteur du Burj Khalifa, **la construction la plus haute** (p. 36-37).

Le tasmacète de Shepherd (*Tasmacetus shepherdi*) est présent au large de la Nouvelle-Zélande, de l'Australie et de l'Argentine. Avec ses 27 paires de dents fonctionnelles sur chaque mâchoire, plus une paire de défenses courtes à l'extrémité de la mâchoire inférieure chez le mâle, c'est **l'espèce de baleines à bec possédant le plus de dents**. Les autres baleines à bec ont au plus quelques dents. Le manque de dents est l'une des caractéristiques de ces baleines.

Animaux de compagnie

Dans l'Antiquité, les Égyptiens avaient de nombreux animaux de compagnie, en plus des chiens et des chats – babouins, faucons, gazelles, lions, mangoustes et hippopotames.

▲ LA PLUS VIEILLE CALOPSITTE
Sunshine, calopsitte pie détenant le record de longévité, était âgée de 32 ans le 27 janvier 2016. Elle vit avec sa maîtresse Vickie Aranda (US), à Albuquerque (Nouveau-Mexique, US). Achetée au Colorado en 1983, elle a ensuite voyagé dans le pays au gré des déménagements de Vickie. Sunshine a une alimentation très particulière : elle ne mange jamais de légumes mais elle adore le fromage et les spaghettis.

Le 100 m en skate le plus rapide par un chien
Le 16 septembre 2013, le chien Jumpy a parcouru 100 m en skateboard, en 19,65 s, sur le plateau d'*Officially Amazing*, à Los Angeles (Californie, US).

Le plus grand rassemblement d'animaux de compagnie
Le 7 août 2007, 4 616 animaux de compagnie se sont promenés avec leurs maîtres à la Feria de las Flores de Medellín (CO).

Le plus de victoires au concours du chien le plus laid
Chi-chi, chien nu d'Afrique, a remporté 7 fois le concours du chien le plus laid organisé à la Sonoma-Marin Fair, à Petaluma (Californie, US). Il a gagné en 1978, 1982-1984, 1986-1987 et 1991. La tradition familiale s'est perpétuée avec son petit-fils, Rascal, qui a remporté le titre en 2002.

Le saut le plus haut par un cheval miniature
Le 15 mars 2015, Castrawes Paleface Orion, appartenant à Robert Barnes (AU), a fait un saut de 1,08 m, à Tamworth (Nouvelle-Galles du Sud, AU).

Le saut le plus long par un cochon d'Inde
Le 6 avril 2012, un cochon d'Inde baptisé Truffles a franchi un fossé de 48 cm, à Rosyth (comté de Fife, GB).

Le plus grand cheval de l'histoire
Sampson (rebaptisé Mammoth par la suite), hongre de race shire né en 1846 et élevé par Thomas Cleaver de Toddington Mills, dans le Bedfordshire (GB), mesurait 2,19 m au garrot en 1850.
   Le plus grand cheval du monde est Big Jake, hongre de race brabant de 9 ans, qui atteint 2,10 m au garrot, sans les fers. Il a été mesuré à la ferme de Smockey Hollow, à Poynette (Wisconsin, US), le 19 janvier 2010.

La gorge du dragon barbu est couverte de poches ressemblant à des épines. Il les gonfle pour effrayer ses prédateurs, ou quand il sent son territoire menacé, ou encore (chez le mâle) lorsqu'il fait sa cour.

La plus grande chèvre
Mostyn Moorcock, chèvre britannique de race saanen, morte en 1977, mesurait 1,11 m au garrot et sa longueur totale atteignait 1,67 m. Elle appartenait à Pat Robinson (GB).

Q : Combien d'animaux sont adoptés chaque année dans les refuges américains ?

R : 2,7 millions, selon l'American Society for the Prevention of Cruelty to Animals (ASPCA)

La plus petite vache
Manikyam, appartenant à Akshay N V (IN), mesurait 61,1 cm du sabot au garrot lorsqu'elle a été mesurée le 21 juin 2014, au Kerala (IN). Le terme « garrot » désigne le creux situé entre les omoplates.

Le plus petit âne
KneeHi atteignait 64,2 cm au garrot quand il a été mesuré à la Best Friends Farm de Gainesville (Floride, US), le 26 juillet 2011. Cet âne miniature de Méditerranée appartient à James, Frankie et Ryan Lee (tous US).

Le pelage de chat le plus long
Le pelage d'un chat baptisé Sophie et appartenant à Jami Smith (US) atteignait 25,68 cm de long lorsqu'il a été mesuré à Oceanside (Californie, US), le 9 novembre 2013.

La fourrure de lapin la plus longue
Le 17 août 2014, la fourrure de Franchesca, lapin angora, mesurait officiellement 36,5 cm de long. Franchesca vit avec sa maîtresse Betty Chu, à Morgan Hill (Californie, US).

La langue de chien la plus longue
La langue de Mochi, femelle saint-bernard appartenant à Carla et Craig Rickert (tous 2 US) atteignait 18,5 cm de long quand elle a été mesurée à Sioux falls (Dakota, US), le 25 août 2016.
   La langue de chien la plus longue de l'histoire mesurait 43 cm de long. C'était celle de Brandy, boxer qui a vécu avec son maître John Scheid à St Clair Shores (Michigan, US) jusqu'en septembre 2002.

Le plus vieux chinchilla
Radar (né le 1ᵉʳ février 1985), appartenant à Christina Anthony (DE), est mort à 29 ans et 229 jours, à Acton (Californie, US), le 18 septembre 2014.

Le plus vieil âne
Un âne baptisé Suzy a atteint l'âge de 54 ans en 2002. Il appartenait à Beth Augusta Menczer (US) et vivait à Glenwood (Nouveau-Mexique, US).

Le plus vieux lapin
Un lapin sauvage baptisé Flopsy, capturé le 6 août 1964, est mort 3 semaines plus tard à l'âge de 18 ans et 10 mois, au domicile de L. B. Walker, à Longford (Tasmanie, AU).

◄ LE PLUS VIEUX DRAGON BARBU
Un dragon barbu nommé Sebastian, né le 1ᵉʳ juin 1997, était âgé de 18 ans et 237 jours lorsqu'il est mort, le 24 janvier 2016. Sa maîtresse, Lee-Anne Burgess (Middlesex, GB), a ramené Sebastian chez elle la veille de Noël 1997. L'espérance de vie d'un dragon barbu en captivité est généralement de 7 à 14 ans, mais dans la nature elle chute à 5 à 8 ans.

Seulement 25 % des Américains *choisissent* d'avoir un chat ; les 75 % restants ont été *adoptés* par un chat.

Le chat est un **carnivore**. À ce titre, il est obligé de manger de la viande pour survivre.

Les cochons d'Inde ont **3** orteils aux pattes **arrière** et **4** aux pattes **avant**.

Presque un tiers des dalmatiens sont sourds.

TOP 5 DES ANIMAUX DE COMPAGNIE AUX ÉTATS-UNIS (en millions)

1. Poissons d'eau douce : 95,5

2. Chats : 85,8

3. Chiens : 77,8

4. Oiseaux : 14,3

5. Petits animaux : 12,4

▶ LE PLUS GRAND CHAT DOMESTIQUE

Arcturus Aldebaran Powers mesure 48,4 cm au garrot, record vérifié à Ann Arbor (Michigan, US), le 3 novembre 2016.

Fait remarquable, ses maîtres, William et Lauren Powers (tous 2 US), possèdent un autre félin champion. Cygnus, maine coon silver, possède la **queue la plus longue chez un chat domestique**. Mesurée le 28 août 2016 à Ferndale (Michigan, US), elle atteignait 44,6 cm de long.

▲ LE PLUS GRAND COURS DE YOGA POUR CHIENS

Le 17 janvier 2016, Link Asset Management Ltd (HK) a réuni 270 chiens et leurs maîtres pour un cours de yoga canin, au Stanley Plaza, à Hong Kong (CN). Ce cours a eu lieu dans le cadre de l'événement Paws by the Sea, dont les bénéfices ont été reversés à l'association de chiens guides de Hong Kong. Il était animé par Suzette Ackermann (HK), professeur de « doga » (dog yoga, ou yoga canin).

Le 28 septembre 2014, lors du même événement, Link Asset Management Ltd a battu le record du **plus de chiens tenant une friandise sur leur museau** - 109.

▲ LE 10 M LE PLUS RAPIDE SUR UN BALLON DE GYM PAR UN CHIEN

Un chien baptisé Sailor a parcouru 10 m sur un ballon de gym en 33,22 s, le 5 février 2016. L'événement a eu lieu au gymnase de Hawthorn Middle School South à Vernon Hills (Illinois, US).

Dans le même cadre, Sailor, qui a le sens de l'équilibre, a aussi réalisé le **10 m le plus rapide en marche arrière sur un ballon de gym** - 17,06 s.

Le budget consacré à la nourriture de Freddy s'élève à environ 4 000 £ par an. « Pourtant il ne mangeait rien quand il était petit, se souvient Claire. J'ai tout essayé. Je crois que je l'ai trop gâté ! »

▶ LE PLUS GRAND CHIEN DU MONDE

Lorsqu'il a été mesuré le 13 septembre 2016, à Leigh-on-Sea (Essex, GB), Freddy, un dogue allemand, atteignait 1,035 m de haut. Sa maîtresse est Claire Stoneman (GB, photo). Curieusement, Freddy était à la naissance le plus petit chiot de la portée, mais il a ensuite connu une poussée de croissance inattendue. Malheureusement pour Claire, il a un faible pour les canapés en cuir : il en a grignoté 14 dans les 18 mois qui ont suivi son arrivée chez elle !

En revue

Des fourmis piégées dans un bunker pour armes nucléaires en Pologne ont organisé une société sans reine ni mâles.

Dinosaures

Des chercheurs du Muséum d'histoire naturelle de Londres (GB) ont produit un arbre généalogique détaillé des dinosaures, suggérant que ces animaux seraient apparus 10 millions d'années avant le **plus vieux dinosaure actuellement daté**, un *Nyasasaurus* âgé d'environ 240 millions d'années.

Singes

Le **plus grand primate**, *Gigantopithecus blacki*, mesurait 3 m de haut et pesait environ 1 580 kg. D'après une étude menée en 2016, ce singe serait mort il y a 100 000 ans d'un manque de nourriture, la savane ayant remplacé les forêts.

▲ **LA 1ʳᵉ QUEUE DE DINOSAURE CONSERVÉE DANS L'AMBRE**
En 2015, le Dʳ Lida Xing, paléontologue à l'université de géosciences de Chine, à Pékin, a fait une découverte surprenante sur un marché de l'État Kachin (MM) : une queue couverte de fines plumes conservée dans un morceau d'ambre datant du milieu du crétacé, il y a 99 millions d'années. D'après les images tomographiques des plumes et des 8 vertèbres, la queue appartenait à un dinosaure (très vraisemblablement un coelurosaure ; image ci-dessus) et non à un oiseau.

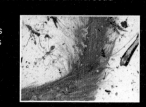

▲ **LE 1ᵉʳ COSTUME 3 PIÈCES TAILLÉ POUR UN CHEVAL**
Pour fêter l'ouverture du festival de Cheltenham (Gloucestershire, GB), le 15 mars 2016, la créatrice de mode Emma Sandham-King (GB) a conçu et réalisé un costume en Harris-tweed pour un cheval de course baptisé Morestead. La réalisation du costume de ce hongre bai, assorti d'une chemise, d'une cravate et d'une casquette plate, a nécessité 4 semaines et plus de 18 m de tweed tissé à la main – assez pour réaliser 10 costumes pour homme.

BRÈVES...

Grand requin blanc

Le 15 avril 2012, un grand requin blanc de 6,09 m de long et au moins 907 kg a été capturé en mer de Cortez (MX). Le grand requin blanc est le **plus grand prédateur parmi les poissons** : les adultes mesurent en moyenne 4,3-4,6 m de long, les femelles étant généralement plus grandes que les mâles, même si on a la preuve que certains dépassent 6 m.

Girafe Masaï

Le projet GIRAFFE (« GIRAffe Facing Fragmentation Effects ») du Wild Nature Institute est le **plus vaste projet de recherche sur les girafes**, avec plus de 2 100 spécimens suivis sur 4 000 km². Il étudie les effets possibles de la fragmentation de l'environnement (réduction ou perte des habitats) sur les girafes Masaï (*Giraffa tippelskirchi*) du Parc national de Tarangire (TZ).

La **plus grande girafe** jamais répertoriée était une girafe Masaï mâle baptisée George, arrivée au zoo de Chester (GB) le 8 janvier 1959. Du haut de ses 5,8 m, George était tellement grand qu'il devait baisser la tête pour entrer et sortir de son abri !

▼ **LE BUFFLE SAUVAGE LE PLUS RARE**
Le tamarau (*Bubalus mindorensis*) est confiné à l'île de Mindoro (PH). En raison de la destruction de son habitat due à la déforestation et aux constructions humaines, l'aire de répartition du tamarau est aujourd'hui limitée à quelques plaines herbeuses dans les montagnes de l'intérieur de l'île. En 2016, sa population était estimée à 430 individus et l'espèce était classée « en danger critique » par l'UICN.

Crocodile du Nil

En mai 2016, des tests ADN ont confirmé que 3 crocodiles découverts dans des marécages de Floride (US) étaient des crocodiles du Nil mangeurs d'hommes. On ne sait pas avec certitude comment ils sont arrivés là – peut-être ont-ils été introduits en fraude dans le pays par des collectionneurs non autorisés.

Le crocodile du Nil (*Crocodylus niloticus*) est l'une des 12 espèces du genre *Crocodylus* – le **genre de crocodiles le plus vaste**. Citons aussi le crocodile d'Afrique de l'Ouest (*C. suchus*) et le crocodile des marais (*C. palustris*).

Orignal

En novembre 2016, à Unalakleet (Alaska, US), 2 randonneurs sont tombés sur 2 paires de bois d'orignaux dépassant d'une couche de glace de 20,32 cm flottant sur l'eau. On pense que les 2 mâles sont restés accrochés par leurs bois lors d'un combat puis se sont noyés ensemble, avant que l'eau ne soit prise par les glaces.

Alces alces gigas, un orignal que l'on trouve en Alaska et dans le Yukon, est le **plus grand cervidé**. Un mâle de 2,34 m de haut et environ 816 kg a été abattu dans le Yukon (CA), en septembre 1897.

▲ **LE SQUELETTE DE DODO LE PLUS CHER AUX ENCHÈRES**
Le 22 novembre 2016, un squelette quasi complet de dodo (*Raphus cucullatus*) a été vendu à un collectionneur privé pour 408 000 €, taxes comprises, lors d'une vente sur le thème de l'évolution, à la maison londonienne Summers Place Auctions, à Billingshurst (Sussex de l'Ouest, GB). Il ferait partie des 13 rares squelettes de ce type existant ; les autres sont détenus par des musées.

▼ LA PLUS GRANDE ESPÈCE DE PANGOLINS

En 2016, les 182 pays de la Convention sur le commerce international des espèces menacées (CITES) ont interdit le commerce international de pangolins. Le pangolin géant *(Smutsia gigantea)*, qui mesure 2 m de long et pèse 32 kg, est présent en Afrique, du Sénégal à l'Angola. Compte tenu de sa taille, il est entièrement terrestre, alors que de nombreux autres pangolins sont au moins partiellement arboricoles.

▶ LE PLUS GRAND TROGON

Les trogons sont des oiseaux aux couleurs vives originaires d'Afrique tropicale et subtropicale, d'Asie du Sud-Est et d'Amérique latine. La plupart mesurent 23-40 cm de long, mais le mâle du quetzal resplendissant *(Pharomachrus mocinno*, à droite, photographié au Costa Rica) peut atteindre 1,05 m. Il doit sa taille aux 2 longues couvertures caudales qu'il développe en période de reproduction pour attirer les femelles.

Chien

Jiff ou Jiffpom (US), spitz nain, a été déclaré **chien le plus suivi sur Instagram**. Il comptait 4,8 millions de fans le 3 mai 2017. Sur les réseaux sociaux, Jiff se décrit lui-même comme « acteur de cinéma/mannequin ». Son Instagram est rempli de snapshots de lui portant diverses tenues, se reposant chez lui et assistant à des premières de films, des cérémonies de récompenses ou des défilés de mode, ou encore dans des studios de télé.

Caribou

Selon une étude publiée par l'université du Manitoba, en février 2016, il existerait une variété de caribou propre à la région du Sahtu (CA), qui ne serait pas reconnue par les scientifiques. Des recherches sont menées sur ce mystérieux caribou connu par les Dénés (ethnie indigène) sous le nom de « coureur rapide ».

Rangifer tarandus granti, sous-espèce de caribou vivant en Alaska et dans le Yukon, réalise la **plus longue migration terrestre d'un animal**. Il parcourt jusqu'à 4 800 km chaque année (voir aussi p. 42).

Varan

En février 2016, des chercheurs de l'université de Turku (FI) ont annoncé la découverte du **varan le plus récent**, présent sur une île isolée du Pacifique du nom de Mussau. Baptisé *Varanus semotus*, il possède un corps de plus de 1 m de long, dont la couleur est majoritairement noire avec des taches orange et jaunes, et une queue bleue. Des analyses génétiques ont révélé que *Varanus remotus* est isolé des autres espèces de varans sur l'île de Mussau depuis plusieurs millions d'années.

Rhinocéros de Sumatra

Le 12 mars 2016, un rhinocéros de Sumatra *(Dicerorhinus sumatrensis)* a été découvert à Kalimantan, partie indonésienne de l'île de Bornéo, alors qu'on le pensait éteint dans la région. Malheureusement, le rhinocéros est mort 2 semaines plus tard d'une infection provoquée par une blessure plus ancienne due à un piège.

Avec une longueur tête-corps de 3,18 m maximum, une queue de 70 cm et une hauteur au garrot de 1,45 m, le rhinocéros de Sumatra est le **plus petit rhinocéros**.

▲ LE 1ᴱᴿ POISSON À SANG CHAUD

Le lampris royal, ou lampris-lune *(Lampris guttatus)*, possède un métabolisme unique, découvert en 2015, lui permettant de maintenir sa température corporelle au-dessus de celle de l'eau de mer qui l'entoure. Cette espèce de grande taille en forme de disque, apparentée au régalec, ou poisson-ruban, vit dans les eaux tempérées et tropicales de la plupart des océans.

▲ LE PLUS VIEIL OISEAU DE MER AYANT PONDU

En décembre 2016, une femelle albatros de Laysan *(Phoebastria immutabilis)* baptisée Wisdom et âgée de 66 ans a pondu un œuf qu'elle a couvé. Surveillée depuis de nombreuses années par des spécialistes de la protection animale, elle revient chaque année dans la réserve nationale de faune sauvage de Midway Atoll, dans l'océan Pacifique. On sait que cet œuf est le 41ᵉ qu'elle pond, et au moins le 9ᵉ qui éclot depuis 2006.

▲ LA 1ᴿᴱ SCOLOPENDRE AMPHIBIE

Scolopendra cataracta, formellement décrite dans la revue scientifique *ZooKeys* en mai 2016, est une scolopendre venimeuse et carnivore qui peut mesurer jusqu'à 20 cm de long. Originaire d'Asie du Sud-Est et adaptée à une vie amphibie, elle est capable de nager dans l'eau comme une anguille en faisant onduler son corps horizontalement.

Les plus rapides...

Qu'elle soit due à la nature ou à la technologie, la vitesse est toujours grisante. Des tanks aux montagnes russes, des avions aux vaisseaux spatiaux, l'histoire des records de vitesse est aussi celle de l'humanité : nous avons repoussé les limites du technologiquement possible pour défier la nature et voyager plus vite que jamais auparavant.

0-100 km/h

Humain (course)
37,57 km/h

Le 16 août 2009, Usain Bolt (JM) a remporté les championnats du monde du 100 m en 9,58 s, à Berlin (DE). Sa vitesse moyenne était de 37,57 km/h, avec une pointe proche de 44 km/h.

Animal terrestre (longue distance) 56 km/h

L'antilope d'Amérique (*Antilocapra americana*) est un ongulé des États-Unis, du Canada et du Mexique. Elle a été observée en train de se déplacer à 56 km/h sur 6 km.

Lévrier
67,2 km/h

Le 5 mars 1994, un lévrier nommé Star Title a été chronométré à 67,2 km/h, sur une piste droite, à Wyong (Nouvelle-Galles du Sud, AU). Il a couvert les 365,7 m en 19,57 s.

Tank
82,23 km/h

Un tank S 2000 Scorpion Peacekeeper standa d développé par Repaircraft PLC (GB) a atteint 82,23 km/h, sur le terrain d'essai QinetiQ de Chertsey (Surrey, GB), le 26 mars 2002. Propulsé par un moteur diesel RS 2133 à haute vitesse, il était doté d'une caisse blindée, d'une jupe de protection balistique et d'un patin de caoutchouc remplaçable.

Moto à une roue
98,464 km/h

Avec la *WarHorse*, Kevin Scott et les membres de l'UK Monowheel Team (tous GB) ont atteint 98,464 km/h, sur l'aérodrome d'Elvington (North Yorkshire, GB), le 20 septembre 2015. Il a fallu 4 ingénieurs et 2 ans pour construire ce véhicule en fibre de carbone.

100-300 km/h

Animal terrestre (courte distance) 104,4 km/h

Au cours d'études menées en 1965, un guépard (*Acinonyx jubatus*) femelle adulte a atteint une vitesse de 29 m/s, sur une distance de 201,1 m.

Oiseau (en vol)
127 km/h

Dans un rapport publié par des chercheurs travaillant dans le Subantarctique, la vitesse moyenne au sol estimée enregistrée pour un albatros à tête grise (*Thalassarche chrysostoma*) suivi par satellite était de 127 km/h. Il a tenu cette vitesse pendant plus de 8 h, en se dirigeant vers son nid sur l'île Bird, en Géorgie du Sud, en pleine tempête antarctique.

Véhicule propulsé par l'homme 139,45 km/h

Avec le vélo *Eta* de son équipe AeroVelo, au concours de vitesse World Human Powered Speed Challenge, Todd Reichert (CA) a atteint 139,45 km/h, le 19 septembre 2015. En 3 jours, c'était la 3ᵉ fois qu'il établissait un nouveau record au cours de cet événement organisé près de Battle Mountain (Nevada, US).

Montagnes russes
240 km/h

L'attraction *Formula Rossa* du Ferrari World, à Abou Dabi (AE), peut atteindre 240 km/h. Même en montée, elle couvre 52 m en 4,9 s. Elle a ouvert au public le 4 novembre 2010.

Service de tennis
263 km/h

Le 9 mai 2012, Samuel Groth (AU) a servi un ace dont la vitesse a été enregistrée à 263 km/h, durant un tournoi ATP Challenger, à Busan (KR), lors du second tour contre Uladzimir Ignatik (BY). Durant ce match, le joueur professionnel australien a aussi réussi des services à 255,7 km/h et 253,5 km/h, qui dépassaient tous deux le record précédent de 251 km/h détenu par Ivo Karlovic (HR). Malgré ce record mondial, Groth a perdu le match 6–4, 6–3.

300-1 000 km/h

Oiseau (en piqué)
300 km/h

Le faucon pèlerin (*Falco peregrinus*) a atteint une vitesse finale estimée à 300 km/h lors d'un piqué. Aucun animal n'est capable de dépasser la vitesse du faucon en plein vol.

Vitesse de surface du vent (haute altitude) 371 km/h

Le 12 avril 1934, le mont Washington (1916 m d'altitude), dans le New Hampshire (US), a subi des vents d'une vitesse de surface de 371 km/h.

Biplan
520 km/h

En 1941, le Fiat CR.42DB italien a atteint 520 km/h. Le biplan italien était propulsé par un moteur Daimler-Benz DB 601A de 753 kW. Malgré sa vitesse, seul le prototype a été construit, car les biplans cédaient le terrain aux nouveaux monoplans.

Quad
315,74 km/h

Terry Wilmeth (US) a atteint une vitesse moyenne de 315,74 km/h lors de 2 courses à l'aéroport de Madras (Oregon, US), le 15 juin 2008. Son ALSR Rocket Raptor version 6.0 était un Raptor 700 Yamaha modifié avec un moteur-fusée hybride.

Bateau
511,09 km/h

Le record mondial de vitesse sur l'eau est de 275,97 nœuds (511,09 km/h). Il a été décroché par Ken Warby (AU), avec l'hydravion à réaction *Spirit of Australia*, sur le lac Blowering Dam (Nouvelle-Galles du Sud, AU), le 8 octobre 1978.

Train à sustentation magnétique
603 km/h

Le train L0 (A07) est un train à sustentation magnétique exploité par la Central Japan Railway Company. Le 21 avril 2015, le L0 a atteint 603 km/h sur la ligne Yamanashi Maglev, une portion test, à Yamanashi (JP).

Avion (moteur-fusée)
7 274 km/h

Le 3 octobre 1967, le pilote d'essai de l'US Air Force « Pete » Knight a atteint Mach 6,7 (7 274 km/h) au-dessus de la Californie (US). Il pilotait l'avion expérimental X-15A-2, qui avait été libéré en vol par un bombardier B-52.

Avion habité
3 529,56 km/h

La vitesse record pour un avion habité capable de décoller et d'atterrir grâce à son propre moteur est de 3 529,56 km/h. Elle a été atteinte par le capitaine Eldon Joersz et le major George Morgan Jr (tous 2 US), à bord d'un Lockheed SR-71A « Blackbird », près de la base aérienne de Beale (Californie, US), le 28 juillet 1976.

1 000-20 000 km/h

Voiture (record de vitesse terrestre) 1 227,985 km/h

Andy Green (GB) a conduit *Thrust SSC* à 1 227,985 km/h (Mach 1,020). le 15 octobre 1997, dans le désert de Black Rock (Nevada, US). Propulsé par 2 moteurs à réaction Rolls-Royce, *Thrust SSC* est la **1ʳᵉ voiture à avoir franchi le mur du son.**

Humain (en chute libre)
1 357,6 km/h

Felix Baumgartner (AU) a chuté de la limite de l'espace vers la Terre à 1 357,6 km/h, durant la mission Red Bull Stratos au-dessus du Nouveau-Mexique (US), le 14 octobre 2012.

Avion de ligne
2 587 km/h

Il a été rapporté que le Tupolev Tu-144, qui a volé pour la 1ʳᵉ fois dans l'ex-URSS le 31 décembre 1968, a dépassé Mach 2,4, même si sa vitesse de croisière normale était de Mach 2,2. L'avion a été retiré du service en 1978 suite à 2 crashs.

> 20 000 km/h

Humain (record absolu)
39 897 km/h

Le 26 mai 1969, le module de commande d'*Apollo 10* a atteint 39 897 km/h, lors de son vol de retour vers la Terre. Il transportait un équipage de 3 astronautes américains : Thomas Stafford, Eugene Cernan et John Young.

Entrée dans l'atmosphère terrestre
46 660 km/h

Le 15 janvier 2006, la sonde *Stardust* (NASA) est revenue sur Terre après une mission de 7 ans pour recueillir des échantillons de la comète Wild 2 et est entrée dans l'atmosphère terrestre à 46 660 km/h.

Planète
172 248 km/h

Mercure gravite autour du Soleil à une distance moyenne de 57,9 millions de kilomètres et à une période orbitale de 87,9686 jours. Sa vitesse moyenne est de 172 248 km/h, presque 2 fois celle de la Terre.

Galaxie en approche
1 508 400 km/h

Même si l'univers est en expansion, quelques galaxies se rapprochent actuellement de la nôtre. M86, galaxie lenticulaire située à environ 52 millions d'années-lumière dans l'amas de la Vierge, se déplace vers la Voie lactée à 419 km/s.

Étoile
2 400 000 km/h

Le 8 février 2005, des astronomes du Harvard-Smithsonian Center for Astrophysics du Massachusetts (US) ont annoncé la découverte d'une étoile, SDSS J090745.0+024507, se déplaçant à 2,4 millions de km/h.

Vitesse possible
1 079 252 848,8 km/h

La vitesse la plus rapide possible dans l'univers est celle de la lumière. Seuls la lumière et d'autres formes de rayonnements électromagnétiques, tels que les ondes radio, peuvent l'atteindre. Dans le vide, la lumière atteint 299 792 458 m/s.

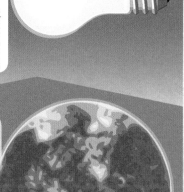

Échelle non respectée

Superhumains

Le plongeur Aleix Segura Vendrell (ES) peut retenir sa respiration plus longtemps que la durée moyenne d'un épisode de *The Big Bang Theory*.

▶ LES PLUS LONGS ONGLES SUR 2 MAINS (FEMME)

Ayanna Williams de Houston (Texas, US) laisse pousser ses ongles depuis plus de 20 ans. Le 7 février 2017, leur longueur totale atteignait 576,4 cm. Les ongles de sa main gauche sont plus longs que ceux de sa main droite, avec une longueur totale de 326,5 cm, contre 249,8 cm. Il faut 20 h à Ayanna – et 2 flacons de vernis à ongles – pour vernir ses impressionnantes « griffes ». Pour les protéger, elle évite de faire la vaisselle et les pose sur un oreiller lorsqu'elle dort. Ayanna est devenue la détentrice de ce record après que Chris Walton, surnommée « La Duchesse » (US), eut coupé ses ongles qui mesuraient alors une longueur totale de 731,4 cm.

L'ongle le plus long d'Ayanna est celui de son pouce gauche : il mesure 68 cm. Il est plus long que l'**homme le plus petit de tous les temps**, Chandra Bahadur Dangi, qui mesure 54,6 cm (voir p. 70).

ROBERT WADLOW

272 cm
250 cm
225 cm
200 cm

2018 marque le centenaire de la naissance du détenteur de record le plus célèbre du Guinness World Records, Robert Pershing Wadlow. Il est l'**homme le plus grand de tous les temps**, mesurant 272 cm à sa mort en 1940. Il devait sa taille à une glande pituitaire hyperactive qui produisait un taux anormalement élevé d'hormones de croissance.

Connu en tant que « géant d'Alton » ou « géant de l'Illinois », Robert était un homme simple et gentil qui s'efforçait de mener une vie ordinaire malgré son apparence extraordinaire. Les photographies de lui continuent à étonner. Son record, jusqu'à ce jour inégalé, ne sera peut-être jamais battu.

La taille incroyable de Robert suscitait inévitablement l'attention dans la rue et parmi les journalistes qui souhaitaient l'interviewer (ci-contre). Même s'il accepta de voyager avec le Ringling Bros. Circus en 1937, Robert souhaitait que ses apparitions soient courtes et dignes et ne portait que des costumes sur scène.

ROBERT WADLOW – UNE VIE EXTRAORDINAIRE

Âge (ans)	Taille	Poids (si connu)
5	162,5 cm	48 kg
8	182,8 cm	77 kg
9	188,5 cm	82 kg
10	195,5 cm	95,6 kg
11	200,6 cm	--
12	209,5 cm	--
14	226,0 cm	137 kg
15	233,6 cm	161 kg
16	239,3 cm	170 kg
17	244,8 cm	143 kg*
18	252,7 cm	--
19	257,8 cm	218 kg
20	260,9 cm	--
21	264,7 cm	223 kg
22	272,0 cm	199 kg

*perte de poids due à un problème de santé

10 ANS
195,5 cm

Né à Alton (Illinois, USA), le 22 février 1918, Robert pesait un poids normal de 3,8 kg à la naissance. Mas à l'âge de 8 ans, il avait déjà dépassé son père Harold, qui mesurait 182 cm. Un bureau spécial dut être construit pour Robert à l'école primaire. On commença alors à parler du « géant d'Alton » en dehors de sa ville natale.

13 ANS
224 cm

À l'adolescence, l'extraordinaire croissance de Robert ne montra aucun signe de ralentissement – comme on peut le voir sur cette photo de famille où il est entouré de son père et de son frère Eugene (à gauche). Lorsque Robert rejoignit les scouts, un uniforme spécial dut être confectionné pour lui dans un morceau de tissu de 12,8 m de long sur 0,9 m de large.

100 cm   75 cm   50 cm   25 cm   0

En 1937, Robert fit de la publicité pour l'International Shoe Company (à gauche), les fabricants des « Peter's Shoes ». En échange, l'entreprise offrit à Robert des chaussures à sa taille.

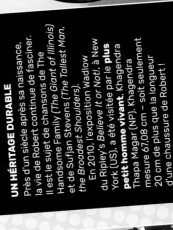

Big Boy Day

SEE HIM *in person!*

ROBERT WADLOW
THE BIGGEST MAN IN THE WORLD

8 ft. 8¼ in. Tall
IN HIS STOCKING FEET

WEARS SIZE 37 PETERS SHOE

21 YEARS OLD

This is an honest-to-goodness photo of Robert and his dad (his 6 ft. 2 in. father 5½ years). When Robert was born February 22, 1918, he weighed 30 pounds and at 6 months he weighed 30 pounds, play fully ahead every … at 5 months he weighed 30 pounds, and powers above every … weighs, 491 pounds … and powers above every … other living thing.

COME SEE HIM! --- MEET HIM! --- TALK TO H M

REMEMBER THE DATE … THURSDAY, MAY 4th

HE WILL BE IN OUR STORE FROM 2:30 P.M. TO 4:00 P.M.

THOMAS SMITH
DUANE, KENTUCKY

UN HÉRITAGE DURABLE

Près d'un siècle après sa naissance, la vie de Robert continue de fasciner. Il est le sujet de chansons de The Handsome Family (*The Giant of Illinois*) et de Sufjan Stevens (*The Tallest Man, the Broadest Shoulders*).

En 2010, l'exposition Wadlow du Ripley's *Believe It or Not!*, à New York (US), a été visitée par le **plus petit homme vivant**. Khagendra Thapa Magar (NP). Khagendra mesure 67,08 cm – soit seulement 20 cm de plus que la longueur d'une chaussure de Robert !

En juillet 2016, le « World's Biggest LEGO® Brick Show » de la Galeria Kazimierz de Cracovie (PL) a exposé une statue en LEGO® de Robert avec sa canne. On trouve d'autres statues de lui à Alton, Niagara Falls et Farmington Hills (Michigan, US).

18 ANS
252,7 cm

Robert obtint son diplôme de fin d'études secondaires en 1936 et s'inscrivit à l'université. Sa taille posait problème – et pas seulement pour s'habiller ! Robert avait aussi les **plus grands pieds de tous les temps**. Il chaussait du 37AA – équivalant à 47 cm de long. Ses chaussures coûtaient alors jusqu'à 100 $, ce qui équivaudrait aujourd'hui à 1 500 $.

21 ANS
264,7 cm

Robert fit de nombreux voyages avec son père Harold et apparut personnellement dans 800 villes de 41 États. Il alla à Hollywood où il fut photographié avec des stars de cinéma telles que Mary Pickford. L'immense taille de Robert épuisait toutefois son corps. Il lui fallait des cannes pour marcher et il manquait de sensibilité dans les pieds.

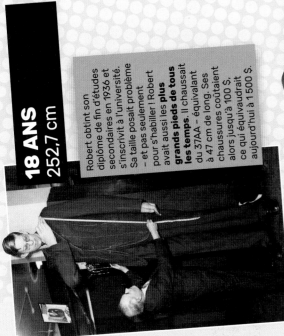

22 ANS
272 cm

Robert est mort le 15 juillet 1940, à Manistee (Michigan, US), d'une septicémie due à un appareil mal ajusté qui lui a entaillé la cheville. Il a été enterré au cimetière d'Oakwood, à Alton, dans un cercueil de 3,28 m de long, 81 cm de large et 76 cm de haut. 27 000 personnes se sont déplacées pour dire adieu au doux géant d'Alton.

Il n'y a pas d'âge

Selon l'Organisation mondiale de la santé, Il y aura 395 millions de personnes âgées de 80 ans ou plus d'ici à 2050, soit 4 fois plus qu'en 2000.

▲ LE PLUS GRAND RASSEMBLEMENT DE CENTENAIRES

Le 4 novembre 2016, 45 personnes âgées de 100 ans ou plus étaient rassemblées à la Maison du Parlement de Brisbane (Queensland, AU), sous l'égide du Queensland Community Care Network (AU). Elles assistaient à un déjeuner de Noël anticipé organisé par l'honorable Annastacia Palaszczuk – Premier ministre du Queensland également à la tête du 100+ Club.

▲ LES PLUS VIEUX ATHLÈTES

Robert Marchand (FR, né le 26 novembre 1911) est le **plus vieux cycliste de compétition**. Le 4 janvier 2017, à l'âge de 105 ans et 39 jours, il a parcouru 22,547 km, record du monde de l'heure dans la catégorie des plus de 105 ans, sur la piste du vélodrome national de Saint-Quentin-en-Yvelines.

Le 6 mars 2016, Avis Noott (GB, née le 24 juin 1938), 77 ans et 256 jours, la **plus vieille canoéiste de compétition**, a participé à une course à Dulverton (GB).

Le **plus vieux couple marié à courir un marathon** est âgé de 163 ans et 360 jours : Masatsugu Uchida, 83 ans et 272 jours, et sa femme Ryoko Uchida (tous 2 JP), 80 ans et 88 jours. Ils ont couru le marathon Shimada Oigawa, à Shimada (Shizuoka, JP), le 30 octobre 2016.

◀ LE PLUS VIEIL ARBITRE DE SOCCER EN ACTIVITÉ

Peter Pak-Ngo Pang (US, né ID, 4 novembre 1932) arbitrait encore régulièrement des matchs de soccer dans la ligue adultes hommes, à San José (Californie, US), à l'âge de 83 ans et 137 jours. Le record de Peter a été vérifié le 20 mars 2016, alors qu'il arbitrait un match entre Agave et Moctezuma, à San José.

▲ LE PLUS VIEUX JOUEUR DE FLÉCHETTES DE COMPÉTITION

Au 18 juillet 2016, George Harness (GB, né le 7 août 1917), 98 ans et 346 jours, participait encore à des compétitions de fléchettes dans les Old Leakes et District Darts League, à Boston (GB). George a commencé les fléchettes en 1938. Au cours de sa longue carrière, il a même affronté la légende Eric Bristow (GB).

LES PLUS VIEILLES PERSONNES DU MONDE (au 26 avril 2017)

19 des 20 personnes les plus vieilles du monde sont des femmes– dont 9 japonaises.

1. Violet Brown
(JM) 10 mars 1900
117 ans et 47 jours

2. Nabi Tajima
(JP) 4 août 1900
116 ans et 265 jours

3. Chiyo Miyako
(JP) 2 mai 1901
115 ans et 359 jours

4. Ana Vela-Rubio
(ES) 29 oct 1901
115 ans et 179 jours

5. Marie-Josephine Gaudette
(IT/US) 25 mars 1902
115 ans et 32 jours

6. Giuseppina Projetto-Frau
(IT) 30 mai 1902
114 ans et 331 jours

Source : Gerontology Research Group (www.grg.org)

▼ LA PLUS LONGUE CARRIÈRE COMME MEMBRE D'UN ORCHESTRE

John Gannon (IE, né le 27 mai 1918) fait partie du St James's Brass and Reed Band (établi en 1800) depuis le 22 mars 1936. Le 22 mars 2017, il était membre actif de l'orchestre depuis 81 ans. John est devenu membre à vie de l'orchestre en 1961, après 25 ans de service, étant ainsi dispensé de payer une cotisation.

Le plus vieil âge cumulé pour un parent et un enfant (de tous les temps)
Sarah Knauss (US, 1880-1999) et sa fille de 96 ans, Kathryn « Kitty » Knauss Sullivan (US, 1903-2005), avaient à elles deux 215 ans et 140 jours, lorsque Sarah est décédée. Elle avait alors 119 ans et 97 jours, tandis que Kathryn était âgée de 96 ans et 43 jours.

LES PLUS VIEUX...

Gymnaste olympique (femme)
Oksana Chusovitina (UZ), 41 ans et 56 jours, a participé aux jeux Olympiques de 2016, à Rio (BR), le 14 août. Elle a terminé 7e, à la finale du saut de cheval femmes.

Joueur de football professionnel à marquer un but en championnat
Kazuyoshi Miura (JP, né le 26 février 1967), 50 ans et 14 jours, a joué pour le Yokohama FC, au Nippatsu Mitsuzawa Stadium de Yokohama (JP), le 12 mars 2017.

Joueuse à remporter un match au circuit ITF
Le 10 avril 2016, à 69 ans et 85 jours, la joueuse de tennis Gail Falkenberg (US, née le 16 janvier 1947) a battu Rosalyn Small (US, née le 22 juin 1993), 22 ans, de 47 ans sa cadette, 6-0, 6-1, sur terre battue, lors du 1er tour qualificatif d'un des tournois Futures de l'International Tennis Federation (ITF), à Pelham (Alabama, US).

Astronaute
John Glenn Jr (US, 18 juillet 1921-8 décembre 2016) avait 77 ans et 103 jours lors de son lancement dans l'espace au sein de l'équipage du *Discovery STS-95*, le 29 octobre 1998. La mission dura 9 jours et Glenn regagna la terre le 7 novembre 1998.

Peggy Whitson (US, née le 9 février 1960), 56 ans et 282 jours, est la **plus vieille astronaute** de la NASA. Elle s'est envolée pour la *Station spatiale internationale (SSI)* depuis le cosmodrome de Baïkonour (KZ), à 2 h 20, heure locale, le 18 novembre 2016, à bord de l'engin spatial *Soyuz MS-03*, mis en orbite 8 min plus tard.

◀▶ LES PLUS VIEILLES PERSONNES DU MONDE

La **plus vieille personne** est Violet Brown (JM, née le 10 mars 1900), âgée de 117 ans et 47 jours au 26 avril 2017. Elle est le dernier sujet vivant de la reine Victoria. Violet détient ce record depuis la mort de Emma Martina Luigia Morano (IT), à 117 ans et 137 jours, le 15 avril 2017.

Le **plus vieil homme** est Israel Kristal (IL), né le 15 septembre 1903, à Malenie, près de Żarnów, dans l'Empire russe (Pologne actuelle).

Il était âgé de 113 ans et 223 jours au 26 avril 2017.

En octobre 2016, Israel Kristal a célébré sa bar-mitsvah... avec 100 ans de retard ! Il n'avait pas pu le faire à l'âge habituel – 13 ans –, sa vie ayant été bouleversée par la Première Guerre mondiale.

◀▶ LE PLUS VIEUX MILLIARDAIRE

Le producteur de cinéma milliardaire sir Run Run Shaw (CN, à gauche) est décédé le 7 janvier 2014 à l'âge de 106 ans. Sa date de naissance exacte n'est pas connue. On pense qu'il serait né en novembre 1907, ce qui signifie qu'il serait mort à au moins 106 ans et 38 jours.

David Rockefeller Sr (US, né le 12 juin 1915, à droite) possédait 3,3 milliards $ à sa mort, à l'âge de 101 ans et 281 jours, le 20 mars 2017. Il est ainsi le **plus vieux milliardaire**.

▲ LE PLUS VIEUX DESSINATEUR DE BD ET LE PLUS VIEIL ILLUSTRATEUR D'UNE COUVERTURE DE BD

Ken Bald (US, né le 1er août 1920, ci-dessus, à gauche), 95 ans et 95 jours, a dessiné la couverture de *Contest of Champions* #2 (Classic Variant, 2015). Le GWR a récemment rencontré Ken :

GWR : Quelle est la couverture que vous avez préféré illustrer ?

R : Ma 1re couverture préférée est celle de *Namora* n° 1, sorti à la fin des années 1940. La 2e est celle de *Millie the Model* n° 9. Et la 3e que j'ai adorée est celle que j'ai réalisée pour Marvel en 2015 – pour *Contest of Champions*. Elle m'a permis d'illustrer une couverture de BD largement diffusée, à 95 ans, et m'a aussi offert l'opportunité de retrouver 3 de mes personnages préférés de l'âge d'or et de les représenter tels qu'ils sont dessinés aujourd'hui.

GWR : Comment vivez-vous ce 2nd record du Guinness World Records ?

R : Les 2 records m'ont apporté un immense plaisir. Voir mon meilleur ami Stan Lee [ci-dessus, à droite] et moi dans le même *Guinness World Records* restera sans aucun doute l'un des moments forts de ma carrière. Stan et moi avons presque débuté ensemble dans la bande dessinée et finir aussi notre carrière ensemble après toutes ces années – plus de 70 ans –, c'est incroyable !

7. Kane Tanaka
(JP) 2 janv. 1903
114 ans et 114 jours

8. Maria-Giuseppa Robucci-Nargiso
(IT) 20 mars 1903
114 ans et 37 jours

9. Iso Nakamura
(JP) 23 avr. 1903
114 ans et 3 jours

10. Tae Ito
(JP) 11 juill. 1903
113 ans et 289 jours

Le 30 mars 2017, à 15 h 51 GMT, Whitson a égalé le record de 50 h et 40 min du **plus long temps cumulé passé dans l'espace par une femme**, précédemment détenu par l'astronaute de la NASA Sunita Williams. Sa sortie dans l'espace avait commencé à 11 h 29 GMT et duré 7 h et 4 min. Elle atteignait ainsi un temps cumulé passé dans l'espace de 53 h et 22 min.

C'était sa 8e sortie, soit le **plus de sorties dans l'espace par une femme**.

Diplômé

Le 19 mars 2016, à 96 ans et 200 jours, Shigemi Hirata (JP, né le 1er septembre 1919) a obtenu une licence ès arts de la Kyoto University of Art and Design, à Kyoto (JP).

Personne à être tatouée pour la 1re fois

À exactement 104 ans, Jack Reynolds (GB, né le 6 avril 1912) a été tatoué à Chesterfield (GB), le 6 avril 2016. Le motif du tatouage – le texte « Jacko 6.4.1912 » – avait été choisi par Jack en personne.

Jumelles de tous les temps

Kin Narita et Gin Kanie (toutes 2 JP, nées le 1er août 1892) étaient les plus vieilles jumelles avant le décès de Kin, à l'âge de 107 ans et 175 jours, le 23 janvier 2000.

Les **plus vieux jumeaux** s'appelaient Glen et Dale Moyer (US, nés le 20 juin 1895), âgés de 105 ans. Glen est mort le 16 avril 2001, à l'âge de 105 ans et 300 jours.

Personne de tous les temps

Le record de longévité appartient à Jeanne Louise Calment (FR), née le 21 février 1875 et morte le 4 août 1997, à 122 ans et 164 jours, dans une maison de retraite d'Arles. Lorsqu'on lui demanda à son 120e anniversaire ce qu'elle attendait de l'avenir, elle répondit : « Qu'il soit très court. »

Le **plus vieil homme de tous les temps** était Jiroemon Kimura (JP), né le 19 avril 1897 et mort le 12 juin 2013, à l'âge de 116 ans et 54 jours.

Anatomie

Les humains rayonnent. Notre corps émet de minuscules quantités de lumière, imperceptibles par l'œil humain.

Le plus de doigts et d'orteils (polydactylisme) à la naissance

Akshat Saxena (IN) est né avec 14 doigts (7 à chaque main) et 20 orteils (10 à chaque pied), comme l'ont confirmé des docteurs, le 20 mars 2010. Akshat a ensuite subi une opération avec succès pour retrouver 10 doigts et 10 orteils.

Les plus longs ongles sur une main (de tous les temps)

Les ongles de la main gauche de Shridhar Chillal (IN) atteignaient une longueur totale de 909,6 cm, mesure effectuée à Pune, Maharashtra (IN), le 17 novembre 2014. L'ongle le plus long était celui du pouce qui mesurait 197,8 cm.

Les plus longs ongles sur 2 mains (de tous les temps, homme) sont ceux de Melvin Boothe (US). La longueur totale de ses ongles était de 9,85 m, mesurée à Troy (Michigan, US), le 30 mai 2009.

Les plus longs ongles sur 2 mains (de tous les temps, femme) sont ceux de Lee Redmond (US). Elle les avait laissés pousser depuis 1979 et ils avaient atteint 8,65 m, le 23 février 2008. Lee les a malheureusement cassés dans un accident de voiture en 2009. Pour connaître la femme qui possède actuellement les plus longs ongles, reportez-vous à la page 64.

Le plus grand athlète à concourir aux jeux Paralympiques

Morteza Mehrzad Selakjani, 2,46 m, faisait partie de l'équipe de volley-ball handisport d'Iran aux jeux Paralympiques de Rio (BR), des 7-18 septembre 2016. Il a aidé son équipe à obtenir la médaille d'or, avec un score de 28 points à la finale. Même en position assise, la main droite de Selakjani peut frapper le ballon d'une hauteur de 1,93 m.

L'homme le plus grand

Sultan Kösen (TR, né le 10 décembre 1982) mesurait 251 cm, à Ankara (TR), le 8 février 2011. Il présente aussi **la plus grande envergure de main** : 30,48 cm, mesurée au bureau du *Guinness World Records* de Londres (GB), le 7 mai 2010.

La femme la plus grande est Siddiqa Parveen (IN). Elle mesurerait 249 cm – malheureusement, comme elle souffre de problèmes de santé et est incapable de se tenir debout, sa taille exacte n'est pas vérifiable. Le docteur Debashis Saha, qui l'a examinée, estime qu'elle doit mesurer au moins 233,6 cm en position debout.

Les plus grands jumeaux

Les vrais jumeaux Michael et James Lanier (tous 2 US), de Troy (Michigan), mesurent chacun 2,235 m. Ils pratiquaient le basket à l'université, respectivement à Denver et UCLA. Leur sœur Jennifer mesure 1,57 m.

Les plus grandes jumelles sont Ann et Claire Recht (toutes 2 US). Elles ont été mesurées le 10 janvier 2007 et leur taille a été évaluée à 2,01 m. Elles pratiquent le volley-ball.

Le plus grand couple marié (de tous les temps)

Annoncée à 246,38 cm, la taille d'Anna Haining Swan (CA, 1846-1888) était en fait de 241,3 cm. Le 17 juin 1871, elle épousa Martin van Buren Bates (US, 1837-1919), qui mesurait 236,22 cm. Ce grand couple mesurait donc 477,52 cm.

La plus petite femme (de tous les temps)

Pauline Musters, connue sous le nom de Princesse Pauline (NL), mesurait 30 cm à la naissance. À sa mort, à l'âge de 19 ans, en 1895, son examen post-mortem a confirmé une stature de 61 cm.

Chandra Bahadur Dangi (NP), **le plus petit homme de tous les temps**, mesurait 54,6 cm, le 26 février 2012, à Katmandou (NP).

Les plus petits jumeaux

Matyus et Béla Matina (1903-† vers 1935, nés HU, puis US) mesuraient tous les deux 76 cm.

La plus grande amplitude de taille

Adam Rainer (AT, 1899-1950) est la seule personne dans l'histoire de la médecine à avoir été à la fois un nain et un géant. À l'âge de 21 ans, il mesurait seulement 118 cm, puis il a grandi rapidement. En 1931, il avait presque doublé de taille pour atteindre 218 cm. Sa croissance a ralenti ensuite et il a dû être alité. À sa mort, il mesurait 234 cm.

Q : Qu'a-t-on en grande quantité lorsqu'on souffre d'hypertrichose ?

R : Des poils.

▲ LES PLUS PETITES PERSONNES VIVANTES (MOBILES)

Jyoti Amge (IN, à gauche) mesurait 62,8 cm, le 16 décembre 2011 – jour de ses 18 ans. Elle avait été la plus petite adolescente.

Khagendra Thapa Magar (NP, à droite) – anciennement le plus petit adolescent – mesurait 67,08 cm, le 14 octobre 2010.

◄ LE PLUS GRAND ACTEUR

Neil Fingleton (GB, à gauche, avec Craig Glenday, éditeur en chef du *GWR*, en 2008) mesurait 232,5 cm. Il abandonna le basket-ball pour les plateaux de cinéma, jouant dans *X-Men : Le Commencement* (US/GB, 2011), *47 Ronin* (US, 2013) et *Jupiter : Le Destin de l'univers* (US/AU, 2015). Il apparaissait aussi dans les séries télé *Doctor Who* et *Game of Thrones*, où il interprétait le rôle de Mag le Géant (à droite). Neil est décédé le 25 février 2017.

LES PLUS LONGS POILS

Les poils sont de fins « fils » de protéines (essentiellement de kératine, également présente dans les ongles) qui poussent sur toutes les parties du corps excepté la plante des pieds, la paume des mains et les lèvres.

100 %

Dos : 13 cm – Craig Bedford (GB), 9 novembre 2012
Abdomen : 16,77 cm – Elaine Martin (US), 25 janvier 2013
Mamelon : 17 cm – Daniele Tuveri (IT), 13 mars 2013
Oreille : 18,1 cm – Anthony Victor (IN), 26 août 2007
Bras : 18,9 cm – Kenzo Tsuji (JP), 22 octobre 2012
Sourcil : 19,1 cm – Zheng Shusen (CN), 6 janvier 2016
Jambe : 22,46 cm – Jason Allen (US), 25 mai 2015
Poitrine : 23,5 cm – Zhao Jingtao (CN), 13 septembre 2014

▲ LES PLUS LONGS CILS

You Jianxia (CN), née à Shanghai, possède de longs cils très fournis, dont le plus long, sur sa paupière supérieure gauche, mesure 12,40 cm. Il a été mesuré à Changzhou (province du Jiangsu, CN), le 28 juin 2016. Ce record battait le précédent, établi par Gillian Criminisi (CA), dont le plus long cil mesurait 8,07 cm, le 13 mai 2016.

▲ LE PLUS PETIT COUPLE MARIÉ

Paulo Gabriel da Silva Barros et Katyucia Hoshino (tous 2 BR) mesurent à eux deux 181,41 cm. Leur taille a été vérifiée à Itapeva, São Paulo (BR), le 3 novembre 2016. Paulo et Katyucia se sont rencontrés sur un réseau social le 20 décembre 2008 et se sont mariés le 17 septembre 2016. Pour le GWR Day 2016, le couple s'est rendu dans les bureaux du Guinness World Records à Londres (GB), où il a participé à une soirée spéciale Facebook Live.

D'après une étude de l'OCDE (Organisation de Coopération et de Développement Économiques) de 2014, le taux d'obésité est de 32 % au Mexique. Seuls les États-Unis affichent un taux supérieur (36,5 %).

▲ LA PLUS HAUTE « HIGH TOP FADE »

Le mannequin Benny Harlem (US) a créé le buzz sur Internet avec des photographies de lui et de sa fille Jaxyn. Sa coupe en brosse longue (*high top fade*) a été mesurée à 52 cm, à Los Angeles (Californie, US), le 6 novembre 2016. Les cheveux de Benny – qu'il appelle sa « couronne » – nécessitent plus de 2 h de coiffage et mise en forme.

▲ LE PLUS VIEUX CULTURISTE

Le 7 septembre 2015, Jim Arrington (US, né le 1er septembre 1932), 83 ans et 6 jours, participait à un concours de culturisme au Muscle Beach de Venice (Californie, US). Il est arrivé à la 4e place dans la catégorie des plus de 60 ans. Jim pratique le culturisme depuis plus de 40 ans et affirme aimer aller au gymnase.

▲ L'HOMME LE PLUS LOURD DU MONDE

En novembre 2016, Juan Pedro Franco Salas (MX) a quitté sa chambre pour la 1re fois en 6 ans afin d'être hospitalisé et de subir une opération pour perdre du poids. Le 18 décembre, il pesait 594,8 kg. Juan Pedro souffre d'obésité morbide et pesait déjà le poids moyen d'un homme adulte (63,5 kg) à 6 ans. Les médecins ont diagnostiqué un diabète de type 2, un dysfonctionnement de la thyroïde, une hypertension et du liquide dans les poumons. Grâce à cette opération, il peut espérer marcher sans aide.

Art corporel

Une machine à tatouer transperce la peau jusqu'à 3 000 fois par minute sur environ 1 mm de profondeur.

▲ LE PLUS D'OS TATOUÉS SUR LE CORPS

Le 27 avril 2011, « Rico », alias Rick Genest (CA), avait 139 tatouages d'os sur le corps, nombre vérifié sur le plateau de *Lo Show dei Record* à Milan (IT). Le corps de Rick a été presque entièrement recouvert de tatouages d'os, d'où son surnom de « zombie boy ». Ils ont été pour la plupart réalisés par le tatoueur montréalais Frank Lewis.

▲ LA PLUS GRANDE MACHINE À TATOUER

Ray Webb de NeoTat (US), Burnaby Q Orbax et Sweet Pepper Klopek (tous 2 CA) ont imaginé une machine à tatouer de 1,29 m de haut, 0,83 m de profondeur et 0,32 m de large, pesant 68,94 kg. Une version grande échelle d'une machine à tatouer NeoTat, mesurée le 30 août 2015, au Hell City Tattoo Festival de Phoenix (Arizona, US). Orbax a utilisé cette machine pour tatouer la jambe de Pepper (ci-dessus, à droite).

▲ LA PLUS LONGUE SÉANCE DE TATOUAGE (ÉQUIPE DE 2)

Giuseppe Colibazzi a tatoué Danny Galassi (tous 2 IT) pendant 52 h et 56 min, au salon de tatouage Tattoo Fantasy de Civitanova Marche (IT), du 17 au 19 juillet 2016. Colibazzi est tatoueur depuis plus de 30 ans et réalise des séances de tatouage en live sur son site Internet depuis de nombreuses années.

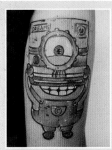  

▲ LA PLUS LONGUE SÉANCE DE TATOUAGE (À PLUSIEURS)

« Alle Tattoo », alias Alessandro Bonacorsi (IT), s'est prêté à une séance de tatouage de 57 h, 25 min et 30 s, à Limidi di Soliera (IT), le 3 janvier 2017. Il a exécuté 28 tatouages, dont un Minion (ci-dessus, à gauche) et le dieu hindou Ganesh (ci-dessus, au centre), ainsi que des motifs abstraits (ci-dessus, à droite). Voir page de droite, en bas, un autre record mondial d'Alessandro.

HISTOIRE DE L'ART CORPOREL...

5000 AV. J.-C.
La peinture corporelle au henné naît en Inde.

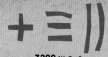

3200 AV. J.-C.
Ötzi « l'homme des glaces » est tatoué. Ses 61 dessins sont **les plus anciens tatouages**.

3000 AV. J.-C.
Le piercing du nez et de la langue se généralise.

env. 1000 AV. J.-C.
La pratique du bandage des pieds est introduite en Chine.

200 APR. J.-C.
Les Paracas d'Amérique du Sud pratiquent la déformation crânienne.

MODIFICATIONS DU CORPS

Le plus de modifications corporelles

Rolf Buchholz (DE) avait subi 516 modifications corporelles au 14 mars 2017, dont 481 piercings, 2 implants en forme de corne et 5 implants d'aimants dans les doigts de la main droite.

María José Cristerna (MX) affiche **le plus de modifications corporelles (femme)**, soit 49. Elles incluent des implants sur le front, la poitrine et les bras, et des piercings dans les sourcils, les lèvres, le nez, la langue, les lobes d'oreilles et le nombril. María est aussi **la femme la plus tatouée** : 96 % de son corps était tatoué au 8 février 2011.

◄ LE PLUS DE TUNNELS FACIAUX

Un tunnel facial est un bijou corporel creux en forme de tube. Joel Miggler (DE) s'est fait percer le visage de 11 tunnels, record établi à Küssaberg (DE), le 27 novembre 2014. La taille de ces décorations faciales varie de 3 à 34 mm.

Q : Pourquoi les tatouages ont-ils été interdits à New York entre 1961 et 1997 ?

R : On craignait que les tatouages propagent le virus de l'hépatite B.

Victor Hugo (UY) et Gabriela (AR) Peralta forment **le couple marié le plus modifié** – 84 modifications, attestées au *Lo Show dei Record* de Milan (IT), le 7 juillet 2014. Ils cumulent 50 piercings, 8 micro-implants, 14 implants corporels, 5 implants dentaires, 4 extenseurs d'oreille, 2 boulons auriculaires et une langue fourchue.

Le plus de piercings au cours d'une vie (femme)

Elaine Davidson (BR/GB) comptait 4 225 piercings le 8 juin 2006. Elle parfait son look exotique avec des tatouages, un maquillage vif et des plumes dans les cheveux.

◀ LE PLUS DE TATOUAGES DE PERSONNAGES D'UN MÊME DESSIN ANIMÉ

Michael Baxter (AU) s'est fait tatouer 203 personnages différents des *Simpsons*. Le nombre a été vérifié à Bacchus Marsh (Victoria, AU), le 3 décembre 2014. Il a fallu 1 an au tatoueur Jade Baxter-Smith pour réaliser l'ensemble de ces tatouages, soit des piqûres d'aiguille pendant environ 130 h.

▲ LE PLUS DE CORPS PEINTS

Le 31 juillet 2015, 497 individus ont été peints lors d'une soirée organisée par PLAY (PL), pour la 21e édition du festival annuel gratuit Woodstock de Pologne. Pourquoi avoir choisi la peinture corporelle ? Pour les organisateurs, cela correspondait aux valeurs du festival : amusement et expression personnelle.

◀ LES SENIORS LES PLUS TATOUÉS

Depuis son 1er tatouage de papillon en 2006, **la senior la plus tatouée**, Charlotte Guttenberg (US), a passé plus de 1 000 h à faire recouvrir 91,5 % de son corps de tatouages, nombre confirmé le 3 juin 2015. **Le senior le plus tatoué**, Charles « Chuck » Helmke (US), a été tatoué pour la 1re fois en 1959. Le 2 août 2016, 93,75 % de son corps étaient recouverts. Chuck et Charlotte se sont rencontrés... dans un studio de tatouage.

1300
Marco Polo décrit l'allongement du cou en Birmanie.

vers 1850
Les corsets extrêmes visent à créer des tailles de guêpe.

2017
La chirurgie esthétique et le bronzage en cabine sont courants.

▲ LA TAILLE LA PLUS FINE

Cathie Jung (US), 1,70 m, possède une taille de 38,1 cm avec corset. Sans corset, elle est de 53,3 cm. Passionnée par les robes victoriennes, Cathie a commencé par porter une ceinture de 15,2 cm afin de diminuer sa taille qui était alors de 66 cm. Elle n'a jamais subi de chirurgie esthétique pour affiner sa taille.

Le plus de piercings faciaux

Axel Rosales de Villa María (AR) arborait 280 piercings faciaux au 17 février 2012.

Le 5 janvier 2017, le record du **plus de piercings sur la langue** (20) était établi par Francesco Vacca de Belleville (New Jersey, US).

Le plus grand tunnel auriculaire

Les oreilles de Kalawelo Kaiwi (US) sont percées d'un tunnel de 10,5 cm de diamètre. Cette mesure a été vérifiée à la Hilo Natural Health Clinic d'Hawaï (US), le 14 avril 2014.

TATOUAGES

Le plus de personnes pour former une phrase tatouée

Alessandro Bonacorsi (IT) a tatoué une lettre de la phrase « Ensemble pas à pas pour un monde de paix, de bonheur familial, de passion, d'art, d'amour, de tatouages et de musique » sur 77 personnes, à Limidi di Soliera (Modène, IT), le 10 octobre 2015.

La personne la plus âgée à réaliser son 1er tatouage

Jack Reynolds (GB, né le 6 avril 1912) a été tatoué pour ses 104 ans, à Chesterfield (GB).

Le plus de tatouages du même personnage de dessin animé

Lee Weir (NZ) adore les *Simpsons*... 41 tatouages d'Homer Simpson recouvrent son corps, nombre vérifié le 5 juin 2014, à Auckland (NZ). Homer apparaît notamment en diablotin, sinistre faucheuse, Hulk et beignet. Voir Michael Baxter (ci-dessus).

Le plus de personnes à recevoir simultanément des tatouages au henné

1 200 personnes ont été tatouées au henné lors d'une soirée organisée par la Charotar Education Society (IN), à Anand (Gujarat, IN), le 28 juillet 2015.

Transhumanisme

Le « transhumanisme » désigne le recours à la science et à la technologie pour dépasser les limites humaines et améliorer nos capacités physiques et mentales.

LES PREMIERS...

Greffe d'appareil photo

Wafaa Bilal, photographe né en Irak et professeur à l'université de New York (US), s'est vu implanter un appareil photo pour un projet d'art (« 3rd i »), en novembre 2010. Il avait alors « des yeux derrière la tête », l'appareil étant fixé sur une plaque de titane insérée sous son cuir chevelu. Il prenait des photos toutes les minutes qui étaient ensuite transférées sur Internet. Les photos étaient aussi exposées en direct en tant qu'œuvres d'art numériques dans un musée au Qatar.

Biohacker avec technologie de détection sismique

Le « biohacking » désigne l'implantation de dispositifs cybernétiques dans le corps humain pour en améliorer les capacités. En 2013, la danseuse Moon Ribas (ES) s'est fait greffer un cyber-implant dans le bras gauche pour pouvoir recevoir des données sismiques en temps réel, grâce à une application de smartphone reliée aux ordinateurs géologiques du monde, et détecter les variations sismiques dès le degré 1 sur l'échelle de Richter. L'intensité des vibrations ressenties par Ribas dépend de la force du séisme. La danseuse donne aussi un spectacle dans lequel elle bouge son corps au rythme des secousses ressenties.

Implant d'un détecteur de données physiologiques

Le développeur de logiciels Tim Cannon (US) est un pionnier du biohacking et le cofondateur de Grindhouse Wetware, qui conçoit des technologies de biohacking. En 2013, il s'est fait implanter le capteur « Circadia » sous la peau de l'avant-bras. Ce dispositif transmettait son pouls et la température de son corps en wifi à un smartphone à intervalles réguliers. Le Circadia, resté en place 3 mois, se chargeait sans fil et possédait des voyants LED visibles à travers la peau.

Prothèse de bras entièrement intégrée

En janvier 2013, un chauffeur de camion suédois s'est fait greffer une prothèse de bras sur un de ses os, directement contrôlée par des nerfs existants – bien qu'il ait perdu son bras dix ans auparavant. Des chercheurs de l'université de technologie de Chalmers, à Göteborg (SE), ont inséré un implant en titane permanent dans la moelle osseuse du bras de l'homme, puis fixé une prothèse contrôlée par des électrodes. Ces dernières permettaient un meilleur contrôle et garantissaient une fiabilité supérieure à celle des capteurs généralement placés à la surface de la peau.

◄ LA 1ʳᵉ PROTHÈSE IMPRIMÉE EN 3D UTILISÉE AUX JEUX PARALYMPIQUES

La cycliste Denise Schindler (DE) a participé aux jeux Paralympiques de Rio 2016 avec une prothèse de la jambe droite en polycarbonate imprimée en 3D. Elle était la 1ʳᵉ athlète à utiliser un membre imprimé en 3D aux Jeux. Elle a remporté une médaille d'argent au contre-la-montre et de bronze à la course sur route. Sa jambe, fabriquée en 48 h seulement, ne pesait que 812 g.

Q : De quoi le mot « cyborg » est-il l'abréviation ?

R : organisme cybernétique.

Greffe d'écouteurs

En 2013, Rich Lee (US) s'est fait greffer des écouteurs dans les oreilles, lui permettant d'écouter de la musique et de répondre au téléphone grâce à une bobine électromagnétique portée autour du cou. Lee souhaite modifier ses implants pour profiter de l'écholocation, comme la chauve-souris.

Oreille bionique imprimée en 3D

En mai 2013, des spécialistes en nanotechnologies de l'université de Princeton (New Jersey, US) ont créé, en collaboration avec l'université Johns-Hopkins (US), une oreille artificielle imprimée en 3D capable de capter les fréquences radio. Elle a été imprimée à partir d'un hydrogel, matériau de support pour l'ingénierie tissulaire. Cette oreille peut recevoir des signaux dans la bande des 5 GHz.

Personne avec une oreille greffée dans le bras

Stelarc (AU, né CY), artiste et professeur à l'université Curtin de Perth (AU), possède une « 3ᵉ oreille » – greffée dans son avant-bras gauche – depuis 2007. Ce projet a requis 10 ans de recherche ; trois chirurgiens esthétiques ont créé l'oreille à partir des cellules de l'artiste et d'un matériau biocompatible. Les cellules se sont développées autour de l'implant qui est ainsi devenu un élément vivant avec son propre sang. Cette oreille ne peut toutefois pas entendre.

Boussole biologique disponible dans le commerce

Le North Sense (ci-dessous) est une petite boussole fixée sur la poitrine d'une personne. Elle vibre dès qu'elle se trouve face au nord magnétique. Cette boussole a été créée par le groupe de biohacking Cyborg Nest pour aider les gens à se déplacer sans boussole externe. L'utilisateur « ressent » les vibrations dans son corps, tel un sixième sens. Le North Sense, maintenu en place par des petites barres de métal percées, a été mis en vente en juin 2016. L'un des cofondateurs de Cyborg Nest, Neil Harbisson, porte lui-même un implant (voir ci-dessous).

100 %

◄ LE 1ᵉʳ IMPLANT D'ANTENNE

En 2004, Neil Harbisson (GB) s'est fait greffer une antenne à l'arrière du crâne. Atteint d'une forme rare de daltonisme, il ne percevait que le noir et le blanc. L'antenne, fixée à un appareil photo suspendu devant ses yeux, convertit la couleur – sous forme d'ondes lumineuses – en ondes sonores qu'il peut entendre comme des notes de musique. Le spectre des couleurs qu'il peut maintenant entendre s'étend des notes basses, rouge foncé pour lui, aux notes hautes, violet. Neil est **le 1ᵉʳ cyborg officiellement reconnu**.

Histoire des prothèses

Xᵉ-VIIIᵉ siècle av. J.-C.
La momie d'une femme noble datant de 950 à 710 av. J.-C. a un orteil en bois et cuir, **la plus ancienne prothèse** actuellement connue.

Vᵉ siècle av. J.-C.
Hérodote évoque un pied en bois fabriqué pour un soldat amputé.

vers 200 av. J.-C.
Le général romain Marcus Sergius remplace sa main droite perdue par une main en fer pour l'aider à tenir son bouclier.

vers 1540
Ambroise Paré (FR), chirurgien militaire, crée « Le Petit Lorrain », main mécanique à ressort et jambe à l'articulation de genou verrouillable.

1861
James Hanger, soldat confédéré, perd une jambe au cours de la guerre d'Indépendance américaine. Il conçoit et fait alors breveter une jambe artificielle articulée au genou et à la cheville.

Années 1880
Les 1ᵉʳˢ verres de contact sont développés par le souffleur de verre F. A. Muller (DE) et – à peu près en même temps – par le physicien Adolf E. Fick (DE) et l'opticien Édouard Kalt (FR).

1982
Graeme Clark (AU) invente l'implant cochléaire, sans doute le 1ᵉʳ pouvant être qualifié de « bionique » (c'est-à-dire un dispositif électronique ou mécanique intégré au corps).

2008
Touch Bionics (GB) lance la main i-limb, **la 1ʳᵉ main bionique vendue dans le commerce**.

▲ LA 1RE PROTHÈSE INSPIRÉE D'UN JEU VIDÉO

Conçue en avril 2015 et achevée le 1er juin 2016, la « Jensen arm », de la société anglaise Open Bionics, est le 1er membre artificiel inspiré d'un jeu vidéo. Porté par le joueur Daniel Melville (GB), ce bras est une copie de celui d'Adam Jensen dans *Deus Ex*, jeu vidéo qui se passe dans un futur cyberpunk marqué par des améliorations du corps transhumanistes. La fabrication de ce membre imprimé en 3D a requis environ un mois de travail.

▲ LE 1ER ŒIL BIONIQUE ÉQUIPÉ D'UNE CAMÉRA

En 2009, Rob Spence (CA) a développé un œil bionique pour remplacer son œil perdu. Cet « Eyeborg » consiste en une minuscule caméra numérique à l'intérieur d'un faux œil, capable d'enregistrer et de transférer des vidéos sans fil. Une des versions de l'œil possède une LED rouge pour ressembler à celui du cyborg du film *Terminator* (1984).

▶ LA PLUS GRANDE DISTANCE PARCOURUE AVEC UN EXOSQUELETTE MOTORISÉ

En 2005, Monty Reed (US) a parcouru les 5,47 km de la course St Patrick's Day Dash, à Seattle, dans son exosquelette « Lifesuit », en 95 min. Sa vitesse moyenne dépassait 3,2 km/h. Reed a conçu et fabriqué son costume de robot motorisé en 1987 après s'être cassé le dos alors qu'il était ranger dans l'armée américaine.

▶ LE PLUS DE PROTHÈSES CONTRÔLÉES PAR LA PENSÉE

En décembre 2014, Leslie Baugh (US), amputé des deux bras suite à un accident, est devenu le 1er homme à contrôler 2 prothèses par la pensée. Ces dernières ont été développées par l'université Johns-Hopkins (Maryland, US). Baugh a dû subir une opération afin de faire interagir ses nerfs avec les prothèses. Il a ensuite entraîné son esprit à travailler avec ses nouveaux bras, jusqu'à être capable de les bouger indépendamment.

▲ LA 1RE PROTHÈSE DE BRAS AVEC PISTOLET DE TATOUAGE

En 2016, l'artiste et ingénieur J.L. Gonzal a créé une prothèse de bras avec pistolet de tatouage pour le tatoueur lyonnais J.C. Sheitan Tenet (tous 2 FR, ci-dessus). Gonzal a pour cela utilisé des éléments d'une ancienne machine à écrire et d'un gramophone. Tenet, amputé de l'avant-bras droit depuis l'enfance, se sert surtout de ce pistolet pour nuancer ses dessins.

Certains participants du cybathlon utilisent des exosquelettes, des membres robotisés et des fauteuils roulants électriques. D'autres stimulent des muscles paralysés pour piloter un vélo couché.

◀ LA 1RE COMPÉTITION D'ATHLÈTES BIONIQUES

Le 8 octobre 2016, l'École polytechnique fédéral de Zurich (CH) a accueilli le 1er Cybathlon, « olympiades bioniques » et seule compétition réservée aux personnes portant des prothèses motorisées, à la différence des jeux Paralympiques (voir ci-dessus). Des activités variées s'y déroulaient, comme faire la lessive ou franchir une série d'obstacles. Le Cybathlon a attiré 66 équipes et 400 concurrents de plusieurs pays.

Fous de sport

Paddy Doyle (GB) a réalisé 1 500 230 pompes sur une année, ce qui équivaut à plus de 4 100 pompes par jour.

▲ LE PLUS DE TRACTIONS À DEUX DOIGTS EN 1 MIN

Le 19 mars 2016, Jamshid Turaev (UZ) a effectué 19 tractions à deux doigts en 1 min, dans un club de sport de Limassol (CY). Turaev, qui s'était entraîné pendant 5 ans pour cette tentative, a réussi 25 tractions dans le temps imparti, mais 6 ont été ignorées car non conformes au règlement.

TRACTIONS & TRACTIONS À LA BARRE FIXE

Le plus de tractions en...	Record	Détenteur	Ville	Date
1 min	50	Michael Eckert (US)	Iwakuni (JP)	11 oct. 2015
1 min en tapant des mains	30	Blake Augustine (US)	Neosho (US)	19 déc. 2015
1 min (arrière – barre derrière la tête)	23	Jamshid Turaev (UZ)	Limassol (CY)	16 mai 2015
1 min à deux doigts (voir à droite)	19	Jamshid Turaev (UZ)	Limassol (CY)	19 mars 2016
1 min avec une charge de 18 kg	= 29	Ron Cooper (US)	Allston (US)	20 juill. 2016
	= 29	Adam Sandel (US)	Allston (US)	20 juill. 2016
1 min avec une charge de 27 kg	23	Ron Cooper (US)	Marblehead (US)	23 juill. 2016
1 h	1009	Stephen Hyland (GB)	Stoneleigh (GB)	1er août 2010
1 h (femme)	725	Eva Clarke (AU)	Abu Dhabi (AE)	10 mars 2016
6 h	3515	Andrew Shapiro (US)	Great Falls (US)	14 mai 2016
12 h	5742	Andrew Shapiro (US)	Great Falls (US)	14 mai 2016
12 h (femme)	2740	Eva Clarke (AU)	Abu Dhabi, AE	11 mars 2016
24 h	7306	Andrew Shapiro (US)	Great Falls (US)	14 mai 2016

Tractions explosives les plus rapides...	Record	Détenteur	Ville	Date
En montant 4 m	8,23 s	Tazio Gavioli (IT)	Pékin (CN)	7 déc. 2012
En montant 7 m	19,5 s	Tazio Gavioli (IT)	Pékin (CN)	12 janv. 2016

Le plus de tractions à la barre fixe en...	Record	Détenteur	Ville	Date
1 min	57	Guy Schott (US)	Santa Rosa (US)	20 déc. 2008
1 h	993	Stephen Hyland (GB)	Stoneleigh (GB)	16 nov. 2011
8 h	3733	Stephen Hyland (GB)	Stoneleigh (GB)	24 juin 2007
12 h	4040	Joonas Mäkipelto (FI)	Helsinki (FI)	28 oct. 2016
24 h	5050	Joonas Mäkipelto (FI)	Lempäälä (FI)	6-7 févr. 2016
Drapeau humain (consécutives)	25	Zheng Daxuan (CN)	Pékin (CN)	8 janv. 2016

▼ LE PLUS DE SQUATS PISTOLETS EN 1 MIN SUR UNE PLANCHE D'ÉQUILIBRE

Silvio Sabba (IT), qui cumule les records, a battu celui de squats pistolets sur plusieurs objets, comme une hache ou un ballon de foot américain. Le 10 juin 2016, il a exécuté 22 squats pistolets en 1 min sur une planche d'équilibre, à Milan (IT). Il a ainsi battu son propre record établi en 2015, également à Milan.

SQUATS, SQUATS AVEC POUSSÉE & SQUATS PISTOLETS

Le plus de squats en...	Record	Détenteur	Ville	Date
1 min (une seule jambe)	47	Silvio Sabba (IT)	Milan (IT)	2 janv. 2012
1 min avec une charge de 18 kg	59	Silvio Sabba (IT)	Milan (IT)	6 sept. 2016
1 min avec une charge de 27 kg	47	Silvio Sabba (IT)	Milan (IT)	21 juill. 2016
1 min avec une charge de 36 kg	42	Silvio Sabba (IT)	Milan (IT)	24 juill. 2016
1 min avec une charge de 45 kg	38	Paddy Doyle (GB)	Birmingham (GB)	30 déc. 2012
1 h	4708	Paddy Doyle (GB)	Birmingham (GB)	8 nov. 2007

Le plus de squats avec poussée en...	Record	Détenteur	Ville	Date
1 min	70	Craig De-Vulgt (GB)	Margam (GB)	24 juin 2007
1 min avec une charge de 18 kg	21	Paddy Doyle (GB)	Birmingham (GB)	28 mars 2011
1 h (en alternant les jambes)	2504	Paddy Doyle (GB)	Londres (GB)	3 sept. 1992

Le plus de squats pistolets en...	Record	Détenteur	Ville	Date
1 min sur une planche à clous	30	Silvio Sabba (IT)	Londres (GB)	6 mars 2015
1 min sur un poteau d'échafaudage	30	Silvio Sabba (IT)	Milan (IT)	10 oct. 2013
1 min pieds nus sur trois fers de haches	29	Silvio Sabba (IT)	Milan (IT)	4 juill. 2016
1 min sur un ballon de football américain	23	Silvio Sabba (IT)	Milan (IT)	21 juill. 2015
1 min sur une planche d'équilibre (voir à gauche)	22	Silvio Sabba (IT)	Milan (IT)	10 juin 2016
1 min sur un câble en acier	20	Silvio Sabba (IT)	Milan (IT)	5 mai 2015
1 min sur les mains de quelqu'un	18	Silvio Sabba (IT)	Milan (IT)	21 juin 2016

BURPEES

Le plus de burpees en...	Record	Détenteur	Ville	Date
1 min	47	Mario Silvestri (IT)	Venafro (IT)	19 mars 2016
1 min (femme)	37	Wendy Ida (US)	Lakewood (US)	2 juill. 2012
1 min avec saut périlleux arrière	25	Joshua Romeo (US)	Coral Gables (US)	12 déc. 2015
1 h	1840	Paddy Doyle (GB)	Birmingham (GB)	4 févr. 1994
1 h (femme – voir à droite)	1272	Eva Clarke (AU)	Dubaï (AE)	9 janv. 2015
1 h, poitrine au sol	920	Eva Clarke (AU)	Dubaï (AE)	14 nov. 2016
12 h	8718	Eva Clarke (AU)	Dubaï (AE)	9 janv. 2015
12 h (homme)	6800	Lee Ryan (GB)	Dubaï (AE)	9 janv. 2015
24 h	12003	Eva Clarke (AU)	Dubaï (AE)	10 janv. 2015
24 h (homme)	10110	Lee Ryan (GB)	Dubaï (AE)	10 janv. 2015

▲ LE PLUS DE BURPEES EN 1 H (FEMME)

Des ultramarathons au CrossFit en passant par le jiu-jitsu brésilien, l'ancien soldat Eva Clarke (AU) adore se dépasser et établir de nouveaux records. Le 9 janvier 2015, elle a ainsi effectué 1 272 burpees en 1 h, sur le Dubaï Autodrome (AE).

POMPES

Le plus de pompes...	Record	Détenteur	Ville	Date
Consécutives, sur un doigt	124	Paul Lynch (GB)	Londres (GB)	21 avr. 1992
Consécutives, à 90°	16	Willy Weldens (FR)	Paris (FR)	9 nov. 2014
En 30 s, sur un doigt	41	Xie Guizhong (CN)	Pékin (CN)	8 déc. 2011
En 5 h, sur un bras	8794	Paddy Doyle (GB)	Birmingham (GB)	12 févr. 1996
En 12 h	19325	Paddy Doyle (GB)	Birmingham (GB)	1er mai 1989
En 24 h	46001	Charles Servizio (US)	Fontana (US)	25 avr. 1993
En 24 h, sur les jointures des doigts	9241	Eva Clarke (AU)	Abu Dhabi (AE)	1er févr. 2014

Le plus de pompes en 1 min	Record	Détenteur	Ville	Date
Dos des mains	132	Abdul Latif Mahmoud Saadiq (QA)	Doha (QA)	20 nov. 2009
Explosives, tout le corps	82	Stephen Buttler (GB)	Morda (GB)	17 nov. 2011
Plyométriques (en poussant contre une plateforme de 1 m de haut)	9	Ahmed Valentino Kerigo (NO)	Pékin (CN)	11 janv. 2016
En équilibre sur les mains (voir à droite)	27	Manvel Mamoyan (AM)	Yerevan (AM)	23 oct. 2015
Planche (sans que les pieds touchent le sol)	36	Temur Dadiani* (GE) *Amputé des deux jambes	Tbilisi (GE)	3 août 2014
Aztèques (en touchant les pieds avec les mains à chaque pompe)	50	Jason Shen (US)	Palo Alto (US)	18 janv. 2014
Sur des ballons d'entraînement	68	Mohammad Hassaan Butt (PK)	Karachi (PK)	7 juin 2015
En tapant des mains	90	Stephen Buttler (GB)	Morda (GB)	17 nov. 2011
Jointures des doigts	85	Roman Dossenbach (CH)	Bâle (CH)	21 déc. 2016
Deux doigts/deux bras	52	Aryan Grover (IN)	Jaipur (IN)	26 août 2015
Charge de 18 kg	77	David Wileman (GB)	Mansfield (GB)	27 nov. 2013
Charge de 18 kg, en tapant des mains	55	Stephen Buttler (GB)	Morda (GB)	17 nov. 2011
Charge de 18 kg, jointures des doigts	26	Irfan Mehsood (PK)	Khyber Pakhtunkhwa (PK)	5 sept. 2016
Charge de 18 kg, un bras	33	Hiroyuki Gondou (JP)	Yamato (JP)	10 mai 2014
Charge de 18 kg, une jambe levée	31	Irfan Mehsood (PK)	Khyber Pakhtunkhwa (PK)	21 juill. 2016
Charge de 27 kg	57	Ron Cooper (US)	Marblehead (US)	11 févr. 2016
Charge de 27 kg, un bras	22	Paddy Doyle (GB)	Birmingham (GB)	18 juill. 2011
Charge de 27 kg, dos des mains	38	Paddy Doyle (GB)	Birmingham (GB)	18 juill. 2011
Charge de 36 kg	51	Rohtash Choudhary (IN)	Faridabad (IN)	21 juin 2016
Charge de 36 kg, un bras	21	Paddy Doyle (GB)	Birmingham (GB)	8 sept. 2011
Charge de 36 kg, dos des mains	37	Paddy Doyle (GB)	Birmingham (GB)	8 janv. 2012
Charge de 36 kg, une jambe levée	21	Irfan Mehsood (PK)	Khyber Pakhtunkhwa (PK)	5 sept. 2016
Charge de 45 kg	38	Ron Cooper (US)	Marblehead (US)	2 déc. 2016
Charge de 45 kg, dos des mains	26	Paddy Doyle (GB)	Birmingham (GB)	8 janv. 2012

Le plus de pompes en 1 h	Record	Détenteur	Ville	Date
Deux bras	2392	Roman Dossenbach (CH)	Bâle (CH)	29 nov. 2016
Dos des mains	1940	Paddy Doyle (GB)	Birmingham (GB)	8 nov. 2007
Un bras	1868	Paddy Doyle (GB)	Birmingham (GB)	27 nov. 1993
Un bras, dos des mains	1025	Doug Pruden (CA)	Edmonton (CA)	8 nov. 2008
Jointures des doigts	2175	Syed Taj Muhammad (PK)	Karachi (PK)	20 mars 2016
Jointures des doigts (femme)	1206	Eva Clarke (AU)	Abu Dhabi (AE)	31 janv. 2014
Charge de 18 kg, dos des mains (à droite)	663	Paddy Doyle (GB)	Birmingham (GB)	13 mai 2008

▲ LE PLUS DE POMPES EN ÉQUILIBRE SUR LES MAINS EN 1 MIN

Le 23 octobre 2015, l'athlète Manvel Mamoyan (AM) a exécuté 27 pompes sur les mains en 60 s, à Yerevan (AM). Pour être qualifié, l'angle de son coude devait être égal ou inférieur à 90° avant qu'il ne tende complètement ses bras.

▲ LE PLUS DE POMPES SUR LE DOS DES MAINS AVEC UNE CHARGE DE 18 KG EN 1 H

Le 13 mai 2008, l'athlète d'endurance Paddy Doyle (GB) a exécuté 663 pompes en 1 h, sur le dos des mains, en portant une charge équivalant au poids d'un enfant de 4 ans. Cela s'est passé au Stamina's Boxing Martial Arts Club de Birmingham (GB).

▲ LE PLUS DE TEMPS À SAUTER SUR UN TAPIS ROULANT

Peter Nestler (US), 7 fois champion du monde de saut à la corde, a sauté à cloche-pied sur un tapis roulant pendant 8 min et 6,5 s, à Tulsa (Oklahoma, US), le 6 septembre 2014. Le tapis était maintenu à une vitesse constante de 6,5 km/h. Peter a développé cette aptitude en s'entraînant pour un marathon à cloche-pied.

TAPIS ROULANT

La plus grande distance en...	Record	Détenteur	Ville	Date
12 h	143,84 km	Ronnie Delzer (US)	The Woodlands (US)	20 août 2016
12 h (femme)	128,62 km	Bernadette Benson (AU)	Perth (AU)	28 mai 2016
24 h	260,40 km	Dave Proctor (CA)	Calgary (CA)	28 mai 2016
24 h (femme)	247,20 km	Edit Bérces (HU)	Budapest (HU)	9 mars 2004
48 h	405,22 km	Tony Mangan (IE)	Longford (IE)	24 août 2008
48 h (femme)	322,93 km	Kristina Paltén (SE)	Stockholm (SE)	5 nov. 2014
48 h (équipe de 12)	868,64 km	Porsche Human Performance (GB)	Goodwood (GB)	5 juill. 2009
1 semaine	833,05 km	Sharon Gayter (GB)	Middlesbrough (GB)	21 déc. 2011
1 semaine (homme)	827,16 km	Márcio Villar do Amaral (BR)	Rio de Janeiro (BR)	4 juill. 2015

Le plus rapide pour courir...	Record	Détenteur	Ville	Date
50 km (femme)	3 h 55 min 28 s	Gemma Carter (GB)	Londres (GB)	6 mars 2015
80 km (homme)	7 h 1 min	Ian Griffiths (GB)	Goudhurst (GB)	7 nov. 2001
100 km	6 h 21 min 40 s	Phil Anthony (GB)	Canterbury (GB)	3 déc. 2014
100 km (femme)	8 h 30 min 34 s	Arielle Fitzgerald (CA)	Calgary (CA)	28 mai 2016
100 km (équipe de 12)	5 h 1 min 20 s	High Performance Running (BE)	Lokeren (BE)	14 déc. 2013
160 km	13 h 42 min 33 s	Suresh Joachim (AU)	Mississauga (CA)	28 nov. 2004
160 km (femme)	14 h 15 min 8 s	Edit Bérces (HU)	Budapest (HU)	9 mars 2004
160 km (équipe de 12)	8 h 23 min	Radley College (GB)	Abingdon (GB)	13 févr. 2011

Records au 21 déc. 2016

Records de force

L'équipe d'haltérophilie nord-coréenne attribue son succès au kimchi (chou fermenté) et aux pâtes froides.

BARRES

Poids le plus lourd soulevé en...	Record	Détenteur	Ville	Date
Flexion des bras (1 h)	50 320 kg	Eamonn Keane (IE, ci-dessous)	Louisburgh (IE)	31 mai 2012
Flexion des bras (1 min)	3 600 kg	Eamonn Keane (IE)	Louisburgh (IE)	18 nov. 2012
Développé couché (single lift)	401,5 kg	Blaine Sumner (US)	Columbus (US)	5 mars 2016
Développé couché (1 h, un seul bras)	10 458,42 kg	Dariusz Slowik (CA)	Hornslet (DK)	2 juin 2016
Développé couché (1 h, les deux bras)	138 480 kg	Eamonn Keane (IE)	Marina Del Rey (US)	22 juill. 2003
Développé couché (1 min)	6 960 kg	Eamonn Keane (IE)	Louisburgh (IE)	18 nov. 2012
Développé couché de force athlétique (12 h)	815 434 kg	Glen Tenove (US)	Irvine (US)	17 déc. 1994
Développé debout (1 h)	68 500 kg	Eamonn Keane (IE)	Louisburgh (IE)	8 déc. 2012
Développé debout (1 min)	4 000 kg	Eamonn Keane (IE)	Louisburgh (IE)	8 déc. 2012
Rowing (1 h)	126 720 kg	Eamonn Keane (IE)	Louisburgh (IE)	18 nov. 2012
Rowing (1 min)	4 700 kg	Eamonn Keane (IE)	Louisburgh (IE)	8 déc. 2012
Rowing debout (1 min)	4 440 kg	Eamonn Keane (IE)	Louisburgh (IE)	18 nov. 2012
Soulevé de terre (homme fort, single lift)	500 kg	Eddie Hall (GB)	Leeds (GB)	9 juill. 2016
Soulevé de terre (pneu, single lift)	524 kg	Žydrūnas Savickas (LT)	Columbus (US)	1er mars 2014
Soulevé de terre (un doigt)	121,70 kg	Benik Israelyan (AM)	Yerevan (AM)	12 févr. 2012
Soulevé de terre (auriculaire)	110 kg	Suren Aghabekyan (AM)	Yerevan (AM)	23 mars 2013
Soulevé de terre (24 h)	475 065 kg	Ian Atkinson (GB)	Warrington (GB)	16 nov. 2002
Soulevé de terre (1 h)	115 360 kg	Eamonn Keane (IE)	Louisburgh (IE)	14 juill. 2013
Soulevé de terre (1 min)	5 520 kg	Eamonn Keane (IE)	Louisburgh (IE)	18 nov. 2012
Soulevé de terre sumo (1 h, homme)	54 464 kg	Nick Mallory (GB)	Hemel Hempstead (GB)	21 mars 2011
Soulevé de terre sumo (1 h, femme)	47 552,9 kg	Thienna Ho (US)	San Francisco (US)	14 août 2010
Soulevé de terre sumo (1 min)	9 130 kg	Greg Austin Doucette (CA)	Halifax (CA)	9 août 2015
Soulevés squat (24 h)	459 648 kg	Shaun Jones (GB)	Norwich (GB)	23 mars 2010
Soulevés squat (1 h)	57 717,36 kg	Walter Urban (CA)	New York City (US)	16 sept. 2011
Soulevés squat (1 min)	5 035,42 kg	Joshua Spaeth (US)	Kennewick (US)	15 août 2015

▲ LE PLUS DE PERSONNES SOULEVÉES ET JETÉES EN 2 MIN (FEMME)
Le 19 décembre 2008, Aneta Florczyk (PL) a soulevé et jeté 12 volontaires sur le plateau du *Guinness World Records* à Madrid (ES). Elle a ainsi battu le record de 10, réalisé un peu plus tôt par Irene Gutierrez (ES). Aneta a été rendue célèbre par une vidéo la montrant en train de tordre une poêle à mains nues.

À gauche, Eamonn Keane (au centre) reçoit 12 de ses certifications GWR des mains de l'équipe du *Guinness World Records*. Lorsqu'il ne soulève pas des haltères, Eamonn est instituteur !

HALTÈRES

Poids le plus lourd soulevé en...	Record	Détenteur	Ville	Date
Élévations frontales (1 h)	18 830 kg	Eamonn Keane (IE)	Louisburgh (IE)	12 oct. 2011
Élévations frontales (1 min)	1 215 kg	Eamonn Keane (IE)	Louisburgh (IE)	16 oct. 2013
Rowing, deux bras (1 h)	32 730 kg	Eamonn Keane (IE)	Castlebar (IE)	30 mars 2010
Rowing, un bras (1 min)	1 975,85 kg	Robert Natoli (US)	Liverpool (US)	22 mars 2014
Développé debout avec haltères (1 min, femme)	910 kg	Kristin Rhodes (US)	Pékin (CN)	4 déc. 2012
Écarté incliné (1 h)	40 600 kg	Eamonn Keane (IE)	Louisburgh (IE)	28 sept. 2011
Écarté incliné (1 min)	2 160 kg	Eamonn Keane (IE)	Louisburgh (IE)	16 oct. 2013
Élévations latérales (1 h)	19 600 kg	Eamonn Keane (IE)	Louisburgh (IE)	1er févr. 2011
Élévations latérales (1 min)	1 575 kg	Eamonn Keane (IE)	Louisburgh (IE)	16 oct. 2013
Élévations latérales arrière (1 h)	32 500 kg	Eamonn Keane (IE)	Louisburgh (IE)	6 oct. 2010
Élévations latérales arrière (1 min)	1 845 kg	Eamonn Keane (IE)	Louisburgh (IE)	16 oct. 2013

KETTLEBELLS

Poids le plus lourd soulevé en...	Record	Détenteur	Ville	Date
Long cycle (1 h)	33 184 kg	Anatoly Ezhov (BY)	Zagreb (HR)	21 sept. 2014
Développé militaire (1 h, homme)	51 030 kg	Anatoly Ezhov (BY)	Tel Aviv (IL)	7 juin 2015
Développé militaire (1 h, femme)	26 441,8 kg	Larisa Strucheva (RU)	Arkhangelsk (RU)	7 févr. 2016
Snatch (1 h, homme)	34 160 kg	Evgeny Nazarevich (BY)	Grodno (BY)	13 avr. 2015
Snatch (1 h, femme)	14 430,3 kg	Anna Lewandowska (PL)	Grodno (BY)	17 oct. 2015
Jerk (1 h)	53 424 kg	Anatoly Ezhov (BY)	Tashkent (UZ)	15 juin 2014
Swing (1 h)	21 224 kg	Jason Peter Gee (US)	Brighton (US)	6 juin 2015
Swing (1 h, femme)	20 816 kg	Eszter Füleki (HU)	Gyöngyös (HU)	17 sept. 2016

▲ LE PLUS RAPIDE AUX MARCHES DE L'ENFER (3 X 225 KG)
Žydrūnas « Big Z » Savickas (LT) a soulevé 3 poids de 225 kg sur 5 marches (connues sous le nom de « marches de l'enfer »), en 31,60 s, sur le plateau du *Lo Show dei Record*, à Milan (IT), le 26 juin 2014. Chaque poids équivalait à celui d'un demi-piano à queue.

POIDS LE PLUS LOURD TIRÉ PAR...

Partie du corps/méthode	Objet	Record	Détenteur	Ville	Date
Langue (femme)	Femme	113 kg	Elaine Davidson (GB)	Londres (GB)	16 sept. 2012
Langue (homme)	Femme	132 kg	Gordo Gamsby (AU)	Londres (GB)	16 sept. 2012
Orbites	Pousse-pousse avec 3 femmes	411,65 kg	Cow-boy de l'espace, alias Chayne Hultgren (AU)	Milan (IT)	25 avr. 2009
Oreilles (percées)	Avion Cessna	677,8 kg	Johnny Strange (GB)	North Weald (GB)	12 mai 2014
Crochet traversant le nez et la bouche	Voiture	983,1 kg	Ryan Stock (CA)	Istanbul (TR)	5 juin 2013
Paupières	Voiture	1 500 kg	Dong Changsheng (CN)	Changchun (CN)	26 sept. 2006
Oreilles (boucles d'oreilles)	Voiture	1 562 kg	Gao Lin (CN)	Pékin (CN)	19 déc. 2006
Épée avalée	Voiture	1 696,44 kg	Ryan Stock (CA)	Las Vegas (US)	28 oct. 2008
Oreilles (serrées, femme)	Camionnette	1 700 kg	Asha Rani (IN)	Leicester (GB)	20 juin 2013
Barbe	Voiture	2 205 kg	Kapil Gehlot (IN)	Jodhpur (IN)	21 juin 2012
	Train	2 753,1 kg	Ismael Rivas Falcon (ES)	Madrid (ES)	15 nov. 2001
En talons hauts	Camion	6 586,16 kg	Lia Grimanis (CA)	Toronto (CA)	11 juin 2014
Cheveux (homme)	Bus	9 585,4 kg	He Yi Qun (CN)	Jiangyin (CN)	13 janv. 2015
Cheveux (femme)	Bus à impériale	12 216 kg	Asha Rani (IN)	Milan (IT)	7 juill. 2014
Mouvement de bras de fer	Camion de pompier	14 470 kg	Kevin Fast (CA)	Cobourg (CA)	13 avr. 2016
Dents	Bus avec 12 passagers	13 713,6 kg	Igor Zaripov (RU)	Jiangyin (CN)	7 janv. 2015
	Deux trains	260,8 t	Velu Rathakrishnan (MY)	Kuala Lumpur (MY)	18 oct. 2003
	Camion-citerne	576 t	Omar Hanapiev (RU)	Makhachkala (RU)	9 nov. 2001

▲ **LA PLUS LOURDE MAISON TRACTÉE**
Le révérend Kevin Fast (CA), détenteur de nombreux records, a tracté une maison de 35,9 t sur 11,95 m, à Cobourg (Ontario, CA), le 18 septembre 2010. Il a réalisé cet exploit en 1 min et 1 s, lors d'une collecte de fonds caritative. Ce dynamophile affirme qu'il doit son succès à des morceaux de pommes de terre frits, enrobés de fromage et recouverts de sauce.

▲ **LE POIDS LE PLUS LOURD SOULEVÉ PAR DES OREILLES PERCÉES**
Le 21 août 2016, le casse-cou Johnny Strange (GB) a soulevé un fût de bière de 21,63 kg accroché à ses oreilles percées, au Norbreck Castle Hotel, à Blackpool (GB). Il a ainsi battu son propre record de 6,73 kg. Pas étonnant que Johnny soit surnommé « l'homme aux oreilles d'acier ».

POIDS LE PLUS LOURD SOULEVÉ PAR...

Partie du corps/méthode	Record	Détenteur	Ville	Date
Crochet traversant le front	4,5 kg	Burnaby Q Orbax (CA)	Milan (IT)	21 juill. 2014
Orbite (femme)	6 kg	Asha Rani (IN)	Mahilpur (IN)	1er févr. 2013
Crochets traversant les joues	6,89 kg	Sweet Pepper Klopek (CA)	Saint John (CA)	18 juill. 2016
Ongle	9,98 kg	Alagu Prathap (IN)	Tamil Nadu (IN)	18 sept. 2016
Langue	12,5 kg	Thomas Blackthorne (GB)	Mexico (MX)	1er août 2008
Fil dentaire (bouche et nez)	15,8 kg	Christopher Snipp (GB)	Gravesend (GB)	11 mai 2013
Oreilles (percées, soulevées et tournées)	16 kg	Le lézard, alias Erik Sprague (US)	Milan (IT)	19 juin 2014
Orbite (homme)	16,2 kg	Manjit Singh (IN)	Leicester (GB)	12 sept. 2013
Oreilles (percées)	21,63 kg	Johnny Strange (GB, à gauche)	Blackpool (GB)	21 août 2016
Les deux orbites (femme)	22,95 kg	Ellen « Pinkie » Pell (US)	Chattanooga (US)	2 avr. 2016
Orteils	23 kg	Guy Phillips (GB)	Horning (GB)	28 mai 2011
Les deux orbites (homme)	24 kg	Manjit Singh (IN)	Leicester (GB)	15 nov. 2012
Tétons	32,6 kg	Le baron, alias Mika Nieminen (FI)	Londres (GB)	19 juill. 2013
Les deux oreilles (serrées)	34,9 kg	Asha Rani (IN)	Rampur (IN)	18 juill. 2014
Crochets traversant les avant-bras	45,18 kg	Burnaby Q Orbax (CA)	Saint John (CA)	17 juill. 2015
Omoplates	51,4 kg	Feng Yixi (CN)	Pékin (CN)	8 déc. 2012
Cheveux (femme)	55,6 kg	Asha Rani (IN)	Rampur (IN)	18 juill. 2014
Barbe	63,80 kg	Antanas Kontrimas (LT)	Istanbul (TR)	26 juin 2013
Auriculaires	67,5 kg	Kristian Holm (NO)	Herefoss (NO)	13 nov. 2008
Cheveux (homme)	81,5 kg	Abdurakhman Abdulazizov (RU)	Zubutli-Miatli (RU)	16 nov. 2013
Une oreille (serrée)	82,6 kg	Rakesh Kumar (IN)	Istanbul (TR)	25 juill. 2013
Dents	281,5 kg	Walter Arfeuille (BE)	Paris (FR)	31 mars 1990
Cou	453,59 kg	Eric Todd (US)	Turney (US)	19 oct. 2013
Souffle (ballon gonflé)	= 1 990,25 kg	Brian Jackson (US)	Jiangyin (CN)	12 janv. 2015
	= 1 990,25 kg	Ding Zhaohai (CN)	Jiangyin (CN)	12 janv. 2015

DIVERS

Objet soulevé	Record	Détenteur	Ville	Date
Rangée de briques tenue à hauteur de poitrine	102,73 kg (20 briques)	Fred Burton (GB)	Cheadle (GB)	5 juin 1998
Bûche (bûche de 150 kg, 1 min)	900 kg	Žydrūnas Savickas (LT)	Milan (IT)	3 juill. 2014
Botte de foin (force basque, botte de 45 kg soulevée à 7 m avec une poulie, 2 min)	990 kg	Inaki Berceau Sein (ES)	Milan (IT)	25 avr. 2009
Enclume (18 kg au minimum, 90 s)	1 584 kg	Alain Bidart (FR)	Soulac-sur-Mer (FR)	17 août 2005
Pierre (force basque, pierre de 100 kg, 1 min)	2 200 kg	Izeta II, alias Jose Ramón Iruretagoiena (ES)	Madrid (ES)	16 févr. 2008
Plus grand poids soulevé (single lift, 2 voitures + conducteurs et plate-forme)	2 422,18 kg	Gregg Ernst (CA)	Bridgewater (CA)	28 juill. 1993
Pierre (pierre d'atlas de 50,2 kg, 1 h)	13 805 kg	Nick Mallory (GB)	Hemel Hempstead (GB)	28 oct. 2011
Fût de bière (fût de 62,5 kg, 6 h)	56 375 kg	Tom Gaskin (GB)	Newry (GB)	26 oct. 1996

▲ **LE PLUS DE SQUATS LESTÉS EN 2 MIN (BARRE DE 130 KG - FEMME)**
Maria Strik (NL) a réalisé 29 squats en soulevant une barre de 130 kg en 2 min. Elle a établi ce record lors du *Lo Show dei Record* à Rome (IT), le 4 avril 2012. Ce défi l'opposait à Anett von der Weppen (DE) et Nina Geria (UA).

Les 100 m les plus rapides...

Que représentent 100 m ? Environ 5 fois la longueur d'une piste de bowling. Ou 150 fois la longueur d'un pas. Ou encore 80 000 fois celle d'un grain de sable !

Sur les fesses
Avec un muscle grand glutéal bien développé, Miki Sakabe (JP) a parcouru 100 m sur les fesses, en 11 min et 59 s, à l'Athletic Stadium de Fukagawa (Hokkaido, JP), le 25 octobre 2009.

Tout en soufflant sur un timbre
Le 3 octobre 2010, Christian Schäfer (DE) a soufflé sur un timbre sur 100 m en 3 min et 3 s, à l'ASV Dachau de Dachau (DE).

Dans une baignoire
Tony Bain (NZ) a pagayé sur 100 m dans une baignoire flottante, en 1 min et 26,41 s, sur le plateau d'*Officially Amazing*, à Cardiff (GB), le 17 août 2013.

Sur une corde raide
Aisikaier Wubulikasimu (CN) a parcouru 100 m sur une corde raide, en 38,86 s, à Wenzhou (province du Zhejiang, CN), le 6 juin 2013.

Le **100 m le plus rapide à reculons sur une corde raide** a été parcouru en 1 min et 4,57 s, par Maurizio Zavatta (IT), à Kaifeng (Henan, CN), le 20 mai 2014.

Dans un pédalo (individuel)
Le 13 octobre 2013, Giuseppe Cianti (IT) a fait avancer un pédalo sur 100 m en 38,7 s, à la Marina di Scilla de Reggio Calabria (IT).

En « moonwalk »
Luo Lantu (CN) a parcouru 100 m en moonwalk, en 32,06 s, à Pékin (CN), le 8 décembre 2010. Ce record a été filmé pour *Zheng Da Zong Yi – Guinness World Records Special*.

Tout en tirant un avion léger
Montystar Agarawal (IN) a tiré un avion Cessna sur 100 m en 29,84 s, sur le plateau du *Guinness World Records – Ab India Todega*, à Baramati (Maharashtra, IN), le 23 février 2011.

En zorbing
La légende du cricket Andrew Flintoff (GB) a parcouru 100 m, en 26,59 s, dans une bulle en plastique, pour *BT Sport Relief Challenges: Flintoff's Record Breakers*. Cet événement a eu lieu sur le terrain de cricket KIA Oval de Londres (GB), le 19 mars 2012.

Sur des trampolines
Le 26 février 2009, Steve Jones (GB) a sauté sur 100 m sur une série de trampolines en 24,11 s sur le plateau de *Guinness World Records - Smashed*, à Crowthorne, GB.

▲ SUR UN BALLON SAUTEUR (FEMME)
Le 26 septembre 2004, Dee McDougall (GB) a rebondi sur 100 m sur un ballon sauteur, en 39,88 s, à l'université de St Andrews, à Fife (GB).

Ashrita Furman (US) a été le **plus rapide à parcourir 100 m sur un ballon sauteur** - 30,2 s -, record de établi au Flushing Meadows Park de New York (US), le 16 novembre 2004.

Le célèbre Monty Python (voir à droite) portait un harnais pour tirer l'avion Cessna sur 100 m. Ce dernier pesait au moins 500 kg - soit l'équivalent d'un ours polaire adulte.

Q : Qui est le plus rapide, Usain Bolt ou un chat ?

R : Un chat. Bolt a atteint 44,71 km/h lors de son record mondial du 100 m, en 2009, alors qu'un chat peut atteindre 47,9 km/h.

En sabots
Le joueur de rugby de Union Star Drew Mitchell (AU) a couru 100 m en sabots, en 14,43 s, sur le plateau de *Sky Sports Rugby*, à Toulon (FR), le 3 mars 2016.
C'était l'un des quatre records établis par l'ailier aux semelles de vent – tous le même jour ! Mitchell a battu le précédent record établi par Andre Ortolf (DE, à droite), le 25 oct. 2013.

En rap jumping
Il s'agit de descendre un mur en rappel en position debout (les pieds sur le mur), le corps face au sol. Le record de 100 m en rap jumping a été établi en 14,09 s, par Luis Felipe de Carvalho Leal (BR), sur le bâtiment RB1, à Rio de Janeiro (BR), le 23 octobre 2011.

En brouette
Otis Gowa (AU) a poussé une brouette sur 100 m, en 14 s, au Davies Park de Mareeba (Queensland, AU), le 15 mai 2005.

Par un cheval de pantomime (hommes)
Shane Crawford et Adrian Mott (tous 2 AU) ont couru 100 m, en 12,045 s, déguisés en cheval de pantomime, pour *The Footy Show*, à Melbourne (Victoria, AU), le 30 juillet 2005.
Samantha Kavanagh et Melissa Archer (toutes 2 GB) ont couru le **100 m le plus rapide en cheval de pantomime (femmes)**, soit en 18,13 s, lors d'une soirée de l'agence de publicité Claydon Heeley Jones Mason, à Harrow-on-the-Hill (Middlesex, GB), le 18 août 2005.

Sur des échasses
Liang Shaolun (CN) a parcouru 100 m sur des échasses, en 11,86 s, le 17 août 2013, à l'Asia-Pacific Experimental School de l'université normale de Pékin (CN).

En ski alpin à reculons
Le 27 avril 2009, Andy Bennett (GB) a skié sur 100 m à reculons, en 9,48 s. Cet exploit a eu lieu sur la piste de ski intérieure de la Snozone Milton Keynes (GB).

◄ LE 100 M HAIES LE PLUS RAPIDE AVEC DES PALMES
Le 13 septembre 2008, Christopher Irmscher (DE) a chaussé des palmes pour effectuer le 100 m haies, en 14,82 s, à Cologne (DE), pour le *Guinness World Records – Die Größten Weltrekorde*.
Deux ans plus tard, Veronica Torr (NZ) a réalisé le **100 m haies le plus rapide avec des palmes (femme)**, en 18,523 s, sur le plateau du *Zheng Da Zong Yi – Guinness World Records Special*, à Pékin (CN), le 8 décembre 2010.

Vous voulez battre un record ?
Voici des records du 100 m qui doivent encore être établis. Pour postuler : guinnessworldrecords.com

Avec une cuillère en équilibre sur le nez.

En roulade avant.

Sur des rollers en ligne.

En tongs.

En jouant du sousaphone.

En tant que garçon de café.

Les yeux bandés.

Vêtu d'un costume d'exosquelette.

À saute-mouton.

123456789

◄ EN ROLLERS À TALONS HAUTS

Le 21 août 2013, Marawa Ibrahim (AU) a roulé sur 100 m, en 26,10 s, sur ses rollers à talons hauts, au Regent's Park, à Londres (GB).

Quatre ans plus tard, le 1er février 2017, cette talentueuse sportive a réalisé **le 100 m le plus rapide en hula-hoop** (17,87 s), à Sheep Meadow, Central Park (New York, US). L'exploit a été filmé pour une soirée Facebook Live Guinness World Records.

▲ DANS UN FAUTEUIL

André Ortolf (DE) a parcouru 100 m, en 31,92 s, dans un fauteuil à roulettes, à Augsburg (DE), le 15 août 2014. En 2014, il avait déjà couru le **100 m le plus rapide en après-ski**, mais Max Willcocks (GB) a battu son record avec un temps de 14,09 s.

André a également couru en équipe le **relais 4 x 100 m le plus rapide habillé en pompier** (59,58 s), également à Augsburg, le 30 juin 2016. Ses coéquipiers étaient Markus Eppler, Peter Mayer et Anselm Brieger (tous DE).

▲ SUR DES BÉQUILLES (LA TÊTE EN BAS)

Le 6 mars 2014, faisant preuve de force, d'endurance et d'équilibre, Tameru Zegeye (ET) a couru 100 m, en 57 s, la tête en bas et en appui sur des béquilles, à Fürth (Bavière, DE). Tameru, né avec les pieds déformés, ne peut pas se servir de ses jambes. Après avoir musclé le haut de son corps, il est devenu artiste de cirque.

▲ DANS UNE CITROUILLE

Dmitri Galitzine (GB) a pagayé dans une citrouille de 272,15 kg sur 100 m, en 2 min et 0,3 s, à Trafalgar Wharf, à Portchester (Hampshire, GB), le 23 mai 2013. Pour respecter les règles du GWR, Dmitri a utilisé une pagaie de kayak standard, vendue dans le commerce. Il s'est contenté d'évider la citrouille sans la modifier par ailleurs.

► SUR DES TALONS HAUTS (FEMME)

Le 2 mai 2015, Majken Sichlau (DK) a couru 100 m, en 13,557 s, avec des talons de 9,5 cm. Le sprint de Majken a eu lieu aux Tårnby Games de 2015, au Tårnby Stadium de Copenhague (DK).

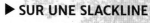

◄ DANS UNE COURSE À L'ŒUF ET À LA CUILLÈRE

Lors d'une soirée pour le lancement du *GWR 2014*, Sally Pearson (AU) a couru 100 m avec un œuf dans une cuillère, en 16,59 s, à Sydney (AU), le 23 septembre 2013. Elle avait déjà couru cette distance : Sally est une coureuse de haies olympique et le 100 m haies est sa spécialité – elle a d'ailleurs été championne olympique en 2012 !

► SUR UNE SLACKLINE

Lucas Milliard (FR) a traversé une slackline de 100 m, en 1 min et 59,73 s, lors d'une soirée organisée par le Hailuogou National Glacier Forest Park et Huway.com, à Luding (Sichuan, CN), le 12 juin 2016.

Le **record pour parcourir 100 m à reculons sur une slackline** est de 6 min et 1 s, établi par Théo Sanson (FR), lors d'une soirée organisée par Wind Team (CN) dans les montagnes du Yuntai (CN), le 6 novembre 2016.

Pour cette tentative de record vertigineuse de Lucas, la slackline était suspendue à environ 70 m au-dessus du sol, entre 2 piliers du pont de la vallée de Hailuogou.

▲ À QUATRE PATTES

Le 6 novembre 2015, Kenichi Ito (JP) a parcouru 100 m à quatre pattes, en 15,71 s, au Komazawa Olympic Park Athletic Field de Setagaya, à Tokyo (JP). Il avait précédemment battu ce record à 4 occasions. Kenichi a passé près de 10 ans à développer son mode de locomotion favori, largement inspiré de la manière dont se déplaçaient les singes patas africains.

Artistes de cirque

La Journée mondiale du cirque est célébrée chaque année le 3e samedi d'avril. Elle a été créée en 2010 par S.A.S. la princesse Stéphanie de Monaco.

▲ LE PLUS DE JONGLAGES (AVEC UNE TRONÇONNEUSE ET 2 BALLES)
Le Cow-boy de l'Espace (alias Chayne Hultgren, AU) a jonglé 162 fois avec une tronçonneuse et 2 balles, à Byron Bay (Nouvelle-Galles du Sud, AU), le 13 mai 2016. Ce record a été établi avec une tronçonneuse à essence et 2 balles de jonglage classiques.

Les Nock sont une ancienne famille d'artistes. Ils ont créé le 1er cirque suisse en 1840. En 1954, ils ont joué pour la reine Élisabeth II, qui les a surnommés les « Nerveless Nocks ».

Les gains annuels les plus élevés pour un magicien

D'après le classement Forbes des célébrités les plus riches, le magicien et illusionniste David Copperfield (US) a gagné environ 64 millions de $ entre le 1er juin 2015 et le 1er juin 2016. Ce revenu provient essentiellement de son spectacle de Las Vegas (Nevada, US).

Le plus long jonglage avec 3 ballons de basket

Morimori (alias Shun Ishimori, JP) a jonglé avec 3 ballons de basket pendant 1 h et 37 s, à Sendai (Miyagi, JP), le 7 octobre 2016.

La plus longue distance parcourue sur un monocycle en jonglant avec 3 objets

Le 9 août 2015, Ole-Jacob Hovengen (NO) a parcouru 6 400 m sur un monocycle en jonglant, à Drammen (NO).

LES PLUS RAPIDES...

150 m sur une corde raide les yeux bandés

Maurizio Zavatta (IT) a traversé une corde raide de 150 m de long les yeux bandés en 4 min et 55,12 s, pour le *CCTV – Guinness World Records Special*, à Wulong (Chongqing, CN), le 15 novembre 2016. Les règles du *GWR* stipulent que la corde doit se trouver à au moins 10 m du sol.

Il a réussi cet exercice périlleux à une hauteur de 212,8 m, réalisant ainsi également **la marche la plus haute sur une corde raide les yeux bandés**.

20 m en roulades sur la poitrine

Le 11 mars 2013, Leilani Franco (GB/PH) a fait 20 m de roulades sur la poitrine en 17,47 s au Royal Festival Hall de Londres (GB).

LE PLUS DE...

Chalumeaux éteints avec la langue en 1 min

Le Cow-boy de l'Espace a éteint 48 chalumeaux avec sa langue, à Byron Bay (Nouvelle-Galles du Sud, AU), le 13 mai 2016.

Claquements de fouet en 1 min

En 60 s seulement, Jack Lepiarz (US) a fait claquer son fouet 278 fois, à Carver (Massachusetts, US), le 16 octobre 2016.

Q : Que signifie circus en latin ?

R : « Cercle » ou « anneau ».

Hula hoops simultanés avec plusieurs parties du corps

Le 16 avril 2016, Dunja Kuhn (DE) a réalisé 43 hula hoops avec plusieurs parties de son corps, lors de *The Saturday Show*, à Londres (GB).

Marawa Ibrahim (AU) a exécuté **le plus de hula hoops simultanés** (200), à Los Angeles (Californie, US), le 25 novembre 2015.

Ashrita Furman (US), multiple recordman, a réussi **le plus de hula hoops en 1 min avec un cerceau de 2 kg** (142), lors du spectacle *¡Despierta América!*, à New York (US), le 22 juillet 2016.

Pièges à rats libérés avec la langue en 1 min

Casey Severn (US) a libéré 13 pièges à rats en 60 s avec sa langue, à la Baltimore Tattoo Arts Convention de Baltimore (Maryland, US), le 16 avril 2016.

Fois à rattraper 5 balles en jonglant en 1 min

Michael Ferreri (ES) a rattrapé 388 fois 5 balles en 60 s au festival du Cirque de Namur (BE), le 10 nov. 2016.

Le 27 février 2016, David Rush (US) a réalisé **le plus de roulements de tête en jonglant en 1 min avec 3 balles** (194), à Garden City (Idaho, US). Selon le *GWR*, le « roulement de tête » consiste à faire rouler une seule balle sur l'avant de la tête et à la rattraper tout en continuant à jongler entre deux.

Le 2 avril 2016, il a réussi à rattraper **le plus de balles en 1 min, en jonglant les yeux bandés avec 3 balles** (364), à la Taco Bell Arena de Boise (Idaho, US).

Pour finir, le 4 juin, David est parvenu à rattraper **le plus de balles en 1 min en jonglant avec 3 balles** (428) à Meridian (Idaho, US).

Balles rattrapées en jonglant sur un monocyle (les yeux bandés)

Le Cow-boy de l'Espace a rattrapé la balle 10 fois de suite en jonglant les yeux bandés sur un monocycle à Byron Bay (Nouvelle-Galles du Sud, AU), le 13 mai 2016.

◀ LE PLUS DE SALTOS SUR UNE ROUE DE LA MORT EN 1 MIN
Le 12 février 2016, Annaliese Nock (US) a exécuté 4 saltos en 60 s sur une roue de la mort, au Circus Sarasota (Floride, US). Huitième génération d'une famille d'artistes de cirque, elle a réalisé cet exploit avec son père, Bello Nock (US, avec elle sur la photo). Bello est aussi détenteur d'un record mondial : le 10 novembre 2010, il a réalisé **la plus longue marche sans aide sur une corde raide** (130 m). Le cousin de Bello, Freddy Nock (CH), est un autre recordman qui a notamment effectué **la plus longue marche sur un câble de funiculaire** (995 m), le 30 août 2009, et **la plus longue traversée d'une corde raide à vélo** (85 m), le 7 septembre 2015.

Le plus d'épées avalées...

... par un homme : 24
(Le Cow-boy de l'Espace, AU)

... tout en jonglant : 18
(Le Cow-boy de l'Espace, AU)

... par une femme : **13**
(Natasha Veruschka, US)

... et tordues : **13**
(Franz Huber, DE)

... en étant la tête en bas : **5**
(Franz Huber)

... sous l'eau : **4**
(Le Cow-boy de l'Espace, AU)

... sur un monocycle : **3**
(Le Cow-boy de l'Espace, AU)

Le plus lourd objet avalé :

Marteau de démolition DeWALT D25980 de 38 kg – mèche incluse – par Thomas Blackthorne (GB)

Le plus lourd véhicule tiré avec une épée avalée :

En 2002, Audi A4 de 1 696,44 kg, par Ryan Stock (CA)

Le plus de personnes avalant le même objet :

4, pour un tabouret de bar « avalé » par Thomas Blackthorne, le Cow-boy de l'Espace, Captain Frodo (NO) et Gordo Gamsby (AU)

▲ LA PLUS LONGUE DISTANCE EN LIMBO SOUS DES BARRES DE 30 CM

Le 14 janvier 2016, Shemika Charles (TT) s'est glissée en limbo sous des barres de 30,48 cm, au *CCTV – Guinness World Records Special* de Pékin (CN).

Cette femme ultrasouple a aussi réalisé **le limbo le plus bas pour une femme** – 21,59 cm, établi sur le plateau du *Live! with Regis and Kelly*, à New York (US), le 16 septembre 2010.

▲ LA PLUS RAPIDE POUR PARCOURIR 10 M SUR DES BOUTEILLES EN VERRE

Il n'a fallu que 57,1 s à Tang Hui (CN) pour parcourir 10 m sur des bouteilles en verre verticales, sur le plateau du *CCTV – Guinness World Records Special*, à Pékin (CN), le 12 janvier 2016. Ce n'est pas facile de réaliser cet exploit sans toucher le sol et elle n'a établi ce record qu'à son 3e et dernier essai.

▲ LE PLUS DE SAUTS À LA CORDE PAR UNE PYRAMIDE HUMAINE À 3 NIVEAUX EN 30 S

Le 7 janvier 2016, 6 étudiants de la Tagou Martial Arts School (CN) ont formé une pyramide humaine et effectué 32 sauts à la corde en 30 s. Cet exploit, qui associe une incroyable agilité acrobatique à la force, a été établi sur le plateau du *CCTV – Guinness World Records Special* à Pékin (CN). Pour cette tentative de record, Tagou était opposé à la Zhonghua Martial Arts School (CN).

Pourquoi les fouets claquent-ils ? En 2002, Alain Goriely et Tyler McMillen de l'université d'Arizona ont découvert que la boucle du fouet accélère à mesure qu'elle se déplace sur toute sa longueur. Le fouet « claque » lorsqu'elle franchit le mur du son.

▲ LE PLUS DE CAPSULES DE BOUTEILLE ÔTÉES AVEC UN FOUET EN 1 MIN

Adam Winrich (US) a ôté 12 capsules de bouteille en 60 s avec un fouet, sur le plateau du *CCTV – Guinness World Records Special*, à Pékin (CN), le 12 janvier 2016. Il a également attrapé **le plus de bouteilles avec un fouet en 1 min** (18) et produit **le plus de claquements avec 2 fouets en 1 min** (646).

▲ LA PLUS LONGUE CARRIÈRE DE MONSIEUR LOYAL

Norman Barrett (GB) est devenu pour la 1re fois maître de cérémonie du Robert Brothers Circus durant l'hiver 1956-1957. Il a depuis occupé ce poste dans plusieurs cirques et a célébré ses 60 ans de carrière durant l'hiver 2016-2017. En 2010, Norman a reçu la décoration de MBE et a été intronisé 1 an plus tard à l'International Circus Hall of Fame.

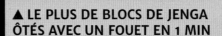

▲ LE PLUS DE BLOCS DE JENGA ÔTÉS AVEC UN FOUET EN 1 MIN

Le 27 septembre 2016, April Choi (US) a ôté 4 blocs d'une colonne de Jenga avec un fouet en 60 s, à Peoria (Illinois, US). Cette date a été favorable à April qui a établi le même jour le record du **plus de claquements de fouet sur une slackline en 1 min**, soit 127, au Bradley Park, à Peoria. Pour ce record, seuls les claquements audibles comptent.

En revue

Les messages du cerveau voyagent dans le corps le long des nerfs à environ 322 km/h.

▲ LA PLUS ANCIENNE PROTHÈSE DE HANCHE

Au 19 novembre 2015, la prothèse de hanche de Norman Sharp (GB) était en place depuis 66 ans et 353 jours. En 1925, à l'âge de 5 ans, Norman était hospitalisé pour une arthrite septique. Il resta cinq ans au Royal National Orthopaedic Hospital (RNOH) pour subir une opération des hanches et réapprendre à marcher. Dix-huit ans plus tard, il fut équipé d'une prothèse de hanche gauche, le 1er décembre 1948. Sa hanche droite fut ensuite remplacée le 22 décembre 1948. Sur la photo ci-dessus, Norman tient une radio de sa prothèse de hanche gauche.

Le plus long bâillement

En 1888, le docteur Edward W. Lee rapportait le cas d'une fille de 15 ans ayant bâillé en continu pendant 5 semaines. Ce cas fut publié dans le *Memphis Journal of the Medical Sciences*.

La mère la plus prolifique

Le plus d'enfants officiellement nés d'une même mère est de 69. Ce record appartient à Valentina Vassilyev, une paysanne vivant à Shuya (RU), au XVIIIe siècle. Elle accoucha 27 fois, dont 16 fois de jumeaux, 7 fois de triplés et 4 fois de quadruplés.

Le plus de générations consécutives de jumeaux

Trois familles partagent ce record. La famille Rollings (GB) compte 4 générations consécutives de jumeaux, nés entre 1916 et 2002. La famille

Taylor (US) en compte également 4, nés entre 1919 et 2002, tandis que la famille Sims (GB) a vu 4 générations successives de jumeaux, nés entre 1931 et 2013.

Le plus de décimales de Pi mémorisées

Rajveer Meena (IN) a mémorisé 70 000 décimales de Pi, à l'université VIT de Vellore (Tamil Nadu, IN), le 21 mars 2015. Rajveer portait un bandeau sur les yeux pendant cet exploit qui lui a demandé près de 10 h.

La plus longue série de chiffres binaires mémorisés en 1 min

Le 3 avril 2015, Aravind Pasupathy (IN) a mémorisé une série de 270 chiffres binaires en 60 s, au Kasthuri Sreenivasan Trust de Coimbatore (IN).

La plus longue apnée statique (homme)

Aleix Segura Vendrell (ES) a retenu sa respiration pendant 24 min et 3,45 s, à Barcelone (ES), le 28 février 2016. Aleix est un plongeur libre professionnel.

▲ LE PLUS FORT HURLEMENT DE FOULE À UN ÉVÉNEMENT SPORTIF EN SALLE

Des fans des Jayhawks du Kansas (US) ont émis un hurlement de 130,4 dB, lors du match de basket-ball qui les opposait à la Virginie-Occidentale, à Lawrence (Kansas, US), le 13 février 2017. Cette tentative de record réussie a eu lieu avant le match. Un match tendu s'en est suivi, remporté par le Kansas dans le temps additionnel.

▶ LES PLUS GRANDS PIEDS DU MONDE

Le pied droit de Jeison Orlando Rodríguez Hernández (VE) mesure 40,1 cm de long et son pied gauche 39,6 cm, mesures réalisées à Maracay (Aragua, VE), le 6 octobre 2014. Jeison – bon joueur de basket-ball – mesure 221 cm et est âgé de 21 ans. Il vit à Maracay avec sa famille et passe la majeure partie de sa vie pieds nus. Il lui faut des chaussures particulièrement grandes – pointure 26 US –, fabriquées spécialement pour lui en Allemagne.
Les plus grands pieds de tous les temps appartenaient au « Géant d'Alton », Robert Wadlow (voir p. 66-67).

▲ LA PLUS GRANDE BOUCHE

La bouche de Francisco Domingo Joaquim (AO) – alias « Chiquinho » – mesure 17 cm sans être étirée. Lorsqu'elle est étirée au maximum, Francisco peut y insérer un soda de 33 cl en biais. Découvert sur une place de marché en Angola, Chiquinho a été invité par le *GWR* sur le plateau de *Lo Show dei Record*, à Rome (IT), le 18 mars 2010 pour que sa bouche soit mesurée.

Le plus long temps à retenir deux avions

Chad Netherland (US) a réussi à empêcher le décollage de deux avions Cessna, en les tirant dans des directions opposées, pendant 1 min et 0,6 s, à l'aéroport Richard I Bong de Superior (Wisconsin, US), le 7 juillet 2007.

Le plus d'opérations subies

Entre le 22 juillet 1954 et fin 1994, Charles Jensen (US) a été opéré 970 fois pour enlever plusieurs tumeurs liées à un syndrome des naevi basocellulaires.

Le taux de brûlure du corps le plus élevé

Tony Yarijanian (US) a survécu à des brûlures au 3e degré, sur environ 90 % de son corps suite à une explosion en Californie (US), le 15 février 2004. Tony est resté pendant 3 mois dans le coma, a subi 25 opérations et 60 transfusions sanguines.

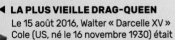

◀ LA PLUS VIEILLE DRAG-QUEEN

Le 15 août 2016, Walter « Darcelle XV » Cole (US, né le 16 novembre 1930) était encore une drag-queen active à l'âge de 85 ans et 273 jours. Il est le propriétaire du Darcelle XV Showplace, à Portland (Oregon, US). Ce club accueille le plus ancien spectacle de drag-queens de la côte ouest des États-Unis.

par le chirurgien Stephen Westaby, le dispositif était le 4e utilisé depuis son développement aux États-Unis, mais c'est la 1re fois qu'un patient survivait à l'opération.

La plus vieille personne vivant avec un cœur à l'extérieur du corps

Christopher Wall (US, né le 19 août 1975) est la plus vieille personne vivante atteinte d'*ectopia cordis*,

▲ LE PLUS DE CLAQUEMENTS DE DOIGTS EN 1 MIN (UNE MAIN)

Satoyuki Fujimura (JP) a réalisé 296 claquements de doigts en 60 s, sur le plateau de *Tanteil Knight Scoop*, à Osaka (JP), le 23 décembre 2016. Satoyuki est étudiant à l'université d'Osaka et sa mère lui a appris à claquer des doigts à l'âge de 15 ans.

Anthony Morigerato (US) – danseur de claquettes professionnel – a exécuté **le plus de claquettes en 1 min** (1 163), à la Eleanor's School of Dance d'Albany (New York, US), le 23 juin 2011.

La plus longue survie sans pouls

Julie Mills (GB) allait mourir en raison d'une sévère insuffisance cardiaque et d'une myocardite virale quand, le 14 août 1998, des chirurgiens cardiaques de l'hôpital John Radcliffe d'Oxford (GB) décidèrent de la maintenir en vie pendant 1 semaine avec une pompe à sang non pulsatile (AB180). Julie resta sans pouls pendant 3 jours. Implanté

malformation congénitale où le cœur se trouve hors du corps. Il est rare de survivre ainsi plus de 48 h.

La plus jeune personne à avoir reçu deux cœurs

En 1992, Sophie Parker (GB), alors âgée de 2 ans, a reçu un nouveau cœur à l'hôpital Harefield de Londres (GB), afin d'assister son cœur trop faible. En mars 1998, le cœur naturel de Sophie ne fonctionnant plus correctement, elle a reçu un 2e cœur pour soutenir le premier cœur transplanté.

Les dialyses rénales subies sur la plus longue période

Muris Mujičić (HR) a subi des dialyses rénales pendant 41 ans et 112 jours, à Rijeka (HR), entre le 15 mai 1974 et le 4 septembre 2015. Pendant ce temps, Muris a également subi deux transplantations rénales ratées.

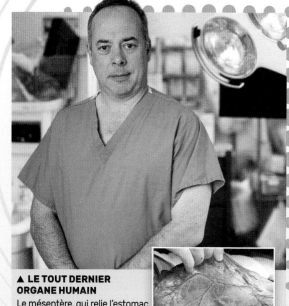

▲ LE TOUT DERNIER ORGANE HUMAIN

Le mésentère, qui relie l'estomac aux intestins et maintient le système digestif inférieur en place, est considéré comme le dernier organe du corps humain, portant le nombre des organes à 79. D'après des recherches menées par le chirurgien J. Calvin Coffey (IE), FRCSI (ci-dessus) et Peter O'Leary, publiées dans *The Lancet Gastroenterology & Hepatology*, en novembre 2016, le mésentère est un feuillet de tissu discret qui possède ses propres fonctions. D'autres recherches restent toutefois nécessaires pour identifier le rôle précis de cet organe.

▲ LA PERSONNE AYANT VÉCU LE PLUS LONGTEMPS AVEC UNE GREFFE DE CŒUR

John McCafferty (GB, né le 28 juillet 1942) a subi une transplantation cardiaque orthotopique dans la nuit du 20 au 21 octobre 1982, à l'hôpital Harefield (Middlesex, GB). On lui avait alors dit qu'il pouvait espérer vivre encore environ cinq ans. Il a en réalité survécu 33 ans et 111 jours et est décédé le 9 février 2016. Sur la photo ci-dessus, John est à côté de son chirurgien, sir Magdi Yacoub.

▲ LE PLUS DE TÊTES RASÉES EN MÊME TEMPS

Le 12 mars 2016, la Société canadienne du cancer et le Service d'incendie de Calgary ont rasé ensemble les têtes de 329 personnes, à la Fire Training Academy de Calgary (Alberta, CA). Cet événement visait à récolter des fonds pour lutter contre le cancer et informer sur les substances cancérogènes sur les lieux de travail. Plus de 140 000 $ ont été recueillis.

Le plus de mammographies en 24 h

Super Farmacia Rebeca et Servicios Preventivos de Salud (tous 2 PR) ont réalisé 352 mammographies en 24 h, à Isabela (PR), le 30 septembre 2016.

Le plus gros don de plasma sanguin en volume

Le 11 mai 2015, Terry Price (US) a fait don de 894,206 l de plasma sanguin, aux BioLife Plasma Services de Denton (Texas, US).

▶ LE PLUS DE PERSONNES À S'INSCRIRE COMME DONNEURS D'ORGANES EN 1 H

Le 6 septembre 2016, 6 697 personnes se sont inscrites comme donneurs d'organes, à Dindigul (Tamil Nadu, IN). Cet événement était organisé par l'Indian Medical Association Dindigul district, le Rotary International District 3000 et le PSNA College of Engineering and Technology (IN) pour souligner l'importance du don d'organes et son impact sur la vie.

Les plus longs...

Souvent, nos opinions sur le monde sont bien différentes de la réalité ! Difficile d'imaginer que le plus long animal soit un ver, n'est-ce pas ? Un train peut-il peser plus que 800 baleines bleues ? Y a-t-il réellement eu un bouchon découvrir un train plus long que le Las Vegas Strip, un embouteillage 2-fois plus long que le canal de Panama et un fleuve encore plus long.

1 cm–1 m

LA PLUS LONGUE DENT HUMAINE EXTRAITE

Notre défilé des choses les plus longues au monde commence avec cette dent de 3,2 cm. Vous allez bientôt eu un bouchon de 18 millions de voitures ? Toutes les réponses sont ici !

**Dent humaine extraite
3,2 cm**

Le 6 avril 2009, le D' Ng Lay Choo a retiré une dent de 3,2 cm, à Loo Hui Jing (SG), au cab net Eli Dental Surgery, à Singapour.

**Langue
10,1 cm**

La langue de Nick Stoeberl (US) mesure 10,1 cm de sa pointe au centre de la lèvre supérieure fermée, comme constaté à Salinas (Californie, US), le 27 novembre 2012.

**Insecte
62,4 cm**

Découvert en 2014, le phasme *Phryganistria chinensis* mesure 62,4 cm de long. Un spécimen est conservé au musée des Insectes de Chine occidentale, à Chengdu (province du Sichuan).

**Ongles (mains, moyenne)
98,5 cm**

Melvin Boothe (US) avait des ongles longs de 98,5 cm en moyenne, lors de leur mesure à Troy (Michigan, US), le 30 mai 2009. Malheureusement, il est décédé en déc. 2009. **Les plus longs ongles de l'histoire** (moyenne, femmes) étaient ceux de Lee Redmond (US) : 86,5 cm lors de leur mesure sur le plateau de *Lo Show del Record*, à Madrid (ES), le 23 fév. 2008.

**Poils d'oreille
18,1 cm**

Les poils poussant dans les oreilles (centre du pavillon) d'Anthony Victor (IN) mesurent jusqu'à 18,1 cm.

1–50 m

**Haricot
1,3 m**

Harry Hurley (Caroline du Nord, US) a présenté un *Vigna unguiculata sesquipedalis* qui mesurait 1,3 m le 13 septembre 1997, lors du North Carolina State Farmers Market.

**Cheveux (femme)
5,627 m**

Xie Qiuping (CN) laisse ses cheveux pousser depuis 1973, soit depuis l'âge 13 ans. Lors de la dernière mesure, le 8 mai 2004, leur longueur était de 5,627 m.

**Poisson
7,6 m**

Le plus long poisson osseux est le régalec (*Regalecus glesne*), aussi appelé « roi des herrings », que l'on trouve partout dans le monde. Vers 1885, un spécimen de 7,6 m et 272 kg a été pêché au large de Pemaquid Point (Maine, US). Un autre régalec a été aperçu en train de nager au large d'Asbury Park (New Jersey, US), le 18 juillet 1963. Sa longueur a été estimée à 15,2 m. Il a été observé par une équipe de scientifiques du Sandy Hook Marine Laboratory.

**Serpent
10 m**

Originaire d'Asie du Sud-Est, d'Inconésie et des Philippines, le python réticulé (*Python reticulatus*) dépasse généralement 6,25 m. Le plus long spécimen mesuré faisait 10 m. Il a été abattu à Célèbes (actuel S.Jawesi), en Indonésie, en 1912.

**Vélo
41,42 m**

Long de 41,42 m, soit environ 2 fois la longueur d'une piste de bowling, le plus long vélo a été construit par la société Santos et l'université d'Australie-Méridionale (tous 2 AU). Il a été mesuré et utilisé à Adélaïde (AU), le 17 janvier 2015.

50 m–5 km

**Animal
55 m**

Le ver lacet (*Lineus longissimus*) est une espèce de némerte, ou ver ruban, habitant les eaux peu profondes de la mer du Nord. En 1864, après une tempête à St Andrews (Fife, GB), un spécimen mesurant au moins 55 m – plus qu'une piscine olympique – s'est échoué sur le rivage.

**Hot-dog
203,80 m**

203,80 m de hot-dog ont été fabriqués par Novex S A (PY), à l'occasion d'Expoferia 2011, à Mariano Roque Alonso (PY), le 15 juillet 2011.

**Bateau
399 m**

Les porte-conteneurs de classe Maersk Triple E (DK) font 399 m de long – plus de 5 fois et demie la longueur c'un avion 747. Le 1er d'entre eux, le *Maersk Mc Kinney Møller*, a pris le large du chantier naval Daewoo Shipbuilding & Marine Engineering d'Okpo (Geoje, KR), le 24 février 2013.

100 %

Traîne de robe de mariée
2 599 m

Le 20 août 2015, Shillianshan (CN) a présenté une robe de mariée dotée d'une traîne de 2 599 m de long, à Xiamen (province de Fujian, CN), soit plus que 20 terrains de football américain !

Embouteillage
176 km

Le plus long embouteillage jamais mesuré s'étendait sur 176 km vers le nord à partir de Lyon, le 16 février 1980. **Le plus long embouteillage en nombre de véhicules** a impliqué 18 millions de voitures traversant la frontière entre l'Allemagne de l'Est et de l'Ouest, le 12 avril 1990.

Pont
164 km

Le pont Danyang-Kunshan de la ligne à grande vitesse Jinghu (LGV Pékin–Shanghai) mesure 164 km de long. Cette ligne ferroviaire, inaugurée en juin 2011, franchit aussi le viaduc de Langfang-Qingxian, qui fait 114 km et est le 2e pont le plus long du monde.

Rivière
6 695 km

La principale source du Nil est le lac Victoria, à l'est de l'Afrique centrale. Depuis son tributaire le plus éloigné au Burundi, le Nil parcourt 6 695 km. C'est plus que le Mississippi, le Rhin, la Seine et la Tamise réunis !

Muraille
3 460 km

La principale portion de la Grande Muraille de Chine mesure 3 460 km – plus de 3 fois la longueur de la Grande-Bretagne ! La muraille comprend aussi 3 530 km de portions secondaires.

Canapé
1006,61 m

Mnogo Mebeli (RU) a construit un canapé de 1 006,61 m de long, à Saratov (RU), le 25 juillet 2014.

Tunnel de voie ferrée
57 km

Le 15 octobre 2010, les ingénieurs suisses travaillant 2 000 m sous les Alpes suisses ont percé la dernière portion de roche du plus long tunnel de voie ferrée du monde. La construction du tunnel de base du Saint-Gothard a duré 14 ans et coûté 12,2 milliards de francs suisses (12,2 milliards $). La cérémonie d'inauguration a eu lieu le 1ᵉʳ juin 2016 et le service a commencé le 11 décembre 2016. Le tunnel peut accueillir 300 trains par jour.

5-200 km

Train
7,353 km

Long de 7,353 km, le plus long train se composait de 682 wagons de minerai tractés par 8 locomotives diesel. Assemblé par BHP iron One, il a parcouru 275 km à travers l'Australie, le 21 juin 2001. C'était aussi le **train le plus lourd** : il pesait 99 732,1 t.

Chaîne de trombones
37,41 km

Le 16 décembre 2001, les employés de Lyreco Deutschland GmbH (DE) ont réalisé une chaîne de trombones de 37,41 km, lors d'un événement à l'hôtel InterContinental de Berlin (DE).

Ligne électrique
2 500 km

La plus longue ligne électrique à courant continu à haute tension (CCHT) est la ligne Rio Madeira (BR), qui s'étend sur plus de 2 500 km, entre Porto Velho et São Paulo. Elle achemine le courant électrique à São Paulo à travers de vastes régions de la forêt amazonienne.

> 200 km

Chaîne humaine
1050 km

Le 11 décembre 2004, plus de 5 millions de personnes se tenant par la main ont formé une chaîne humaine de 1 050 km, de Teknaf à Tentulia (BD). L'événement a été organisé dans le cadre d'une manifestation pour de nouvelles élections.

Canyon
446 km

Le Colorado a creusé le Grand Canyon pendant des millions d'années en Arizona (US). Le canyon s'étend sur 446 km, de Marble Gorge à Grand Wash Cliffs, une distance supérieure à la longueur du métro de Londres. Il mesure 1,6 km de profondeur et entre 0,5 et 29 km de large.

Brad expose sa collection dans son « bat-musée » en sous-sol. Parmi ses objets préférés figurent un exemplaire de Batman Vol. 1 n° 11 de 1942 et une ceinture créée en 1966 par Ideal Toy Company.

LA PLUS GRANDE COLLECTION BATMAN

Au 11 avril 2015, Brad Ladner (Roswell, US) possédait 8 226 objets uniques liés à Batman. Brad a commencé sa collection dès 1988, lors de la sortie de la bande dessinée *Un Deuil dans la famille*. S'il devait choisir un superpouvoir, Brad opterait pour un talent que Batman n'a pas : l'invisibilité.

POW!

La petite histoire des super-héros

Le *GWR 2018* fait la part belle aux « super-humains », y compris les nombreuses personnes ordinaires au destin extraordinaire. Découvrez une chronologie des super-héros classiques par date d'apparition, que ce soit dans des bandes dessinées, des films ou ailleurs, et dans leur costume d'origine.

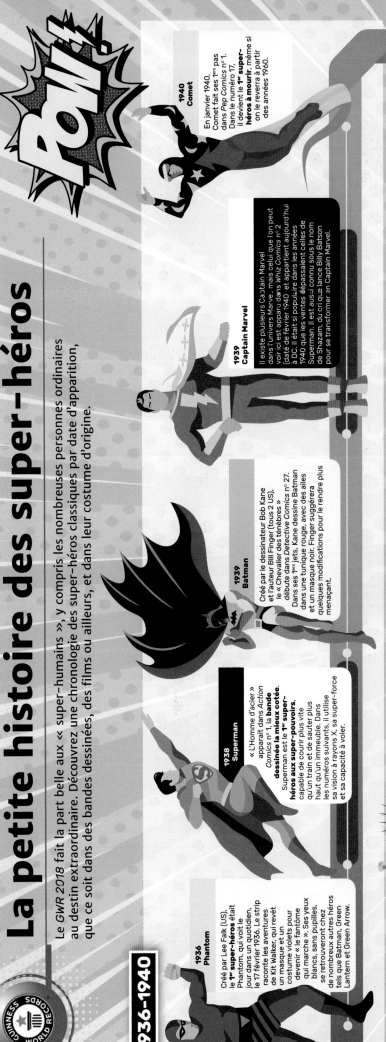

1936-1940

1936 Phantom
Créé par Lee Falk (US), le **1er super-héros** était Phantom, qui voit le jour dans un quotidien, le 17 février 1936. Le strip raconte les aventures de Kit Walker, qui revêt un masque et un costume violets pour devenir « le fantôme qui marche ». Ses yeux blancs, sans pupilles, se retrouveront chez de nombreux autres héros tels que Batman, Green Lantern et Green Arrow.

1938 Superman
« L'Homme d'acier » apparaît dans *Action Comics* n° 1, **la bande dessinée la mieux cotée.** Superman est le **1er super-héros aux super-pouvoirs,** capable de courir plus vite qu'un train et de sauter plus haut qu'un immeuble. Dans les numéros suivants, il utilise sa vision à rayons X, sa super-force et sa capacité à voler.

1939 Batman
Créé par le dessinateur Bob Kane et l'auteur Bill Finger (tous 2 US), le « Chevalier des ténèbres » débute dans *Detective Comics* n° 27. Dans ses 1ers jets, Kane dessine Batman dans une tunique rouge, avec des ailes et un masque noir. Finger suggérera quelques modifications pour le rendre plus menaçant.

1939 Captain Marvel
Il existe plusieurs Captain Marvel dans l'univers Marvel, mais celui que l'on peut voir ici est apparu dans *Whiz Comics* n° 2 (daté de février 1940 et appartient aujourd'hui à DC. Il était si populaire dans les années 1940 que les ventes dépassaient celles de Superman. Il est aussi connu sous le nom de Shazam, du cri que lance Billy Batson pour se transformer en Captain Marvel.

1940 Comet
En janvier 1940, Comet fait ses 1ers pas dans *Pep Comics* n° 1. Dans le numéro 17, il devient le **1er super-héros à mourir**, même si on le reverra à partir des années 1960.

1940-1941

1940 Flash
Créé par l'illustrateur Harry Lampert et le scénariste Gardner Fox, « le Bolide » voit le jour dans *Flash Comics* n° 1 (daté de janvier 1940). Son 1er alter ego était Jay Garrick, mais le héros a connu d'autres incarnations par la suite.

1940 Fantomah/Femme en rouge
Deux personnages prétendent au titre de **1re super-héroïne** : Fantomah était la **1re femme dotée de super-pouvoirs** dans un magazine (*Jungle Comics* n° 2, février 1940), tandis que la **1re héroïne masquée** (et de naissance « naturelle ») était la Femme en rouge, créée par Richard Hughes et George Mandel, pour *Thrilling Comics* n° 2 (mars 1940).

1941-1962

1941 Captain America
Créé par Joe Simon et Jack Kirby, le super-héros fait ses 1ers pas dans *Captain America Comics* n° 1, en date de mars 1941. Le bouclier rond de Cap (ci-dessus) remplace la version triangulaire dès le numéro 2.

1940 Société de justice d'Amérique
La **1re équipe de super-héros**, la JSA, a été vue pour la 1re fois sur la couverture du *All Star Comics* n° 3 (numéro d'hiver 1940-1941). Les membres fondateurs, de gauche à droite, sont : Atom, Dr Fate, Green Lantern, Hawkman, Flash, Sandman, Hourman et Spectre.

1941 Aquaman
La créature des mers de DC a été imaginée par Paul Norris et Mort Weisinger dans les pages de *More Fun Comics* n° 73, de novembre 1941. Il est devenu l'un des fondateurs de la Ligue de justice d'Amérique.

1941
Wonder Woman

L'Amazone de DC Comics débarque dans *All Star Comics* n° 8 (daté de décembre 1941), mais elle devra patienter jusqu'à l'été 1942 pour avoir sa bande dessinée.

1959
Supergirl

Le succès de Superman pousse DC à créer une homologue féminine, sa cousine Kara Zor-El. Créée par Otto Binder (auteur) et Al Plastino (dessinateur), elle apparaît dans *Action Comics* n° 252, en mai 1959.

1960
Ligue des justiciers

La Ligue des justiciers est un supergroupe DC lancé en octobre-novembre 1960. Batman et Superman, bien que membres, apparaissent à peine dans les aventures, alors que Martian Manhunter (ci-dessous, à droite) arrivait à la fin de sa 1re aventure avec la Ligue en 1968. Les 5 héros ci-dessous étaient en couverture du 1er numéro.

1961
Quatre Fantastiques

La 1re coproduction de Stan Lee et Jack Kirby, *The Fantastic Four* n° 1, sort en novembre 1961. Les Quatre Fantastiques sont la 1re équipe Marvel et font le succès de l'éditeur dans les années 1960.

1962
Hulk

Des rayons gamma ont transformé le Dr Robert Bruce Banner en géant vert, l'un des personnages les plus forts de Marvel. *The Incredible Hulk* est paru en mai 1962.

1962
Spider-Man

Le Tisseur, héros phare de Marvel, débute dans *Amazing Fantasy* n° 15 (août 1962), avant la sortie de *The Amazing Spider-Man*, en mars 1963. Le personnage a été créé par Stan Lee et Steve Ditko.

1963
Ironman

Tales of Suspense n° 39 (mars 1963) marque l'apparition de l'alter ego de Tony Stark. Les 6 films où Robert Downey Jr (US) interprète Iron Man font de lui l'**acteur de super-héros au plus grand succès**.

1963
X-Men

The X-Men n° 1 sort le 10 septembre 1963, mais les élèves du professeur Xavier étaient auparavant connus sous le nom de « Mutants ». L'éditeur de Marvel, Martin Goodman, pensait que le nom risquait de laisser les lecteurs perplexes et Stan Lee l'a donc changé.

1971
Swamp Thing

Créé par Len Wein (textes) et Bernie Wrightson (dessins), le personnage de DC se dévoile dans *House of Secrets* n° 92 (juillet 1971) avant d'avoir son propre titre l'année suivante.

1974
Wolverine

Aperçu dans la dernière vignette de *The Incredible Hulk* n° 180 (octobre 1974), le mutant griffu canadien devient un élève du professeur Xavier, dans *Giant-Size X-Men* n° 1, en 1975.

1984
Tortues Ninja

En mai 1984, les Tortues Ninja Michelangelo, Leonardo, Donatello et Raphael décrochent leur propre bande dessinée chez Mirage Studios. Un dessin animé fait suite en 1987. Le quatuor avait été créé (par Kevin Eastman et Peter Laird) comme un pastiche des 4 grands comics de l'époque : *Ronin*, *Cerebus*, *Daredevil* et *New Mutants*.

1991
Deadpool

Le « Mercenaire disert » se fait connaître dans le *New Mutants* n° 98 (février 1991). Imaginé comme un vilain, Deadpool devient un anti-héros ambigu, avant de décrocher sa propre mini-série, *The Circle Chase*, en 1993. Le film de 2016 *Deadpool* (US) est le **film classé « R »** le plus rentable.

1993
Hellboy

Le héros démoniaque de Mike Mignola débute, sous forme de prototype, sur la couverture du fanzine italien *Dime Press* n° 4 (mars 1993), avant de prendre ses aises dans le *San Diego Comic-Con Comics* n° 2 (août 1993).

1993
Les Power Rangers

Grand succès télévisé en 1993, la série donne naissance à des bandes dessinées publiées par Hamilton dès novembre 1994. Marvel Comics publie ensuite 2 séries de son cru. En mars 2016, Boom! Studios reboote la franchise originale.

2004
Les Indestructibles

Produit par Pixar, *Les Indestructibles* (US) sort au cinéma le 27 octobre 2004 et génère le record de recettes pour la société à l'époque. Cinq ans plus tard, Boom! Studios publie une mini-série en bande dessinée inspirée du film. Une suite est prévue sur grand écran pour juin 2018.

1962-1974

1974–2004

LE 1ER SUPER-HÉROS DESSINÉ

Phantom, alias « le fantôme qui marche », a été créé par le dessinateur américain Lee Falk et a vu le jour en février 1936 (deux ans avant Superman). La bande dessinée *Phantom*, publiée dans un journal, mettait en scène Kit Walker, qui portait un masque et un costume violet. Aujourd'hui encore, il continue à lutter contre les crimes dans des quotidiens.

LA 1RE HÉROÏNE À AVOIR SA PROPRE B.D.

Sheena, reine de la jungle, a fait ses premiers pas dans *Wags*, revue publiée en Grande-Bretagne, en 1937. Elle a traversé l'Atlantique avec le 1er numéro de *Jumbo Comics*, en septembre 1938. Le 1er tome de *Sheena* sort au printemps 1942. Wonder Woman aura sa B.D. cette même année, mais pas avant l'été.

SUPER-HÉROS
BANDES DESSINÉES

LA 1RE SUPER-HÉROÏNE

Le 1er personnage féminin doté de super-pouvoirs était Fantomah (ci-dessus), ancienne princesse égyptienne pouvant changer de forme. Créée par Barclay Flagg (alias Fletcher Hanks, US), elle a été publiée dans *Jungle Comics* n° 2, en février 1940.

La 1re super-héroïne à porter un masque et un costume fut toutefois la Femme en Rouge (ci-dessous), créée par Richard Hughes et George Mandel (tous 2 US) pour *Thrilling Comics* n° 2, publié en mars 1940. Elle était l'alter ego de l'agent de police Peggy Allen.

La plus longue période entre la mort et le retour à la vie d'un héros
Il s'est écoulé 37 ans entre la mort de Bucky Barnes, l'acolyte de Captain America, dans *Avengers* vol. 1 n° 56 (1968), et son retour, dans *Captain America* vol. 5 n° 1 (2005). Ed Brubaker a réinventé l'histoire de Bucky en 2005 pour en faire le Soldat de l'Hiver.

Le jeu vidéo tiré d'une B.D. le plus vendu
D'après VGChartz, *Batman: Arkham City* (Rocksteady, 2011) s'est écoulé à plus de 11,13 millions d'exemplaires, au 27 avril 2016.

La plus grande garde-robe de super-héros
En incluant toutes les variantes, Iron Man (Marvel) possède 58 armures différentes, du 1er prototype au Modèle 52. Cette dernière armure peut se transformer en voiture par simple pression d'un bouton.

LE PLUS DE…

Films adaptés du travail d'un auteur de B.D.
En comptant *Doctor Strange* (US, 2016), les créations et cocréations de Stan Lee (US) ont donné lieu à 29 adaptations cinématographiques, au 31 janvier 2017.

LE CRÉATEUR DE PERSONNAGES LE PLUS PROLIFIQUE

Depuis l'introduction du Destructeur, en août 1941, jusqu'à Stripperella, en 2011, Stan Lee a créé au moins 343 personnages dans l'univers de la bande dessinée. Ce chiffre englobe ses collaborations avec d'autres auteurs tels que Jack Kirby et Steve Ditko (tous US).

La B.D. la mieux cotée
En janvier 2017, l'*Action Comics* n° 1, publié le 18 avril 1938 (daté de juin), était évalué à 8 140 000 $ par Nostomania, spécialisé dans l'argus des B.D. Voir ci-contre pour **la bande dessinée la plus chère**, c'est-à-dire celle qui a coûté le plus d'argent à l'achat.
Action Comics n° 1 marque la 1re apparition de Superman, **le 1er super-héros doté de super-pouvoirs**, créé par Jerry Siegel (US) et l'artiste Joe Shuster (CA/US).

Le 1er super-héros à mourir
Le justicier Comet, alias John Dickering, était dessiné par Jack Cole (US) pour *Pep Comics*. Sa 1re apparition remonte à janvier 1940. Il est tué par les hommes de main de son ennemi Big Boy Malone 17 épisodes plus tard, en juillet 1941.

LE PLUS D'ÉPISODES CONSÉCUTIFS SCÉNARISÉS ET DESSINÉS

Les amateurs de comics pensent sans doute que Stan Lee ou Brian Michael Bendis ont signé les cycles les plus longs à la tête d'un personnage ou d'une équipe, mais l'artiste le plus endurant est en réalité Dave Sim (CA), créateur de la B.D. indépendante *Cerebus*. De décembre 1977 à mars 2004, Sim a écrit et dessiné les aventures de l'Aardvark Cerebus pendant 300 épisodes consécutifs.

LE PLUS DE JEUX VIDÉO TIRÉS D'UN SUPER-HÉROS DE MANGA

Sangoku, le héros de la série *Dragon Ball*, d'Akira Toriyama, est un enfant à queue de singe doté d'une force surhumaine. Il a donné lieu à 146 jeux variés entre 1986 et 2016, sur des plates-formes aussi variées que la Super Cassette Vision, Playstation ou Xbox One. Le manga original *Dragon Ball* était publié en 1984-1995 dans la revue *Weekly Shōnen Jump*.

L'ÉPISODE DE B.D. LE PLUS VENDU

X-Men nº 1 (Marvel Comics, 1991) s'est écoulé à 8,1 millions d'exemplaires. Il est réalisé par Chris Claremont (GB) et Jim Lee (US, né KR). Lee a dessiné 4 couvertures variantes, 1A, 1B, 1C et 1D, qui s'assemblent pour former une seule grande image reprise dans l'édition 1E publiée un mois plus tard.

B.D. publiées par un auteur

Le « roi du manga » Shotaro Ishinomori (JP) a publié 770 titres de bandes dessinées (en 500 volumes).

LA B.D. LA PLUS CHÈRE

Le 24 août 2014, un exemplaire de 1938 d'*Action Comics* nº 1 – marquant les débuts de Superman – a été vendu 3 207 852 $, à Metropolis Collectibles (US), lors d'enchères en ligne.

La B.D. de l'âge d'argent la plus chère est un exemplaire d'*Amazing Fantasy* nº 15 datant de 1962, où l'on découvre Spiderman pour la 1re fois. Il a été acheté par un anonyme pour 1,1 million $, lors d'enchères en ligne, le 8 mars 2011. Le terme « âge d'argent » désigne les B.D. publiées aux États-Unis entre 1956 et 1970 environ.

Couvertures pour une B.D. de super-héros

The Amazing Spider-Man nº 666 – qui sert de prologue à l'arc « Spider Island » de Dan Slott – a fait l'objet de 145 variantes de couverture. La plupart d'entre elles étaient consacrées à des revendeurs en particulier.

La couverture la plus chère vendue aux enchères était une édition spéciale de *Tintin en Amérique*. Elle a été cédée à 1,3 million € à un acquéreur anonyme, lors d'une vente organisée par Artcurial, à Paris, en juin 2012. L'œuvre, à l'encre de Chine et à la gouache, a été réalisée en 1932 par Hergé (Georges Remi, BE).

Le 10 mai 2009, un acheteur anonyme a déboursé 312 500 € pour acquérir une planche originale des *Bijoux de la Castafiore* (1963), **la page de bande dessinée la plus chère vendue aux enchères**.

Prix Eisner

• Meilleur auteur : Alan Moore (GB) a été élu meilleur auteur 9 fois, aux Eisner Comic Awards, pour plusieurs œuvres majeures, dont *Watchmen* (1988), *Batman: The Killing Joke* (1989), *From Hell* (1995-1997), *Supreme* (1997) et *La Ligue des Gentlemen extraordinaires* (2000-2001 et 2004).

• Meilleur dessinateur/encreur : P. Craig Russell et Steve Rude (tous 2 US) se sont imposés 4 fois chacun.

• Meilleure colorisation : Dave Stewart (US) totalise 9 prix Eisner, en 2003, 2005, 2007-2011, 2013 et 2015. Il a notamment signé *Hellboy*, *Captain America*, *Daredevil*, *Batwoman* et *X-Men* pour Dark Horse, DC et Marvel.

• Meilleur artiste de couverture : Le dessinateur James Jean (US, né TW) a été distingué 6 fois de suite, entre 2004 et 2009, notamment pour son travail sur le titre DC/Vertigo *Fables*.

• Dans une même catégorie : Le lettreur Todd Klein (US) a remporté le prix du meilleur lettreur 16 fois, la dernière en 2011.

• Meilleure nouvelle série : Brian K. Vaughan (USA) a scénarisé 4 titres récompensés : *Ex Machina*, en 2005 ; *Buffy la tueuse de vampires* Saison 8, en 2008 ; *Saga,* en 2013 ; et *Paper Girls*, en 2016.

• Meilleure anthologie : *Dark Horse Presents*, qui est publié par Dark Horse Comics depuis 1986, a glané 5 prix dans la catégorie, en 1992, 1994 et 2012-2014.

Pourquoi écrit-on « Spider-Man » avec un tiret ? Stan Lee l'a ajouté pour le distinguer du personnage phare de DC Comics, Superman.

LE PLUS GRAND ÉDITEUR DE B.D. (ACTUELLEMENT)

Fin 2015, Marvel (US) possédait la plus grande part du marché des comics, trustant 41,82 % des ventes, d'après le revendeur international Diamond Comic Distributors. Son 1er poursuivant cette année-là était DC (US), avec une part de marché de 27,35 %.

LE FILM SUR LES ORIGINES D'UN SUPER-HÉROS LE PLUS RENTABLE

D'après The-Numbers.com, le *Spider-Man* (US, 2002) de Sam Raimi avait rapporté 821 706 375 $ au 8 décembre 2016. On y découvre comment le jeune Peter Parker (interprété par Tobey Maguire) développe des pouvoirs surhumains après avoir été mordu par une araignée radioactive. Un scénario repris dans *The Amazing Spider-Man* (US, 2012) avec Andrew Garfield. Un nouveau reboot, *Spider-Man : Homecoming* (US), est prévu pour 2017.

LE 1ᵉʳ FILM DE SUPER-HÉROS

C'est en mars 1941, dans *Le Capitaine Marvel* (US), que les cinéphiles découvrent pour la première fois un homme ordinaire, en l'occurrence Billy Batson (joué par Frank Coghlan Jr), se transformer en héros costumé doté de super-pouvoirs (Captain Marvel, interprété par Tom Tyler, ci-dessus).

SUPER-HÉROS
À L'ÉCRAN

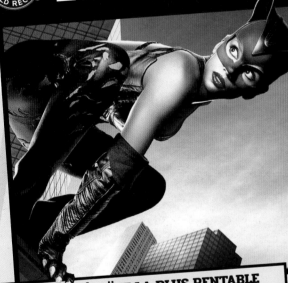

The Adventures of Superboy (1961), pilote d'une série qui n'a jamais été diffusée. Superman est également apparu dans de nombreux films, franchises cinématographiques et séries animées au fil des décennies.

L'acteur incarnant un super-héros le plus rentable

À ce jour, les six films mettant en scène Robert Downey Jr (US) sous les traits de Tony Stark/Iron Man ont rapporté 6,5 milliards de $ au box-office, soit plus que tout autre acteur incarnant un super-héros. Le prix de son armure est détaillé ci-contre.

Le super-héros le plus rentable au cinéma

D'après The-Numbers. com, Batman domine le classement des gains, ses films ayant rapporté 4,573 milliards de $ au 14 décembre 2016. Le Chevalier noir est talonné par Spider-Man, dont les cinq films totalisaient 3,963 milliards de $ à la même date.

Le film de super-héros le plus long

The Dark Knight Rises (US/GB, 2012) détient le record du film le plus long, avec 164 min. Juste derrière vient un autre film de l'homme chauve-souris : *Batman v. Superman : L'Aube de la Justice* (US, 2016), qui dure 151 min.

Le reboot le plus rentable

De tous les films « rebootés » (dont le scénario a été repris à zéro), *The Amazing Spider-Man* (US, 2012) est celui qui a connu le plus grand succès avec 757 890 267 $ d'entrées au 4 novembre 2016 selon The-Numbers.com.

Casque à écran holographique **54 100 000 $**

Mitraillettes d'épaule **400 000 $**

Réacteur nucléaire ARC **36 000 000 $**

Lance-missiles aux poignets **1 500 000 $**

Stabilisateurs intégrés aux gants **2 000 000 $**

Batteries dans les hanches **2000 $**

Exosquelette or-titane **10 000 000 $**

Propulseurs dans les bottes **3 800 000 $**

Dans la réalité, l'armure que revêt Tony Stark dans *Iron Man 3* (US, 2013) coûterait la bagatelle de 100 millions de $, d'après mashable. com. Et encore, c'est sans compter l'intelligence artificielle qui la fait fonctionner !

LA SUPER-HÉROÏNE LA PLUS RENTABLE

La super-héroïne qui a connu le plus grand succès avec son propre film est Catwoman/Patience Phillips dans *Catwoman* (US, 2004), qui a rapporté 82 102 379 $ au box-office. Le rôle-titre était interprété par Halle Berry (US), dont la prestation lui a valu le titre peu enviable de « Pire actrice de 2004 » aux Razzie Awards. Elle s'est distinguée en venant récupérer personnellement son prix lors de la cérémonie.

Le 1ᵉʳ super-héros à la télévision

Superman fut le 1ᵉʳ super-héros de bandes dessinées à avoir sa propre série télévisée. *Les Aventures de Superman*, lancé en 1952 avec George Reeves dans le rôle de l'Homme d'Acier, était sponsorisé par la marque Kellogg's.

Le super-héros le plus représenté à la télé

Le personnage de Superman a donné lieu à quatre séries télé et a été interprété par cinq acteurs (tous US) : George Reeves (*Les Aventures de Superman*, syndication, 1952-1958) ; John Newton et Gerard Christopher (*Superboy*, syndication, 1988-1992) ; Dean Cain (*Lois et Clark : Les Nouvelles Aventures de Superman*, ABC, 1993-1997) ; et Tom Welling (*Smallville*, Warner Bros. puis CW, 2001-2011). Un 6ᵉ acteur, John Rockwell (US), a joué dans

En 2008, un adolescent a officiellement changé son nom pour « Captain Fantastic Plus Rapide Que Superman Spiderman Batman Wolverine Hulk et Flash Réunis » !

LE FILM « R » LE PLUS RENTABLE

Aux États-Unis, les mineurs doivent être accompagnés d'un adulte pour voir un film classé R. Le héros anticonformiste de Marvel *Deadpool* (US, 2016), avec Ryan Reynolds, avait encaissé 783 770 709 $ au 8 décembre 2016 selon The-Numbers.com.

LE FILM ANIMÉ DE SUPER-HÉROS LE PLUS RENTABLE

Les Nouveaux Héros (2014) a généré 652 127 828 $ dans le monde, prenant la 1re place devant *Les Indestructibles*, le film de Pixar sorti en 2004 (614 726 752 $). Dans ce succès mondial, Hiro, petit génie, se transforme, avec le robot assistant Baymax et un groupe de gamins, en super-héros high-tech pour sauver leur ville, San Fransokyo.

La musique la plus longue pour un film de super-héros

En incluant le 28 min et 16 s de "Max of Steel: Hans' Original Sketchback", la bande originale de *Man of Steel* (US, 2013), signée par Hans Zimmer, dure un peu plus de 118 minutes.

Le compositeur de bande originale le plus rentable

Les 94 films pour lesquels Hans Zimmer (DE) a composé la musique — dont les films à succès que sont *Batman v. Superman : L'Aube de la Justice* (US, 2016), *The Amazing Spider-Man 2* (US, 2014) et *The Dark Knight Rises* (US/GB, 2012) — ont généré 26,4 milliards de $ au box-office au 1er mars 2017 selon The-Numbers.com.

La bande-annonce la plus regardée

Le trailer du film de Marvel *Avengers : L'Ère d'Ultron* (US), sorti dans les salles en avril/mai 2015, a été visionné 79 919 212 fois au 15 décembre 2016.

Le plus de morts dans un film de super-héros

Il n'y a eu pas moins de 83 971 morts dans le film de Marvel *Les Gardiens de la Galaxie* (US, 2014). Ce total ahurissant est gonflé par la destruction totale de la Cohorte de Nova.

Dans *Man of Steel* (US/CA/GB, 2013), les victimes se comptent par milliers à Metropolis et Smallville, mais c'est sans compter l'anéantissement de toute forme de vie sur la planète Krypton (également mis en scène dans *Superman* [US/GB, 1978]). Si Krypton était comparable à la Terre, le bilan des victimes serait incalculable et concernerait sans doute plusieurs milliards d'espèces.

Dans la liste des 100 films ayant réuni le plus large public, 17 % concernent les super-héros. En novembre 2016, *Avengers* était le 5e de la liste.

LE FILM DE SUPER-HÉROS LE PLUS RENTABLE

Le film de super-héros qui a rapporté le plus d'argent dans le monde est le premier *Avengers* de Marvel (US, 2012), qui a généré 1 519 479 547 $ en 22 semaines, entre sa sortie mondiale le 4 mai et le 4 octobre 2012. Le film, réalisé par Joss Whedon (US), représentait 52 % des gains au box-office américain en mai.

LE PLUS DE COSTUMES OFFICIELS DE SUPER-HÉROS DANS UN JEU

Au 14 mars 2017, le développeur Gazillion Entertainment (US) avait publié 462 costumes de super-héros pour son MMORPG *Marvel Heroes 2016*, chaque costume étant tiré d'une bande dessinée ou d'un film officiel. La liste complète inclut 24 tenues pour Iron Man, 21 pour Spiderman et 11 pour Tornade et Jean Grey. Le RPG multijoueur a été commercialisé pour la 1re fois en 2013, avant une nouvelle édition en janvier 2016.

SUPER-HÉROS
JEUX VIDÉO

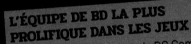

L'ÉQUIPE DE BD LA PLUS PROLIFIQUE DANS LES JEUX

De la Ligue des justiciers de DC Comics aux Avengers de Marvel, les équipes de super-héros fleurissent dans les pages des bandes dessinées, mais aucune n'a engendré plus de jeux vidéo que les X-Men. Au 1er mars 2017, les mutants de Charles Xavier étaient apparus dans 27 jeux vidéo, plus les 5 consacrés au seul Wolverine. Seuls Spider-man et Batman ont eu plus de jeux vidéo à leur nom.

Le 1er FPS super-héroïque

Le jeu de tir à la première personne *X-Men: The Ravages of Apocalypse* est sorti sur PC en 1997. Les joueurs incarnaient un cyborg créé par Magnéto chassant des clones malfaisants des X-Men. Publié par Marvel, ce jeu tournait grâce au moteur de *Quake* (1996) d'id Software.

Le 1er jeu vidéo intégré à l'univers cinématographique Marvel (MCU)

Au 4 janvier 2016, le MCU ne totalisait pas moins de 14 films. Le 1er jeu vidéo lié à cet univers était *Iron Man* de SEGA, sorti en 2008.

Le MMO super-héroïque le plus durable

Les serveurs du MMO de NCSOFT *City of Heroes* sont restés ouverts 8 ans et 300 jours, jusqu'au 30 novembre 2012.

Le **MMO super-héroïque le plus durable (actuel)** est *Champions Online*. Ce jeu de plateau développé par Cryptic Studio (US) existait depuis 7 ans et 194 jours au 14 mars 2017.

La 1re aventure textuelle avec un héros sous licence

Questprobe featuring The Hulk est sorti en 1984 sur 7 plates-formes. Il a eu 2 suites : l'une avec Spiderman, l'autre avec la Torche et la Chose, avant que le développeur Adventure International ne ferme ses portes.

Le 1er super-héros créé pour un jeu

Commercialisé en 1986 sur ZX Spectrum, *Redhawk* permettait aux joueurs de se transformer en héros grâce au mot magique « Kwah ! ». Les commandes tapées au clavier déclenchaient des actions dans des dessins animés en haut de l'écran.

Le 1er jeu vidéo Batman

Le Chevalier noir a été lancé dans l'univers vidéoludique avec *Batman* (à droite), en 1986, publié par Ocean Software sur ZX Spectrum, MSX et Amstrad CPC. Le jeu de plate-forme a été créé par le programmeur Jon Ritman et l'artiste Bernie Drummond.

Le **1er ennemi de Batman introduit dans un jeu** est Sin Tzu. Le chef de guerre maléfique, créé par l'auteur Flint Dille et l'artiste Jim Lee, est apparu dans *Batman: Rise of Sin Tzu* d'Ubisoft, en 2003. Il a rarement figuré dans les BD depuis.

LE 1ER JEU VIDÉO OFFICIEL DE SUPER-HÉROS

Conçu par John Dunn (US), *Superman* est sorti pour la 1re fois sur Atari 2600 en décembre 1978, pour coïncider avec la parution du film éponyme. Les joueurs devaient capturer Lex Luthor avant de revenir au *Daily Planet* aussi vite que possible. C'était le 1er jeu écrit pour les cartouches 4k de l'Atari.

Dans le **1er jeu vidéo Batman** (voir encart), les joueurs partaient à la recherche de Robin et devaient résoudre des énigmes et ramasser des objets sur le chemin (voir à gauche).

LE PLUS DE PERSONNAGES DE BD DANS UN JEU VIDÉO

Scribblenauts Unmasked: A DC Comics Adventure (5th Cell, 2013) contient 1718 personnages de l'univers DC Comics, dont des super-héros, des vilains et des humains tels que Lois Lane et Alfred Pennyworth. *Scribblenauts* permet aux joueurs d'écrire le nom de leur personnage préféré dans le carnet magique de Max et de les invoquer dans le monde réel.

LE SUPER-HÉROS LE PLUS PROLIFIQUE DANS LES JEUX

Depuis le 1er *Spider-man* sur Atari 2600, en 1982, jusqu'au runner de Gameloft *Spider-Man Unlimited* (2014), le tisseur de Marvel avait bénéficié de 37 jeux vidéo sur 32 plates-formes au 8 février 2017. L'homme-araignée est aussi apparu dans 20 titres divers, comme *Marvel Super Hero Squad* (2009), et même comme boss dans *The Revenge of Shinobi* en 1989.

Le jeu de super-héros le moins apprécié

Désigné « Pire jeu de l'histoire » par GameTrailers. com et « Pire jeu de bande dessinée de l'histoire » par GameSpy, *Superman: The New Superman Adventures* (Titus Software, 1999) pour Nintendo 64 était une vraie kryptonite. Au 13 février 2017, sa note GameRankings n'était que de 22,9 %.

Le **jeu de super-héros le plus apprécié** est *Batman: Arkham City* (Rocksteady, 2011) sur PlayStation 3, avec une note de 95,94 % sur GameRankings.

Le plus rapide à terminer *Batman: Arkham City*

« DarkAtrax » (CA) a terminé le jeu d'action-aventure de Rocksteady sur PC en 1 h, 21 min et 31 s, le 22 décembre 2016. Il a fini le jeu en mode facile sans utiliser Catwoman, personnage jouable qui allonge la durée de vie du jeu. Speedrun. com a vérifié le record le 24 décembre 2016.

Le plus rapide à terminer *LEGO Marvel Super Heroes*

Jouant sur Xbox, « Shadowsmith97 » (US) a terminé le jeu de 2013 en 4 h, 40 min et 4 s, le 21 novembre 2015, soit plus de 20 min de moins que son 1er poursuivant. Le joueur est aussi **le plus rapide à terminer le jeu en coopération** (3 h, 57 min et 29 s), en équipe avec « xKingofCTownx ».

Le plus de doublages de super-héros dans des jeux

Le comédien de doublage Fred Tatasciore (US) avait prêté sa voix à 53 jeux de super-héros au 23 mars 2017. Spécialisé dans les héros et vilains de grand calibre, comme Hulk, Bane, la Chose ou Fatalis, il a notamment participé à *LEGO Marvel's Avengers*, *Viewtiful Joe 2* et plusieurs opus de Spider-Man et des X-Men.

Le plus de doublages d'un même héros dans des jeux

Steve Blum (US) a doublé pour la 1re fois Wolverine en 2004, dans le jeu d'action-RPG d'Activision *X-Men Legends*. Au 8 février 2017, il avait incarné le héros griffu de Marvel à 15 reprises.

Le plus de doublages d'un même héros dans des jeux (femme)

Harley Quinn (alias Harleen Quinzel) de DC Comics est une antagoniste qui apparaît souvent dans les histoires de Batman et Superman. Tara Strong (CA) l'avait doublée dans 10 jeux vidéo, au 8 février 2017.

Avec les franchises *LEGO* et *Arkham* (encart), Batman a vendu 55,44 millions de jeux vidéo au total, d'après VGChartz.

LE JEU VIDÉO DE SUPER-HÉROS LE PLUS VENDU

LEGO® Batman : Le Jeu vidéo (Traveller's Tales, 2008) s'était écoulé à 13,45 millions d'exemplaires sur toutes les plates-formes, au 17 mars 2017, d'après VGChartz. Ce qui en fait aussi le **jeu Batman le plus vendu** et le **jeu vidéo d'un personnage DC Comics le plus vendu**. Premier jeu LEGO® de Traveller's Tale doté d'un scénario original, ce jeu opposait Batman à des ennemis dirigés par le Pingouin, le Joker et l'Homme-Mystère. Il a été suivi de *DC Super Heroes* (2012) et *Beyond Gotham* (2014).

GUINNESS WORLD RECORDS GAMER'S EDITION 2018

Retrouvez encore plus de scores ahurissants, de speedruns expéditifs et de prouesses techniques, sans oublier un chapitre spécial consacré aux super-héros, dans le *Guinness World Records Gamer's Edition* !

LA PLUS GRANDE RÉUNION DE COSPLAYERS DE SUPER-HÉROS

Le 25 septembre 2015, 1 784 personnes déguisées en personnages de BD étaient rassemblées à la Salt Lake Comic Con (Utah, US). Seuls les personnages créés dans les comics (et non à la télévision ou dans les films) étaient autorisés. Un groupe d'experts locaux était chargé de vérifier que cette règle soit bien respectée.

SUPER-HÉROS
COSPLAY

Thomas s'est inspiré de l'armure qui apparaît dans *Avengers : L'Ère d'Ultron* (US, 2015), construite par Tony Stark pour combattre Hulk.

LE PLUS GRAND COSTUME DE COSPLAY (UNE PERSONNE)

Conçu et réalisé par Thomas DePetrillo (US), le Hulkbuster d'Iron Man mesure 2,89 m de haut pour une envergure de 1,93 m et 48,08 kg. Il faut 20 min à Thomas pour enfiler son armure qui mesure, avec le casque, 17,7 cm de plus que l'**homme le plus grand du monde**, Robert Wadlow.

Le semi-marathon le plus rapide en costume de super-héros (hommes)
Le dimanche 2 octobre 2016, Michael Kallenberg (GB) a couru le semi-marathon de Cardiff, au pays de Galles (GB) en 1 h 9 min 33 s, en costume de Robin. Batman (alias Carwyn Jones) a fini juste derrière, en 1 h 10 min 45 s.

La plus ancienne convention de cosplay
Le World Cosplay Summit à Nagoya (JP) fêtait sa 13e édition en 2016, du 30 juillet au 7 août. Les participants sont déguisés en personnages de jeux vidéo, de mangas et de *tokusatsu* (séries télévisées) japonais.
Le point culminant de cet événement est le concours de cosplay. **Le plus de victoires au championnat du monde de cosplay** est de 3, détenu par 2 équipes. Les Italiens ont été sacrés en 2005, 2010 et 2013, les Brésiliens en 2006, 2008 et 2011. Les hôtes japonais ont gagné à 2 reprises. Dernier vainqueur en date : l'Indonésie (2016).
Le plus de pays participants à un tournoi de cosplay est de 30, à l'occasion du championnat 2016 organisé les 6-7 août, à Nagoya. Les cosplayers venaient de Chine, d'Australie, d'Inde, du Koweït, du Danemark ou encore du Mexique.

LE MARATHON LE PLUS RAPIDE DÉGUISÉ EN SUPER-HÉROS

Le 24 avril 2016, Matt Gunby (GB) a terminé le marathon Virgin Money de Londres en 2 h, 27 min et 43 s dans son costume de Wonder Woman.
Le marathon le plus rapide en costume de super-héros (femme) est de 2 h, 48 min et 51 s, par Camille Herron (US), en tant que Spider-Man, lors du marathon Route 66 à Tulsa (US), le 18 novembre 2012.

LE PLUS DE GADGETS FONCTIONNELS DANS UN COSTUME

Le Batcostume créé par Julian Checkley (GB), spécialiste en effets spéciaux, compte 23 gadgets opérationnels. On y trouve un lance-flammes, un GPS, un batarang pliable, des fumigènes et le fameux grappin de Batman. Le costume, conçu et réalisé en 2016, est inspiré par le jeu vidéo *Batman : Arkham Origins* (Warner Bros., 2013).

LE PLUS GRAND RASSEMBLEMENT DE PERSONNES DÉGUISÉES EN SUPERMAN

Le 27 juillet 2013, le festival Kendal Calling, à Lowther Deer Park (Cumbria, GB), a accueilli 867 hommes, femmes et enfants d'acier, lors d'un événement mis en scène par Escapade (GB). La tentative de record coïncidait avec la sortie de *Man of Steel* (US/CA/GB) et visait à faire connaître l'association caritative « Help for Heroes ».

Le Batcostume de Julian a été imprimé en 3D puis moulé en caoutchouc uréthane souple. Il a fallu 3 mois pour y ajouter tous les gadgets.

LE PLUS DE PERSONNES DÉGUISÉES EN…

Personnages de Dragon Ball
Le 1er novembre 2012, Editorial Planeta (ES) a réuni 307 personnages inspirés du manga *Dragon Ball,* au Saló del Manga de Barcelone (ES).

Spiderman
La société de recrutement Charterhouse (AU) a regroupé 438 individus sous les traits du célèbre homme-araignée, à Sydney (AU), le 28 juillet 2015.

Ben 10
Le 25 mars 2016, 475 participants ont revêtu l'apparence du héros de dessin animé Ben 10, au Red Sea Mall de Djeddah (SA), événement mis en scène par Rainbow Flavoured Milk (SA).

Batman
542 personnes se sont transformées en chauve-souris, à Calgary (Canada), le 18 septembre 2014. Ce cosplay de masse était organisé par Nexen Energy (CA).

Hulk
Le 13 juillet 2012, 574 personnes ont vu vert, au Muckno Mania Festival de Castleblayney (IE).

Tortues Ninja
Le Nickelodeon Suites Resort a regroupé 1 394 Tortues Ninja, à Orlando (US), le 9 août 2014.

Super-héros (même endroit)
Dans le cadre de la promotion du film de DreamWorks *Megamind* (US, 2010), 1 580 fans ont revêtu un costume de super-héros, le 2 octobre 2010, à Los Angeles (US). L'événement était organisé par Paramount Pictures (US).

LE PLUS DE PERSONNES DÉGUISÉES EN SUPER-HÉROS EN 24 H (PLUSIEURS LIEUX)

Le 18 avril 2015, en 24 h, 2 003 super-héros se sont réunis sur 14 sites à travers la planète à l'initiative de DC Comics (US). Tous les personnages représentés étaient tirés du panthéon des héros de DC. L'événement a débuté à Queensland (Australie) et s'est achevé à Los Angeles (US).

LES PLUS RAPIDES

SUPER-HÉROS : Flash, le héros de DC, a accès à la Force véloce, une énergie extradimensionnelle qui lui permet de se déplacer à une vitesse incroyable. Il est incarné par plusieurs hommes, le plus rapide étant Wally West (à gauche). L'équivalent Marvel, Vif-Argent, utilise temporairement les brumes terrigènes pour voyager dans le temps, dans la série *Son of M*.

SUPER-VILAIN : Hunter Zolomon, alias Zoom (à droite), est encore plus rapide que Flash. Dans *Flash Vol. 2* n° 199, Wally West parvient à peine à voir Zoom courir, encore moins à le suivre !

SUPER-HÉROS

BANG ! PAF !

L'expert ès comics Rob Cave nous présente les plus grands super-héros. Observez l'affrontement entre les forces du bien et du mal pour battre les records intergalactiques et remettre les simples mortels à leur place...

LES PLUS FORTS

SUPER-HÉROS : Thor, Hercule et Hulk sont de sérieux concurrents, mais c'est bien Superman (à gauche) qui sort du lot. Grâce à l'énergie du Soleil, il soulève 200 trillions de tonnes dans *All-Star Superman* n° 1. Lors d'un affrontement en 3 rounds contre Hulk, Superman sort clairement vainqueur d'au moins 2 combats.

SUPER-VILAIN : Le monstre kryptonien préhistorique Doomsday (à droite) laisse Superman pour mort et repousse la Ligue des justiciers grâce à sa force. Il ne peut pas être vaincu 2 fois de la même manière.

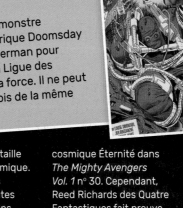

Le héros le plus grand

Plusieurs héros – dont Mr Fantastic, Plastic Man et Elongated Man – peuvent modifier leur corps, mais pas leur masse. Thom Kallor, alias Star Boy/Starman, peut augmenter la densité et la masse d'un objet, tandis que le Ant-Man d'origine, Hank Pym, pouvait devenir plus grand que le macrovers, jusqu'à « un point au-dessus de toutes les réalités », dans *The Mighty Avengers Vol. 1* n° 30.

Toutefois, sans compter les personnages pouvant changer de taille, le plus grand super-héros est Mogo, planète consciente membre des Green Lantern Corps. Créé dans *Green Lantern Vol. 2* n° 188, Mogo possède sa propre force gravitationnelle.

Le héros le plus petit

Plusieurs héros, dont Ant-Man (Hank Pym), la Guêpe (Janet van Dyne) et Atom (Ray Palmer) peuvent réduire leur taille à une échelle subatomique. Cependant, Arcturus Rann et les Micronautes sont nés et vivent dans le microvers, un espace uniquement accessible en passant sous la taille subatomique.

Le héros le plus intelligent

Michael Holt, alias M. Terrific, possède 14 doctorats, mais dans *Infinite Crisis* n° 5, il n'estime être que le 3e plus intelligent de l'univers DC. Hank Pym a découvert les particules de Pym et est considéré comme « le scientifique suprême de la Terre » par l'entité cosmique Éternité dans *The Mighty Avengers Vol. 1* n° 30. Cependant, Reed Richards des Quatre Fantastiques fait preuve d'un génie hors norme ; conscient de ses propres limites, il fait appel à l'expertise des autres (dont ses enfants Franklin et Valeria) pour résoudre certains problèmes, notamment au sein du Conseil interdimensionnel des Reeds.

Le vilain le plus intelligent

L'androïde extraterrestre Brainiac possède un intellect de niveau 12, mais a été vaincu par la ruse de Superman à

plusieurs reprises. Adrian Veidt, alias Ozymandias, est considéré comme « l'homme le plus intelligent du monde » dans *Watchmen*. Il parvient à tromper les gouvernements du monde – et Dr Manhattan –, grâce à une fausse menace extraterrestre de son invention.

Le héros le moins puissant

Créé par Mark Millar et John Romita Jr dans *Kick-Ass* n° 1, Dave Lizewski, surnommé Kick-Ass, est un ado ordinaire qui revêt un costume pour s'attaquer aux criminels. Sans entraînement, ni gadgets, ni bon sens, Lizewski apprend la dure réalité de la vie d'un justicier, mais refuse de baisser les bras.

LES PLUS PUISSANTS

SUPER-HÉROS : Le « super-héros suprême » Dr Manhattan, dans *Watchmen* (à gauche) d'Alan Moore, est le résultat d'un accident survenu lors d'une expérience nucléaire. Il peut manipuler les atomes et perçoit la réalité au-delà du temps linéaire.

SUPER-VILAIN : L'Anti-Monitor (à droite) est un être omnipotent et omniscient de la planète Qward provenant d'un univers d'antimatière. Dans *Crisis on Infinite Earths*, il consomme des étoiles pour devenir plus puissant et détruit des milliers d'univers ainsi que leurs héros.

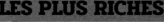

LES PLUS RICHES

SUPER-HÉROS : T'Challa, alias la Panthère Noire (à gauche), est le monarque absolu du petit royaume africain du Wakanda, nation devenue riche en revendant une partie de ses réserves de vibranium. Grâce à des investissements réfléchis, T'Challa a permis au Wakanda d'amasser des billions de dollars.

SUPER-VILAIN : L'ennemi des Quatre Fantastiques, le Dr Fatalis (à droite), est à la fois un brillant inventeur et le maître de la Latvérie. Bien qu'il ait été déchu plusieurs fois, il finit toujours par reprendre le pouvoir et exploiter les ressources économiques de son pays.

Le 1er mutant

Apocalypse, l'ennemi mutant des X-Men, est né il y a près de 5 000 ans, ce qui lui vaut le surnom de « Premier ». Toutefois, dans *X-Necrosha* n° 1, la mutante et vampire psychique Séléné Gallio, alias la Reine noire, serait âgée de 17 000 ans. Elle aurait même vécu à l'âge hyborien, à l'aube de notre civilisation.

Le vilain le plus lent

Simple braqueur de banque, Turtle Man prévoyait le crime parfait en se cachant dans le coffre-fort d'une banque de haute sécurité pour s'échapper plus tard. Il a finalement été arrêté par Barry Allen, dans son costume de Flash. En comparaison, Turtle Man fut surnommé « L'homme le plus lent de la Terre ».

Le héros le plus banal

Né dans la BD humoristique *Generic Comic Book* n° 1 de Marvel, Super-Héros a obtenu sa force et ses sens aiguisés grâce à sa collection d'objets fluorescents. La couverture de la revue annonçait : « CETTE BANDE DESSINÉE CONTIENT : Un Super-Héros névrosé miné par de nombreux problèmes personnels » ainsi qu'un « méchant avec un penchant pour la domination du monde ».

LE SUPER-HÉROS INVINCIBLE

Même les plus grands super-héros ont un jour connu le goût de la défaite. Mais pas Doreen Green, alias Écureuillette (à droite). Après une 1re apparition dans *Marvel Super-Heroes Vol. 2* n° 8, elle obtient sa mini-série *Écureuillette contre l'univers Marvel !*, où elle et/ou son double maléfique Allene s'en prend au tout-venant et résout toutes sortes de conflits.

Le héros le plus jeune

La tradition des super-ados dans les comics remonte au moins aux débuts de Dick Grayson, dans *Detective Comics* n° 38 (1940), mais de nombreux jeunes héros ont commencé leur carrière avant lui. Franklin Richards n'avait que 4 ans et demi quand il a rejoint les enfants du Power Pack dans *Power Pack* n° 17. Et c'est déjà vieux comparé à Winter Moran qui, dans *Miracleman* n° 9, sauve le monde à sa naissance ! Elle hérite des pouvoirs que son père, Miracleman, avait reçus d'une technologie appartenant aux extraterrestres Qys. C'en est assez pour convaincre les Qys et leurs rivaux, les Warpsmiths, de ne pas détruire la Terre, jugeant l'humanité « intelligente ».

LE COSTUME DE SÉRIE TÉLÉ LE PLUS CHER

Le costume de Superman de 1955, créé pour la série *Les Aventures de Superman* (US), s'est vendu 180 000 $, aux enchères Profiles in History, à Los Angeles (US), le 30 septembre 2015. Jusqu'en 1955, la série était tournée en noir et blanc : le costume était donc brun et blanc pour mieux ressortir sur les écrans de l'époque.

LA PLUS GRANDE COLLECTION *2000 AD*

Robert Stewart (GB) possède 10 018 objets de l'univers *2000 AD*, record validé à Sunderland (GB), le 25 mars 2016. Il a conservé toutes les revues *2000 AD* depuis 1977, mais a élargi sa collection à partir de la fin des années 1980 en commençant par un tee-shirt Judge Death, que sa mère a fini par jeter. Son objet préféré est un flipper Judge Dredd.

SUPER-HÉROS

EN REVUE

LA PLUS GRANDE COLLECTION *SWAMP THING*

John Boylan (US) détient 797 objets uniques de *Swamp Thing*, record vérifié à Sioux Falls (US), le 21 mars 2015. Ses étagères sont remplies de BD, publicités, affiches de films, figurines, vêtements et même quelques œuvres d'art originales. Ses pièces préférées sont une veste du staff de la série télé, une montre promotionnelle et un sac de couchage.

En comptant *Avengers : L'Ère d'Ultron* (2015), la série avoisine 1 462 092 708 $ de gains par film, soit **les revenus moyens les plus élevés pour une franchise cinématographique**.

Le film de super-héros classé PG le plus rentable

Appartenant initialement à Marvel, *Les Nouveaux Héros* (US, 2014) a été développé par Disney Animation Studios. Le film avait généré 652 127 828 $ au 14 décembre 2016, d'après The-Numbers.com.

LE SUPER-HÉROS LE PLUS ADAPTÉ EN LIVE ACTION

Hors séries animées, Batman est présent dans 10 long-métrages, à commencer par *Batman* (USA, 1996), version cinématographique de la série télé, avec Adam West. Puis il fut incarné par Michael Keaton, Val Kilmer, George Clooney et Christian Bale. Dans *Justice League* (USA, 2017, ci-dessus), on retrouve Ben Affleck, qui avait déjà joué dans *Batman v Superman: Dawn of Justice* (USA, 2016).

La 1re équipe de super-héros

Les membres fondateurs de la Société de justice d'Amérique étaient Atome, Dr Fate, Flash, Green Lantern, Hawkman, Hourman, Sandman et Spectre. Tous étaient réunis autour d'une table sur la couverture du *All Star Comics* 3 de l'hiver 1940. Bien qu'il soit mentionné sur la couverture, Johnny Thunder n'apparaît pas sur l'image et n'a rejoint le groupe qu'à partir du n° 6. Par la suite, ces héros allaient unir leurs forces pour repousser les ennemis les plus puissants, idée qui a servi de modèle à tous les groupes de super-héros, de la Ligue des justiciers aux Avengers en passant par les X-Men.

Le film de super-héros PG-13 le plus rentable

Dans *Avengers* (2012), plusieurs super-héros Marvel, dont Iron Man, Thor et Captain America, s'unissent pour protéger le monde contre le maléfique Loki. D'après The-Numbers.com, le film avait engrangé 1 519 479 547 $ au 14 décembre 2016.

LA PLUS GRANDE COLLECTION DE BD

Bob Bretall (US) ne possède pas moins de 101 822 bandes dessinées dans sa collection, à Mission Viejo (US). Cette prouesse a été authentifiée le 6 août 2015. Bob conserve la plupart de ses œuvres dans son garage trois places, bien qu'il dispose aussi d'une pièce consacrée à sa passion, avec des œuvres choisies et d'autres objets de collection.

Le personnage le plus récurrent dans l'univers cinématographique Marvel

Nick Fury, interprété par Samuel L. Jackson (US), apparaît dans 7 films de l'univers cinématographique Marvel (MCU) : *Iron Man* (2008), *Iron Man 2* (2010), *Thor* (2011), *Captain America : First Avenger* (2011), *Avengers* (2012), *Captain America : Le Soldat de l'hiver* (2014) et *Avengers : L'Ère d'Ultron* (2015). Jackson joue aussi Fury dans 2 épisodes de la série télévisée *Agents of S.H.I.E.L.D.* (ABC, depuis 2013).

LE BATPOD LE PLUS CHER AUX ENCHÈRES

La moto de *The Dark Knight Rises* (US, 2012) a été cédée pour 312 000 £, lors de la vente aux enchères Prop Store Live Auction (GB), le 27 septembre 2016.

Il ne s'agit pourtant pas de l'**objet Batman le plus cher vendu aux enchères**. Le 19 janvier 2013, la Batmobile (à droite) utilisée dans la série télé des années 1960 est partie pour 4 620 000 $ (incluant la prime du vendeur), lors d'une vente organisée par Barrett-Jackson, à Scottsdale (US).

Lors de cette même vente, le costume de Batman de *The Dark Knight Rises* a été vendu 192 000 £, et celui de Bane 96 000 £.

LA PLUS GRANDE COLLECTION SUPERMAN

Marco Zorzin (BR) possédait 1 518 objets liés à l'Homme d'Acier au 14 février 2016. Marco aime tellement Kal-El, le dernier Kryptonien, qu'il a changé son 2e prénom pour « Superman ». Sa super-collection inclut tous les films *Superman* avec Christopher Reeve en VHS, ainsi qu'une thermos, une boîte à repas, une casquette, une montre, des écouteurs et un punching-ball gonflable sur le même thème.

Le cascadeur télé, ciné et de théâtre le plus prolifique

Roy Alon (GB, 1942-2006) a travaillé sur 937 productions pour la télé, le cinéma et le théâtre en tant que coordinateur des cascades, cascadeur ou directeur de 2de équipe. Il a notamment œuvré sur 148 films (dont les 4 *Superman* avec Christopher Reeve), 739 séries télé, 13 pièces de théâtre et 37 publicités.

Le plus petit cascadeur

Kiran Shah (GB, né KE) mesurait 126,3 cm au 20 octobre 2003. Il a participé à 52 films depuis 1976 et a réalisé des cascades dans 31 d'entre eux. Il a notamment été la doublure d'Elijah Wood sur certaines scènes de la trilogie *Le Seigneur des Anneaux* (NZ/US, 2001-2003).

La plus longue absence d'un personnage du MCU entre deux apparitions

Le sénateur Thaddeus « Thunderbolt » Ross, joué par William Hurt (US), a fait sa première apparition dans *L'Incroyable Hulk* (US, 2008). Il a fallu attendre 7 ans et 328 jours pour le revoir, dans *Captain America : Civil War* (US, 2016).

Le plus de dégâts dans un film de super-héros

Le coût des dégâts produits dans la ville de Metropolis (sans oublier un satellite Wayne Entreprises) lors de la bataille finale entre Superman et le général Zod dans *Man of Steel* (US/CA/GB, 2013) est estimé à 750 milliards $. Dans ce film, la planète Krypton est également rasée, un événement auquel on assistait déjà dans *Superman* (US/GB/PA/CH, 1978), avec Christopher Reeve.

Les objets préférés d'Eric sont 4 statuettes et figurines prototypes des X-Men jamais mises en production.

LA PLUS GRANDE COLLECTION X-MEN

Au 28 juin 2012, Eric Jaskolka (US) totalisait 15 400 objets consacrés aux X-Men, lors d'un décompte réalisé à West Des Moines (US). Eric a commencé sa collection en 1989 avec uniquement des BD, avant de s'intéresser aux jouets X-Men deux ans plus tard.

Les plus lourds...

L'homme le plus lourd pesait 63 fois plus que le bébé le plus lourd et 2 fois moins que le carnivore terrestre le plus lourd. Mais qui pèse le plus, la cloche la plus lourde ou le tank le plus lourd ? Existe-t-il plus lourd que la baleine bleue ? Toutes les réponses sont ici.

0-100 kg

Pomme
1,849 kg

Chisato Iwasaki (JP) a cultivé une pomme de 1,849 kg, dans sa pommeraie d'Hirosaki (JP), le 24 octobre 2005.

Objet extrait de l'estomac
4,5 kg

« Trichobezoar » est un terme médical désignant une masse de cheveux dans l'estomac formée par la tricophagie, le fait de manger ses cheveux. Le plus grand trichobezoar extrait par chirurgie à un humain pesait 4,5 kg et provenait de l'estomac d'une patiente anonyme, âgée de 18 ans, du Rush University Medical Center de Chicago (Illinois, US), en novembre 2007. Il mesurait 37,5 x 17,5 x 17,5 cm.

Naissance
9,98 kg

La géante Anna Bates (née Swan, CA) mesurait 241,3 cm. Le 19 janvier 1879, elle a donné naissance chez elle, à Seville (Ohio, US), à un garçon pesant 9,98 kg et mesurant 71,12 cm.

Oiseau capable de voler
18,1 kg

L'outarde kori (*Ardeotis kori*) vit en Afrique australe et orientale. Le spécimen connu le plus lourd était un mâle de 18,1 kg, abattu en Afrique du Sud en 1936, par le chasseur de gros gibier H. T. Glynn, qui a ensuite fait don de la tête et du cou au British Museum (Londres, GB).

Manteau d'abeilles
63,7 kg

Ruan Liangming (CN) a porté 63,7 kg d'abeilles dans le xian de Fengxin, à Yichun (province de Jiangxi, CN), le 15 mai 2014. On estime qu'il était recouvert de 637 000 abeilles, dont 60 reines.

Échelle non respectée

100-1000 kg

Sportive
203,21 kg

La lutteuse sumo Sharran Alexander (GB) pesait 203,21 kg le 15 décembre 2011.

Tortue
417 kg

Une tortue des Galápagos (*Chelonoidis nigra*) nommée Goliath mesurait 135,8 cm de long, 102 cm de large et 68,5 cm de haut, pour un poids maximal de 417 kg. Goliath a vécu au Life Fellowship Bird Sanctuary de Seffner (Floride, US), de 1960 à 2002.

Homme (de l'histoire)
635 kg

Jon Brower Minnoch (US, 1941-1983) a souffert d'obésité dès l'enfance. Il mesurait 185 cm et pesait 178 kg en 1963, jusqu'à atteindre 317 kg en 1966 et 442 kg en septembre 1976. En mars 1978, il a été admis à l'University Hospital de Seattle (US), où le Dr Robert Schwartz, endocrinologue, a calculé qu'il devait dépasser 635 kg. Il s'agissait en grande partie de rétention d'eau due à son insuffisance cardiaque congestive.

Vélo fonctionnel
860 kg

Jeff Peeters (BE) a construit un vélo pesant 860 kg et s'est déplacé avec, à Malines (BE), le 19 août 2015. Le vélo était entièrement composé de matériaux réutilisés.

Carnivore terrestre
900 kg

En 1960, un ours polaire pesant environ 900 kg a été repéré sous une banquise de la mer des Tchouktches, à l'ouest de Kotzebue (Alaska, US). Sa taille a été estimée à 3,5 m le long du corps, à 1,5 m autour du nez à la queue, à 1,5 m autour du corps et 43 cm autour des pattes.

1000-7000 kg

Citrouille
1 190,49 kg

Mathias Willemijns (BE) a cultivé une citrouille pesant 1 190,49 kg, comme l'a confirmé le Great Pumpkin Commonwealth (GPC), à Ludwigsburg (DE), le 9 octobre 2016.

Donut
1 695 kg

Le 21 janvier 1993, un donut fourré de 1 695 t a été servi par des représentants de Hemstrought's Bakeries, Donato's Bakery et la radio WKLL-FM (tous US), à Utica (New York, US).

Gâteau de mariage
6 818 kg

Le plus grand gâteau de mariage pesait 6,818 t. Il a été préparé par les chefs de l'hôtel-casino Mohegan Sun d'Uncasville (Connecticut, US). Il a été présenté au salon du mariage de Nouvelle-Angleterre, le 8 février 2004.

Moto fonctionnelle
4 749 kg

Construit par Tilo et Wilfried Niebel, de Harzer Bike Schmiede, à Zilly (DE), le *Panzerbike* pesait 4,749 t, le 23 novembre 2007.

Poisson osseux
2 000 kg

Des poissons-lunes (*Mola mola*) d'un poids d'environ 2 t et d'une longueur de 3 m d'une nageoire à l'autre ont été signalés.

Avion (de l'histoire)
640 000 kg

L'avion présentant la masse maximale standard au décollage la plus grande est l'Antonov An-225 « Mriya » (rêve). À l'origine, il pesait 600 t, mais entre 2000 et 2001, son plancher a été renforcé, ce qui a fait passer sa masse maximale au décollage à 640 t. Ce mastodonte n'a été construit qu'à deux exemplaires.

Trou noir
7,9 x 10⁴⁰ kg

En 2009, des astronomes utilisant le télescope spatial à rayons gamma *Swift* de la NASA ont mesuré la masse du trou noir supermassif au centre du quasar S5 0014+81 d'après son extrême luminosité. Le résultat : environ 40 milliards de masses solaires. Ce trou noir est donc environ 10 000 fois plus massif que le trou noir supermassif au centre de la Voie lactée.

---

7 000–600 000 kg

Poisson cartilagineux
21 500 kg

Un requin-baleine (*Rhincodon typus*) scientifiquement mesuré, capturé au large de Baba Island, près de Karachi (PK), le 11 novembre 1949, pesait 21,5 t. Avec ses 12,65 m de long, il était aussi **le plus grand poisson.** Les poissons cartilagineux ont un squelette en cartilage, et non en os comme d'autres espèces de poisson.

Tank (actuel)
63 000 kg

Le char de combat principal M1A2 Abrams, produit par General Dynamics Land Systems (US), a une masse de combat de 63 t, ce qui en fait le plus lourd tank actuellement en service opérationnel. Il est équipé d'un canon de 120 mm et peut atteindre une vitesse maximale de 68 km/h.

Cloche toujours utilisée
92 000 kg

La cloche de Mingun pèse 92 t pour un diamètre de 5,09 m. Située près de Mandalay (MM), elle sonne quand elle est frappée par une perche en teck depuis l'extérieur. Elle a été fondue à Mingun à la fin du règne de Bodawpaya (1782–1819).

Animal
190 000 kg

La baleine bleue (*Balaenoptera musculus*) pèse jusqu'à 160 t et mesure 24 m de long en moyenne. Un énorme spécimen capturé dans l'océan Austral, en Antarctique, le 20 mars 1947, pesait 190 t et mesurait 27,6 m.

Bâtiment
703 500 000 kg

Le palais du Parlement à Bucarest (RO) est considéré comme le bâtiment le plus lourd au monde. Il contient 700 000 t d'acier et de bronze, mais aussi 1 million de m³ de marbre, 3 500 t de cristal et 900 000 m³ de bois.

Sous-marin
26 500 000 kg

Le 23 septembre 1980, l'OTAN a annoncé le lancement du 1er sous-marin russe de classe Akoula 941 (dénomination OTAN : Typhoon), depuis un chantier naval couvert secret sur la mer Blanche. Il était indiqué que ces sous-marins avaient un déplacement submergé de 26 500 t et mesuraient 171,5 m au total. Pour en savoir plus, rendez-vous p. 211.

> 600 000 kg

Fusée
2 903 t

Saturn V (US) était la plus grande fusée, mais pas la plus puissante. Elle mesurait 110,6 m, vaisseau *Apollo* inclus, et pesait 2 903 t sur la rampe de lancement. Sa poussée au décollage était de 3 447 t. La 1re Saturn V a été lancée en 1967, la 13e et dernière a décollé en 1973.

Véhicule terrestre
14 196 000 kg

D'après Off-Highway Research, la plus lourde machine capable de se déplacer grâce à sa propre propulsion est l'excavateur à roues Bagger 293, qui pèse 14 196 t. Construit par TAKRAF (Leipzig, DE), il est employé dans une mine de charbon à ciel ouvert en Rhénanie-du-Nord-Westphalie. Il mesure 220 m de long et 94,5 m de haut à son plus haut point et peut soulever 240 000 m³ de terre par jour.

Recordmania

On ne sait jamais où la passion pour les collections peut conduire. Le GWR a validé des collections de **tubes de dentifrice** (2 037), de **sacs à vomi d'avion** (6 290) et de **coupe-ongles** (de 24 999 individus).

Des personnes de tous les États américains et de 29 autres pays ont offert des ours à Jackie. Ayant grandi en familles d'accueil, enfant, elle n'a jamais eu d'ours en peluche. Elle avoue : « Je me rattrape ! »

◀ LA PLUS GRANDE COLLECTION D'OURS EN PELUCHE

Au 31 décembre 2012, Jackie Miley (US) possédait 8 026 ours en peluche, tous différents. Jackie vit à Hill City (Dakota du Sud, US), ville dont la population s'élève à un peu plus d'un dizième de la collection de Jackie ! La plupart des nombreux compagnons de Jackie vivent à Teddy Bear Town, petite maison située sur Main Street, à Hill City.

Formats XXL

La **plus grande théière** (à droite) contenait assez de thé pour remplir 30 fûts de bière ou près de 10 baignoires !

▲ LA PLUS GRANDE SANDALE

Nommé par le Municipio de Sahuayo (MX), un groupe d'artisans a créé une *huarache* géante – une sandale mexicaine traditionnelle – mesurant 7,45 m de long et 3,09 m de large. Sa taille a été vérifiée à Sahuayo (Michoacán, MX), le 24 novembre 2016. Près de 80 m² de cuir ont été utilisés pour la réaliser.

▲ LA PLUS GRANDE THÉIÈRE

Mesurant 4 m de haut et 2,58 m de diamètre à son point le plus large, cette théière géante en fonte est une création de Sultan Tea (MA) dévoilée à Meknes (MA), le 27 avril 2016. Elle pèse près de 1 200 kg. Lors de sa présentation, 1 500 l de thé ont été préparés, à l'aide de 3 kg de menthe.

▲ LE PLUS GRAND BOBBLEHEAD (FIGURINE BOUGEANT LA TÊTE)

Applied Underwriters (US) a présenté un « bobblehead » de 4,69 m de haut, à Orlando (Floride, US), le 8 avril 2016. Créé par Dino Rentos Studios, une entreprise d'accessoires de scène, il revêt la forme d'un saint-bernard géant, la mascotte de l'entreprise. La tête dodeline lorsqu'on tire la laisse reliée au cou.

▲ LA PLUS GRANDE PLANCHE DE STAND-UP PADDLE

Le 25 septembre 2016, Tropical (ES) a dévoilé une planche de stand-up paddle (SUP) de 14,85 m de long, à Playa de Las Canteras (Las Palmas de Gran Canaria, ES). Vingt-cinq participants ont ramé debout sur 2 km en 40 min. Huit jours plus tôt, au même endroit, Tropical avait présenté le **plus grand matelas pneumatique** (à droite), mesurant 73,95 m².

▼ LE VÉLO LE PLUS LOURD

Jeff Peeters (BE) a construit un vélo pesant 860 kg qu'il a présenté à Mechelen (BE), le 19 août 2015. Jeff, qui construit depuis longtemps des engins mécaniques, a utilisé des matériaux recyclés pour fabriquer ce vélo géant. Les énormes pneus proviennent d'un tracteur.

Marionnette
La mascotte du Festival italien d'Ottawa qui a lieu chaque année mesurait 17,82 m de haut. Elle a été présentée par le Villa Marconi Long-Term Care Center d'Ottawa (CA), le 6 septembre 2008.

Poupée de chiffon
Créée par la Fundación Mundo Mejor (CO), la plus grande poupée de chiffon mesure 6,5 m de haut. Elle a été fabriquée pour la Feria Nacional de la Niñez y su Mundo de Palmira, Valle del Cauca (CO), le 4 avril 2014.

Rubik's Cube
Tony Fisher (GB) a construit un cube dont les côtés mesurent 1,57 m – vérifié à Ipswich (Suffolk, GB), le 5 avril 2016 (voir aussi p. 121).

Pour prouver qu'il fonctionnait – à la puissance des pieds uniquement –, Jeff a pédalé dans une rue de Mechelen sur 100 m, comme le stipule le règlement du GWR.

Le plus haut toboggan d'eau
Le 18 juin 2016, Baysports (IE) a présenté un toboggan gonflable de 6,52 m de haut, à Athlone (County Roscommon, IE). C'est l'une des attractions du Baysports Boat Training and Water Sports Centre.

LES PLUS GRANDS…

Raquette de badminton
M Dileef (IN) a créé une raquette de badminton de 16,89 m de long, validée à Kozhikode (Kerala, IN) le 1er avril 2016. Cet instrument géant faisait 24 fois la taille d'une raquette de badminton classique.

Savon
Le 11 décembre 2015, Jinan Rujia Co. Ltd (CN) a présenté un savon de 14,45 t – près de 2 fois le poids d'un éléphant d'Afrique –, à Jinan (Shandong, CN). Il a fallu 3 mois pour le fabriquer.

▲ LE PLUS GRAND CHARIOT BÂCHÉ

Mesurant 12,2 m de long, 3,65 m de large et 7,6 m de haut, ce chariot bâché géant a été construit à la main à l'aide de chêne de l'Illinois et d'acier par David Bentley (US) en 2001. Six ans plus tard, l'Abraham Lincoln Tourism Bureau du Logan County (Illinois) a acheté le chariot pour 10 000 $ et l'a déplacé de l'extérieur de la maison de Bentley à Pawnee (Illinois), sur la Route 66, à Lincoln (Illinois). Une statue d'Abraham Lincoln en fibre de verre de 3,6 m est installée sur le siège. Sur la photo ci-dessus, il est accompagné de Tina Rusk, du service marketing du conseil municipal.

▶ LE PLUS GRAND LANDAU

Jamie Roberts et le président de Kolcraft Tom Koltun (tous 2 US) ont présenté un landau muni d'un châssis de 1,38 m de long, à Chicago (Illinois, US), le 19 septembre 2016. Cette version géante de la poussette Contours Bliss a permis aux adultes de tester le confort du landau avant de l'acheter ! Kolcraft fabrique des produits pour bébés.

◀ LE PLUS GRAND JEU DE CARTES

Le 14 mai 2016, Claes Blixt (SE, au 1er plan) a présenté un jeu de cartes mesurant 158,4 x 104,4 cm, à Tranemo (SE). Au total, ce jeu géant – comprenant 55 cartes à jouer – pesait 200 kg, l'équivalent du poids de 4 reines réelles.

La puissance de tir provient d'un réservoir de paintball de 3 000 psi, à l'intérieur du pistolet.

▶ LE PLUS GRAND NERF

Mark Rober (US) a construit un pistolet Nerf de 1,82 m de long, validé à Sunnyvale (Californie, US), le 22 juin 2016. Il a également créé un jeu de fléchettes géant en mousse à l'aide de frites de piscine (flotteurs en mousse) et de ventouses d'évier, éjectées à près de 64,3 km/h.

Cheval à bascule
Créé par Gao Ming (CN), le plus grand cheval à bascule mesurait 12,727 x 4,532 x 8,203 m. Il a été validé à Linyi (province de Shandong, CN), le 7 juillet 2014

Toupie
Une équipe de l'usine Mizushima de Kawasaki Steel Works, à Okayama (JP), a réalisé une toupie de 2 m de haut et 2,6 m de diamètre pesant 360 kg. Ils l'ont fait tourner 1 h, 21 min et 35 s, le 3 novembre 1986.

Ours en peluche
Fabriqué par Dana Warren (US), le plus grand ours en peluche cousu main mesurait 16,86 m de long. Il a été présenté le 6 juin 2008 et exposé à l'Exploration Place de Wichita (Kansas, US).

Yo-yo
Le 15 septembre 2012, Beth Johnson (US) a présenté un yo-yo de 3,62 m de diamètre pesant 2 095,6 kg, à Cincinnati (Ohio, US). Le disque a plongé de 36,5 m sur une corde reliée à une grue de 68 t avant de rebondir.

Carte de visite
Le 14 novembre 2016, une carte de visite de 4,18 m² – grande comme un lit « kingsize » – a été présentée par Santosh Kumar Rai (IN), à Chhattisgarh (IN). Il s'agissait d'une réplique de sa propre carte de visite.

Enveloppe
Bhanu et Aaditya Pratap Singh (tous 2 IN) ont présenté une enveloppe de 23,93 m de long et 13,5 m de large, à Chhattisgarh (IN), le 24 novembre 2015.

Fer à cheval
Abhishek Mazumder (IN) a créé un fer à cheval en acier de 2,36 m de large et 2,47 m de haut, validé à Mumbai (IN), le 20 novembre 2016.

Vielle
La « vielle de Bosch », instrument fabriqué par Steven Jobe (US), mesurait 3,04 m de long, à Warren (Rhode Island, US), le 2 juin 2016.

Clé
Le 15 mai 2016, l'Ard Canaan Restaurant (QA) a présenté une clé de 7,76 m de long et 2,8 m de large, à Doha (QA).

Plateau de Monopoly
Studentenvereniging Ceres (NL) a produit un jeu de Monopoly de 900,228 m², à Wageningen (NL), le 30 novembre 2016. Ce jeu de société géant faisait près de 3 500 fois la taille du plateau classique.

Planche de Ouija
Blair Murphy et Team Grand Midway (US) ont dévoilé une planche de Ouija de 121,01 m² – la moitié de la taille d'un court de tennis –, à Windber (Pennsylvanie, US), le 28 octobre 2016.

Tournevis
Engineering student Aaditya Pratap Singh (IN) a présenté un tournevis de 6,32 m de long, à Raipur (IN), le 16 juin 2016.

LEGO®
• **Mammouth :** Un mammouth en briques LEGO® de 2,47 m de haut, 3,8 m de long et 1,3 m de large a été construit par Bright Bricks (GB), à BRICKLIVE (Birmingham, GB), le 1er novembre 2015.
• **Sculpture de stade :** Le 12 mai 2005, LEGOLAND Deutschland Resort (DE) a dévoilé une réplique à l'échelle 1/50 du stade de football de l'Allianz Arena, à Munich (DE), réalisée à l'aide de plus de 1 million de briques LEGO®. Présentée à Günzburg (DE), elle mesurait 5 m de long, 4,5 m de large et 1 m de haut.
• **Bateau (soutenu) :** DFDS (DK) a construit une réplique d'un bateau de 12,035 m de long à l'aide de briques LEGO® qui a été validée à Copenhague (DK), le 17 août 2016.
• **Sculpture (nombre de briques) :** Land Rover (GB) a construit une réplique de la Tower Bridge de Londres comprenant 5 805 846 briques LEGO®, validée le 28 septembre 2016. Mesurant 44 m de large et 13 m de haut, la structure était exposée au Packington Hall de Solihull (GB).

Collections

D'Élisabeth II à l'ancien président américain Franklin D. Roosevelt, il existe tant de chefs d'État collectionneurs de timbres qu'on appelle cela le « passe-temps des rois ».

Baumes pour les lèvres
Au 29 novembre 2015, Jace Hoffman de Marietta (Géorgie, US) possédait 553 baumes pour les lèvres.

Objets liés à *La Petite Sirène*
Jacqueline Granda (EC) a réuni 874 objets uniques en lien avec le film d'animation de Disney *La Petite Sirène*, à Quito (EC), le 16 janvier 2016.

Objets en lien avec *Journey to the West*
1 508 objets en lien avec *Journey to the West* appartenant à l'acteur Liu Xiao Ling Tong (CN) ont été comptés le 30 janvier 2016. Ils sont conservés à Huai'an (Jiangsu, CN).

Objets en lien avec *La légende de Zelda*
Le 14 juillet 2016, Anne Martha Harnes (NO) possédait 1 816 objets dérivés de la série de jeu vidéo *La Légende de Zelda*, comptés à Molde (NO).

Casquettes de policier
Andreas Skala (DE) a rassemblé une collection de 2 534 casquettes de policier, le 31 décembre 2015. Cette réserve de couvre-chefs a été comptée et validée à Hennigsdorf (DE).

Objets liés à *Tomb Raider*
Rodrigo Martín Santos (SP) a accumulé 3 050 objets uniques dérivés de *Tomb Raider*, le 26 septembre 2016, à Madrid (SP).

Papiers de bonbon
Le 23 décembre 2015, la plus grande collection de papiers de bonbon se compose de 5 065 pièces. Elle appartient à Milan Lukich Valdivia, de Tacna (PE). Il a débuté sa collection il y a près de 32 ans.

Objets liés au crocodile
Le 2 septembre 2015, Andrew Gray (GB) possédait 6 739 objets sur le thème du crocodile, à Burton Latimer (Northamptonshire, GB).

Objets liés à l'espionnage
Auteur et historien du renseignement militaire, H. Keith Melton (US) possède plus de 7 000 objets en lien avec l'espionnage, comprenant appareils photo, dispositifs de dissimulation et divers autres objets insolites. Cette collection est si sensible que nous ne pouvons révéler l'endroit où elle se trouve !

▲ LA PLUS GRANDE COLLECTION D'OBJETS LIÉS AUX CHOUETTES
Le 4 août 2016, Yaakov Chai de Tel Aviv (IL) possédait 19 100 objets liés aux chouettes. Yaakov est décédé avant que sa collection ne soit validée. Des amis et des proches ont fait don d'autres chouettes, faisant grimper le total à 20 239.

Diffusé pour la 1re fois en 1973, The Wombles était un programme télé anglais pour enfants promouvant le recyclage. Gill a bien retenu le message : elle est devenue scientifique de l'environnement et travaille sur le mode de vie durable.

Q : Que collectionne Nicolas Cage ?

R : Bandes dessinées. Il en aurait acquis pour 1 million de $, lors de l'Amazing Las Vegas Comic Con, en 2016.

Objets liés à Mickey Mouse
Le 29 avril 2016, Janet Esteves (US) avait accumulé 10 210 objets dérivés de Mickey Mouse, qui ont été comptés à Katy (Texas, US).

Objets souvenirs de Winnie l'Ourson
Deb Hoffmann de Waukesha (Wisconsin, US) possédait 13 213 objets sur le thème de Winnie l'Ourson, le 18 octobre 2015.

Objets liés aux vaches
Le 9 juin 2015, Ruth Klossner (US) possédait 15 144 objets sur le thème des vaches, comptés et validés à Lafayette (Minnesota, US).

Objets liés aux bananes
Ken Bannister (US), propriétaire de l'International Banana Club Museum d'Altadena (Californie, US), a réuni 17 000 objets en lien avec les bananes depuis 1972. Ils sont tous exposés dans son musée.

Souvenirs de Pokémon
Lisa Courtney de Welwyn Garden City (GB) a rassemblé 17 127 objets en lien avec Pokémon, comptés et validés le 10 août 2016.

Empreintes d'animaux
RedPepper Agency et Area Metropolitana del Valle de Aburrá (CO) ont présenté 22 429 empreintes d'animaux, dans le cadre de la campagne Huellatón visant à sensibiliser le public aux effets néfastes des incendies sur les animaux. Elles ont été comptées à Medellín (CO), le 4 octobre 2015.

Tire-bouchons
Ion Chirescu (RO) possède 23 965 tire-bouchons qui ont été comptés à Bucarest, le 18 juin 2015.
Ion possède aussi **la plus grande collection de fers à repasser**, de divers pays et périodes. Elle se composait de 30 071 objets, le 3 août 2016.

Voitures miniatures
Le 9 juin 2016, Nabil Karam (LB) avait 37 777 voitures miniatures, comptées à Zouk Mosbeh (LB).

Pièces de monnaie de la même année
Samirbhai Patel (AU) possède 51 504 pièces de 5 cents australiennes, toutes de 2006. Sa collection a été validée le 22 août 2015, à Perth (AU).

◄ LES OBJETS DÉRIVÉS DES WOMBLES
Gill Seyfang (GB) possédait 1 703 objets souvenirs des Wombles, le 7 août 2016, comptés à Norwich (Norfolk, GB). Gill est particulièrement attachée à ses produits d'hygiène originaux des années 1970 sur le thème des Wombles, tels que savons, bain moussant et talc, qui sont restés intacts depuis plus de 40 ans.

COLLECTIONS DE TOUS LES TEMPS

1. Pochettes d'allumettes : 3 159 119 – Ed Brassard (US)

2. Dents humaines : 2 000 744 – Frère Giovanni Battista Orsenigo (IT)

3. Livres : 1 500 000 – John Q. Benham (US)

4. Étiquettes de boîtes d'allumettes : 1 054 221 – Steven Smith (GB)

5. Étiquettes de bière : 548 567 – Hendrik Thömänn (DE)

6. Boutons : 439 900 – Dalton Stevens (US)

7. Cartes à gratter : 319 011 – Darren Haake (AU)

8. Stylos à bille : 285 150 – Angelika Unverhau (DE)

9. Bagues à cigare : 211 104 – Alfred Manthe (DE)

10. Tickets de bus : 200 000 – Ladislav Šejnoha (CZ)

11. Bagues de pigeon voyageur : 164 023 – Christian Hennek (DE)

12. Billets de train : 163 235 – Frank Helker (DE)

13. Sous-bocks : 152 860 – Leo Pisker (AT)

14=. Objets anciens de magie : 150 000 – David Copperfield (US)

14=. Sacs en papier et en plastique : 150 000 – Heinz Schmidt-Bachem (DE)

16. Paquets de cigarette : 143 027 – Claudio Rebecchi (IT)

17. Serviettes : 125 866 – Martina Schellenberg (DE)

18. Flyers de boîte de nuit : 113 012 – Marco Brusadelli (IT)

19. Trèfles à 4 feuilles : 111 060 – Edward Martin Sr (US)

20. Marque-pages : 103 009 – Frank Divendal (NL)

▼ JEUX DE MONOPOLY

Neil Scallan (GB) possédait 1 677 jeux de Monopoly, comptés lors de *The One Show,* sur la BBC, le 27 juillet 2016. Tous sont des éditions officielles non déballées. Neil répartit sa collection entre Hayes (Middlesex) et Crawley (West Sussex, GB).

◀ OBJETS D'HELLO KITTY

Depuis plus de 30 ans, Masao Gunji (JP) est un fervent collectionneur d'objets dérivés d'Hello Kitty. Le 23 novembre 2016, il possédait 5 169 objets, comptés et validés au Fourth District Community Centre d'Yotsukaido (Chiba, JP). Cette impressionnante collection Hello Kitty comporte une large variété d'objets, notamment des peluches, des boîtes bento, des serviettes et des fournitures de bureau.

▲ OBJETS EN LIEN AVEC DOCTOR WHO

Lily Connors (GB) a recueilli 6 641 objets tirés de *Doctor Who,* le 20 juin 2016. Sa collection a été comptée à Pontypridd (GB). C'est un sacré exploit, mais Lily veut aller plus loin : son rêve est d'être figurante dans un épisode de *Doctor Who* et d'avoir un Dalek grandeur nature.

Les records vont bon train dans sa famille : son frère Thomas détient plusieurs records du *GWR* liés au basket, notamment **le plus de temps à faire tourner 3 ballons de basket** (7,5 s) et **le plus de lancers francs en arrière en 1 min** (9).

▼ BOULES À NEIGE

Wendy Suen (CA/CN, née HK) a amassé 4 059 boules à neige, comptées le 27 novembre 2016, à Shanghai (CN). Elle a débuté sa collection en 2000. C'est la 2ᵉ fois qu'elle bat son propre record, et largement, puisque lors de son 1ᵉʳ exploit, en 2005, elle ne possédait « que » 904 boules à neige.

La 1ʳᵉ boule à neige de Wendy – cadeau de son mari – met en scène un chat gris à l'extérieur et une souris à l'intérieur.

Cuisine extrême

Le steak haché d'un hamburger de fast-food peut contenir de la viande provenant de près de 100 vaches.

LES PLUS LOURDS...

Pain naan : Loblaw Companies Limited (CA) a produit un naan de 32 kg, à Toronto (Ontario, CA), le 19 avril 2016.

Muffin : Le 16 octobre 2015, Schär et NIP Food (tous 2 IT) ont servi un muffin de 146,65 kg, à Milan (IT).

Profiterole : Les entreprises italiennes Associazione Cons.erva, Etica Del Gusto, Despar, Uova Pascolo Fantoni et Crespi ont fabriqué une profiterole de 150 kg – la moitié du poids d'un piano à queue –, à Gemona del Friuli, à Udine (IT), le 17 avril 2016.

Gâteau vegan : Skipp Communications AG et Merz AG (tous 2 CH) ont créé un gâteau de 433,56 kg ne contenant absolument aucun produit animal. Il a été présenté et pesé à Chur (CH), le 16 juin 2016.

Halva : Pesant 630 kg – plus lourd qu'un ours polaire adulte – le plus grand halva a été fabriqué par Al Hosni Omani Sweets et Murshid bin Sulaiman Al Hosni (tous 2 OM), à Muscat (OM), le 23 novembre 2015.

Boîte de biscuits : Oreo (USA) et Tmall (CN) ont dévoilé une boîte de biscuits de 904,58 kg – soit l'équivalent de 70 lingots d'or –, à Pékin (CN), le 3 mai 2016, au Super Brand Day.

Boîte de barres chocolatées : Meiji Corporation (JP) a produit une boîte de chocolats de 2 044 kg, au Koto Supporting Centre de Tokyo (JP), le 29 janvier 2016.

Tiramisu : Pesant 3 015 kg – presque 50 fois le poids moyen d'un homme –, le plus grand tiramisu a été préparé par l'Associazione Cons.erva avec Despar, Latte Blanc, Caffè Toto et Uova Pascolo (tous IT), à Gemona del Friuli (IT), le 25 mai 2015.

▲ LE PLUS GRAND CORNET DE GLACE

Hennig-Olsen Is AS et Trond L Wøien (tous 2 NO) ont présenté un cornet de glace de 3,08 m de haut – soit la moitié de la taille d'une girafe adulte –, à Kristiansand (NO), le 26 juillet 2015. Il se composait de 95,85 kg de cornet en gaufrette, 60 kg de garniture au chocolat, 1 080 l de crème glacée et 40 kg de confiture.

Q : Au Danemark, au XVIᵉ siècle, le fromage n'était pas qu'un aliment. À quoi servait-il ?

R : Il servait de monnaie.

Curry : Le 1ᵉʳ août 2015, à Singapour l'Indian Chefs & Culinary Association a présenté un curry de 15 394 kg – plus lourd que 4 hippopotames.

Laddu : Le 6 septembre 2016, PVVS Mallikharjuna Rao (IN) a servi une version de cette douceur ronde indienne pesant 29 465 kg – soit 4 fois le poids d'un éléphant d'Afrique –, à Tapeswaram (Andhra Pradesh, IN).

LA PLUS GRANDE PORTION DE...

Porc effiloché : Sonny's BBQ (US) a présenté un effiloché de porc de 912,62 kg, au Central Park de Winter Park (Floride, US), le 12 octobre 2016.

Purée de pommes de terre : Jason Lin, Colin Stockdale, Tyler Hubeny et Evan Armstrong (tous US) ont présenté une purée de pommes de terre de 1 197,94 kg – soit le poids d'un morse –, à Binghamton (New York, US), le 20 juin 2015.

Quinoa : Le comité organizador FEGASUR 2016 et la municipalidad provincial San Roman (tous 2 PE) ont produit un plat de quinoa de 1 680,2 kg, à Juliaca (PE), le 18 juin 2016. Une voiture américaine standard pèse environ le même poids.

Riz au lait : Au nom de la Shree Parshwa Padmavathi Seva Trust, sa Sainteté Dr Vasanth Vijayji Maharaj (IN) a servi un riz au lait de 2 070 kg, à Krishnagiri (Tamil Nadu, IN), le 31 mai 2015.

Gombo : Braud & Gallagher (US) a cuisiné ce plat phare de la cuisine créole de 2 630 kg, à Larose (Louisiane, US), le 7 novembre 2015. C'est presque 6 fois le poids de l'alligator américain que l'on trouve dans la région.

Poulet grillé : Le 27 février 2016, Simplemente Parrilla La Balanza (UY) a cuisiné un plat de poulet grillé de 6 487,9 kg, à Maldonado (UY) – près de la moitié du poids d'un bus à impériale londonien.

Rôti de porc : Fundación Produce Yucatán, A C (MX) a servi un rôti de porc de 6 626,15 kg, à Mérida (Yucatán, MX), le 6 mars 2016. C'est plus de 3 fois le poids d'un grand requin blanc adulte.

Cette boisson record contenait le même volume de liquide que 60 baignoires.

World's Largest Sweet Tea Summerville SOUTH CAROLINA

◄ LE PLUS GRAND THÉ GLACÉ

Avec 9 554 l, le plus grand thé glacé a été élaboré par la ville de Summerville (Caroline du Sud, US), le 10 juin 2016. Il a été préparé avec 95,2 kg de thé en vrac et 771,1 kg de sucre. Les organisateurs avaient utilisé au départ 136 kg de glace pour refroidir le thé. Insuffisant pour faire descendre la boisson à une température de 7,2 °C, conformément au règlement du GWR, il a fallu ajouter une centaine de kilos de glace.

Le bonhomme en pain d'épices le plus lourd

651 kg

Le plus grand père Noël en chocolat (creux)

5 m

Le plus grand sucre d'orge

11,15 m de long, 10,1 cm de diamètre

Le plus lourd repas de Noël

9,6 kg, comprenant une dinde, des morceaux de carotte, navet, brocoli et chou-fleur, des pommes de terre sautées, des feuilletés aux saucisses et 25 choux de Bruxelles

Le plus gros Christmas pudding

3,28 t

La bûche de Noël la plus lourde

2490 kg

▲ LE PLUS GRAND BRETZEL

Parent company Industrias La Constancia et sa marque Pilsener (tous 2 SV) ont produit un bretzel de 783,81 kg, le 25 octobre 2015, au CIFCO de San Salvador (SV). Ce gigantesque snack salé, 4 600 fois plus lourd qu'un bretzel classique de 170 g, avait un poids équivalent à celui du cœur d'une baleine bleue. Il mesurait 8,93 m de long et 4,06 m de large.

▲ LE PLUS GRAND PLATEAU DE FROMAGES

Brigitta Bonino (CH) a présenté un plateau de 590 variétés de fromage, au Thörishaus de Berne (CH), le 21 mai 2016. Il se composait uniquement de fromages suisses. Brigitta possède la boutique de fromages *Chäsi Thörishaus* et a tenté ce record pour en célébrer le 25e anniversaire.

La **plus grande assiette de fromages,** pesant 1 531,27 kg, a été préparée par Bel Leerdammer (NL), à Leerdam (Utrecht, NL), le 11 septembre 2015.

▲ LE PLUS GRAND VERRE DE SPRITZ

Avec ses 1 000,25 l, cette boisson pétillante géante a été élaborée par Costa Crociere (IT), le 10 mai 2016. Le record a été établi lors des Protagonisti del Mare (Lauréats de la Mer), à bord du bateau de croisière *Costa Favolosa* reliant Barcelone (ES) à Marseille (FR).

Le **plus grand verre de mojito,** d'un volume de 3 519 l – l'équivalent de 60 fûts de bière –, a été concocté par 4-Jack's Bar & Bistro (DO), à Punta Cana (DO), le 16 avril 2016.

▲ LA PLUS LONGUE PIZZA

Le Napoli Pizza Village (IT) a cuit une pizza de 1 853,88 m de long, à Naples (IT), le 18 mai 2016. Au total, 250 maîtres de la pizza napolitaine traditionnelle sont venus du monde entier – certains d'Australie – pour ce record. La recette se composait de 2 000 kg de farine, 1 600 kg de tomates, 2 000 kg de fromage *fior di latte* et 200 l d'huile d'olive, provenant de producteurs locaux.

▲ LA PLUS GRANDE BOÎTE DE CAVIAR

Le 28 décembre 2016, AmStur Caviar de Dubaï (AE) a présenté une boîte de caviar de 17,82 kg, à l'hôtel Burj Al Arab Jumeirah de Dubaï. Nommée « The Mashenomak », en référence au poisson-monstre esprit de la légende amérindienne, toute la boîte de caviar bio Empress a été dégustée par les clients de l'hôtel, à l'aide de cuillères à caviar en nacre.

▲ LE PLUS DE BÂTIMENTS DANS UN VILLAGE EN PAIN D'ÉPICES

Fabriqué par Jon Lovitch (US), le village en pain d'épices présenté ci-dessus se composait de 1 102 bâtiments. Il a été présenté au New York Hall of Science de Corona (New York, US), le 17 novembre 2015.

Le **plus grand village en pain d'épices** en superficie mesurait 45,29 m². Il a été dévoilé par El Dorado Royale by Karisma (MX), au Playa del Carmen, Quintana Roo (MX), le 11 décembre 2015. S'inspirant des bâtiments réels des villes de la péninsule du Yucatán, il se composait de 216 édifices répartis sur 27 pâtés de maison, et a été réalisé par 16 chefs.

▲ LA PLUS GRANDE SCULPTURE EN BEURRE

Le 26 septembre 2015, Lactalis American Group, Inc. (US) a présenté une sculpture en beurre de 1 075 kg, à New York (US). Élaborée avec du beurre Président® et construite sans support interne ou externe, cette sculpture a été réalisée à l'image de l'horizon parisien, mettant en scène des monuments célèbres de la ville, tels que la tour Eiffel, Notre-Dame et l'Arc de triomphe de l'Étoile.

Plaisirs de bouche

Ne défiez jamais un oiseau dans un concours de dégustation de piment : seuls les mammifères perçoivent leur goût très relevé, comme celui du Carolina Reaper.

Le surnom de Takeru est « Kobayashi shake », car il se tortille en mangeant pour faire passer les aliments dans son estomac.

▲ LA PLUS GRANDE PILE DE PANCAKES

Center Parcs Sherwood Forest (CD) a monté une pile de pancakes de 101,8 cm de haut, à Rufford (Newark, GB), le 8 février 2016. La pile se composait de 213 pancakes, fabriqués et empilés par James Haywood et Dave Nicholls (tous 2 GB).

◀ LE PLUS DE HAMBURGERS MANGÉS EN 3 MIN

Takeru Kobayashi (JP) a dévoré 12 hamburgers en 3 min, sur le plateau de Lo Show dei Record à Milan (IT), le 11 juillet 2014. Chaque steak précuit pesait 113 g et le pain 50 g. Takeru avait déjà accompli d'autres exploits comme **le plus de hot-dogs mangés en 3 min** (6), le 25 août 2009, et **le plus de boulettes de viande dévorées en 1 min** (29), le 8 mars 2010.

▲ LA PLUS GRANDE STRUCTURE DE MARZIPAN

Pour commémorer le 400e anniversaire de la mort de Miguel de Cervantes (ES), la ville de Tolède (ES) a fabriqué une statue en marzipan de son légendaire héros Don Quichotte. Dévoilée le 23 avril 2016, la statue mesurait 3,59 m. L'établissement de ce record a nécessité 300 h de travail et 349 kg d'amandes.

LE PLUS DE PIMENTS CAROLINA REAPER MANGÉS EN 1 MIN

Le 13 novembre 2016, Gregory Foster (US) a croqué 120 g de piments Carolina Reaper. Foster était l'un des 9 concurrents de cet événement organisé par la PuckerButt Pepper Company, à l'Arizona Hot Sauce Expo de Tempe (Arizona, US).

▶ LE PLUS DE SAUCISSES PRODUITES EN 1 MIN

Le 20 juillet 2016, Tim Brown (GB) a fabriqué 60 saucisses en 60 s, à Moodiesburn (North Lanarkshire, GB). La boucherie Brown s'est associée au fabricant d'enveloppes de saucisses Devro pour tenter de battre ce record qui s'élevait jusque-là à 44. Les témoins ont trouvé les saucisses de Brown « délicieuses ».

LES PLUS EN 1 MIN...

Compote de pommes : 1 163 g
André Ortolf (DE), 7 octobre 2016

Marshmallows : 25
Anthony Falzon (MT), 25 mars 2013

Gyozas (raviolis japonais) : 10
Pete Czerwinski (CA), 16 mai 2016

Aliments pour bébés : 590 g
Abdulrahman Abood Eid (KW), 16 mars 2013

Sponge cakes : 16
Patrick Bertoletti (US), 26 juin 2013

▼ LE PLUS DE BOUGIES SUR UN GÂTEAU

Le 27 août 2016, Ashrita Furman et le Sri Chinmoy Centre (tous 2 US) ont décoré un gâteau avec 72 585 bougies, à New York (US). Ce record a été réalisé en l'honneur du professeur de méditation Sri Chinmoy, qui aurait fêté son 85e anniversaire. Il pulvérise ainsi le précédent record de 50 151 bougies, établi par Mike's Hard Lemonade, à Los Angeles (Californie, US), le 13 avril 2016.

Le plus grand dirt cake

Le 31 juillet 2016, le Bangalore Baking Buddies (IN) a fabriqué un dirt cake (gâteaux aux Oréo® et à la crème) de 1 078 kg, au Park Hotel Bangalore (Karnataka, IN). Il a nécessité 10 h de travail et 550 kg de biscuits écrasés. Il a ensuite été distribué aux écoles de la ville.

Le plus grand hamburger

Le Black Bear Casino Resort (US) a fabriqué un hamburger de 913,54 kg, à Carlton (Minnesota, US), le 2 septembre 2012. La garniture comprenait 23,81 kg de tomates, 22,68 kg de laitue, 27,22 kg d'oignons, 18,14 kg de fromage et 7,48 kg de bacon.

La plus grosse part de beshbarmak

Le beshbarmak, qui signifie « cinq doigts » (on avait coutume de le manger avec les mains), est un plat à base de viande hachée et de nouilles. Le 6 juillet 2015, la Kazakh Geographic Society (KZ) en a préparé une version géante de 736,5 kg – plus lourd qu'un dromadaire –, à Astana (KZ).

Le plus grand burrito

Le 3 novembre 2010, CANIRAC La Paz a fabriqué un burrito de 5 799,44 kg, à La Paz (Basse-Californie, MX). Se composant de poisson, d'oignons et de haricots réchauffés, il a été réalisé avec une seule tortilla de blé pesant plus de 2 000 kg et mesurant 2,4 km de long.

La plus grande pizza vendue dans le commerce

Vendue à la Big Mama's and Papa's Pizzeria de Los Angeles (Californie, US), « The Giant Sicilian » mesure 1,87 m². Livrée dans sa boîte géante, elle peut être garnie de toutes les façons.

▲ LE PLUS DE HARICOTS BLANCS MANGÉS AVEC DES BAGUETTES EN 1 MIN

Le 1er juillet 2015, Cherry Yoshitake (JP) alias Mr Cherry, a avalé 71 haricots en 60 s – un à la fois –, avec des baguettes. Le record s'est déroulé sur le plateau d'*Officially Amazing*, au RAF Bentwaters de Suffolk (GB). Il a évincé « Sizzling » Steve Kish et Ray (alias Ray Butler, US) – qui ont mangé respectivement 65 et 36 haricots.

▲ LE PLUS RAPIDE POUR BOIRE UNE BOUTEILLE DE KETCHUP

Le 17 février 2012, le présentateur Benedikt Weber (DE) a englouti une bouteille de ketchup en 32,37 s, pour le programme d'infodivertissement *Galileo*, au Chong's Diner, à Nuremberg (DE). Lors de la tentative, Weber a utilisé une paille de 0,60 cm de diamètre.

◄ LE PLUS DE PÂTE À TARTINER MARMITE® AVALÉE EN 1 MIN

Le 7 septembre 2016, André Ortolf (DE) a mangé 252 g de Marmite®, à Augsburg (DE). Il a battu le précédent record qui s'élevait à 218 g, établi par son héros Ashrita Furman (US), le 16 mai 2012.

André l'affamé a aussi mangé **le plus de purée de pommes de terre en 30 s**. Il en a englouti 598 g, à Augsburg, le 17 juin 2016.

Œufs au chocolat : 6
Pete Czerwinski (CA), 11 avril 2014

Ferrero Rochers® : 9
Pete Czerwinski (CA), 4 janvier 2012
Patrick Bertoletti (US), 14 janvier 2012

Grains de raisins : 73
Dinesh Shivnath Upadhyaya (IN), 7 juin 2014

Hamburgers : 5
Ricardo Francisco, alias Rix Terabite (PH), 27 août 2016

Pim's® : 17
Pete Czerwinski (CA), 9 janvier 2013

Q: Quelle est la garniture de pizza la plus populaire aux USA ?

R: Pepperoni.

Le plus long tamal

Le Municipalidad Distrital de San Luis de Shuaro (PE) a préparé un tamal de 39,55 m, à San Luis de Shuaro (Chanchamayo, Junín, PE), le 21 juin 2016 – plus long qu'une baleine bleue.

Le plus long relais de personnes se nourrissant les unes les autres

Le 11 décembre 2016, 1 101 personnes se sont réunies au marché aux pommes Tsugaru, à Itayanagi dans Kitatsugaru (Aomori, JP) et se sont donné des pommes fraîches. Itayanagi produit des pommes japonaises depuis 1875 et près de 26 000 t de fruits sont récoltés chaque année.

La plus grande pyramide en gâteau

Le 11 novembre 2016, la Stratford University a élaboré un gâteau en forme de pyramide mesurant 2,79 m de haut, au centre commercial Potomac Mills de Woodbridge (Virginie, US). Se composant de 3 628,7 kg de génoise, il n'était muni d'aucun support interne. Cette pyramide a été réalisée pour le 40e anniversaire de l'institution.

La plus grande dégustation de chocolat

La Fundación Nuestra Tierra a organisé une dégustation de chocolat lors de l'Expoferia Internacional del Chocolate 2016 de Caracas (VE). 419 personnes ont goûté 3 marques de chocolat vénézuélien artisanal le 1er octobre 2016.

Le plus de personnes prenant le petit déjeuner au lit

Le 16 août 2015, 418 clients du Sheraton Langfang Chaobai River Hotel de Langfang (Hebei, CN) ont mangé au lit. Le précédent record de 388 avait été établi au Pudong Shangri-La (East Shanghai, CN).

Le plus rapide à préparer une omelette

L'émission télé culinaire *Saturday Kitchen* (GB) défie des chefs. Le 2 mai 2015, Theo Randall (GB) a préparé une omelette de 3 œufs en 14,76 s, en direct sur le plateau des Cactus Studios de Londres (GB).

Le plus rapide à boire 50 cl de lait

Le 26 juillet 2015, James McMillan (NZ) a bu 50 cl de lait en 3,97 s, à Christchurch (NZ). Ce record riche en calcium a été établi sur le site Internet des *GWR Challengers*.

Le 17 mai 2016, Dennis « The Menace » Bermudez (US) est devenu **le plus rapide à boire 1 l de jus de citron à la paille** (22,75 s), à New York (US).

Le plus de canettes de boissons en équilibre sur la tête

John Evans (GB) a maintenu en équilibre 429 canettes de boisson sur la tête, à l'Ilkeston School (Derbyshire, GB), le 5 juin 2007. Les canettes pesaient au total 173 kg – le poids de 2 hommes de taille moyenne.

Records de participation

Le plus petit record de participation du GWR est celui du plus grand nombre de personnes entassées dans un bonnet de bain (4), établi par la Team Badekappe, à Mainz (DE), en 2015.

Le plus de dragons dansants
La troupe de danse Persatuan Tarian Naga Dan Singa Qi Ling Malaysia a réuni 99 dragons dansants (dirigés par 990 danseurs), à Shah Alam (MY), le 15 novembre 2015.

Le plus de millionnaires à la Loterie
La National Lottery (GB) a réuni 110 des plus grands chanceux, à Londres (GB), le 7 octobre 2015. Leurs gains réunis représentaient 646 millions de £ !

Le plus de personnes sur une échelle
Le 8 janvier 2016, dans le cadre d'une campagne de santé publique, Scale Back Alabama (US) a persuadé 157 habitants de l'Alabama de se peser ensemble sur une station de pesage de camions, à Montgomery (Alabama). Les participants pesaient 13 789 kg, soit une moyenne de 87 kg par personne.

Le plus de personnes habillées en ninja
Le 17 avril 2016, 268 ninjas sont restés au grand air suffisamment longtemps pour être vus mais aussi comptés. Les ninjas ont été attirés par la ruse à la Jyosei Elementary School d'Hikone, Shiga (JP), par Kuniko Teramura et ses amis (tous JP).

Le plus de receveurs de greffe d'organe
La Donate Life Run/Walk (US), un gala de charité qui s'est tenu sur le campus de la California State University à Fullerton (US), a attiré 314 receveurs de greffe d'organe le 30 avril 2016.

Le plus de personnes déguisées en chien
La compagnie d'assurances NFU Mutual (GB) a rassemblé 439 personnes revêtues d'un déguisement de chien pour promouvoir les chiens guides d'aveugles de la Blind Association (GB). Ce record a été établi à Stratford-upon-Avon (GB), le 20 avril 2016.

Le plus de personnes jouant au Monopoly
Pour marquer la Journée mondiale du Monopoly, le 19 mars 2016, les Universal Studios de Singapour ont fait jouer simultanément 605 personnes au célèbre jeu de société.

Le plus de personnes déguisées en pingouin
Pour la journée du GWR qui s'est tenue le 12 novembre 2015, le Richard House Children's Hospice (GB) a rassemblé 624 personnes déguisées en pingouin au The Scoop, à Londres (GB).

Le plus de personnes maintenant un ballon en l'air avec le pied
Dans le cadre du lancement de leurs nouvelles chaussures

Q : En quelle année s'est tenu le 1er Marathon de Londres ?

R : 1981 (le 29 mars pour être précis)

de football, Diadora (IT) a fait appel à 1 406 jeunes joueurs de football amateurs de jonglage avec un ballon. Le record a été établi au siège de Diadora, à Caerano di San Marco (IT), le 7 mai 2016.

Le plus de personnes maintenant la position de la planche abdominale
Le 6 novembre 2016, 1 623 personnes ont maintenu la position de la planche abdominale, au Jio Garden du Bandra Kurla Complex, à Mumbai (IN).

Le plus de personnes portant des bois de cerf
Le 26 mars 2016, 1 731 fans de la superstar chinoise Lu Han (dont le nom se traduit par « cerf de l'aube ») ont assisté à un concert à Pékin (CN), en portant des bois de cerf phosphorescents.

Le plus de personnes utilisant des perches à selfie
Le 6 mai 2016, lors d'une pause durant le match de baseball opposant les Los Angeles Angels aux Tampa Bay Rays, à Anaheim (Californie, US), 2 121 personnes ont utilisé des perches à selfie pour se prendre en photo.

Le plus de mannequins sur un podium
Vêtues de vêtements de leur choix, de la robe de bal au costume de Dark Vador, 3 651 personnes ont défilé sur un podium dans le cadre d'un événement organisé par very.co.uk (GB), à Pier Head, à Liverpool (GB), le 4 juillet 2015.

Le plus de personnes chantant en canon
4 166 personnes ont chanté *Forward Only Forward, My Dear Country Turkmenistan*, lors de l'inauguration du Centre culturel Ak Öÿü à Mary (TM), le 26 novembre 2015.

Le plus de personnes portant des sabots
La cour de récréation de la Nantun Elementary School de Taichung (TW) a résonné du son de 5 008 personnes portant des sabots et vêtues du costume traditionnel, le 20 juin 2015.

Le plus de personnes portant des fausses moustaches
Le 29 novembre 2015, 6 471 fans des Broncos de Denver ont assisté à un match de football de leur équipe contre les Patriots de la Nouvelle-Angleterre en portant des fausses moustaches orange vif – la couleur des Broncos –, à Denver (Colorado, US).

◀ LE PLUS DE PERSONNES ENTASSÉES DANS UN CAMPING-CAR VW (MODÈLE CLASSIQUE)
Pour compter les personnes lors d'un record de participation, nous employons des postes de contrôle, de nombreux évaluateurs et des lieux de la taille d'un terrain de football. Ce record établi par Comfort Insurance (GB), à Malvern (GB), le 5 septembre 2015, fut plus facile à gérer. Seuls quelques évaluateurs ont compté les 50 passagers au fur et à mesure de leur sortie du camping-car.

▲ LE PLUS GRAND RASSEMBLEMENT DE PERSONNES DÉGUISÉES EN PERSONNAGES DE *DOCTOR WHO*
La chaîne de télé de science-fiction Syfy Latinoamérica (US) a parcouru les halls de La Mole Comic-Con de Mexico (MX), pour réunir une armée de 492 cybermen, Daleks, compagnons, Oods, Anges pleureurs et, bien entendu, divers avatars du célèbre Seigneur du Temps. Le record a été établi le 19 mars 2016 et le 12e Doctor en personne, Peter Capaldi (ci-dessus), était présent pour remettre le certificat.

À NOËL
Le plus grand rassemblement de…

Bonhommes
392
Buttercrane Shopping centre (GB), 17 nov. 2016

Anges
1275
Misericordia Health Centre Foundation (CA), 1er décembre 2015

Elfes
1762
Siam Paragon Development Company Limited (TH), 25 novembre 2014

Pulls de Noël
3 473
Kansas Athletics (US), 19 décembre 2015

Pères Noël
18 112
Thrissur Archdiocese (IN), 27 décembre 2014

Chanteurs de chorale
25 272
Godswill Akpabio Unity Choir (NG), 13 décembre 2014

▲ LE PLUS DE PERSONNES SE BROSSANT LES DENTS

Munis d'une brosse à dents, de dentifrice et d'un verre d'eau fournis par My Dental Plan (IN), 16 414 personnes ont établi un nouveau record de brossage de dents simultané le 7 janvier 2016. Le record a été établi sur le terrain de sport de la Delhi Public School (East Campus), à Karnataka (IN). Tous les participants ont dû appliquer la technique de brossage prônée par l'Organisation mondiale pour la santé, soit un nettoyage d'au moins 1 min.

▲ LE PLUS DE PERSONNES DÉGUISÉES EN FRUIT

Le 18 juillet 2015, l'excentrique duo DJ Dada Life (Olle Cornéer et Stefan Engblom, tous 2 SE) a persuadé 629 personnes participant à leur festival Citizens of Dada Land à San Bernardino (Californie, US), de se déguiser en banane. Le duo est connu pour ses spectacles un peu fous. En 2013, avec leur public, ils ont battu le record de la **plus grande bataille d'oreillers** (3 813 participants) – un record conservé moins d'une année.

▲ LE PLUS GRAND RASSEMBLEMENT DE STEAMPUNKS

Partageant le même amour pour les vêtements de l'ère victorienne, 228 inconditionnels de la culture steampunk ont assisté au Steampunk Festival d'Oamaru (NZ), le 4 juin 2016. Le steampunk est un genre littéraire de science-fiction qui se définit comme une réécriture du monde moderne à l'aide de matériel, de fumée et de machines à vapeur de l'ère industrielle.

▲ LE PLUS DE PERSONNES DÉGUISÉES EN ÉLÉPHANT

L'association caritative d'aide aux familles endeuillées 2 Wish Upon a Star (GB) a réuni 385 éléphants en polyester, au Principality Stadium de Cardiff, le 13 août 2016. Fondée par Rhian Burke (GB) suite au décès de son bébé de 1 an, George, et de son époux, Paul, 5 jours plus tard, cette association a pour mascotte l'éléphant Gorgeous George. L'objectif de cet événement était de sensibiliser le public aux services d'aides aux familles endeuillées au pays de Galles et au Royaume-Uni.

▲ LE PLUS GRAND RASSEMBLEMENT DE PERSONNES PORTANT DES MARIONNETTES

Le 14 mai 2016, le porte-parole du Zoo de San Diego (US), Dʳ Zoolittle, a réalisé une reconstitution de la création du zoo de 2 min et 45 s, encouragé par 508 marionnettes de lion, recréant le rugissement qui a donné envie au fondateur du zoo Harry Wegeforth d'amener des animaux exotiques dans sa ville. Cette performance s'inscrivait dans le cadre du centenaire du zoo.

Pour qu'un record de saut de masse soit homologué, tout le monde doit sauter par-dessus la corde au moins 12 fois.

▲ LE PLUS DE PERSONNES SAUTANT SUR LA MÊME CORDE

Les élèves de la Wat Lam Nao School (TH) ont établi un nouveau record de saut à la corde, à Bangkok (TH), le 11 janvier 2016. Aucun des 300 participants n'a touché la corde (passible de disqualification), bien qu'ils aient accompli plus de 2 fois le nombre minimum de sauts.

Bizarre, bizarre...

Pour ce qui est des records du *GWR*, Ashrita Furman (US) reste le meilleur. Plus de 550 records battus, et ce n'est pas fini...

▲ **LA PILE DE CASIERS À BOUTEILLES LA PLUS LOURDE EN ÉQUILIBRE SUR LE MENTON**

Le 13 janvier 2016, Sun Chaoyang (CN) a maintenu en équilibre une pile de casiers à bouteilles de 44,2 kg, sur le plateau de *CCTV – Guinness World Records Special*, à Pékin (CN). Le précédent record s'élevait à 42,40 kg, établi par Ashrita Furman en 2006.

Sun détient aussi le record du **plus de vélos en équilibre sur le menton** (3), le 8 décembre 2011.

Le plus rapide à attacher une personne au mur avec du ruban adhésif
Ashrita Furman a scotché Alec Wilkinson (tous 2 US) à un mur, en 26,69 s, au Sri Chinmoy Centre de New York (US), le 9 juin 2015. C'est la 6e fois qu'Ashrita bat son propre record.

Ashrita est également **le plus rapide à se scotcher (ruban adhésif) à un mur** (2 min et 12,63 s), également établi au Sri Chinmoy Centre, le 5 octobre 2011.

Le cycle individuel le plus rapide en sport-stacking
William Orrell (US) a franchi le cap des 5 s en sport-stacking pour la 1re fois, le 7 janvier 2017, en 4,813 s, à Columbus (Géorgie, US). William détient également le record du **3-3-3 le plus rapide en individuel** (1,363 s), établi à Eatonton (Géorgie, US), le 14 novembre 2015.

Les 18-19 octobre 2013, Mohammed Sahraoui (DE) du SST Butzbach a réalisé **le plus de cycles en sport-stacking en 24 h** (4 719). Ce record s'est déroulé lors du 9e Sportkongress organisé à Stuttgart (Baden-Württemberg, DE).

LE PLUS DE...

Bougies allumées dans la bouche
Le 10 juillet 2016, Dinesh Shivnath Upadhyaya (IN) a introduit 17 bougies allumées dans sa bouche, chez lui, à Mumbai (IN).

Il a enchaîné avec le record du **plus de myrtilles fourrées dans la bouche** (70), enregistré le 25 juillet 2016.

Dinesh est aussi **le plus rapide à peler et manger 3 oranges** (1 min et 7,94 s), le 25 février 2016.

Boules de bowling empilées à la verticale
Shen Xiaoshi (CN) a empilé 10 boules de bowling les unes sur les autres sans l'aide d'adhésif, le 8 janvier 2016, devant le public de *CCTV – Guinness World Records Special*, à Pékin (CN). Il a fallu à Shen plus de 2 h pour réaliser sa pile qui s'est effondrée quand il a tenté d'ajouter une 11e boule. Il égalise ainsi le score réalisé par Dave Kremer (US), à Los Angeles (Californie, US), le 19 novembre 1998.

Bonnets de bain enfilés en 1 min
André Ortolf (DE) a enfilé 26 bonnets de bain en 60 s, dans sa ville natale d'Augsbourg (DE), le 16 mai 2016.

Les gobelets officiels de sport-stacking sont conçus pour aider les concurrents à empiler au plus vite. Ils sont munis de rainures permettant de les séparer quand ils sont regroupés et sont percés au fond pour les empêcher de coller.

Q : Justin Bieber est doué pour les casse-tête. Lequel en particulier ?

R : Le Rubik's Cube. Il peut en terminer un en moins de 2 min.

Biscuits fourrés à la crème empilés en 30 s
Cherry Yoshitake (JP), alias Mr Cherry, a empilé 26 biscuits fourrés à la crème en 30 s, sur le plateau de l'émission *Officially Amazing*, de la CBBC, à Glasgow (GB), le 22 novembre 2016. Il a évincé son rival Stephen « Sizzling Steve » Kish qui en avait empilé 25 dans le même temps.

Toujours sur le plateau d'*Officially Amazing*, le groupe d'acrobates Acropolis (GB) a réussi **le plus de sauts au-dessus d'une corde à sauter humaine en 1 min** (48), le 18 octobre 2016, à la cathédrale de Durham (comté de Durham, GB).

Coupes à champagne empilées avec un chariot élévateur
An Liqiang (CN) a empilé 16 coupes à champagne à l'aide d'un chariot élévateur, sur le plateau de *CCTV – Guinness World Records Special*, à Pékin (CN), le 9 janvier 2016. Il lui a fallu une bonne heure pour accomplir cet exploit laborieux.

Vols tête en bas dans une soufflerie en 1 min
Le 6 décembre 2016, 3 records de chute libre ont été tentés dans toute l'Australie et diffusés sur *Facebook Live*. Lors de l'iFLY Indoor Skydiving Downunder, à Sydney (Nouvelle-Galles du Sud, AU), Kurmet Jaadla (EE) a réussi 54 vols tête en bas en 60 s.

Lors de l'iFLY Indoor Skydiving Perth en Australie-Occidentale, l'instructeur David Hyndman (AU) a parcouru **la plus longue distance sur la paroi d'une soufflerie verticale en 1 min** (227,89 m).

Entre-temps, lors de l'iFLY Indoor Skydiving Gold Coast dans le Queensland, Amy Watson, 11 ans, a réussi **le plus de vols à 360° à l'horizontale en 1 min (individuel)**, avec un score de 44, écrasant le précédent record de 26.

Chaussettes triées avec un pied en 1 min
À l'aide d'un seul pied, Yui Okada (JP) a trié 11 paires de chaussettes, avant de les ramasser et de les mettre dans un panier en 1 min. Le record s'est déroulé sur le plateau de l'émission *Grand Whiz-Kids* (NHK), à Shibuya (Tokyo, JP), le 3 juin 2012.

Sauts à la corde en portant des chaussures de ski et des skis en 1 min
Sebastian Deeg (DE) a réussi 61 sauts vêtu d'une tenue de skieur, sur le plateau *de Fernsehgarten* de la ZDF, à Garmisch-Partenkirchen (DE), le 27 novembre 2016.

◀ **LE PLUS RAPIDE À MONTER UNE PYRAMIDE DE 171 GOBELETS**
Le 3 janvier 2017, James Acraman (GB) est revenu au *GWR HQ* de Londres (GB) pour tenter une nouvelle fois le record de 171 gobelets empilés, après l'avoir raté d'à peine 5 s lors d'une précédente tentative, le 1er décembre 2016. Cette fois, face à des milliers de spectateurs sur *Facebook Live*, James a créé une pyramide, en formant une rangée de 18 gobelets, en 1 min et 26,9 s. Stacker assidu depuis près de 8 ans, James s'entraîne 1 à 2 h par jour.

CORPS INCROYABLES

Pièges à souris sur la langue

Sweet Pepper Klopek (CA) a fixé 58 pièges à souris sur sa langue en 60 s, le 16 juillet 2015.

Élastiques sur le visage

Shripad Krishnarao Vaidya (IN) a étiré 82 élastiques sur son visage en 1 min, le 19 juillet 2012.

Passer le corps à travers une raquette de tennis

Thaneswar Guragai (NP) est passé 38 fois à travers une raquette de tennis en 60 s, le 26 février 2012.

Le plus d'applaudissements

Le 5 mai 2014, Eli Bishop (US) a tapé 1 020 fois dans ses mains en 1 min, à Boston (Massachusetts, US).

Pièces lancées du coude

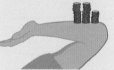

Dean Gould (GB) a rattrapé 328 pièces de 10 pences lancées du dos de son avant-bras vers la paume de la main du même bras, le 6 avril 1993.

Cure-dents dans une barbe

Jeff Langum (US) a réalisé une barbe à l'aide de 3 157 cure-dents, le 3 juillet 2014, à Milan (IT).

▼ LE PLUS DE BOMBES DE TABLE ÉCLATÉES EN 1 MIN

André Ortolf (DE) a fêté une nouvelle année de records pulvérisés en faisant éclater 78 bombes de table, à l'ancienne caserne de pompiers d'Augsburg (DE), le 9 janvier 2016. Avant cela, d'autres tels que l'expert en survie Edward « Bear » Grylls, le joueur de cricket Andrew Flintoff (tous 2 GB) et – bien sûr – le héros d'André, Ashrita Furman (US), avaient réussi.

▼ LE PLUS DE BALLONS ÉCLATÉS EN 1 H

Le 4 septembre 2015, Hunter Ewen (US) a éclaté 910 ballons en 60 min, au Wild Basin Lodge & Event Center, à Allenspark (Colorado, US). Il a littéralement explosé le précédent record de 671, réalisé par Ashrita Furman (US), le 21 janvier 2014. Chaque ballon mesurait au moins 20 cm de diamètre.

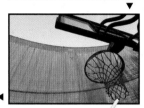

▲ LE PANIER DE BASKET LE PLUS HAUT

Le 26 septembre 2016, Brett Stanford, Derek Herron et Scott Gaunson (tous AU, photo de droite) – la chaîne Youtube *How Ridiculous* – se sont rendus au barrage de Mauvoisin dans le Valais (CH), pour reprendre un record qu'ils avaient perdu au profit des animateurs sportifs Dude Perfect (US). Du haut du barrage, Herron a visé vers un panier situé 180,968 m plus bas. Fait incroyable, il ne lui a fallu que 3 tentatives pour réussir ce tir plongeant.

▼ LE PLUS DE VOLANTS ATTRAPÉS AVEC DES BAGUETTES EN 1 MIN

Mr Cherry (en photo) et Haruka Kuroda (tous 2 JP) ont attrapé 23 volants de badminton à l'aide de baguettes en 60 s, sur le plateau d'*Officially Amazing*, au RAF Bentwaters de Suffolk (GB), le 8 août 2015. Dans un challenge télévisé conçu pour l'occasion, « *Team Japan* » a mis à mal la concurrence en battant ses deux rivaux – « *Team USA* » et « *Team UK* » – de 19 volants.

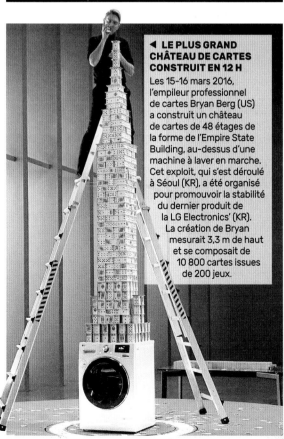

◄ LE PLUS GRAND CHÂTEAU DE CARTES CONSTRUIT EN 12 H

Les 15-16 mars 2016, l'empileur professionnel de cartes Bryan Berg (US) a construit un château de cartes de 48 étages de la forme de l'Empire State Building, au-dessus d'une machine à laver en marche. Cet exploit, qui s'est déroulé à Séoul (KR), a été organisé pour promouvoir la stabilité du dernier produit de la LG Electronics' (KR). La création de Bryan mesurait 3,3 m de haut et se composait de 10 800 cartes issues de 200 jeux.

Qu'il déplace des billes avec des baguettes, qu'il court en arrière à 4 pattes ou qu'il casse des noix avec les fesses, peu de talents sont plus étranges que ceux de Mr Cherry – et il détient les records qui le prouvent !

Rubik's Cubes

S'il existe 43 252 003 274 489 856 000 (43 quintillions) façons de mélanger un Rubik's Cube, un cube de 3 x 3 peut être résolu en 20 mouvements, voire moins.

◀ LE ROBOT LE PLUS RAPIDE À RÉSOUDRE UN RUBIK'S CUBE

Conçu par Albert Beer (DE), Sub1 Reloaded a résolu un Rubik's Cube en 0,637 s, à Munich (DE), le 9 novembre 2016. Il utilise 2 webcams pour capturer la disposition des 6 faces du cube, puis emploie un algorithme pour concevoir une solution. Cette solution est envoyée à une carte microcontrôleur qui orchestre 20 mouvements actionnés par 6 moteurs pour tourner les faces.

▶ LE PLUS RAPIDE À RÉSOUDRE UN RUBIK'S CUBE EN JONGLANT

Teo Kai Xiang (SG) a jonglé avec 2 balles tout en résolvant un Rubik's Cube en 22,25 s, le 14 février 2015. Il a utilisé sa main droite pour jongler et la gauche pour aligner les facettes du casse-tête. Le record a eu lieu à la National University de Singapour, dans le cadre de la Rubik's Cube Competition 2015.

▲ LE PLUS GROS MAGIC CUBE

Oskar van Deventer (NL) a créé un Magic Cube 17 x 17 x 17 comprenant 1 539 pièces. Il lui a fallu 10 h pour trier et peindre tous les morceaux qui ont été imprimés en 3D par l'entreprise Shapeways (US), puis 5 h pour assembler le cube. Il a été présenté au New York Puzzle Party Symposium de New York (US), le 12 février 2011.

▲ LE PLUS DE PERSONNES À RÉSOUDRE DES RUBIK'S CUBES

Le 4 novembre 2012, l'école d'ingénieurs de Pune a rassemblé 3 248 personnes pour tenter de résoudre des Rubik's Cubes simultanément, au sein de l'école de l'État de Maharashtra (IN). Sur les 3 267 participants à la tentative de record, 3 248 ont résolu le Rubik's Cube dans le temps réglementaire de 30 min.

LA PLUS GRANDE MOSAÏQUE EN RUBIK'S CUBES

Le 7 décembre 2012, cette œuvre d'art de 277,18 m² représentant des vues célèbres de Macao (CN) a été dévoilée au One Central de Macao. Le studio de design Cube Works (CA), géré par son directeur créatif Josh Chalom (US), a réalisé cette mosaïque de 68,78 x 4,03 m à l'aide de 85 626 cubes.

◀ LE 1ER RUBIK'S CUBE

The Rubik's Cube a été inventé en 1974 par Ernő Rubik, professeur d'architecture de Budapest (HU). Il souhaitait construire un « objet impossible » pour faire réfléchir ses étudiants – et une fois qu'il a réussi à en fabriquer un, il lui a fallu 3 mois pour le résoudre ! Les 1ers cubes étaient appelés Bűvös Kocka (« Magic Cubes ») et étaient 2 fois plus lourds que ceux d'aujourd'hui. Près de 400 millions de Rubik's Cubes ont été vendus depuis 1980.

Le plus rapide à résoudre 2 Rubik's Cubes en même temps sous l'eau

David Calvo (ES) a résolu 2 cubes à la fois, sous l'eau, en 1 min et 24 s, sur le plateau de Lo Show dei Record, à Rome (IT), le 1er avril 2010.

Le moins de mouvements pour résoudre un Rubik's Cube

Il n'a fallu que 19 mouvements à Marcel Peters (DE) pour résoudre un Rubik's Cube, lors du Cubelonia, qui s'est déroulé les 9 et 10 janvier 2016 à Cologne (DE). Il a ainsi égalé le record de Tim Wong (US), établi lors du tournoi Irvine Fall 2015 de speedcubing, à Irvine (Californie, US), le 11 octobre 2015.

La World Cube Association supervise également le record de **la plus petite moyenne de mouvements pour résoudre un Rubik's Cube**, calculée à partir des performances au cours des 3 rounds lors de la finale de la compétition. Peters a présenté une moyenne de 24,33 mouvements (24-25-24) pour résoudre un cube de 3 x 3 x 3, lors du Schwandorf Open (DE), les 28 et 29 mai 2016.

LE PLUS DE RUBIK'S CUBES RÉSOLUS...

Sous l'eau

Anthony Brooks (US) a résolu 5 Rubik's Cubes en respirant 1 seule fois, au Liberty Science Center de Jersey City (New Jersey, US), le 1er août 2014.

Les yeux bandés

Le 16 novembre 2013, Marcin Kowalczyk (PL) a battu son propre record en résolvant 41 cubes en 1 h les yeux bandés, lors du SLS Świerklany 2013, à Świerklany (PL), en 54 min et 14 s.

▲ LE PLUS GRAND RUBIK'S CUBE RÉSOLU PAR UN ROBOT

Le 15 mars 2014, MultiCuber 999, conçu par David Gilday (GB), a résolu un cube de 9 x 9 x 9, au Big Bang Fair du NEC Birmingham (GB). MultiCuber 999 est un robot LEGO® contrôlé par une application sur mesure fonctionnant sur smartphone. Le nombre de solutions possible est un nombre à 278 chiffres et le robot a terminé le casse-tête en 34 min et 25,89 s. David est ingénieur en chef chez ARM, l'entreprise qui conçoit les processeurs utilisés dans la plupart des smartphones.

▲ LE PLUS GRAND RUBIK'S CUBE

Le fan de casse-tête Tony Fisher (GB) a créé un Rubik's Cube dont les côtés mesurent 1,57 m de long, homologué à Ipswich (Suffolk, GB), le 5 avril 2016. Il lui a fallu 2 mois pour construire ce cube qui fonctionne. Des visiteurs sont même venus du Japon pour voir ce casse-tête géant. Tony fabrique également des cubes miniatures (à droite).

▶ LE PLUS RAPIDE À RÉSOUDRE UN RUBIK'S CUBE

Il a fallu seulement 4,73 s à l'étudiant Feliks Zemdegs (AU) pour résoudre un Rubik's Cube de 3 x 3 x 3, lors du tournoi POPS Open de Melbourne (AU), le 11 décembre 2016. Feliks a battu de 1/100e de seconde le précédent record, établi 5 semaines plus tôt par Mats Valk (NL). Mats était assis juste à côté de Feliks lorsque celui-ci a battu le record !

▲ LE PLUS PETIT RUBIK'S CUBE

Mesurant à peine 5,6 mm de large, ce cube minuscule a été créé par Tony Fisher (GB). Malgré sa taille, on peut l'utiliser comme un Rubik's Cube classique, mais à l'aide d'une pince à épiler. Ce cube en plastique givré – qui tient en équilibre sur un doigt – a été fabriqué avec une imprimante 3D de modelage à jets multiples.

Feliks a battu le record, mais Mats a remporté le tournoi 2016. Sa moyenne était de 6,83 s, lors de ses rounds, celle de Feliks de 6,97 s.

Sur un monocycle

Krishnam Raju Gadiraju (Inde) a terminé 170 cubes en moins de 90 min, en pédalant sur un monocycle, à Bangalore (IN), le 19 octobre 2016.

Le 19 octobre 2014, Krishnam a résolu 2 176 cubes, uniquement avec sa main gauche, à Hyderabad (IN) – **le plus de Rubik's Cubes résolus en 24 h avec une seule main**. Il a résolu son dernier cube à 1 s de la fin du temps réglementaire ! Krishnam a terminé avec une moyenne de 33,34 s par cube.

En courant un marathon

Le 3 novembre 2012, lors du Rock'n'Roll Savannah Marathon de Savannah (Géorgie, US), Shane White (US) a résolu 175 Rubik's Cubes.

Sur un vélo

Le 7 août 2016, Shreevatsh Rajkumar (IN), âgé de 17 ans, a pédalé 7 h, 2 min et 56 s tout en mélangeant 751 cubes, à l'Abacus Montessori School de Chennai (Tamil Nadu, IN).

En compétition en 1 an

En 2012, Sébastien Auroux (DE) a résolu 2 033 Rubik's Cubes sur 2 122, dans le cadre des compétitions de la World Cube Association. Cela équivaut à plus de 5,5 résolutions par jour – et ce chiffre ne comprend pas les cubes résolus en dehors des compétitions officielles.

En 1 h (équipe de 9)

Le plus de cubes démêlés en 60 min est de 2 454. Cet exploit a été réalisé par 9 membres de la TEAM INDIA (tous IN), à Chennai (Tamil Nadu, IN), le 23 janvier 2016.

En 24 h

Le 3 octobre 2013, Eric Limeback (CA) a résolu 5 800 Rubik's Cubes, à la Wilfrid Laurier University de Waterloo (Ontario, CA). Il a battu allègrement le précédent record de 4 786 alors qu'il lui restait 4 h et 7 min. Il a résolu le 5 800e cube en 23 h, 59 min et 59,7 s, pour une moyenne de résolutions de 14,89 s par cube.

LE PLUS RAPIDE À RÉSOUDRE UN...

Cube	Détenteur	Temps	Année
3 x 3 x 3	Feliks Zemdegs (AU)	4,73	2016
2 x 2 x 2	Maciej Czapiewski (PL)	0,49	2016
4 x 4 x 4	Feliks Zemdegs (AU)	21,54	2015
5 x 5 x 5	Feliks Zemdegs (AU)	41,27	2016
6 x 6 x 6	Feliks Zemdegs (AU)	1:27,85	2017
7 x 7 x 7	Feliks Zemdegs (AU)	2:18,13	2017
Megaminx	Yu Da-hyun (KR)	33,17	2016
Pyraminx	Drew Brads (US)	1,32	2015
Clock	Nathaniel Berg (SE)	3,73	2015
Skewb	Jonatan Kłosko (PL)	1,10	2015
Square-1	Tommy Szeliga (US)	6,84	2016
3 x 3 x 3 les yeux bandés	Kaijun Lin (CN)	18,50	2016
3 x 3 x 3 à une main	Feliks Zemdegs (AU)	6,88	2015
3 x 3 x 3 avec les pieds	Jakub Kipa (PL)	20,57	2015

Source : World Cube Association, au 23 mars 2017

Ça déboule...

Papier, ficelle, film alimentaire, peinture, poils de chien, pop-corn et plus ! Voici une sélection de sphères extraordinaires issues des archives du *GWR*.

LES PLUS GRANDS...

Ballon en film alimentaire
Le Hessle Road Network Young People's Centre (GB) a créé un ballon en film alimentaire de 213,2 kg – environ la moitié du poids d'un piano à queue. Le record a été validé à Hull (GB), le 14 novembre 2013.

Ballon en poils de chien
Le 7 avril 2012, Texas Hearing et Service Dogs (US) ont présenté une grosse boule en poils de chien de 91,17 kg – 3 fois le poids d'un dalmatien. Il contenait les poils de 8 126 chiens, recueillis après les toilettages. La pesée a eu lieu à Austin (Texas, US).

Ballon de plage gonflable
La chaîne de supermarchés polonaise Real a créé un ballon de plage gonflable d'un diamètre de 15,82 m, présenté et mesuré à Człuchów (PL), le 8 mai 2012.

Ballon en ruban magnétique
EMC Corporation (GB) a fabriqué un ballon fait de bandes magnétiques pesant 570 kg et mesurant 2,125 m de large et 2,030 m de haut. Présenté à la galerie Kings Place de Londres (GB), le 19 janvier 2011, il contenait les rubans de 6 500 cassettes. Mis bout à bout, ils auraient relié Londres à New York (US).

Boulette de matza
Noah's Ark Original Deli (US) a fabriqué une boulette de matza (boulette sans levain) de 121,1 kg, pesée à New York (US), le 6 août 2009.

Ballon en papier
La Minnesota Pollution Control Agency (US) a fabriqué un ballon en papier recyclé de 193,2 kg, mesurant 3,13 m de large, mesuré le 5 août 2014.

Boule en pop-corn
Des ouvriers de The Popcorn Factory située à Lake Forest (Illinois, US) ont créé un ballon en pop-corn de 1 552,6 kg, le 29 septembre 2006.

Boule en quartz rose
Yang Chin-Lung (TW) possède une boule en quartz rose d'un diamètre de 145,6 cm, validée à Tainan (TW), le 31 mars 2015.

Boule de ficelle
Élaborée par J. C. Payne de Valley View (Texas, US), entre 1989 et 1992, la plus grande boule de ficelle mesurait 4,03 m de diamètre pour une circonférence de 12,65 m.

▲ LES PLUS GROSSES BOULES DE PIERRE MÉGALITHIQUES

On trouve plus de 1 000 sphères de granit parfaitement rondes réparties sur le delta du Diquis (CR). Appelées Las Bolas Grandes (« les boules géantes »), ces formes rondes ont été sculptées dans le granit par un peuple précolombien toujours inconnu à ce jour. Les plus grandes atteignent 2,5 m de diamètre et pèsent plus de 16 t.

Il a fallu une année entière pour créer cette boule en ruban magnétique géante. Cela n'a rien de surprenant quand on sait qu'elle contient 117,8 km de ruban – presque la longueur du mur d'Hadrien (GB) !

Q : Combien de balles de tennis ont été utilisées lors du tournoi de Wimbledon 2016 ?

R : 54 250.

DIVERS

Le contrôle de la balle de tennis la plus rapide
Anthony Kelly (AU) a frappé une balle de tennis à 192,9 km/h, à l'Olympic Park de Sydney (Nouvelle-Galles du Sud, AU), le 12 novembre 2015.

Le plus de balles de tennis rattrapées en 1 h
Le 21 juillet 2015, Ashrita Furman (US) a rattrapé 1 307 balles de tennis en 1 h, à New York (US). Chaque balle était lancée à au moins 100 km/h.

La balle de ping-pong la plus rapide
David et Abraham Knierim, père et fils (tous 2 US), ont propulsé une balle de ping-pong d'un lance-balles à 806 m/s – plus de 2 fois la vitesse du son –, à Wilsonville (Oregon, US), le 24 mai 2016.

Le plus haut contrôle d'une balle de cricket
Pour Sky Sports Cricket, l'ancien capitaine de l'équipe d'Angleterre Nasser Hussain (GB, né IN) a rattrapé une balle de cricket lancée par un drone « Batcam », à 46 m du sol – l'équivalent de 14 étages –, au Lord's Cricket Ground de Londres (GB), le 30 juin 2016.

Le contrôle du ballon de football le plus haut
Theo Walcott (GB) a contrôlé un ballon lancé à 34 m de hauteur sur le terrain d'entraînement de l'Arsenal FC de St Albans (GB), le 29 novembre 2016. La tentative du record était sponsorisée par Betfair (GB).

Le plus de balles de golf empilées
Don Athey de Bridgeport (Ohio, US) a empilé 9 balles de golf à la verticale – sans adhésif –, le 4 octobre 1998. Elles sont restées en place 20 s.

La plus grande pyramide de balles
Il a fallu 16 206 balles de golf pour former la pyramide réalisée par Cal Shipman et The First Tee of Greater Tyler (tous 2 US) et présentée à la Mamie G. Griffin Elementary School de Tyler (Texas, US), le 31 janvier 2014.

◀ LA PLUS GRANDE BOULE EN RUBAN ADHÉSIF
Pesant 907,18 kg et présentant une circonférence de 3,89 m, cette énorme boule de ruban adhésif a été réalisée à Louisville (Kentucky, US), le 6 mai 2011. La tentative de ce record a été organisée par le Portland Promise Center (US), groupe de développement communautaire. La balle a été assemblée par des enfants participant à des programmes gérés par le centre. Ces rubans comprenaient du chatterton, du ruban isolant, du ruban de masquage, du gaffer, du ruban d'emballage, du ruban aluminium et du strap.

Le plus de balles jonglées (technique multiple),
c'est-à-dire plus d'une balle lancée à la fois :
14
Aleksandr Koblikov (UA), 2013

Le plus de balles jonglées avec rebond :
12
Alan Sulc (CZ), 2008

Le plus de balles jonglées (de façon traditionnelle) :
11
Alex Barron (GB), 2012

Le plus de balles de ping-pong jonglées avec la bouche :
7
Tony Fercos (US, av. CZ), milieu des années 1980

Le plus de balles de football jonglées :
5
Victor Rubilar (AR), 2006 ; record égalé par Marko Vermeer (NL), 2014 ; Isidro Silveira (ES), 2015

Le plus de boules de bowling jonglées :
3
Milan Roskopf (SK), 2011

▲ **LA PLUS GRANDE BOULE À FACETTES**
Le festival de musique Bestival (GB) a présenté une boule à facettes d'un diamètre de 10,33 m pour la discothèque Desert Island du Robin Hill Country Park sur l'île de Wight (GB), le 7 septembre 2014. Créée par l'entreprise NEWSUBSTANCE, dirigée par Mungo Denison (tous 2 GB), cette boule a en partie créé l'ambiance du week-end. Elle a été allumée et s'est mise à tourner lorsque Nile Rodgers et Chic sont montés sur scène.

R. Stanton Avery (US) est l'inventeur de l'étiquette autoadhésive. Son anniversaire, le 13 janvier, a été choisi pour célébrer le National Sticker Day.

▶ **LA PLUS GRANDE BOULE DE STICKERS**
John Fischer et son équipe de StickerGiant (tous US) ont créé une boule de 105,05 kg, composée de 177 000 stickers et étiquettes. Elle a été pesée à Longmont (Colorado, US), le 13 janvier 2016. Ce record a été réalisé lors du 1er National Sticker Day aux États-Unis. Surnommée « Saul », la boule a été officiellement déclarée candidate aux élections présidentielles de 2016, sous le slogan « Stick together ».

▲ **LE PLUS GRAND BALLON EN ÉLASTIQUE**
Pesant 4 097 kg – près de 2 fois le poids d'un rhinocéros adulte –, « Megaton » a été créé par Joel Waul (US) et mesuré à Lauderhill (Floride, US), le 13 novembre 2008, lors de la journée du *GWR*. 700 000 élastiques ont été utilisés pour cette sphère que Joel a commencé à fabriquer en avril 2004. Elle mesure 2 m de haut.

▲ **LE PLUS GRAND BALLON DE RUGBY**
Le 15 mars 2011, Cathay Pacific Airways Ltd a présenté un ballon de rugby de 4,709 m de long et 2,95 m de haut pour le Cathay Pacific/Crédit suisse Hong Kong Sevens de Hong Kong (CN). Le ballon présente une circonférence de 12,066 m et mesure 9,34 m de haut en bas. C'est près de 20 fois la taille du ballon de rugby réglementaire que tient Angela Wu du *GWR*.

▲ **LE PLUS GRAND BALLON DE FOOTBALL**
Le 12 février 2013, Doha Bank (QA) a présenté un ballon de football en cuir artificiel de 12,19 m de diamètre, à Doha (QA). Sa circonférence est de 38,3 m et il pèse environ 960 kg. Cette sphère géante a été exposée dans le parking du LuLu Hypermarket de Doha.

▼ **LE PLUS DE COUCHES D'UNE BOULE DE PEINTURE**
Au 2 mai 2017, la balle de base-ball de Michael Carmichael, d'Alexandria (Indiana, US), comptait 25 506 couches de peinture. Depuis qu'il a commencé à peindre cette balle en 1977, son épouse Glenda et lui ont ajouté près de 2 couches par jour. La boule a une circonférence de 4,57 m au point le plus large.

Comment compter les couches de peinture ? Un arboriculteur a recueilli un échantillon du cœur de la boule et calculé qu'une couche mesurait 0,000778 pouce d'épaisseur, ce qui représente 25 506 couches.

◀ **LE PLUS GRAND BALLON EN POILS HUMAINS**
Henry Coffer (US), barbier de Charleston (Missouri, US), a réalisé une balle géante de 75,7 kg, à l'aide de poils, le 8 décembre 2008. Elle mesurait 1,2 m de haut et présentait une circonférence de 4,26 m. Sur plus de 50 ans, Henry a trouvé de nombreux usages pour ses poils tondus, des nids-de-poule au compost.

En revue

Il n'est pas nécessaire d'être un professionnel chevronné pour tenter un record du *GWR*. Il suffit d'un peu d'imagination...

La plus grande sculpture en fruits

Saadeddin Co. (SA) a réalisé une sculpture de 5,95 m de haut avec des dattes, à Jeddah (SA), le 23 novembre 2016. Cette sculpture – presque aussi haute qu'une girafe adulte – avait la forme d'un palmier.

La plus grande exposition de moulins à vent (jouet)

Le parc d'attractions LunEur de Rome (IT) a célébré sa réouverture en exposant 576 moulins à vent, le 27 octobre 2016. LunEur, le plus ancien parc d'attractions d'Italie, avait été inauguré en 1953.

▲ LE PLUS DE BOUQUETS DE MARIÉE ATTRAPÉS
Jamie « The Bouquet Slayer » (« tueuse de bouquets ») Jackson, de Draper (Utah, US), assiste à de nombreux mariages, au point qu'elle est passée maître dans l'art d'attraper les bouquets de mariée. Jamie a assisté à plus de 100 mariages depuis 1996 et a attrapé 50 bouquets. Seuls 4 des mariages concernés se sont soldés par un divorce – ce qui lui donne à croire qu'elle porte bonheur.

▲ LA PLUS GRANDE DISTANCE PARCOURUE À PIED AVEC UN VÉLO EN ÉQUILIBRE SUR LE MENTON
Le 13 avril 2016, Ashrita Furman (US) a marché 20,62 m en portant un Raleigh Super Course vintage sur le menton.
Le 29 juin 2015, il a parcouru **la plus grande distance en tenant une tondeuse à gazon en équilibre sur le menton (122,92 m)**.

▲ LE TOUR SUR 2 ROUES LE PLUS RAPIDE DE LA NÜRBURGRING NORDSCHLEIFE
Le 3 novembre 2016, Han Yue (CN) a effectué un tour de la tristement célèbre Nürburgring Nordschleife (Boucle nord), dans une Mini Cooper, sans que les roues de droite ne touchent le sol. Il lui a fallu 45 min et 59,11 s pour négocier les 73 virages le long de la piste de 20,8 km de long qui traverse le Rhénanie-Palatinat (DE).

Le plus grand album photo en ligne de personnes levant le pouce

Entre le 9 avril et le 7 mai 2016, Unicharm Consumer Products (CN) a recueilli 50 470 images de personnes enthousiastes levant le pouce.

Le plus grand matelas à ressorts

Lijun Hou et son équipe (tous CN) ont produit un gigantesque matelas de 20 x 18,18 m et d'une épaisseur de 0,31 m. Presque aussi grand qu'un court de tennis, ce matelas géant a été exposé lors d'une manifestation publique, à Harbin (Heilongjiang, CN), le 15 avril 2016.

La plus grande mosaïque d'origamis

Le 1er avril 2016, une mosaïque en forme de grenouille composée de 1 578 origamis grenouille a été créée au Kumamoto Kodomo Bunka Kaikan, centre culturel pour enfants, de Kumamoto (JP). Elle a été fabriquée par 238 enfants, leurs parents, des bénévoles et des employés du centre.

Le plus long carry en arrière en golf

Le 4 mars 2016, Lynn Ray (US) a frappé une balle de golf à 286,2 m dans la direction opposée de son drive. Le « carry » est la distance en vol d'une balle.
Le lendemain, il a frappé **le plus de balles de golf sur plus de 300 yards (274 m) en 1 h (459)**.

Le plus de sauts en parachute en tandem en 8 h

RedBalloon (AU) a réalisé 155 sauts en parachute en tandem en 8 h, à Wollongong (AU), le 17 décembre 2016.

Le plus de gobelets en équilibre sur le front

Le 9 juillet 2016, Saar Kessel (IL) a tenu en équilibre une pile de 81 cm de haut de 305 gobelets en plastique sur le front pendant 10 s, à Mishmar HaShiv'a (IL).
Il détient aussi le record du **plus de jetons de poker en équilibre sur un doigt (84)**.

▲ LE PLUS RAPIDE À PARCOURIR 50 M SUR LES MAINS AVEC UN BALLON DE FOOT ENTRE LES JAMBES
Zhang Shuang (CN) a marché 50 m en 26,09 s sur les mains en maintenant un ballon de foot entre les genoux. Le record a été établi à la China West Normal University le 30 avril 2016.
Le 50 m le plus rapide en courant sur les mains est actuellement de 16.93 s. Il a été établi par Mark Kenny (US) et date du 19 février 1994.

▲ LE PLUS LONG FOUET CLAQUÉ
Le 18 août 2016, l'artiste du fouet Nathan Griggs (AU) a fait claquer un fouet de 100,45 m de long, lors d'un spectacle, au Defiance Mill Park (Queensland, AU).
Le 9 mars 2017, Nathan a effectué **le plus de claquements de fouet avec 2 fouets en 1 min**. À l'aide d'un fouet en cuir de kangourou dans chaque main, il a réalisé 697 claquements distincts en 60 s – plus de 11 par seconde –, à Altona (Victoria, AU).

▲ LE PLUS DE CANETTES ÉCRASÉES AVEC LE COUDE
Le professeur d'arts martiaux (PK) Muhammad Rashid a établi un nouveau record du monde après avoir écrasé 77 canettes de boisson avec le coude en 1 min. Ce record a été établi à Gemona del Friuli (IT), le 17 avril 2016, lors d'un événement organisé par l'Associazione Cons.erva (IT). Rashid détient de nombreux records d'arts martiaux « en 1 min », notamment **le plus de frappes de nunchaku** (350) et le **plus de tours d'un bâton de feu** (188).

La plus longue rangée de nichoirs
L'opérateur russe de la télé par satellite Tricolor TV a aligné 4 000 nichoirs – s'étirant sur 1,124 km –, à l'Ostankino Park de Moscou (RU), le 23 avril 2016.

Le plus de personnes soufflant des bougies en même temps
1 717 participants ont soufflé des bougies le 21 novembre 2016 à Muscat (OM), lors d'un événement organisé par le Fellowship Fund for Employees du ministère de la Santé de Muscat (OM).

Le plus rapide à dévorer 500 g de mozzarella
Ashrita Furman (US) a réalisé une fois de plus un exploit incroyable en mangeant 500 g de mozzarella en 1 min et 34 s, le 12 avril 2016.

LA PLUS GRANDE PORTION DE *ROCOTOS RELLENOS*
L'Universidad San Ignacio de Loyola et la Municipalidad Provincial de Arequipa (tous 2 PE) ont servi 542,72 kg de *rocotos rellenos*, au Plaza de Armas d'Arequipa (PE), le 27 novembre 2016. Ce plat à base de poivrons farcis est une spécialité péruvienne.

LE PLUS DE PERSONNES DANS...

Scène de la nativité
Le Conseil municipal de Calne et la Bible Society (tous 2 GB) ont réuni 1 254 personnes dans une scène de la nativité vivante à Calne (GB), le 3 décembre 2016.

Relais de câlins
1 290 personnes ont été réunies par la Fundación Teletón México A.C. (MX) pour se faire une accolade, à Mexico (MX), le 10 décembre 2016.

Transformant l'image humaine
Le 28 novembre 2016 à Dubaï (AE), GEMS Education (AE) a réuni 2 223 participants qui ont pris la forme d'une main ouverte aux couleurs du drapeau des Émirats. Ils ont ensuite pris la forme du salut à 3 doigts rendu populaire par le cheikh Mohammed ben Rashid Al Maktoum, dirigeant de Dubaï.

Chaîne de personnes se tenant les poignets
Les employés de Telenor Pakistan et les étudiants de la Beaconhouse School System (tous 2 PK) se sont serré les poignets pour former une rangée de 2 950 personnes, à Islamabad (PK), le 29 septembre 2016.

Hélice d'ADN humaine
Le 23 avril 2016, à la demande de la Medical University de Varna (BG), 4 000 personnes ont formé une immense chaîne sous la forme d'une hélice d'ADN, sur la plage sud de Varna (BG), située sur le littoral de la mer Noire. Les participants portaient des tee-shirts et des chapeaux de couleur pour différencier les deux brins entrelacés de l'hélice et des autres parties de l'ADN.

▼ LE PLUS GRAND DOMINO HUMAIN
Le 17 septembre 2016, Tropical (ES) a aligné 603 participants, tous munis d'un matelas gonflable à la Playa de Las Canteras de Las Palmas de Gran Canaria (ES). Au signal, ils sont tombés les uns après les autres. Il a fallu 3 min et 40 s à tous les participants pour s'effondrer les uns sur les autres.

▶ LE PLUS DE CUILLÈRES FIXÉES AU CORPS
Le 7 août 2016, Marcos Ruiz Ceballos (ES) a maintenu 64 cuillères en inox sur son corps, pendant les 5 s requises par le règlement du *GWR*. Le record a eu lieu à Kashikojima (JP), et s'est déroulé en 4 min. Marcos est resté immobile quand les cuillères ont été placées sur la poitrine, puis enlevées par Kana Okamoto (JP). Pour ce record, les cuillères peuvent être placées n'importe où sur le corps en dehors du visage qui fait l'objet d'un record spécifique (ci-dessous).

▲ LE PLUS DE CANETTES DE BOISSON COLLÉES SUR LA TÊTE PAR ASPIRATION D'AIR
Jamie « Canhead » Keeton (US) est doté d'un talent très particulier. Pour des raisons toujours inexpliquées, les pores de sa peau semblent agir comme des ventouses, attirant toutes sortes d'objets comme un aimant. Jamie a fait montre de ce talent devant le public de *CCTV – Guinness World Records Special*, à Pékin (CN), le 11 janvier 2016, quand il a collé 8 canettes de boisson en aluminium sur sa tête.

Numéro de music-hall (amateur)
Le 25 novembre 2016, lors de la finale de la Schools Spectacular (AU), 5 322 étudiants ont dansé, chanté et joué de la musique sur scène, à Sydney (AU).

Nombre humain
Le 7 mai 2016, 7 511 participants se sont réunis pour former le nombre « 450 », lors d'une manifestation organisée par le gouvernement de la région d'Orel et la Youth Organization Volunteers of Victory (tous 2 RU), à Orel (RU). La tentative de record a été organisée dans le cadre des 450 ans de la région d'Orel – d'où le choix de ce chiffre en particulier.

Le plus de cuillères en équilibre sur le visage est de 31. Il a été établi par Dalibor Jablanovic (RS) en 2013.

Les plus jeunes...

D'une arrière–arrière–arrière–arrière–grand-mère de 109 ans à un bébé encore dans le ventre de sa mère, voici une sélection des plus jeunes détenteurs de records du GWR...

< 110 ans

Arrière-arrière-arrière-arrière-grand-mère 109 ans et 100 jours

Le 21 janvier 1989, Augusta Bunge (US, née le 13 octobre 1879) est devenue arrière–arrière–arrière–arrière–grand-mère, à l'âge de 109 ans, quand son arrière–arrière–arrière–petite-fille a donné naissance à un garçon, Christopher John Bollig.

Détenteur du record de « la plus vieille personne en vie » 107 ans et 322 jours

Lorsque **la personne la plus âgée** au monde, Jennie Howell (US), est morte le 16 décembre 1956, Anne Marie Carsterson (US, née le 24 janvier 1849) est devenue la personne la plus âgée, mais aussi *la plus jeune* à détenir ce record. Son record tient toujours au 20 mars 2017.

Président des États-Unis 42 ans et 322 jours

Theodore Roosevelt (né le 27 octobre 1858) est devenu président des États-Unis le 14 septembre 1901, suite à l'assassinat de son prédécesseur, William McKinley. **Le plus jeune président élu des États-Unis** était John F. Kennedy (né le 29 mai 1917). Il avait 43 ans et 236 jours lors de son entrée en fonction le 20 janvier 1961.

Personne à marcher sur la Lune 36 ans et 201 jours

Charlie Duke (US, né le 3 octobre 1935) est devenu la plus jeune personne à atterrir sur la Lune, le 21 avril 1972, lors de la mission *Apollo 16*. Il avait 36 ans.

Chef scout 34 ans et 334 jours

Edward « Bear » Grylls (GB, né le 7 juin 1974) avait 34 ans lorsque sa nomination au poste de chef scout a été confirmée. Le Council of the Scout Movement a annoncé la nouvelle à Londres (GB) le 17 mai 2009. Auparavant, le plus jeune chef scout avait été Charles Maclean (GB), devenu chef scout en 1959, à 43 ans.

< 30 ans

Chef d'État (actuel) environ 27 ans

Kim Jong-un est devenu dirigeant de la Corée du Nord le 17 décembre 2011 à la mort de son père, Kim Jong-il. Son âge n'a jamais été confirmé officiellement. On suppose qu'il avait 27 ans lorsqu'il a succédé à son père. Sa date de naissance a été indiquée comme étant le 8 janvier 1982, ou bien le même jour en 1983 ou 1984.

Personne à traverser un océan à la rame en solitaire 20 ans et 219 jours

Callum Gathercole (GB, né le 15 mai 1995) avait 20 ans quand il a commencé à traverser l'Atlantique à la rame d'est en ouest, de La Gomera à Antigua, avec son bateau *Small and Mighty*. La traversée a duré 58 jours, 15 h et 15 min, du 20 décembre 2015 au 16 février 2016. Conformément aux règles de la Ocean Rowing Society, GWR utilise l'âge au moment du départ.

Milliardaire (actuel) 19 ans et 236 jours

Au 16 mars 2016, Alexandra Andresen (NO, née le 23 juillet 1996) avait 19 ans et possédait une fortune estimée à 1 062 620 000 € d'après Forbes. Elle est dresseuse de chevaux professionnelle. La fortune de sa famille provient de l'industrie du tabac.

Rider de taureau professionnel 18 ans et 125 jours

Brian Canter (US, né le 25 juin 1987) avait 18 ans quand il s'est présenté au Professional Bull Riders (PBR) World Finals 2005. Il a terminé dans le top 50 cette année-là et était 8e en 2006.

Joueur de la NBA 18 ans et 6 jours

Andrew Bynum (US, né le 27 octobre 1987) est la plus jeune personne à avoir joué dans un match de la NBA, lors du match qui opposa les Los Angeles Lakers aux Denver Nuggets (tous 2 US), le 2 novembre 2005.

< 18 ans

Piloto à marquer un point aux championnats du monde de Formule 1
17 ans et 180 jours

Max Verstappen (NL, né le 30 septembre 1997) avait 17 ans quand il a fini 7e du Grand Prix de Malaisie, le 29 mars 2015.

Prix Nobel de la paix
17 ans et 90 jours

Le 10 octobre 2014, Malala Yousafzai (PK, née le 12 juillet 1997) a reçu le prix Nobel de la paix avec l'activiste des droits de l'homme Kailash Satyarthi (IN).

Médaillé d'or olympique en individuel
13 ans et 268 jours

Marjorie Gestring (US, née le 18 novembre 1922) a remporté l'or au plongeon à l'âge de 13 ans aux Jeux Olympiques de Berlin, le 12 août 1936. Le 13 août 1932, à 14 ans et 309 jours, Kusuo Kitamura (JP, né le 9 octobre 1917) a remporté la compétition de natation du 1 500 m nage libre aux jeux Olympiques d'été. C'est le plus jeune **médaillé d'or en individuel (hommes).**

Participant à Wimbledon
13 ans

Mita Klima (AT, née en 1893) aurait eu 13 ans quand elle a participé au tournoi individuel en 1907.

Artiste n°1 des ventes d'albums aux États-Unis
13 ans et 103 jours

« Little » Stevie Wonder (US, né le 13 mai 1950) avait à peine 13 ans quand *Recorded Live: The 12 Year Old Genius* (1963) est devenu n°1 aux États-Unis.

Lauréat d'un Oscar
6 ans et 310 jours

Shirley Temple (US, née le 23 avril 1928), la « Petite Miss Miracle », a remporté un prix spécial jeunes acteurs pour « sa remarquable contribution au divertissement cinématographique pour « l'année 1934 », le 27 février 1935. Elle avait 6 ans.

Réalisateur
7 ans et 340 jours

Saugat Bista (NP, né le 6 janvier 2007) est le plus jeune réalisateur d'un film professionnel. Il avait 7 ans lors de la sortie de *Love You Baba* (NP, 2014) au cinéma, le 12 décembre 2014.

Pirate
8-11 ans

Le plus jeune pirate dont l'existence est confirmée par des preuves documentaires est John King. Le 9 novembre 1716, le célèbre pirate « Black Sam », alias Samuel Bellamy (GB), prit un navire de passagers, le *Bonetta*. King, alors âgé de 8 à 11 ans, et sa mère furent capturés. D'après la déclaration d'Abijah Savage, capitaine du *Bonetta*, du 30 novembre 1716, King insista pour rejoindre l'équipage des pirates et menaça de se suicider ou de blesser sa mère si sa demande était rejetée. « Black Sam » finit par accepter sa demande.

Arbitre de football
9 ans et 303 jours

Le 24 février 2008, à tout juste 9 ans, Samuel Kepinger (DE, né le 27 avril 1998) a arbitré le match nul du SSV Bobingen et du SV Reinhartshausen, à Bobingen (Bavière, DE), dans le cadre d'un tournoi pour équipes de garçons de moins de 7 ans.

Athlète des X-Games
11 ans et 129 jours

Jagger Eaton (US, né le 21 février 2001) avait 11 ans quand il a débuté aux X-Games 18, du 28 juin au 1er juillet 2012, à Los Angeles (Californie, US). Il participait à l'épreuve de Skateboard Big Air et est arrivé 12e.

Patient de chirurgie à cœur ouvert (prénatal)

Tucker Roussin (US, né le 9 mai 2013) a subi une opération à cœur ouvert dans l'utérus, à 24 semaines de gestation. L'opération s'est déroulée à Philadelphie (Pennsylvanie, US), en février 2013.

Receveur de greffe de cœur
1h

Le 8 novembre 1996, Cheyenne Pyle (US), âgée d'1 h, est devenue la plus jeune patiente à bénéficier d'une greffe lorsqu'elle a reçu le cœur d'un donneur, au Jackson Children's Hospital de Miami (Floride, US).

Rescapé du *Titanic*
72 jours

Le 10 avril 1912, Millvina Dean (GB, née le 2 février 1912), ses parents et son frère de 18 mois ont participé au voyage inaugural du paquebot RMS *Titanic*. Ils voyageaient en 3e classe. Millvina, sa mère et son frère ont survécu lorsque le navire « insubmersible » a percuté un iceberg le 14 avril 1912 et a sombré. Son père, Bert, est l'un des 1 517 disparus.

Monsieur Loyal
3 ans

Le 26 décembre 2005, à l'âge de 3 ans, Cranston Chipperfield (GB) est devenu la plus jeune personne à jouer le rôle de Monsieur Loyal, au Circus Royale du Strathclyde Country Park (Lanarkshire, GB). Il représente la 8e génération de Monsieur Loyal de sa famille.

Batteur
4 ans et 319 jours

Julian Pavone (US, né le 14 mai 2004) a réalisé son 20e concert (le minimum prévu par le GWR pour ce record) le 26 mars 2009, à l'âge de 4 ans.

< 6 ans

Aventures

L'aventurier Erik Weihenmayer (US), qui a conquis les « 7 sommets »
du monde et parcouru le Grand Canyon en kayak, a perdu la vue à l'âge de 13 ans.

Le tailleur Franz
Reichelt est le
créateur du 1er wingsuit.
Le 4 février 1912, il a testé
son costume volant en
sautant de la tour Eiffel.
Il a malheureusement
effectué une chute
mortelle.

◀ LA PLUS GRANDE FORMATION AÉRIENNE EN WINGSUIT (RECORD HOMOLOGUÉ PAR LA FAI)

Le 17 octobre 2015, Taya Weiss (US) et son équipe de 61 spécialistes du wingsuit ont sauté de 3 avions à une altitude de 4 114 m. Ils se sont regroupés à 1 676 m afin de former un losange multicolore spectaculaire (ci-dessous) au-dessus de Perris Valley (Californie, US). Pour cela, ils ont dû se rapprocher sans se tenir aux moments prévus. Le record a été vérifié et validé par 3 juges de la Fédération aéronautique internationale (FAI).

Tours du monde

On dit souvent que Ferdinand Magellan a été le 1er à faire le tour du monde. Or il est mort avec la majeure partie de son équipage avant de terminer son voyage.

Le 1er tour du monde en voiture amphibie

Avec ses divers partenaires, Ben Carlin (AU) a effectué le seul et unique tour du monde à bord d'une jeep amphibie, une Ford GPA modifiée surnommée *Half-Safe*. Ayant quitté la Nouvelle-Écosse (CA) le 19 juillet 1950, il a parcouru 62 764 km sur la terre ferme et 15 450 km sur l'eau, avant de revenir le 8 mai 1958, à Montréal (CA).

Le 1er tour du monde en bateau solaire

Raphaël Domjan (OII) était à la tête de l'équipage international qui, parti de Monaco, a accompli à bord du MS *Tûranor PlanetSolar* un tour du monde vers l'ouest en 1 an et 220 jours, du 27 septembre 2010 au 4 mai 2012.

Le 1er tour du monde le long de l'équateur sans engin motorisé

Mike Horn (ZA) a accompli ce tour du monde en 1 an et 147 jours, du 2 juin 1999 au 27 octobre 2000, à vélo, en pirogue et à bord d'un trimaran. Son périple a débuté et s'est achevé à Libreville (GA).

Le plus de tours du monde consécutifs à la voile

Jon Sanders (AU) a fait 3 tours du monde consécutifs sans escale et en solitaire à bord du *Parry Endeavour*, sloop de 13,9 m de long, en 1 an et 239 jours, du 25 mai 1986 au 13 mars 1988. Ayant pour point de départ et d'arrivée Fremantle (Australie-Occidentale), il a accompli 1 tour du monde vers l'ouest et 2 vers l'est, parcourant en tout 131 535 km, **la plus longue distance sans escale à la voile**.

La personne la plus âgée ayant fait le tour du monde en transport en commun

Le 16 août 2012, Saburō Shōchi (JP), né le 16 août 1906, est revenu à Fukuoka (JP) à l'âge de 106 ans, après un tour du monde réalisé en transports en commun.

LE TOUR DU MONDE LE PLUS RAPIDE...

Sur des vols réguliers

Du 8 au 10 janvier 1980, David J. Springbett (GB) a réalisé le tour du monde sur des vols réguliers en 44 h et 6 min par l'est. Parti de Los Angeles (Californie, US), il a survolé le Royaume-Uni, Bahreïn, la Thaïlande, le Japon et Hawaï.

Le tour du monde le plus rapide sur des vols réguliers via les 6 continents

a été effectué en 63 h et 47 min, du 7 au 10 septembre 2016, par Kirk Miller et John Burnham (tous 2 US). Partis de Bangkok (TH) vers l'est, ils ont survolé l'Australie, les États-Unis, l'Amérique du Sud, l'Europe et l'Afrique.

Q : Quel héros de Jules Verne fait le tour du monde ?

R : Phileas Fogg.

Par un avion de ligne (record homologué par la FAI)

En vertu des règles de la Fédération aéronautique internationale (FAI) autorisant les vols dépassant la longueur du tropique du Cancer ou du Capricorne, un Concorde d'Air France piloté par Michel Dupont et Claude Hetru (tous 2 FR) a accompli le tour du monde en 31 h, 27 min et 49 s. Le vol s'est déroulé entre les 15 et 16 août 1995 avec 80 passagers et 18 membres d'équipage.

En hélicoptère (record homologué par la FAI)

Edward Kasprowicz et son coéquipier Stephen Sheik (tous 2 US) ont fait le tour du monde par l'est à bord de l'hélicoptère AgustaWestland Grand en 11 jours, 7 h et 5 min. Ils ont atterri à New York (US), leur point de départ, le 18 août 2008, après avoir survolé le Groenland, le Royaume-Uni, l'Italie, la Russie et le Canada, faisant plus de 70 escales pour se ravitailler.

En voiture

Le record du **1er et du plus rapide tour du monde en voiture par un homme et une femme** sur les 6 continents selon les règles en vigueur en 1989 et 1991 pour un trajet dépassant la longueur de l'équateur (40 075 km) est détenu par Saloo Choudhury et sa femme Neena Choudhury (tous 2 IN). Le voyage a pris 69 jours 19 h et 5 min, du 9 septembre au 17 novembre 1989. Le couple conduisait une «Contessa Classic», avec pour lieu de départ et d'arrivée Dehli, en Inde.

En bateau écologique

Le 26 juin 2009, l'Union internationale motonautique (UIM) a reconnu qu'*Earthrace* avait fait le tour du monde le plus rapide en bateau écologique en 60 jours, 23 h et 49 min. L'expédition a débuté à Sagunto (ES) le 27 avril 2008 et s'y est achevée le 27 juin.

À la voile par l'ouest, sans escale et en solitaire (femme)

Partie de Portsmouth (GB), le 20 novembre 2005, Dee Caffari (GB) y est revenue le 18 mai 2006, après un voyage de 178 jours, 3 h, 5 min et 34 s, à bord de son monocoque de 22 m *Aviva*. Elle a aussi terminé le Vendée Globe, tour du monde à la voile, le 16 février 2009, devenant **la 1re femme à avoir fait un tour du monde sans escale dans les deux sens**.

▲ LE 1ER TOUR DU MONDE EN ULM

Brian Milton (GB) a fait le tour du monde à bord d'un Pegasus Quantum 912 Flexwing, du 22 mars au 21 juillet 1998. Il a volé la plupart du temps à une altitude de 610 m, à une vitesse moyenne de 105 km/h. En raison de l'absence de cockpit dans l'aéronef et de conditions climatiques extrêmes, le survol du désert syrien et de l'intérieur de l'Islande fut un véritable défi.

Kane Avellano a effectué ce tour du monde afin de lever des fonds pour l'Unicef : il comptait obtenir 1 464 $, mais en avril 2017, il avait récolté 2 fois plus d'argent que prévu.

◄ L'HOMME LE PLUS JEUNE À AVOIR FAIT LE TOUR DU MONDE À MOTO

Né le 20 janvier 1993, Kane Avellano (GB) a fait le tour du monde sur sa Triumph Bonneville T100 en solitaire et sans assistance. Il a quitté sa ville de South Shields (GB) le 31 mai 2016 pour y revenir le 19 janvier 2017, la veille de ses 24 ans. En 233 jours, il a parcouru 45 161 km en traversant 36 pays et 6 continents et en bravant des conditions climatiques extrêmes, de la mousson en Inde à la chaleur intense des déserts australiens.

1ERS TOURS DU MONDE

Bateau

Juan Sebastián de Elcano, capitaine du *Vittoria* (ES) 20 septembre 1519- 8 septembre 1522

Avion

2 équipages américains à bord du *Chicago* et du *New Orleans* (US) 6 avril-28 septembre 1924

Vol en solitaire

Wiley Post (US) à bord du *Winnie Mae*, 15-22 juillet 1933

Sous l'eau

USS *Triton*, 15 février-10 avril 1960

Vaisseau spatial

Youri Gagarine (URSS/ maintenant RU), *Vostok 1*, 12 avril 1961

À pied (record certifié)

David Kunst (USA), 20 juin 1970-5 octobre 1974

Hélicoptère

H. Ross Jr et Jay W. Coburn (tous 2 US) à bord de *Spirit of Texas*, 1er-30 septembre 1982

▲ LE TOUR DU MONDE LE PLUS RAPIDE EN BALLON (VALIDÉ PAR LA FAI)

Du 12 au 23 juillet 2016, Fedor Konyukhov (RU, encadré) a fait le tour du monde en solitaire en 268 h et 20 min, à bord d'une Rozière associant montgolfière et ballon à gaz. Il a décollé de Northam (Australie-Occidentale, AU) pour atterrir à Bonnie Rock dans le même État. Il a battu le précédent record établi par Steve Fossett (US) de 2 jours, bien qu'il ait choisi une route plus longue.

▲ LE TOUR DU MONDE LE PLUS RAPIDE À VÉLO (FEMME)

Paola Gianotti (IT) a fait le tour du monde en 144 jours, parcourant 29 595 km, du 8 mars au 30 novembre 2014. Son voyage a débuté et s'est terminé à Ivrée (Turin, IT). En chemin, elle a eu un accident et s'est fracturé une vertèbre.

En 2015, elle est devenue la 1re femme à accomplir la 1re course du Red Bull Trans-Siberian Extreme, de Moscou à Vladivostok.

◄ LE TOUR DU MONDE À VÉLO LE PLUS RAPIDE (HOMME)

Andrew Nicholson (NZ) a accompli un tour du monde à vélo en 123 jours et 43 min. Parti de l'aéroport d'Auckland (NZ), le 12 août 2015, il y est revenu le 13 décembre 2015. Ancien patineur de vitesse, il a représenté son pays au cours de 3 jeux Olympiques d'hiver. Il a pédalé pour aider le centre de recherche sur le cancer de l'université d'Otago (NZ).

▲ LE TOUR DU MONDE LE PLUS RAPIDE EN SOLITAIRE DANS UN MONOCOQUE

Armel Le Cléac'h (FR, en haut, à gauche) a fait en 74 jours, 3 h et 35 min le tour du monde à la voile à la vitesse moyenne de 28,58 km/h, record validé par le World Sailing Speed Record Council (WSSRC). En 2016-2017, il a remporté le Vendée Globe à bord de Banque Populaire VIII, atteignant Les Sables-d'Olonne (FR), le 19 janvier 2017.

◄ LA FEMME LA PLUS ÂGÉE AYANT FAIT LE TOUR DU MONDE À LA VOILE EN SOLITAIRE

Née le 17 août 1942, Jeanne Socrates (GB) avait 70 ans et 325 jours le 8 juillet 2013, quand elle a terminé son tour du monde en solitaire à la voile à bord de Nereida, son monocoque de 11,58 m. Elle a parcouru 46 300 km, passant en mer 258 jours, 14 h, 16 min et 36 s. Son périple a débuté et s'est achevé à Victoria (Colombie-Britannique, CA).

▲ LE TOUR DU MONDE LE PLUS RAPIDE À LA VOILE

Francis Joyon (FR) et un équipage de 5 personnes ont fait le tour du monde sans escale en 40 jours, 23 h, 30 min et 30 s, à bord du trimaran IDEC (36,57 m), du 16 décembre 2016 au 26 janvier 2017. Ils ont parcouru 40 003 km à la vitesse moyenne de 40,66 km/h. Leur voyage a débuté au phare du Créac'h, à la pointe de la Bretagne, et s'est terminé à Lizard Point (Cornouailles, GB). Le record a été validé par le World Sailing Speed Record Council (WSSRC).

En mars 1999, le pilote de Solar Impulse 2 Bertrand Piccard et Brian Jones (GB) ont accompli à bord de Breitling Orbiter 3 le 1er tour du monde en ballon.

▲ LE 1ER TOUR DU MONDE À BORD D'UN AVION SOLAIRE (VALIDÉ PAR LA FAI)

Du 9 mars 2015 au 26 juillet 2016, André Borschberg et Bertrand Piccard (tous 2 CH, à droite) ont fait le tour du monde à bord du Solar Impulse 2 avec l'énergie du soleil en guise de carburant. Ils ont mis pour cela 505 jours, 19 h et 53 min, le point de départ et d'arrivée étant Abou Dhabi (AE). Cependant, ils ont passé près de 10 mois à Hawaï (US), en raison d'une surchauffe des batteries.

Sommets

Au Népal, l'Everest est appelé «Sagarmãthã» qui signifie le « Front du ciel ».

▲ L'ALPINISTE LA PLUS ÂGÉE À AVOIR GRAVI LE KILIMANDJARO
Née le 4 février 1929, Angela Vorobeva (RU) a atteint le sommet du Kilimandjaro (TZ), à 86 ans et 267 jours. Ayant quitté avec son expédition la porte de Londorossi (2 360 m) le 23 octobre 2015, elle a gravi le pic Uhuru (5 895 m), le 29 octobre 2015.
L'homme le plus âgé à avoir gravi le Kilimandjaro est Robert Wheeler (US, né le 15 mars 1929). Il y est parvenu le 2 octobre 2014, à 85 ans et 201 jours.

Au Bhoutan, l'ascension des pics de plus de 6 000 m est interdite pour des raisons religieuses depuis 1994. Pour cette raison, le Kangkar Pünzum pourrait ne jamais être conquis.

La 1re ascension de l'Everest
Le plus haut sommet du monde a été atteint pour la 1re fois le 29 mai 1953, à 11 h 30, par Edmund Percival Hillary (NZ) et Tenzing Norgay (IN/Tibet). Cette expédition était dirigée par le colonel John Hunt (GB).

Le 8 mai 1978, Reinhold Messner (IT) et Peter Habeler (AT) ont réussi **la 1re ascension de l'Everest sans oxygène**. De l'avis de certains alpinistes, il s'agit de la 1re « véritable » conquête de l'Everest car la plus grande difficulté pour les grimpeurs consiste à supporter les effets de l'altitude (c'est-à-dire la raréfaction de l'oxygène).

L'ascension la plus rapide de l'Everest et du K2 sans bouteille d'oxygène
Karl Unterkircher (IT) a conquis les 2 plus grands sommets du monde en 63 jours. Il a terminé par l'ascension du K2 le 26 juillet 2004.

Chez les femmes, Alison Hargreaves (GB ci-contre) a accompli **l'ascension la plus rapide de l'Everest et du K2 sans bouteille d'oxygène** en 92 jours, le 13 août 1995.

Le couple ayant effectué l'ascension la plus rapide de l'Everest et du K2 sans oxygène est celui de Nives Meroi et Romano Benet (tous 2 IT). Ils ont mis 295 jours en terminant le 17 mai 2007.

Le 1er à avoir gravi tous les sommets de plus de 8 000 m
Le 16 octobre 1986, Reinhold Messner est devenu la 1re personne à avoir gravi 14 sommets de plus de 8 000 m, une fois achevée l'ascension du Lhotse (8 516 m) à la frontière entre le Népal et le Tibet. Cet exploit lui a aussi permis d'être le **1er à avoir gravi tous les sommets de plus de 8 000 m sans bouteille d'oxygène**. En 2017, seuls 14 alpinistes l'avaient égalé.

La 1re ascension du Saser Kangri II
Le 7 septembre 1985, une expédition indo-japonaise a gravi le pic nord-ouest de cette chaîne montagneuse indienne, mais le pic sud-est (7 518 m), plus haut, n'a été conquis que le 24 août 2011, par Mark Richey, Steve Swenson et Freddie Wilkinson (tous US). Jusque-là, le Saser Kangri II était le 2e sommet le plus haut après le Kangkar Pünzum (alias Gangkhar Puensum), qui culmine à 7 570 m au Bhoutan (à gauche), à n'avoir jamais été conquis.

Q : Combien des 169 vrais pics de plus de 7 000 m n'ont-ils pas été conquis ?

R : 10.

Le 1er à avoir gravi les 7 sommets
Les plus hauts pics des 7 continents sont appelés les « 7 sommets ». Le 5 août 1986, Patrick Morrow (CA) a escaladé ceux de la liste de Carstensz (d'après cette dernière, le plus haut pic de l'Océanie n'est pas le mont Kosciuszko en Australie, mais le Puncak Jaya en Indonésie).

Le 30 avril 1985, Richard « Dick » Bass (US) est devenu **la 1re personne à avoir escaladé les 7 sommets de la liste Kosciuszko**.

La plus jeune personne à avoir gravi les 7 sommets
Johnny Collinson (US, né le 29 mars 1992) a gravi le sommet du massif Vinson (Antarctique) le 18 janvier 2010, à 17 ans et 295 jours. Il lui a fallu 1 an pour escalader le plus haut pic des 7 continents.

Jordan Romero (US, né le 12 juillet 1996) avait 15 ans et 165 jours quand il a réussi le même exploit le 24 décembre 2011. Cependant, son record n'a pas été homologué, car le *Guinness World Records* n'accepte pas de grimpeurs de moins de 16 ans pour des records aussi dangereux.

Le plus de « Léopards des neiges »
Boris Korshunov (RU, né le 31 août 1935) a remporté 9 « Léopard des neiges » (voir ci-contre) entre 1981 et 2004, 2 selon la première liste qui regroupe 4 pics et 7 selon la liste actuelle qui en compte 5. Il avait 69 ans en 2004 quand sa 9e récompense lui a été décernée. À cette occasion, il est devenu **la personne la plus âgée à remporter un Léopard des neiges.**

Le plus rapide à escalader la face nord de l'Eiger (en solitaire)
Le 16 nov. 2015, Ueli Steck (CH) a gravi la face nord de l'Eiger, dans les Alpes suisses, par la voie d'Heckmair en 2 h, 22 min et 50 s. C'est son 3e record de temps sur l'Eiger, après ceux de 2007 et 2008.

Le plus de nationalités sur l'Everest en une saison
Au cours du printemps 2013, 661 grimpeurs de 46 nations, dont 362 Népalais, ont escaladé l'Everest.

◄ LA 1RE ASCENSION DE L'EVEREST (FEMME)
Le 20 octobre 2016, Junko Tabei (JP, née le 22 septembre 1939) s'est éteinte à 77 ans. Cette formidable alpiniste avait gravi l'Everest, le 16 mai 1975 (à gauche). En route, elle avait survécu à une avalanche ayant enseveli le camp de base sous la neige, après être restée inconsciente pendant 6 min.
Elle a aussi été **la 1re femme à gravir les 7 sommets**. Elle a escaladé le Puncak Jaya (ou la pyramide de Carstensz, ID) le 28 juin 1992, puis a réussi l'escalade des sommets des listes Kosciuszko et Carstensz, en terminant par le mont Elbrouz (RU), le 28 juillet 1992.

EVEREST 2016

La saison d'alpinisme 2016 sur le versant népalais de l'Everest (avril-mai) en chiffres :

34
Nombre d'équipes au camp de base au début de la saison.

289
Nombre de permis délivrés, outre les 265 permis de 2015 prolongés. Deux permis ont été délivrés pour l'ascension par la face sud-ouest. Tous les autres l'étaient pour l'itinéraire habituel.

11 000 $
Coût d'un permis d'ascension.

15 m $
Bénéfice pour l'économie népalaise.

11 mai
Jour de la 1re ascension de la saison par des alpinistes népalais.

23 mai
Dernière ascension de la saison.

+ de 20
Nombre de cas d'engelures.

5
Nombre de décès.

▲ LA PLUS RAPIDE À GRAVIR LES 7 SOMMETS DONT LA PYRAMIDE DE CARSTENSZ (FEMME)

Maria Gordon (GBR) a escaladé les 7 sommets des listes Kosciuszko et Carstensz en 238 jours, 23 h et 30 min. Elle a commencé par l'ascension du Kilimandjaro (TZ) et terminé par celle du mont Kosciuszko (AU), le 17 juin 2016. Elle a battu le précédent record de 295 jours établi par Vanessa O'Brien (US) en 2012-2013. Elle a également parcouru à ski le dernier degré vers le pôle Nord et vers le pôle Sud.

▲ LE PLUS DE SOMMETS DE 6 000 M GRAVIS DANS LES ANDES

Résidant au Brésil, Maximo Kausch (GB) tente d'escalader tous les sommets des Andes de plus 6 000 m. Le 3 janvier 2017, pour sa 74e ascension, il a gravi le Nevado del Plomo (6 070 m).

Darío Bracali (AR) fut **le 1er à gravir les 12 plus hauts pics des Andes** en 2004. Il a disparu sur le Dhaulagiri en 2008.

▲ L'ASCENSION LA PLUS RAPIDE DES 3 PLUS HAUTS PICS SANS BOUTEILLE D'OXYGÈNE (HOMME)

Silvio Mondinelli (IT) a gravi l'Everest (8 848 m), le Kangchenjunga (8 586 m) et le K2 (8 611 m) en 3 ans et 64 jours. Son exploit s'est achevé le 26 juillet 2004.

Chez les femmes, le 23 août 2011, Gerlinde Kaltenbrunner (AT) a réussi **l'ascension la plus rapide des 3 plus hauts pics sans bouteille d'oxygène** en 5 ans et 101 jours.

▲ LE PLUS RAPIDE À REMPORTER UN LÉOPARD DES NEIGES

Le Léopard des neiges est une récompense décernée aux alpinistes ayant escaladé les 5 sommets de plus de 7 000 m de l'ancienne Union soviétique. Andrzej Bargiel (PL) y est parvenu en 29 jours, 17 h et 5 min, du 16 juillet au 14 août 2016. Les 5 pics sont le Pik Imeni Ismail Samani (7 495 m), le Jengish Chokusu (7 439 m), le Qullai Abuali Ibni Sino (7 134 m), le Pik Yevgenii Korzhenevskoy (7 105 m) et le Khan Tangiri Shyngy (7 010 m).

▲ LE 1ER ASTRONAUTE AU SOMMET DE L'EVEREST

Le 20 mai 2009, l'ancien astronaute de la NASA Scott Parazynski (US) a gravi l'Everest. Il est donc la 1re personne à être allée dans l'espace et à avoir escaladé le plus haut pic. Selon la NASA, il a pris part à 5 missions spatiales et passé plus de 1 381 h dans l'espace, dont 47 à l'extérieur de la station. Il a laissé au sommet de l'Everest un fragment de roche lunaire ramassé lors d'une de ses sorties avec l'équipage d'*Apollo 11*.

L'ascension de l'Everest reste extrêmement dangereuse. Le taux de décès est de 4 %. Il y aurait plus de 200 corps de grimpeurs morts sur la montagne.

▶ LE PLUS DE FEMMES SUR L'EVEREST AU COURS D'UNE SAISON

Au printemps 2016, 68 femmes ont escaladé l'Everest. En terme de nationalité, l'Inde est le pays le plus représenté avec 15 alpinistes, les États-Unis arrivant en 2e position avec 12 alpinistes (dont Vanessa Blasic, à droite avec son expédition) et la Chine en 3e place avec 8 alpinistes.

Le plus de femmes présentes le même jour sur l'Everest est de 22, le 19 mai 2013.

▲ LA 1RE ASCENSION DE L'EVEREST ET DU K2 SANS OXYGÈNE SUPPLÉMENTAIRE (FEMME)

Alison Hargreaves (GB) a escaladé l'Everest le 13 mai 1995, devenant sans conteste **la 1re femme à accomplir cet exploit sans bouteille d'oxygène,** et le K2 le 13 août 1995, toujours sans oxygène supplémentaire. Elle est morte de façon tragique le même jour dans la descente.

Pôles

Si toute la calotte glaciaire de l'Antarctique fondait, le niveau de la mer augmenterait de 60 à 64 m.

LES 1ERS...

Au pôle Sud
Le 14 décembre 1911, à 11 h, le capitaine Roald Amundsen (NOR) a mené 5 personnes au pôle Sud. Partis de la baie des Baleines, ils ont mis 53 jours pour réaliser cet exploit en traîneaux à chiens.

Expédition motorisée au pôle Sud
Le 4 janvier 1958, sir Edmund Hillary (NZ) a conduit l'équipe néo-zélandaise de l'expédition transantarctique du Commonwealth au pôle Sud, à l'aide de véhicules motorisés (5 tracteurs Ferguson modifiés équipés de chenilles complètes et d'une roue supplémentaire de chaque côté). Les chenilles pouvaient être retirées quand les conditions le permettaient. Les tracteurs étaient peints en rouge pour être repérés facilement.

Traversée de l'Arctique
Partie de Point Barrow (Alaska, US) le 21 février 1968, l'expédition transarctique britannique a rallié l'archipel de Seven Islands, au nord-est du Spitzberg, 464 jours plus tard, le 29 mai 1969. Elle a parcouru 4 699 km en dérivant de 1 100 km. En ligne droite, la distance n'est que de 2 674 km. L'équipe, composée de Wally Herbert (le chef), de Major Ken Hedges, du RAMC, d'Allan Gill, du Dr Roy Koerner (glaciologue), était accompagnée de 40 huskies.

Il s'agit de la **plus longue traversée de l'océan Arctique**.

Tour du monde terrestre via les 2 pôles
Dans le cadre de la British Trans-Globe Expedition, sir Ranulph Fiennes et Charles Burton (tous 2 GB) ont quitté le sud de Greenwich (Londres, GB), le 2 septembre 1979. Ils ont atteint le pôle Sud le 15 décembre 1980, et le pôle Nord, le 10 avril 1982. Ils sont revenus à Greenwich le 29 août 1982, après un périple de 56 000 km.

Personne à avoir atteint les 2 pôles
Robert Swan (GB) était à la tête de l'expédition de 3 hommes qui a gagné le pôle Sud le 11 janvier 1986. Il a aussi dirigé une équipe de 8 hommes parvenue à pied au pôle Nord, le 14 mai 1989.

Personne à avoir atteint le pôle Nord
Le 14 mai 1986, le docteur Jean-Louis Étienne (FR) a rallié le pôle Nord après un périple de 63 jours en solitaire et sans chiens. Il fut cependant ravitaillé plusieurs fois en cours de route.

▼ LA NAVIGATION LA PLUS AU SUD
Le 26 février 2017, le *Spirit of Enderby*, gouverné par le capitaine Dmitry Zinchenko (RU), s'est retrouvé à 78°44,008' de latitude Sud et 163°41,434' de longitude Ouest, le point le plus au Sud jamais atteint par un bateau. Cette expédition dans la baie des Baleines, dans la mer de Ross (Antarctique), était organisée par Heritage Expeditions (NZ). La latitude a été confirmée par des instruments de mesure portatifs à bord du bateau.

▲ L'EXPÉDITION TERRA NOVA
Le capitaine Robert Falcon Scott (GB) a pris, en 1912, la tête de l'expédition Terra Nova (The British Antarctic Expedition), pour atteindre le pôle géographique Sud. Il a péri avec son équipe au cours de sa tentative. Le 7 février 2014, Ben Saunders et Tarka L'Herpiniere (tous 2 GB) ont emprunté son itinéraire, parcourant 2 890 km de l'île de Ross jusqu'au pôle Sud à skis et en tirant des traîneaux qui, au départ, pesaient chacun près de 200 kg. Leur périple de 105 jours est aussi le **plus long trek polaire**.

Robert Falcon Scott avait accompli de nombreux exploits jusqu'à cette dernière et fatale expédition. Il était devenu un héros en Grande-Bretagne après avoir dirigé une expédition dans l'Antarctique (1901-1904), la 1re à avoir progressé aussi loin au sud.

Q : Combien de fois le Soleil se lève-t-il au pôle Nord en un an ?

R : Une fois. Il se lève à l'équinoxe de printemps (20 mars), reste au-dessus de l'horizon, puis se couche après l'équinoxe d'automne (23 septembre).

Expédition au pôle Sud à bord d'un tracteur à roues
Le 22 novembre 2014, à 18 h 55 (UTC), Manon Ossevoort (NL) a quitté la base de Novo dans l'Antarctique au volant d'un tracteur Massey Ferguson 5610. Elle a parcouru 4 638 km pour atteindre le pôle Sud et en revenir en bénéficiant d'une assistance, en 27 jours, 19 h et 25 min, dans le cadre de l'expédition Antarctica 2. Elle a regagné la base de Novo le 20 décembre 2014, après avoir conduit 438 h et 17 min, à la vitesse moyenne de 10,58 km/h.

DIVERS RECORDS

Le voyage à vélo le plus rapide jusqu'au pôle Sud
Le 17 janvier 2014, Juan Menéndez Granados (ES) a rallié le pôle Sud en solitaire sur un « fatbike », vélo à roues larges capable de rouler sur la neige et sur des terrains variés. Il a parcouru 1 130 km en 46 jours, depuis l'anse d'Hercule, sans aucun moyen de propulsion ni assistance. Il a skié et a tiré son vélo sur un traîneau quand il ne pouvait plus rouler.

Le couple marié ayant atteint le plus vite le pôle Sud (sans aide pour se déplacer ni assistance)
Chris et Marty Fagan (tous 2 US) ont rallié le pôle Sud en 48 jours. Partis de la plate-forme de Ronne le 2 décembre 2013, ils sont arrivés au pôle le 18 janvier 2014. Ils ont parcouru 890 km, à raison de 18,54 km par jour en moyenne.

La plus jeune personne à avoir fait un trek jusqu'au pôle Nord
Né le 9 mai 1989, Tessum Weber (CA) avait 20 ans et 340 jours quand il a atteint le pôle Nord géographique à pied, le 14 avril 2010. Il faisait partie de l'expédition de 4 hommes (incluant son père Richard) qui avait quitté McClintock, à Cape Discovery (Nunavut, CA), le 3 mars 2010, pour rejoindre le pôle au bout de 41 jours et 18 h, après un parcours en ligne droite de 780 km.

La **plus jeune personne ayant effectué un trek au pôle Sud** est Lewis Clarke (GB). Né le 18 novembre 1997, il a atteint le pôle Sud le 18 janvier 2014, à 16 ans et 61 jours. Il a parcouru 1 123,61 km sur la plate-forme de Ronne depuis l'anse d'Hercule, au cours d'un trek à deux, sans moyen de propulsion mais avec une assistance.

▲ LE PLUS D'EXPÉDITIONS AU PÔLE SUD PAR UN INDIVIDU

Hannah McKeand (GB) a effectué 6 expéditions au pôle Sud, du 4 novembre 2004 au 9 janvier 2013. Elle a parcouru chaque fois, selon l'itinéraire, 965 à 1 126 km, en 40 à 50 jours, dans un environnement des plus hostiles.

Richard Weber (CA) est la **personne ayant accompli le plus d'expéditions polaires** : 8 en tout. Il a atteint 6 fois le pôle Nord géographique, en partant de la côte, du 2 mai 1986 au 14 avril 2010, et 2 fois le pôle Sud géographique, les 7 janvier 2009 et 29 décembre 2011.

▲ LA 1RE FEMME AU PÔLE NORD

Ann Bancroft (US) a atteint le pôle Nord le 2 mai 1986, avec 5 coéquipiers, après être partie de Drep Camp (île d'Ellesmere, CA), le 8 mars. Elle s'est déplacée en traîneau à chiens.

Sur la photographie ci-dessus, Bancroft est devant Liv Arnesen (NO), la **1re femme ayant atteint le pôle Sud en solitaire, sans moyen de propulsion et sans assistance**. Partie de l'anse d'Hercule le 4 novembre 1994, elle a rallié seule le pôle le 24 décembre, soit 50 jours plus tard.

▲ LE VOYAGE EN SOLITAIRE AU PÔLE SUD LE PLUS RAPIDE JAMAIS EFFECTUÉ PAR UNE FEMME SANS MOYEN DE PROPULSION ET SANS ASSISTANCE

Johanna Davidsson (SE) a rallié à skis le pôle géographique Sud, en 38 jours, 23 h et 5 min, du 15 novembre au 24 décembre 2016. Elle a parcouru en ligne droite 1 130 km sans cerf-volant ni ravitaillement. Partie de l'anse d'Hercule, au bord du continent antarctique, elle y est revenue en 12 jours en s'aidant d'un cerf-volant. Elle a parcouru en tout 2 270 km.

▲ LA 1RE FRATRIE À AVOIR GRAVI LES 7 SOMMETS ET PARCOURU À SKIS LES DERNIERS DEGRÉS DE LATITUDE

Nées le 21 juin 1991, les jumelles Tashi et Nungshi Malik (IN) ont gravi les 7 sommets (les plus hauts pics de chaque continent) selon la liste de Carstensz et ont parcouru à skis le dernier degré de latitude aux pôles Sud et Nord, entre le 2 février 2012 et le 21 avril 2015. Le terme de « dernier degré » fait référence à la distance entre les 89e et 90e degrés de latitude, soit environ 111 km.

▲ LE TREK LE PLUS RAPIDE AU PÔLE SUD (AVEC L'ASSISTANCE D'UN VÉHICULE)

Le 24 décembre 2013, Parker Liautaud (FR/US) et Doug Stoup (US) ont atteint le pôle Sud après avoir parcouru 563,3 km avec des traîneaux depuis la plate-forme de Ross. Liautaud souffrait du mal des montagnes. Ils ont mis 18 jours, 4 h et 43 min pour réaliser cet exploit, parcourant environ 30 km chaque jour. Le trek a permis l'étude des changements climatiques.

◄ LE PLUS RAPIDE À GRAVIR LES 7 SOMMETS ET PARCOURIR À SKIS LES DERNIERS DEGRÉS (HOMME)

Colin O'Brady (US) a gravi les 7 sommets, dont la pyramide de Carstensz, et parcouru à skis les derniers degrés polaires (voir ci-dessus) en 138 jours, 5 h et 5 min. Le 10 janvier 2016, il a atteint le pôle Sud et, le 27 mai 2016, a gravi son dernier pic : le sommet du Denali (Alaska, US).

Océans à la rame

Les personnes ayant réussi à traverser à la rame un océan sont moins nombreuses que celles ayant gravi l'Everest.

La 1re traversée d'un océan :
George Harbo, Frank Samuelsen
(tous 2 NO, voir à gauche)
1896 : A, O > E

Le 1er rameur ayant traversé un océan en solo :
John Fairfax (GB)
1969 : A, E > O

Le 1er rameur ayant traversé 2 océans en solo :
John Fairfax (GB)
1969 : A, E > O
1971-1972 : P, E > O

La 1re rameuse ayant traversé un océan :
Sylvia Cook (GB)
1971-1972 : P, E > O

Le 1er rameur ayant traversé le Pacifique en solo :
Peter Bird (GB)
1982-1983 : P, E > O

Le 1er rameur ayant traversé 2 océans en solo :
Gérard d'Aboville (FR)
1980 : A, O > E
1991 : P, O > E

La 1re rameuse ayant traversé 2 océans :
Kathleen Saville (US)
1981 : A, E > O
1984-1985 : P, E > O

La 1re rameuse ayant traversé un océan en solo :
Tori Murden (US)
1999 : A, E > O

Le 1er rameur ayant traversé 3 océans :
Erden Eruç (US/TR)
2006 : A, E > O
2007-2010 : P, E > O
2010 : I, E > O

La 1re rameuse ayant traversé 3 océans :
Roz Savage (GB)
2006 : A, E > O
2008-2010 : P, E > O
2011 : I, E > O

Le 1er rameur ayant traversé 2 océans en 1 an :
Livar Nysted (FO)
2013 : A, E > O ; I, E > O

Légendes :
A = océan Atlantique
I = océan Indien
P = océan Pacifique
E = est
O = ouest

▲ OCEAN ROWING SOCIETY INTERNATIONAL

L'Ocean Rowing Society (GB) a été fondée en 1983 par Kenneth F. Crutchlow et Peter Bird, plus tard rejoints par Tom Lynch (US), Tatiana Rezvaya-Crutchlow et Chris Martin (tous GB). La société est chargée d'enregistrer toutes les tentatives de traversée à la rame d'océans et de mers, comme la mer de Tasman et celle des Caraïbes, ainsi que des tours de la Grande-Bretagne. Elle classe, vérifie et valide les exploits réalisés.

Bateau classique
Coque en V ; l'équipage est plus abrité ; moins soumis au vent, le bateau est assez stable. En anglais, « Classic Pair » et « Classic Four » désignent le nombre de rameurs dans ce type de bateau.

Bateau à coque ouverte
Coque à fond plat ; l'équipage est moins abrité ; le bateau, plus ballotté par le vent, est moins stable.

Moitié du Pacifique
La traversée permet de relier la Californie à Hawaï ou l'Amérique du Sud à une île du milieu du Pacifique.

ATLANTIQUE

La 1re traversée

Le 6 juin 1896, George Harbo et Frank Samuelsen (tous 2 NO) ont quitté New York (US) à bord d'un bateau de 5,48 m. Après un parcours de 2 841 milles nautiques* (5 262 km) à la rame, ils ont atteint les îles Scilly (GB) 55 jours plus tard.

La 1re traversée d'un océan en solitaire (femme)

Partie de Tenerife (Canaries, ES), Victoria « Tori » Murden (US) a rallié la Guadeloupe le 3 décembre 1999, après un périple de 81 jours, 7 h et 31 min. Durant sa traversée de l'Atlantique en ligne droite, à bord d'un 7 m, elle a affronté des rafales de vent de 129 km/h et des vagues de 6,1 m.

La traversée la plus rapide en solitaire (femme)

Anne Quéméré (FR) a relié La Gomera à la Guadeloupe en 56 jours, 10 h et 9 min, du 26 décembre 2002 au 21 février 2003. Elle a parcouru 4 741 km, battant le record établi par Tori Murden en 1999.

Elaine Hopley (GB) est la rameuse qui a effectué la **traversée en solitaire la plus rapide d'est en ouest dans un bateau à coque ouverte**. Du 14 décembre 2016 au 12 février 2017, elle a relié La Gomera à Antigua en 59 jours, 19 h et 14 min, afin de recueillir des fonds pour un organisme de bienfaisance.

La plus longue distance parcourue à la rame en 24 h

Du 12 juin 2015, à 23 h 00 GMT, au 13 juin 2015, à 23 h 00 GMT, Tom Hudson (GB) et Pete Fletcher (AU) ont parcouru 216,24 km, à bord du *Macpac Challenger*. Ils ont établi ce record en traversant l'Atlantique pour aller de New York (US) à Falmouth (GB).

La traversée la plus rapide par 4 rameuses

Partie de La Gomera, le 20 décembre 2015, l'équipe « Row Like a Girl » constituée de Lauren Morton, Bella Collins, Georgina Purdy et Olivia Bolesworth (toutes GB) a rallié Antigua à bord du *Mrs Nelson* le 29 janvier 2016. Elle a effectué cet exploit en 40 jours, 8 h et 26 min, à la vitesse moyenne de 4,87 km/h.

La 1re équipe à avoir traversé un océan en kayak

Levente Kovácsik et Norbert Ádám Szabó (tous 2 HU) ont traversé l'Atlantique à bord de leur kayak *Kele*. Partis de Huelva (ES) le 21 octobre 2015, ils ont atteint Antigua (AG) en passant par Grande Canarie le 30 janvier 2016.

Q : Combien d'océans avaient été traversés à la rame en mars 2017 ?

R : 452, selon l'ORS

Le rameur le plus âgé à avoir traversé un océan

Né le 17 mai 1941, Peter Smith (AU) avait 74 ans et 217 jours quand il a entrepris sa traversée de l'Atlantique d'est en ouest avec 3 coéquipiers, à bord du *Wa'Omoni*. Parti de La Gomera (Canaries, ES) le 20 décembre 2015, il est arrivé à Antigua le 10 février 2016 après 52 jours, 9 h et 9 min.

MOITIÉ DU PACIFIQUE

La traversée la plus rapide d'est en ouest par 4 rameurs (bateau classique)

Du 5 juin au 14 juillet 2016, Fiann Paul (IS, né PL, voir ci-contre), Thiago Silva (BR), Cyril Derreumaux et Carlo Facchino (tous 2 US) ont traversé la moitié du Pacifique en 39 jours, 12 h et 20 min, à bord du *Danielle*. Ils ont ramé à la vitesse moyenne de 4,09 km/h.

Le rameur le plus âgé ayant traversé la moitié du Pacifique

Né le 30 décembre 1955, Greg Vlasek (US) avait 60 ans et 158 jours au départ de sa traversée d'est en ouest, à bord de l'*Isabel*, avec 3 coéquipiers. Parti de Monterey (Californie, US) le 5 juin 2016, il a rejoint Diamond Head (île d'O'ahu, Hawaï, US) le 23 juillet 2016.

La traversée la plus rapide à la rame d'est en ouest par 2 rameurs (bateau classique)

Du 5 juin au 29 juillet 2016, Louis Bird (GB) et Erden Eruç (US/TR) ont relié Monterey à Hawaï (US), à la vitesse moyenne de 2,98 km/h. Leur périple à bord du *Yves* a duré 54 jours, 3 h et 45 min.

La traversée la plus rapide d'est en ouest par 2 rameuses (bateau classique)

Du 5 juin au 31 juillet 2016, l'équipe « Fight the Kraken » – Vicki Otmani et Megan Biging (toutes 2 US) – a parcouru 3 870 km, en 57 jours, 16 h et 9 min, à bord du *Sedna*, pour aller de Monterey (Californie, US) à l'île d'O'ahu (Hawaï), à la vitesse moyenne de 2,79 km/h.

La traversée la plus rapide d'est en ouest par un tandem mixte (bateau à coque ouverte)

Du 15 juin au 23 août 2016, Riaan Manser et Vasti Geldenhuys (tous 2 ZA) ont relié à la rame Monterey à l'île d'O'ahu, à la vitesse moyenne de 4,11 km/h, à bord d'*Honeymoon*. La traversée a duré 39 jours, 4 h et 46 min.

◄ LA 1re ÉQUIPE AYANT TRAVERSÉ L'ATLANTIQUE D'EST EN OUEST, DE CONTINENT À CONTINENT, DE L'EUROPE À L'AMÉRIQUE DU SUD
Du 7 février au 28 mars 2016, les 5 rameurs de l'*Ellida* – Matt Bennett, Oliver Bailey, Aldo Kane, Jason Fox et Ross Johnson (tous GB) – ont parcouru 6 176 km pour aller de Lagos (PT) à Carúpano (VE), en 50 jours, 10 h et 36 min. Les « loups de mer » se sont rencontrés lors de leur service dans l'armée britannique. Ils ont entrepris ce voyage épique afin de recueillir 250 000 £ pour une œuvre de bienfaisance en faveur de la jeunesse.

*1 mille nautique = 1,85 km

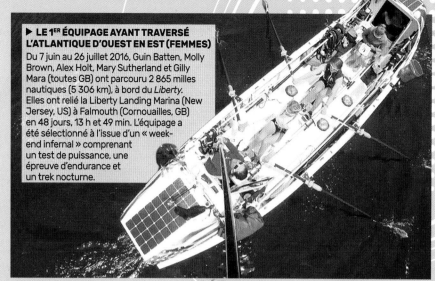

▶ **LE 1ᴱᴿ ÉQUIPAGE AYANT TRAVERSÉ L'ATLANTIQUE D'OUEST EN EST (FEMMES)**

Du 7 juin au 26 juillet 2016, Guin Batten, Molly Brown, Alex Holt, Mary Sutherland et Gilly Mara (toutes GB) ont parcouru 2 865 milles nautiques (5 306 km), à bord du *Liberty*. Elles ont relié la Liberty Landing Marina (New Jersey, US) à Falmouth (Cornouailles, GB) en 48 jours, 13 h et 49 min. L'équipage a été sélectionné à l'issue d'un « week-end infernal » comprenant un test de puissance, une épreuve d'endurance et un trek nocturne.

▲ **LA TRAVERSÉE LA PLUS RAPIDE DE L'ATLANTIQUE D'EST EN OUEST PAR 4 RAMEURS**

Les membres de « Latitude 35 » – Jason Caldwell, Matthew Brown (tous 2 US), Angus Collins et Alex Simpson (tous 2 GB) – ont parcouru 2 550 milles nautiques (4 722,6 km) en 35 jours, 14 h et 3 min. Partis le 14 décembre 2016 de La Gomera (Canaries, ES), ils ont atteint l'île d'Antigua (AG) le 19 janvier 2017, après une traversée à la vitesse moyenne de 5,53 km/h.

▲ **LE TANDEM LE PLUS ÂGÉ AYANT TRAVERSÉ UN OCÉAN (ÂGE CUMULÉ)**

Pat Hines (US, née le 28 juin 1954) et Liz Dycus (US, née le 29 août 1957) avaient à elles deux 120 ans et 258 jours quand elles ont traversé la moitié du Pacifique d'est en ouest. Parties le 5 juin 2016 de Monterey (Californie, US) à bord du *Roosevelt*, elles ont rejoint l'île d'O'ahu (Hawaï, US) le 21 juillet 2016.

▲ **LE PLUS VIEUX TANDEM DE RAMEURS AYANT TRAVERSÉ LA MOITIÉ DU PACIFIQUE**

Rick Leach (US, né le 14 septembre 1962) et Todd Bliss (US, né le 15 février 1964) avaient à eux deux 106 ans et 10 jours quand ils ont quitté Monterey, le 5 juin 2016, pour gagner Diamond Head sur l'île d'O'ahu (Hawaï, US). Ils ont terminé leur traversée à bord du *Row Aloha* le 29 juillet 2016. Les deux hommes se sont rencontrés quand ils étaient étudiants à l'école navale de l'université d'État de Californie, à Vallejo (US).

▲ **LE PLUS JEUNE RAMEUR AYANT TRAVERSÉ 2 FOIS L'ATLANTIQUE**

Né le 17 février 1992, Shaun Pedley (GB, à gauche) avait 23 ans et 306 jours, le 20 décembre 2015, quand il a quitté La Gomera (ES) pour sa 2ᵉ traversée de l'Atlantique à la rame jusqu'à Antigua.

Né le 21 septembre 1989, Angus Collins (GB, ci-dessus à droite) est le **plus jeune rameur ayant traversé 3 fois un océan**. Il a entrepris sa 3ᵉ traversée le 14 décembre 2016, à 27 ans et 84 jours.

▶ **LE 1ᴱᴿ ÉQUIPAGE MIXTE AYANT TRAVERSÉ L'ATLANTIQUE D'EST EN OUEST, DE CONTINENT À CONTINENT (DE L'EUROPE À L'AMÉRIQUE DU SUD)**

Luke Richmond, Susannah Cass, Jake Heath et Mel Parker (tous GB) ont relié Lagos (PT) à Pontinhas (BR) en 54 jours, 10 h et 45 min, du 29 février au 23 avril 2016.

◀ **LE PLUS RAPIDE À TRAVERSER PLUSIEURS OCÉANS**

En 2011, Fiann Paul (IS, né PL) a accompli la **traversée la plus rapide de l'Atlantique d'est en ouest** avec l'équipage du *Sara G*. En 2014, il faisait partie de l'équipage de l'*Avalon* qui a réussi la **traversée la plus rapide de l'océan Indien d'est en ouest**. Il a établi son 3ᵉ record de vitesse en traversant l'océan à bord du *Danielle* en 2016 (à gauche).

▼ **LA 1ʳᴱ ÉQUIPE AYANT TRAVERSÉ LE SUD DE L'ATLANTIQUE**

Du 4 mai au 23 septembre 2016, Kārlis Bardelis et Gints Barkovskis (tous 2 LV) ont parcouru à la rame 3 112 milles nautiques (5 763 km) pour aller de Lüderitz (NA) à Rio das Ostras (BR) en 141 jours, 19 h et 35 min, à bord du *Linda*. C'est l'un des deux équipages ayant traversé l'Atlantique en ayant un point de départ et un point d'arrivée dans l'hémisphère sud. Amyr Khan Klink (BR) est le **1ᵉʳ rameur à avoir traversé le sud de l'Atlantique** : il a relié la Namibie au Brésil, entre le 9 juin et le 18 septembre 1984.

Le rameur Kārlis Bardelis est un habitué des voyages épiques. En 2013, ce Letton téméraire a traversé l'Europe en 60 jours à rollers.

14 trappes de ponts et de cabines

200 l d'eau potable

80 kg de barres de chocolat

50 kg de fruits à coque

600 sacs de provisions d'un aventurier professionnel (pâtes, riz, etc.)

750 barres de muesli

FAI

La Fédération aéronautique internationale (FAI) est l'organisation qui valide les records établis dans les airs. Elle a été fondée le 14 octobre 1905, à Paris.

▲ FAI
Située dans la « capitale olympique » de Lausanne (CH), la FAI (aussi appelée World Air Sports Federation) est une organisation non gouvernementale à but non lucratif qui cherche à promouvoir les performances aéronautiques et spatiales dans le monde. Elle valide les records internationaux et coordonne l'organisation des compétitions internationales. Elle a homologué tous les records figurant sur ces pages.

La plus haute altitude sur une orbite elliptique d'un cosmonaute

Le 12 avril 1961, le pilote soviétique Youri Gagarine a atteint l'altitude de 327 km, à bord du vaisseau *Vostok 3KA (Vostok 1)*. Il a accompli une révolution complète autour de la Terre. Depuis le lancement de la fusée jusqu'à ce qu'il touche terre, il aura effectué un vol de 108 min. Il s'est éjecté à 7 km du sol pour atterrir à l'aide d'un parachute. Son voyage a été la plus grande avancée dans le domaine spatial (voir à droite).

La plus longue chute libre sans ancre flottante

Le 14 octobre 2012, le parachutiste Félix Baumgartner (AT) a sauté d'une capsule, à 38 969,4 m d'altitude, au-dessus du Nouveau-Mexique (US). Il a fait une chute de 36 402,6 m, qui a duré 4 min et 20 s. Il s'est posé en parachute sur le sol. La longueur de sa chute a donc été plus de 4 fois supérieure à la hauteur de l'Everest, le **plus haut pic**.

L'altitude la plus importante atteinte par un avion solaire

Le 8 juillet 2010, le pilote et explorateur André Borschberg (CH) a atteint, à bord du *Solar Impulse 1*, l'altitude de 9 235 m au-dessus de Payerne (CH). C'est la plus haute altitude jamais atteinte par un pilote dans un avion solaire.

Près de 5 ans plus tard, il a effectué un vol de 117 h et 52 min (ou 4 jours, 21 h et 52 min), à bord de *Solar Impulse 2*, soit le **vol le plus long en solitaire dans un avion solaire**. Ayant décollé de Nagoya (JP) le 28 juin 2015, il a atterri à Hawaï (US) le 3 juillet 2015.

Le plus important gain d'altitude d'un avion à propulsion solaire

Le 24 avril 2016, pour se rendre de Kalaeloa (Hawaï, US) à Mountain View (Californie, US), Bertrand Piccard (CH, ci-dessous, à droite) a volé à 9 024 m d'altitude à bord de *Solar Impulse 2*. La **plus longue distance parcourue par un avion solaire entre 2 points prédéfinis** est de 5 851,3 km. Le record a été établi par Piccard avec le même avion alors qu'il allait de New York (US) à Séville (ES), où il a atterri le 23 juin 2016.

La plus longue distance parcourue par un planeur de classe libre (aller-retour)

Le 4 janvier 2016, Max H. S. Leenders (NL) a parcouru 1 251,1 km à bord d'un planeur Schempp-Hirth Nimbus-4DM. Il a établi ce record

Padalka a vraiment voyagé dans le temps. Durant son long séjour en orbite, il a vieilli plus lentement qu'il ne l'aurait fait sur Terre. La Terre était en retard sur lui d'environ 0,02 s.

Q : Quel pourcentage de la population mondiale a déjà pris l'avion ?

R : Environ 5 %

à Douglas (Northern Cape, ZA). Le terme « aller-retour » désigne un circuit avec un seul point de virage programmé.

À bord du même modèle de planeur, Klaus Ohlmann (DE ; voir ci-contre) a parcouru 3 009 km, à Chapelco (AR), le 21 janvier 2003. C'est le **plus long circuit en planeur avec 3 points de virage**. La catégorie « 3 points de virage » désigne un parcours ne comprenant pas plus de 3 points de virage, avec un point de départ et d'arrivée annoncés. Les points de départ et d'arrivée peuvent être considérés comme des points de virage.

Le vol le plus long d'un avion sans pilote

La plus longue distance parcourue par un avion grandeur nature sans pilote est 13 219,86 km. Le Northrop Grumman Global Hawk *Southern Cross II* de l'US Air Force a décollé de la base militaire d'Edwards (Californie, US) le 22 avril 2001, et a atterri sur la base militaire d'Edinburgh (Adelaïde, AU) 30 h et 23 min plus tard, le 23 avril. Le Global Hawk est un avion espion volant à haute altitude.

Le plus long vol en avion sans escale

Steve Fossett (US) a parcouru 41 467,53 km à bord du *Virgin Atlantic GlobalFlyer*. Il a décollé du centre spatial Kennedy (Floride, US) le 8 février 2006, et a atterri à Shannon (IE) le 11 février 2006.

La plus haute altitude à bord d'un dirigeable

Le 17 août 2006, Stanislav Fiodorov (RU) a volé à bord du dirigeable thermique Augur AU-35 *Snow Goose*, à l'altitude de 8 180 m au-dessus de Moscou (RU).

Le vol le plus long en ballon

Brian Jones (GB) et Bertrand Piccard (CH) détiennent le record validé par la FAI du vol en ballon le plus long. Dans le cadre d'un tour du monde effectué du 1er au 21 mars 1999, ils ont volé 19 jours, 21 h et 47 min, à bord du *Breitling Orbiter 3*. Ils ont décollé de Château-d'Œx (CH) et ont atterri dans l'ouest de l'Égypte.

Du 19 juin au 2 juillet 2002, Steve Fossett a accompli le **1er tour du monde en ballon en solitaire**, à bord de son *Bud Light Spirit of Freedom* de 42,6 m gonflé par un mélange de gaz. Ayant décollé de Northam (Australie-Occidentale), il a atterri à Eromanga, dans le Queensland (AU), après un périple de 33 195 km.

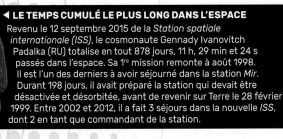

◄ LE TEMPS CUMULÉ LE PLUS LONG DANS L'ESPACE
Revenu le 12 septembre 2015 de la *Station spatiale internationale (ISS)*, le cosmonaute Gennady Ivanovitch Padalka (RU) totalise en tout 878 jours, 11 h, 29 min et 24 s passés dans l'espace. Sa 1re mission remonte à août 1998. Il est l'un des derniers à avoir séjourné dans la station *Mir*. Durant 198 jours, il avait préparé la station qui devait être désactivée et désorbitée, avant de revenir sur Terre le 28 février 1999. Entre 2002 et 2012, il a fait 3 séjours dans la nouvelle *ISS*, dont 2 en tant que commandant de la station.

Les grands moments de l'aviation

21 novembre 1783
Le 1er vol habité en ballon
Jean-François Pilâtre de Rozier et le marquis d'Arlandes (tous 2 FR) ; Paris (FR)

2 juillet 1900
Le 1er vol dans un avion rigide
Le comte Ferdinand Adolf August von Zeppelin (DE) ; Lac de Constance (DE)

17 décembre 1903
Le 1er vol d'un avion à moteur
Orville Wright (US) ; Kitty Hawk (Caroline du Nord, US)

13 novembre 1907
Le 1er vol en hélicoptère
Paul Cornu (FR) ; Calvados (Normandie, FR)

14 octobre 1947
Le 1er homme à franchir le mur du son
Chuck Yeager (US) ; désert de Mojave (US)

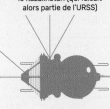

12 avril 1961
Le 1er vol habité dans l'espace
Youri Gagarine (URSS) ; depuis le Kazakhstan (qui faisait alors partie de l'URSS)

21 janvier 1976
Le 1er vol régulier d'un avion supersonique
Concorde ; Londres-Bahreïn et Paris-Rio de Janeiro

▲ LA PLUS LONGUE SÉQUENCE DE FIGURES À 4 DANS UNE SOUFFLERIE

Le 23 octobre 2015, l'équipe NMP Pch HayaBusa constituée de Andy Grauwels, David Grauwels, Jeroen Nollet et Dennis Praet (tous BE) a effectué 43 figures dans le Hurricane Factory, la seule soufflerie de Prague (CZ). Les 4 parachutistes ont établi ce record durant le 1er championnat de chute libre en salle organisé par la FAI.

▲ LA PLUS GRANDE VITESSE EN PLANEUR (ALLER-RETOUR)

Klaus Ohlmann (DE) a atteint 306,8 km/h au cours d'un aller-retour de 500 km, le 22 décembre 2006, à Zapala (AR). Il volait à bord d'un Schempp-Hirth Nimbus-4DM. Il a aussi parcouru la **plus grande distance en planeur dans la classe libre**, soit 2 256,9 km, à El Calafate (AR), le 12 janvier 2010. La classe libre désigne un circuit avec un point de départ et d'arrivée programmés, mais pas de virages.

▲ LE VOL EN DIRIGEABLE LE PLUS RAPIDE

Le 27 octobre 2004, Steve Fossett (US, ci-dessus, à gauche) et son copilote Hans-Paul Ströhle (DE) ont volé à 115 km/h, au-dessus de Friedrichshafen (DE), à bord d'un dirigeable Zeppelin Luftschifftechnik LZ N07-100.

Fossett a ensuite accompli le **1er tour du monde en avion sans ravitaillement et en solitaire**, en 67 h et 1 min, du 1er au 3 mars 2005, à bord du *Virgin Atlantic GlobalFlyer* (ci-dessous, à gauche et à droite), avec pour point de départ et d'arrivée Salina (Kansas, US). L'avion fabriqué par Scaled Composites était équipé d'un turboréacteur.

▶ LA PLUS LONGUE DISTANCE EN LIGNE DROITE VERS UN BUT EN DELTAPLANE

Le 13 octobre 2016, André Wolf (au 1er plan) et Glauco Pinto (tous 2 BR) ont volé l'un à côté de l'autre dans des deltaplanes différents en effectuant un parcours en ligne droite de 603 km pour aller de Tacima à Paraíba au nord-est du Brésil. Wolf évoluait avec un Moyes Delta Gliders Litespeed RX 3.5, tandis que Pinto avait choisi un Icaro 2000 Laminar 14.

Les spécialistes de wingsuit participant à une compétition de « performance flight » sont évalués au cours de 3 sauts prenant en compte la distance, la vitesse et la durée de leur chute.

▶ LA PLUS LONGUE CHUTE EN WINGSUIT

Le 6 novembre 2016, Chris Geiler (AU) a effectué une chute de 95,7 s, durant le FAI World Wingsuit Performance Flying Championships de Floride (US). Les athlètes s'élancent d'un avion à une altitude d'environ 4 000 m. La compétition a lieu entre 3 000 et 2 000 m. Ils s'efforcent de voler le plus loin, le plus vite ou le plus longtemps entre ces 2 altitudes.

En revue

John o'Groats n'est pas le point le plus au nord de la partie continentale de la Grande-Bretagne. Dunnet Head se trouve 18 km plus loin, à l'ouest.

▲ LA PLONGÉE SOUS-MARINE À LA PLUS HAUTE ALTITUDE

Le 21 février 2016, Ernő Tósoki (HU) a fait de la plongée dans un lac situé sur le versant est d'un volcan actif, l'Ojos del Salado, à la frontière entre le Chili et l'Argentine, à une altitude de 6 382 m. Avec l'aide de sa partenaire Patricia Nagy (HU), il a dû hisser un équipement de 100 kg au sommet du volcan. Ce défi particulièrement difficile qui associe ascension et plongée a requis 5 ans de préparation.

Le plus long vol dans un véhicule à propulsion humaine (distance)

Kanellos Kanellopoulos (GR) a maintenu son *Daedalus 88* dans les airs en pédalant 3 h, 54 min et 59 s, le 23 avril 1988. Il a parcouru 115,11 km pour aller d'Héraklion (Crète) à Santorin. Une rafale de vent a malheureusement cassé la queue de son avion avant qu'il ait atteint le rivage.

Le plus long voyage en cyclo-pousse (homme)

Du 27 septembre au 16 octobre 2015, afin de lever des fonds pour 4 associations caritatives indonésiennes, Scott Thompson (GB) a parcouru en cyclo-pousse 2 597,2 km pour relier Banda Aceh (ID) à Bumi Serpong Damai (ID).

Le plus long parcours en cyclo-pousse réalisé par une femme est de 1 672 km. Du 17 octobre au 12 décembre 2015, Crystal Davis (AU) a relié en pédalant Port Douglas à Hervey Bay (Queensland, AU).

Le plus rapide à relier Land's End à John o'Groats à vélo elliptique

Du 26 au 31 mai 2016, Idai Makaya (GB) a relié le point le plus au sud au point le plus au nord du Royaume-Uni en 5 jours et 4 min, battant le record établi par Glen Burmeister (GB), en 2014, qui était de 6 jours et 10 h.

Le plus long voyage sur une minimoto

Du 5 au 17 septembre 2016, Sigríður Ýr Unnarsdóttir (IS), Michael Reid et Chris Fabre (tous 2 US) ont effectué à minimoto un périple de 2 504,77 km, de Middletown (Ohio, US) à Ruidoso (Nouveau-Mexique, US).

Le plus long voyage à moto dans un seul pays (individuel)

Du 19 septembre 2014 au 29 août 2015, Danell Lynn (US) a parcouru 78 214 km aux États-Unis, sur sa Triumph Bonneville. Parti de Phoenix (Arizona), il a traversé chacun des 48 États contigus.

▲ LE PLUS LONG VOYAGE EN TRACTEUR

Du 8 mai au 23 octobre 2016, Hubert Berger (DE) a traversé 36 pays d'Europe au volant de son tracteur 1970 Eicher Tiger II. Il a parcouru 25 378,4 km battant le précédent record établi par Vasilii Hazkevich (RU), en 2005, qui était de 21 199 km. « Je suis un aventurier dans l'âme, a-t-il déclaré, [et j'essaie] d'échapper à la folie quotidienne avec mon tracteur. »

Le plus long voyage en voiture dans un seul pays

Du 11 mars au 14 avril 2016, K. Raju, Jayanth Varma Kunaparaju, Purushotham et Arun Kumar (tous IN) ont fait le tour de l'Inde, parcourant 36 060,1 km. Ils ont entrepris ce voyage pour promouvoir le programme gouvernemental Swachh Bharat Abhiyan (« Pour une Inde propre ») incitant les Indiens à nettoyer les villes.

Du 8 mai au 25 juillet 2016, Sushil Reddy (IN) a parcouru **la plus longue distance à vélo motorisé**, soit 7 423,88 km. Son point de départ et d'arrivée était Bombay (IN). Son vélo fonctionnait grâce à l'énergie solaire.

▲ LE VOL EN BALLON À LA PLUS GRANDE PROFONDEUR

Le 18 septembre 2014, Ivan Trifonov (AT) est descendu en montgolfière dans la grotte de Mamet à Obrovac (HR), à 206 m de profondeur. Depuis le décollage jusqu'à l'atterrissage, ce vol dans un ballon spécialement conçu à cet effet a duré 26 min.

Ivan a aussi effectué **le 1er survol en ballon du pôle Nord**, en 1996, et **le 1er survol en ballon du pôle Sud**, en 2000.

Le plus long voyage en voiture électrique (non solaire)

Du 29 juillet au 28 août 2016, Nic Megert et Anton Julmy (tous 2 CH) ont effectué un périple de 22 339,7 km en Europe au volant d'une Tesla Model S. Leur voyage a débuté et s'est achevé à Berne (CH). Parcourant 800 km par jour, ils ont battu le précédent record de 19 607,96 km établi par Norman Hajjar (US), en 2014.

La plus longue distance parcourue en véhicule solaire est de 29 753 km. L'équipe du SolarCar Project Hochschule Bochum (DE) a réalisé cet exploit, du 26 octobre 2011 au 15 décembre 2012.

Le plus long voyage à bord d'un élévateur télescopique

Leo Tergujeff (FI) a couvert 4 296 km, à bord d'un élévateur télescopique Merlo P 25.6, pour aller d'Italie en Finlande, du 28 avril au 2 juin 2014. Il a traversé la Slovénie, la Hongrie, la République tchèque, l'Allemagne et la Suède.

▲ LE TOUR DU MONDE DES PAYS SOUVERAINS LE PLUS RAPIDE (FEMME)

Du 24 juillet 2015 au 2 février 2017, Cassandra De Pecol (US) a visité 195 États souverains, conformément aux directives du *GWR*, en 1 an et 193 jours. Le Paro Taktsang, au Bhoutan (ci-dessus), et le Yémen (en haut, à droite) firent partie des temps forts de son périple. Elle est aussi allée sur chaque continent puisqu'elle a effectué un voyage en Antarctique en février 2017 (à droite).

Le plus long parcours d'une femme en kitesurf

Anke Brandt (DE) a parcouru 489,62 km pour relier Amwaj Marina à l'île Al Dar (BH), en kitesurf, du 17 au 19 avril 2016.

Francisco Lufinha (PT) a accompli la **plus longue distance en kitesurf** (862 km), du 5 au 7 juillet 2015.

La 1ʳᵉ traversée à la rame en solitaire de la mer Noire

Du 12 juin au 11 juillet 2016, Scott Butler (GB) a ramé durant 29 jours, 6 h et 2 min, couvrant 1 207 km, entre Burgas (Bulgarie) et Batoumi (Géorgie).

▲ **LE SAUT À LA PLUS HAUTE ALTITUDE SANS PARACHUTE**

Le 30 juillet 2016, Luke Aikins (US) a sauté d'un avion à l'altitude de 7 620 m sans parachute, ou wingsuit, à l'occasion d'une cascade baptisée « Saut du ciel ». Il a atterri dans un filet de 9,2 m², dans la Simi Valley, au sud de la Californie (US). Il a préparé ce saut de 3 min pendant 1 an et demi, et utilisé un GPS pour tomber dans le filet. Cet exploit a été retransmis en direct par Fox television.

▲ **LE PLUS DE PAYS VISITÉS À VÉLO EN 24 H (ÉQUIPE)**

Le 2 octobre 2016, les pilotes James van der Hoorn (ci-dessus, à gauche) et Thomas Reynolds (ci-dessus, à droite, tous 2 GB) ont traversé à vélo 7 pays (la Croatie, la Slovénie, la Hongrie, l'Autriche, la Slovaquie, la République tchèque et la Pologne) en 24 h pour une œuvre caritative.

Le 9 août 2010, Van der Hoorn et Iain Macleod (GB) ont visité **le plus de pays en 24 h en voyageant à bord d'un aéronef à voilure fixe** (11).

L'équipe mixte la plus rapide pour relier à pied Land's End à John o'Groats

L'équipe FFJogle2016 (GB) a traversé le Royaume-Uni dans sa longueur en 4 jours, 18 h et 2 min, du 23 au 27 mars 2016. Les 12 coéquipiers, qui ont relevé ce défi pour une œuvre charitable, se sont divisés en deux groupes : « Nightswatch » courait la nuit et « Days of Thunder » le jour.

Le tour d'Australie à vélo le plus rapide

Reid Anderton (AU) a parcouru à vélo 14 178 km, en 37 jours, 1 h et 18 min, du 10 mars au 15 avril 2013.

Le plus long voyage sur un vélo amphibie

Du 22 novembre 2014 au 29 janvier 2015, Ebrahim Hemmatnia (NL/IR) a traversé l'Atlantique (2 371 km) en pédalant sur l'eau.

▲ **LE PLUS LONG VOYAGE PIEDS NUS**

Du 1ᵉʳ mai au 12 août 2016, Eamonn Keaveney (IE) a parcouru 2 080,14 km pieds nus. Son objectif était de lever des fonds et de faire connaître la Pieta House, centre de prévention contre le suicide. Parti de Claremorris (Comté de Mayo, IE), l'instituteur a fait le tour du pays sans chaussures, bravant la pluie, les épines, la circulation et la douleur. Il est revenu à son point de départ 103 jours plus tard.

La traversée de la Manche la plus rapide dans un voilier monocoque

Le 24 novembre 2016, Phil Sharp (GB) a quitté Cowes (île de Wight, GB), à 06:38:27 UTC (Temps universel coordonné). Il a traversé la Manche sans escale et en solitaire en 9 h, 3 min et 6 s, franchissant la ligne d'arrivée à Dinard (FR), à 15:41:33 UTC. Il a navigué à la vitesse moyenne de 28,24 km/h, à bord de son voilier *Imerys* de 12,19 m, battant le record établi par Jean Luc Van Den Heede (FR), en novembre 2004, qui était de 12 h, 1 min et 31 s. Ce record a été homologué par le World Sailing Speed Record Council.

▲ **LA PLUS GRANDE DISTANCE À VÉLO EN 1 AN**

Le 5 avril 2017, le 326ᵉ jour d'une année consacrée à ce record homologué par l'UltraMarathon Cycling Association, Amanda Coker (US) a battu le record (122 432,4 km) détenu par Kurt Searvogel (US) depuis le 9 janvier 2016. À la fin de ce 326ᵉ jour, elle avait parcouru à vélo 122 686,56 km. Fait incroyable, alors qu'il ne lui restait plus que 39 jours de course, elle a redoublé de vitesse, parcourant 376,2 km par jour.

▶ **LE PLUS LONG PARCOURS À LA VOILE EN 24 H, SEUL DANS UN MONOCOQUE**

Entre 7 h 00 (UTC), le 15 janvier, et 7 h 00, le 16 janvier 2017, Alex Thomson (GB) a parcouru 536,81 milles nautiques (994,17 km), à bord de son monocoque *Hugo Boss* de 18,28 m. Tentant de rattraper le leader du Vendée Globe (tour du monde à la voile), Armel Le Cléac'h, il a navigué à la vitesse moyenne de 41,41 km/h, mais n'a fini qu'à la 2ᵉ place.

Le record d'Alex Thomson est d'autant plus impressionnant qu'il l'a établi alors que le vent était très changeant à proximité de la côte espagnole et qu'il avait cassé son foil tribord plus tôt.

Les plus hauts...

Si vous avez le vertige, tournez la page! Ici, nous rendons hommage à tout ce qui est élevé et vertigineux, des bâtons-sauteurs aux requins sauteurs et aux vagues démesurées en passant par une maison située au-delà de la stratosphère. Prêt à quitter le sol ?

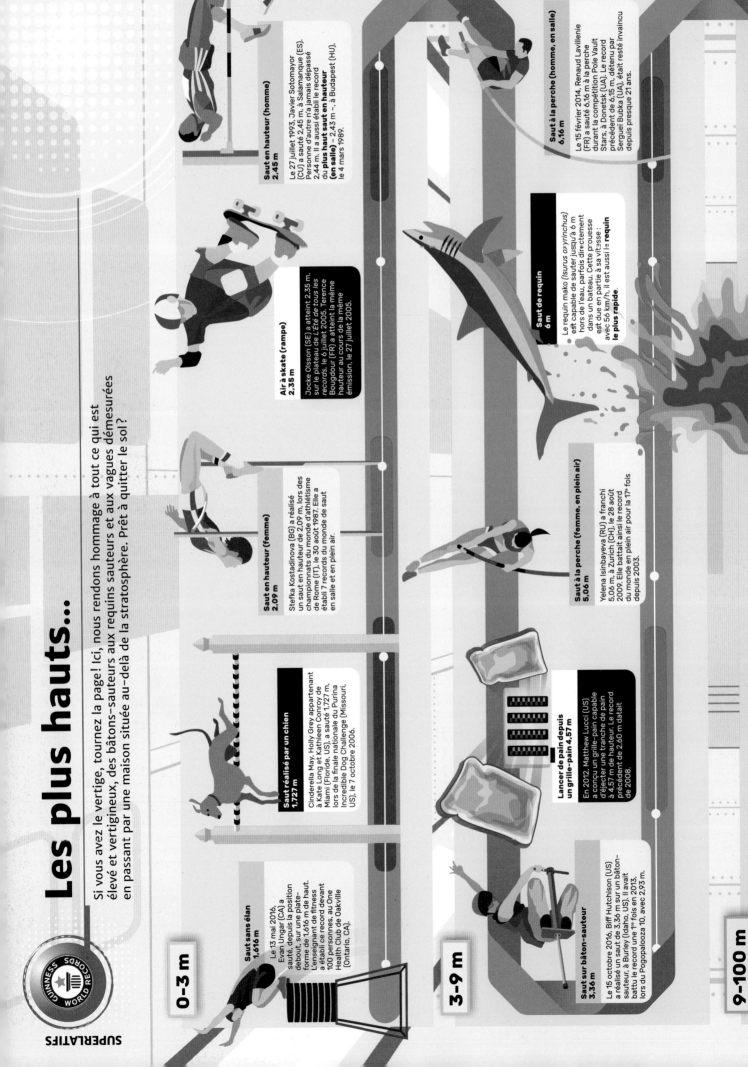

GUINNESS WORLD RECORDS

0-3 m

Saut sans élan
1,616 m

Le 13 mai 2016, Evan Ungar (CA) a sauté, depuis la position debout, sur une plate-forme de 1,616 m de haut. L'enseignant de fitness a établi le record devant 100 personnes, au One Health Club de Oakville (Ontario, CA).

Saut réalisé par un chien
1,727 m

Cinderella May, Holly Grey appartenant à Kate Long et Kathleen Conroy de Miami (Floride, US), a sauté 1,727 m, lors de la finale nationale du Purina Incredible Dog Challenge (Missouri, US), le 7 octobre 2006.

Saut en hauteur (femme)
2,09 m

Stefka Kostadinova (BG) a réalisé un saut en hauteur de 2,09 m, lors des championnats du monde d'athlétisme de Rome (IT), le 30 août 1987. Elle a établi 7 records du monde de saut en salle et en plein air.

Air à skate (rampe)
2,35 m

Jocke Olsson (SE) a atteint 2,35 m, sur le plateau de *L'Été de tous les records*, le 6 juillet 2005. Terence Bougdour (FR) a atteint la même hauteur au cours de la même émission, le 27 juillet 2005.

Saut en hauteur (homme)
2,45 m

Le 27 juillet 1993, Javier Sotomayor (CU) a sauté 2,45 m, à Salamanque (ES). Personne d'autre n'a jamais dépassé 2,44 m. Il a aussi établi le record du **plus haut saut en hauteur (en salle)** – 2,43 m –, à Budapest (HU), le 4 mars 1989.

3-9 m

Saut sur bâton-sauteur
3,36 m

Le 15 octobre 2016, Biff Hutchison (US) a réalisé un saut de 3,36 m sur un bâton-sauteur, à Burley (Idaho, US). Il avait battu le record une 1re fois en 2013, lors du Pogopalooza 10, avec 2,93 m.

Lancer de pain depuis un grille-pain 4,57 m

En 2012, Matthew Lucci (US) a conçu un grille-pain capable de déjecter une tranche de pain à 4,57 m de hauteur. Le record précédent de 2,60 m datait de 2008.

Saut à la perche (femme, en plein air)
5,06 m

Yelena Isinbayeva (RU) a franchi 5,06 m, à Zurich (CH), le 28 août 2009. Elle battait ainsi le record du monde en plein air pour la 17e fois depuis 2003.

Saut de requin
6 m

Le requin mako *(Isurus oxyrinchus)* est capable de sauter jusqu'à 6 m hors de l'eau, parfois directement dans un bateau. Cette prouesse est due en partie à sa vitesse : avec 56 km/h, il est aussi **le requin le plus rapide**.

Saut à la perche (homme, en salle)
6,16 m

Le 15 février 2014, Renaud Lavillenie (FR) a sauté 6,16 m à la perche durant la compétition Pole Vault Stars, à Donetsk (UA). Le record précédent de 6,15 m, détenu par Sergueï Bubka (UA), était resté invaincu depuis presque 21 ans.

9-100 m

**Traversée de corde à vélo
72,5 m**

Le 28 août 2010, Nik Wallenda (US) a parcouru plus de 30 m à vélo sur une corde tendue à 72,5 m du sol entre les Royal Towers de l'hôtel Atlantis Paradise Island de Nassau (BS).

**Chute dans une cage d'ascenseur sans décès
70 m**

Stuart Jones (NZ) a survécu à une chute de 23 étages (70 m) dans une cage d'ascenseur, dans le bâtiment Midland Park de Wellington (NZ), en mai 1998.

Vague de hauteur significative mesurée par une bouée 19 m

En décembre 2016, les scientifiques de l'Organisation météorologique mondiale ont validé une vague de 19 m, enregistrée dans l'océan Nord-Atlantique, entre l'Islande et la Grande-Bretagne, le 4 février 2013.

**Montagne
8 848 m**

Des études indiennes et chinoises ont confirmé l'altitude officielle de l'Everest dans l'Himalaya : 8 848 m. Ce sommet, qui doit son nom au colonel sir George Everest, arpenteur général des Indes, est le point le plus haut sur Terre.

**Saut de BASE jump
7700 m**

Le 5 octobre 2016, Valery Rozov (RU) a sauté d'une altitude d'environ 7 700 m, depuis le Cho Oyu, la 6ᵉ plus haute montagne de l'Himalaya, à la frontière entre la Chine et le Népal. Il a chuté pendant environ 90 s avant d'ouvrir son parachute et d'atterrir sur un glacier 2 min plus tard.

**Maison
330 000 m**

La *Station spatiale internationale* (*ISS*) gravite entre 330 000 et 410 000 m au-dessus de la Terre. Elle accueille généralement 6 habitants à la fois.

**Chute libre en parachute
41 422 m**

Le 24 octobre 2014, Alan Eustace (US) s'est détaché d'un ballon à hélium à 41 422 m d'altitude au-dessus de Roswell (Nouveau-Mexique, US).

**Nuages stratosphériques
25 000 m**

Composés de cristaux de glace, d'eau ultra-froide et d'acide nitrique, les nuages nacrés ou stratosphériques polaires se forment entre 21 000 et 25 000 m d'altitude.

**Lancer de pancake
9,47 m**

Le 13 novembre 2010, Dominic Cuzzacrea (US) a lancé un pancake à 9,47 m de haut, dans le centre commercial Walden Galleria de New York (US). Il détient aussi le record du **marathon le plus rapide tout en retournant des pancakes** (3 h, 2 min et 27 s), le 24 octobre 1999.

**Plongeon en eau peu profonde
11,56 m**

Professor Splash, alias Darren Taylor (US), a plongé d'une hauteur de 11,56 m dans 30 cm d'eau durant *CCTV – Guinness World Records Special*, à Xiamen (CN), le 9 septembre 2014.

100-10 000 m

**Ligne ferroviaire
4 000 m**

La ligne ferroviaire Qinghai-Tibet est en grande partie située à 4 000 m au-dessus du niveau de la mer, avec un point culminant à 5 072 m. Inaugurée en 2006, elle mesure 1 956 km. Les cabines passagers sont pressurisées et dotées de masques à oxygène.

**Montagne non gravie
7 570 m**

Avec ses 7 570 m, le Kangkar Pünzum (BT) est le 40ᵉ plus haut sommet du monde et la plus haute montagne non gravie par l'être humain. Après plusieurs tentatives dans les années 1980, l'escalade a été interdite en 1994.

**Capitale
3 631 m**

La Paz, la capitale administrative de la Bolivie, est située à 3 631 m au-dessus du niveau de la mer. La capitale juridique, Sucre, est située à 2 810 m d'altitude, ce qui la place derrière la capitale équatorienne, Quito, avec ses 2 850 m.

**Vol de montgolfière
21 027 m**

Le 26 novembre 2005, le Dr Vijaypat Singhania (IN) a atteint l'altitude de 21 027 m dans une montgolfière Cameron Z-1600 au-dessus de Bombay (IN).

**Vol dans un planeur
15 460 m**

Steve Fossett (US) a piloté un planeur à 15 460 m au-dessus d'El Calafate (AR), le 29 août 2006. L'aventurier, détenteur de nombreux records, a disparu l'année suivante alors qu'il pilotait un avion léger au-dessus du désert du Grand Bassin, entre le Nevada et la Californie (US).

> 10 000 m

**Oiseau en vol
11 300 m**

Le 29 novembre 1973, un vautour de Rüppell (*Gyps rueppelli*) a percuté un avion commercial à 11 300 m au-dessus d'Abidjan (CI). Ce rapace est rarement repéré au-delà de 6 000 m.

Société

Trump a remporté les élections en obtenant 304 voix de grands électeurs, contre 227 pour Clinton. C'est toutefois Clinton qui a remporté le « vote populaire » avec 65 853 625 voix contre 62 985 106 pour Trump.

◀ L'ÉLECTION LA PLUS COÛTEUSE

Les élections présidentielles américaines de 2016 constituent l'un des événements politiques les plus importants des dernières années, pas seulement aux États-Unis, mais aussi dans le monde entier. Selon le Center for Responsive Politics, le coût total des élections a atteint 6,6 milliards de $. Ajustée en fonction de l'inflation, cette somme représente 86,5 millions de $ de plus que les dépenses des élections de 2012.

Dans le cadre de leur campagne, les candidats Donald Trump (républicain) et Hillary Clinton (démocrate) ont participé au **débat présidentiel le plus regardé** (photo), suivi par 84 millions de téléspectateurs rien qu'aux États-Unis. Organisé le 26 septembre 2016, ce débat (le 1er d'une série de 3) a battu le record de 80,6 millions de téléspectateurs établi par Jimmy Carter et Ronald Reagan en 1980.

Après avoir remporté les élections, Trump et son comité d'investiture ont rassemblé 90 millions de $ pour couvrir les coûts de la cérémonie d'investiture – **l'investiture présidentielle la plus onéreuse** – qui s'est tenue au Capitole, à Washington (US), le 20 janvier 2017 (voir p. 146).

Politique et superpouvoirs

Franklin D. Roosevelt est le seul président américain à avoir effectué 4 mandats (1933-1945). Aujourd'hui, la Constitution des États-Unis en limite le nombre à 2.

▲ LA PLUS GRANDE DIVULGATION DE DOCUMENTS SECRETS
En avril 2016, un ensemble de documents de la base de données interne du cabinet d'avocats panaméen Mossack Fonseca a été divulgué, révélant l'existence d'actifs offshore occultes de 140 hommes politiques, fonctionnaires et sportifs. La fuite, représentant plus de 11 millions d'enregistrements sur 40 ans, est plus de 1 500 fois supérieure aux données dévoilées en 2010 par WikiLeaks.

Le 1er hactivisme politique
« L'hactivisme » est une protestation passant par les réseaux informatiques visant à atteindre un objectif politique. Le 1er hactivisme recensé s'est produit en octobre 1989, lorsque les ordinateurs de la NASA et du département américain de l'Énergie ont été hackés par un ver informatique appelé « Worms Against Nuclear Killers » (ver contre les criminels nucléaires).

Le plus de peines commuées par un président américain
Lorsque son mandat prit fin le 20 janvier 2017, Barack Obama avait accordé des mesures de clémence à 1 715 prisonniers. Le 19 janvier 2017, il signait 330 commutations de peine. Selon son tweet : « L'Amérique est le pays de la seconde chance, et ces 1 715 personnes la méritaient. »

L'investiture présidentielle la plus coûteuse
Le comité d'investiture de Donald Trump a rassemblé 90 millions de $ pour couvrir les coûts de son investiture le 20 janvier 2017 – plus du double du président Obama en 2013. Parmi les dons, citons 1 million de $ de Boeing, Dow Chemical et Bank of America.

Le chef d'État non couronné le plus longtemps au pouvoir
Fidel Alejandro Castro Ruz, alias Fidel Castro (CU, né le 13 août 1926), s'est éteint le 25 novembre 2016. Il a dirigé Cuba pendant 49 ans et 3 jours, en tant que Premier ministre (1959-1976), puis président (1976-2008). En 2006, Fabián Escalante, un des gardes du corps de Fidel Castro, a annoncé que Castro avait essuyé 638 tentatives d'assassinat dans sa vie – **le plus d'assassinats manqués**.

La plus longue présence au pouvoir d'un parti politique
Fondé en 1929, et élu la même année, le Parti révolutionnaire institutionnel (PRI) du Mexique est resté au pouvoir jusqu'en 2000, soit 71 ans. Initialement appelé Parti révolutionnaire national, il a adopté le nom de Parti de la révolution mexicaine en 1938, puis son nom actuel en 1946.

La présidence la plus brève
Pedro Lascuráin a dirigé le Mexique pendant 1 h, le 19 février 1913. Il était le successeur légal du président Madero, destitué puis assassiné le 22 février 1913. Le vice-président du Mexique étant alors en état d'arrestation, Lascuráin a prêté serment, nommé le général Victoriano Huerta comme successeur, puis démissionné.

La reine a un 2e anniversaire « officiel » en juin ! Elle suit la tradition, lancée en 1748 par George II, qui estimait qu'il ferait trop froid pour la parade en novembre, mois de sa naissance. Il a donc décidé d'organiser un autre anniversaire en été !

Q : Quels importants événements politiques les pséphologues étudient-ils ?

R : Les élections.

Le Premier ministre le plus riche
Selon Forbes, Silvio Berlusconi (IT) possédait une fortune estimée à 11 milliards de $ en 2005. Selon certaines rumeurs, Vladimir Poutine, ancien Premier ministre et actuel président de la Russie, détiendrait des actifs estimés à 70 milliards de $, mais Forbes ne peut en apporter la preuve.

Le plus grand Parlement (corps législatif)
L'Assemblée nationale populaire de Chine (ANP) compte 2 987 membres. Ils se réunissent une fois par an au Palais de l'Assemblée du peuple à Pékin. Ses membres sont élus pour 5 ans par les assemblées populaires, municipales, régionales et provinciales, ainsi que par l'Armée populaire de libération (APL).

Le dirigeant le plus grand du monde
Filip Vujanović est devenu président du Monténégro en mai 2003. Mesurant 1,96 m, il est le plus grand président de l'histoire (en date de 2016). Ancien Premier ministre du Monténégro, il a été élu président lors de l'indépendance de son pays, avant d'être réélu en 2008 et en 2013.

Le dirigeant le plus petit du monde était Benito Juárez, président du Mexique de 1858 à 1872 : il ne mesurait que 1,37 m !

LES PLUS JEUNES...

« Baby of the House »
« Baby of the House » est le titre non officiel donné au plus jeune membre du corps parlementaire britannique, mais aussi dans d'autres pays. En 2010, Anton Abele (SE, né le 10 janvier 1992) a été élu député de Suède à 18 ans et 277 jours.

Chef d'État (actuel)
Kim Jong-un a pris la tête de la Corée du Nord le 17 décembre 2011, suite au décès de son père Kim Jong-il. Si l'âge exact de Jong-un n'a jamais été confirmé, il aurait eu 27 ans lors de sa prise de pouvoir.

Monarque dirigeant
Rukirabasaija Oyo Nyimba Kabamba Iguru Rukidi IV, appelé roi Oyo (né le 16 avril 1992), avait 3 ans lorsqu'il a accédé au pouvoir dans le royaume ougandais de Toro en 1995. Il règne aujourd'hui sur 3 % de la population ougandaise (33 millions). Son rôle est largement symbolique, le pays étant dirigé par un président élu.

◀ LE MONARQUE AU POUVOIR À LA LONGÉVITÉ RECORD
Sa Majesté la reine Élisabeth II a accédé au trône de Grande-Bretagne le 6 février 1952 et a régné sans interruption pendant 65 ans et 57 jours au 4 avril 2017. Le rôle de la reine est avant tout symbolique, car elle n'exerce pas de pouvoirs politiques. Avec la Grande-Bretagne, plus de 139 millions d'habitants des 57 États du Commonwealth, dont l'Australie et le Canada, reconnaissent la reine en tant que monarque – **le plus de pays gouvernés simultanément par le même chef d'État**.

FEMMES CHEFS DE GOUVERNEMENT
Femmes nommées ou élues chef de gouvernement :

Allemagne : Angela Merkel

Bangladesh : Sheikh Hasina

Norvège : Erna Solberg

Namibie : Saara Kuugongelwa

Pologne : Beata Szydło

Myanmar : Aung San Suu Kyi

Grande-Bretagne : Theresa May

FEMMES CHEFS D'ÉTAT
Femmes nommées ou élues chef d'État dans un régime présidentiel :

Liberia : Ellen Johnson Sirleaf

Suisse : Doris Leuthard

Lituanie : Dalia Grybauskaité

Chili : Michelle Bachelet

Malte : Marie-Louise Coleiro Preca

Croatie : Kolinda Grabar-Kitarović

Île Maurice : Ameenah Gurib

Népal : Bidhya Devi Bhandari

Îles Marshall : Hilda Heine

Taïwan : Tsai Ing-wen

Estonie : Kersti Kaljulaid

Informations actualisées le 23 mars 2017

▲ LE PLUS DE FEMMES PREMIERS MINISTRES

En comptant les Premières ministres par intérim, la Norvège a connu 3 femmes à cette fonction : Gro Harlem Brundtland à 3 reprises (4 fév. 1981–4 oct. 1981, 9 mai 1986–16 oct. 1989, et 3 nov. 1990–25 oct. 1996) ; Anne Enger Lahnstein par intérim pendant la maladie de Kjell Magne Bondevik (30 août 1998–23 sept. 1998) ; enfin, Erna Solberg (ci-dessus), élue le 16 oct. 2013 et qui occupait toujours la fonction au 8 mai 2017.

▲ LE PLUS DE MEMBRES D'UN PARTI POLITIQUE

Le Bharatiya Janata Party (BJP), en Inde, revendique 100 millions de membres en date de juillet 2015. Issu du Bharatiya Jana Sangh (fondé en 1951), il a été établi comme parti politique en 1980. Sous la direction du Premier ministre Narendra Modi, ce parti politique de droite a dépassé le Parti communiste chinois, qui revendiquait 86 millions de membres à la même date.

▲ LE PLUS JEUNE MEMBRE DE CABINET

À 22 ans, Shamma bint Suhail bin Faris Al Mazrui a été nommée ministre d'État de la Jeunesse, au sein du cabinet de Sheikh Mohammed bin Rashid Al Maktoum (AE), en février 2016. Elle est aussi présidente du Conseil pour la jeunesse. Sheikh Mohammed s'est exprimé dans un tweet : « La jeunesse représentant la moitié de nos sociétés arabes, il est logique de leur donner la parole et un rôle dans le gouvernement de la nation. »

▲ LE MEMBRE DU PARLEMENT BRITANNIQUE LE PLUS JEUNE (ACTUEL)

Mhairi Black (née le 12 septembre 1994, GB) a été élue au Parlement anglais pour la circonscription Paisley and Renfrewshire South en 2015, à 20 ans et 237 jours. Représentant le Parti national écossais, Black a récolté 23 548 votes – une augmentation de 32,9 % pour un siège précédemment occupé par le Parti travailliste.

▲ LA PLUS LONGUE PRÉSENCE AU POUVOIR D'UN PRÉSIDENT TOUJOURS EN PLACE

Teodoro Obiang Nguema Mbasogo (né le 5 juin 1942) est président de la Guinée équatoriale depuis 1979, après avoir évincé son oncle et pris le pouvoir de ce pays d'Afrique centrale riche en pétrole. Mbasogo (photographié ci-dessus lors d'une visite en Espagne en 1982) se maintient au pouvoir par des élections que ses opposants jugent contrôlées. Le 24 avril 2016, il a prolongé son règne de 37 ans après avoir obtenu 90 % des voix dans le cadre d'élections.

▲ LE PLUS DE UNES DU MAGAZINE *TIME* (FEMME)

Hillary Clinton avait fait 23 ouvertures du magazine *Time*, à décembre 2016. L'ancienne First Lady et candidate démocrate aux présidentielles 2016 a fait sa 1re couverture le 14 septembre 1992, la plus récente datant du 15 février 2016 (ci-dessus, à droite).

Depuis la 1re publication du magazine, le 3 mars 1923, **le plus de unes du *Time*** est de 55, détenu par le 37e président des États-Unis, Richard Nixon (ci-dessus, à gauche).

▲ LE PLUS DE DEMANDES D'ASILE POLITIQUE REÇUES PAR UN PAYS

Selon le Pew Research Center (US), l'Allemagne a reçu 442 000 demandes d'asile en 2015. Le nombre de demandeurs d'asile auprès des 28 membres de l'Union européenne était de 1,3 million. Environ la moitié des réfugiés étaient issus de l'un des 3 pays – Syrie, Afghanistan et Irak – souffrant du déplacement de milliers de personnes en raison de guerres, dont les guerres civiles (voir ci-contre).

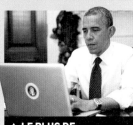

▲ LE PLUS DE FOLLOWERS SUR TWITTER POUR UN HOMME POLITIQUE

Au 25 janvier 2017, l'ancien président américain Barack Obama (US, @BarackObama) comptait 83 313 483 followers sur le réseau social. Obama arrive 3e, derrière les pop-stars Katy Perry (95 millions de followers) et Justin Bieber (91 millions).

▲ LE PAYS LE PLUS PACIFIQUE

Selon le Global Peace Index 2016, l'Islande est le pays le plus pacifique, avec un score de 1 192, devant le Danemark, 1 246. L'Islande détient la 1re place depuis 2011. Ce score tient compte d'indicateurs tels que les conflits internes et externes, la sûreté et la sécurité dans la société et la militarisation.

▼ LE PAYS LE MOINS PACIFIQUE

Selon le Global Peace Index 2016, publié par l'Institute for Economics and Peace, le pays le moins pacifique serait la Syrie, avec un score de 3 806. Ce pays du Moyen-Orient est secoué par une guerre civile depuis 2011, qui a conduit à la destruction de villes comme Alep (ci-contre). L'Observatoire syrien des droits de l'homme a estimé à 313 000 le nombre de victimes de la guerre, à janvier 2017.

Argent et économie

Selon Oxfam, la fortune des 1 % les plus riches du monde équivaut à la richesse des 99 % de la population mondiale restante.

La marque à la croissance la plus rapide

Selon Interbrand, Facebook (US) a connu une augmentation de son chiffre d'affaires de 48 % en 2016 – plus que tout autre société. Il est passé de 5,09 milliards $ pour l'année fiscale (financière) se terminant le 12 décembre 2012, à 17,93 milliards $ pour l'année fiscale 2015.

▲ LE BUDGET SANTÉ LE PLUS ÉLEVÉ (PAYS)

Selon l'Organisation mondiale de la Santé, les États-Unis dépensent 17,1 % de leur PIB dans la santé (secteurs privés et publics). Le produit intérieur brut (PIB) représente tous les biens et services produits par un pays. Le Timor oriental était le **pays au budget santé le plus faible** par rapport à son PIB, avec 1,5 %, selon la même source.

L'économie la plus innovante

L'Indice mondial de l'innovation 2016 attribue un score de 66,28 à la Suisse. L'indice est compilé par l'Organisation mondiale de la propriété intellectuelle, Cornell University (US) et l'Institut européen d'administration des affaires, une école de management. Les pays sont classés à l'aide de 82 indicateurs définissant la créativité et le progressisme de leurs politiques économiques.

La société la plus égalitaire

Bien que les sociétés scandinaves comme le Danemark, la Norvège et la Suède soient souvent présentées comme les plus égalitaires, selon des chiffres récents de la Banque mondiale (pour 2015), l'Ukraine est le pays dans lequel l'écart entre riches et pauvres est le plus faible. L'Ukraine affiche un coefficient de Gini de 0,25 – ce coefficient est la mesure la plus couramment utilisée pour évaluer les inégalités de revenus. 1 signifie l'inégalité parfaite (1 individu possède toutes les richesses) et 0 signifie l'égalité parfaite (tous les habitants ont le même revenu).

Selon la même source, en 2015, l'Afrique du Sud affichait un coefficient de 0,65 : c'est la **société la plus inégalitaire**.

L'écart hommes-femmes le plus faible

L'Indice mondial de l'écart entre les sexes 2015 du Forum économique mondial mesure l'inégalité entre les sexes de 0 (inégalité absolue) à 1 (égalité absolue). Selon cet indice, l'Islande est le pays du monde souffrant du moins d'inégalités entre les genres, avec un indice de 0,881. Ce chiffre est basé sur 4 indicateurs liés au traitement des femmes : chances et participation à l'économie, accès à l'éducation, santé, longévité, pouvoir politique. Pour l'**écart entre les genres le plus important**, voir page ci-contre.

En 2010, les milliardaires Warren Buffett et Bill et Melinda Gates ont créé le Giving Pledge, qui encourage les plus riches à promettre de faire don de plus de la moitié de leur richesse aux œuvres de charité.

Q : Dans quel pays vivent 46 % des millionnaires ?

R : Aux États-Unis, selon le Global Wealth Report 2015 du Crédit Suisse

La plus grosse société (actifs)

Selon Forbes, en 2016, la Banque industrielle et commerciale de Chine disposait d'actifs à hauteur de 3 420 milliards $. Ce chiffre reflète la façon dont les actifs de la banque sont évalués dans ses propres comptes ou rapports financiers.

En 2015, Walmart Stores (US) restait la **plus grosse société en termes de ventes** pour la 3e année consécutive, avec 482,1 milliards $ de chiffre d'affaires cette année-là.

La plus grosse agence de pub (revenus)

Selon l'Ad Age Agency Report de 2016, la société WPP (GB) est la plus grosse agence de publicité, avec un chiffre d'affaires de 18,693 milliards $ en 2015. WPP emploie 179 000 personnes dans 111 pays.

LES PLUS ÉLEVÉS...

Revenus annuels pour un P.D.G. (actuel)

Selon Forbes, du 1er juin 2015 au 1er juin 2016, John Hammergren (US) était le P.D.G. le mieux payé au monde avec 131,19 millions $ par an. Il dirige l'entreprise pharmaceutique et médicale McKesson Corporation (US).

Dépenses

Le gouvernement américain dépense plus que tout autre pays, selon le CIA World Factbook : 3 893 milliards $ en 2016, soit 17 % des dépenses mondiales.

Les États-Unis disposent en outre des **revenus les plus élevés** – environ 3 363 milliards $ en 2016, selon la même source, principalement générés par les impôts et les taxes.

Croissance économique

Selon les données de la Banque mondiale, l'Irlande pouvait se targuer d'une croissance de 26 % en 2015, partiellement liée à une nette augmentation des investissements étrangers.

Le Yémen est le pays ayant connu la **plus faible croissance économique** en 2015. Son PIB a chuté de 28,1 % cette année-là, selon le même rapport.

Dépenses dans l'éducation

Selon les derniers chiffres de The Economist, la Lituanie investirait environ 18 % de son PIB dans l'éducation. Cuba arriverait en 2e position, avec un peu plus de 12 %. Selon la même source, le Soudan afficherait le **plus faible niveau de dépenses dans l'éducation**, avec environ 0,8 % du PIB.

◄ LA PERSONNE LA PLUS RICHE

Selon Forbes, le milliardaire Bill Gates (US) était l'homme le plus riche du monde en avril 2017. Sa fortune est estimée à 86,9 milliards $. Il a été le contemporain le plus riche du monde entre 1995 et 2007, puis en 2009, et il conserve ce titre depuis 2014.

Le 1er juin 2016, Forbes consacrait Liliane Bettencourt (FR, encart), l'une des principales actionnaires de L'Oréal, **femme la plus riche du monde**, avec un patrimoine estimé à 32,3 milliards €. Elle détient toujours ce record, malgré des pertes de 3,5 milliards € l'année précédente, lors de la chute des actions L'Oréal.

Le rapport d'évaluation des marques d'Interbrand classe les sociétés en fonction de critères spécifiques, dont les performances financières, la croissance de la marque et l'influence du nom de la marque sur l'achat.

▲ **L'ÉCONOMIE LA PLUS FORTE**

Selon l'International Monetary Fund World Economic Outlook, les États-Unis ont le PIB le plus élevé du monde, avec 18 561 milliards $ (estimation), en octobre 2016. Cela représente 24,7 % du PIB mondial. La Chine arrive en 2e position avec 11 391 milliards $ (estimation) et le Japon au 3e rang avec 4 730 milliards $ (estimation). Ensemble, ces 3 pays produisent 46 % du PIB mondial.

▲ **LE COÛT DE LA VIE LE PLUS BAS**

Numbeo.com, une base de données mondiale générée par les utilisateurs, a attribué la valeur de 22,36 à l'Égypte dans son Indice du coût de la vie, pour décembre 2016 : c'est le plus faible du monde. Les pays sont classés en fonction du coût relatif permettant de mener un style de vie international. Les prix de New York servent de base, les États-Unis ayant une valeur de 100. Les autres pays sont classés en fonction de ce chiffre.

▲ **LE COÛT DE LA VIE LE PLUS ÉLEVÉ**

Selon une étude menée par Numbeo.com en 2017, ce sont les Bermudes qui ont le coût de la vie le plus élevé, avec une valeur de 146,19. Les épiceries sont estimées 39,55 % plus chères aux Bermudes qu'à New York. Les restaurants sont 51,39 % plus onéreux et les loyers 4,76 % plus élevés. Cependant, le pouvoir d'achat moyen des Bermudiens est 8,35 % inférieur à celui des New-Yorkais.

▲ **LE PLUS GRAND FOSSÉ ENTRE LES SEXES (PAYS)**

Le Yémen est le pays connaissant la plus grande inégalité hommes-femmes, selon l'Indice mondial de l'écart entre les sexes 2015 du Forum économique mondial, avec une valeur de 0,484. Sur 145 pays, le Yémen est classé 145e en termes de chances et de participation à l'économie, 142e pour l'accès à l'éducation, 123e pour la santé et la longévité et 140e en matière de pouvoir politique.

▲ **LA PLUS GRANDE BANQUE**

Détenue par le gouvernement, la Banque industrielle et commerciale de Chine (ICBC) a été fondée en tant que société à responsabilité limitée en 1984. Selon Forbes, elle détenait des actifs d'une valeur de 3 616 milliards $ en 2016, ce chiffre reflétant leur valeur marchande. Parmi ses clients, ICBC compte 490 millions de particuliers et 5 320 entreprises, avec des branches en Asie, en Europe, en Amérique et en Océanie.

▲ **LE LIBÉRALISME ÉCONOMIQUE LE PLUS FORT**

En 2016, Hong Kong possédait l'économie la plus libérale du monde, avec une note de 88,6 attribuée par Heritage Foundation. À noter toutefois une baisse d'un point par rapport à 2015. Ce classement tient compte de facteurs tels qu'une régulation efficace, des mesures anticorruption, la transparence du gouvernement et l'incitation à l'esprit d'entreprise. Singapour le talonne avec 87,8.

◄ **LE PIB PAR HABITANT LE PLUS FAIBLE**

Les plus pauvres du monde sont les Burundais, selon les derniers chiffres de la Banque mondiale, avec un PIB par habitant de 277,10 $.

En excluant les petites principautés telles que Monaco et le Liechtenstein, les **gens les plus riches** vivent au Luxembourg, selon le Fond monétaire international (FMI). Ce pays affichait un PIB de 105 829 $ par habitant, en octobre 2016.

▲ **LES DÉPENSES LES PLUS ÉLEVÉES DANS LE DOMAINE DE LA DÉFENSE EN POURCENTAGE DU PNB**

L'Afghanistan (ci-dessous) et Oman ont dépensé chacun 16,4 % de leur PNB pour la défense en 2015, selon *The Economist*. L'Arabie saoudite arrivait en 3e place, avec 13 %.

Le budget de la défense le plus élevé de tous est celui des États-Unis qui ont dépensé $ 596 milliards en 2015, selon les données de L'Institut international de recherche sur la paix de Stockholm (SIPRI). En 2014, il était de $ 587 milliards.

S'il n'avait pas reçu 150 millions $ par Microsoft en 1997, Apple aurait sans doute périclité. Sous la direction de Steve Jobs, la société a renoué avec les bénéfices. En 2011, Apple avait plus de liquidités que le Trésor américain.

▲ **LA PLUS GROSSE SOCIÉTÉ (BÉNÉFICES)**

Le géant américain de la technologie Apple est la plus grosse société du monde, avec 53,7 milliards $ de bénéfices par an, au 22 avril 2016. Pour la 2e année consécutive, Apple caracolait dans le top 10 du Fortune 500, le classement des 500 entreprises aux plus gros chiffres d'affaires.

Crime et châtiment

Selon des analystes de marché, le coût mondial de la cybercriminalité en 2019 dépassera 2,1 billions de dollars.

Le 1er harceleur de célébrité
Edward Jones (GB) a suivi la reine Victoria de 1838 à 1841, entrant à plusieurs reprises dans le palais de Buckingham pour l'épier et lui voler ses sous-vêtements. Contraint de servir dans la Royal Navy, « boy Jones » finit par s'installer en Australie, où il est devenu le crieur public de Perth.

Le bourreau à la carrière la plus longue
William Calcraft (GB) a travaillé en tant que bourreau pendant 45 ans, de 1829 à 1874. Il a officié à la plupart des pendaisons de la prison Newgate de Londres (GB).

Le pirate des mers le plus riche
Samuel Bellamy, surnommé Black Sam, est né en Angleterre en 1689. En 2 ans, de 1715 à 1717, il a piraté une cinquantaine de navires dans les Caraïbes et l'Atlantique et amassé une fortune équivalant à 135 millions de $. Après avoir pris le navire négrier *Whydah*, Bellamy a péri lors de son naufrage, le 26 avril 1717, alors qu'il rentrait au port.

Le coût de la piraterie en mer le plus élevé par an
Selon la Banque mondiale, le coût économique de la piraterie au large de la Somalie, en Afrique de l'Est, s'élève à environ 18 milliards de $ en 2013, dépassant le record précédent de 7 à 11 milliards de $ en 2011.

Plutôt que de perdre navires et équipages, les compagnies de transport maritime et leurs assureurs paient les rançons. En 2010, 238 millions de $ ont ainsi été versés – ce sont **les rançons les plus élevées versées à des pirates en 1 an**. Le coût moyen de chaque incident s'élève à 5,4 millions de $.

La rançon de piraterie la plus élevée
Le supertanker grec *M/T Irene SL*, transportant 2 millions de barils de pétrole, a été attaqué par des pirates somaliens, le 9 février 2011, au large d'Oman. À l'issue de 58 jours de captivité pour les 25 membres d'équipage, une rançon de 13,5 millions de $ a été versée pour assurer le retour du navire.

▲ **LE TAUX DE MEURTRES PAR HABITANT LE PLUS ÉLEVÉ**
Le Honduras a connu 90,4 meurtres pour 100 000 habitants en 2012, selon une étude mondiale publiée par les Nations Unies. Le record absolu (33 817) est détenu par le Nigeria en raison de sa population élevée. Ramené à 100 000 habitants, ce chiffre ne représente « que » 20 assassinats.

Q : Combien de criminels le bourreau William Calcraft a-t-il exécutés ?

R : Environ 450.

Le plus grand vol de diamants
En février 2003, une bande de voleurs a cambriolé le coffre-fort de l'Antwerp World Diamond Centre, s'enfuyant avec plus de 100 millions de $ en diamants, pierres précieuses et autres bijoux. Dirigée par le cerveau Leonardo Notarbartolo, la bande italienne a été arrêtée un peu plus tard. La plupart des diamants n'ont jamais été retrouvés.

Le plus d'enlèvements par pays (par habitant)
Selon des données collectées par l'Office des Nations unies contre la drogue et le crime pour 2014, le Liban a connu 18 371 enlèvements pour 100 000 citoyens. Viennent ensuite la Belgique (9 959 enlèvements), puis le Luxembourg (9 343).

Le groupe rebelle le plus riche
Défini comme organisation terroriste par les Nations unies, Daesh (l'État islamique en Irak et au Levant, EILL) disposait de 2 milliards de $ en 2014, selon Forbes. Une grande partie de cet argent est issu de la vente illégale de pétrole, de la contrebande, de l'extorsion de fonds et de vols. Lors de la prise de contrôle de la ville irakienne de Mossoul en 2014, l'État islamique s'est emparé des fonds de la banque de la ville (300 millions de $).

La prison la plus petite
Avec une population de 600 habitants, l'île de Sercq est la plus petite des 4 principales îles anglo-normandes, situées dans la Manche, dépendant de la Couronne britannique. Construite en 1856, sa prison est prévue pour 2 prisonniers.

La plus grande base de données ADN
Le National DNA Index System (NDIS), base de données répertoriant les profils ADN, a été créé par le FBI en 1994. En avril 2016, elle comptait 12,2 millions de profils génétiques de criminels, 2,6 millions de profils de détenus et 684 000 profils de preuves relevées sur des scènes de crime.

Le plus de criminels identifiés par les portraits-robots d'un artiste
Entre juin 1982 et mai 2016, 751 criminels ont été identifiés et traduits en justice au Texas (US) grâce aux portraits détaillés dessinés par Lois Gibson (US), portraitiste en identification criminelle. Après s'être fait la main en croquant des touristes à San Antonio (Texas, US), elle est entrée au service du département de police de Houston.

Le garage de la police de Dubaï regorge de voitures ultra performantes. Outre la Veyron, citons une Lamborghini Aventador, une McLaren MP4-12C, une Aston Martin One-77 et deux Ferrari FF !

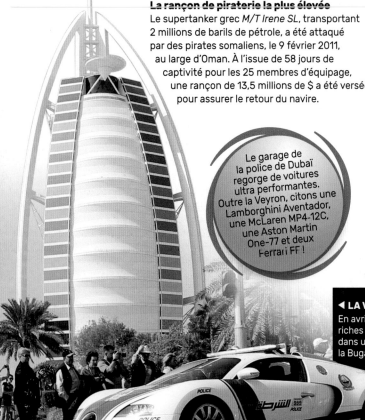

◄ **LA VOITURE DE POLICE EN SERVICE LA PLUS RAPIDE**
En avril 2016, pour être à la hauteur des voitures de sport des riches citoyens, la police de Dubaï a investi 1,6 million de $ dans une des voitures de série les plus puissantes du monde, la Bugatti Veyron. Vitesse de pointe : 407 km/h ; 16 cylindres et 746 kW de puissance ! Son moteur la propulse de 0 à 96,5 km/h en seulement 2,5 s. Elle est encore plus rapide que la Lamborghini Gallardo, autrefois utilisée par la police italienne.

Morts par armes à feu vs morts dus à des actes terroristes
Le taux de mortalité par armes à feu aux États-Unis est bien plus important que celui dû au terrorisme, selon les US Centers for Disease Control and Prevention (CDC).

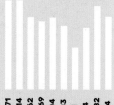

440 095 morts par armes à feu sur le sol américain entre 2001 et 2014

3 412 décès de citoyens américains – aux États-Unis et à l'étranger – en raison d'actes terroristes sur la même période

Sources : CDC, CNN

Nombre d'attaques terroristes (2006-2015)

2006 : 14 371
2007 : 14 414
2008 : 11 662
2009 : 10 969
2010 : 11 604
2011 : 10 283
2012 : 6 771
2013 : 9 964
2014 : 13 482
2015 : 11 774

Le taux de criminalité le plus élevé par habitant (pour 100 000), selon le rapport 2014 de l'Office des Nations unies contre la drogue et le crime

Vol de voitures : 502,8 Uruguay

Cambriolage (vol de biens après effraction) : **1 506,7 Pays-Bas**

Vol (appropriation frauduleuse de biens d'autrui) : **1 529,3 Belgique**

Agression (attaque physique non mortelle d'un individu) : **1 324,7 Grenade**

On a reçu peu d'images de Robert Levinson depuis son enlèvement en 2007. En 2013, sa famille a diffusé des photos montrant Levinson avec une barbe en broussaille, vêtu d'une combinaison orange.

▲ LA RANÇON LA PLUS ÉLEVÉE (ÉPOQUE MODERNE)

Le gangster hongkongais Cheung Tze-keung (alias Big Spender, « le grand dépenser » pour son style de vie fastueux) a reçu 206 millions de $ pour la libération de 2 hommes d'affaires : Walter Kwok et Victor Li, enlevés respectivement en 1997 et en 1996. Cela faisait partie d'un plan audacieux de kidnapping des 10 personnes les plus riches de Hong Kong. Après l'échec du 3e enlèvement, Cheung a été capturé et exécuté en Chine, le 5 décembre 1998.

▲ L'OTAGE DÉTENU LE PLUS LONGTEMPS

Robert Levinson (US), ancien enquêteur du FBI, a été enlevé sur l'île iranienne de Kish, le 9 mars 2007. S'il a prétendu traquer des contrebandiers de cigarettes pour le compte de l'industrie du tabac, il travaillait en réalité pour la CIA. Malgré une récompense de 5 millions de $, sa localisation reste inconnue. Le 6 novembre 2016, cela faisait 9 ans et 242 jours qu'il avait disparu.

▲ LE PLUS DE JOURNALISTES EN PRISON (ANNÉE)

Au 1er décembre 2016, 259 journalistes se trouvaient en prison, selon l'organisation à but non lucratif Committee to Protect Journalists (CPJ). 2016 est donc l'année totalisant le plus de journalistes emprisonnés depuis que le CPJ a commencé ses études en 1990. Ci-dessus, une manifestation contre la Turquie, détentrice du triste record d'emprisonnement de journalistes en 2016.

▲ LE PLUS DE RÉCLUSIONS À PERPÉTUITÉ

Le 19 avril 1995, une bombe a explosé dans un bâtiment fédéral à Oklahoma City (Oklahoma, US), tuant 168 personnes. Au procès fédéral de 1997, Terry Lynn Nichols (US) a été condamné à la détention à vie sans libération conditionnelle pour son rôle dans la planification de l'explosion. En 2004, Nichols a été reconnu coupable de 161 chefs d'accusation de meurtre au 1er degré, ce qui lui a valu une condamnation à 161 détentions à vie consécutives.

▶ LE PLUS DE PRISONNIERS PAR PAYS

Selon l'International Centre for Prison Studies, la population carcérale des États-Unis serait de 2 217 947 (juillet 2016). Vient ensuite la Chine, avec 1 649 804 prisonniers, malgré une population bien plus nombreuse. Les États-Unis comptent 693 prisonniers pour 100 000 personnes, juste derrière les Seychelles (799 prisonniers pour 100 000 habitants).

Le détroit de Malacca relie l'océan Indien au Pacifique. Il est emprunté par un quart des biens marchands.

▼ LE TAUX LE PLUS ÉLEVÉ DE PIRATERIE EN 1 AN

En 2016, l'International Maritime Bureau (IMB) a annoncé que la piraterie était tombée à son plus bas niveau depuis 1998, avec 191 actes de piraterie en pleine mer. À titre de comparaison, 2000 a enregistré 469 attaques de pirates, un record depuis le début des statistiques. Parmi ces attaques, 242 se sont produites en Asie du Sud-Est et dans le détroit de Malacca, entre la Malaisie, l'Indonésie et Singapour. Une augmentation des patrouilles policières et maritimes (ci-contre) sont à l'origine de cette baisse sensible.

Je t'aime... La France envoie 4 fois plus d'émojis de cœur dans ses messages que les autres pays.

LE PLUS GRAND UTILISATEUR DE L'ÉMOJI DE CROTTE

En avril 2015, SwiftKey (GB), développeur du clavier tactile, annonce les résultats de son enquête visant à répertorier les pays en fonction des émojis qu'ils utilisent le plus. La tête de mort et le gâteau d'anniversaire sont très prisés aux États-Unis, tandis que le smiley « clin d'œil » est le plus courant au Royaume-Uni. Le Canada est le plus grand utilisateur de l'émoji de crotte : il représente 0,48 % des émojis utilisés par les Canadiens.

Le hangul, l'alphabet coréen, a été créé en 1443 par le roi Sejong le Grand. Auparavant, les textes coréens étaient rédigés en caractères chinois.

La 1re langue écrite

La poterie de la culture yangshao découverte en 1962 près de Xi'an (province de Shaanxi, CN) porte des proto-caractères pour les chiffres 5, 7 et 8. Sa datation la situe vers 5 000–4 000 av. J.-C.

La langue ayant le plus de sons

L'incroyable langue !Xóõ (également appelée Ta'a) est parlée par une petite communauté de 3 000 semi-nomades du sud du Botswana et de l'est de la Namibie. Les linguistes ont recensé 161 sons distincts (ou « phonèmes » dans le jargon linguistique, ce qui correspond à peu près à des sons formés par une ou deux lettres en français). À titre de comparaison, le français en compte 36.

Le !Xóõ comporte 161 phonèmes dont 130 consonnes – c'est **la langue ayant le plus de consonnes**. Les consonnes, semblables à celles du français, sont liées par de nombreux arrêts et clics (son produit avec la langue ou les lèvres sans l'aide des poumons) – un peu comme le « tac-tac » imitant un bruit sec et régulier en français.

La langue la moins commune

Selon la base de données des langues d'Ethnologue.com, plus de 400 langues sont presque mortes, dans le sens où seul un petit nombre de locuteurs âgés la pratiquent encore. On estime qu'une langue disparaît toutes les 2 semaines.

Parmi les langues menacées, certaines – une petite dizaine – ne comptent plus qu'un seul locuteur. Il y avait par exemple 10 000 personnes parlant le yaghan, langue d'Amérique du Sud, à la fin du XIXe siècle. Il n'y en avait plus que 70 dans les années 1930. Le dernier locuteur vivant s'appelle Cristina Calderón (CL, née en 1928).

Le plus de langues officielles d'un pays

Le Zimbabwe compte 16 langues officielles codifiées dans sa constitution, validée par le Parlement, le 9 mai 2013. Ces langues sont l'anglais, le chewa, le chibarwe, le kalanga, le khoisan, le nambya, le ndau, le ndebele, le shangani, le shona, la langue des signes, le sotho, le tonga, le tswana, le venda et le xhosa. (Pour découvrir **le plus de langues non officielles d'un pays**, voir ci-contre.)

Le son le plus courant toutes langues confondues

Aucune langue connue n'ignore la voyelle « a », comme dans « papa » en français.

Q : Combien existe-t-il de langues vivantes ?

R : Il existe 7 097 langues vivantes selon Ethnologue.com.

L'émoji le plus apprécié (actuellement)

Selon une étude collaborative entre les universités du Michigan (US) et de Pékin (CN), publiée dans l'*International Journal of UbiComp*, en septembre 2016, l'émoji le plus utilisé est « mort de rire ». Dans les 427 millions de messages étudiés – issus de 212 régions ou pays –, il représente 15,4 % des émojis choisis dans l'appli Clavier Kika Emoji.

Le plus grand utilisateur d'émojis sur Instagram (pays)

Dans une étude de 2015, des chercheurs travaillant pour Instagram ont analysé le contenu de commentaires postés sur l'appli de partage de photos et ont conclu que 63 % des commentaires rédigés par les Finnois contenaient au moins un émoji. Cela place la Finlande devant la France (50 %), le Royaume-Uni (48 %) et l'Allemagne (47 %). En bas des statistiques figure la Tanzanie, avec seulement 10 %.

LE PREMIER...

Émoticône numérique

Le 1er « smiley » a été conçu le 19 septembre 1982 par Scott Fahlman (US) de l'université Carnegie Mellon de Pittsburgh (US). Dans un message posté sur un panneau d'affichage électronique, il a proposé l'utilisation de :-) et :-(dans les courriels pour exprimer la note émotionnelle du message, afin d'éviter les malentendus.

Mot de passe émoji

Le 15 juin 2015, la société Intelligent Environments (GB), spécialisée dans les logiciels bancaires, lance un logiciel de mots de passe émojis permettant aux utilisateurs d'accéder à leur compte bancaire à l'aide d'un code composé de 4 émojis parmi 44. Ce système est déjà intégré à l'appli bancaire d'Intelligent Environments pour les téléphones mobiles Android.

Émoji bloqué sur Instagram

En avril 2015, un employé de BuzzFeed, une société de médias Internet, a constaté qu'une recherche sur l'émoji d'aubergine sur Instagram ne renvoyait à aucun résultat. Offensant, l'émoji a été bloqué en raison de son utilisation comme métaphore du sexe masculin, ce que le site de réseau social a qualifié de violation contre les règles de la communauté.

◀ LA LANGUE ISOLÉE LA PLUS COURANTE

Une « langue isolée » est une langue n'ayant pu être rattachée à une famille linguistique existante. Le mapudungun est la 3e langue isolée la plus commune. Elle est parlée par les 300 000 Mapuche vivant en Amérique du Sud. Il est précédé par le basque parlé au Pays basque par 666 000 personnes. La langue isolée battant tous les records reste le coréen, parlée par 78 millions de personnes !

Les langues les plus parlées

Ethnologue.com analyse les langues du monde entier. Voici les 10 langues les plus parlées (en ne comptant que les locuteurs de langue maternelle). Chaque entrée indique le pays où la langue est la plus parlée, puis le nombre de pays pratiquant cette langue et enfin le nombre de locuteurs.

1. Chinois
Chine (35 pays) :
1 302 milliards de locuteurs

2. Espagnol
Espagne (31) :
427 millions

3. Anglais
Royaume-Uni (106) :
339 millions

4. Arabe
Arabie saoudite (58) :
267 millions

5. Hindi
Inde (4) :
260 millions

6. Portugais
Portugal (12) :
202 millions

7. Bengali
Bangladesh (4) :
189 millions

8. Russe
Russie (17) :
171 millions

9. Japonais
Japon (2) :
128 millions

10. Lahnda
Pakistan (8) :
117 millions

▲ LE PLUS DE LANGUES OFFICIELLES (ORGANISATION INTERNATIONALE)

Tous les pays rejoignant l'Union européenne (UE) doivent désigner une langue principale. Avec le croate ajouté en 2013, l'UE compte maintenant 24 langues officielles, du bulgare au suédois. Le travail de traduction est assuré par des milliers de traducteurs, un projet coûtant environ 330 millions d'€ par an.

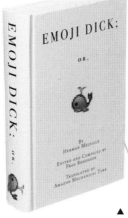

ENGLISH: Call me Ishmael.
EMOJI: ☎🐱🏔⛵🍵👋 ▲

▲ LE ROMAN LE PLUS LONG TRADUIT EN ÉMOJIS

En 2009, l'ingénieur de données Fred Benenson (US) a conçu le projet de traduire *Moby Dick* d'Herman Melville en émojis. Ce roman a notamment été choisi en raison de son volume important : 206 052 mots. On a demandé à des centaines de personnes de traduire l'une des 6 438 phrases du livre. Certaines phrases ayant été traduites plusieurs fois, un vote a permis de choisir les meilleures versions, compilées en une œuvre unique. Achevée en 2010, la traduction a été *Emoji Dick*.

▲ L'ÉMOJI LE MOINS FACILE À INTERPRÉTER

Dans une étude de l'université du Minnesota (US) d'avril 2016, des volontaires ont placé des émojis sur une échelle émotionnelle de 1 à 10, du positif au négatif. Avec des interprétations oscillant entre le rire euphorique et la douleur extrême, le visage souriant à la bouche ouverte et aux yeux fermés de Microsoft dispose de l'éventail d'interprétations le plus large avec 4,4 points.

▲ LE PLUS DE LANGUES NON OFFICIELLES POUR UN PAYS

Située au sud-ouest de l'océan Pacifique, la Papouasie-Nouvelle-Guinée véhicule 840 langues – de l'abadi au zimakani en passant par le tok pisin, le motu et l'anglais. La plupart des 7 millions d'habitants de l'île vivent dans des zones rurales fragmentées, avec leurs dialectes régionaux, ce qui expliquerait pourquoi la plupart des langues du pays sont parlées par moins d'un millier de personnes.

▲ LA LANGUE LA PLUS RÉSERVÉE À UN GENRE

Depuis un millier d'années, dans une région de la province du Hunan dans le sud de la Chine, le *nüshu* – « écriture des femmes » – est exclusivement utilisé par les femmes pour communiquer leurs états d'âme à d'autres femmes. Ce système d'écriture aurait été inventé par la concubine d'un empereur de la dynastie Song (960-1279). La dernière pratiquante du *nüshu* (hors milieu scolaire) est Yang Huanyi, décédée le 20 septembre 2004, à l'âge de 98 ans.

▲ LE 1ER ÉMOJI

Les 1ers pictogrammes connus sous le nom « d'émojis » ont été conçus par Shigetaka Kurita (JP, ci-contre) en 1998-1999, alors qu'il inventait la 1re plate-forme mobile Internet, l'i-mode, pour la société de télécommunications NTT DOCOMO (JP). Inspiré par les symboles utilisés dans les prévisions météo et les mangas, Kurita a inventé 180 expressions fournissant une forme claire de communication pour les téléphones mobiles.

▲ LA 1RE MARQUE AYANT SON PROPRE ÉMOJI SUR TWITTER

Du 18 septembre 2015 à la fin de l'année, saisir #shareacoke dans un tweet affichait un émoji de 2 bouteilles de Coca®. Partie intégrante d'une campagne de marketing lancée par l'agence de création Wieden + Kennedy, cet émoji était un produit du partenariat entre Coca et Twitter. Pepsi®, rival de Coca, lui a emboîté le pas en 2016 avec une campagne Twitter émoji : taper #pepsimoji permettait aux utilisateurs de Twitter d'ajouter des stickers sponsorisés à leurs photos.

▶ LA LANGUE LA PLUS COMMUNE

Selon le site Internet de ressources linguistiques Ethnologue.com, le chinois est la langue officielle de 35 pays, et il est parlé par 1 302 milliards de personnes (ci-contre). Avec ses 897 millions de locuteurs, le mandarin est de loin le plus parlé. L'espagnol compte 427 millions de locuteurs dans 31 pays, tandis qu'il y a 339 millions d'anglophones dans 106 pays.

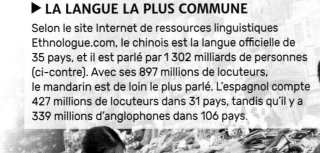

Drapeaux

Aux jeux Olympiques de Berlin en 1936, Haïti et le Liechtenstein ont réalisé que leur drapeau était identique. En 1937, le Liechtenstein y a donc ajouté une couronne.

Le seul drapeau qui ne soit pas rectangulaire est celui du Népal.

Le seul drapeau à présenter différents emblèmes sur les 2 faces est celui du Paraguay.

LE MÂT DE DRAPEAU LE PLUS HAUT

Le 23 septembre 2014, la municipalité de Djeddah et Abdul Latif Jameel Community Initiatives (tous 2 SA) ont érigé un mât de 171 m de haut, à Djeddah (SA). Le drapeau saoudien qui y est déployé mesure 32,5 x 49,35 m – soit 6 courts de tennis.

La couleur la plus courante des drapeaux

Le rouge est présent sur 74 % des drapeaux nationaux. Le blanc arrive en 2e position avec 71 %. La 3e position revient au bleu, présent sur 50 % des drapeaux nationaux.

Le drapeau national le plus long

Le drapeau du Qatar est le seul drapeau national à être 2 fois plus long que large, selon les proportions officielles longueur-largeur de 11/28. Bordeaux et doté d'un large côté blanc en dents de scie (voir page de droite), ce drapeau a été adopté le 9 juillet 1971 – juste avant que le Qatar ne prenne son indépendance de la Grande-Bretagne, le 3 septembre de la même année.

Le drapeau national le plus petit

L'Institute for Quantum Computing (CA) a réalisé un fac-similé de 0,697 micromètre^2 du drapeau canadien, mesuré le 6 septembre 2016 à Waterloo (Ontario, CA). Sa couleur a été créée par oxydation d'une plaque de silicium dans un four tubulaire afin de développer une couche de dioxyde de silicium d'une certaine épaisseur. Les effets d'interférence du film de la couche de dioxyde de silicium confèrent au drapeau sa couleur rouge. Ce drapeau étant trop petit pour les techniques d'imagerie conventionnelles, les seules images dont nous disposons sont en niveaux de gris, car prises par un microscope électronique.

Le 1er lever du drapeau olympique

Conçu en 1914 par Pierre de Coubertin (FR), fondateur des jeux Olympiques modernes, le drapeau olympique a été levé pour la 1re fois aux Jeux de 1920, à Anvers (BE). Il représente 5 anneaux entrelacés, symbolisant les 5 continents dont sont issus les athlètes olympiques. Ses couleurs (bleu, jaune, noir, vert et rouge sur fond blanc) ont été choisies car le drapeau de chaque pays comporte au moins l'une d'entre elles. Égaré après les Jeux d'Anvers, le drapeau original a été remplacé pour les olympiades de Paris en 1924. En 1997, on a appris qu'il avait été volé du mât lors des jeux de 1920 par l'athlète Hal Haig Prieste (US).

Le 1er lever du drapeau du médaillé d'or lors d'une cérémonie de remise de médaille olympique

s'est déroulé lors des Jeux de 1932, à Los Angeles (Californie, US). En 2008, la nageuse Natalie du Toit (ZA) est devenue la 1re **porte-drapeau des jeux Olympiques et Paralympiques d'été**, aux olympiades de Pékin (CN). Avec 13 médailles d'or olympiques, elle est l'une des 2 athlètes à avoir participé à la fois aux jeux Olympiques et Paralympiques.

Ce fan de drapeaux a changé de nom en 1995 pour se faire appeler Guinness Rishi. Auparavant, il s'appelait Har Parkash Rishi.

Q : Que représentent les formes triangulaires du drapeau du Népal (ci-contre) ?

R : L'Himalaya

LES PLUS GRANDS...

Drapeau à plat

Moquim Al Hajiri de *Brooq Magazine* (tous 2 QA) a créé un drapeau de 101,978 m², à Doha (QA), le 16 décembre 2013. C'est l'équivalent de 390 courts de tennis !

Le plus grand drapeau suspendu mesurait 2 661,29 m². Il a été réalisé par Abina Co., Ltd (TH), à Chiang Rai (TH), le 30 novembre 2016. Le drapeau a été fixé à l'aide de 3 grues.

Mosaïque de voitures aux couleurs d'un drapeau

Le 2 décembre 2009, 413 voitures ont constitué une mosaïque représentant le drapeau des Émirats arabes unis, lors d'un événement organisé par le ministère de la Culture, de la Jeunesse et du Développement de la communauté, à Fujaïrah (AE).

Peinture murale d'un drapeau

Commencée en octobre 2015, une peinture murale du drapeau américain de 15 499,46 m² a été achevée sur le toit d'un bâtiment de Destin (Floride, US), le 14 avril 2016. Un peu moins grande que 3 terrains de football américain, la peinture a été réalisée par Robert Wyland (US).

LE PLUS DE...

Drapeaux déployés dans une ville en 24 h

Le 29 mai 2000, Waterloo (New York, US) a exposé 25 898 drapeaux américains. Environ 300 enfants ont participé à l'événement, moment phare du week-end célébrant le rôle historique de la ville en tant que lieu de naissance du Memorial Day.

Drapeaux différents déployés simultanément

Le 12 décembre 2016, American Express Meetings & Events (USA) a déployé 462 drapeaux différents, lors de l'exposition INTER[action], au New Orleans Morial Convention Center (Louisiane, US).

Personnes effectuant des signaux avec un drapeau

L'Association des scouts de Hong Kong (CN) a rassemblé 23 321 personnes pour effectuer des signaux avec un drapeau, au Hong Kong Stadium, le 21 novembre 2010. À l'aide de leurs drapeaux, ils ont exprimé « HKS100 », comme « Hong Kong Scout » et « 100 », pour le centenaire de l'association.

Le drapeau du Tchad et de la Roumanie sont identiques.

Faites pivoter le drapeau polonais et vous obtiendrez le drapeau indonésien et celui de Monaco.

Le drapeau norvégien contient le drapeau de 6 autres pays :
1 : France ; 2 : Pays-Bas ;
3 : Pologne ; 4 : Thaïlande ;
5 : Indonésie ;
6 : Finlande (hors proportions).

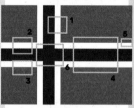

Selon le Code du drapeau des États-Unis, le Stars and Stripes (étoiles et bandes) « représente un pays vivant et est lui-même considéré comme un être vivant ».

Contrairement à la croyance populaire, on peut brûler le drapeau américain : les scouts d'Amérique mettent le feu à plusieurs milliers de drapeaux tous les ans, le Jour du drapeau (14 juin).

Anatomie d'un drapeau

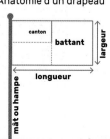

◄ **LE PLUS DE DRAPEAUX TATOUÉS SUR LE CORPS**
Guinness Rishi (IN) s'est tatoué 366 drapeaux entre juillet 2009 et juillet 2011. Il a établi son record en mai 2010, avant de le battre en se faisant tatouer 61 drapeaux supplémentaires, au KDz TATTOOs Body Art Studio, à New Delhi (IN). Il a fallu 3 h et 3 min pour ajouter ces drapeaux.

▲ LE PLUS GRAND DRAPEAU DÉPLOYÉ EN CHUTE LIBRE

Le 10 décembre 2015, Larry Compton (US) a déployé un Al Adaam (drapeau national du Qatar) de 1 436,22 m² en chute libre, lors d'un événement organisé par Lekhwiya, à Doha (QA). Le drapeau mesurait 60,6 m de long et 23,7 m de large, soit environ 3 terrains de basket.

▲ LE DRAPEAU LE PLUS CHER AUX ENCHÈRES

Un drapeau des champs de bataille de la guerre d'Indépendance des États-Unis a été vendu 12 336 000 $ (prime d'acheteur comprise) à un enchérisseur anonyme, le 14 juin 2006, à Sotheby's, à New York (US). L'étendard du 2ᵉ régiment de dragons légers continentaux a été pris par le lieutenant colonel de cavalerie Banastre Tarleton (GB), à Pound Ridge (Westchester, New York, US), le 2 juillet 1779. Mis aux enchères par l'un de ses descendants, c'est le drapeau américain existant le plus ancien, avec ses 13 bandes rouges et blanches.

▲ LE PLUS DE COULEURS D'UN DRAPEAU NATIONAL

En ne tenant compte que du drapeau des pays membres des Nations unies, le drapeau de l'Afrique du Sud, adopté le 27 avril 1994, possède plus de couleurs (hors badges) que celui de tout autre pays, soit 6. Elles symbolisent l'unité : le rouge, le blanc et le bleu sont les couleurs des républiques Boers, et le jaune, le noir et le vert sont issus de la bannière du Congrès national africain.

▲ LE PLUS DE CHANGEMENTS DE DRAPEAU NATIONAL

Le drapeau des États-Unis, auquel est ajoutée une étoile à chaque nouvel État membre, a connu 26 modifications depuis son adoption le 14 juin 1777, par une résolution du Second Congrès continental. Sur *La Naissance du drapeau* (1911, ci-dessus) de Henry Mosler, le personnage se tenant debout est Betsy Ross. Elle aurait cousu le 1ᵉʳ drapeau américain. Si elle a effectivement réalisé des drapeaux lors de la guerre d'Indépendance, il n'est pas certain qu'elle ait cousu le 1ᵉʳ.

▲ LE PLUS GRAND DRAPEAU DÉPLOYÉ

Un drapeau mexicain de 34,3 x 60 m – plus de 8 courts de tennis – a été déployé le 2 décembre 2011, lors d'un événement coordonné par la ville de Piedras Negras (Coahuila, MX). Il a fallu 40 membres des forces armées mexicaines pour tenir ce gigantesque drapeau et le hisser au sommet d'un mât de 100 m de haut.

▲ LE PLUS DE PERSONNES REPRÉSENTÉES SUR UN DRAPEAU

Le drapeau du Belize représente 2 bûcherons, debout devant un acajou, symbolisant l'activité d'exploitation forestière du pays. Adopté le 21 septembre 1981, lorsque le pays prit son indépendance par rapport au Royaume-Uni, c'est le seul drapeau national à représenter des êtres humains.

▲ LE PLUS ANCIEN DRAPEAU NATIONAL TOUJOURS EN SERVICE

Une croix scandinave blanche sur fond rouge, tel est le drapeau adopté par les Danois en 1625. Il est surnommé Dannebrog. Les proportions de la croix ont été établies en 1748. Hormis le Groenland, tous les drapeaux des pays nordiques présentent une croix nordique.

▲ LE PLUS GRAND DRAPEAU NATIONAL HUMAIN

Le 7 décembre 2014, 43 830 personnes se sont rassemblées pour créer une représentation gigantesque du drapeau national indien. L'événement a été organisé par le Rotary International District 3230 et News7 Tamil (tous 2 IN), au YMCA Ground Nandanam, à Chennai (IN). L'événement célébrait « l'unité dans la diversité de l'Inde ».

Mode extrême

Le commerce mondial du bonnet de laine s'élève à 4,8 milliards $ par an.

▲ LE MANNEQUIN LE PLUS ÂGÉ (HOMME)

Le 25 mars 2015, le mannequin et acteur Wang Deshun (CN, né en 1936) a enflammé le podium en défilant torse nu à l'âge de 79 ans. Présentant les créations de Hu Sheguang, ce défilé était organisé dans le cadre de la China Fashion Week, à Pékin (CN). Wang – qui apprenait aux mannequins à marcher dans une école de mode – entretient sa forme en faisant 3 h de sport par jour.

L'homme le plus riche du monde de la mode

Selon Forbes, Amancio Ortega (ES), patron de la chaîne de prêt-à-porter espagnole Zara, était à la tête d'une fortune personnelle estimée à 67 milliards de $, au 1er juin 2016. C'est donc la 2e personne la plus riche du monde. Ortega a ouvert sa 1re boutique Zara en 1975. Aujourd'hui son groupe, Inditex, gère plus de 7 000 boutiques.

La femme la plus riche du monde de la mode est Liliane Bettencourt (FR), actionnaire majoritaire du groupe de produits cosmétiques L'Oréal. L'héritière, dont le père a fondé L'Oréal en 1909, pesait 36,1 milliards de $, au 1er juin 2016.

Le défilé de mode le plus cher

Le défilé annuel Victoria's Secret Fashion Show du 30 novembre 2016 aurait coûté 20 millions de $. Organisé au Grand Palais, à Paris (FR), le défilé de lingerie a présenté 82 ensembles portés par des mannequins comme Kendall Jenner et Adriana Lima, avec un spectacle en direct de Lady Gaga.

Le soutien-gorge le plus cher

Dévoilé lors du Victoria's Secret Fashion Show, le 13 mars 2001, le Heavenly Star Bra a été estimé à 12,59 millions de $. Il est orné de 1 200 saphirs roses du Sri Lanka et d'un diamant central de taille émeraude d'une valeur de 10,6 millions de $.

La personnalité de la mode ayant le plus de followers sur Twitter

La mannequin et star de la téléréalité Kim Kardashian (US) comptait 50,6 millions de followers, au 24 mars 2017. C'est donc la personnalité de la mode la plus populaire de ce réseau social, et la 13e dans l'absolu.

Q : Quel sport Gisele Bündchen envisageait-elle de pratiquer au niveau pro ?

R : Le volley-ball.

Le plus de Model of the Year aux Fashion Awards

Kate Moss (GB) a remporté 3 fois le prix Model of the Year, en 1996, 2001 et 2006. La mannequin avait posé pour Chanel, Calvin Klein, Dior et Gucci, et créé une collection capsule pour Topshop.

Le plus de Designer of the Year aux Fashion Awards

Alexander McQueen (GB) a remporté 4 fois le prix Designer of the Year : en 1996, 1997, 2001 et 2003. Sa marque avait remporté 10 prix à la prestigieuse cérémonie en décembre 2016 – le **plus de prix aux Fashion Awards**.

La mannequin la plus âgée à avoir posé pour le magazine *Vogue*

Bo Gilbert (GB, née en 1916) a posé pour l'édition de mai 2016 du *Vogue* britannique à l'âge de 100 ans, en l'honneur du centenaire du magazine.

La chanteuse Tina Turner (née le 26 novembre 1939) est devenue le **modèle de couverture de *Vogue* le plus âgé** lorsqu'elle posa pour l'édition allemande du magazine en avril 2013, à 73 ans.

Le plus de couvertures du *Vogue* américain

L'actrice et mannequin Lauren Hutton (US) a fait 26 couvertures, de novembre 1966 à novembre 1999, soit 6 de plus que les mannequins Jean Shrimpton (GB) et Karen Graham (US).

Le plus de couvertures consécutives de magazines de mode

Le 2 novembre 2015, Girolamo Panzetta (IT) avait fait la couverture de toutes les éditions du magazine de mode japonais *LEON* depuis son lancement en septembre 2001 – soit 170 couvertures !

Le plus d'abonnés à une chaîne mode/beauté sur YouTube

Mariand Castrejón Castañeda (MX), alias Yuya, avait 17 883 628 abonnés, au 24 mars 2017. Connue en tant que lady16makeup, Yuya a lancé son vlog en 2009.

La 1re étiquette de créateur

Charles Frederick Worth (1825-1895) est le 1er créateur à avoir signé son travail avec une étiquette, exposé des vêtements sur des modèles vivants et organisé 2 collections par an. Né dans le Lincolnshire (GB), il s'est installé en France en 1845, où son talent a été remarqué par les dames de la cour de Napoléon III. En 1871, Worth employait 1 200 personnes.

◄ LES REVENUS ANNUELS LES PLUS ÉLEVÉS POUR UN MANNEQUIN (ACTUEL)

Gisele Bündchen (BR) a gagné 30,5 millions de $, entre juin 2016 et juin 2017, selon Forbes. Malgré son retrait du podium en 2015, elle reste n° 1 des revenus de la mode par ses contrats avec Chanel et Carolina Herrera. Au cours de sa carrière, elle aurait gagné 400 millions de $, ce qui fait d'elle le **mannequin le plus riche**.

Le **revenu annuel le plus élevé pour un mannequin (homme, actuel)** est de 1,5 million $. Ce record a été réalisé par Sean O'Pry (US) en 2013-2014. O'Pry a travaillé pour Versace et H&M.

▲ LES BASKETS/TENNIS LES PLUS CHÈRES VENDUES AUX ENCHÈRES

Le 12 novembre 2016, une paire de Nike Mag inspirée par le film *Retour vers le futur 2* (1989) a été vendue 200 000 $ au gala de levée de fonds Michael J. Fox Foundation, à New York (US). Conçues par Tinker Hatfield et Tiffany Beers de Nike, les baskets étaient dotées de LED et de lacets automatiques, exactement comme celles de Marty McFly (incarné par Fox) dans le film.

▲ LES BASKETS USAGÉES VENDUES LE PLUS CHER AUX ENCHÈRES

Des baskets Nike Air Jordan 12 de pointure 48, portées et signées par Michael Jordan des Chicago Bulls, ont été vendues 104 765 $ en décembre 2013. Elles ont été vendues par un ramasseur de balles à qui Jordan les avait données à l'issue du fameux *flu game* de 1997 – qui doit son nom au fait que Jordan était malade (*flu* signifiant « grippe ») lors de ce match où il a pourtant marqué 38 points.

▲ LE PLUS GRAND TURBAN PORTÉ

Le turban du Major Singh (IN), sikh nihang, est constitué de 400 m de tissu et pèse 35 kg. Il utilise une bonne centaine d'épingles à cheveux et 51 symboles religieux en métal. Appelé *dumaala*, ce type de turban est très répandu chez les sikhs nihangs, qui se défient, par tradition, à porter le plus long turban.

▶ LE PLUS DE TURBANS NOUÉS EN 1 H

Le 24 mai 2016, l'artiste de turbans Santosh Raut (IN) a noué des turbans *pheta* pour 129 personnes, au Pune Journalists' Foundation Hall de Pune (IN). Les turbans *pheta* sont portés dans des occasions formelles comme les mariages. Un turban *pheta* mesurant 8 m, le présent record a nécessité 1 km de tissu.

▲ LE COSTUME LE PLUS CHER VENDU AUX ENCHÈRES

Le 20 février 2015, Laljibhai Tulsibhai Patel (IN), baron du diamant, a acheté un costume aux enchères pour 43 131 311 roupies (613 145 €), à Surat (Gujarat, IN). Ce costume avait été porté par le Premier ministre indien Narendra Modi (ci-dessus, à droite), dont le nom constitue les rayures dorées du costume. Le produit de l'enchère a été reversé au fond Namami Gange, un projet visant à assainir les eaux du Gange.

▲ LE PANTALON LE PLUS ANCIEN

En mai 2014, un pantalon d'au moins 3 300 ans a été découvert dans l'ancien cimetière du bassin du Tarim (Xinjiang, CN). Il s'agit d'un pantalon en laine avec une cordelette à la taille et des décorations tissées. Il aurait appartenu à un cavalier nomade. Les premiers pantalons auraient été inventés pour les cavaliers, afin de les protéger et de leur donner davantage d'aisance dans leurs mouvements.

▲ LA PERRUQUE LA PLUS LARGE

Le 27 janvier 2017, l'actrice Drew Barrymore (US) est apparue sur le plateau de *The Tonight Show*, à New York (US), avec une perruque de 2,23 m de large. Cette perruque gigantesque a été réalisée par Kelly Hanson et Randy Carfagno Productions LLC (tous 2 US).

Toilettes

Selon les Nations unies, sur les 7 milliards d'habitants de la planète, 6 milliards possèdent un téléphone portable, mais seulement 4,5 milliards disposent de toilettes.

Les 1res toilettes à chasse d'eau

Contrairement à ce que l'on croit souvent, les 1res toilettes à chasse d'eau n'ont *pas* été inventées par Thomas Crapper (GB, 1836-1910). Le mécanisme de chasse d'eau a été conçu vers 1590, 245 ans avant la naissance de Crapper, par sir John Harington (GB) – filleul de la reine Elizabeth Ire. Harington a baptisé son invention Ajax, *jakes* signifiant « toilettes » en argot. Il est composé d'un réservoir qui, actionné par une poignée, envoie de l'eau dans la cuvette, ce qui déclenche l'ouverture d'une valve pour évacuer les eaux usées dans la fosse d'aisances. Le 1er exemplaire a été installé dans la maison d'Harington à Kelston (Somerset). En 1592, il monta des toilettes dans la chambre de la reine, au palais de Richmond.

Le 1er brevet de toilettes à chasse d'eau

a été obtenu en 1775 par Alexander Cumming (GB). L'horloger écossais a amélioré l'invention de Harington en donnant au système d'évacuation une forme de S pour permettre à un certain volume d'eau de stagner et ainsi de piéger les mauvaises odeurs en aval. Ce système en J, U ou S est toujours utilisé aujourd'hui.

Les 1res toilettes sur scène

Le 1er acte de *La Fille Élisa* d'Edmond de Goncourt (FR), mis en scène par André Antoine (FR), à Paris, le 24 décembre 1890 se passait dans une chambre d'hôtel, avec toilettes et lavabo.

Si on peut aujourd'hui mettre sur scène des toilettes sans choquer, Lord Chamberlain (GB) a censuré le bruit d'une chasse d'eau tirée hors scène dans *The Living Room* de Graham Greene, en 1953.

Aux États-Unis non plus, les toilettes ne sont pas les bienvenues au cinéma ! Le **1er film d'Hollywood à faire figurer des toilettes** date de 1960, dans le film d'horreur *Psychose* d'Alfred Hitchcock (GB).

La plus petite sculpture de toilettes

Chisai Benjo (petites toilettes) a été conçue en 2005 par Takahashi Kaito (JP) de SII Nanotechnologie, en gravant du silicone à l'aide d'un rayon ionique. Ces mini-toilettes ne sont visibles qu'au microscope, avec un grossissement au 1/15 000e. Un micrographe électronique a remporté la récompense de l'objet le plus bizarre à la 49e International Conference on Electron, Ion and Photon Beam Technology and Nanofabrication.

▲ **LES TOILETTES LES PLUS CHÈRES**
La navette spatiale *Endeavour* mise sur orbite le 13 janvier 1993 était dotée d'un système de toilettes mixtes. Situées sur le pont central, ces toilettes de 23,4 millions de $ ont été décrites par la NASA comme une « station complète de récupération et de traitement... dans un espace occupant la moitié d'une cabine téléphonique ».

Des toilettes ayant appartenu à J. D. Salinger, l'auteur de *L'Attrape-cœurs*, ont été mises aux enchères sur eBay en 2010 – « non nettoyées et dans leur état d'origine » – au prix de départ de 1 000 000 $!

◄ **LA PLUS GRANDE COLLECTION D'OBJETS SUR LE THÈME DES TOILETTES**
Le 19 octobre 2015, Marina et Mykola Bogdanenko de Kiev (UA) étaient les heureux propriétaires de 524 objets sur le thème des toilettes. Cette drôle d'obsession du couple a commencé en 1995, après avoir ouvert une société d'ingénierie sanitaire à Kiev.

Q : Combien d'Américains se blessent tous les ans en allant aux toilettes ?

R : 40 000, selon les statistiques fédérales américaines.

Les toilettes mobiles les plus rapides

Brewton McCluskey (US) a atteint 83,7 km/h à bord de toilettes mobiles, au South Georgia Motorsports Park, à Cecil (Géorgie, US), le 4 avril 2011. McCluskey était tracté par une voiture pilotée par Brian Griffin (US).

Le marathon le plus rapide déguisé en toilettes

Marcus Mumford (GB) a terminé le Virgin Money London Marathon 2014 en 2 h, 57 min et 28 s déguisé en toilettes.

Le plus rapide à renverser 10 toilettes portables

Il n'a fallu à Philipp Reiche (DE) que 11,30 s pour renverser 10 toilettes portables, mesurant chacune au moins 2 m de haut et 1 m de large, à l'Europa-Park de Rust (Allemagne), le 22 juin 2013. Cet exploit a été filmé pour l'émission télévisée *Wir holen den Rekord nach Deutschland*.

Le plus de lunettes de toilettes en bois cassées avec la tête en 1 min

Kevin Shelley (US) a brisé en deux 46 lunettes de toilettes en bois avec la tête en 60 s, sur le plateau de *Guinness World Records - Die größten Weltrekorde*, à Cologne (DE), le 1er septembre 2007.

Le plus rapide à passer 3 fois au travers de lunettes de toilettes

Au GWR Live! Roadshow de Forum Bornova, à Izmir (TR), le 25 mai 2010, İlker Çevik (TR) s'est contorsionné pour passer au travers de lunettes de toilettes 3 fois en 28,14 s.

Le 8 avril 2011, l'homme élastique participait au *Lo Show dei Record*, à Milan (IT), où il a battu le record du **plus de passages au travers de lunettes de toilettes en 1 min**, soit 9.

Le plus grand rouleau de papier-toilette

Le 26 août 2011 – journée nationale du papier toilette, bien connue des latrinapapirophiles (collectionneurs de papier toilette) –, Charmin/Procter & Gamble (US) a dévoilé un rouleau de papier toilette de 2,97 m de diamètre – plus large qu'un bus ! Le rouleau a été exposé au siège de la société, à Cincinnati (Ohio, US). Il contenait de quoi faire 95 000 rouleaux de papier toilette standard. Darrick Johnson, gestionnaire de la société Procter & Gamble, a estimé que le papier couvrait 92 900 m², soit 16 terrains de football.

La plus grande pyramide en papier-toilette

Ivan Zarif Neto, Rafael Migani Monteiro et Fernando Gama (tous BR) ont empilé 23 821 rouleaux de papier toilette pour former une pyramide de 4,1 m de haut, à São Paulo (BR), le 20 novembre 2012.

La Maison-Blanche ne compte pas moins de **35 toilettes**.

1 personne sur 3 n'a pas accès à de véritables toilettes.

Dessus ou dessous ?
Le fabricant de papier toilette Cottonelle a demandé à ses clients s'ils plaçaient la première feuille au-dessus ou en dessous du rouleau.

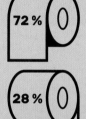

72 %

28 %

On passe en moyenne

270 jours

de notre vie aux toilettes.

4 000
rouleaux de papier toilette utilisés au cours d'une vie, soit une colonne plus haute que l'Empire State Building

1 = 400 rouleaux

---

27 000
arbres sont abattus tous les ans pour fabriquer du papier toilette.

▲ LA PLUS GRANDE MAISON EN FORME DE TOILETTES

Cette maison géante de 7,5 m de haut en forme de toilettes a été construite pour « monsieur Toilettes », Sim Jae-duck (1939-2009) – ancien maire de Suwon (KR), fondateur de la World Toilet Association. Conçue par l'architecte Go Gi-woong, cette bâtisse de 418 m² a été achevée le 11 novembre 2007 – juste à temps pour la 1re assemblée générale de la World Toilet Association et l'élection de Sim en tant que président.

▼ LA SALLE DE BAINS LA PLUS CHÈRE

Le joaillier Lam Sai-wing (CN) a construit une salle de bains d'une valeur de 3,5 millions de $ intégralement faite d'or et de pierres précieuses, dans sa boutique de Hong Kong. La cuvette des toilettes, le lavabo, la balayette, le support à papier-toilette, les cadres, les appliques murales, la faïence et les portes étaient en or massif 24 carats. Malheureusement, la salle du trône de Lam a été fondue après sa mort en 2008.

▲ LES TOILETTES AYANT LE PLUS DE FONCTIONS

Prix catalogue 10 200 $: le Toto Neorest est un concept technologique avancé ne comptant pas moins de 10 fonctions supplémentaires, comme un couvercle à rabat automatique, des lunettes à température contrôlée, un chauffe-pieds, lavage et séchage, rafraîchisseur et auto-nettoyeur. Le Neorest s'utilise avec une télécommande, mais la chasse peut être tirée manuellement en cas de coupure de courant.

▲ LE 1ER PARC SUR LE THÈME DES TOILETTES

Un parc à thème consacré aux toilettes a ouvert ses portes à Suwon (KR), en juillet 2012. Le Restroom Cultural Park se développe autour d'une maison en forme de toilettes appartenant autrefois à Sim Jae-duck (ci-dessus, à gauche).

Au 27 novembre 2012, ce parc gratuit attirait 10 000 visiteurs en moyenne par mois. Parmi les objets exposés, citons des sculptures d'excréments (ci-dessus), des toilettes à la turque coréennes, des bassins de lit européens et la fameuse *Fontaine* de Duchamp, un urinoir en porcelaine renversé, réalisé en 1917.

Au 8 déc 2016, le parc bénéficiait de la note de 4/5 sur le site de voyage TripAdvisor.

▲ LES TOILETTES LES PLUS RAPIDES

Bog Standard est une moto avec side-car supportant un ensemble de salle de bain (baignoire, lavabo et panier à linge). Monté par le fan de véhicules Edd China (GB), il a été présenté sur le plateau de *Lo Show dei Record*, à Milan (IT), le 10 mars 2011, où il a atteint 68 km/h.

En revue

Si toutes les populations déplacées dans le monde en 2016 constituaient un pays, ce serait le 21e pays le plus peuplé de la planète.

▲ LA VILLE LA MOINS AGRÉABLE À VIVRE
En mars 2017, Damas (SY) était classé dernière au Global Liveability Ranking 2016, classement de la qualité de vie dans 140 villes, réalisé par l'Economist Intelligence Unit. Damas affiche une note de 30,2/100, derrière Tripoli (LY) qui obtient 35,9. Les critères retenus sont la stabilité, les soins, l'éducation, la culture, l'environnement et les infrastructures.
La ville la plus agréable à vivre est Melbourne (AU), avec un score de 97,5.

100 femmes, selon la même source.

Les jeux d'entreprise remontant le plus loin
Les Juegos Bancarios (« jeux bancaires ») de Mexico se tiennent tous les ans depuis 1966. En 50 ans, plus de 207 000 employés d'institutions bancaires et financières y ont pris part.

La carrière de juriste la plus longue
Fuad Shehadeh (PS) avait travaillé pendant 66 ans et 187 jours en tant que juriste professionnel, à Ramallah (Cisjordanie, Territoires palestiniens), au 31 mai 2016.
Ren Zuyong (CN) détient le record de la **carrière d'enseignant de langue la plus longue** (55 ans). Il a enseigné le chinois de 1959 jusqu'au 30 août 2014, à Xinghua (Jiangsu, CN).
Millard M. Jordan (US) a réalisé la **plus longue carrière de chef de police**. Entre 1962 et le 6 janvier 2014, jour de sa retraite, Jordan avait travaillé 51 ans et 243 jours, à Lawtey (Floride, US) – record vérifié le 25 février 2016.

▲ L'ESPÉRANCE DE VIE LA PLUS ÉLEVÉE
Selon les données 2016 du Central Intelligence Agency's World Factbook, les Monégasques bénéficient d'une espérance de vie de 89,5 ans. Relégué à la 2e place avec 85 ans d'espérance de vie, le Japon arrive ex æquo avec Singapour.
L'espérance de vie la plus faible (50,2 ans) est détenue par les Tchadiens. Le Tchad et la Guinée-Bissau (50,6) sont les 2 seuls pays du monde dont l'espérance de vie est inférieure à 51 ans.

La dynastie au pouvoir la plus ancienne
L'empereur Akihito (JP, né le 23 décembre 1933) est le 125e empereur depuis Jimmu Tennō, le 1er empereur. On a longtemps cru que le règne de Jimmu avait commencé le 11 février 660 av. J.-C., mais il remonterait plus probablement aux années 40 à 10 av. J.-C.

La plus grande compétition de projets de développement social
Le festival de technologies Campus Party (MX) a rassemblé 267 dossiers complets à Guadalajara

(Jalisco, MX), le 2 juillet 2016. La récompense pour le projet gagnant, visant à connecter des villages à Internet, s'élevait à 1 000 000 pesos mexicains (50 000 €). L'objectif de ces compétitions est de promouvoir des initiatives visant à améliorer le style de vie de communautés en développement, en engageant des changements positifs et écologiquement durables.

La cérémonie de remise de prix à la plus haute altitude (terre ferme)
Le 28 novembre 2016, Ram Bahadur Subedi et Puskar Nepal (tous 2 NP) ont organisé le National Box-Office Film Fare Awards – en l'honneur de l'industrie cinématographique du Népal –, à 4 627 m d'altitude, à Thukla (Solukhumbu, NP).

Le pèlerinage à l'altitude la plus élevée
Le pèlerinage de 53 km sur le mont Kailash (ou Gang Rinpoché), au Tibet, se trouve à une altitude de 6 638 m. Kailash est un mont sacré pour les disciples du bouddhisme, du jaïnisme, de l'hindouisme et de la religion pré-bouddhiste de Bön.
Le pèlerinage à la plus faible altitude mène à l'ancienne ville de Jéricho (IL), à 244 m sous le niveau de la

Les hommes les plus grands
Selon le journal *eLife* du 26 juillet 2016, les hommes les plus grands sont les Néerlandais, avec une taille moyenne de 182,5 cm.
Les **femmes les plus grandes** sont les Lettonnes : 168 cm en moyenne !
Les habitantes du Guatemala sont les **femmes les plus petites** : elles mesurent 149,4 cm en moyenne, selon la même enquête. Le Timor oriental, quant à lui, détient le record des **hommes les plus petits** (160 cm en moyenne).

Le ratio hommes-femmes le plus faible
Selon le CIA World Factbook de 2016, il n'y a que 84 hommes pour 100 femmes à Djibouti (Afrique de l'Est).
Les Émirats arabes unis affichent le **ratio hommes-femmes le plus élevé**, avec 218 hommes pour

◄ LE 1ER VOTE D'UN ASTRONAUTE DANS L'ESPACE
Les cosmonautes Yuri Onufriyenko (tout à gauche) et Yury Usachov (tous 2 RU) ont voté aux présidentielles russes le 16 juin 1996 à l'aide de proxies situés sur Terre, alors qu'ils étaient à bord de la station spatiale *Mir*.
En 1997, suite à des changements dans la législation du Texas relatifs au vote par correspondance, l'astronaute David Wolf (US, ci-dessus) a pu voter aux élections régionales via une ligne sécurisée depuis *Mir*.

mexicaine et aztèque ont dansé au pied de la pyramide précolombienne de Teotihuacán, à Estado de México (MX).

L'objet de consommation le plus répandu

Il y aurait des milliers de milliards de sacs en plastique sur Terre. Les seuls consommateurs américains jettent 100 milliards de sacs en plastique chaque année.

La 1re recette écrite de boudin noir

La 1re référence écrite à une spécialité préparée à base de sang se trouve dans l'*Odyssée* d'Homère (vers 800 av. J.-C.). Le poème grec évoque un « ventre de chèvre tout rempli de graisse et de sang » cuisant sur les flammes. Le boudin noir est généralement fait à base de sang, de graisse, de viande et d'intestin de porc, auxquels peuvent être ajoutés des condiments, des oignons ou des pommes – il en existe de nombreuses variantes régionales.

▲ LE PLUS DE DÉCORATIONS CIVILES

Tsunejiro Koga (JP, ci-dessus, à gauche) a reçu 72 décorations civiles *(konju housyou)*, entre le 7 novembre 1982 et le 30 septembre 2015 (vérifié le 23 février 2016). Sa collection compte 57 médailles honorifiques pour contribution financière au bien-être commun, 1 médaille du ministère de la Justice (réinsertion et protection des mineurs) et 1 médaille de l'ordre du Soleil levant.

mer. Proche de la mer Morte, **le plan d'eau à ciel ouvert à la plus faible altitude**, Jéricho attire des pèlerins chrétiens et juifs.

La plus grande cérémonie de renouvellement de vœux de mariage

Le 8 octobre 2016, 1 201 couples ont renouvelé leurs vœux de mariage lors d'un événement organisé par l'université Western Michigan, à Kalamazoo (Michigan, US).

Le plus grand événement de danse de cérémonie mexicaine

Le 17 juillet 2016, 260 personnes en tenue

▲ LE SCORE LE PLUS ÉLEVÉ DE L'INDICE DÉMOCRATIQUE

Tous les ans, l'Economist Intelligence Unit publie la liste des pays les plus démocratiques. En 2017, la Norvège (ci-dessus) a obtenu l'indice de 9,93/10 – le score le plus élevé jamais atteint depuis la création de l'indice. La Norvège est en tête depuis 2012, talonnée par l'Islande (9,50).

La Corée du Nord (à droite) s'est vu attribuer 1,08/10 dans la même liste – le **score le plus faible de l'indice démocratique**, avec la même note tous les ans depuis 2010.

▲ LE PLUS DE POINTS D'EXCLAMATION DANS UN NOM DE VILLE

Baptisée en 1874, la municipalité de Saint-Louis-du-Ha! Ha! (1 318 habitants), au Québec (CA), affiche un point d'exclamation de plus que Westward Ho! (Cornouailles, GB). « Ha! Ha! » vient du terme français « ha-ha » désignant un élément de paysage creux créant une frontière invisible – ici, probablement le lac Témiscouata.

Le plus de morts par selfie (pays)

59,8 % des morts par selfie sont indiens, selon l'enquête intitulée « Me, Myself and My Killfie : Characterizing and Preventing Selfie Deaths ». Cette enquête a été publiée par Hemank Lamba (IN/US) et son équipe de l'université Carnegie Mellon de Pittsburgh (US), en novembre 2016. L'équipe a recensé 127 morts par selfie dans le monde depuis mars 2014, dont 76 en Inde.

Dans la même période, les selfies ont provoqué plus de décès que les attaques de requin !

Le plus de votes à des élections la même année

En 2004, plus de 1,1 milliard de personnes ont voté dans le cadre de 58 élections présidentielles et législatives, des présidentielles en Géorgie, le 4 janvier, au 3e tour des présidentielles en Ukraine le 26 décembre.

▼ LE PLUS DE PERSONNES DÉPLACÉES (ACTUEL)

Le 20 juin 2016 – journée mondiale des réfugiés –, le Haut Commissariat des Nations unies pour les réfugiés (HCR) a annoncé que 65,3 millions de personnes avaient dû fuir leur maison l'année précédente en raison de conflits, de persécutions, de violations des droits de l'homme ou de la famine. Cela représente 1 personne sur 113 dans le monde et 24 personnes déplacées chaque minute. C'est la 1re fois que le chiffre dépasse 60 millions depuis la Seconde Guerre mondiale.

Plus de la moitié des réfugiés sous mandat de l'ONU sont originaires de 3 pays : Syrie, Afghanistan et Somalie. Ici, des migrants traversent la Slovénie, en octobre 2015.

Les plus hauts revenus…

Voici les célébrités aux revenus les plus élevés du 1ᵉʳ juin 2015 au 1ᵉʳ juin 2016, d'après Forbes. Le revenu le plus modeste de cette page représente environ 500 fois le revenu moyen aux États-Unis. En ce qui concerne la fortune totale, la 1ʳᵉ place revient une fois de plus au même…

PERSONNE LA PLUS RICHE – 86,9 MD $

Personne n'a accumulé autant d'argent que Bill Gates (alias William H. Gates III, US). Cofondateur de Microsoft, Gates a été l'homme le plus riche en vie de 1995 à 2007 puis en 2009, et l'est à nouveau depuis 2014. Au 3 avril 2017, sa fortune était de 86,9 milliards $. Depuis 1999, il dirige avec son épouse la Fondation Bill & Melinda Gates, qui agit pour réduire la pauvreté et éradiquer le sida, le paludisme et d'autres maladies infectieuses.

>20 M$

Acteur télé
22,5 millions $

Jim Parsons (US), vedette de la série CBS *The Big Bang Theory* dans laquelle il joue Sheldon Cooper, a gagné selon les estimations 22,5 M $. Il est donc l'acteur télé au plus haut revenu pour la 2ᵉ année consécutive.

Mannequin
30 millions $

Gisele Bündchen (BR) a gagné 30,5 M $ de juin 2015 à juin 2016. En complément de contrats avec Chanel et d'autres marques, ses collections de produits pour la peau et de lingerie gonflent ses revenus. Elle a abandonné le mannequinat en 2015.

Athlète sur piste
32,5 millions $

Détenteur de nombreux records, dont ceux de **vitesse au 100 m** et **au 200 m**, Usain Bolt (JM) a aussi vu ses revenus augmenter. Environ 30 de ses 32,5 M $ de revenus proviennent du sponsoring. Son principal sponsor est Puma, qui lui a permis de gagner plus de 10 M $.

Acteur de Bollywood
33 millions $

Shahrukh Khan (IN), alias SRK, a gagné 33 M $ en 2015-2016. Depuis ses débuts dans *Deewana* (IN, 1992), il est apparu dans plus de 80 films et continue de tenir le rôle principal de films à succès tels que *Dilwale* (IN, 2015).

Actrice télé
43 millions $

Pour la 5ᵉ année d'affilée, Sofia Vergara (CO), vedette de *Modern Family*, est l'actrice télé la mieux payée avec un revenu estimé à 43 M $.

45-60 M$

Actrice de cinéma
46 millions $

Connue pour ses rôles dans des franchises à succès telles que *Hunger Games* et *X-Men*, l'actrice Jennifer Lawrence (US) a gagné environ 46 M $ en 2015-2016.

Pilote de Formule 1
46 millions $

La star de F1 Lewis Hamilton (GB) a gagné 46 M $, dont 42 M $ de gains de courses. Il a remporté son 3ᵉ championnat de F1 en 2015.

Star de téléréalité
51 millions $

Kim Kardashian West (US) a gagné 51 M $. Ses revenus proviennent en grande partie du jeu mobile *Kim Kardashian: Hollywood*, qui a rapporté 71,8 M $ rien qu'en 2015.

Chef
54 millions $

Connu pour ses émissions culinaires telles que *Hell's Kitchen*, *MasterChef USA* et *Ramsay's Kitchen Nightmares*, Gordon Ramsay (GB) a gagné environ 54 M $.

60-75 M$

Joueur de football américain – 53 millions $

Cam Newton (US), le quarterback des Carolina Panthers, a gagné 53 M $ de juin 2015 à juin 2016. De manière inhabituelle pour un sportif, ses revenus (41,1 M $) provenaient surtout de son salaire et des gains des parties. Les sponsors n'ont pesé « que » 12 M $.

Personnalité télé (femme) – 75 millions $

Ellen DeGeneres (US), star télévisée, actrice et hôte de son propre talk-show éponyme depuis 2003, aurait gagné 75 M $.

Personnalité télé (homme) – 88 millions $

Selon les estimations, la star de la télé américaine, Dr Phil Mc Graw, connu pour son talk-show *Dr. Phil* sur CBS, a gagné 88 M $ en 2015-2016.

Athlète 88 millions $

Ex aequo avec Dr Phil dans le classement de Forbes des plus hauts revenus, la superstar du Real Madrid Cristiano Ronaldo. Environ 32 M $ de ses revenus provenaient de ses sponsors, notamment Nike.

Célébrité décédée 825 millions $

Financièrement, le « roi de la pop », est bien en vie. Michael Jackson (US, 1958-2009) a gagné 825 M $ et est en tête de cette catégorie du classement Forbes depuis 2012-2013.

Musicien (homme) 70 millions $

La star de la musique country Garth Brooks (US) a gagné 70 M $, de juin 2015 à juin 2016. Son revenu a beaucoup augmenté grâce à sa tournée de retour, qui a entamé sa 3e année en septembre 2016.

Acteur 64,5 millions $

Le catcheur puis acteur Dwayne Johnson (US, alias « The Rock ») aurait gagné 64,5 M $. *San Andreas* (US, 2015) et *Vaiana* de Disney (US, 2016) sont 2 des films auxquels il a participé au cours de cette période.

Comédien 87,5 millions $

Kevin Hart (US) a joué dans plus de 100 spectacles live avec un revenu brut moyen de plus de 1 M $, pour un revenu de 87,5 M $ sur l'année.

Célébrité 170 millions $

Taylor Swift (US) n'a pas sorti d'album depuis 2014, mais sa tournée *The 1989 World Tour* a rapporté 250 M $, faisant monter ses revenus à 170 M $, soit plus de 2 fois son revenu de 2015.

Magicien 64 millions $

David Copperfield (US) aurait gagné 64 M $ en 2015-2016, surtout grâce aux spectacles qu'il donne de longue date à Las Vegas (Nevada, US).

Animateur radio 85 millions $

« Shock jock » Howard Stern (US) a gagné 85 M $. En décembre 2015, il a annoncé avoir signé un nouveau contrat d'une durée de 5 ans avec la station de radio Sirius XM.

P.D.G. 131,2 millions $

En 2015-2016, John Hammergren (US) a gagné 131,19 M $. Il est président et P.D.G. de McKesson Corporation, spécialiste des soins de santé, de la technologie médicale et des produits pharmaceutiques.

DJ 63 millions $

Le DJ Calvin Harris (né Adam Wiles, GB) a gagné 63 M $. Il était déjà en tête de la liste des revenus des DJ des 2 années précédentes.

Joueur de basket 77 millions $

Actuellement membre des Cleveland Cavaliers, LeBron James (US) aurait gagné 77 M $. Environ 54 M $ étaient issus de plusieurs sponsors célèbres, comme Nike, Coca-Cola et Samsung.

Groupe de musique 110 millions $

Selon les estimations, One Direction (GB/IE), a gagné 110 M $, principalement grâce à la tournée *On the Road Again Tour*. Le boys band fait actuellement une pause.

Auteur 95 millions $

L'écrivain de thriller James Patterson (US) est l'auteur aux revenus les plus élevés en 2016. Il est aussi la célébrité en vie aux revenus les plus élevés (homme, actuellement).

75-90 M $

>90 M $

Arts et médias

Une grande confusion s'est emparée des 89e Oscars, lorsque suite à un échange d'enveloppes, *La La Land* a été annoncé à tort comme Meilleur film. Le titre revenait en réalité à *Moonlight* (US, 2016).

SOMMAIRE

◀ LE PLUS DE NOMINATIONS AUX OSCARS POUR UN FILM

Le 24 janvier 2017, *La La Land* (US, 2016) a reçu 14 nominations aux Oscars, égalant le record d'*Eve* (US, 1950) et *Titanic* (US, 1997). La comédie dramatique musicale, avec Emma Stone et Ryan Gosling, a remporté 6 statuettes lors de la 89e cérémonie des Oscars, le 26 février 2017.

À 32 ans et 38 jours, le réalisateur de *La La Land*, Damien Chazelle (US, en médaillon, né le 19 janvier 1985), est devenu le **plus jeune lauréat de l'Oscar du Meilleur réalisateur**, battant le précédent record datant de 1931.

Livres

Les mémoires de l'ancien président américain George Bush père ont rapporté moins que l'« autobiographie » de sa chienne Millie.

Le plus grand livre :
5 x 8,06 m
(largeur par hauteur, livre fermé)

Le plus de livres renversés comme des dominos :
10 200
par Sinners Domino Entertainment (DE), le 14 octobre 2015

La plus haute pyramide de livres :
70 247
par Perak State Public Library Corporation & Imagika Sdn Bhd (tous 2 MY), le 26 décembre 2015

La plus longue rotation d'un livre GWR sur un doigt :

44 min et 20 s
par Himanshu Gupta (IN), le 17 avril 2016

La plus haute pile de livres en équilibre sur la tête :

62
(poids : 98,4 kg)
par John Evans (GB), le 9 décembre 1998

x 1 = 5 livres

▲ LES REVENUS ANNUELS LES PLUS ÉLEVÉS POUR UN AUTEUR JEUNESSE (VIVANT)
Présenté d'abord sur le site éducatif FunBrain en 2004, *Journal d'un dégonflé* est devenu une franchise mondiale avec 11 tomes et 3 films. Cette série a permis à l'auteur et illustrateur Jeff Kinney (US) d'engranger environ 19,5 millions $ entre juin 2015 et juin 2016, selon le magazine *Forbes*. Le talentueux M. Kinney est également concepteur de jeux vidéo, acteur, réalisateur, producteur et dessinateur.

Les flammes ont ravagé par 2 fois la bibliothèque du Congrès américain, fondée en 1800. En 1814, le feu a été déclenché par les forces britanniques, et le 24 décembre 1851, un incendie a détruit les deux tiers de ses 55 000 ouvrages.

Les revenus les plus élevés pour un auteur (vivant)
D'après *Forbes*, l'auteur de romans policiers James Patterson (US) a gagné 95 millions $ entre juin 2015 et juin 2016.

L'œuvre de fiction la plus vendue
Impossible d'identifier l'œuvre de fiction qui s'est le mieux vendue. *Un conte de deux villes* de Charles Dickens (GB) se serait vendu à plus de 200 millions d'exemplaires. Les ventes de *Don Quichotte*, de Miguel de Cervantes (ES), publié en 2 parties (1605 et 1615), approcheraient les 500 millions d'exemplaires. Mais les ventes ne peuvent pas être vérifiées.

Le 1er roman policier
Selon la British Library, le 1er roman policier serait *The Notting Hill Mystery* de Charles Felix (GB), paru dans le magazine *Once a Week* en 1862-1863.
Mary Fortune (AU), **1re auteure spécialisée dans la fiction criminelle**, a écrit plus de 500 histoires policières, dont la 1re, *The Dead Witness*, a été publiée dans l'*Australian Journal*, le 20 janvier 1866.
Grâce aux 2 milliards d'exemplaires écoulés de ses 78 romans traduits en 44 langues, Agatha Christie (GB) est l'**auteure de fiction la plus rentable**.

Le 1er livre audio
En novembre 2016, un exemplaire du 1er livre audio datant de 1935 a été découvert au Canada. Les 4 disques en gomme-laque contenaient le roman de Joseph Conrad publié en 1902, *Typhon*. L'œuvre avait été enregistrée par le Royal National Institute of Blind People et redécouverte par Matthew Rubery de la Queen Mary University de Londres (GB).

La machine à écrire la plus chère
En 1952, Ian Fleming (GB) a commandé une machine à écrire en plaqué or pour fêter l'achèvement de *Casino Royale,* son 1er roman. Celui-ci marque les débuts de l'agent secret James Bond. La machine a été vendue 55 750 £ chez Christie's, à Londres (GB), le 5 mai 1995.

Le don le plus précieux d'une collection de livres rares
En février 2015, l'université de Princeton (New Jersey, US) a annoncé avoir reçu une collection de livres estimée à 300 millions $. Réunie par le philanthrope William H. Scheide (US), la collection comprend des feuillets de Shakespeare, le tirage original de la Déclaration de l'indépendance américaine, ainsi que des manuscrits musicaux signés Bach, Beethoven et Mozart.

La plus forte enchère pour une illustration
The Rabbits' Christmas Party, aquarelle de Beatrix Potter composée dans les années 1890 et appartenant à son frère Bertram, a été acquise par un collectionneur britannique anonyme, le 17 juillet 2008, pour 289 250 £.

La séance de dédicace la plus prolifique
Vickrant Mahajan (IN) a signé 6 904 exemplaires de *Yes Thank You Universe* en une seule séance de dédicace, à Jammu (IN), le 30 janvier 2016.

Le plus grand fonds de fiction créée par des fans
Lancé en octobre 1998, FanFiction.net propose des histoires basées sur des livres, émissions télé, films et bandes dessinées existants. Le site compte plus de 2 millions d'utilisateurs et 8 millions de pages publiées, avec des histoires dans plus de 30 langues. On retrouve Harry Potter (plus de 650 000 histoires) ainsi que la série de manga *Naruto* (plus de 300 000) .

Le plus d'écrivains publiés par habitant
L'Islande a une longue tradition narrative, des sagas médiévales aux livres audio pour smartphones, accessibles par des codes-barres présents ou placardés sur certains bancs publics. Au cours de sa vie, un Islandais sur dix se verra édité. En se basant sur des chiffres de 2012, 5 livres pour 1 000 citoyens paraissent ainsi – soit le **plus de livres publiés par habitant**.

Le plus long retard pour un livre emprunté à la bibliothèque
En 1956, le professeur sir John Plumb (GB) a restitué un ouvrage sur l'archevêché de Brême, emprunté au Sidney Sussex College de Cambridge (GB) en 1667-1668 (soit 288 ans plus tôt). Aucune amende n'a été appliquée.
Lorsque Emily Canellos-Simms (US) a rendu le recueil de poèmes *Days and Deeds* à la bibliothèque publique de Kewanee (Illinois, US), 47 ans après que sa mère l'avait emprunté en 1955, elle a dû s'acquitter d'une amende de 345,14 $ – l'**amende la plus élevée pour un livre de bibliothèque**. Cela équivaut à 2 cents par jour de retard.

◄ LA PLUS GRANDE BIBLIOTHÈQUE
Située à Washington (US), la bibliothèque du Congrès américain abrite plus de 162 millions de pièces, réparties sur quelque 1 348 km d'étagères. Les collections comprennent plus de 38 millions de livres et autres supports imprimés, 3,6 millions d'enregistrements, 14 millions de photographies, 5,5 millions de cartes, 7,1 millions de partitions musicales et 70 millions de manuscrits.
Washington accueille aussi la **plus grande bibliothèque d'ouvrages de droit**. Plus de 2,9 millions de volumes y sont en effet classés à côté de gazettes de droit étrangères.

▶ LA 1RE FICTION DE FAN

La fiction de fan permet aux aficionados de livres ou séries télé de publier leurs propres histoires en utilisant leurs personnages préférés. Ce genre de fiction a vu le jour dans le 1er numéro du fanzine de *Star Trek, Spockanalia*, réalisé aux États-Unis en 1967 par Devra Langsam et Sherna Comerford (toutes 2 US). Le créateur de *Star Trek*, Gene Roddenberry (US), a adressé une lettre aux auteures du fanzine, datée du 24 avril 1968, dans laquelle il a déclaré que *Spockanalia* devrait être une « lecture obligatoire [pour] tout nouveau scénariste ou personne chargée de la série ».

▲ LE 1ER LIVRE PUBLIÉ EN ANGLAIS

Le Recueil des histoires de Troyes de Raoul Le Fèvre (FR), écrit en 1474, a été traduit en anglais par William Caxton (GB) – une rareté car à l'époque la plupart des ouvrages étaient écrits en latin et non en anglais. L'ouvrage appartenait au duc de Northumberland (GB) avant d'être cédé aux enchères pour 1 082 500 £, le 15 juillet 2014, chez Sotheby's (Londres, GB).

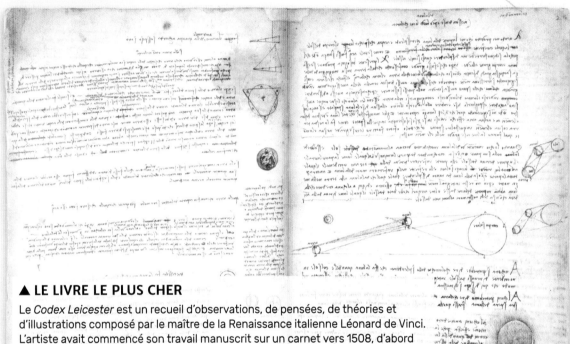

▲ LE LIVRE LE PLUS CHER

Le *Codex Leicester* est un recueil d'observations, de pensées, de théories et d'illustrations composé par le maître de la Renaissance italienne Léonard de Vinci. L'artiste avait commencé son travail manuscrit sur un carnet vers 1508, d'abord sur des feuillets volants, lesquels ont ensuite été reliés. En 1994, l'ouvrage a été acquis par le cofondateur de Microsoft Bill Gates (US) pour 30 802 500 $ – la plus forte somme jamais déboursée pour un livre, tous formats confondus.

▲ LE SCÉNARIO LE PLUS RENTABLE

Publié le 31 juillet 2016 afin de coïncider avec la première de la pièce, le script de *Harry Potter et l'enfant maudit* s'était écoulé à 3 866 156 exemplaires dans le monde au 6 août 2016, selon Nielsen BookScan. Basé sur une idée de J. K. Rowling (GB), l'auteure de la série, l'action se passe principalement en 2020 et se concentre sur Harry Potter, désormais adulte, et son fils, Albus Severus Potter.

▲ LE LIVRE IMPRIMÉ LE PLUS CHER

En 1640, les résidents de la colonie de la baie du Massachusetts ont imprimé 1 700 exemplaires du *Bay Psalm Book*, tout 1er livre imprimé en Amérique du Nord britannique. Le 26 novembre 2013, l'homme d'affaires David Rubenstein (US) a acheté l'un des 11 exemplaires encore existants pour 14,16 millions $, lors d'une vente aux enchères chez Sotheby's, à New York (US), avec la seule intention de prêter l'ouvrage à des bibliothèques.

▶ LE 1ER LIVRE CONTENANT DES CARTES GRAVÉES

Le 1er livre avec des cartes gravées, par opposition aux gravures sur bois, a été réalisé en 1477, à Bologne (IT). Il s'agissait d'une traduction médiévale effectuée par Giacomo d'Angelo da Scarperia (IT) de *Cosmographia* – atlas et traité de cartographie compilé par l'écrivain gréco-égyptien Ptolémée vers l'an 150. L'ouvrage de Scarperia contient 26 gravures sur cuivre et est aussi le 1er livre contenant des cartes créées par Taddeo Crivelli (IT). On pensait la traduction de Scarperia publiée en 1482, mais des documents découverts à Bologne ont prouvé une parution antérieure.

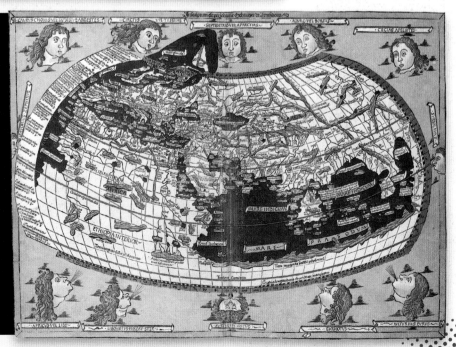

Télévision

Le documentaire consacré à la vie sauvage *Planète Terre II* a nécessité 117 expéditions individuelles, et 2 089 journées passées sur le terrain.

LE SUPER-HÉROS LE PLUS POPULAIRE À LA TÉLÉVISION
Flash de CW a enregistré 3,1 millions « d'expressions de requêtes » quotidiennes en 2016, selon Parrot Analytics. Cette entreprise spécialisée dans les données scientifiques mesure les requêtes du public pour des contenus télé via les sites de streaming, les réseaux sociaux et les chaînes de télé classiques.
La série télé la plus populaire en 2016 était *Game of Thrones*, avec une moyenne de 7 191 848 expressions de requêtes quotidiennes.

Le plus d'Emmys remportés par un individu
La productrice Sheila Nevins (US), présidente des films documentaires HBO, compte à son actif 32 Emmys Primetime. En 2016, elle s'est vue attribuer le trophée de l'Ordre du mérite du film documentaire pour *Jim: The James Foley Story*, la biographie d'un correspondant de guerre américain.
Nevins partage également **le plus de nominations aux Emmys pour un individu** (74), avec le caméraman Hector Ramirez (US).

Le plus d'Emmys Primetime pour une série télé
La série comique à sketch culte de NBC *Saturday Night Live* a remporté son 50ᵉ trophée, lors de la cérémonie de 2016, lorsque les coprésentatrices Tina Fey et Amy Poehler ont été récompensées par l'Emmy de la meilleure actrice invitée dans une série comique.
Saturday Night Live totalise 209 nominations, soit **le plus de nominations aux Emmys Primetime pour une série télé**.

Le plus d'Emmys pour une série dramatique
Le 18 septembre 2016, la série dramatique fantastique de HBO *Game of Thrones* (US) a remporté l'Emmy du meilleur scénario, de la meilleure réalisation et du meilleur drame. Avec ses 38 trophées, c'est **la série de fiction la plus récompensée aux Emmys**.
Galvanisée par des succès comme *Game of Thrones* et *Boardwalk Empire*, en 2015, HBO a enregistré **le plus de nominations aux Emmys Primetime pour une chaîne en 1 an** (126).

Le programme télé le plus piraté
Pour le site Internet de surveillance du téléchargement TorrentFreak, *Game of Thrones* a été la série télé la plus téléchargée illégalement pour la 5ᵉ année consécutive. À son apogée, le final de la saison 6, diffusé le 26 juin 2016, a été partagé simultanément par 350 000 torrents. Aux 2ᵉ et 3ᵉ places, on retrouve respectivement *The Walking Dead* d'AMC et *Westworld* de HBO (tous 2 US).

Le programme sportif télé dont le présentateur est le plus pérenne
Présentée par Juan Carlos Tapia Rodríguez (PA), l'émission de boxe panaméenne *Lo Mejor del Boxeo* existait depuis 41 ans et 334 jours, au 8 décembre 2016.

Le plus grand téléviseur était un Jumbotron Sony couleur de 24,3 x 45,7 m, fabriqué pour l'Exposition universelle de 1985 qui s'était déroulée à Tsukuba, (préfecture d'Ibaraki, JP).

Q : Quelle série télé à succès (2016) se déroulait à Hawkins (Indiana, US) ?
R : *Stranger Things.*

Les revenus annuels les plus élevés pour une star de téléréalité
D'après Forbes, Kim Kardashian West (US) a touché 51 millions $ entre les 1ᵉʳ juin 2015 et 2016. Environ 40 % de ses revenus proviennent de son jeu pour mobile *Kim Kardashian : Hollywood*, qui a rapporté à lui seul 71,8 millions $ en 2015.

Les revenus annuels les plus élevés de tous les temps pour une personnalité de télévision
Entre juin 2009 et juin 2010, Oprah Winfrey (US) aurait gagné 275 millions $ grâce à son magazine, son contrat radiophonique, sa société de production Harpo et la création de l'Oprah Winfrey Network.
Les revenus annuels les plus élevés de tous les temps pour une personnalité télé (homme) s'élèvent à 95 millions $, record partagé par le juré de téléréalité Simon Cowell (GB) et l'animateur radio Howard Stern (US) dans les 12 mois précédant juin 2013.

La série télé de science-fiction la plus prolifique (par épisode)
Le 29 avril 2017 a vu la diffusion du 819ᵉ épisode de *Doctor Who* (BBC, GB). Ce chiffre comprend la série originale de 694 épisodes diffusée entre 1963 et 1989, ainsi que la série moderne qui a débuté en 2005, mais n'inclut pas les épisodes exceptionnels ni le téléfilm de 1996.
Le plus jeune Doctor Who a été Matt Smith (GB, né le 28 octobre 1982), âgé de 26 ans lorsqu'il a tourné ses premières scènes dans le rôle du Seigneur du Temps.
Le Doctor Who le plus âgé reste William Hartnell (GB, né le 8 janvier 1908), qui a tenu le rôle à 57 ans avant de le reprendre à 65, pour un épisode exceptionnel 10ᵉ anniversaire en 1973.
En termes d'épisodes télé, **le Doctor Who le plus prolifique** est Tom Baker (GB), avec 173 épisodes à son actif (saisons 12-18), de 1974 à 1981, soit davantage qu'aucun autre acteur ayant tenu le rôle. Ancien moine, Baker travaillait sur un chantier de construction lorsque la BBC l'a appelé pour l'engager.

Le plus de romans de fiction spin-off basés sur une série télé
Il existe plus de 600 novélisations de *Doctor Who* et 120 supplémentaires inspirées du même univers.

◀ **LA FRANCHISE TÉLÉ DE SCIENCE-FICTION LA PLUS RENTABLE**
On estime que les recettes de la franchise *Star Trek* ont dépassé 6 milliards $ en 2016. Cette somme comprend les revenus tirés des droits de diffusion, des ventes de DVD, de livres et de jeux vidéo, ainsi que du long-métrage qui a rapporté 1,73 milliard $. Le 7 octobre 2016, William Shatner (à droite), qui tenait le rôle du capitaine Kirk dans la série, a reçu son certificat Guinness des mains de l'éditeur en chef *GWR* Craig Glenday.

▲ LE PROGRAMME TÉLÉVISÉ LE PLUS CHER
Les 10 épisodes de la 1re saison de la luxueuse série dramatique Netflix *The Crown* (2016) aurait coûté 130 millions $. La série relate la vie d'Élisabeth II d'Angleterre (jouée par Claire Foy), des années 1940 à nos jours. Basée en partie sur la pièce de théâtre écrite par Peter Morgan en 2013, *The Audience*, la série a fait appel à l'équipe créative qui était intervenue sur le film oscarisé *The Queen* (GB/US/DE/FR, 2006), dans lequel Helen Mirren tenait le rôle de la souveraine.

▲ LA DISTRIBUTION TÉLÉ LA MIEUX RÉMUNÉRÉE
Au 22 septembre 2016, les quatre acteurs masculins les plus rentables de la télé américaine étaient les vedettes de la série *The Big Bang Theory* : Jim Parsons (25,5 millions $) ; Johnny Galecki (24 millions $) ; Simon Helberg (22,5 millions $, tous US) ; et Kunal Nayyar (IN/US, né GB, 22 millions $). La co-star Kaley Cuoco (US) était la 2e vedette féminine télévisée la mieux payée, avec 24,5 millions $, derrière Sofía Vergara (voir à gauche, ci-dessous). Les seuls revenus de ces acteurs représentent 100 millions $.

▲ LES REVENUS ANNUELS LES PLUS ÉLEVÉS POUR UNE ACTRICE TÉLÉ DANS UNE SÉRIE RÉCURRENTE
La star de *Modern Family* Sofía Vergara (CO) était l'actrice télé la mieux rémunérée pour la 5e année consécutive, avec 43 millions $ estimés dans les 12 mois précédant le 1er juin 2016, d'après Forbes. Une augmentation non négligeable, car Vergara n'avait touché « que » 28,5 millions $, en 2014-2015.

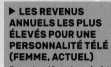

▲ LE PRÉSENTATEUR TÉLÉ À LA CARRIÈRE LA PLUS LONGUE
Sir David Attenborough (GB) a débuté sa carrière télévisée avec *Zoo Quest* (BBC GB, médaillon) en 1954, et a présenté *Planète Terre II* (BBC GB, ci-dessus) en 2017, soit 63 ans plus tard. Le naturaliste a remporté des trophées BAFTA pour des programmes en noir et blanc, en couleurs, en HD et en 3D.
La série télé la plus pérenne avec le même animateur est *The Sky at Night* (BBC GB), qui a été présentée par l'astronome sir Patrick Moore (GB) pendant 55 ans, du 1er épisode en 1957 au décès de Moore, le 9 décembre 2012.

▶ LES REVENUS ANNUELS LES PLUS ÉLEVÉS POUR UNE PERSONNALITÉ TÉLÉ (FEMME, ACTUEL)
Dans les 12 mois précédant le 1er juin 2016, la vedette télé, actrice et animatrice de son propre talk-show Ellen DeGeneres (US) a gagné environ 75 millions $, selon Forbes.
Les revenus annuels les plus élevés pour une personnalité télé (homme, actuel) s'élèvent à 88 millions $ pour le Dr Phil McGraw (US).

▲ LA 1RE SÉRIE TÉLÉ SCRIPTÉE EN RÉALITÉ VIRTUELLE
Invisible, série de science-fiction racontant l'histoire des Ashland, puissante famille new-yorkaise dotée d'un don surnaturel, est décrite par ses producteurs comme « la 1re grande série scriptée conçue pour une réalité virtuelle à 360° ». Chaque épisode a été tourné avec une caméra VR 3600 (photographiée ci-dessus, sur la table), plongeant le spectateur dans un paysage en panoramique intégral. Co-réalisée par Doug Liman (médaillon), la 1re saison d'*Invisible* comptait 5 épisodes de 6 min chacun et avait été commercialisée pour la plate-forme VR de Samsung en 2016.

▶ LA SÉRIE TÉLÉ LA MIEUX NOTÉE (ACTUEL)
La 4e saison de la série dramatique de SundanceTV *Rectify* a débuté le 26 octobre 2016, enregistrant une note Metacritic de 99 sur 100 et une appréciation téléspectateurs de 8,8. La série suit les difficultés de Daniel Holden (Aden Young), revenu chez lui 19 ans après avoir été emprisonné à tort pour meurtre.
La série télé la mieux notée (de tous les temps) reste *Breaking Bad : Saison 5* (2012), avec un score Metacritic de 99 et une note téléspectateurs de 9,6.

À l'origine, *Rectify* devait être diffusée sur AMC, avec Walton Goggins de la série *The Shield* dans le rôle principal. Finalement, la série a été transférée vers la chaîne parente SundanceTV, devenant ainsi sa 1re série scriptée originale.

Blockbusters

Les Dents de la mer (voir ci-dessous) est considéré comme le **1er blockbuster estival**. Il a été le **1er** film à dépasser 200 millions $ de recettes au box-office américain et canadien.

Le montage le plus rapide pour un long-métrage

Avec 3 007 plans individuels rassemblés dans 79 min et 59 s, le film d'action Point d'impact (US, 2002), avec Jean-Claude Van Damme (BE), est le long-métrage au montage le plus rapide, avec une durée moyenne de plan de 1,53 s.

Le **montage le plus lent pour un long-métrage** revient au film d'Alexandre Sokourov L'Arche russe (RU, 2002), qui consiste en un unique plan continu de 91 min et 26,3 s. Le film a une durée moyenne de plan de 5 486,3 s de loin la plus longue de tout film narratif.

Le film de Bollywood le plus cher

Le blockbuster de science-fiction 2.0 (IN, 2017), également connu sous le titre de Robot 2, aurait coûté 3 milliards de roupies indiennes (42,3 millions €). Akshay Kumar (CA, né IN) en est la vedette.

LES PLUS GROSSES RECETTES AU BOX-OFFICE POUR UN...

Film sud-coréen

À sa sortie en juillet 2016, le film catastrophe de zombie réalisé par Yeon Sang-ho Dernier Train pour Busan (KR) a battu tous les records au box-office national. Selon The Numbers, l'opus avait rapporté 99 063 777 $ à l'échelle mondiale au 16 février 2017, devenant ainsi le film sud-coréen le plus rentable de tous les temps.

Film sans méchant

22e film le plus rentable de tous les temps en janvier 2017, Le Monde de Dory (US, 2016) des studios Disney/Pixar est à ce jour le film sans méchant clairement défini dans un rôle principal le plus rentable et aussi le 1er film de cette catégorie à engranger plus de 1 milliard $ à travers le monde. Au 29 décembre 2016, il avait rapporté 1 022 617 376 $ selon The Numbers.

Studio

Dans un communiqué de presse du 19 décembre 2016, les studios Walt Disney ont annoncé être devenus les 1ers studios à totaliser 7 milliards $ en 1 an au box-office mondial. Les recettes mondiales des studios Disney pour 2016 s'élevaient à 7,605 milliards $, dont 2,9 pour les États-Unis et le Canada et 4,7 pour les marchés internationaux.

LE PLUS DE...

Nominés aux Oscars dans un film de super-héros

La distribution de Batman v Superman : L'Aube de la justice (US, 2016) ne compte pas moins de 4 oscarisés (Ben Affleck, Jeremy Irons, Holly Hunter et Kevin Costner) et 5 nominés aux Oscars (Amy Adams, Jesse Eisenberg, Diane Lane, Laurence Fishburne et Michael Shannon), soit 9 au total – plus que tout autre film de super-héros en janvier 2017.

▲ LE CLAP LE PLUS CHER

Un clap utilisé durant la production de Steven Spielberg Les Dents de la mer (US, 1975) s'est vendu aux enchères 2016 de Prop Store (GB) pour 84 000 £, à Londres (GB), le 27 septembre 2016. En concordance avec le thème du film, le clap comportait l'empreinte des dents de requin comme s'il avait été mordu par le prédateur.

Q : Quel est, à ce jour, le film de l'univers Marvel le plus long ?

R : Captain America: Civil War, avec 2 h et 27 min

Films Disney dans le Top 10 annuel des films les plus rentables

Cinq des films les plus rentables présents dans le Top 10 de 2016 étaient produits par Disney – si l'on inclut les filiales Lucasfilm, Pixar et Marvel Entertainment ainsi que l'accord de distribution avec Marvel Entertainment. Captain America: Civil War, Rogue One: A Star Wars Story, Le Monde de Dory, Zootopie et Le Livre de la jungle faisaient tous partie de l'écurie Disney et occupaient les 5 premières places du palmarès (voir à droite).

Golden Globes pour un film

La comédie dramatique musicale La La Land (US, 2016) était nominée pour 7 Golden Globes et les a tous remportés. Victoires pour :
• Meilleur film musical ou comédie
• Meilleure actrice (Emma Stone)
• Meilleur acteur (Ryan Gosling)
• Meilleur réalisateur (Damien Chazelle)
• Meilleur scénario (Chazelle)
• Meilleure musique de film (Justin Hurwitz)
• Meilleure chanson originale (City of Stars de Hurwitz, interprétée par Stone et Gosling).

Figurants dans une scène de film numérique

La séquence de la procession égyptienne dans X-Men : Apocalypse (US, 2016) met en scène 295 000 personnes, bien que seuls 25 acteurs aient été présents lors du tournage. Les autres figurants ont été ajoutés grâce à des effets spéciaux numériques.

THE NUMBERS

The Numbers est la plus grande base de données Internet dédiée aux informations financières de l'industrie cinématographique. Elle traite plus de 25 000 films et 125 000 personnes liées à l'industrie du cinéma. Fondé en 1997 par Bruce Nash, le site reçoit plus de 5 millions de visiteurs par an. En dehors des cinéphiles, les studios, maisons de production indépendants et investisseurs utilisent ses services pour décider quels films produire et quand les sortir. Le site rassemble les données des studios, des détaillants, des médias et autres sources sous le nom d'«OpusData». Cette base contient plus de 7 millions d'informations sur l'industrie cinématographique.

THE NUMBERS

◄ LA FRANCHISE D'ANIMATION GÉNÉRÉE PAR ORDINATEUR LA PLUS PROLIFIQUE

La sortie en juillet 2016 de L'Âge de glace : Les Lois de l'Univers (US) fait de cette franchise la série d'animation générée par ordinateur la plus importante et la 1re à totaliser 5 épisodes. Les films suivent les aventures d'un groupe d'animaux à la préhistoire. Créée par les studios Blue Sky, la série a débuté avec L'Âge de glace (US) en 2002. Cet opus et ses 3 suites sont devenus les films d'animation les plus rentables de l'année de leurs sorties respectives. À ce jour, le film de la franchise le plus rentable reste L'Âge de glace : Le Temps des dinosaures (US, 2009), qui avait rapporté 859 701 857 $ au box-office mondial, au 11 décembre 2016, selon The Numbers.

Top 10 des films les plus rentables en 2016

Captain America: Civil War (US) : 1 151 684 349 $

Rogue One: A Star Wars Story (US/GB) : 1 050 441 501 $

Le Monde de Dory (US) : 1 022 617 376 $

Zootopie (US) : 1 019 922 983 $

Le Livre de la jungle (GB/US) : 963 901 123 $

Comme des bêtes (JP/US) : 875 958 308 $

Batman v Superman : L'Aube de la justice (US) : 868 160 194 $

Les Animaux fantastiques (GB/US) : 804 702 363 $

Deadpool (US) : 783 770 709 $

Suicide Squad (US) : 746 100 054 $

Source : The Numbers. Tous les chiffres sont bruts selon l'année calendaire, et corrects au 13 mars 2017.

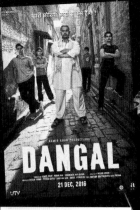

▲ LE FILM D'ANIMATION LE PLUS PIRATÉ (ACTUEL)

Le Monde de Dory (US, 2016) de Disney-Pixar a été téléchargé illégalement plus que tout autre film d'animation de 2016, selon TorrentFreak. En raison des difficultés croissantes dans la surveillance des téléchargements en ligne, le studio refuse de fournir des estimations de téléchargements et préfère publier un classement.

Deadpool (US, 2016) est le **film le plus piraté (actuel)**, selon TorrentFreak.

▲ LA PREMIÈRE MONDIALE LA PLUS IMPORTANTE POUR UN FILM DE BOLLYWOOD

Dangal, avec la superstar de Bollywood Aamir Khan (IN), raconte l'histoire authentique d'une famille de catcheuses. Le film a rapporté 31,2 millions $ dans 7 pays dans les 3 jours ayant suivi sa sortie le 21 décembre 2016. Khan bat ainsi son propre record qui était de 28,8 millions $ avec la comédie à succès *PK* (IN) de décembre 2014.

▲ LES RECETTES LES PLUS ÉLEVÉES AU BOX-OFFICE NATIONAL AU MOIS D'AOÛT

Sorti le 5 août 2016 dans 4 255 cinémas à travers les États-Unis, *Suicide Squad* (US) a rapporté 64 893 248 $ d'après le service de surveillance du box-office The Numbers. En 3 jours, le film avait rapporté 133 682 248 $ aux États-Unis, soit le **week-end d'août le plus rentable au box-office national**.

▲ LE PLUS D'APPARITIONS CINÉMATOGRAPHIQUES EN TANT QUE SUPER-HÉROS MARVEL

Sur les 14 films de l'univers cinématographique Marvel, en mars 2016, les acteurs américains Samuel L. Jackson (dans le rôle de Nick Fury) et Robert Downey Jr (dans le rôle de Tony Stark/Iron Man) se partageaient le record d'apparitions, tous 2 reprenant leur rôle dans 7 films Marvel.

◀ LE FILM EN LANGUE ÉTRANGÈRE LE PLUS RENTABLE

Sortie sur les écrans du monde entier en février 2016, l'aventure fantastique de Stephen Chow *The Mermaid* (CN, 2016) avait engrangé 552 198 479 $ au 9 juin 2016, selon The Numbers. Il s'agit du film tourné et diffusé dans une autre langue que l'anglais le plus rentable mais aussi du **film non hollywoodien le plus rentable**.

▲ LE PLUS DE FRANCHISES DE FILM SUR UN AN CALENDAIRE

Parmi le Top 100 des films les plus rentables de 2016, 37 étaient des suites, des spin-offs ou des opus de franchise. C'est la 3e année consécutive que ce record est battu. Le Top 20 des films les plus rentables comprend 13 suites ou œuvres franchisées, dont *Kung Fu Panda 3* (CN/US, image principale) et le spin-off de *Harry Potter*, *Les Animaux fantastiques* (GB/US, médaillon). Six films du Top 10 étaient également des suites ou des films de franchise.

▲ LE PLUS DE RÔLES PRINCIPAUX FÉMININS DANS LE TOP 100 ANNUEL

Sur les 100 films internationaux les plus rentables exploités en 2016, 31 femmes ont occupé un rôle principal. C'est le chiffre le plus élevé à ce jour, avec 11 de plus par rapport à 2015. On retrouve ci-dessus et ci-contre, dans le sens des aiguilles d'une montre : Amy Adams ; Janelle Monáe, Taraji P. Henson et Octavia Spencer ; et Felicity Jones.

Stars du cinéma

Le Top 10 des vedettes de cinéma les plus rentables totalisait 471,5 millions $ de revenus en 2016, selon Forbes.

LE PLUS DE NOMINATIONS INFRUCTUEUSES AUX OSCARS

L'ingénieur du son Kevin O'Connell (US) n'a pas été très chanceux car il a été nominé 20 fois aux Oscars – en commençant avec *Tendres Passions* (US, 1983) à la cérémonie de 1984 – sans une seule victoire. Le vent a finalement tourné en 2017 lorsqu'il a partagé l'Oscar du meilleur mixage de son avec Andy Wright, Robert Mackenzie et Peter Grace (tous AU) pour *Tu ne tueras point* (US/AU, 2016).

L'acteur le plus rentable n'ayant à son actif que de furtives apparitions à l'écran

Avec des films basés sur ses créations et souvent en tête du box-office, il n'est peut-être pas étonnant que le cerveau qui se cache derrière Marvel Comics, Stan Lee (US), ait aussi souhaité jouer devant les projecteurs. Les 36 films dans lesquels il est apparu, depuis ses débuts cinématographiques dans *Les Glandeurs* (US, 1995) à son plus récent rôle dans *Doctor Strange* (US, 2016) avaient rapporté 18 777 702 132 $ a travers le monde au 24 mars 2017, d'après The-Numbers.com.

L'actrice hollywoodienne la plus rentable

D'après Forbes, aucune actrice d'Hollywood ne peut détrôner la vedette d'*Avengers* Scarlett Johansson (US) en termes de profit relatif. Dans ses 3 derniers films principaux sortis avant le 1er juin 2016, dont *Captain America: Civil War* (2016) et *Lucy* (2014), l'actrice a rapporté 88,60 $ pour chaque dollar qu'elle a perçu. Voir ci-contre pour l'**acteur hollywoodien le plus rentable**.

Le James Bond le mieux rémunéré

Daniel Craig (GB) aurait reçu un salaire de 39 millions $ pour son rôle de James Bond dans *Spectre* (GB/US, 2015). Craig devient ainsi l'acteur le mieux payé pour son incarnation de Bond, même en tenant compte de l'inflation.

Dans *Spectre*, Craig porte des vêtements et des accessoires dont la valeur s'élève au moins à 39 060 £, ce qui fait de James Bond le **personnage cinématographique le plus richement vêtu**.

Sean Connery et Roger Moore (tous 2 GB) ont chacun incarné 7 fois l'agent secret britannique 007, soit le **plus d'apparitions dans le rôle de James Bond**. Connery a joué dans le 1er film de Bond, *James Bond contre Dr No* (GB, 1962), et Moore a fait ses débuts dans *Vivre et laisser mourir* (GB, 1973).

Jesper Christensen (DK) est le 1er acteur à avoir joué le même méchant dans 3 opus James Bond, soit le **plus d'apparitions en tant que méchant dans un film de Bond**. Christensen a tenu le rôle de Mr White dans *Casino Royale* (GB/US/CZ/DE/IT, 2006), *Quantum of Solace* (GB/US, 2008) et *Spectre*.

Tom Cruise (US) était pressenti pour le 1er opus d'*Iron Man*, avant que le rôle ne soit offert à Robert Downey Jr. Cruise était aussi l'un des acteurs en lice pour *Je suis une légende*, avant que Will Smith ne soit choisi.

La vedette la plus âgée dans un film rapportant 1 milliard $

Harrison Ford (US, né le 13 juillet 1942) avait 73 ans et 156 jours lorsque *Star Wars Épisode VII : Le Réveil de la Force* (US) est sorti sur les écrans, le 16 décembre 2015. Le spectaculaire opéra spatial avait finalement totalisé 2 058 662 225 $ au box-office mondial, au 2 juin 2016.

Q : Quel a été le 1er film de l'univers Marvel ?

R : *Iron Man* (US, 2008)

Le Batman le plus âgé

Ben Affleck (US, né le 15 août 1972) avait 43 ans et 223 jours lorsque *Batman v Superman : L'Aube de la justice* (US) est sorti le 25 mars 2016, faisant de lui l'acteur le plus âgé à tenir le rôle de Batman dans un long-métrage. Son rival le plus proche est Michael Keaton (US, né le 5 septembre 1951), qui avait 40 ans et 288 jours lorsqu'il a endossé le costume du super-héros pour *Batman : Le Défi* (US/GB), sorti le 19 juin 1992.

LE PLUS DE...

Rôles Disney dans une année calendaire

L'acteur Idris Elba (GB) a doublé les voix de Fluke dans *Le Monde de Dory*, de Chef Bogo dans *Zootopie* et du tigre du Bengale Shere Khan dans *Le Livre de la jungle* (tous US, 2016).

Apparitions cinématographiques en tant que loup-garou

Paul Naschy (ES, alias Jacinto Molina Alvarez) s'est d'abord frotté au rôle d'un loup-garou dans *Les vampires du docteur Dracula* (ES, 1968). Il a poursuivi sur sa lancée dans 14 autres films répartis sur 4 décennies, reprenant son personnage lycanthrope de Waldemar Daninsky et l'amenant dans l'Himalaya avec *Dans les griffes du loup-garou* (ES, 1975), au Japon avec *La Bestia y la Espada magica* (ES/JP, 1982) et en Amérique du Sud pour sa dernière interprétation du loup-garou avec *Um lobisomem na Amazônia* (BR, 2005).

Nominés aux Oscars dans un film

Le film de Robert Altman *The Player* (US, 1992) inclut 23 nominés aux Oscars. La distribution comprend 13 oscarisés (Tim Robbins, Whoopi Goldberg, Sydney Pollack, Cher, James Coburn, Joel Grey, Jack Lemmon, Marlee Matlin, Julia Roberts, Susan Sarandon, Rod Steiger, Louise Fletcher et Anjelica Huston) ainsi que 10 nominés (Dean Stockwell, Karen Black, Gary Busey, Peter Falk, Sally Kellerman, Sally Kirkland, Burt Reynolds, Lily Tomlin, Teri Garr et Nick Nolte).

◄ ► LES REVENUS ANNUELS LES PLUS ÉLEVÉS POUR UN ACTEUR DE CINÉMA (DE TOUS LES TEMPS)

Selon Forbes, les revenus annuels les plus élevés pour un acteur de cinéma s'élèvent à 80 millions $. Ce record a d'abord été atteint par Will Smith (US, à droite) en 2007-2008, après le succès de films comme *Je suis une légende* (US, 2007) et *Hancock* (US, 2008), puis par la vedette d'*Iron Man* Robert Downey Jr (US, à gauche) en 2014-2015, après la sortie d'*Avengers : L'Ère d'Ultron* (US, 2015).

En se basant sur les données de « bancabilité » du site The-Numbers.com, voici les ingrédients nécessaires pour produire LE blockbuster.

Acteur principal :
Tom Hanks (US)
9 283 733 292 $

Actrice principale :
Emma Watson (GB)
7 787 852 895 $

Acteur dans un second rôle :
Warwick Davis (GB)
13 254 450 305 $

Actrice dans un second rôle :
Sherry Lynn (US)
7 918 738 027 $

Réalisateur :
Steven Spielberg (US)
9 755 487 265 $

Producteur : Kevin Feige (US)
10 896 167 397 $

Directeur de la photographie :
Andrew Lesnie (AU)
7 960 187 386 $

Scénariste :
Steve Kloves (US)
7 575 525 594 $

Compositeur :
Hans Zimmer (DE)
26 339 539 415 $

Source : The-Numbers.com

▲ **L'ACTEUR HOLLYWOODIEN LE PLUS RENTABLE**
Pour la 2ᵉ année consécutive, la vedette de *Captain America* Chris Evans (US) a généré plus de profit relatif par rapport à son salaire qu'aucun autre acteur d'Hollywood selon Forbes. Pour ses 3 derniers films principaux, sortis avant le 1ᵉʳ juin 2016 – dont *Captain America: Civil War* (US, 2016) –, il avait rapporté 135,80 $ pour chaque dollar qu'il avait perçu.

▲ **LE PLUS D'OSCARISÉS À JOUER UN SUPER-HÉROS**
Dans les 10 films qui lui sont dédiés, Batman a été joué par 3 oscarisés. **1.** George Clooney (US ; *Batman & Robin* [US/GB, 1997]) a remporté l'Oscar du meilleur acteur dans un second rôle pour *Syriana* (US/AE, 2005). **2.** Ben Affleck (US ; *Batman v Superman : L'Aube de la justice* [US, 2016]) a remporté l'Oscar du meilleur scénario original pour *Will Hunting* (US, 1997) et du meilleur film pour *Argo* (US, 2012). **3.** Christian Bale (GB ; *Batman Begins* [US/GB, 2005], *The Dark Knight, Le Chevalier noir* [US/GB, 2008], *The Dark Knight Rises* [US/GB, 2012]) a remporté l'Oscar du meilleur acteur dans un second rôle pour *Fighter* (US, 2010).

▲ **LE PLUS DE VICTOIRES AUX GOLDEN GLOBES**
Meryl Streep (US) a reçu 8 Golden Globes (en 1980, 1982-1983, 2003-2004, 2007, 2010 et 2012). Elle doit sa 1ʳᵉ victoire – meilleure actrice dans un second rôle – à *Kramer contre Kramer* (US, 1979). Sa plus récente récompense (meilleure actrice dans un film dramatique) a été pour *La Dame de fer* (GB/FR, 2011). En 2017, l'actrice a également reçu le Golden Globe Cecil B. DeMille pour sa « contribution exceptionnelle au monde du divertissement ».
Meryl Streep détient aussi le **plus de nominations aux Golden Globes pour une actrice** (30).

▶ **L'ACTEUR PRINCIPAL LE PLUS JEUNE DANS UN FILM DE L'UNIVERS MARVEL**
Tom Holland (GB, né le 1ᵉʳ juin 1996) avait 20 ans et 123 jours à la fin du tournage principal de *Spider-Man: Homecoming* (US, 2017). Rendez-vous p. 9 pour lire l'interview que Tom a accordée au GWR.

▶ **LES REVENUS ANNUELS LES PLUS ÉLEVÉS POUR UNE ACTRICE DE CINÉMA (ANNÉE ACTUELLE)**
D'après Forbes, entre juin 2015 et juin 2016, Jennifer Lawrence (US) aurait touché 46 millions $ de revenus bruts. C'est la 2ᵉ année consécutive que la vedette de *Hunger Games* et *X-Men* domine la liste des actrices les mieux payées. Sa dauphine pour 2015-2016 est la star de *Ghostbusters* Melissa McCarthy (US), avec 33 millions $ bruts.

▼ **LES REVENUS ANNUELS LES PLUS ÉLEVÉS POUR UN ACTEUR DE CINÉMA (ANNÉE ACTUELLE)**
L'ancien catcheur Dwayne Johnson (US, alias « The Rock ») aurait touché 64,5 millions $ de juin 2015 à juin 2016, selon Forbes. Ses succès cinématographiques incluent *Vaiana : La Légende du bout du monde* (US, 2016) de Disney dans lequel il prêtait sa voix à Maui. Ses 2 dauphins pour 2015-2016 étaient Jackie Chan (alias Chan Kong-sang, CN) avec 61 millions $ et Matt Damon (US) avec 55 millions $.

Maui ne se sépare jamais de son hameçon magique qui lui permet de changer de forme. À un moment, il se change volontairement et temporairement en Sven, le renne de *La Reine des neiges* (US, 2013), autre production Disney.

Star Wars

Quatre entrées du top 10 des films les plus rentables de tous les temps au box-office américain sont des opus de *Star Wars* et ont rapporté au total 2,4 milliards $.

▲ **LE JEU VIDÉO STAR WARS LE PLUS RENTABLE**
Le jeu *LEGO® Star Wars : La Saga complète* (2007) s'était vendu à 15,29 millions d'exemplaires, au 23 février 2017. Ce jeu vidéo très populaire est constitué de deux titres déjà commercialisés : *LEGO® Star Wars : Le Jeu vidéo* (2005) et *LEGO® Star Wars II : La Trilogie originale* (2006).

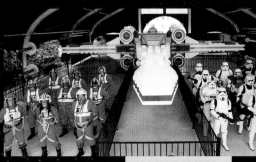

◀ **LA FRANCHISE DE FILM LA PLUS CHÈRE**
Selon *Fortune*, la valeur de la franchise *Star Wars* s'élevait à 41,98 milliards $, au 24 décembre 2016. Les recettes au box-office des 8 films exploités sur grand écran contribuent pour seulement 1/5e de cette somme, le reste étant généré par les ventes de DVD et téléchargements, jouets et marchandising, livres, jeux et propriété intellectuelle.

▲ **LA PLUS GRANDE SCULPTURE LEGO® *STAR WARS* AVEC SUPPORT (NOMBRE DE BRIQUES)**
En mai 2013, LEGO® a présenté un modèle à l'échelle 1:1 d'un chasseur stellaire X-wing *Star Wars* réalisé avec 5 335 200 briques LEGO®, à Times Square (New York, US). La maquette comprenait des supports d'acier et sa construction a duré 1 an.

GWR a répertorié les recettes internationales au box-office de chacun des volets *Star Wars* commercialisés jusqu'à présent.

Star Wars : Épisode IV – Un nouvel espoir
Date de sortie : 25 mai 1977 (US)
Recettes au box-office : 786 598 007 $

Star Wars : Épisode V – L'Empire contre-attaque
Date de sortie : 21 mai 1980 (US)
Recettes au box-office : 534 171 960 $

Star Wars : Épisode VI – Le Retour du Jedi
Date de sortie : 25 mai 1983 (US)
Recettes au box-office : 572 705 079 $

Star Wars : Épisode I – La Menace fantôme
Date de sortie : 19 mai 1999 (US)
Recettes au box-office : 1 027 044 677 $

Les recettes au box-office les plus élevées pour un film d'une série de science-fiction
Au 16 janvier 2017, les films de la série *Star Wars* totalisaient 7 456 076 338 $ au box-office mondial, selon les chiffres de The-Numbers.

Le film ***Star Wars*** **le plus rentable** reste *Le Réveil de la Force*, avec des recettes globales au box-office de 2 058 662 225 $. Cet opus est aussi le film **qui a atteint le plus rapidement 1 milliard $ de recettes**, entre les 16 et 27 décembre 2015, soit 12 jours après sa sortie internationale. Le précédent record appartenait à *Jurassic World* (US), sorti en 2015, avec 13 jours.

Le plus d'apparitions dans des films *Star Wars*
Anthony Daniels (GB) a joué dans les 8 longs-métrages *Star Wars* sortis à ce jour, reprenant le rôle du droïde de protocole C-3PO. Après une brève apparition dans *Rogue One : A Star Wars Story*, il devrait revenir dans le volet de 2017 *Épisode VIII – Les Derniers Jedi*, attendu avec impatience.

Le plus de nominations aux Oscars pour un film *Star Wars*
Un nouvel espoir a totalisé 10 nominations et a remporté 6 statuettes (direction artistique, costumes, musique originale, son, montage et effets visuels).

Les films *Star Wars* les moins plébiscités aux Oscars sont *L'Attaque des clones* et *La Revanche des Sith*, avec une nomination (effets visuels pour le 1er et maquillage pour le 2nd). Aucun des deux n'a remporté la statuette.

Le plus de miniatures dans une scène filmée
Pour la séquence de la course en protojet à Mos Espa dans *La Menace fantôme*, les spectateurs de l'arène étaient représentés par 450 000 Coton-Tiges peints à la main.

Le plus d'effets visuels dans un film *Star Wars*
On dénombre 2 200 effets visuels dans *L'Attaque des clones* et *La Revanche des Sith*. Ce dernier est le seul film *Star Wars* à ne pas avoir été nominé aux Oscars dans la catégorie des effets visuels.

Q : Qui est le plus jeune réalisateur d'un Star Wars ?

R : George Lucas (33 ans et 11 jours).

Le plus d'acteurs à interpréter un même personnage de *Star Wars*
Dix acteurs ont tenu le rôle de Dark Vador/Anakin Skywalker. Un acteur joue la voix et un autre tient le rôle à l'écran. Les deux premiers ont été David Prowse (GB, *Épisodes IV-VI*) et James Earl Jones (US, voix de Vador dans les *Épisodes IV-VI*, *Rogue One* et possiblement non crédité dans l'*Épisode III*). Le coordinateur des cascades Bob Anderson (GB) a endossé le costume de Vador dans l'*Épisode IV* et les deux volets suivants. Les autres comédiens étaient : Sebastian Shaw (GB, *Épisode VI*), C. Andrew Nelson (US, Édition spéciale 1997 de l'*Épisode V*), Jake Lloyd (US, *Épisode I*), Hayden Christensen (CA, *Épisodes II-III*), le cascadeur Gene Bryant (US, *Épisode III*), Spencer Wilding et le cascadeur Daniel Naprous (tous 2 GB, *Rogue One*).

▲ LE FILM D'ACTION LE PLUS RENTABLE AVEC UNE FEMME TENANT LE 1ER RÔLE

Rogue One : A Star Wars Story – dans lequel Felicity Jones (GB) tenait le rôle principal de Jyn Erso – avait rapporté 1 050 789 328 $ à travers le monde, au 12 avril 2017. Ce record éclipse les 864 millions $ générés par *Hunger Games : L'Embrasement* (US, 2013), avec Jennifer Lawrence dans le rôle de Katniss Everdeen.

▶ LE PLUS GRAND GROUPE COSTUMÉ *STAR WARS*

Fondée en 1997 par Albin Johnson (US), la 501e légion (fan-club de « soldats impériaux ») comptait 11 019 membres au 26 avril 2017. Tous les alliés de l'Empire galactique ainsi que les chasseurs de prime et autres habitants de l'Empire sont les bienvenus. D'après le manuel du fan-club, les membres « célèbrent les films *Star Wars* en se costumant, afin de promouvoir la qualité et l'amélioration des costumes et accessoires et ainsi apporter une contribution à la communauté locale ».

◀ LA PLUS GRANDE COLLECTION D'OBJETS *STAR WARS*

Steve Sansweet (US) a rassemblé quelque 500 000 objets *Star Wars*, à Rancho Obi-Wan (nord de la Californie, US). Au 14 janvier 2017, « seuls » 131 000 articles avaient été officiellement vérifiés et catalogués. Ce nombre reste cependant 6 fois supérieur au précédent record – et la collection de Sansweet ne cesse de s'étoffer...

▶ LE DÉLAI LE PLUS LONG ENTRE LE DÉCÈS D'UN ACTEUR ET SA DERNIÈRE « APPARITION » À L'ÉCRAN

La technologie CGI a permis à Peter Cushing (GB, 1913-1994) de revenir à l'écran plus de 22 ans après son décès. L'image de Cushing a été recréée pour que son rôle du Grand Moff Tarkin dans *Un nouvel espoir* puisse être repris dans *Rogue One : A Star Wars Story*.

Star Wars : Épisode II – L'Attaque des clones	**Star Wars : Épisode III – La Revanche des Sith**	**Star Wars : Épisode VII – Le Réveil de la Force**	**Rogue One : A Star Wars Story**	**Star Wars : Épisode VIII – Les Derniers Jedi**
Date de sortie : 16 mai 2002 (US)	Date de sortie : 19 mai 2005 (US)	Date de sortie : 18 décembre 2015 (US)	Date de sortie : 16 décembre 2016 (US/GB)	Date de sortie prévisionnelle : 15 décembre 2017 (US)
Recettes au box-office : 656 695 615 $	Recettes au box-office : 848 998 877 $	Recettes au box-office : 2 058 662 225 $	Recettes au box-office : 1 050 789 328 $	

L'objet de collection *Star Wars* le plus cher (hors films)

Une caméra Panavision PSR 35-mm utilisée par George Lucas durant le tournage d'*Un nouvel espoir* en 1976 a été cédée aux enchères de Profiles in History, en décembre 2011, pour 625 000 $, frais d'achat inclus. La caméra avait été acquise par l'actrice Debbie Reynolds, dont la fille Carrie Fisher jouait la princesse Leia dans le film.

L'objet de collection *Star Wars* le plus cher (tiré d'un des films)

Le 1er octobre 2015, une maquette d'une corvette corellienne poursuivie par le destroyer stellaire impérial lors de l'ouverture d'*Un nouvel espoir* a trouvé preneur pour 450 000 $, frais d'achat inclus, lors d'une vente aux enchères de Profiles in History, à Calabasas (Californie, US). La miniature de 40,6 cm provenait de la collection de Grant McCune, chef modéliste au département miniatures et effets d'optiques du film.

La figurine *Star Wars* la plus chère

Le 19 juillet 2016, une édition française de la figurine de Boba Fett, fabriquée par Meccano pour accompagner la sortie de *L'Empire contre-attaque* en 1980, a été vendu 34 491 $ par la maison de ventes aux enchères Vectis (GB).

Le plus de coffrets LEGO® pour une franchise

En 2016, 46 coffrets LEGO® *Star Wars* étaient commercialisés, équivalant à plus de 20 000 pièces LEGO® pour un montant total de 2 400 $. En comptant les coffrets, les bonus exclusifs et mini-figurines de magazines, les livres et autres articles cadeaux ou promotionnels, on atteint 67 coffrets dédiés.

Le délai le plus court entre la sortie de deux films *Star Wars*

La sortie mondiale de *Rogue One : A Star Wars Story* avait été prévue le 16 décembre 2016, seulement 364 jours après celle du *Réveil de la Force,* le 18 décembre 2015.

▼ LE SINGLE DE MUSIQUE INSTRUMENTALE LE PLUS VENDU

Star Wars Theme/Cantina Band de Meco, alias Domenico Monardo (US), était un arrangement disco de 1977 inspiré de la musique *Star Wars* composée par John Williams (US). Le single, vendu à plus de 2 millions d'exemplaires, a été certifié platine par la Recording Industry Association of America (RIAA). Le titre se trouve sur l'album *Star Wars and Other Galactic Funk* (ci-dessous).

Musique

Il faudrait 5 447 ans pour écouter à la suite le titre de Drake *One Dance* autant de fois qu'il a été streamé sur Spotify.

Le disque vinyle le plus cher (single)

Enregistré dans un studio personnel, à Liverpool (GB), par les pré-Beatles Paul McCartney, John Lennon et George Harrison (avec Colin Hanton à la batterie et John « Duff » Lowe au piano), le seul exemplaire connu de *That'll Be the Day/In Spite of All the Danger* (1958) des Quarrymen (GB) est estimé à environ 100 000 £.

▲ LE 1ᴱᴿ VINYLE-PUZZLE OPÉRATIONNEL

En septembre 2016, Sugar Coat (GB) a sorti un 45 tours vinyle de *Me Instead* en format puzzle lisible par une platine. Dépeignant une scène de supermarché, il s'agissait de l'un des 35 modèles créés par le trio londonien pour marquer la sortie de leur 1ᵉʳ single. D'autres pressages affichaient un miroir et de la fausse fourrure, un modèle était saupoudré de poussière de charbon.

Selena Gomez a été prénommée ainsi en hommage à Selena Quintanilla-Pérez, la « reine de la musique tejano ». Le tejano est une forme de musique pop-folk propre aux communautés américano-mexicaines du Texas (US).

Le plus jeune producteur de musique professionnel

Brandon Bailey Johnson (US) avait 12 ans et 363 jours à la sortie de son 1ᵉʳ album autoproduit *My Journey*, le 21 février 2015.

LE PLUS DE...

Entrées simultanées dans les charts album anglais

David Bowie (GB, né David Jones) avait placé 19 albums dans le Top 100 de l'Official Albums Chart du 21 janvier 2016. L'icône pop, qui a succombé à un cancer le 10 janvier 2016, occupait un quart du Top 40, en incluant son 25ᵉ album studio, *Blackstar*, entré en tête avec 146 168 exemplaires vendus – assez pour offrir au « Duc mince et blanc » un 10ᵉ n° 1 au Royaume-Uni.

Frères et sœurs à placer des hits solo dans le *Billboard*

Les 9 enfants de Joe et Katherine Jackson – Rebbie, Jackie, Tito, Jermaine, La Toya, Marlon, Michael, Randy et Janet (US) – ont tous eu un hit solo dans les charts US. Cela a débuté avec Michael Jackson et son *Got to Be There* entré n° 89 dans le Hot 100, le 30 octobre 1971. Quasiment 45 ans plus tard, *Get It Baby* de Tito Jackson a bouclé la boucle en se plaçant 29ᵉ de l'Adult R&B Songs, le 4 juin 2016.

Titres simultanés dans le Top 20 des singles anglais

Le compositeur-interprète Ed Sheeran (GB) cumulait 16 titres dans le Top 20 de l'Official Singles Chart du 16 mars 2017. Le Top 5 tout entier leur était dédié : *Shape of You* (n° 1 pour la 9ᵉ semaine consécutive), *Galway Girl* (n° 2 – nouvelle entrée), *Castle on the Hill* (n° 3 – indélogeable), *Perfect* (n° 4 – nouvelle entrée) et *New Man* (n° 5 – nouvelle entrée).

Les 16 titres se retrouvent sur l'édition de luxe du 3ᵉ album studio de Sheeran, *÷ (Divide)*. Écoulé à 672 000 exemplaires, l'album est entré à la 1ʳᵉ place de l'Official Albums Chart le 16 mars 2017 – devenant l'**album anglais le plus rapidement vendu pour un artiste masculin**.

Q : Sous quel nom les neveux de Michael Jackson Taj, Taryll et TJ sont-ils connus ?

R : Le groupe pop et R&B 3T

Titres simultanés dans les charts singles US (artiste solo)

Drake (CA, né Aubrey Drake Graham) comptait 24 titres simultanés dans le Hot 100 du *Billboard*, au 8 avril 2017. L'artiste a également réalisé le **plus d'entrées dans le Hot 100 pour un artiste solo** (154).

Décennies avec un hit dans le Top 20 du Hot Country Songs US

Dolly Parton (US) s'est placée dans le Top 20 pendant 6 décennies consécutives (1960-2010). Sa 1ʳᵉ entrée, *Something Fishy*, en 1967, a été suivie de 73 autres hits dans le Top 20. Une nouvelle version de son succès de 1974 *Jolene* avec le quintette a cappella Pentatonix (US) s'est hissée à la 18ᵉ place du Hot Country Songs du *Billboard*, le 8 octobre 2016. Il s'agissait de la 107ᵉ entrée de Dolly dans le palmarès – le **plus de hits dans le Hot Country Songs US pour une artiste féminine**.

N° 1 au palmarès des albums tropicaux du *Billboard*

Le « gentleman de la Salsa », Gilberto Santa Rosa (PR), a obtenu son 12ᵉ album n° 1 avec *Necesito un Bolero*, le 28 février 2015.

World Music Awards de l'artiste moyen-oriental le plus rentable

Le compositeur-interprète égyptien et « père de la musique méditerranéenne » Amr Diab a été couronné 4 fois : 1996, 2001, 2007 et 2013.

CD dédicacés à la suite par un artiste

Le boys band mexicain CD9 a dédicacé 6 194 CD à la suite, à Mexico City (MX), le 25 avril 2016. Les 5 membres du groupe signaient l'édition spéciale de leur album *Evolution* au cours d'une séance qui a duré 4 h et 54 min.

Chansons sur un album digital

Le 2 décembre 2016, les Pocket Gods (GB) se sont emparés du record du nombre de titres sur un album digital avec la sortie de leur opus de 111 morceaux *100xmas30*. Après *100x30* (2015) et *Shakespeare Verses Streaming* (2016) – chacun comprenant 100 titres –, *100xmas30* a permis au groupe de poursuivre sa croisade contre l'industrie de la musique digitale au sujet des royalties et de reprendre le record qu'il avait perdu au profit de Kapten Hurricane (SE) et leur album numérique de 101 titres intitulé à tort *100 Rock Songs* (2016).

◀ LE PLUS D'ABONNÉS SUR INSTAGRAM

Au 21 février 2017, la chanteuse et actrice Selena Gomez (US) totalisait 110 607 553 abonnés sur le réseau social de partage de photos. Elle devance ainsi ses compatriotes Taylor Swift (97 854 110) et Ariana Grande (97 365 150). Gomez a sorti 3 albums avec Selena Gomez & the Scene ; ses 2 premiers albums solo, *Stars Dance* (2013) et *Revival* (2015), ont débuté à la 1ʳᵉ place du Top albums 200 de *Billboard*.

PERFORMANCES EXTRÊMES – Jetez un œil à ces concerts insensés.

Le plus froid
Charlie Simpson (GB) – Oymyakon (RU), 24 novembre 2012 – moins 30 °C.

Le plus profond
Agonizer (FI) – Pyhäsalmi Mine Oy (FI), 4 août 2007 – 1 271 m.

Le plus profond en sous-marin (dans un contenant)
Katie Melua (GB, née GE) – Troll A gas rig, Bergen (NO), 1ᵉʳ octobre 2006 – 303 m sous le niveau de la mer.

Le plus rapide
Jamiroquai (GB) – vol ZT6902, à Munich (DE), 27 février 2007 – 1 017 km/h.

Le 1ᵉʳ en direct vers l'espace
Paul McCartney (GB) – Anaheim (Californie, US), vers la *Station spatiale internationale*, 12 novembre 2005.

Le 1ᵉʳ artiste à se produire sur les 7 continents
Metallica (US) – Carlini Base, Antarctique, 8 décembre 2013.

Le plus élevé sur terre
Oz Bayldon (GB) – Mera Peak (NP), 16 mai 2012 – 6 476 m.

▲ **LES REVENUS ANNUELS LES PLUS ÉLEVÉS POUR UNE POP STAR (FEMME)**
Taylor Swift (US) aurait touché 170 millions $, entre les 1er juin 2015 et 2016, selon Forbes. Compositrice-interprète de plusieurs hits vendus à des millions d'exemplaires, comme *Shake It Off*, Swift détient de nombreux records, dont celui du **plus de semaines n° 1 dans l'Artist 100 du *Billboard*** (31), au 25 mars 2017.

▲ **LE PLUS DE TROPHÉES DAESANG REMPORTÉS AUX MNET ASIA MUSIC AWARDS**
Lors des Mnet Asian Music Awards de 2016, le boys band EXO (KR/CN) a remporté le trophée de l'album de l'année pour *EX'ACT*. C'était leur 5e Daesang (« grand prix ») à cette cérémonie annuelle, après ceux de l'album de l'année en 2013-2015 et de l'artiste de l'année en 2014. Ils égalent ainsi les BIGBANG (KR, à droite), vainqueurs de la chanson de l'année en 2007 et 2015 et de l'artiste de l'année en 2008, 2012 et 2015.

▲ **LE PLUS D'ALBUMS N° 1 AU ROYAUME-UNI POUR UN ARTISTE SOLO**
Le 3 novembre 2016, Elvis Presley (US, 1935-1977) a obtenu son 13e n° 1 dans l'Official Albums Chart anglais, grâce à *The Wonder of You*, avec le Royal Philharmonic Orchestra. The King, précédemment ex æquo avec Madonna pour 12 albums solo n° 1, a été 1er au Royaume-Uni avec *Rock 'n Roll*, le 10 novembre 1956 – 60 ans moins une semaine avant *The Wonder of You*.

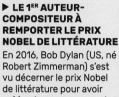

▶ **LE 1ER AUTEUR-COMPOSITEUR À REMPORTER LE PRIX NOBEL DE LITTÉRATURE**
En 2016, Bob Dylan (US, né Robert Zimmerman) s'est vu décerner le prix Nobel de littérature pour avoir créé « de nouveaux modes d'expressions poétiques dans la grande tradition de la musique américaine ». Le compositeur-interprète a bâti son illustre et pérenne carrière sur des chansons telles que *Blowin' in the Wind*, *The Times They Are a-Changin'* et *Like a Rolling Stone*.

◀ **LA CHANSON LA PLUS COURTE À ENTRER DANS LE HOT 100 DU *BILLBOARD***
Créée et enregistrée par Pikotaro (alias Daimaou Kosaka, JP), *PPAP (Pen-Pineapple-Apple-Pen)* dure 45 s. Le titre est entré dans le Hot 100 du *Billboard* le 29 octobre 2016.

One Dance de Drake est resté n° 1 dans l'Official Singles Chart pendant 15 semaines. Il s'agit de la 3e meilleure longévité ex æquo dans le Top GB, à 3 semaines du record absolu de Frankie Laine avec *I Believe* (1953).

◀ **LA CÉLÉBRITÉ DÉCÉDÉE LA PLUS RENTABLE**
Selon Forbes, Michael Jackson (US, 1958-2009) a totalisé la somme astronomique de 825 millions $, entre les 1er octobre 2015 et 2016. Les revenus bruts de Jackson ont été augmentés par les 750 millions $ issus de la vente de la moitié de son catalogue Sony/ATV Music Publishing, qui comprend les droits du fond de catalogue des Beatles. Grâce à ses revenus 2015-2016, Jackson est devenu la **célébrité la plus rentable de tous les temps** – décédée ou vivante –, sur une période de 12 mois.

▶ **LE TITRE LE PLUS STREAMÉ SUR SPOTIFY**
Au 13 avril 2017, *One Dance* de Drake (CA) avait été écouté 1 182 920 493 fois sur le service de musique en streaming. Le titre dance, sur lequel chantent Wizkid et Kyla, fait partie de l'album de 2016 *Views*.

Vingt et un des 22 titres de l'album n° 1 de Drake *More Life* (2017) totalisaient 384,8 millions de streams dans la catégorie « chansons en streaming » du *Billboard* du 8 avril 2017.

Tops des charts

Le 11 janvier 2016, soit le lendemain de son décès, David Bowie (GB) totalisait 51 millions de vues sur la plate-forme de partage de vidéos VEVO.

▲ RIHANNA

Née Robyn Rihanna Fenty, à la Barbade, Rihanna a conquis le monde de la pop. Au 26 avril 2017, elle était **l'artiste féminine la plus streamée de Spotify**, avec 6,6 milliards de chansons streamées. *Work*, avec Drake, et tiré de l'album de 2016 *ANTI*, reste le titre le plus populaire de Rihanna avec plus de 600 millions de streams.

SPOTIFY

Les plus streamés en 2016	Détenteur du record	Streams	
Homme	Drake (CA)	5 800 000 000	
Femme	Rihanna (BB)	2 900 000 000	
Groupe	Twenty One Pilots (US)	2 600 000 000	
Titre (homme)	*One Dance*, Drake avec Wizkid & Kyla (CA/NG/GB)	1 000 000 000	
Titre (femme)	*Cheap Thrills*, Sia (AU)	623 000 000	
Titre (groupe)	*Don't Let Me Down*, The Chainsmokers avec Daya (tous 2 US)	710 000 000	
Album (homme)	*Views*, Drake (CA)	2 600 000 000	
Album (femme)	*ANTI*, Rihanna (BB)	1 600 000 000	
Album (groupe)	*Blurryface*, Twenty One Pilots (US)	1 400 000 000	
Nouvel artiste	ZAYN (GB)	894 000 000	
De tous les temps	**Détenteur du record**	**Streams**	**Date**
Artiste	Drake (CA)	11 000 000 000	26 avril 2017
Femme	Rihanna (BB)	6 600 000 000	26 avril 2017
Titre	*One Dance*, Drake avec Wizkid & Kyla (CA/NGA/GB)	1 100 000 000	26 avril 2017
Titre en 24 heures	*Shape of You*, Ed Sheeran (GB)	10 000 000	26 avril 2017
Titre en une semaine	*Shape of You*, Ed Sheeran (GB)	64 000 000	26 avril 2017
Album	*Purpose*, Justin Bieber (CA)	4 600 000 000	26 avril 2017
Album en une semaine	÷ *(Divide)*, Ed Sheeran (GB)	374 000 000	26 avril 2017

YOUTUBE (AU 11 MAI 2017)

Chaînes les plus visionnées	Détenteur du record	Vues
Divertissement	T-Series (IN)	17 933 029 645
Homme	JustinBieberVEVO (CA)	15 116 431 053
Femme	KatyPerryVEVO (US)	11 816 049 727
Media	GMM Grammy Official (TH)	9 699 943 749
Groupe	OneDirectionVEVO (GB/IE)	7 269 976 966
Communauté	Trap Nation (US)	4 609 314 422
Marque	Beats by Dre (US)	260 037 674
Vidéos les plus visionnées	**Détenteur du record**	**Vues**
Homme	*Gangnam Style*, PSY (KR)	2 834 806 435
Duo	*See You Again*, Wiz Khalifa avec Charlie Puth (tous 2 US)	2 707 093 131
Femme	*Shake it Off*, Taylor Swift (US)	2 110 214 601
Groupe (homme)	*Sugar*, Maroon 5 (US)	1 989 872 721
Pour enfant	*Wheels on the Bus*, Plus Lots More Nursery Rhymes, LittleBabyBum (GB)	1 869 854 000
Groupe (femme)	*Work from Home*, Fifth Harmony avec Ty Dolla $ign (tous 2 US)	1 543 630 467
Vidéo pré-YouTube (réalisée avant avril 2005)	*November Rain*, Guns N' Roses (US), 1992	788 028 638
Plus vues en 24 h	*Gentleman*, PSY (KR)	38 409 306

◄ JUSTIN BIEBER

Le 22 octobre 2012, Justin Bieber (CA) est devenu **le 1er musicien ayant une chaîne musicale comptant 3 milliards de vues**. Il entretient une base de fans internationale de « Beliebers » et domine les réseaux sociaux. Sa chaîne VEVO reste **la chaîne musicale la plus regardée de YouTube**, forte de 15,11 milliards de vues, au 11 mai 2017, et la 3e chaîne la plus suivie de tous les temps.

FACEBOOK • INSTAGRAM • TWITTER • MUSICAL.LY (AU 11 MAI 2017)

Le plus de fans Facebook	Détenteur du record	Fans
Musicienne	Shakira (CO)	104 547 254
Musicien	Eminem (US)	90 634 055
Musicien décédé	Michael Jackson (US)	75 179 320
Groupe musical	Linkin Park (US)	61 774 733
Media	MTV (US)	49 177 020
Communauté	Music	41 721 716
Marque	iTunes (US)	30 910 151
Divertissement	*The Voice* (NL)	16 759 244
Le plus de followers Instagram	**Détenteur du record**	**Followers**
Musicienne	Selena Gomez (US)	120 135 089
Musicien	Justin Bieber (CA)	86 485 071
Groupe musical	One Direction (GB/IE)	17 484 094
Le plus de followers Twitter	**Détenteur du record**	**Followers**
Musicienne	Katy Perry (US)	97 740 227
Musicien	Justin Bieber (CA)	93 739 524
Groupe musical	One Direction (GB/IE)	31 747 631
Media	MTV (US)	15 091 798
Communauté	Apple Music (US)	9 046 269
Divertissement	*The X Factor* (GB)	7 017 137
Marque	SoundCloud (DE)	2 218 096
Le plus d'implication Twitter	**Détenteur du record**	**Retweets**
Musicien	Harry Styles (GB)	180 607
Groupe (homme)	BTS (KR)	152 112
Musicienne	Beyoncé (US)	33 038
Groupe (femme)	Fifth Harmony (US)	11 103
Le plus de followers Musical.ly	**Détenteur du record**	**Followers***
Duo féminin	Lisa et Lena (DE)	19 100 000
Femme	Ariel Martin ("Baby Ariel", US)	19 000 000
Homme	Jacob Sartorius (US)	16 700 000
Chanteuse	Selena Gomez (US)	11 100 000
Chanteur	Bruno Mars (US)	1 200 000

Chiffres vérifiés au 8 mai 2017

MEILLEURES VENTES DE SINGLES PAR PAYS

Pays	Chanson	Interprète	Année	Ventes*
Monde	*White Christmas*	Bing Crosby (US)	1942	50 millions
États-Unis	*White Christmas*	Bing Crosby (US)	1942	25 millions
Japon	*Soba ni Iru ne*	Thelma Aoyama avec SoulJa (tous 2 JP)	2008	9,2 millions
Corée du sud	*Cherry Blossom Ending*	Busker Busker (KR)	2012	6,5 millions
France	*Petit Papa Noël*	Tino Rossi (FR)	1946	5,7 millions
Royaume-Uni	*Something About the Way You Look Tonight/ Candle in the Wind 1997*	Elton John (GB)	1997	4,9 millions
Allemagne	*Something About the Way You Look Tonight/ Candle in the Wind 1997*	Elton John (GB)	1997	4,5 millions
Canada	*Pour que tu m'aimes encore*	Céline Dion (CA)	1995	2,1 millions
Australie	*Party Rock Anthem*	LMFAO avec Lauren Bennett & GoonRock (US/GB/US)	2011	1 million
Espagne	*Amor Gitano*	Alejandro Fernández (MX) & Beyoncé (US)	2007	480 000

▲ BING CROSBY

White Christmas, chant de Noël interprété par Bing Crosby (US) dans *L'Amour chante et danse* (US, 1942), a remporté l'Oscar de la meilleure chanson originale. C'est l'un des 4 titres chantés par Crosby et oscarisés entre 1937 et 1951, soit **le plus de chansons oscarisées interprétées par la même personne**.

▶ THRILLER

L'album culte de Michael Jackson sorti en 1982 est **l'album le plus vendu**. Il a été certifié 29 fois platine par la Recording Industry Association of America (RIAA). *Thriller* a rapporté à Jackson 8 Grammys à la cérémonie de 1984, dont celui d'album de l'année et disque de l'année pour *Beat It*, soit **le plus de Grammys remportés par un individu en une année**.

MEILLEURES VENTES D'ALBUMS PAR PAYS

Pays	Album	Interprète	Année	Exemplaires
Monde	*Thriller*	Michael Jackson (US)	1982	66 millions
États-Unis	*Thriller*	Michael Jackson (US)	1982	32 millions
Japon	*First Love*	Hikaru Utada (JP)	1999	7,6 millions
Royaume-Uni	*Greatest Hits*	Queen (GB)	1981	6,1 millions
France	*D'eux*	Céline Dion (CA)	1995	4,4 millions
Brésil	*Thriller*	Michael Jackson (US)	1982	3,8 millions
Italie	*La vita è adesso*	Claudio Baglioni (IT)	1985	3,8 millions
Corée du Sud	*Mis-Encounter*	Kim Gun-mo (KR)	1995	3,3 millions
Allemagne	*Mensch*	Herbert Grönemeyer (DE)	2002	3,1 millions
Canada	*Thriller*	Michael Jackson (US)	1982	2,4 millions
Espagne	*Más*	Alejandro Sanz (ES)	1997	2,2 millions
Australie	*Bat Out of Hell*	Meat Loaf (US)	1977	1,7 million

LE PLUS DE SEMAINES N° 1 (SINGLE)

Pays	Chart	Chanson	Artiste	Année(s)	Semaines
Brésil	Billboard	*I Want to Know What Love Is*	Mariah Carey (USA)	2009-2010	27
France	SNEP	*Happy*	Pharrell Williams (USA)	2013-2014	22
Royaume-Uni	Official Charts Company	*I Believe*	Frankie Laine (USA)	1953	=18
Belgique	Ultratop	*Hello*	Adele (GB)	2015-2016	=18
Allemagne	GfK Entertainment	*Rivers of Babylon*	Boney M (JAM/MSR/ABW)	1978	17
USA	Billboard	*One Sweet Day*	Mariah Carey & Boyz II Men (USA)	1995-1996	=16
Belgique	Ultratop	*Kvraagetaan*	Fixkes (BE)	2007	=16
Canada	Billboard	*I Gotta Feeling*	The Black Eyes Peas (USA)	2009	=16
		Shape of You	Ed Sheeran (GB)	2017	=16
Australie	ARIA	*Shape of You*	Ed Sheeran (GB)	2017	=15
Pays-Bas	Stichting Nederlandse	*Shape of You*	Ed Sheeran (GB)	2017	=15

▼ MARIAH CAREY

Mariah Carey (US) s'est lancée dans un marathon de hits n° 1 aux États-Unis (en duo avec le groupe de R&B Boyz II Men) et au Brésil (avec une version d'un titre de Foreigner de 1984). Après la 1re place de *Vision of Love* au *Billboard*, le 4 août 1990, Mariah Carey compte **le plus de singles n° 1 aux États-Unis pour une artiste féminine**. Elle rejoint Elvis Presley avec 18 titres et n'est dépassée que par les Beatles (20).

LE PLUS DE RÉCOMPENSES (AU 11 MAI 2017)

Récompense	Artiste	Victoires
Billboard Music Awards (US)	Michael Jackson (US)	40
Grammy Awards (US)	Sir Georg Solti (GB, né HU)	= 31
Teen Choice Awards – Music (US)	One Direction (GB)	= 31
American Music Awards (US)	Michael Jackson (US)	26
Juno Awards (CA)	Anne Murray (CA)	= 24
MTV Video Music Awards (US)	Beyoncé (US)	= 24
Country Music Association Awards (US)	George Strait (US)	23
Latin Grammy Awards (US)	Calle 13 (PR)	22
ARIA Music Awards (AU)	Silverchair (AU)	21
MTV Europe Music Awards	Justin Bieber (CA)	20
BRIT Awards (GB)	Robbie Williams (GB)	18
Echo Music Prize (DE)	Helene Fischer (DE, née RU)	16
Melon Music Awards (KR)	Girls' Generation (KR)	= 13
Mnet Asian Music Awards (KR)	EXO (KR)	= 13
NRJ Music Awards (FR)	M Pokora (FR)	11
MTV Video Music Awards Japan	Exile (JP)	= 10
Nickelodeon Kids' Choice Awards – Music (US)	Selena Gomez (US)	= 10
The Headies (NG)	Mode 9 (NG)	9
Sanremo Music Festival (IT)	Domenico Modugno & Claudio Villa (tous 2 IT)	4

*Estimation des ventes

179

En revue

Le Louvre compte quelque 60 386 m² de galeries – presque 10 fois la superficie de la Maison-Blanche.

▲ LA CHAÎNE YOUTUBE LA PLUS REGARDÉE POUR UN MEMBRE DE LA GÉNÉRATION Y
Au 4 mai 2017, «Ryan ToysReview» avait été visionnée 12 076 126 791 fois depuis son lancement le 16 mars 2015, soit plus qu'aucune autre chaîne YouTube pour un membre de la génération Y (personne née après 2000). La chaîne est dédiée à un garçon de 6 ans, Ryan (US, né le 6 octobre 2010), qui poste des vidéos de lui-même (ou de sa famille) en train de s'amuser avec des jouets ou des jeux en donnant son avis dessus.

L'année la plus rentable pour Broadway
Selon The Broadway League, en 2016, les ventes de billets pour Broadway, à New York (US), ont rapporté 1,416 milliard $ entre la semaine se terminant le dimanche 3 janvier 2016 et celle se clôturant le dimanche 1er janvier 2017 – soit 13,61 millions de spectateurs.

Le 1er show de Broadway en streaming live
La production de la Roundabout Theatre Company *She Loves Me!* a été diffusée depuis le Studio 54 situé West 54th Street, New York (US), à 20 h (côte est), le 30 juin 2016.

▲ LE CINÉMA EN ACTIVITÉ CONTINUE LE PLUS ANCIEN
Le State Theatre de Washington (Iowa, US) a ouvert ses portes en 1893 et a projeté des films à partir du 14 mai 1897 ; à l'époque, les billets valaient 15, 25 ou 35 cents. Au 27 mars 2017, le cinéma était donc en activité depuis 119 ans et 317 jours. Il a également fait office de salle d'opéra jusqu'en 1931 avant d'être exclusivement dédié au 7e art. La photographie ci-dessous a été prise en novembre 1894, environ une année après l'ouverture de l'édifice.

Le visionnage le plus rapide de toutes les pièces de Shakespeare
Dan Wilson (GB) a marqué ses 37 ans par un défi. Il a vu les 37 pièces de théâtre attribuées à Shakespeare. 328 jours ont été nécessaires. Il a débuté son exploit par la production d'une école secondaire de *Jules César*, au Lewes Town Hall de l'East Sussex (GB), le 27 novembre 2014. Dan a achevé son défi par *Périclès, prince de Tyr* à l'Oregon Shakespeare Festival d'Ashland (US), le 21 octobre 2015 – juste avant ses 38 ans.

▲ LA PRODUCTION THÉÂTRALE LA PLUS RAPIDE
Sharpe Academy of Theatre Arts (GB) a mis en scène une production de la comédie musicale *Annie* en 15 h, au théâtre Watersmeet de Rickmansworth (Hertfordshire, GB), le 29 août 2016. La compagnie a appris à 6 h du matin ce qu'elle devait jouer, à l'ouverture d'une boîte scellée qui contenait le script. Les lumières se sont éteintes à 21 h, les spectateurs – qui avaient payé leurs places – comptant à rebours avec une horloge placée sur la scène. La représentation a été saluée par une standing ovation.

Le plus de courts métrages produits
Epiphany Morgan et Carl Mason (tous 2 AU) avaient produit 365 films dans 70 villes au 7 juin 2016. Le duo a voyagé pendant 1 an sur les 5 continents dans le cadre d'un projet intitulé « 365 docobites ». Leur objectif était de présenter au monde un « étranger par jour » à travers des documentaires très brefs. La série a d'abord été distribuée via leur site Internet avant d'être acquise par la chaîne SBS 2 (AU) pour une diffusion plus large.

La galerie d'art la plus visitée
D'après le rapport annuel de la Themed Entertainment Association (TEA) et d'AECOM, le Louvre (FR) a attiré 8 700 000 visiteurs en 2015, l'année la plus récente pour laquelle les chiffres sont disponibles.

Le tableau le plus cher vendu en privé
En février 2015, *Nafea Faa Ipoipo* (« Quand te maries-tu ? », 1892) de Paul Gauguin (FR) se serait négocié en privé pour environ 300 millions $. La toile a donc détrôné *Les Joueurs de cartes* (années 1890) de Paul Cézanne (FR), qui avait été cédé pour 250 millions $ à la famille royale du Qatar en 2011. En septembre 2015, l'homme d'affaires Ken Griffin (US) aurait déboursé 300 millions $ pour *Interchange* (1955) de Willem de Kooning (NL/US).

Le **tableau le plus cher acquis aux enchères** reste *Les Femmes d'Alger (Version O)* de Pablo Picasso (ES), daté du 14 février 1955. L'œuvre a été négociée pour 179,3 millions $, en incluant une commission d'un peu plus de 12 %, lors d'une vente

La 2e tournée de cirque la plus rentable en 2016 a été *Varekai*, également par le Cirque du Soleil, avec des revenus estimés à 53 millions $.

▶ LA TOURNÉE DE CIRQUE LA PLUS RENTABLE (ANNÉE ACTUELLE)
Selon le Top 100 annuel des tournées de Pollstar, *Toruk – Le Premier Envol*, mis en scène par le Cirque du Soleil (CA), aurait rapporté environ 66,6 millions $ en 2016. Cette année-là, il y a eu 293 représentations dans 44 villes pour quelque 957 446 billets vendus à travers le monde. *Toruk* est basé sur des personnages et des créatures du **film le plus rentable** de tous les temps : *Avatar* (US/GB, 2009).

▲ MUSICIENS SUR SNAPCHAT

Photographié ci-dessus, le quatuor pop/rock 5 Seconds of Summer (AU ; @5SOSSnapchat) était le **groupe le plus populaire sur Snapchat** au 10 mars 2017. Parallèlement, le quatuor pop Little Mix (GB ; @littlemix_offic) – ci-dessous – était le **groupe féminin le plus populaire sur Snapchat** à la même date.

Le DJ/producteur/animateur radio/fondateur de label discographique DJ Khaled (US ; @djkhaled305) était le **musicien le plus populaire sur Snapchat** au 10 mars 2017. À la même date, Taylor Swift (US ; @taylorswift) était la **musicienne la plus populaire sur Snapchat**.

ce festival, on retrouvait les vétérans Neil Young, Paul McCartney, Bob Dylan, The Who et les Rolling Stones.

Le plus de trophées Laurence Olivier

Harry Potter et l'enfant maudit – une pièce de Jack Thorne, basée sur une histoire de Thorne, J. K. Rowling et John Tiffany (tous GB) – a remporté 9 Olivier, le 9 avril 2017 : meilleur metteur en scène (John Tiffany), meilleure nouvelle pièce de théâtre, meilleur acteur (Jamie Parker), meilleure actrice dans un second rôle (Noma Dumezweni), meilleur acteur dans un second rôle (Anthony Boyle), meilleurs décors (Christine Jones), meilleurs costumes (Katrina Lindsay), meilleur son (Gareth Fry) et meilleur éclairage (Neil Austin).

L'Enfant maudit a été nominé 11 fois, partageant ainsi le record du **plus de nominations aux Olivier pour une production** avec la comédie musicale *Hairspray* (2008), qui, elle, n'avait remporté que 4 statuettes.

Le plus vaste auditoire pour un concert live de musique de jeu vidéo

Le 13 août 2015, au Beijing Exhibition Theatre de Pékin (CN), Video Games Live a donné un concert devant 752 109 spectateurs, parmi lesquels 750 023 suivaient l'événement via un stream live grâce au service

▲ LA PLUS GRANDE EXPOSITION DE BEAUX-ARTS DÉDIÉE À UN PERSONNAGE DE JEU VIDÉO

La *Sonic the Hedgehog 25th Anniversary Collection*, au Castle Fine Art de Londres (GB), les 1er-5 décembre 2016, a été la plus importante exposition de beaux-arts basée sur un personnage de jeu vidéo. Autorisée par SEGA et organisée par Washington Green, la rétrospective comportait 25 œuvres originales de Sonic le rebelle, créées par 8 artistes, avec des cotations individuelles atteignant 40 000 £.

d'hébergement de vidéos chinois Youku. En réalité, 2 086 personnes ont assisté en chair et en os au concert. Video Games Live a ainsi battu son propre record de 2013 : 320 000 spectateurs avaient alors visionné leur concert sponsorisé par Amazon/Twitch, qui s'était tenu au San Diego Comic-Con.

Le compositeur de musique de jeux vidéo le plus âgé

Koichi Sugiyama (JP, né le 11 avril 1931) avait 85 ans et 46 jours le 27 mai 2016, lorsque *Dragon Quest Heroes II* a été commercialisé.

Le 1er film basé sur une application

La sortie de *Angry Birds – Le Film* (US/FI, 2016) a placé les développeurs d'applications sous le feu des projecteurs hollywoodiens. Au 21 février 2017, le film d'animation avait généré 349 334 510 $ au box-office mondial selon The-Numbers.com.

aux enchères tenue chez Christie's à New York (US), le 11 mai 2015. L'acquéreur avait enchéri par téléphone et souhaitait demeurer anonyme.

Le même jour et au même endroit, le bronze du sculpteur Alberto Giacometti (CH) daté de 1947, *L'Homme au doigt*, a été vendu pour 141 285 000 $ – **l'enchère la plus élevée pour une sculpture**. L'œuvre de 180 cm représente un homme – grand et longiligne – avec un bras tendu.

Le festival musical le plus rentable

Durant les week-ends des 7-9 octobre et 14-16 octobre 2016, le festival inaugural Desert Trip, organisé à l'Empire Polo Club Grounds d'Indio (Californie, US), a généré 160 112 532 $, issus de la vente de 150 000 billets, selon le rapport annuel de Pollstar. Parmi les têtes d'affiche de

▼ LES RECETTES HEBDOMADAIRES LES PLUS ÉLEVÉES À BROADWAY

Huit représentations de *Hamilton* (US, 2015) ont généré 3 335 430 $ pendant la semaine se terminant le 1er janvier 2017, au Richard Rodgers Theatre de New York City (US). Le 3 mai 2016, le show a obtenu le **plus de nominations aux Tony Awards pour une production musicale** (16). *Hamilton* a remporté 11 statuettes, soit 1 de moins que le record du **plus de Tony Awards reçus pour une production musicale**, détenu par *Les Producteurs* depuis 2001. Lin-Manuel Miranda (à droite) de *Hamilton* l'a emporté pour la meilleure partition originale et le meilleur livret.

Hamilton est basé sur la vie d'Alexander Hamilton, l'un des pères fondateurs des États-Unis.

Les plus âgés...

Des animaux de compagnie les plus âgés aux minéraux les plus anciens, partez à la découverte de 4,55 milliards d'années d'histoire et rendez hommage à la longévité.

0-100 ans

Chien
29 ans et 5 mois

L'âge fiable le plus élevé connu pour un chien est de 29 ans. Bluey, berger australien appartenant à Les Hall de Rochester (Victoria, AU), a été acheté en 1910 alors qu'il était un chiot. Il a travaillé parmi le bétail et les moutons pendant 20 ans avant d'être endormi le 14 novembre 1939.

Chat
38 ans et 3 jours

Creme Puff est née le 3 août 1967 et morte le 6 août 2005, à l'âge incroyable de 38 ans ! Elle vivait avec son propriétaire Jake Perry, à Austin (Texas, US).

Poisson rouge
43 ans

Un poisson rouge nommé Tish appartenant à Hilda et Gordon Hand de Carlton Miniott (North Yorkshire, GB) a vécu 43 ans. Le fils d'Hilda, Peter, l'avait gagné à une foire en 1956.

Médaillé olympique
72 ans et 280 jours

Le 26 juillet 1920, aux jeux Olympiques d'Anvers, Oscar Swahn (SE, né le 20 octobre 1847) est devenu le **médaillé olympique le plus âgé**. Il avait 72 ans et 280 jours. Le 4 juillet 1912, il avait été membre de l'équipe de tir gagnante au 100 m cerf courant (double) des jeux de Stockholm (SE) à 64 ans et 258 jours, et était devenu ainsi le **médaillé d'or olympique le plus âgé**. Le 100 m cerf courant était une épreuve de tir des jeux Olympiques de 1908 à 1948.

Monarque régnant
91 ans et 11 jours

Élisabeth II (GB), née le 21 avril 1926, est devenue le monarque le plus âgé au monde le 23 janvier 2015, à l'âge de 88 ans et 277 jours. Au 2 mai 2017, elle avait 91 ans et 11 jours.

100-500 ans

Message dans une bouteille
108 ans et 138 jours

Le plus ancien message en bouteille a navigué 108 ans et 138 jours après avoir été jeté dans la mer du Nord (52°4,8'N ; 003°37'E), par la Marine Biological Association (GB), le 30 novembre 1906. Il a été trouvé sur l'île d'Amrum (DE) le 17 avril 2015.

Personne
122 ans et 164 jours

Jeanne Louise Calment (FR) est née le 21 février 1875. Ses parents étaient Nicolas (1837-1931) et Marguerite (née Gilles, 1838-1924). Elle est morte à 122 ans dans une maison de retraite d'Arles (FR), le 4 août 1997.

Zoo
265 ans

Le plus ancien zoo en activité continue est le Tiergarten Schönbrunn de Vienne (AT). Il a ouvert au public en 1779, bien qu'il ait été créé en 1752 pour servir de ménagerie royale.

Jardin topiaire
Environ 327 ans

Levens Hall (Cumbria, GB) possède des architectures topiaires plantées et formées pendant les années 1690, comme « les pièces d'échecs », « la perruque du juge » et « les grandes ombrelles ».

Parc d'attractions
434 ans

À Klampenborg, au nord de Copenhague (DK), Bakken a ouvert en 1583 et est le plus vieux parc d'attractions en activité au monde. Il revendique plus de 150 attractions, dont des montagnes russes en bois construites en 1932.

500-8 000 ans

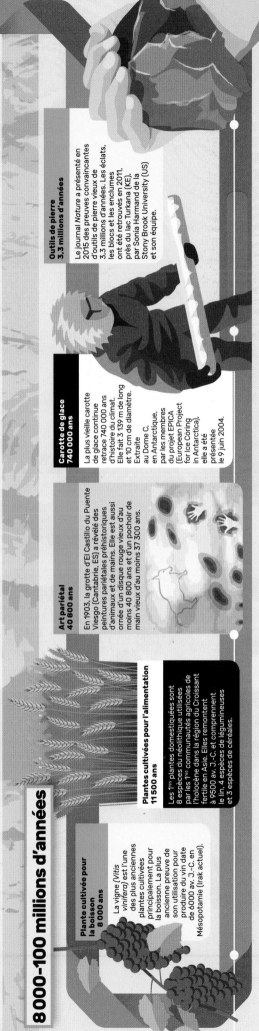

Hiéroglyphes égyptiens
Environ 5 300 ans
Les plus anciens exemples connus de hiéroglyphes égyptiens ont été découverts en 1999 près d'Abydos, à 483 km au sud du Caire. Gravés sur des tablettes d'argile et des plaques d'ivoire, ils dateraient de 3400 à 3200 av. J.-C.

Arbre
Environ 5 200 ans
Un pin Bristlecone (*Pinus longaeva*) du Grand Bassin nommé Prometheus a été abattu à Wheeler Peak (US) en 1963. Il comptait 4 867 anneaux, mais les difficiles conditions de vie ont ralenti sa croissance et son âge réel a été estimé à environ 5 200 ans.

Hôtel
1312 ans
Le Nishiyama Onsen Keiunkan de Yamanashi (JP) est un hôtel thermal ouvert depuis l'an 705.

Outils de pierre
3,3 millions d'années
Le journal *Nature* a présenté en 2015 des preuves convaincantes d'outils de pierre vieux de 3,3 millions d'années. Les éclats, les blocs et les enclumes ont été retrouvés en 2011, près du lac Turkana (KE), par Sonia Harmand de la Stony Brook University (US) et son équipe.

Carotte de glace
740 000 ans
La plus vieille carotte de glace continue retrace 740 000 ans d'histoire du climat. Elle fait 3 139 m de long et 10 cm de diamètre. Extraite au Dome C, en Antarctique, par les membres du projet EPICA (European Project for Ice Coring in Antarctica), elle a été présentée le 9 juin 2004.

Art pariétal
40 800 ans
En 1903, la grotte d'El Castillo du Puente Viesgo (Cantabrie, ES) a révélé des peintures pariétales préhistoriques d'animaux et de mains. Elle est aussi ornée d'un disque rouge vieux d'au moins 40 800 ans et d'un pochoir de main vieux d'au moins 37 300 ans.

Fragment de la Terre
4,374 milliards d'années
De petits cristaux de zircon – semblable au diamant – des Jack Hills, en Australie-Occidentale, sont les plus anciens minéraux datés sur Terre. En 2014, une étude a estimé leur âge à 4,374 milliards d'années (±6 millions d'années). Ils se sont donc formés « à peine » 160 millions d'années après la formation de la Terre elle-même.

Chaîne de montagnes
3,6 milliards d'années
Les montagnes Makhonjwa (ou Barberton Greenstone Belt, ZA) sont formées de roches d'un âge allant jusqu'à 3,6 milliards d'années. Elles atteignent environ 1 800 m d'altitude.

Vertébré
530 millions d'années
Le plus ancien vertébré documenté est *Haikouichthys*, poisson primitif ayant une tête et une queue caractéristiques, des branchies et une nageoire dorsale.

Parlement existant
1087 ans
Le Althing islandais a été fondé en 930. Il réunissait à l'origine 39 chefs de clan locaux, à Thingvellir. Aboli en 1800, il a été restauré par le Danemark en 1843 comme assemblée consultative, puis, en 1874, comme assemblée législative.

Concours de lutte
557 ans
Le festival Kırkpınar se tient tous les ans depuis 1460, à Edirne (TR). Les participants enduits d'huile tentent de remporter la ceinture d'or.

Plante cultivée pour la boisson
8 000 ans
La vigne (*Vitis vinifera*) est l'une des plus anciennes plantes cultivées principalement pour la boisson. La plus ancienne preuve de son utilisation pour produire du vin date de 6000 av. J.-C. en Mésopotamie (Irak actuel).

Plantes cultivées pour l'alimentation
11 500 ans
Les 1res plantes domestiquées sont 8 espèces du néolithique utilisées par les 1res communautés agricoles de l'holocène dans la région du Croissant fertile en Asie. Elles remontent à 9500 av. J.-C. et comprennent le lin, 4 espèces de légumineuses et 3 espèces de céréales.

8 000-100 millions d'années

Dinosaure daté
240 millions d'années
L'existence de *Nyasasaurus parringtoni* a été établie à partir d'un squelette partiel dans un dépôt de fossiles dans les Manda Beds, près du lac Nyasa (TZ). Le squelette a 240 millions d'années et fait environ la taille d'un labrador. Il a été décrit officiellement en décembre 2012.

>100 millions d'années

Vomi
160 millions d'années
Le 12 février 2002, une équipe de paléontologues dirigée par le professeur Peter Doyle (GB) a annoncé avoir découvert le vomi fossilisé d'un ichtyosaure, grand reptile marin ressemblant à un poisson.

Téléchargez ce poster sur guinnessworldrecords.com/2018

Science, technologie et ingénierie

En 1900, d'après le polymathe Richard Buckminster Fuller (US), les connaissances humaines doublaient tous les 100 ans. Aujourd'hui, elles doublent tous les 13 mois.

En 2016, un scientifique du FAST remarqua que la coupole pourrait contenir suffisamment de vin pour en donner 4 bouteilles à chaque Terrien.

◀ LE PLUS GRAND RADIOTÉLESCOPE

Le radiotélescope sphérique de 500 m d'ouverture (FAST d'après son nom anglais), dans le xian de Pingtang (province de Guizhou, CN), est devenu opérationnel le 25 septembre 2016. Avec ses 500 m de diamètre, il est bien plus grand que le précédent détenteur du record, l'observatoire d'Arecibo à Porto Rico (305 m). Il comprend 4 450 panneaux triangulaires de 11 m de côté. Sa construction a pris 5 ans et coûté 1,2 milliard de yuans (180 millions de $). Les astronomes utiliseront sa coupole très sensible pour capter les signaux venant des étoiles et de la galaxie et, d'après l'agence de presse chinoise officielle, Xinhua News, « les signaux de communication interstellaires » – des signes de vie intelligente.

Aux confins de l'espace

Selon la NASA, la masse moyenne de l'atmosphère terrestre est d'environ 5,1 billiards (5,1 x 10^{15}) de tonnes, soit environ 1 million de fois moins que celle de la planète.

▲ L'ALTITUDE LA PLUS ÉLEVÉE ATTEINTE PAR UN ASTRONAUTE COMMERCIAL

Le 4 octobre 2004, Brian Binnie (US) a piloté le *SpaceShipOne* à une altitude de 112 010 m au-dessus du désert Mohave (Californie, US). Son vol a aussi battu le record de l'**altitude la plus élevée atteinte par un aéronef à ailes**, détenu depuis 1963 par Joe Walker, pilote de recherche de la NASA qui avait atteint une altitude de 107,96 km à bord d'un X-15.

La 1re image d'un sprite

Les sprites sont des phénomènes atmosphériques électriques associés aux éclairs. Ces flashs inhabituels se propagent vers le haut au-dessus des orages, 100 km au-dessus de la surface terrestre. Les mentions historiques de ces phénomènes n'étaient pas prises au sérieux jusqu'à ce que la 1re image d'un sprite soit prise accidentellement, le 6 juillet 1989, lorsque le professeur John R. Winckler de l'université du Minnesota (US), qui testait une caméra à faible luminosité, a enregistré des colonnes de lumière vive au-dessus d'orages éloignés.

Le plus grand réseau de communication par diffusion météoritique

Les communications par diffusion météoritique exploitent les effets des météores (« étoiles filantes ») dans les couches supérieures de l'atmosphère (76-100 km d'altitude). Lorsqu'un météore s'enflamme en entrant dans l'atmosphère, il sème des particules ionisées qui peuvent réfléchir les ondes radio et être utilisées pour des communications temporaires entre des stations radio éloignées de 2 250 km maximum. SNOTEL (SNOwpack and TELemetry est une série de capteurs surveillant l'enneigement et d'autres données climatiques dans l'ouest des États-Unis depuis les années 1970. Ses 730 stations transmettent leurs données grâce à la communication par diffusion météoritique.

L'ALTITUDE LA PLUS ÉLEVÉE...

À laquelle un être humain peut survivre dans un environnement non pressurisé

La limite d'Armstrong a été théorisée par Harry Armstrong (US), pionnier de la médecine aéronautique. Il s'agit de l'altitude à laquelle l'eau bout à la température normale du corps humain (37 °C), ce qui correspond à une pression atmosphérique de 0,0618 atm (1 atmosphère représente la pression atmosphérique au niveau de la mer). Elle se produit à une altitude comprise entre 18 900 et 19 350 m, ce qui en fait la plus haute altitude à laquelle une personne pourrait théoriquement survivre sans combinaison ou capsule pressurisée. À la limite d'Armstrong ou au-delà, tous les liquides de votre corps s'évaporeraient.

La ligne de Kármán sépare les missions aéronautiques des missions spatiales. Elle est reconnue par la NASA et la Fédération aéronautique internationale (FAI).

À laquelle un être humain a été exposé (équivalent)

Le 14 décembre 1966, Jim LeBlanc (US), volontaire de la NASA, testait des combinaisons spatiales dans une chambre de dépressurisation à Houston (Texas, US). Suite à une panne, le tuyau pressurisant sa combinaison s'est détaché. LeBlanc a instantanément été exposé à un vide partiel équivalent à une altitude de 36 576 m, avec une pression d'à peine 0,0068 atm, et a perdu connaissance. Il a fallu 87 s pour que la chambre soit repressurisée de manière équivalente à une altitude de 4 267,2 m et LeBlanc s'est réveillé. Il a dit se souvenir d'avoir senti sa propre salive bouillir sur sa langue juste avant de s'évanouir.

Q: En combien de temps un satellite du GPS orbite-t-il autour de la Terre ?

R : Environ 12 h

En vol horizontal continu

Le capitaine Robert C. Helt (pilote) et le major Larry A. Elliott (systèmes de reconnaissance) (tous 2 USAF) ont atteint 25 929 m en vol horizontal continu, avec le Lockheed SR-71A « Blackbird », à la Beale Air Force Base (Californie, US), le 28 juillet 1976. C'est plus de 2 fois l'altitude de croisière moyenne d'un Boeing 747 - 10 668 m.

Lancement d'un avion en papier

Les lycéens de Kesgrave High School et leur professeur de sciences David Green (tous GB) ont mis en vol un avion en papier à 35 043 m au-dessus d'Elsworth (Cambridgeshire, GB), le 24 juin 2015. L'avion a été hissé par un ballon en hélium, puis un courant électrique déclenché depuis le sol a coupé le fil qui le retenait au ballon et a permis son lancement.

Vol (non orbital) non amarré

Plusieurs astronautes ont travaillé en orbite sans être reliés à un vaisseau spatial. En ce qui concerne les activités non orbitales, le record est détenu par Felix Baumgartner (AT). Après avoir atteint l'altitude de 39 068,5 m au-dessus du Nouveau-Mexique (US), dans un ballon d'hélium, le 14 octobre 2012, il s'est placé au bord de la capsule avant de réaliser son grand saut vers la Terre (voir ci-contre).

Atteinte par un projectile tiré par un canon

Le 19 novembre 1966, un projectile de 84 kg a été tiré jusqu'à une altitude de 180 km par le canon HARP (High Altitude Research Project), en Arizona (US). L'arme se composait de 2 canons d'un calibre de 42 cm fusionnés en un seul canon allongé de 36,4 m de long et pesant 150 t.

◄ LE 1ER OBJET FABRIQUÉ PAR L'HOMME À ENTRER DANS L'ESPACE

La frontière de l'espace s'appelle « la ligne de Kármán », d'après Theodore von Kármán (US, né HU). Il réalisa que, à une altitude de 100 km au-dessus du niveau de la mer, un véhicule devrait voyager plus vite que la vitesse orbitale pour obtenir assez de portance aérodynamique pour rester en vol. Le 20 juin 1944, un vol d'essai d'un missile V-2 allemand, conçu pour frapper Londres (GB), a atteint une altitude de 174,6 km.

Exosphère
> env. 700-190 000 km

Exobase
> 700-1 000 km

Thermosphère
80-env. 700 km

Satellite

Télescope spatial Hubble

Station spatiale internationale

Aurore boréale

Ligne de Kármán
100 km

Mésosphère
50-80 km

Météores

Stratosphère
12-50 km

Ballon de haute altitude

Avion de chasse

Alan Eustace

Couche d'ozone
20-30 km

Troposphère
0-12 km

Avion de passagers

Ballon à air chaud

(Échelle non respectée)

▲ LE 1ER SAUT EN PARACHUTE STRATOSPHÉRIQUE

Le 16 novembre 1959, dans le cadre du projet Excelsior, le pilote Joe Kittinger (US) a sauté en parachute depuis un ballon à l'hélium spécialement conçu, à 23 287 m d'altitude. En tout, il a réalisé 3 sauts depuis une nacelle attachée au ballon. La photo ci-dessus montre son 3e saut, le 16 août 1960, quand il a établi le record de l'époque du **plus haut saut en parachute en chute libre**.

▷ LA PLUIE DE MÉTÉORES LA PLUS RAPIDE

Les Léonides reviennent tous les ans du 15 au 20 novembre. Elles entrent dans l'atmosphère terrestre à environ 71 km/s et commencent à briller à env. 155 km d'altitude. Leur vitesse est due au fait que le mouvement de la traîne de météoroïdes de la comète 55P/Tempel-Tuttle est presque directement opposé au mouvement orbital de la Terre autour du Soleil. L'impact entre les petites particules et la Terre est donc quasiment frontal.

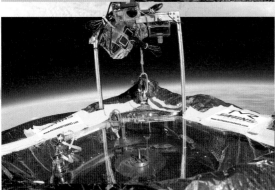

▲ LE 1ER VINYLE DIFFUSÉ DANS LA STRATOSPHÈRE

Third Man Records (US) a utilisé la platine *Icarus Craft*, conçue par Kevin Carrico, pour jouer un vinyle de *A Glorious Dawn* à 2 878 m d'altitude, le 2 juillet 2016. C'était le 3 millionième vinyle pressé par la maison, fondée notamment par le musicien Jack White (US). Il comporte les voix de Carl Sagan et Stephen Hawking mises en musique par John Boswell dans le cadre du projet Symphony of Science.

Le 23 avril 2015, Matt Kingsnorth et Phil St Pier (tous 2 GB) ont obtenu le record du **plus haut modèle de X-Wing lancé par ballon**. Il est monté à environ 36 190 m.

La plus haute altitude par un ours en peluche (sur un ballon météorologique de Raspberry Pi) dépasse 41 km. Elle a été atteinte par Babbage, mascotte de Raspberry Pi, le 24 août 2013. La Raspberry Pi Foundation et Dave Akerman (tous 2 US) ont organisé l'événement.

> Le saut de Baumgartner depuis la stratosphère a été vu par plus de 8 millions de personnes simultanément sur YouTube.

▲ LA PLUS GRANDE VITESSE EN CHUTE LIBRE

Felix Baumgartner (AT) a chuté vers la Terre à 1 357,6 km/h durant la terrifiante mission Red Bull Stratos, au-dessus du Nouveau-Mexique (US), le 14 octobre 2012.

Le saut, réalisé depuis un ballon à la frontière de l'espace, a fait de Baumgartner le **1ER être humain à franchir le mur du son en chute libre**. Il a battu 8 records du monde existant depuis 52 ans, dont le **plus haut saut en parachute en chute libre** (Joe Kittinger, voir ci-dessus, à gauche). Ce record et celui du **plus haut vol habité en ballon** sont désormais détenus par Alan Eustace (voir à droite).

▲ LE PLUS HAUT VOL HABITÉ EN BALLON

Le 24 octobre 2014, Alan Eustace (US) a réalisé un saut en parachute stratosphérique, à 41 419 m au-dessus du Nouveau-Mexique (US). L'ascension a duré 2 h, qu'il a passées dans une combinaison pressurisée attachée directement sous un ballon (plutôt que dans une capsule, comme Felix Baumgartner en 2012, ou une nacelle). La chute vers la Terre n'a duré que 15 min. À l'époque, il était cadre dirigeant chez Google, et le saut a été organisé en secret, sans aucune publicité.

▲ LE PHÉNOMÈNE ATMOSPHÉRIQUE LE PLUS ÉLEVÉ

Parmi tous les phénomènes visibles dans le ciel, les plus élevés sont les aurores (boréales dans l'hémisphère nord et dans l'hémisphère australes sud). Souvent visibles la nuit à des latitudes hautes et basses, ces superbes lumières colorées et brillantes sont provoquées par des particules chargées provenant du Soleil et interagissant avec la couche supérieure de l'atmosphère. Les aurores les plus basses se produisent à des altitudes d'environ 100 km, les plus élevées s'étendent jusqu'à 400 km.

Comètes

Une comète se compose principalement de glace, de gaz, de poussière et de roche. Bref, une boule de neige sale !

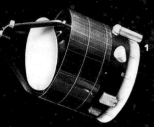
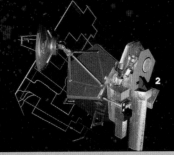
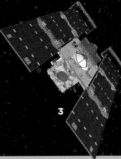

▲ LA 1ʳᵉ COMÈTE VISITÉE PAR UN ENGIN SPATIAL

L'International Cometary Explorer de la NASA a traversé la queue de plasma de la comète Giacobini-Zinner, à quelque 7 800 km de son noyau, le 11 sept. 1985. La 1ʳᵉ comète approchée de près est 1P/Halley, qui a été survolée par 5 sondes en 1986. La sonde Giotto de l'ESA est la seule à être passée très près de la comète, soit à 596 km de son noyau, le 14 mars 1986.

▲ LE PLUS DE COMÈTES VISITÉES PAR UN ENGIN SPATIAL

Jusqu'en octobre 2016, 3 engins spatiaux ont visité 2 comètes chacun. La sonde *Giotto* (1) de l'Agence spatiale européenne (ESA) a rencontré 1P/Halley en 1986 et 26P/Grigg–Skjellerup en 1992. La sonde *Deep Impact* (2) (NASA) a visité 9P/Tempel en 2005 et, sous le nom d'*EPOXI*, rencontré 103P/Hartley en 2010. L'engin spatial *Stardust* (3) (NASA) a visité 81P/Wild en 2004 et 9P/Tempel en 2011.

▲ LE 1ᵉʳ ÉCHANTILLON RAMENÉ D'UNE COMÈTE

Le 1ᵉʳ échantillon d'une comète provenait de Wild 2. L'engin spatial *Stardust*, lancé le 7 février 1999, a rencontré la comète le 2 janvier 2004. En traversant sa coma, un nuage de poussière et de gaz autour du centre de la comète, il a collecté de petits échantillons de poussière cométaire dans un collecteur en aérogel. Le précieux matériau est arrivé sur Terre le 15 janvier 2006. Son analyse, en cours, nous en apprend plus sur la composition chimique de ce corps gelé.

▲ LA PLUS PETITE COMÈTE VISITÉE PAR UN ENGIN SPATIAL

La sonde *Deep Impact* de la NASA, lancée le 12 janvier 2005, a reçu une nouvelle mission, EPOXI, le 3 juillet 2007, afin d'étudier les planètes extrasolaires et de survoler la comète 103P/Hartley. Le survol s'est produit le 4 novembre 2010. Cette comète, petite en termes cosmiques, mesure environ 2,25 km de long pour une masse d'environ 300 millions de t.

L'OBJET LE PLUS SOMBRE DU SYSTÈME SOLAIRE

Le corps le moins réfléchissant du Système solaire actuellement connu est la comète de Borrelly. Les 1ʳᵉˢ images de son noyau de 8 km de long ont été prises par la sonde *Deep Space 1*, le 22 septembre 2001. La couche de poussière à sa surface la rend si sombre qu'elle reflète moins de 3 % de la lumière solaire. En comparaison, la Terre réfléchit environ 30 % de la lumière solaire.

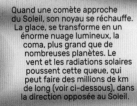

Quand une comète approche du Soleil, son noyau se réchauffe. La glace, se transforme en un énorme nuage lumineux, la coma, plus grand que de nombreuses planètes. Le vent et les radiations solaires poussent cette queue, qui peut faire des millions de km de long (voir ci-dessous), dans la direction opposée au Soleil.

La taille moyenne d'une comète est celle d'une petite ville.

Quand elle a traversé le Système solaire en 1997, Hale-Bopp éjectait 226,7 t de gaz et de poussière par seconde. C'est presque une fois et demie le poids d'une baleine bleue !

▼ LE SOLIDE LE MOINS DENSE

Comme l'a indiqué *Nature*, le 27 février 2013, une équipe de l'université Zhejiang (CN), dirigée par le professeur Gao Chao (CN), a produit un aérogel en graphène d'une densité d'à peine 0,16 mg/cm³. Plus de 7 fois plus léger que l'air, qui pèse 1,2 mg/cm³, il peut tenir en équilibre sur un brin d'herbe (voir encadré). Ci-dessus se trouve un bloc d'aérogel sans graphène. Ce matériau est utilisé, par exemple, pour recueillir la poussière des queues des comètes.

La plus grande comète

L'objet 2060 Chiron, découvert en novembre 1977, a un diamètre de 182 km.

La plus grande coma observée

La grande comète de 1811, découverte le 25 mars de cette même année par Honoré Flaugergues (FR), avait une coma d'un diamètre estimé à 2 millions de km.

La plus longue queue de comète mesurée

La queue de la comète Hyakutake mesurait 570 millions de km, plus de 3 fois la distance Terre-Soleil. Une équipe dirigée par Geraint Jones de l'Imperial College de Londres (GB) l'a découverte le 13 septembre 1999. Pour cela, les scientifiques ont utilisé des données recueillies par la sonde *Ulysses* (ESA/NASA), lors d'une rencontre fortuite avec la comète le 1ᵉʳ mai 1996.

La comète passée le plus près de la Terre

Le 1ᵉʳ juillet 1770, la comète de Lexell est passée à moins de 2 200 000 km de la Terre à 138 600 km/h par rapport au Soleil.

Le plus grand impact dans le Système solaire

Du 16 au 22 juillet 1994, plus de 20 fragments de la comète Shoemaker-Levy 9 sont entrés en collision avec Jupiter. Le fragment G a explosé avec l'énergie d'environ 600 fois l'arsenal nucléaire terrestre, soit 6 millions de mégatonnes de TNT.

La plus grande source de comètes

La ceinture de Kuiper, le disque des objets épars et le nuage d'Oort, situés au-delà de l'orbite de Neptune, sont appelés « objets transneptuniens ». Le nuage d'Oort est un nuage sphérique de milliers de milliards de noyaux de comètes. Entourant le Soleil à une distance d'environ 50 000 unités astronomiques (UA = Terre-Soleil), soit environ 1 000 fois la distance Pluton-Soleil, il serait la source de la plupart des comètes traversant le Système solaire interne.

Le 15 janvier 2006, la capsule de la sonde *Stardust* (NASA) est revenue sur Terre après une mission de 7 ans destinée à collecter des échantillons de la comète Wild 2. Elle est entrée dans l'atmosphère à 46 660 km/h, entraînant une traînée lumineuse visible dans certaines régions des États-Unis. Elle a ensuite atterri en parachute dans l'Utah (US).

Ci-dessus : vue d'artiste de la sonde *Rosetta* de l'ESA et de l'atterrisseur *Philae*. *Philae* a quitté *Rosetta* pour visiter la comète 67P/tchourioumov guérassimenko (voir à droite).

▲ LA 1ʳᵉ IMAGE PRISE À LA SURFACE D'UNE COMÈTE
L'atterrisseur *Philae* (ESA) s'est posé sur 67P/Tchourioumov-Guérassimenko le 12 novembre 2014 avec, entre autres instruments, le Comet Nucleus Infrared and Visible Analyser (CIVA) conçu pour prendre des panoramas à 360° du site d'atterrissage. Ci-dessus, voici la 1ʳᵉ image diffusée le 13 novembre 2014 : une mosaïque de 2 photos du CIVA montrant la paroi rocheuse à côté de laquelle *Philae* s'est posé et une partie de l'atterrisseur.
Le dernier contact avec *Philae* a eu lieu le 9 juillet 2015, 239 jours après son atterrissage. C'est **la plus longue durée de survie d'un engin spatial sur une comète**.

Selon une biographie, le pape Callixte III excommunia la comète de Halley en 1456, croyant qu'il s'agissait d'un agent du diable.

Le noyau cométaire est une des substances les plus sombres, plus que le charbon. Il ne réfléchit que 4 % de la lumière qui l'atteint.

Selon Edmond Halley, le Déluge biblique pourrait avoir été dû à la collision entre la Terre et une comète.

Le mot « comète » vient du grec ancien « astre chevelu ». C'est Aristote qui a nommé ces objets les « étoiles chevelues ».

Les plus lointaines observations d'une comète
Le 3 septembre 2003, l'Observatoire européen astral de Paranal (CL) a publié une image de la comète de Halley à 4,2 milliards de km du Soleil. Halley est un point flou dont la luminosité a une magnitude de 28,2, presque 1 milliard de fois plus faible que les objets visibles à l'œil nu les moins brillants.

La 1ʳᵉ observation de la destruction d'une comète par le Soleil
Le 6 juillet 2011, le Solar Dynamics Observatory de la NASA a saisi des clichés des derniers instants de la comète C/2011 N3 en train de se désintégrer dans l'atmosphère du Soleil. La comète, qui avait été découverte à peine 2 jours plus tôt, était dotée d'un noyau d'un diamètre estimé entre 9 et 45 m. Durant ses dernières secondes, elle n'était qu'à 100 000 km de la surface du Soleil et se déplaçait à une vitesse d'environ 2,1 millions de km/h. Elle a ensuite éclaté en morceaux et s'est vaporisée.

La comète visitée par le plus d'engins spatiaux
En 1986, la comète 1P/Halley est entrée dans le Système solaire interne en raison de son orbite elliptique autour du Soleil, qui dure 75-76 ans. Cinq engins spatiaux, surnommés « l'armée d'Halley », ont été envoyés à sa rencontre lorsqu'elle approchait de son périhélie, le point de son orbite le plus proche du Soleil. *Giotto* (voir page opposée) a pris les 1ʳᵉˢ images de son noyau et a subi de gros dégâts à cause des particules de poussière de la coma. Sont ensuite entrées en jeu les sondes de l'Union soviétique *Vega 1* et *Vega 2*, qui avaient déployé un atterrisseur et un ballon sur Vénus, et les sondes japonaises *Suisei* et *Sakigake*, qui sont passées respectivement à 151 000 km et 6 990 000 km du noyau.

Le plus de comètes découvertes par un engin spatial
L'engin spatial *SOHO (Solar and Heliospheric Observatory)* de l'ESA et de la NASA a été lancé le 2 décembre 1995 pour étudier le Soleil depuis L1, le lieu entre la Terre et le Soleil où la gravité de chaque corps annule celle de l'autre. Il détecte les comètes par hasard mais, au 13 septembre 2015, il en avait découvert pas moins de 3 000.

La plus longue étude d'une comète en orbite
Le 6 août 2014, la sonde *Rosetta* (ESA) est entrée en orbite autour de la comète 67P/ Tchourioumov-Guérassimenko. Le 12 novembre 2014, elle a libéré l'atterrisseur *Philae* (voir **1ʳᵉ image à la surface d'une comète** ci-dessus). Plus la comète s'éloignait du Soleil, moins les panneaux solaires de *Rosetta* recevaient d'énergie. Théoriquement, il était possible de mettre la sonde en hibernation et de la réveiller plus près du Soleil, mais il n'était pas certain qu'elle survive. L'ESA a décidé de mettre fin à la mission en la lançant contre la surface de la comète, en prenant des images et des données jusqu'à la fin. À 10 h 39 UTC (Temps universel coordonné), le 30 septembre 2016, *Rosetta* a atterri dans la région de Ma'at et a fini sa mission après 2 ans et 55 jours autour de 67P/ Tchourioumov-Guérassimenko.

Impression 3D

70 % des experts de l'aéronautique interrogés en 2016 pensent que les pièces de rechange des avions seront imprimées directement à l'aéroport d'ici 2030.

▲ LA PLUS GRANDE PROTHÈSE DE BEC IMPRIMÉE EN 3D
Le toucan Grecia est arrivé au parc animalier Zoo Ave d'Alajuela (CR) le 7 janvier 2015 avec la moitié du bec mutilée. Grâce à une levée de fonds, il a pu recevoir une prothèse complète de 18 g et d'environ 19 cm de long. Depuis son opération en janvier 2016, il peut se nourrir et toiletter ses ailes. Il a recommencé à chanter quelques jours à peine après la pose de la prothèse.

Le 1er brevet d'impression 3D
Le 12 juillet 1967, Wyn Kelly Swainson (US) a déposé un brevet sur une « Méthode de production d'une figure 3D par holographie », au Danemark. Avec ce système, un objet en trois dimensions était scanné par deux interféromètres laser, puis ses dimensions étaient transmises à un ordinateur qui les transmettait à son tour à deux autres lasers. Ces derniers reproduisaient enfin les formes de l'objet en solidifiant du plastique photosensible dans une cuve.

La 1re robe en tissu imprimé en 3D
En juin 2000, le designer Jiri Evenhuis (NL) a créé une robe en tissu de particules de nylon imprimé en 3D grâce à un procédé appelé « le frittage sélectif par laser ». La robe est conservée au musée d'Art moderne de New York (US).

Le plus lourd objet imprimé en 3D avec de la terre lunaire artificielle
Le 31 janvier 2013, l'Agence spatiale européenne (ESA) a présenté un projet de base lunaire réalisée en grande partie par impression 3D avec de la terre lunaire. Pour prouver sa faisabilité, l'ESA a imprimé en 3D un bloc de construction de 1,5 t dans une chambre à vide. Il était composé de terre lunaire artificielle, d'oxyde de magnésium et de sel dans une structure alvéolaire.

La 1re voiture imprimée en 3D
En septembre 2014, le designer Michele Anoé (IT) a pu assister, durant 5 jours, à l'impression du châssis et du corps de sa voiture « Strati », durant l'International Manufacturing Technology Show (IMTS), à Chicago (Illinois, US). Il a remporté le « 3D Printed Car Design Challenge », organisé par la société Local Motors de Phoenix (Arizona, US), face à plus de 200 participants. Local Motors a complété le design de la voiture avec le Oak Ridge National Laboratory (US) et la société de production SABIC (SA).

La 1re moto imprimée en 3D
En 2015, lors du salon RAPID, TE Connectivity (CH/US) a présenté une copie orange et bleu d'une moto Harley-Davidson. Pour créer par impression 3D 76 de ses 100 composants, plusieurs imprimantes ont travaillé pendant de 1 700 h et ont employé 6,95 km de filaments en plastique.

Selon Airbus, la fusée Ariane 6 de l'Agence spatiale européenne (ESA) disposera de nombreuses pièces imprimées en 3D. Les coûts pourraient diminuer de 50 %. Décollage prévu en 2020.

Q : Aux États-Unis, quel pourcentage des appareils auditifs est imprimé en 3D ?

R : 100 %

Les 1ers médicaments imprimés en 3D
Le Spritam, produit par Aprecia (US), est un médicament destiné à soulager les symptômes associés à l'épilepsie. En juillet 2015, il a été imprimé en 3D pour la 1re fois. Sa structure poreuse lui permet de se dissoudre en seulement 4 s, bien plus vite que les médicaments habituels.

Le plus petit appareil médical imprimé en 3D
Les chercheurs s'efforcent de trouver des alternatives indolores aux seringues afin de soulager les patients durant les injections. Par exemple, des équipes de l'université d'Akron et de l'université du Texas (toutes 2 US) ont imprimé une micro-aiguille en 3D. Ce dispositif de 1 mm de large est composé de 25 aiguilles en fumarate de propylène, dont chacune des pointes fait 20 μm de large – 5 fois moins qu'un cheveu.

Le plus long objet en métal imprimé en 3D
En octobre 2016, des chercheurs de l'université de Cranfield (GB) ont annoncé avoir créé un longeron double face d'une longueur de 6 m et d'un poids de 300 kg. Ils l'ont imprimé sur leur imprimante 3D Wire + Arc Additive Manufacturing (WAAM) de 10 m de long.

Le robot le plus rapide imprimé en 3D
En mai 2015, des ingénieurs de l'université de Californie (Berkeley, US) ont utilisé des composants spéciaux imprimés en 3D pour construire le X2-VelociRoACH. Grâce à ses pièces flexibles, cet insecte artificiel peut se déplacer à 17,7 km/h, plus vite que la vitesse moyenne d'un joggeur.

L'imprimante 3D la plus imprimée en 3D
Les imprimantes 3D produisant toute sorte d'objets, pas surprenant que certaines impriment des imprimantes 3D ! L'imprimante open-source RepRap Snappy 1.1c, conçue par Garth Minette (US), a été produite avec 2,4 kg de filament de plastique pour imprimer 86 de ses 110 pièces.

L'impression 3D est née dans les années 1980 avec la stéréolithographie, technique de solidification de couches de photopolymères à la lumière U.V.

Les imprimantes 3D n'impriment pas seulement en plastique, mais aussi en métal, verre, céramique, chocolat, fromage, houmous et pâte à pizza !

Le 1er restaurant pop-up servant seulement de la nourriture imprimée en 3D, avec des couverts imprimés en 3D, a ouvert en avril 2016 aux Pays-Bas.

L'Aston Martin DB5 de *Skyfall* (GB/US, 2012) a été créée avec une imprimante 3D VX4000.

La 1re journée mondiale de l'impression 3D a été fêtée en 2013. En 2015, le Culinary Institute of America a imprimé un Yoda comestible.

En 2014, Yoshitomo Imura (JP) a été emprisonné pour avoir imprimé un revolver en 3D.

▲ LE 1ER AVION IMPRIMÉ EN 3D
Le 1er juin 2016, au salon aéronautique de Berlin (DE), Airbus a présenté *THOR (Testing High-tech Objectives in Reality)*, un avion entièrement imprimé en 3D à l'exception des systèmes électriques. D'un poids d'à peine 21 kg, ce prototype de démonstration non habité a volé pour la 1re fois en novembre 2015. Il est propulsé par 2 moteurs 2-hp électriques de 1,5 kW et principalement imprimé en polyamide. L'ingénieur responsable, Gunnar Haase, qui a mené son 1er vol, a déclaré qu'il « vole très bien » et « est très stable ».

▲ LE 1ᵉʳ PONT IMPRIMÉ EN 3D

Le 14 décembre 2016, un pont imprimé en 3D a été inauguré dans le parc Castilla-La-Mancha de Madrid (ES). Long de 12 m et large de 1,75 m, ce pont piéton a été produit par une équipe de l'Institut d'architecture avancée de Catalogne (ES). Il possède 8 segments composés de couches de poudre de ciment fondue micro-renforcée avec du polypropylène thermoplastique.

▲ LE 1ᵉʳ RÉCIF DE CORAIL IMPRIMÉ EN 3D

En 2012, des experts du consortium international Reef Arabia ont plongé 2 récifs de corail imprimés en 3D au large de la côte du Bahreïn. D'un poids d'environ 500 kg chacun, ces récifs artificiels sont composés d'un matériau breveté et non toxique ressemblant au grès, conçu pour attirer les larves de corail et d'autres créatures marines. Contrairement aux récifs artificiels en béton classiques, ils ont un pH neutre.

▲ LE PLUS GRAND OBJET SOLIDE IMPRIMÉ EN 3D

Un outil de rognage de 2,33 m³ conçu pour la fabrication de l'aile du Boeing 777 a été imprimé par le Oak Ridge National Laboratory et la société Boeing (tous 2 US), à Oak Ridge (Tennesse, US), le 29 août 2016. L'impression de l'outil a demandé 30 h de travail à la machine Big Area Additive Manufacturing (BAAM).

◀ LE PLUS GRAND BATEAU IMPRIMÉ EN 3D

Tous les ans, le Seafair Milk Carton Derby de Seattle (Washington, US) propose aux participants de construire le meilleur bateau possible avec des bouteilles de lait recyclées. En juin 2012, lors du 42ᵉ Derby, une équipe du groupe Washington Open Object Fabricators (WOOF) a présenté une création en bouteilles de lait fondues en une seule et même pièce flottante. Long de 7 m et d'un poids de 18,14 kg, le bateau est arrivé 2ᵉ de sa catégorie.

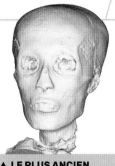

▲ LE PLUS ANCIEN MONARQUE RECONSTITUÉ EN IMPRESSION 3D

En 2010, le *National Geographic* a chargé le fabricant de copies Gary Staab (US) de créer une réplique en 3D du pharaon égyptien Toutankhamon (env. 1341-1323 av. J.-C.). Des tomodensitogrammes de la momie ont été convertis en modèle 3D informatique et imprimés par une machine stéréolithographique. Le modèle imprimé a ensuite été envoyé au studio de Staab, où la couleur et la texture ont été travaillées.

Le titanosaure a été imprimé en 3D dans un matériau léger en fibre de verre. Il aurait été impossible de monter son squelette fossile en raison de son poids.

▲ LE PLUS GRAND SQUELETTE IMPRIMÉ EN 3D

Le 15 janvier 2016, le Muséum d'histoire naturelle de New York (US) a présenté un squelette complet de titanosaure imprimé en 3D. Ce dinosaure découvert dans le désert de Patagonie (AR) aurait vécu à la fin du crétacé. Avec ses 37 m de long, cette copie du squelette est un peu trop longue pour la salle d'exposition. Le cou et la tête se dirigent vers l'ascenseur pour surprendre les visiteurs.

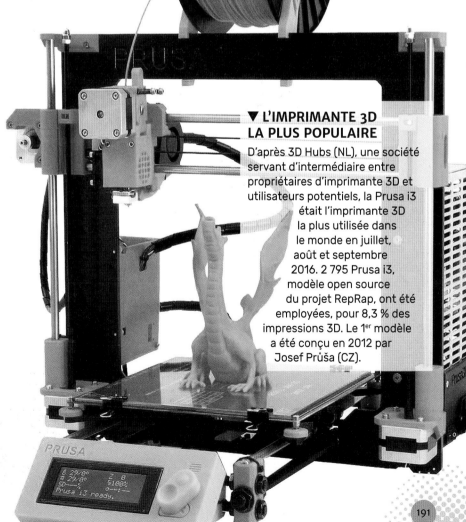

▼ L'IMPRIMANTE 3D LA PLUS POPULAIRE

D'après 3D Hubs (NL), une société servant d'intermédiaire entre propriétaires d'imprimante 3D et utilisateurs potentiels, la Prusa i3 était l'imprimante 3D la plus utilisée dans le monde en juillet, août et septembre 2016. 2 795 Prusa i3, modèle open source du projet RepRap, ont été employées, pour 8,3 % des impressions 3D. Le 1ᵉʳ modèle a été conçu en 2012 par Josef Průša (CZ).

Photographie et imagerie

En moyenne, plus de photos sont prises en 2 min aujourd'hui que tout au long du XIXe siècle.

LES 1ERS...

Canular photographique

Dans son *Autoportrait en noyé* (1840), Hippolyte Bayard (FR) s'est mis en scène affalé sur le côté, comme s'il s'était suicidé. Il a réalisé cette image pour protester contre le manque de reconnaissance à laquelle il estimait avoir droit pour avoir inventé la photographie. Cette technique a été attribuée à Louis-Jacques-Mandé Daguerre (FR) et William Henry Fox Talbot (GB).

Photographie couleur durable

En 1855, James Clerk Maxwell (GB) a proposé une méthode tricolore pour produire une image chromatique. Le 5 mai 1861, une image en 3 couleurs séparées d'un ruban en tartan a été créée à partir d'une photographie de Thomas Sutton (GB).

Photographie couleur sous l'eau

En 1926, le photographe du *National Geographic* Charles Martin et le Dr William Longley ont pris une photo couleur d'un poisson capitaine *(Lachnolaimus maximus),* dans les Keys (Floride, US), avec un boîtier étanche spécialement conçu pour l'appareil. La scène était éclairée par de la poudre de magnésium enflammée sur un radeau à la surface.

Images orbitales de la Terre

Le 14 août 1959, le satellite *Explorer 6* de la NASA, en orbite à 27 358,8 km d'altitude, a pris la 1re image de la Terre avec un dispositif de balayage doté d'un petit processeur électronique analogue, le « telebit ». La transmission des 7 000 pixels de chaque image a duré 40 min. La 1re image montrait un croissant de Terre.

Image de liens en train de se former dans une réaction chimique

En mai 2013, des chercheurs du Lawrence Berkeley National Laboratory (Californie, US) ont pris les 1res images haute résolution d'atomes de carbone cassant et reformant leurs liens dans une réaction chimique. L'équipe réalisait et étudiait au microscope à force atomique des nanostructures en graphène.

Q : Que signifie le mot « photographie ? »

R : « Dessin lumineux »

LES PLUS GRANDS...

Image numérique de la Lune

Pendant 4 ans, à partir du 11 décembre 2011, le Lunar Reconnaissance Orbiter (LRO) de la NASA a photographié le pôle nord de la Lune avec une résolution époustouflante grâce à 2 caméras à champ étroit et 1 caméra grand angle. L'équipe LRO a composé une photographie de cette région de 680 gigapixels à partir de 10 581 images au total.

Négatif photo

Au cours des 9 mois précédant le 12 juillet 2006, 6 artistes photographes réunis sous le nom The Legacy Project ont créé le tirage *The Great Picture*. On y voit la tour de contrôle, les bâtiments et les pistes de la base aérienne El Toro des US Marine Corps (Californie du Sud, US). Avec l'aide de 400 volontaires, artistes et experts, l'équipe a fait d'un vieux hangar à avions un immense appareil sténopé. Ils ont appliqué 80 l d'émulsion d'halogénure d'argent à base de gélatine sur une toile lisse de 34 m de large et 9,8 m de haut. L'image a été développée avec 2 300 l de liquide de développement et 4 500 l de solution fixatrice.

Photographie

Le 18 décembre 2000, Shinichi Yamamoto (JP) a tiré une image de 145 m de long et 35,6 cm de large. Il a travaillé à partir d'un négatif de 30,5 m de long et 7 cm de large créé avec un appareil panoramique fabriqué à la main.

Tirage à partir d'une photographie pré-numérique

Lors du Jubilé de diamant de la reine Élisabeth II (GB), un tirage de 100 x 70 m d'une photo de la famille royale durant le Jubilé d'argent a été érigé devant la Sea Containers House (Londres, GB). Huit spécialistes ont œuvré pendant plus de 45 h pour placer les différentes sections. Ils ont fini le 25 mai 2012.

▲ LE 1ER SELFIE

Robert Cornelius (US) s'est pris en photo en octobre 1839. C'était un daguerréotype, une ancienne technique de photographie utilisant une plaque d'argent sensibilisée à l'iode et de la vapeur de mercure. Il a dû poser pendant 15 min assis dans la cour arrière du magasin de lampes et de chandeliers de sa famille, à Philadelphie (US). Au dos de l'image, il a écrit : « Le tout premier dessin lumineux jamais pris. 1839. »

Cette image d'un bâtiment prouve la résolution exceptionnelle du panorama ci-dessous : malgré le fort grossissement, l'image reste très nette.

▼ LA PLUS GRANDE IMAGE PANORAMIQUE

Mesurée le 6 août 2015, l'image panoramique présentant la plus haute définition possède 846,07 gigapixels et représente la superbe ville de Kuala Lumpur (MY). Elle a été créée par Tan Sri Dato' Sri Paduka Dr Lim Kok Wing et la Limkokwing University of Creative Technology (tous 2 MY), à Kuala Lumpur. Elle a été prise depuis la Kuala Lumpur Tower. Un gigapixel comprend un milliard de pixels – plus de 80 fois la résolution d'un appareil d'iPhone 7 (voir à droite).

Nombre total de photos prises chaque année

- 1930 : **1 Md**
- 1960 : **3 Md**
- 1970 : **10 Md**
- 1980 : **25 Md**
- 1990 : **57 Md**
- 2000 : **86 Md**
- 2012 : **380 Md**
- 2015 : **1 billion**
- 2017 : **1,3 billion**

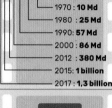

350 millions
de nouvelles photos sont ajoutées sur Facebook chaque jour.

60 millions
de nouvelles photos sont ajoutées sur Instagram chaque jour.

2,16 M €
C'est le prix payé pour l'**appareil photo le plus cher**, un prototype de l'appareil à pellicule Leica 35 mm, le 12 mai 2012.

12
iPhone 7 = 12 mégapixels

168
Résolution en pixels d'un Fuji Velvia 35 mm à pellicule = 168 mégapixels

12
Nombre de caméras Hasselblad laissées sur la Lune par les astronautes d'*Apollo*

▲ **LA PLUS ANCIENNE PHOTOGRAPHIE AÉRIENNE**
Le 13 octobre 1860, James Wallace Black (US) a pris cette photo de Boston (Massachusetts, US) à 609 m d'altitude, depuis le ballon à air chaud *Queen of the Air*, amarré au sol.
La **1ʳᵉ photo aérienne** a été prise par Nadar, alias Gaspard-Félix Tournachon (FR), en 1858. Il a photographié le Petit-Bicêtre (actuel Petit-Clamart), à 80 m d'altitude dans un ballon à air chaud amarré au sol. Ses photos aériennes ont été perdues.

▲ **LA 1ʳᵉ IMAGE POSTÉE SUR INTERNET**
Le 18 juillet 1992, l'informaticien Silvano de Gennaro (IT) a photographié sa petite amie Michelle Muller et son groupe, Les Horribles Cernettes. Quelques semaines plus tard, son collègue Tim Berners-Lee (GB) lui a demandé une image pour tester de nouvelles fonctions de son projet, le World Wide Web. Silvano lui a envoyé la photo, un GIF de 120 x 50 pixels.

▲ **LA PLUS ANCIENNE PHOTOGRAPHIE CONSERVÉE CONNUE**
La plus ancienne photographie encore visible a été prise par Nicéphore (né Joseph) Niépce (FR) en 1827, avec une chambre noire. Elle montre la vue depuis une fenêtre de sa maison du Gras, en Bourgogne (FR). Redécouverte en 1952, la prise de vue fait maintenant partie de la collection Gernsheim, à l'université du Texas, à Austin (US).

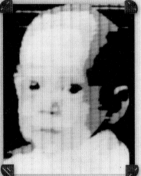

▲ **LA 1ʳᵉ IMAGE NUMÉRIQUE**
Russell Kirsch (US) a créé cette image de son fils Walden en 1957, au National Bureau of Standards de Washington (US). Il travaillait alors sur le 1ᵉʳ ordinateur interne programmable aux États-Unis, le Standards Eastern Automatic Computer (SEAC). Il a conçu des équipements traduisant son image en code binaire. L'image mesurait 176 x 176 pixels.

▲ **LA 1ʳᵉ IMAGE SUR INSTAGRAM**
Le 16 juillet 2010, le cofondateur et PDG d'Instagram Kevin Systrom (US) a chargé la photo d'un golden retriever sur l'appli, qui s'appelait alors « Codename ». Les noms du chien et de son propriétaire ne sont pas connus, mais le pied sur la photo est celui de la petite amie de Systrom. La photo a été prise à un stand de tacos, Tacos Chilakos, à Todos Santos (MX).

▲ **LE 1ᵉʳ JPEG**
Le format JPEG (Joint Photographic Experts Group) est l'un des formats d'image les plus connus. Conçu pour normaliser les techniques de compression d'images numériques, il est utilisé sur Internet et par les appareils numériques. Les plus anciennes images utilisant cette méthode de compression sont 4 images-test utilisées par le groupe, le 18 juin 1987, à Copenhague (DK) : *Bateaux*, *Barbara*, *Jouets* et *Zelda*.

▲ **LE 1ᵉʳ PORTRAIT PHOTOGRAPHIQUE SOUS L'EAU**
Le zoologiste Louis Marie-Auguste Boutan (FR) a utilisé un appareil sous-marin de son invention pour la 1ʳᵉ fois en 1893. Ce n'est toutefois qu'en 1899 qu'il a créé un flash spécial lui permettant de prendre une photo sous-marine d'un objet reconnaissable. Le portrait de l'océanographe et biologiste Emil Racovitza (RO) a été pris durant une plongée à Banyuls-sur-Mer (FR).

▲ **LE 1ᵉʳ HOLOGRAMME**
Le physicien hongro-britannique Dennis Gabor a présenté la théorie de l'holographie en 1947. Cependant, c'est l'invention du laser, dont la lumière cohérente pouvait capturer une image holographique, en 1960, qui a permis à Emmett Leith (US) et Juris Upatnieks (US, né LV), de l'université du Michigan, de produire le 1ᵉʳ hologramme en 1962. Il représentait un petit train.

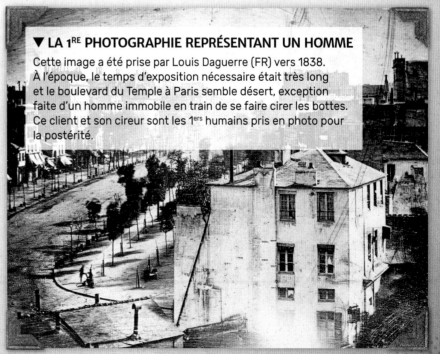

▼ **LA 1ʳᵉ PHOTOGRAPHIE REPRÉSENTANT UN HOMME**
Cette image a été prise par Louis Daguerre (FR) vers 1838. À l'époque, le temps d'exposition nécessaire était très long et le boulevard du Temple à Paris semble désert, exception faite d'un homme immobile en train de se faire cirer les bottes. Ce client et son cireur sont les 1ᵉʳˢ humains pris en photo pour la postérité.

Feux d'artifice

Les feux d'artifice sont provoqués par la combustion de sels métalliques : par exemple, le chlorure de calcium donne l'orange.

LA PLUS GRANDE STRUCTURE PYROTECHNIQUE

Le 7 décembre 2014, la municipalité de Jilotepec (État de Mexico, MX) a érigé une structure pyrotechnique de 66,5 m de haut. Plus haute que la colonne de Nelson à Londres et l'arc de triomphe de l'Étoile, elle présentait des images rotatives, des feux d'artifice en musique et des images de personnalités issues de l'histoire de Jilotepec.

▲ LE PLUS GRAND FEU D'ARTIFICE EN SALLE

La fête nationale de Singapour a lieu le 9 août. En 2016, le pré-spectacle et le spectacle principal dans le National Stadium ont employé 98 boîtes pyrotechniques contenant en moyenne 14 feux d'artifice chacune. Chaque boîte était reliée à des fils d'allumage à 36 points de la scène et 26 points sur 4 rampes menant à la scène principale, pour un total de 1 372 feux d'artifice.

◀ LA PLUS GRANDE FUSÉE FEU D'ARTIFICE

Le 27 septembre 2014, une fusée feu d'artifice de 97,01 kg, a été lancée depuis la convention de la Western Pyrotechnic Association à Hawthorne (Nevada, US). Elle a été construite par Dave Ferguson et les BFR Boys (tous US). Le diamètre de l'explosion a été estimé à plus de 360 m.

▲ LE PLUS GRAND FEU D'ARTIFICE

Le 1er janvier 2016, Iglesia ni Cristo (PH) a organisé un spectacle de 810 904 feux d'artifice, à l'occasion du Nouvel An. L'événement a eu lieu à la Philippine Arena, à Ciudad de Victoria, à Bocaue (province de Bulacan, PH). Il a commencé quand minuit a sonné et a duré 1 h, 1 min et 32,35 s sous une pluie battante.

▲ LE PLUS GRAND CIERGE MERVEILLEUX

Le 31 décembre 2015, Yuriy Yaniv, originaire de Kiev (UK), a allumé un feu d'artifice inhabituel qu'il avait créé lui-même. Il contenait 10 000 cierges merveilleux serrés dans un pot en céramique avec du carton, de la poussière et du papier d'aluminium. Ce cierge de 50 kg a créé une immense colonne d'étincelles d'environ 2 m de diamètre.

Brocart
Explosion d'une étoile dans laquelle serpentent d'autres étoiles

Chrysanthème
Étoiles dotées de queues, dans une explosion plus grande en forme de globe

Abeilles
Nombreux points lumineux qui s'éloignent en suivant divers tracés

Pivoine
Explosion circulaire aux couleurs changeantes

Poissons
Explosion d'étoiles devenant rapidement indépendantes

Le 1er pétard documenté

La poudre à canon a été inventée il y a environ 2 000 ans en Chine. Un cuisinier aurait par hasard mélangé les matériaux nécessaires au-dessus d'un feu. Le 1er feu d'artifice connu, le pétard, est attribué à un moine chinois du IXe siècle, durant la dynastie Tang (618-907). Li Tian, qui vivait près de la ville de Liuyang (province du Hunan), a découvert qu'il pouvait provoquer une explosion bruyante en mettant de la poudre à canon dans une tige de bambou. Dans le respect de la tradition consistant à faire beaucoup de bruit pour éloigner les mauvais esprits, il a créé le pétard traditionnel du Nouvel An. Les Chinois fêtent cette invention le 18 avril en faisant des sacrifices en son honneur.

La 1re utilisation de fusées

Des « feux d'artifice volants » contenant du charbon, du salpêtre et du soufre, propulsés par de la poudre à canon, ont été décrits par Zeng Gongliang (CN), en 1042. La 1re utilisation de vraies fusées daterait de 1232. Durant la bataille de Kai-Keng, les Chinois ont repoussé les envahisseurs mongols avec des « flèches de feu volant ».

Le plus haut bâtiment duquel des feux d'artifice ont été lancés

Le 31 décembre, **le plus grand bâtiment**, la tour Burj Khalifa, à Dubaï (AE), haute de 828 m (voir à droite), accueille un spectacle au cours duquel des feux d'artifice sont lancés de son sommet et ses étages. En moins de 10 min, 1,6 t de feux d'artifice est enflammée.

Le plus court spectacle de feux d'artifice non intentionnel

Avec ses 110 000 feux d'artifice installés sur une barque entre deux jetées dans la Manche, le spectacle organisé au large de la côte du Dorset (GB), le 21 août 2009, devait établir un record. La chorégraphie soigneusement préparée s'est terminée plus vite que prévu. Malheureusement, les 1res fusées ont mis le feu à la barge et à tous

Q : Quel pays produit 90 % des feux d'artifice ?

R : La Chine.

les feux d'artifice, qui ont explosé et brûlé avec éclat pendant tout juste 6 s. Pas tout à fait le record espéré…

Le plus de feux d'artifice lancés d'une combinaison pyrotechnique

Le 13 juin 2014, à Grenoble (FR), 642 feux d'artifice ont été lancés depuis la combinaison pyrotechnique portée par Laurent Nat (FR).

LES PLUS GRANDS…

Bombe aérienne de feu d'artifice

La « bombe » d'un feu d'artifice aérien comprend une coque, les étoiles (remplies de sels métalliques

▲ **LA PLUS LONGUE LIGNE DROITE DE FEUX D'ARTIFICE**
Chaque année, à la fin du mois d'août, la belle plage de Cavallino-Treporti près de Venise (IT) accueille le spectacle Beach on Fire. Le 27 août 2016, l'événement était réalisé pour le Parco Turistico, organisme touristique local, par Parente Fireworks (tous 2 IT), et s'est étendu sur 11,38 km, le long de cette plage de 13 km, de Punta Sabbioni au phare de Cavallino.

▼ **LE 1ᴱᴿ FEU D'ARTIFICE MULTISENSORIEL**
Le feu d'artifice du Nouvel An 2013-2014 de Londres (GB) était une expérience gustative et olfactive. Entre les ponts de Westminster et Hungerford, environ 50 000 personnes ont admiré des feux d'artifice couplés à des arômes de fruits. Les feux rouges étaient accompagnés d'un nuage saveur fraise et les autres couleurs de nuages colorés saveur pomme et cerise, avec de la neige pêche, des oranges flottantes (des milliers de bulles remplies de fumée saveur orange de Séville) et des confettis comestibles à la banane. Les scientifiques alimentaires Bompas & Parr (GB) sont à l'origine de cette création.

▶ **LE PLUS DE BOMBES DE FEUX D'ARTIFICE LANCÉES PAR MINUTE**
Le 31 décembre 2013, le feu d'artifice du Nouvel An de Dubaï (AE) était composé de 479 651 bombes tirées en 6 min, soit 79 941 par minute. Ce spectacle hors normes a demandé 10 mois de préparation et le travail de 200 techniciens de la société Fireworks by Grucci (US).

Étoiles
Globe de lumière unique, présentant parfois différentes couleurs

Stroboscope
Séquence d'éclairs rapides et brillants

Saule pleureur
Explosion prolongée d'étoiles descendant lentement

donnant une explosion colorée), une charge d'éclatement et un fusible temporisé. Le feu d'artifice Yonshakudama est tiré durant le festival de Katakai-Matsuri, les 9 et 10 septembre, à Katakai (préfecture de Niigata, Honshu, JP). Tiré pour la 1ʳᵉ fois le 9 septembre 2014, il a une bombe de 120 cm de diamètre et 464,8 kg, à peu près le poids d'un grand piano. Il a été créé par la société Katakai Fireworks Co de Masanori Honda (JP).

Feu d'artifice en chocolat
Nestlé (CH) a créé un feu d'artifice de 3 m de haut et 1,5 m de diamètre contenant 60 kg de chocolats suisses Cailler. Il a été lancé à Zurich (CH), le 31 décembre 2002.

Roue de Catherine
Lily Fireworks Factory (MT) a créé une roue de Catherine d'un diamètre de 32,044 m, environ 4 fois la taille d'un bus londonien. Sa taille a été contrôlée à Mqabba (MT), le 18 juin 2011.

Image pyrotechnique
Fireworks by Grucci (US) a construit une image en feu d'artifice de 65 526 m² en l'honneur du 20ᵉ anniversaire de la course de chevaux Dubai World Cup, sur l'hippodrome de Meydan, à Dubaï (AE), le 28 mars 2015. Elle représentait le drapeau national.

Carte du monde en feu d'artifice
Le 31 décembre 2013, un feu d'artifice a été organisé à Dubaï (AE) pour célébrer la nouvelle année. Il incluait l'archipel artificiel « The World », situé dans le golfe Persique, qui se compose de 300 îles artificielles dessinant les sept continents. Durant le spectacle, des bombes aériennes ont dessiné chaque continent et représenté les masses de la Terre en feux d'artifice. L'archipel occupe une surface de 6 x 9 km et est entouré d'une île ovale servant de digue. Toutes les côtes disponibles (environ 232 km) ont été utilisées durant le feu d'artifice.

L'énorme salve de feux d'artifice (voir ci-dessus) a été lancée de 400 sites le long de la côte de Dubaï et synchronisée par 100 ordinateurs en ville. L'événement a coûté environ 6 millions de $.

En revue

D'après la NASA, le Soleil libère autant d'énergie que l'explosion de 90,7 milliards de tonnes de dynamite par seconde.

▲ LA 1RE PERSONNE CRYOGÉNISÉE

Le professeur de psychologie Dr James Hiram Bedford (US, 1893-1967), décédé d'un cancer des reins et des poumons, a été cryogénisé par la Cryonics Society of California (US). Son corps a été placé dans un ballon de Dewar (vase sous vide) rempli de nitrogène liquide à - 196 °C et transporté à la Cryo-Care Equipment Corporation de Phoenix (Arizona, US). La photo ci-dessus montre la préparation de la capsule. Le 25 mai 1991, après plusieurs déplacements, il a été transféré dans une chambre plus perfectionnée (encadré).

La 1re utilisation de lunettes à reconnaissance faciale durant une rencontre sportive

En 2011, la police brésilienne a commencé à tester des lunettes à reconnaissance faciale en vue de la coupe du monde de football 2014. Ces lunettes, presque normales au premier coup d'œil, étaient dotées d'une petite caméra qui enregistrait 400 images par seconde et les comparait à une base de données de 13 millions de visages. Un signal rouge apparaissait sur un petit écran lié aux lunettes si un des visages était celui d'un criminel afin que le policier puisse intervenir.

▲ LA PLUS LONGUE DÉCHARGE ÉLECTRIQUE FRAPPANT UNE ÉPÉE AVALÉE

Une décharge électrique de 1,16 m a touché une épée avalée par le « Space Cowboy » Chayne Hultgren (AU), à Perth (Australie-Occidentale), le 20 avril 2013. Le générateur électrique employé était une grosse bobine de Tesla d'une puissance de 500 000 volts, sous le contrôle du Dr Peter Terren.

▼ LE ROBOT LE PLUS AGILE À LA VERTICALE

Salto (*saltatorial locomotion on terrain obstacles*) a une agilité de saut verticale, c'est-à-dire la hauteur d'un saut multipliée par la fréquence à laquelle le saut peut être réalisé, de 1,75 m par seconde. Il mesure 26 cm de haut en extension et peut sauter jusqu'à 1 m de haut. Il a été créé par une équipe de l'université de Californie, à Berkeley (US).

L'objet naturel le plus rond

Le 16 novembre 2016, une équipe internationale d'astronomes a annoncé avoir découvert l'objet naturel le plus sphérique mesuré dans l'univers. Kepler 11145123 est une étoile de type A à environ 5 000 années-lumière. L'équipe a observé ses oscillations naturelles pendant 51 mois et a mesuré sa taille grâce à l'astrosismologie. Elle a découvert que les rayons polaire et équatorial de l'étoile, qui a un rayon moyen de 1,5 million de km, ne font que 3 km de différence.

▲ LA PRESSION DE PLASMA LA PLUS ÉLEVÉE DANS UN RÉACTEUR À FUSION

La fusion nucléaire produit énormément d'énergie. Dans un réacteur à fusion nucléaire, les scientifiques tentent de reproduire les réactions du cœur des étoiles. Les molécules de gaz doivent former un plasma, c'est-à-dire être ultra-chaudes, stables sous une forte pression et confinées dans un volume donné. En septembre 2016, des scientifiques du Massachusetts Institute of Technology (MIT) ont créé une pression de 2,05 atmosphères dans le réacteur à fusion nucléaire tokamak Alcator C-Mod du Plasma Science and Fusion Center du MIT, à Cambridge (Massachusetts, US).

Pendant l'expérience du MIT sur le plasma, la température dans le réacteur a dépassé 35 000 000 °C.

Les plus anciennes plumes conservées dans l'ambre

Le 8 décembre 2016, une équipe scientifique internationale de l'université des géosciences de Chine a publié l'analyse d'un échantillon d'ambre contenant des plumes. Datant d'environ 99 millions d'années, il contenait un morceau de queue couvert de petites plumes brunes et blanchâtres sur le dessous, probablement issu d'un jeune coelurosaure.

La structure imprimée en 3D la moins dense

En février 2016, des chercheurs de la Kansas State University, de la State University of New York (tous 2 US) et du Harbin Institute of Technology (CN) ont imprimé en 3D un aérogel à base de graphène d'une densité de 0,5 mg/cm³. Un aérogel est léger et poreux. Des matériaux solides sont mélangés avec un liquide pour produire un gel, puis le liquide est retiré et remplacé par un gaz. Cet aérogel a été imprimé en 3D à - 25 °C pour obtenir une structure 3D plus complexe.

100 %

▲ LE ROBOT LE PLUS MOU

Créé par des chercheurs de l'université Harvard de Cambridge et du Weill Cornell Medicine de New York (tous 2 US), « Octobot » a été présenté en août 2016. C'est le 1er robot uniquement composé d'éléments mous, sans aucune pièce dure telle qu'une batterie. Il n'a pas besoin de source d'alimentation car il utilise du peroxyde d'hydrogène, qui se décompose en présence d'un catalyseur en platine et génère le gaz nécessaire à son fonctionnement. Il a été imprimé en 3D.

▲ LE PLUS HAUT PONT

Le pont suspendu du Beipanjiang, à Dugexiang (province du Guizhou, CN), a un dégagement sur haute mer moyenne de 565 m. Il franchit la rivière Beipan et est plus haut que la CN Tower de Toronto (CA). Il a ouvert aux véhicules le 29 décembre 2016. C'est le plus haut pont mais aussi le 1er à mesurer plus de 500 m de haut et le 1er pont suspendu à devenir le plus haut pont au monde.

Le pont en béton accueille une route à 4 voies et mesure 1 341 m au total pour une hauteur de 269 m. La travée la plus longue mesure 720 m.

▲ LA PLUS LONGUE ROUTE SOLAIRE

Le 22 décembre 2016, les autorités françaises ont ouvert 1 km de route pavée de 2 880 panneaux photovoltaïques, dans le village de Tourouvre-au-Perche (Normandie). La route a coûté environ 5 millions € et devrait recevoir 2 000 véhicules par jour. Des tests réalisés pendant 2 ans permettront de savoir si elle peut générer suffisamment d'énergie pour alimenter l'éclairage public du village.

100 %

▲ LA PLUS PETITE GAME BOY

Conçue et fabriquée par Jeroen Domburg (NL), cette mini-Game Boy mesure 54 mm de long, comme cela a été confirmé à Shanghai (CN), le 15 décembre 2016. Elle tient sur un porte-clés et comprend une sélection de jeux Game Boy d'origine. Cette création est presque 19 fois plus petite que la **plus grande Game Boy**, qui mesure 1,01 m de haut, 0,62 m de large et 0,2 m d'épaisseur. Fabriquée par Ilhan Ünal (BE), elle a été mesurée à Anvers (BE), le 13 novembre 2016.

La 1re indication d'un antibiotique produit par une bactérie dans le corps humain

Découverte par des chercheurs de l'université de Tübingen (DE) en juillet 2016, la lugdunine est un antibiotique pouvant être produit par *Staphylococcus lugdunensis*, bactérie présente dans le nez humain. Les antibiotiques ralentissent la croissance des bactéries, voire les éliminent. De nombreuses infections bactériennes étant mortelles, ils sont considérés comme essentiels à la santé humaine. Dans la mesure où certaines bactéries, surnommées « superbactéries », résistent aux antibiotiques habituels, les scientifiques en recherchent toujours de nouveaux. La lugdunine est active contre plusieurs bactéries, dont le SARM (*Staphylococcus aureus* résistant à la méticilline), l'une des superbactéries résistantes aux antibiotiques.

Le plus grand stellarator

Le Wendelstein 7-X est un réacteur nucléaire à fusion expérimental. Il permet d'entretenir une réaction de fusion nucléaire contrôlée grâce à une technique différente de celle des réacteurs à fusion tokamak (voir ci-contre). Il mesure 15 m de diamètre, pèse 725 t et contient 30 m³ de plasma. Surnommé « stellarator », il utilise des bobines magnétiques supraconductrices pour contenir du plasma à une température pouvant atteindre 130 000 000 K (129 999 727 °C). La construction de la partie principale s'est achevée en avril 2014 et il a produit son 1er plasma le 10 décembre 2015, quand 1 mg d'hélium a été chauffé à 1 000 000 °C pendant 0,1 s. Il est situé à l'institut Max Planck de physique des plasmas de Greifswald (DE).

Les plus petites électrodes-aiguilles extracellulaires

Le 25 octobre 2016, des scientifiques de l'université de technologie Toyohashi (JP) ont annoncé avoir créé des électrodes-aiguilles extracellulaires de 5 micromètres – c'est-à-dire 5 millionièmes de mètre – de diamètre. Montées sur des blocs de 1 mm de côté, ces aiguilles en silicone sont suffisamment fines pour être utilisées sur le tissu cérébral. Elles pourraient faire avancer la recherche sur le cerveau et favoriser la création d'une interface cerveau-machine fonctionnelle.

Le photodétecteur le plus fin

Un photodétecteur convertit la lumière en énergie électrique. Le 9 novembre 2016, les scientifiques du Centre de physique des nanostructures intégrées de l'Institut des sciences fondamentales en Corée du Sud ont annoncé avoir créé un photodétecteur de 1,3 nanomètre d'épaisseur (1 nanomètre équivaut à 0,000000001 m, soit 50 000 fois moins qu'un cheveu). Composé de molybdène entre 2 couches de graphène, il peut être utilisé dans les appareils intelligents ou portables.

▲ LA PLUS GRANDE SCULPTURE EN LED

Composée de 23 120 LED, la plus grande sculpture en LED représentait une boule de Noël géante. Elle a été créée par LLC ZodiacElectro (RU), à Moscou (RU), le 12 décembre 2015, pour célébrer les fêtes de fin d'année.

100 %

▶ L'ORDINATEUR PORTABLE 14 POUCES LE PLUS LÉGER DISPONIBLE À LA VENTE

Le LG Gram 14 de LG Electronics (kR) pesait 826 g le 14 décembre 2016, lorsque SGS Testing Services l'a comparé à ses concurrents.

LG Electronics produit aussi l'**ordinateur portable 15 pouces le plus léger disponible à la vente**. D'après les recherches de Frost & Sullivan publiées le 29 juin 2016, il pèse 980 g.

Les plus chers...

L'argent ne fait pas le bonheur, mais il permet visiblement d'acheter bien des choses. Des diamants les plus étincelants aux œuvres d'art, d'une maison ultra-équipée à un sandwich très coûteux, voici quelques-uns des produits les plus chers sur Terre... et au-delà.

0-1 000 $

Ticket de cinéma
17,91 $

À Londres (GB), le prix moyen d'une place de cinéma en 2016 était de 12,19 £ (17,91 $), selon l'enquête annuelle Mercer Cost of Living.

Trajet en taxi
32,10 $

D'après le rapport UBS Prices & Earnings de 2015, un trajet en taxi de 5 km à Oslo, la capitale norvégienne, coûte 32,10 $ en moyenne. Le même trajet à New Delhi (IN) coûte à peine 1,54 $.

Sandwich
214 $

Au 29 octobre 2014, le « Quintessential Grilled Cheese » coûtait 214 $, au Serendipity 3 (New York, US). Il contient du pain de mie au champagne, du beurre à la truffe blanche et du Caciocavallo Podolico, fromage très rare. Il est accompagné d'une bisque de homard et de tomate.

Barre chocolatée (enchères)
687 $

Une barre de chocolat Cadburry centenaire a été vendue 470 £ (687 $) aux enchères, le 25 septembre 2001. Elle a participé à la 1ʳᵉ expédition du capitaine Robert Scott en Antarctique (1901-1904) et est restée emballée dans une boîte à cigarettes.

Post-it (enchères)
940 $

Un Post-it portant l'œuvre *After Rembrandt* au pastel et au fusain de R. B. Kitaj (US) a été vendu 640 £ (940 $), les 13-20 décembre 2000. Plusieurs artistes ont décoré des post-it pour célébrer le 20ᵉ anniversaire de la célèbre feuille.

1 000-500 000 $

Hamburger
5 000 $

Un hamburger de 352,44 kg du menu du Juicys Outlaw Grill de Corvallis (Oregon, US) coûtait 5 000 $, au 2 juillet 2011.

Brique LEGO®
12 500 $

Le 3 décembre 2012, le site de collection Brick Envy (US) a vendu une brique LEGO® en or 14 carats de 25,6 g à un acheteur anonyme pour 12 500 $. Elle constituait un cadeau fait aux collaborateurs LEGO® de longue date, entre 1979 et 1981.

Chien de berger (enchères)
21 592 $

Cap, le border collie de Padraig Doherty (IE), a été acheté à l'âge de 16 mois pour 14 805 £ (21 392 $), aux enchères, à Skipton (North Yorkshire, GB), le 13 mai 2016. Les chiens de berger éduqués sont généralement vendus 2 000 £ (2 890 $).

Tenue de pop-star (enchères) - 300 000 $

En 2008, une combinaison blanche décorée de paons, commandée par Elvis Presley (US), en 1973, et dessinée par Bill Belew, a été achetée 300 000 $ par un investisseur américain sur le site d'enchères gottahaveit.com

Pigeon (enchères)
398 493 $

Le 18 mai 2013, l'éleveur de pigeons Leo Heremans (BE) a vendu son pigeon de course Bolt 310 000 € aux enchères. L'oiseau doit son nom au sprinter Usain Bolt, est détenteur de nombreux records, et aurait été utilisé pour la reproduction.

500 000-100 m $

Le coût total estimé de la construction initiale de la *Station spatiale internationale*, de 1998 à 2011, est de 150 md $.

Gemme (enchères)
71,2 m $

Le Pink Star, diamant ovale de 59,6 carats, s'est vendu 71,2 m $ durant une enchère à Hong Kong, le 4 avril 2017. Trouvé dans une mine africaine en 1999, c'est le plus grand diamant poli de sa catégorie à être vendu aux enchères.

Œuvre d'un artiste en vie (enchères) – 58,4 m $

Le 12 novembre 2013, *Balloon Dog (Orange)* de Jeff Koons (US, né le 21 janvier 1955) a été vendu à New York (US) 58,4 m $. L'acheteur de cette sculpture en acier inoxydable de 3,6 m est resté anonyme.

Film
425 m $

Le budget de production d'*Avatar* (US, 2009) est estimé à 425 m $ selon The Numbers. Durant le tournage de ce film de science-fiction, le réalisateur James Cameron (CA) a utilisé la technique révolutionnaire « Reality Camera System ». Un investissement judicieux puisque, au 5 avril 2017, *Avatar* revendique **le plus haut revenu au box-office**, avec 2,78 milliards $ dans le monde.

Peinture (vente privée)
300 m $

En février 2015, *Nafea Faa Ipoipo* (« Quand te maries-tu ? ») de Paul Gauguin (FR) aurait atteint 300 m $, lors d'une vente privée.

Mariage
55 m $

En 2004, Vanisha Mittal et Amit Bhatia se sont mariés à Versailles (FR) pour 55 m $, réglé par le père de Vanisha, le milliardaire Lakshmi. La réception d'une durée de 6 jours prévoyait, entre autres animations, la présence de Shah Rukh Khan et Kylie Minogue.

Substance
163 m $

En décembre 2015, Designer Carbon Materials (GB) a vendu 200 microgrammes d'endofullerène à base d'atomes de nitrogène 22 000 £ (32 611 $), à Oxford (GB). A ce prix, 1 g coûterait 110 m £ (163 m $). La substance peut être employée dans les horloges atomiques.

Voiture (enchères)
38,1 m $

Une Ferrari 250 GTO Berlinetta de 1962 s'est vendue 38 115 000 $, frais inclus, le 14 août 2014, aux enchères Bonhams Quail Lodge Auction, à Carmel (Californie, US). Huit des voitures les plus chères aux enchères étaient des Ferrari.

Guitare (enchères)
2,7 m $

Une Stratocaster Fender signée par de nombreuses légendes de la musique, dont Eric Clapton, Keith Richards et Brian May (tous GB), s'est vendue 2,7 m $ (1,6 m £) à des enchères de bienfaisance, le 17 novembre 2005.

Sculpture (enchères)
141,28 m $

La sculpture *L'Homme au doigt* d'Alberto Giacometti (CH) a été vendue, le 11 mai 2015, 141 285 000 $. Cette statue en bronze de 1,8 m de haut représente une figure filiforme, caractéristique du style de Giacometti, tendant le bras.

Joueur de football
116,4 m $

Le 9 août 2016, le Manchester United (GB) a acheté le milieu de terrain Paul Pogba à la Juventus (IT) 105 m €. Plus jeune, Paul Pogba avait déjà joué pour l'United avant de partir à Turin en 2012.

100 m–500 m $

Objet fabriqué par l'homme sur Terre – 27 md $

Le barrage hydroélectrique Itaipu sur la rivière Paraná, entre le Brésil et le Paraguay, a coûté 27 md $, en 1984. Composé de 4 barrages, il a une longueur totale de 7 235 m. En 2016, il a généré 103,1 térawatt-heures d'énergie.

Navire de guerre
13 md $

Le porte-avions USS Gerald R. Ford, dont la mise en service est prévue en 2017, a coûté environ 13 md $. Il peut lancer jusqu'à 220 frappes aériennes par jour de ses 2 pistes et à 500 membres d'équipage de moins qu'une classe Nimitz, soit une économie de 4 md $ tout au long de sa vie.

Maison construite
2 md $

Antilia, complété en 2010 pour un coût estimé à 2 md $, est un gratte-ciel personnel de 27 étages et le domicile de l'homme d'affaires Mukesh Ambani (IN), à Bombay (IN). La surface totale disponible est de 37 000 m², avec 3 héliports, un spa et un théâtre.

Avion
1,3 md $

Le B-2 Spirit américain a coûté plus de 1,3 md $ par unité. Avec ses revêtements spéciaux et la forme de ses ailes, ce bombardier multirôle longue portée est presque invisible au radar.

> 500 m $

Transports

En 1900, environ un tiers des véhicules routiers étaient électriques.
New York possédait notamment une série de plus de 60 taxis électriques.

Conçue par Jim Mariol, ancien ingénieur chez Chrysler, la voiturette Cozy Coupe est apparue en 1979. En 1991, elle était la voiture la plus vendue aux États-Unis, avec 500 000 unités, surpassant la vente de « vraies » voitures.

◀ LA PLUS GRANDE COZY COUPE

Les frères John et Geof Bitmead (tous 2 GB) ont créé une Cozy Coupe de 2,7 m de long, mesurée chez Attitude Autos, à Ambrosden (Oxfordshire, GB), le 14 août 2016. Le véhicule, une version agrandie de l'emblématique jouet pour enfants fabriqué par Little Tikes, est basé sur la Daewoo Matiz (très modifiée) et possède un moteur. Ici, on voit Geof au volant de sa voiture à record, tandis que sa petite-fille, Lili, occupe sa Cozy Coupe version jouet.

Trains et chemins de fer

Les chiens errants ont appris à se servir du métro de Moscou et utilisent les trains pour se déplacer dans la capitale russe.

▼ LE PLUS GRAND RÉSEAU FERROVIAIRE À GRANDE VITESSE

En janvier 2017, la Chine comptait plus de 20 000 km de lignes ferroviaires à grande vitesse – plus que tous les réseaux ferroviaires à grande vitesse du monde réunis. Il est déjà prévu d'ajouter 15 000 km de lignes d'ici 2025. Les trains parcourant ces lignes se déplacent à une vitesse moyenne de 200 km/h.

▲ LA GARE FERROVIAIRE LA PLUS FRÉQUENTÉE

La gare Shinjuku à Tokyo (JP) est la gare la plus fréquentée du monde. En moyenne, 3,64 millions de passagers y passent chaque jour. Cette gare dessert la banlieue ouest de la ville à travers un réseau interurbain de trains de banlieue et de métro. La gare, ouverte en 1885, a été rénovée en 1933.

▲ LE CHEMIN DE FER LE PLUS INCLINÉ

Le Katoomba Scenic Railway dans les montagnes Bleues (Nouvelle-Galles du Sud, AU) est incliné à 52°. Le funiculaire de 310 m de long a été construit pour le travail minier en 1878 mais a été converti en transport touristique en 1945. Il se déplace à une vitesse de 4 m/s et peut transporter jusqu'à 84 passagers.

◄ LE PLUS LONG RÉSEAU DE MÉTRO AUTOMATISÉ

Le métro de Dubaï compte 2 lignes, avec une longueur totale de 74,694 km. Il a été construit par la Roads and Transport Authority à Dubaï (AE), et inauguré le 9 septembre 2011. **La plus longue ligne de métro automatisée** est la ligne rouge du métro de Dubaï, qui s'étend sur 52,1 km.

▲ LE 1ER CHEMIN DE FER À CRÉMAILLÈRE

Le chemin de fer du mont Washington, à Bretton Woods, dans le comté de Coös (New Hampshire, US), a été construit par Sylvester Marsh (US) et ouvert le 3 juillet 1869. Surnommée la « Cog », cette ligne est encore opérationnelle aujourd'hui, transportant les passagers de la gare de Marshfield sur 4,8 km jusqu'au sommet du mont Washington.

LES PLUS RAPIDES...

Le GWR vous présente une sélection des trains les plus rapides de l'histoire. La 1ʳᵉ concurrente – la *Mallard* – a atteint une vitesse remarquable pour une locomotive à vapeur, mais elle était 50 fois plus lente que le dernier concurrent !

Locomotive à vapeur
Le 3 juillet 1938, la Nº 4468 *Mallard* de classe A 4 a atteint 201 km/h, à Stoke Bank, près d'Essendine (Rutland, GB). Elle a en réalité atteint 202,7 km/h, mais n'a pas maintenu cette vitesse sur la distance exigée.

Train propulsé par hélice
Le *Schienenzeppelin* (« Zeppelin sur rails ») a atteint 230 km/h lors d'un trajet d'essai entre Hambourg et Berlin (DE), le 21 juin 1931.

Train diesel
Un train à grande vitesse de la British Rail de classe 43 a atteint 238 km/h, le 1ᵉʳ novembre 1987, voyageant entre Darlington et York (GB).

LA PLUS LONGUE LIGNE FERROVIAIRE GÉRÉE PAR DES ENFANTS

Cette ligne à voie étroite de 11,7 km traverse la forêt du côté Buda de Budapest (HU), entre les gares de Hűvösvölgy et Széchenyihegy. Géré par des enfants de 10 à 14 ans, sous la surveillance d'adultes, ce train s'arrête dans 7 gares et effectue un trajet aller de 50 min. Cette ligne n'a pas cessé de fonctionner depuis que les 1ᵉʳˢ 3,2 km de rails ont été inaugurés le 31 juillet 1948.

La plus grande vitesse maintenue par un train (1 000 km)

Le 26 mai 2001, un TGV français de la SNCF a enregistré une vitesse moyenne de 306,37 km/h sur 1 000 km, entre Calais et Marseille. Le train a parcouru 1 067 km en 3 h et 29 min, avec une vitesse maximale de 366 km/h.

La plus grande gare ferroviaire (quais)

Construite entre 1903 et 1913, Grand Central Terminal, entre Park Avenue et la 42ᵉ Rue, à New York (US), compte 44 quais. Ils occupent 2 niveaux souterrains, avec 41 voies ferrées au niveau supérieur et 26 au niveau inférieur.

La plus haute ligne ferroviaire

La majorité de la ligne ferroviaire de 1 956 km de Qinghai–Tibet (CN) se trouve à 4 000 m au-dessus du niveau de la mer. Son point culminant, à 5 072 m, fait plus de 2 fois la hauteur de l'Everest. Les voitures sont pressurisées et des masques à oxygène sont disponibles. Terminée en octobre 2005, la ligne possède aussi le **plus haut tunnel ferroviaire**. Construit entre 2001 et 2003, le tunnel du mont Fenghuo se trouve à 4 905 m d'altitude. La ligne passe sur les montagnes de Qinghai–Tibet.

La **plus haute gare ferroviaire** est la gare Tanggula au Tibet (sans employés) sur la ligne Qingzang, à 5 068 m au-dessus du niveau de la mer. Son quai mesure 1,25 km de long.

Le plus haut pont ferroviaire

La passerelle du pont Najiehe, à Liuchangxiang (CN), se trouve à 310 m au-dessus du niveau du fleuve Wujiang. Le pont à treillis s'étend sur 352 m.

Le plus vieux club de modélisme ferroviaire

Basé près de King's Cross à Londres (GB), le Model Railway Club a tenu sa réunion inaugurale le 3 décembre 1910. Les membres se retrouvent encore chaque semaine.

▼ LA GARE FERROVIAIRE LA PLUS AU NORD

La gare de Karskaya est située dans le cercle Arctique, dans la péninsule russe de Yamal, une région riche en gaz naturel et en pétrole. Il s'agit du terminus de la ligne à voie large (1 520 mm) de 572 km de long de la jonction d'Obskaya via Bovanenkovo. Cette ligne, bâtie par un constructeur privé, est détenue et gérée par Gazprom. Elle a été ouverte jusqu'à Karskaya en février 2011.

▲ LA LIGNE FERROVIAIRE ENCORE FONCTIONNELLE LA PLUS AU SUD

La Southern Fuegian Railway, ou El Tren del Fin del Mundo (« Le train du bout du monde »), en Terre de Feu (AR), a été construite en 1902 pour desservir une prison. Aujourd'hui, des trains touristiques parcourent 7 km de cette ligne, de la gare « Fin del Mundo » à la gare « El Parque Nacional », dans le parc national de la Terre de Feu.

▲ LA 1RE LIGNE FERROVIAIRE ÉLECTRIQUE PUBLIQUE ENCORE FONCTIONNELLE

La ligne ferroviaire Volk's Electric, qui longe environ 1,62 km du bord de mer à Brighton (GB), a ouvert le 4 août 1883. Elle a été conçue par Magnus Volk (GB).
La **1re ligne ferroviaire électrique publique** a ouvert le 16 mai 1881, à Lichterfelde près de Berlin (DE). Elle mesurait 2,5 km de long, fonctionnait sur un courant de 180 V et transportait 26 passagers à 48 km/h.

▲ LE TRAIN LE PLUS RAPIDE DANS UN RÉSEAU FERROVIAIRE NATIONAL

Une version modifiée d'un TGV français de la SNCF appelée «V150» (avec des roues plus grandes et 2 moteurs propulsant 3 voitures à 2 étages) a atteint 574,8 km/h, le 3 avril 2007. La vitesse maximale a été atteinte près du village Le Chemin, entre les gares TGV de la Meuse et de Champagne-Ardenne. Il s'agit de la plus grande vitesse enregistrée par un train sur un réseau national (hors rames d'essai).

Vitesse « intérieure » par un train
Le 9 février 2009, une vitesse de 362 km/h a été atteinte par un train ETR 500 Y1, dans le tunnel de Monte Bibele, entre Bologne et Florence (IT).

Train dans un réseau ferroviaire national
Le TGV POS rame 4402 de la SNCF a atteint 574,8 km/h, le 3 avril 2007 (voir ci-dessus).

Vitesse par un train maglev
Un train série L0 (A07) appartenant à la Central Japan Railway Company a atteint 603 km/h, sur une rame d'essai, à Yamanashi (JP), le 21 avril 2015.

Véhicule sur rails
Un système de propulsion par roquette à 4 étapes a fait accélérer une charge de 87 kg à 10 385 km/h, en 6,031 s, à la base d'essai grande vitesse d'Holloman (Nouveau-Mexique, US), le 30 avril 2003.

Q : Quand la production de locomotives à vapeur a-t-elle cessé en Chine ?

R : En 1988

LES 1ERS …

Locomotive à vapeur à rouler sur rails

La 1re locomotive à vapeur à rouler sur rails a été construite par l'ingénieur Richard Trevithick (GB), à Penydarren Iron Works (Merthyr Tydfil, GB). Elle a effectué son 1er voyage le 21 février 1804.

Réseau ferroviaire souterrain

La 1re section du métro de Londres (GB) a été ouverte le 9 janvier 1863. La portion initiale de la Metropolitan line s'étendait sur 6 km entre Paddington et Farringdon Street. Cette ligne a été construite grâce à la méthode de la « tranchée couverte », en creusant les rues le long de la ligne, en étalant les rails dans une tranchée et en la recouvrant d'un tunnel en briques et d'une nouvelle route.

Autorail électrique à combustion interne

En 1903, le North Eastern Railway a construit un autorail électrique propulsé par un moteur à combustion interne à York (GB). Portant le numéro 3170, ce fut le 1er de 2 véhicules similaires. L'autorail devait fonctionner grâce à des moteurs électriques plutôt que des moteurs à vapeur, moins efficaces. Pour activer le moteur, l'énergie électrique nécessaire était générée à bord du véhicule par un moteur à combustion à essence. Les 2 autorails étaient en fonction jusqu'en 1931, année où ils ont été retirés de la circulation – l'un a été envoyé à la casse, et la voiture du 3170 a été recyclée en maison de vacances. Sauvée en 2006, elle a fait l'objet d'un programme de rénovation complet, incluant la construction d'un nouveau châssis inférieur.

Wagons réservés aux femmes (heure de pointe)
Les wagons de train réservés aux femmes étaient présents depuis plusieurs années au Japon, mais c'est en juillet 2002 que la West Japan Railway Company (JR West), basée à Osaka (JP), a introduit de tels wagons à l'heure de pointe.

Liaison sous-marine reliant 2 continents
Le 29 octobre 2013, le tunnel Marmaray a été ouvert entre l'Europe et l'Asie à travers le détroit du Bosphore (TR). Ce tunnel ferroviaire de 12,8 km a été conçu afin de transporter les passagers entre les côtés asiatique et européen d'Istanbul, dans le cadre du projet « Marmaray » qui visait à reconstruire et améliorer le transport dans cette ville culturelle majeure. La portion sous-marine a été construite à partir de 11 sections de béton moulé, mesurant chacune 135 m. Chaque section a été installée à 58 m de profondeur sur le plancher sous-marin, puis elles ont été reliées, scellées, recouvertes de terre et asséchées – formant un tunnel sous-marin de 1,4 km.

Transports urbains

Plus de la moitié – environ 55 % – du réseau métropolitain londonien est en fait aérien.

Des ascenseurs étaient utilisés au Colisée à Rome pour transporter les animaux jusqu'à l'arène. Ils étaient soulevés et baissés à la main par plus de 200 esclaves.

Le 1er escalier mécanique

L'inventeur Jesse W. Reno (US) a créé un escalier mécanique en guise d'attraction sur la jetée Old Iron de Coney Island, à New York (US), en septembre 1895. « L'ascenseur incliné » de Reno mesurait 2,1 m de long avec une inclinaison de 25°. Les usagers s'asseyaient à cheval sur des lattes en fonte, sur une marche qui se déplaçait à 22,8 m par minute. Environ 75 000 visiteurs l'ont utilisé durant les 15 jours de son installation.

Le 1er escalier mécanique en spirale entièrement fonctionnel a été installé par l'entreprise Mitsubishi Electric, à l'occasion d'un salon à Osaka (JP), en 1985. Il était beaucoup plus complexe et coûteux qu'un escalier mécanique classique, avec de multiples centres de rotation et galets de guidage.

Le plus d'escaliers mécaniques dans un réseau de métro

Le réseau de métro de Washington DC (US) compte 618 escaliers mécaniques. Ils sont entretenus par le service interne d'escaliers le plus coûteux d'Amérique du Nord, avec 90 techniciens.

Le plus long tapis roulant (de tous les temps)

Le 1er tapis roulant était aussi le plus long de tous les temps. Il est apparu à l'Exposition internationale de 1893, à Chicago (Illinois, US). Réalisé par la Columbian Movable Sidewalk Company, ce tapis servait aux visiteurs qui arrivaient par bateau à vapeur. Il longeait une jetée sur 1 km de long et menait à l'entrée de l'exposition. Il transportait jusqu'à 31 680 personnes par heure. Les passagers pouvaient rester debout tout en avançant à 3,2 km/h, ou s'asseoir sur des bancs se déplaçant à 6,4 km/h. Il a été détruit par le feu en 1894.

Le plus long tapis roulant (actuel) mesure 207 m de long. Il est situé sous le parc et les jardins de The Domain, à Sydney (AU). Ouvert officiellement le 9 juin 1961 et bâti par la Sydney Botanic Gardens Trust comme innovation futuriste, il a été reconstruit en 1994. Le tapis est légèrement incliné et se déplace à 2,4 km/h, prenant un peu plus de 5 min à faire un aller.

Le plus grand ascenseur dans un immeuble de bureaux (capacité)

Construit par Mitsubishi en 2009, l'ascenseur de l'immeuble Umeda Hankyu à Osaka (JP) peut transporter jusqu'à 80 passagers, ou un poids de 5,25 t. Chaque cabine mesure 3,4 m de large, 2,8 m de long et 2,59 m de haut.

▲ **L'ASCENSEUR LE PLUS RAPIDE**
Conçu par Mitsubishi Electric (JP), l'ascenseur rapide NexWay se déplace à 73,8 km/h, le rendant presque aussi rapide qu'une gazelle. Le NexWay a été installé le 7 juillet 2016, dans l'unité OB-3 de la tour Shanghai (CN), qui mesure 632 m de haut.

Entre 2001 et 2010, la Metropolitan Transportation Authority de New York a largué 2 500 rames de métro dans l'Atlantique. Ces récifs créés par l'homme grouillent désormais de vie marine.

La plus haute cage d'ascenseur dans un immeuble

Montant à 578,5 m de haut, l'ascenseur rapide NexWay dans les unités FR/FLI 1 et 2 de la tour Shanghai (voir à gauche) monte encore plus haut que l'ascenseur de la Burj Khalifa – la **plus grande tour du monde**, à Dubaï (AE).

L'ascenseur de la mine d'or d'AngloGold Ashanti à Mponeng (province de Gauteng, ZA) descend à 2 283 m en 3 min, en faisant la **plus haute cage d'ascenseur**. Un autre ascenseur transporte les mineurs encore plus loin, à 3 597 m de profondeur. Chaque jour, 4 000 ouvriers sont transportés dans la mine dans des cages en métal à 3 niveaux, à 64,3 km/h.

Le plus grand marché de covoiturage

Les innovations en matière de technologie mobile ont entraîné une croissance du covoiturage. En octobre 2014, l'Europe était le marché de covoiturage le plus important, représentant 46 % des abonnements (ou 2 206 884 usagers) et 56 % de la flotte automobile mondiale.

La plus grande utilisation de transports en commun dans une ville

Hong Kong est une des villes les plus densément peuplées, atteignant 57 120 habitants/km^2 (plus de 2 fois plus que Manhattan et ses 26 000 habitants/km^2). Un système de transports efficace permet aux usagers de s'y déplacer. 80% des trajets sont faits en transports en commun, avec 11,3 millions de passagers chaque jour.

La plus grande « répartition modale » de vélos

Le terme « répartition modale » fait référence au pourcentage de voyageurs utilisant un type de transport précis. La moitié des déplacements à Groningue (NL) se fait à vélo, jusqu'à 60 % dans le centre. Groningue est surnommée la « ville mondiale du vélo ». Dans les années 1970, des urbanistes ont encouragé les déplacements sans voiture en limitant la mobilité des véhicules.

En termes de promotion de l'usage du vélo à travers le développement d'une infrastructure ciblée, la **meilleure ville cyclable** est Copenhague (DK). La capitale danoise a fait des investissements majeurs en matière d'infrastructure (nouveaux ponts et rampes cyclables), augmentant le nombre de cyclistes de 70 % depuis 1990, tandis que les déplacements en voiture dans le centre-ville ont diminué de 25 %. L'index Copenhagenize 2015 a analysé les données cyclistes de 122 villes pour arriver à ces conclusions.

Le trajet de taxi le plus cher

D'après le rapport de 2015 d'UBS Prices & Earnings, Oslo (NO) connaît les trajets de taxi les plus onéreux. Un déplacement de 5 km coûte en moyenne 32,10 $. La même distance en taxi à New Delhi (IN) coûterait 1,54 $, soit 1/20e du prix.

La musique d'ascenseur a été introduite dans les années 1920 pour calmer les passagers nerveux qui montaient dans un ascenseur pour la 1re fois.

Des miroirs ont été ajoutés dans les ascenseurs pour distraire les occupants et donner l'illusion d'un espace plus grand.

Appuyer sur le bouton « fermer » aide rarement à fermer les portes – ce bouton a été ajouté pour donner l'impression aux passagers de contrôler la situation.

L'entreprise d'ascenseurs OTIS transporte l'équivalent de la population mondiale tous les 5 jours.

D'après les statistiques, l'ascenseur est l'une des formes de transport les plus sûres. Il est moins dangereux de prendre l'ascenseur que l'escalier.

LES 10 PLUS LONGS RÉSEAUX ROUTIERS			
Pays	Distance (km)	Pour 1 000 personnes	Distance (km)
1 États-Unis	6 586 610	Îles Pitcairn	139,13
2 Inde	4 699 024	Sahara occidental	22,71
3 Chine	4 106 387	Chypre	17,8
4 Brésil	1 580 964	Saint-Pierre-et-Miquelon	16,26
5 Russie	1 283 387	Union européenne	10,14
6 Japon	1 218 772	Wallis-et-Futuna	7,49
7 Canada	1 042 300	Liechtenstein	7,19
8 France	1 028 446	Saint-Christophe-et-Niévès	6,67
9 Australie	823 217	Jersey	6,35
10 Afrique du Sud	747 014	Samoa américaines	6,0

Source : CIA World Factbook

▲ LE PASSAGE PIÉTON LE PLUS FRÉQUENTÉ

Avec environ 1 million de piétons qui le foulent chaque jour, le Shibuya Crossing – situé devant la station de métro Shibuya à Tokyo (JP) – est le passage piéton le plus fréquenté. Cinq rues convergent sur cette intersection, et environ 100 000 personnes l'empruntent chaque heure en période de pointe. En 30 min, suffisamment de monde le traverserait pour remplir le Yankee Stadium de New York (US).

▲ LE PLUS LONG TRAJET DOMICILE-TRAVAIL

Après avoir évalué 50 millions d'usagers et 167 zones métropolitaines, une étude de 2015 menée par l'application Waze (Google) a révélé que les usagers de Manille (PH) faisaient face à des trajets (aller simple) de 45,5 min. Même les étendues urbaines à forte densité automobile comme Los Angeles et New York étaient moins encombrées : la durée de trajet moyenne dans ces 2 villes américaines revenait à 35,9 min et 38,7 min.

▲ LE PLUS GRAND RÉSEAU DE TÉLÉPHÉRIQUE PUBLIC

Le système Mi Teleférico de La Paz (BO) compte 10 km de câbles aériens sur 3 lignes. En raison du terrain accidenté et montagneux de la ville, les réseaux de transport traditionnels comme le métro et autres transports légers sur rail ne sont pas exploitables. Les téléphériques transportent plus de 60 000 passagers par jour, leur faisant gagner 652 millions de minutes en 2015 et évitant la libération de 7 257 t d'émissions par an.

▲ LE PLUS GRAND RÉSEAU DE PASSERELLES PIÉTONNIÈRES

La rudesse des hivers et la nécessité d'améliorer l'accès au centre-ville de Minneapolis (Minnesota, US) ont mené à la conception d'une série de passerelles aériennes piétonnières dans la ville. Connu sous le nom de « Minneapolis Skyway System », ce réseau de 13 km de passerelles climatisées relie 69 pâtés de maison. Environ 260 000 usagers l'empruntent chaque jour.

◀ LE PLUS GRAND PROGRAMME DE PARTAGE DE VÉLO

Le programme de partage de vélo d'Hangzhou (CN) est le plus grand au monde. Inauguré en 2008 avec 2 800 vélos et 60 stations, il s'est depuis fortement agrandi. En septembre 2016, il comptabilisait 84 100 vélos et 3 572 stations. La Chine possède 9 des 10 plus grands réseaux de partage de vélos au monde.

▼ LE 1ER SERVICE DE TAXI SANS CHAUFFEUR

Le 25 août 2016, des taxis sans chauffeur sont entrés en service avec 6 véhicules. Les habitants de Singapour peuvent appeler ces « robots taxis » et voyager dans un rayon de 6,5 km^2 appelé « one-north ». Selon l'entreprise d'informatique derrière ce service, nuTonomy (SG), les taxis sans chauffeur pourraient réduire le nombre de voitures à Singapour de 900 000 à 300 000. Les taxis sont équipés de caméras (à droite) qui lisent les feux de signalisation.

▲ LE RÉSEAU ROUTIER LE PLUS FRÉQUENTÉ (PAYS)

D'après les chiffres publiés dans *The Economist* en 2014, le Japon comptabilisait 628,4 véhicules par kilomètre de route. Les Émirats arabes unis arrivaient en 2e position, avec 479 véhicules par km. Les pays asiatiques et du Moyen-Orient dominaient le classement, avec 9 des 10 réseaux routiers les plus fréquentés.

Voitures personnalisées

Les voitures invisibles ne sont pas réservées à l'univers de James Bond. En 2009, Sara Watson (GB), étudiante aux Beaux-Arts, a peint à la bombe une vieille Skoda afin que la voiture se fonde dans le parking sur lequel elle était garée.

Le camping-car le plus bas

Du 18 au 22 août 2008, au festival Bug Jam 22, à Podington (Bedfordshire, GB), le designer Andy Saunders et l'ingénieur Jim Chalmers (tous 2 GB) ont converti un camping-car T25 Volkswagen de 1980 mesurant 2,34 m de haut en une version basse de 0,99 m de haut. Le véhicule final, surnommé *Van Cake*, est en état de rouler et peut atteindre 128,75 km/h.

La voiture la plus poilue

Maria Lucia Mugno et Valentino Stassano (tous 2 IT) ont passé plus de 150 h à coudre des poils humains à l'intérieur et à l'extérieur de la Fiat 500 de Maria. Pesée sur un pont-bascule public, à Padula Scalo (Salerne, IT) le 15 mars 2014, la Fiat était couverte de 120 kg de poils humains.

La voiture fonctionnelle la plus basse

Mirai mesure 45,2 cm du sol jusqu'à sa partie la plus haute. Elle a été dévoilée le 15 novembre 2010 par les étudiants et les enseignants du cours d'ingénierie automobile du lycée Okayama Sanyo, à Asakuchi (JP). Ils ont battu le record de 48,26 cm détenu jusque-là par la *Flatmobile*, une voiture créée par Perry Watkins (GB) en 2008.

La plus petite voiture en état de rouler

Créée par Austin Coulson (US) et mesurée à Carrollton (Texas, US) le 7 septembre 2012, la plus petite voiture en état de rouler mesure 63,5 cm de haut, 65,4 cm de large et 126,3 cm de long. Le véhicule est autorisé à rouler à une vitesse maximale de 40 km/h. Il est souvent utilisé à l'occasion de défilés d'anciens combattants.

LES PLUS RAPIDES...

Bûche motorisée

Le 20 janvier 2016, Bryan Reid Sr (CA) a piloté *Cedar Rocket* à 76,66 km/h, sur le plateau de l'émission *Les Constructeurs de l'extrême* de la chaîne HGTV (CA), au complexe de sports motorisés Wild Horse Pass, à Chandler (Arizona, US). Bryan a associé une Mazda RX-8 à une bûche de cèdre rouge de Colombie-Britannique (CA).

Q : De quelle pièce le cutout, le lake et le zoomy sont-ils des versions personnalisées ?

R : Le pot d'échappement

Chariot motorisé

Matt McKeown (GB) a atteint 113,29 km/h dans un chariot de supermarché, le 18 août 2013, à l'aérodrome d'Elvington (Yorkshire du Nord, GB). Il a équipé son chariot d'un démarreur d'hélicoptère Chinook modifié et du moteur d'une Honda 250 cc.

Lit

Créée par Hotels.com et conduite par le pilote de course professionnel Tom Onslow-Cole (GB), une Ford Mustang GT combinée à un lit double motorisé a atteint 135 km/h, au complexe de sports motorisés Emirates, à Umm al-Quwain (AE), le 13 décembre 2016. Il a battu le précédent record de 111 km/h, remporté par Edd China (GB, voir ci-dessous), le 7 novembre 2008.

Camionnette de *Pierre Martin le facteur (Postman Pat)*

Les passionnés de course automobile Tom Armitage et David Taylor (tous 2 GB) ont acheté une camionnette basée sur la série télévisée pour enfants et l'ont modifiée avec un empattement de voiture de course, des pneus lisses et un moteur à 4 temps de 500 cc. Le 30 août 2012, cette camionnette transformée a effectué une course de dragsters sur un quart de mile, au circuit York (Yorkshire de l'Est, GB), en 17,419 s, avec une vitesse finale de 135,6 km/h.

Camionnette de laitier

Le 25 juin 2014, une camionnette de laitier créée par les boissons Weetabix On the Go et conduite par Rob Gill (tous 2 GB) a atteint 136,081 km/h, à Bruntingthorpe (Leicestershire, GB).

Bureau

L'ancien présentateur et mécanicien de l'émission *Wheeler Dealers* sur Discovery Channel, Edd China (GB), est le roi de la customisation. Le 9 novembre 2006, China a conçu un bureau capable de rouler et l'a conduit à 140 km/h, sur le pont de Westminster à Londres (GB). L'exploit a eu lieu à l'occasion de la journée du GWR.
China est aussi le créateur de la **cabane de jardin la plus rapide**. Sa création, *Gone to Speed,* qui a atteint 94 km/h, a été présentée sur le plateau de *Lo Show dei Record* à Milan (IT), le 1er avril 2011.

▲ **LE LOT DE PNEUS DE VOITURE LE PLUS CHER**
Le 10 mai 2016, un lot de 4 pneus a été vendu à un acheteur privé par le bureau de ZTyre. com, à Dubaï, pour 599 350 $. Conçus par Harjeev Kandhari, le PDG de Zenises, ces pneus Z1 à haute performance ont été agrémentés de diamants et d'un revêtement en or blanc imprimé en 3D par Joaillier Privé. Les pneus ont ensuite été décorés à la feuille d'or.

La *Cadillac One* du président Trump a été livrée le 30 mars 2017. Les détails de la voiture sont classés secrets, mais les portières blindées seraient si lourdes qu'elles ne pourraient être ouvertes que de l'extérieur.

◄ **LES PORTIÈRES LES PLUS LOURDES D'UNE VOITURE PERSONNALISÉE**
La limousine présidentielle américaine *Cadillac One*, au « The Beast », est équipée de portières de 20,32 cm d'épaisseur, aussi lourdes qu'une porte de cabine d'un Boeing 757. Utilisées pour la 1re fois le 20 janvier 2009, elles n'ont pas de serrure et s'ouvrent avec un mécanisme tenu secret, connu des seuls services secrets américains. La voiture possède des grenades autopropulsées, un réservoir d'oxygène, un système de vision nocturne, des fusils à pompe et des flacons de sang du groupe sanguin du président. L'intérieur, scellé à 100 %, protège ses occupants d'une attaque chimique.

LE PLUS DE GENS ENTASSÉS DANS...

Fiat 500

14

Smart

20

Citroën 2CV
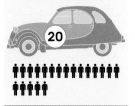
20

VW Beetle – classique

20

VW Beetle – nouvelle

25

Mini – classique

27

Mini – nouvelle
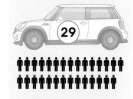
29

Combi Volkswagen
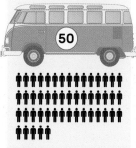
50

▲ LA PLUS VIEILLE VOITURE SAUCISSE

Les Wienermobiles font référence à la marque agroalimentaire Oscar Mayer (US). Le 1er modèle a été construit en 1952 par l'entreprise Gerstenslager (US), qui a accroché un hot-dog de 6,7 m de long au châssis d'un véhicule Dodge. Une des 1res Wienermobiles est visible au musée Henry Ford, à Dearborn (Michigan, US).

▲ LA PLUS PRÉCIEUSE VOITURE PLAQUÉE OR

La collection de voitures du sultan de Brunei compte plus de 500 Rolls-Royce et Bentley. Pour son cortège nuptial, le sultan était à bord d'une limousine Rolls-Royce Silver Spur personnalisée plaquée or 24 carats. Elle possédait un auvent arrière en tissu, des blasons en or et des pare-chocs imitation chêne. Sa valeur était estimée à 14 000 000 $. La voiture est montrée ici au mariage d'une de ses filles.

▶ LA PLUS LONGUE VOITURE BANANE

La Big Banana Car a été construite par Steve Braithwaite (GB) en 2009-2011. Cette « banane » mesure 6,97 m de long et 3,09 m de haut. Elle a été construite sur le châssis d'une voiture à l'aide de barres en acier renforcé, de grillage et de polyuréthane sculpté, puis recouverte de fibre de verre et peinte. La voiture banane peut atteindre 136,79 km/h.

La Big Banana Car a traversé les États-Unis, de Providence (Rhode Island) à Miami (Floride).

▲ LA BAIGNOIRE LA PLUS RAPIDE

Entre septembre 2014 et avril 2015, Hannes Roth (CH) a dédié plus de 300 h à la création d'une baignoire roulante. Il a attaché une baignoire au châssis d'un kart et inséré un moteur Yamaha R6 120 hp à l'intérieur. Au Dynamic Test Center de Vauffelin (CH), Roth a atteint une vitesse moyenne de 186,82 km/h lors de ses 2 courses les plus rapides, et une vitesse maximale de 189,9 km/h.

◀ L'AUTO-TAMPONNEUSE LA PLUS RAPIDE

Colin Furze (GB) a restauré et modifié une vieille auto-tamponneuse – ou dodgem – qui a atteint 161,476 km/h. Ce véhicule des années 1960 a été équipé d'un moteur de moto Honda 600 cc et conduit par The Stig de l'émission Top Gear (BBC), à l'aérodrome de Bentwaters (Suffolk, GB), le 23 mars 2017. La vitesse moyenne d'une auto-tamponneuse classique est de 8 km/h.

▲ LE JACUZZI MOTORISÉ LE PLUS RAPIDE

Le 10 août 2014, Phillip Weicker et Duncan Forster (tous 2 CA) ont piloté leur création, Carpool DeVille, à une vitesse moyenne de 84,14 km/h sur 2 de leurs meilleures courses, atteignant une vitesse maximale de 88,19 km/h, à Wendover (Utah, US). Ils ont utilisé une Cadillac DeVille 1969 et remplacé l'intérieur de la voiture par un réservoir en fibre de verre. Un échangeur de chaleur avec liquide de refroidissement a réchauffé l'eau du jacuzzi à 38,88 °C en plus ou moins 35 min.

▼ LA PLUS LONGUE SUPERVOITURE ALLONGÉE

Conçue et commandée par Dan Cawley, créée et fabriquée par Chris Wright (tous 2 GB), cette supervoiture de 7 m a été fabriquée en coupant en deux une Ferrari 360 Modena et en ajoutant une partie centrale de 2,89 m, augmentant sa capacité à 8 passagers. Sa vitesse maximale était de 267 km/h, atteignant 96 km/h en moins de 6 s.

Monster trucks

Ces énormes monstres mécaniques pèsent environ 4 535 kg. Ils mesurent 3,6 m de large et de haut et 6 m de long.

LE PLUS GRAND...

Chariot élévateur :
FLT 90–2400

Kalmar LMV (SE) a fabriqué 3 chariots élévateurs géants, pesant chacun 116 500 kg, mesurant 16,6 m de long – fourches incluses – et 4,85 m de large.

Le 1er monster truck

Bigfoot 1, pick-up Ford F-250 modifié et monté sur pneus de 1,21 m de haut, a été construit par Bob Chandler à Saint-Louis (Missouri, US), au milieu des années 1970. Sa 1re apparition publique a eu lieu en 1979, introduisant le concept du « monster truck ».

Le 1er backflip en monster truck dans une compétition à points

Cam McQueen (CA) a effectué un backflip au Monster Jam de Jacksonville (Floride, US), le 27 février 2010. Monster Jam est un événement de sport motorisé télévisé diffusé de janvier à mars. Il est sanctionné par la United States Hot Rod Association. La finale mondiale du Monster Jam a lieu chaque année à Las Vegas (Nevada, US). Les vainqueurs sont couronnés dans les disciplines « Course » et « Freestyle » chaque année depuis l'an 2000.

La vitesse la plus rapide pour un monster truck

À bord du *Raminator*, sponsorisé par Ram Truck, Mark Hall (US) a atteint 159,49 km/h – environ 1,5 fois la vitesse maximale d'un guépard, **le mammifère terrestre le plus rapide** –, le 15 décembre 2014. Cet exploit a eu lieu au circuit des Amériques, à Austin (Texas, US).

Le quart de mile le plus rapide en monster truck

Le 17 mars 2012, Randy Moore (Tennessee, US) a parcouru un quart de mile (402 m) en 13,175 s départ arrêté, à bord de *War Wizard*. Il a atteint la vitesse maximale de 155,8 km/h. Ce record a eu lieu au zMAX Dragway, à Charlotte (Caroline du Nord, US).

Le plus long délai entre 2 victoires Freestyle au Monster Jam World Finals

En 2003, Jim Koehler (US) a remporté le titre Freestyle du Monster Jam World Finals à bord d'*Avenger*. Huit ans plus tard, en 2011, il a réédité l'exploit. La prouesse de Koehler a été égalée par Adam Anderson (US, né le 5 décembre 1985), à bord de *Taz* en 2008 et *Grave Digger* en 2016. La victoire d'Anderson en 2008 a aussi fait de lui **le plus jeune conducteur à remporter le Monster Jam World Finals**, à 22 ans.

Le plus long saut sur rampe en monster truck

Joe Sylvester (US) a parcouru 72,42 m en sautant à bord de *Bad Habit*, monster truck de 4 535 kg, à Columbus (Pennsylvanie, US), le 1er septembre 2013. Quand Sylvester a décollé, il a atteint 136,7 km/h. « Le risque est très élevé à bord d'un monster truck, a-t-il admis après son exploit. Si tu as un accident à cette vitesse et cette hauteur, le résultat est catastrophique. »

Le plus long saut sur rampe en monster truck en marche arrière

Piloté par Michael Vaters d'Hagerstown (Maryland, US), *Black Stallion* a fait un saut de 21,3 m – la longueur de 2 bus à impériale londoniens – en marche arrière, à Indianapolis (Indiana, US), en 2002.

Le plus de monster trucks sautés en monster truck

Tom Meents (US) a sauté par-dessus 6 monster trucks du Monster Jam, à bord de *Maximum Destruction,* au MetLife Stadium, à East Rutherford (New Jersey, US), le 23 avril 2016.

Le plus de canettes écrasées par un véhicule en 3 min

Ian Batey (GB) a écrasé 61 106 canettes à bord d'un monster truck de 9 071 kg, pour Burn Energy Drink (AE), en 3 min, sur la Jumeirah Beach Residence, à Dubaï (AE), le 6 mars 2010.

LE PLUS DE VICTOIRES...

Monster Jam World Finals

Tom Meents (US), qui conduit actuellement *Maximum Destruction*, a remporté 11 Monster Jam World Finals (en catégorie Course et Freestyle) depuis que les victoires sont enregistrées (1999).

Championnat national de Monster truck

Fin 2016, Mark Hall (US) avait remporté 25 compétitions nationales de monster truck. Ses victoires comprennent 12 « thunder drags », 6 courses nationales, 5 compétitions freestyle et 2 championnats monster truck.

Monster Jam Freestyle consécutifs dans un stade en 1 saison

Au volant de *Team Hot Wheels Firestorm*, Scott Buetow (US) a remporté 6 victoires Freestyle en stade suite à sa victoire à l'événement de Melbourne (AU), le 8 octobre 2016.

Q : En moyenne, combien de voitures sont écrasées au Monster Jam chaque année ?

R : 3000.

Pick-up utilitaire :
7300 CXT

Conçu par l'International Truck & Engine Corporation (US), ce véhicule pèse 6 577 kg. Il mesure 6,55 m de long et 2,74 m de haut.

Monster truck :
Bigfoot 5

(voir page de droite, en haut, à droite)
Créé par Bob Chandler (US), ce monstre mesure 4,7 m de haut et pèse 17 236 kg.

Semi-remorque :
Tractomas TR 10 x 10 D100

Manufacturé par Nicolas Industrie SAS (FR), ce camion lancé en France le 28 octobre 2005 pèse 71 t.

Camion benne (à double essieu) :
BelAZ 75710

Conçu par BelAZ (BY), ce camion a une capacité de charge de 450 t.

▲ LE 1ER MONSTER TRUCK À SAUTER PAR-DESSUS UN BOEING 727

En 1999, Dan Runte (US) a sauté au-dessus d'un Boeing 727 à bord de *Bigfoot 14*, couvrant 62 m – environ 3 fois la longueur d'une piste de bowling. Ce saut briseur de records a eu lieu à Smyrna (Tennessee, US).

Miceli a reçu le pseudonyme de « Madusa » (diminutif de « Made in USA »), lorsqu'elle était catcheuse professionnelle (elle a remporté le titre de la World Wrestling Federation sous le nom d'Alundra Blayze).

◀ LA 1RE CONDUCTRICE AU MONSTER JAM

Debrah Miceli (Floride, US) est devenue la 1re femme à participer à une compétition Monster Jam en 1999. Son véhicule *Madusa* s'inspire de l'un des pseudonymes de Debrah. Elle est aussi connue comme la « Reine du carnage ».
Cinq ans plus tard, Debrah est devenue **la 1re femme à remporter le Monster Jam World Finals**. Elle a partagé un titre à 3 dans la catégorie Freestyle, à Las Vegas (Nevada, US), en mars 2004.

▲ **LE PLUS LONG MONSTER TRUCK**

Brad et Jen Campbell (tous 2 US, voir ci-dessus) de Big Toyz Racing ont construit un monster truck qui mesurait 9,75 m de long quand il a été inspecté à Last Stop, à White Hills (Arizona, US), le 10 juillet 2014. Le *Sin City Hustler* a d'abord été conçu pour faire visiter Las Vegas aux touristes. Il est actuellement utilisé par Russ Mann (US).

▲ **LE PLUS GRAND MONSTER TRUCK**

Mesurant 4,7 m de haut, *Bigfoot 5* arbore des pneus de 3 m et pèse 17 236 kg. Il fait partie de la série de 17 véhicules Bigfoot créés par Bob Chandler de Saint-Louis (Missouri, US) et a été construit durant l'été 1986. Désormais garé de façon permanente à Saint-Louis, *Bigfoot 5* apparaît de temps en temps dans des expositions lors d'événements locaux.

▲ **LE 1ER MONSTER TRUCK ÉLECTRIQUE**

Dévoilé en novembre 2012, *Bigfoot 20* (alias *Electro-Foot*) est le 1er monster truck entièrement propulsé par un moteur électrique. Ce monstre de 5 000 kg bénéficie d'un moteur électrique sur mesure de 260,9 kW fonctionnant sur 30 batteries Odyssey. Six autres propulsent la direction et les freins. Construit par le conducteur de *Bigfoot 17*, Nigel Morris (GB), il a fait sa 1re sortie au SEMA show, à Las Vegas (Nevada, US), le 30 octobre 2012.

▲ **LA PLUS HAUTE LIMOUSINE**

Du sol jusqu'au toit, la limousine la plus haute du monde mesure 3,33 m. Construite par Gary et Shirley Duval (tous 2 AU), elle comprend un système de suspension à 8 roues et repose sur 8 pneus de monster truck. Cette voiture possède 2 moteurs séparés Cadillac de 8 l et a nécessité 4 000 h (166 jours) de fabrication.

▶ **LE PLUS DE BACKFLIPS CONSÉCUTIFS EN MONSTER TRUCK LORS D'UNE COMPÉTITION À POINTS**

Au volant du monster truck *Mohawk Warrior*, George Balhan (Illinois, US) a effectué 2 backflips consécutifs sans s'arrêter, lors d'une compétition freestyle de Monster Jam, à Las Vegas (Nevada, US), le 23 mars 2012. Le nom du véhicule est inspiré de la coiffure en crête de George.

▼ **LE 1ER DOUBLE BACKFLIP EN MONSTER TRUCK HORS D'UNE COMPÉTITION À POINTS**

Loin d'être satisfait par son unique backflip arrière, Tom Meents (US) a effectué un double backflip à bord de *Maximum Destruction*, son monster truck de 4 535 kg, lors d'un événement Monster Jam, à Foxborough (Massachusetts, US), le 20 juin 2015. Il lui aura fallu 4 essais avant de réussir cette cascade incroyablement exigeante. À droite, découvrez un découpage image par image des backflips de Tom.

Classé comme « SUV futuriste », le monster truck 1 118,5 kW au toit piquant *Max D* est l'un des véhicules les plus distinctifs du circuit.

209

Véhicules militaires

Le lagon de Truk dans le Pacifique abrite les épaves de plus de 30 navires de guerre japonais coulés lors de l'opération Hailstone, pendant la Seconde Guerre mondiale.

Léonard de Vinci a conçu un véhicule de combat inspiré de la carapace d'une tortue en 1487.

Pendant la Seconde Guerre mondiale, les Britanniques ont envisagé de construire un cuirassé à base de pykrete – un matériau composé de sciure (ou pâte de bois) et de glace.

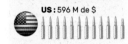

Le 1ᵉʳ char d'assaut

Construit par William Foster & Co. Ltd dans le Lincolnshire (GB), le 1ᵉʳ Lincoln a démarré en septembre 1915. Il sera ensuite connu sous le nom de Little Willie. Ces chars ont été envoyés au front un peu plus d'un an plus tard, à la bataille de Flers-Courcelette (FR), le 15 septembre 1916. Le Mark I version *Male* a été inspiré de Little Willie et faisait partie de la « section lourde » Machine Gun Corps (désormais Royal Tank Regiment). Il était armé de 2 canons de 6 livres et 4 mitrailleuses. Il pesait 28,4 t et son moteur de 105 ch (78 kW) lui offrait une vitesse sur route de 4,8 à 6,4 km/h.

La plus ancienne conception de char

est l'œuvre de Léonard de Vinci (1452-1519). L'artiste et inventeur italien a esquissé un concept de machine sur roues, recouverte de bois avec des emplacements pour armes extérieures (voir en haut de la colonne jaune).

La plus grande production de chars

Le char d'assaut M4 Sherman a été produit pour la 1ʳᵉ fois aux États-Unis en 1942. Conçu avec un souci d'aisance de production, de réparation et de fiabilité, il a été produit à plus de 48 000 unités en 3 ans.

Le char le plus lourd

Construit en 1923, le char de rupture 2C bis était un char français accueillant 12 membres d'équipage, pesant 75 t et transportant un obusier de 155 mm. Propulsé par 2 moteurs de 250 ch (186 kW), il atteignait la vitesse maximale de 12 km/h.

Un char encore plus lourd a été développé par les Allemands pendant la Seconde Guerre mondiale, mais n'est jamais entré en service. Pesant 188 t, le Panzerkampfwagen Maus II était 2 fois et demie plus lourd qu'une navette spatiale. En 1945, seulement 2 prototypes du Maus II existaient. Ils ont été obtenus par les forces soviétiques, qui ont assemblé la coque d'une des machines à la tourelle de l'autre. Le véhicule combiné est désormais exposé au musée des Blindés de Koubinka (RU).

Le plus long canon

Lors du siège de Sébastopol en ex-URSS (actuelle Ukraine), en juillet 1942, les forces allemandes ont utilisé une arme de calibre de 800 mm incorporant un canon de 32,5 m de long. Il a été nommé Schwerer Gustav (« Gustav le lourd »). L'assemblage complet mesurait 42,9 m de long et pesait 1 344 t. La portée d'un projectile de 4,8 t atteignait 46,7 km.

▲ L'AVION DE CHASSE DE 5ᴱ GÉNÉRATION LE PLUS LOURD PAR MASSE AU DÉCOLLAGE

Les avions de chasse de 5ᵉ génération possèdent une avionique avancée et de grandes capacités de furtivité. En 2016, il n'en existait que 3 types (bien que des prototypes russes et chinois existent), tous produits par Lockheed Martin : le F-22 Raptor, le F-35B Lightning II et le F-35A Lightning II. Le premier est le plus lourd, avec une masse au décollage (chargé) de 38 000 kg. Les États-Unis ont banni son exportation pour protéger sa conception.

Le Maus II était trop lourd pour traverser des ponts. Il était envisagé de lui faire traverser les rivières à gué, avec un char pour lui fournir l'électricité via un câble et de l'air grâce à un grand tuba.

Q : Combien de chars prirent part à *la 1ʳᵉ bataille chars contre chars* le 24 avril 1918 ?

R : Six.

Le véhicule de combat d'infanterie à la plus longue portée

Le véhicule de combat 90 (CV90) fait partie d'une série de véhicules d'infanterie à chenilles conçue pour l'armée suédoise et produite par BAE Systems. Chaque véhicule transporte 3 membres d'équipage et une troupe de 8 soldats. Il est équipé d'un canon automatique de 40 mm Bofors en tant qu'armement principal. Depuis que son développement a commencé en 1984, des améliorations ont permis au CV90 Armadillo d'atteindre une portée maximale, sur route, de 900 km et une vitesse maximale de 68 km/h.

La plus grande flotte de croiseurs

Suite à la disparition des cuirassés durant la seconde partie du XXᵉ siècle, les croiseurs représentent la classe de navires de guerre la plus importante en service. Trois nations possèdent des croiseurs actifs : les États-Unis (22), la Russie (3) et le Pérou (1). Les croiseurs gérés par l'US Navy appartiennent à la classe Ticonderoga. Leur armement comprend un système de lancement vertical de missiles sol-air, antinavires et anti-sous-marins.

L'avion militaire le plus cher (programme)

En 2012, les coûts du Lockheed Martin F-35 Lightning Joint Strike Fighter ont atteint 336,1 milliards de $. Ce programme sur 50 ans aurait coûté entre 850 et 1 500 milliards de $ pendant la durée de son service.

L'avion militaire le plus cher (par unité) est le Northrop Grumman B-2 Spirit, fabriqué aux États-Unis. Ce bombardier furtif, capable de déployer des armes conventionnelles et thermonucléaires, coûte plus de 1,3 milliard de $ l'unité.

Le porte-avions le plus cher

Commandée en 2017, la construction de l'USS *Gerald R Ford* a coûté 13 milliards de $. Ce porte-avions de 332,8 m peut accueillir 75 avions de guerre. Il est équipé d'un système de catapultage, l'EMALS (Electromagnetic Aircraft Launch System). Cette technologie permet de déclencher jusqu'à 220 raids aériens par jour depuis ses 2 pistes.

Budgets militaires les plus élevés en 2015 :

US : 596 M de $

Chine : 215 M de $

Arabie saoudite : 87,2 M de $

Russie : 66,4 M de $

Royaume-Uni : 55,5 M de $

= 50 M de $

Budgets militaires américains de 2015, par investissements :

40 M de $

Systèmes d'aviation

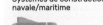

22 M de $

Systèmes de construction navale/maritime

17,2 M de $

Missiles/munition/défense

6,6 M de $

Systèmes C4i (Maîtrise, Contrôle, Communications, Informatique et Renseignements)

6,2 M de $

Systèmes spatiaux

◄ LE PLUS GRAND LANCE-ROQUETTES PAR NOMBRE DE TUBES

Dévoilé en 2013, le Jobaria (« Monster ») DSMCL (Defense Systems Multiple Cradle Launcher) est un véhicule lance-roquettes 122 mm développé par les Émirats arabes unis et l'entreprise Roketsan (TR). Le chassis du véhicule à 10 roues soutient 4 lance-roquettes avec un total de 240 roquettes et une portée maximale d'environ 37 km. Un lancement complet du Jobaria peut détruire une zone de 4 km².

▲ L'HÉLICOPTÈRE MILITAIRE LE PLUS RAPIDE

Le 1er hélicoptère Chinook s'est envolé le 21 septembre 1961. Plus de 1 200 variantes ont été conçues depuis, utilisées dans plus de 20 pays. Le CH-47F Chinook atteint la vitesse maximale de 315 km/h. Des rotors en tandem avant et arrière évitent la nécessité d'un rotor anticouple. Principalement utilisé pour transporter l'équipement et les troupes, le CH-47F est armé de 3 mitrailleuses.

▲ LE PLUS GRAND SOUS-MARIN

Le 23 septembre 1980, l'OTAN a annoncé le lancement de la classe de sous-marins 941 Akula, au chantier naval russe de Severodvinsk, sur la mer Blanche. Ces géants des mers étaient censés mesurer 171,5 m de long – 2 fois et demie plus qu'un Boeing 747. Ils étaient armés de 20 missiles mer-sol SS-N-20 avec une portée de 8 300 km. En russe, *Akula* signifie « requin ».

▲ LE PLUS GRAND NAVIRE DE GUERRE CONSTRUIT À PARTIR DE PLASTIQUE À RENFORT DE VERRE

Les navires classe Hunt de la Royal Navy (GB) sont des chasseurs de mines, jouant aussi un rôle secondaire de patrouille côtière. Leur coque est fabriquée à partir de plastique à renfort de verre plutôt que de métal, créant ainsi une signature magnétique faible. Non seulement ce matériau les protège des mines, mais il leur permet de cibler les coques en métal des autres navires. Ils mesurent 60 m de long et déplacent 750 t.

▲ LE 1ER CHAR DE COMBAT PRINCIPAL À TOURELLE INHABITÉE

Le char russe T-14 Armata a été présenté au public lors du défilé du Jour de la Victoire 2015, après 4 ans d'essais et de développement. Les 3 membres d'équipage sont assis à l'intérieur d'une capsule intérieure blindée. Le canon principal est monté dans une tourelle non habitée et contrôlé depuis le compartiment de l'équipage (voir encart). Le T-14 pèse environ 48 t et mesure 8,7 m de long, sans compter le canon principal.

▲ LE PLUS GRAND NAVIRE DE SURFACE À COQUE PERCE-VAGUES

Les coques perce-vagues sont longues et fines, conçues pour passer à travers les vagues plutôt qu'au-dessus, ce qui limite le tangage. Commandé le 15 octobre 2016, l'USS *Zumwalt* est le 1er de sa classe. Mesurant 185 m de long, le *Zumwalt* est un navire de guerre entièrement furtif.

▲ LE PLUS GRAND AVION À VOILURE À GÉOMÉTRIE VARIABLE

L'avion soviétique Tupolev Tu-160 (code OTAN *BlackJack*) est entré en service en 2005. Les ailes de ce bombardier lourd supersonique sont à géométrie variable. La voilure peut être modifiée en cours de vol, changeant la forme de l'avion et le rendant plus efficace à grande vitesse. Les ailes du Tupolev Tu-160 ont une envergure de 36,5 m rabattues et 55,7 m étendues.

▲ LE PLUS LOURD TILTROTOR MILITAIRE (ACTUEL)

Bell-Boeing V-22 Osprey (US) a une masse maximale au décollage vertical (chargé) de 23 859 kg. Avec ses rotors dirigés vers le haut, l'Osprey est capable de décoller et d'atterrir verticalement. En vol, ses rotors s'inclinent en avant (voir encart), lui permettant d'atteindre 565 km/h – bien plus rapide qu'un hélicoptère conventionnel.

En revue

À tout moment, 60 000 personnes volent dans le ciel au-dessus des États-Unis.

▲ LA 1ʳᵉ CABINE TÉLÉPHÉRIQUE À 2 ÉTAGES ET TOIT OUVERT
Avec un sommet culminant à 1 898 m, la montagne Stanserhorn (CH) offre une vue spectaculaire sur les Alpes qui comprend 10 lacs et même, lorsque la vue est dégagée, sur l'Allemagne voisine. Un des meilleurs moyens d'apprécier cette vue est le trajet de 6 min et 24 s à bord du téléphérique CabriO. Le 2ᵉ étage accueille jusqu'à 30 personnes – à condition qu'ils n'aient pas le vertige !

Le plus long réseau routier
D'après les données récentes du World Factbook de la CIA, les États-Unis comptaient 6 586 610 km de routes classées en 2012. L'Inde possède le 2ᵉ plus long réseau routier, avec 4 699 024 km.

Le plus vieux feu de signalisation en état de marche
Conçu par Teddy Boor (US), un feu de signalisation à 4 faces avec une lampe rotative rouge et verte a été installé au coin de Main et Long Street, à Ashville (Ohio, US), en 1932. Il a servi jusqu'en 1982, puis il a été transféré dans le musée de la ville. À ce jour, il fonctionne toujours.

▲ LE PLUS GRAND PROGRAMME DE MODERNISATION DE BUS
Le bus à impériale est un symbole de Londres (GB). Désormais, ces fameux bus rouges sont verts. En juillet 2014, l'organisme responsable des transports de la ville, Transport for London (TfL), a lancé un programme de modernisation de ses plus vieux bus. Les pots d'échappement de 1 015 bus de 50 lignes sont désormais équipés d'un système de réduction catalytique sélective (RCS) qui réduit les émissions d'oxyde d'azote. TfL a l'intention de développer ce programme pour inclure 1 800 bus supplémentaires.

La plus longue route continue
L'autoroute 1 (AU) fait le tour du pays à travers un réseau de routes interconnectées. Sa longueur est de 14 523 km, soit 3 500 km de plus que sa rivale la plus proche, l'autoroute transsibérienne. Chaque jour, plus d'un million de personnes empruntent au moins une partie de l'autoroute 1. Elle traverse chaque État du pays.

La plus longue route à sens unique se trouve aussi en Australie. La M2 Southern Expressway à Adelaïde (Australie-Méridionale) atteint une longueur de 21 km. Construite pour réduire les embouteillages de la Main South Road, elle mène le matin vers le nord, en direction d'Adelaïde, puis vers le sud l'après-midi.

La plus longue route droite
Construite comme route privée pour le roi Fahd (SA), la portion de l'autoroute 10 qui relie l'autoroute 75 (région d'Haradh) à l'autoroute 95 à l'ouest de l'Arabie saoudite mesure 240 km de long. Elle traverse le désert sans virages ni inclinaisons perceptibles. Il faut compter environ 2 h pour parcourir cette portion exceptionnellement droite.

Lombard Street est apparue dans plusieurs films, dont *Vertigo* (US, 1958) d'Alfred Hitchcock, *Un amour de coccinelle* (US, 1968) et même le film d'animation *Vice-Versa* (US, 2015).

▲ LA ROUTE LA PLUS TORTUEUSE
Construite en 1922, Lombard Street à San Francisco (Californie, US) aurait brisé le cœur des Romains ! Sur cette fameuse portion à lacets de 400 m, entre Hyde Street et Leavenworth Street dans le quartier de Russian Hill, la route pavée de briques rouges compte 8 virages en épingle à cheveux qui tournent sur un total de 1 440°. Les véhicules ne peuvent se déplacer que dans un sens – de haut en bas avec une inclinaison de 1:3,7 – à une vitesse limitée à 8 km/h.

La rue la plus pentue
Située à Dunedin (NZ), Baldwin Street monte sur 69,2 m, sur une longueur de 350 m. La rue a une inclinaison moyenne de 1:5 et une inclinaison au sommet de 1:2,86. Elle est recouverte de béton rainuré pour permettre aux voitures d'adhérer à la surface.

La rue la plus courte
La place Ebenezer à Wick (Caithness, GB) mesurait 2,05 m de long quand elle a été mesurée le 28 octobre 2006. C'est environ l'équivalent de la moitié de la longueur d'une Volkswagen Beetle, ou le quart de celle d'un bus londonien Routemaster.

La plus longue ligne de bus
Exploitée par l'entreprise Ormeño (PE), la plus longue ligne de bus parcourt 6 200 km – environ 14 fois la longueur du Grand Canyon – et relie Lima (PE) à Rio de Janeiro (BR). Surnommée la Transoceánica, cette ligne emmène les passagers à travers l'Amazonie et les Andes pendant un trajet de 102 h (un peu plus de 4 jours). Le bus monte à une altitude vertigineuse de 3 500 m.

▲ LA PLUS HAUTE STATION TÉLÉPHÉRIQUE
Les passagers du téléphérique du glacier Dagu (CN) parcourent 3 km, des forêts au sommet enneigé de la montagne, offrant une superbe vue. Chaque cabine est construite pour accueillir un maximum de 8 passagers, pour un trajet qui dure moins de 10 min. La station d'arrivée, à 4 843 m d'altitude, coupe le souffle de certains passagers. Ils peuvent se détendre dans ce qui a été surnommé le café le plus solitaire du monde.

Le 1er transbordeur

Construit par le service côtier du chemin de fer canadien Pacifique en Colombie-Britannique, le *Motor Princess* a été lancé en 1923 et retiré en 1980.

Le plus haut ascenseur à bateaux

Le barrage de Krasnoïarsk, mesurant 124 m de long, est situé sur le fleuve Ienisseï (RU). Son ascenseur à bateaux comprend un réservoir submergé où se tient le bateau tandis qu'il traverse la pente chenillée de 124 m de haut, 9 m de large et 1 510 m de long. Le réservoir mesure 113 m de long et 26 m de large, et peut supporter des bateaux de 1,5 t. L'ascenseur déplace son chargement à 1 m/s.

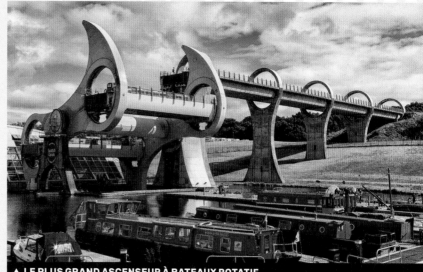

▲ LE PLUS GRAND ASCENSEUR À BATEAUX ROTATIF

Inaugurée par Élisabeth II le 24 mai 2002, la Roue de Falkirk (GB) mesure 35 m de haut, 35 m de large et 30 m de long. Elle relie le Forth & Clyde Canal à l'Union Canal, et peut transporter jusqu'à 8 bateaux à la fois. Avant sa construction, les bateaux naviguant entre les 2 canaux devaient traverser 11 écluses, ce qui prenait environ une journée. La Roue a réduit cette durée à 15 min. Forgée à partir de 1 200 t d'acier, il a fallu 1 000 ouvriers pour l'assembler. Elle ne consomme que 1,5 kW pour tourner – l'énergie nécessaire pour faire bouillir 8 bouilloires.

▲ LE PLUS HAUT HYDROFOIL ASSIS

La technologie hydrofoil aide à soulever les bateaux et autres navires au-dessus de l'eau pendant leurs déplacements. Le 22 août 2015, la légende du ski nautique Mike Murphy (US) a glissé sur un hydrofoil assis mesurant 3,42 m de haut à Long Beach (Californie, US). Il a démontré que cette hauteur était utilisable en brisant la surface de l'eau avec l'« aile », puis en maintenant le contrôle sur 30,48 m.

Le plus grand rond-point

Encerclé par la route Persiaran Sultan Salahuddin Abdul Aziz Shah, un rond-point de Putrajaya (MY) mesure 3,4 km de circonférence, avec 15 points d'entrée et de sortie. La retraite royale d'Istana Melawati, le bureau Putra Perdana du Premier ministre et l'hôtel 5 étoiles Putrajaya Shangri-La se trouvent au centre de ce rond-point.

Le plus long périphérique

Highway One, ou l'A01, est une route à 2 voies de 2 092 km, encerclant une immense zone au centre de l'Afghanistan, reliant 16 de ses 34 provinces.

Le plus long sentier de patinage sur glace

Au 14 février 2014, le sentier naturellement glacé Whiteway du lac Windermere (Colombie-Britannique, CA) mesurait 29,98 km.

▲ L'AÉROPORT LE PLUS FRÉQUENTÉ PAR DES PASSAGERS NATIONAUX ET INTERNATIONAUX

D'après le Conseil international des aéroports (CIA), en 2015, 101 489 887 passagers ont décollé ou atterri à l'aéroport international Hartsfield-Jackson d'Atlanta (Géorgie, US). Ces données l'ont placé devant l'aéroport international de Pékin (CN), arrivé en 2e place avec 89 938 628 passagers.

En 2015, cet aéroport a aussi compté 882 497 « mouvements de circulation » – décollages et atterrissages. C'est ainsi l'**aéroport le plus fréquenté par nombre d'avions**.

Le plus haut aéroport

L'aéroport Daocheng Yading est situé à une altitude de 4 411 m (préfecture autonome tibétaine de la province du Sichuan, CN). L'aéroport a ouvert le 16 septembre 2013.

Le plus grand aéroport (superficie)

L'aéroport international King Fahd à côté de Dammam (SA) s'étend sur 780 km². Il est plus grand que le Bahreïn, pays voisin.

L'aéroport sur plage le plus fréquenté

Bien que submergé quotidiennement par la marée, l'aéroport de Barra dans les Hébrides extérieures (GB) gère plus de 1 000 vols par an.

L'aéroport le plus fréquenté pour le transport de marchandises

D'après les données de l'ACI, l'aéroport international d'Hong Kong a géré 4 460 065 t de marchandises en 2015.

Les 2 aéroports les plus proches

Les aéroports des îles voisines Papa Westray et Westray dans les Orcades (GB) sont séparés par 2,83 km. L'Association du transport aérien international leur a donné les codes d'aéroports respectifs PPW et WRY. Le vol entre les 2 aéroports dure environ 96 s.

Delta Air Lines fait voyager plus de 180 millions de passagers par an. C'est davantage que les populations du Royaume-Uni, de l'Espagne et de la France réunies.

▼ LA PLUS GRANDE COMPAGNIE AÉRIENNE (VALEUR MARCHANDE)

Avec son siège à Atlanta (Géorgie, US), Delta Air Lines compte une flotte de 800 avions qui volent vers 323 destinations dans 57 pays. En 2015, Delta a atteint des ventes estimées à 26 752 484 100 $, basées sur la valeur marchande extraite des données de l'Euromonitor International Passport, le 19 août 2016. La 2e place était occupée par United Airlines (US), avec des ventes estimées à 24 226 918 500 $ sur la même période.

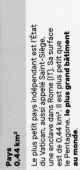

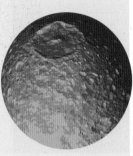

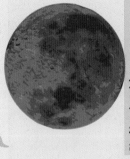

Les plus petits...

Le plus petit pays tiendrait presque 17,5 millions de fois dans le plus petit continent. Mais le plus petit chat ayant jamais existé peut-il vraiment être 4 fois plus petit que le plus petit chien policier ? Et quelle est la plus petite unité de longueur dans l'univers? GWR vous entraîne dans un voyage extraordinaire des étoiles aux atomes.

Notre Soleil est 11,6 fois plus grand que **la plus petite étoile connue** (voir ci-dessous).

Pays
0,44 km²

Le plus petit pays indépendant est l'État du Vatican, aussi appelé Saint-Siège, une enclave dans Rome (IT). Sa surface est de 0,44 km². Il est plus petit que le Pentagone, **le plus grand bâtiment au monde.**

Monde sphérique
396,6 km

Mimas, lune de Saturne, ne fait que 396,6 km de diamètre. C'est le plus petit corps connu dont la forme est sphérique en raison de sa propre gravité. Mimas est aussi la 20ᵉ plus grande lune du système solaire.

Planète extrasolaire
1930 km

Une planète extrasolaire (ou exoplanète) gravite autour d'une autre étoile que le Soleil. Kepler 37b orbite autour de Kepler 37, à environ 210 années-lumière de la Terre, dans la constellation de la Lyre. Sa découverte par la sonde *Kepler* de la NASA a été annoncée le 20 février 2013. Elle ne fait qu'environ 1930 km de diamètre, soit moins que Mercure.

Continent
4 000 km

Selon certains, l'Océanie, ou l'Océanie-Australasie, est le plus petit continent, mais les définitions de ce territoire sont très variables. Pour la plupart des sources, dont *GWR*, le record est détenu par l'Australie avec une largeur est-ouest d'environ 4 000 km et une surface de 7,69 millions km². C'est aussi le 6ᵉ plus grand pays.

Étoile
119 660 km

La plus petite étoile connue est 2MASS J05233822-1403022, observée à 40 années-lumière de la Terre. Son diamètre est d'environ 119 600 km, soit environ 0,086 fois celui du Soleil (voir ci-dessus).

< 150 000 km

Vaisseau spatial pressurisé
3,34 x 1,89 m

Le vaisseau Mercury a été utilisé pour 6 missions habitées de la NASA, entre 1961 et 1963. Il transportait un astronaute dans une capsule en forme de cône de 3,34 m de haut et 1,89 m de diamètre.

Avion
2,69 m

Conçu et fabriqué par Robert H. Starr (US), le biplan *Bumble Bee II* faisait 2,69 m de long et avait une envergure de 1,68 m. Il pesait 179,6 kg à vide et pouvait transporter une personne.

Voiture en état de rouler
63,5 x 65,4 x 126,3 cm

La plus petite voiture en état de rouler a été créée par Austin Coulson (US) et mesure 63,5 cm de haut, 65,4 cm de large et 126,3 cm de long. Elle a été mesurée à Carollton (Texas, US), le 7 septembre 2012.

< 5 m

Homme (de l'histoire)
54,6 cm

Chandra Bahadur Dangi (NP) mesurait 54,6 cm quand il a été mesuré au CIWEC Clinic Travel Medicine Center de Lainchaur (Katmandou, NP), le 26 février 2012.

Femme (de l'histoire)
61 cm

Pauline Musters, surnommée Princess Pauline, est née à Ossendrecht (NL), le 26 février 1876. Elle mesurait 30 cm à la naissance. Elle est morte de pneumonie et de méningite le 1er mars 1895, à New York (US), à 19 ans. Un examen post-mortem a révélé qu'elle mesurait 61 cm.

< 50 cm

UNITED STATES

Oiseau
5,7 cm

Les colibris d'Helen (*Mellisuga helenae*) mâles de Cuba et de l'île de la Jeunesse mesurent 5,7 cm de long, dont la moitié pour le bec et la queue. Le mâle pèse 1,6 g, mais les femelles sont un peu plus grosses.

Chat
7 cm

Tinker Toy, persan himalayen blue point, mesurait 7 cm de haut et 19 cm de long à l'âge adulte (2 ans et demi). Il appartenait à Katrina et Scott Forbes de Taylorville (Illinois, US).

Jeu d'arcade
12,4 × 5,2 × 6 cm

En 2009, l'ingénieur informaticien Mark Slevinsky (CA) a construit un jeu d'arcade fonctionnel de 12,4 × 5,2 × 6 cm. Il a rédigé son propre système d'exploitation, FunkOS, pour programmer ses clones de *Tetris*, *Space Invaders* et *Breakout*.

Chien policier
28 cm

Midge, croisée Chihuahua/ Rat terrier, mesure 28 cm de haut et 58 cm de long. Elle a travaillé officiellement comme chien policier (ou « Police K9 »), avec son maître, le shérif Dan McClelland (US), au bureau du shérif de Geauga County, à Chardon (Ohio, US). Elle a passé la certification de l'Ohio pour être chien de détection, le 7 novembre 2006 et a pris sa retraite avec son maître, le 1er janvier 2017.

Dinosaure
39 cm

Microraptor zhaoianus, dinosaure à plumes, mesurait 39 cm, dont 24 cm pour la queue. L'âge d'un spécimen fossile retrouvé en Chine en 1999 a été estimé à 110-120 millions d'années.

< 5,5 cm

Revolver
5,5 cm

Produit par SwissMiniGun (CH), le C1ST est un revolver fonctionnel de 5,5 cm de long, 3,5 cm de haut et 1 cm de large, pour 19,8 g.

Sculpture d'un être humain
80 × 100 × 30 micromètres

La plus petite sculpture d'une personne réelle est *Trust* de Jonty Hurwitz (GB), pièce imprimée en 3D représentant une femme et mesurant 80 × 100 × 30 micromètres. La statue, inspirée par le premier amour de l'artiste 27 ans après leur rencontre, a été mesurée le 13 février 2015, au Karlsruhe Nano Micro Facility (DE).

< 1 mm

Os humains
2,6-3,4 mm

Le stapes, ou étrier, un des trois osselets de l'ouïe du tympan, mesure de 2,6 à 3,4 mm de long et pèse de 2 à 4,3 mg.

Ours en peluche cousu disponible à la vente
9 mm

Cheryl Moss (ZA) a créé à la main un ours en peluche d'à peine 9 mm de haut. Elle crée des « micro-ours » depuis plusieurs années et les vend dans des magasins spécialisés.

Perceuse fonctionnelle
17 × 7 × 13,5 mm

La plus petite perceuse sans fil mesure 17 × 7 × 13,5 mm et possède un foret hélicoïdal de 11,75 mm. Cet outil imprimé en 3D a été conçu et produit par Lance Abernethy (NZ), le 21 mars 2015.

Bande dessinée
2,58 × 3,7 cm

Un numéro spécial d'*Agent 327* intitulé « Dossier Minimum Bug », écrit par Martin Lodewijk (NL) et publié en juin 1999, mesurait à peine 2,58 × 3,7 cm. Ce comic de 16 pages en couleurs tiré à 2 000 exemplaires était fourni avec une loupe.

Unité de longueur
1,6 × 10⁻³⁵ m

La plus petite unité de longueur mesurable dans l'univers est la longueur de Planck, 1,6 × 10⁻³⁵ m, environ 1 millionième de milliardième de milliardième de centimètre. C'est l'échelle à laquelle existerait la mousse quantique. Selon la théorie quantique, l'espace-temps se compose d'une infinité de minuscules régions dans lesquelles de nouvelles dimensions apparaissent et disparaissent à une vitesse incroyable, comme les bulles d'une mousse. Ces bulles quantiques sont minuscules, même par rapport au noyau d'un atome.

Objet fabriqué par l'homme
1 atome

Grâce à la microscopie ionique, les pointes des sondes de microscopes à effet tunnel ont été affinées jusqu'à la taille d'un atome. Les trois dernières couches forment la plus petite pyramide construite par l'homme : 7 atomes, 3 atomes et 1 atome.

Nanovoiture
3-4 nanomètres

En 2005, des scientifiques de la Rice University (US), dirigés par James Tour, ont révélé une « voiture » fabriquée dans une machine à atomes, principalement de carbone. Elle a un châssis, des essieux et 4 roues en molécules de buckminsterfullerène. Elle ne mesure que 3-4 nanomètres de large.

Copie de guitare
10 micromètres

Une guitare inspirée d'une Stratocaster Fender sculptée dans un bloc de silicone mesurait 10 micromètres de long, un 20e de cheveu humain. Elle a été sculptée en 1997 en 20 min par des scientifiques de la Cornell University de New York (US). Chaque corde mesurait 0,05 micromètre d'épaisseur, une ligne de 100 atomes.

Sports

Michael Phelps (USA) a remporté autant de médailles d'or olympiques (23) que l'Inde, le Nigeria, l'Égypte et le Portugal réunis.

▶ LE 400 M LE PLUS RAPIDE

Aux JO de Rio 2016, Wayde van Niekerk (ZA) a remporté la finale du 400 m masculin en 43,03 s, le 14 août, explosant le record de 43,18 s établi 17 ans plus tôt par Michael Johnson (US). L'exploit de van Niekerk est d'autant plus épatant qu'il était dans le couloir extérieur n° 8, où il est plus difficile de voir les concurrents et donc de jauger son rythme.

Le 12 mars 2016, van Niekerk est devenu le **1er athlète à passer sous la barre des 10, 20 et 44 s**. Son chrono de 9,98 s sur 100 m réalisé au Free State Championships de Bloemfontein (ZA) signifie qu'il a accompli 3 grands exploits en sprint : courir le 100 m en moins de 10 s, le 200 m en moins de 20 s et le 400 m en moins de 44 s. Aucun autre athlète n'y est jamais parvenu en compétition.

Usain Bolt (JM) a défié van Niekerk sur 300 m. Ils ont réalisé les 2e et 3e chronos de l'histoire sur cette distance rare, derrière les 30,85 s de Michael Johnson.

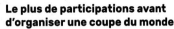

Coupe du monde FIFA

À quelques mois de la coupe du monde FIFA 2018
en Russie, découvrez notre sélection de records.

Le plus de participations avant d'organiser une coupe du monde

La Russie (et l'Union soviétique avant elle) a participé à 10 éditions de la coupe du monde depuis 1958. Après plusieurs offres refusées, le pays a finalement été choisi pour accueillir la compétition en 2018.

Le stade olympique Fisht de Sotchi, l'un des sites retenus pour 2018, est **le 1er stade à accueillir les JO d'hiver et la coupe du monde de football.** Il a été construit à l'occasion des jeux Olympiques et Paralympiques d'hiver 2014 et accueillera 6 matchs en 2018.

Les qualifications pour Russie 2018 regroupent **le plus de fédérations nationales** de l'histoire de la compétition, avec 210 pays représentés. Seules 32 obtiendront leur précieux sésame pour la phase finale en Russie.

Le 1er but en coupe du monde

Mécanicien à mi-temps, Lucien Laurent (FR) a marqué le tout premier but de l'histoire de la coupe du monde, lors de France-Mexique, à l'Estadio Pocitos de Montevideo (Uruguay), le 13 juillet 1930. Il avait ouvert le score d'une reprise à la 19e minute. La France s'était imposée 4-1, lors de ce match d'ouverture.

Pas moins de 70 buts ont été marqués en seulement 18 rencontres lors de cette édition, soit une moyenne de 3,89 buts par match. Cependant, **la moyenne de buts la plus élevée en coupe du monde** est de 5,38, lors de l'édition 1954 en Suisse. En 1962, la moyenne est tombée à 2,89 buts par match et n'a plus dépassé les 3 buts depuis.

Le plus d'expulsions en un seul match

La victoire du Portugal au 2e tour contre les Pays-Bas, le 25 juin 2006, est le match le plus violent de l'histoire de la coupe du monde. La « bataille de Nuremberg » (où se tenait la rencontre) a été marquée par 4 cartons rouges (2 de chaque côté) et 16 cartons jaunes au total. C'est après un match tout aussi violent – la « bataille de Santiago » à la coupe du monde 1962 – qu'a été introduit le système de cartons jaunes et rouges, par l'arbitre Ken Aston (GB).

La sélection néerlandaise de football a atteint la finale de la coupe du monde à 3 reprises, les demi-finales 2 autres fois, mais n'a jamais remporté le trophée.

◄ **LE PLUS DE MATCHS DISPUTÉS**
Le milieu Lothar Matthäus (DE) a été convoqué à toutes les coupes du monde entre 1982 et 1998. S'il n'est intervenu que ponctuellement lors des matchs en 1982 et 1998, il a joué un rôle décisif dans le parcours de l'Allemagne en 1986 (finale), 1990 (victoire) et 1994 (quart de finale), pour un total de 25 apparitions.

Q : En quelle année la coupe du monde a-t-elle été volée ?

R : En mars 1966, alors que le trophée était présenté à Londres (GB), celui-ci a été dérobé, avant d'être retrouvé moins d'une semaine plus tard.

Le but le plus rapide

Hakan Şükür (TR) a mis seulement 11 s pour trouver les filets de la Corée du Sud, le 29 juin 2002.

Le malheureux Sead Kolašinac (BA) détient pour sa part le triste record du **but contre son camp le plus rapide en coupe du monde,** le 15 juin 2014.
Il a trompé son propre gardien après 2 min et 8 s de jeu. La Bosnie-Herzégovine s'était inclinée 2-1 contre l'Argentine.

Le gardien le plus longtemps invaincu en coupe du monde

Pendant le tournoi de 1990, le gardien Walter Zenga (IT) a joué 518 min sans encaisser de but.

Le buteur le plus âgé

Le légendaire buteur Roger Milla (CM) avait 42 ans et 39 jours quand il a marqué en fin de match contre la Russie, à Stanford (US), le 28 juin 1994. Avec ce match, le dernier du Cameroun dans l'édition 1994, Milla est aussi devenu le joueur le plus âgé en coupe du monde. Ce record a ensuite été battu par Faryd Mondragón (voir page de droite).

Le **buteur le plus jeune** est Pelé (page de droite), qui n'avait que 17 ans et 239 jours quand il a signé l'unique but brésilien le 19 juin face au pays de Galles, en coupe du monde 1958.

Le plus de spectateurs pendant un match

Quelque 173 850 spectateurs étaient dans les tribunes du Maracanã pour assister à la finale de la coupe du monde 1950, le 16 juillet, à Rio de Janeiro (Brésil).

À la surprise générale, le Brésil s'était incliné 2-1 contre l'Uruguay. Cette défaite, perçue comme une catastrophe nationale au Brésil, est aujourd'hui encore qualifiée de « Maracanaço » (le choc du Maracanã).

◄ **LE PLUS DE TITRES EN COUPE DU MONDE**
Le Brésil, véritable ogre footballistique, a remporté la coupe du monde à 5 reprises. Son titre inaugural en 1958 a été suivi de succès en 1962, 1970, 1994 et 2002 (à gauche). Le Brésil est aussi le seul pays à avoir disputé tous les tournois depuis la première édition en 1930.
Les autres pays sacrés champions sont l'Allemagne et l'Italie (4 fois chacun), l'Argentine et l'Uruguay (2 fois), l'Angleterre, la France et l'Espagne (1 fois).

FIFA WORLD CUP RUSSIA 2018

La 21e coupe du monde se déroulera en Russie du 14 juin au 15 juillet 2018. Les matchs seront disputés dans 12 stades et 11 villes. Des records vont-ils tomber ?

Le plus de cartons rouges pour une équipe : 11 pour le Brésil (10 directs et un double avertissement) depuis 1938

4

Le plus de cartons rouges en un match : 4 joueurs ont été expulsés lors de Portugal-Pays-Bas (2 de chaque côté), le 25 juin 2006

2,91

Moyenne de buts par match en phase finale de coupe du monde. Voir à gauche pour la **moyenne de buts la plus élevée**

2,21

Moyenne de buts par match la plus faible, lors de la phase finale d'Italie 1990, résolument défensive

16

Le plus de tirs stoppés en un match de phase finale, par Tim Howard (US) contre la Belgique, le 1er juillet 2014

Le plus jeune arbitre : Francisco Mateucci (UY), âgé de 27 ans et 62 jours, lors de Yougoslavie-Bolivie, le 17 juillet 1930

**◄ LE JOUEUR LE PLUS ÂGÉ
EN COUPE DU MONDE**

Le gardien de but Faryd
Mondragón (CO, né le 21 juin
1971) avait 43 ans et 3 jours
lorsqu'il est entré en jeu lors
du large succès 4-1 de la
Colombie face au Japon en
phase de groupes, le 24 juin
2014, à Cuiabá (BR). Mondragón
a battu le record établi en 1994
par le buteur Roger Milla (CM)
(voir à droite).

▲ LE PLUS JEUNE JOUEUR EN COUPE DU MONDE

Norman Whiteside (né le 7 mai 1965) était titulaire pour
le premier match de phase de groupes de l'Irlande du Nord,
à la coupe du monde 1982, face à la Yougoslavie. Il avait 17 ans
et 41 jours. Le match joué à Saragosse (SP) s'est soldé par
un score nul et vierge. Whiteside a disputé toutes les rencontres
de sa sélection pendant ce tournoi et a contribué à la victoire
surprise contre le pays hôte, l'Espagne.

**▲ LE MEILLEUR BUTEUR
EN PHASE FINALE**

Finisseur hors pair,
Miroslav Klose (DE)
totalise 16 buts en
24 matchs de phase
finale pour l'Allemagne,
entre 2002 et 2014.
En 2006, il a décroché
le Soulier d'or
(récompensant le meilleur
buteur d'un tournoi)
grâce à 5 réalisations.
C'est aussi l'un des
46 joueurs seulement
à avoir inscrit un triplé
dans un match de coupe
du monde depuis 1930.

**▲ LE 1ᴱᴿ FOOTBALLEUR À REMPORTER LA COUPE DU MONDE
COMME CAPITAINE PUIS SÉLECTIONNEUR**

En 1974, Franz Beckenbauer (ci-dessus âgé de 28 ans) était le capitaine de la RFA qui a vaincu les
Pays-Bas en finale de coupe du monde. Seize ans plus tard presque jour pour jour, Beckenbauer, alors
âgé de 44 ans (en haut, à droite) et passé sélectionneur, a guidé ses joueurs au titre de l'édition 1990.
Le **1ᵉʳ à remporter la coupe du monde comme joueur puis sélectionneur**
reste Mário Zagallo (BR). Titré en 1958 et 1962 sur le terrain, il a aussi remporté
la coupe du monde 1970 depuis le banc.

Lionel Messi
(AR) considère son
aîné Maradona comme
« le plus grand joueur
de l'histoire ».

**◄ LE PLUS DE BUTS
EN COUPE DU MONDE
POUR UN CAPITAINE**

Le milieu offensif Diego
Maradona a inscrit 6 buts
en 8 ans et 3 coupes du monde
(1986-1994) avec le brassard
de capitaine. Sous son règne,
l'Argentine a atteint 2 fois
la finale : en 1986 (victoire)
et en 1990 (défaite contre
la RFA). De ce fait, Maradona
détient aussi le record du **plus
de matchs de coupe du monde
comme capitaine** (16).

▲ LE PLUS JEUNE CHAMPION DU MONDE

Pelé (BR, né le 23 octobre 1940, en haut,
à droite) a débuté la coupe du monde 1958 face
à la Suède avec une seule sélection à son actif. Ce jour-là,
il est devenu le **plus jeune joueur en coupe du monde**
(un record qui a tenu jusqu'en 1982, voir ci-dessus), avant
de devenir le **plus jeune buteur** (voir page de gauche),
puis le plus jeune champion, le 29 juin, à l'âge de 17 ans
et 249 jours. La carrière de Pelé lui a valu 7 trophées GWR
que nous lui avons remis en 2013 (en haut).

**◄ LE PLUS DE MINUTES
JOUÉES EN COUPE
DU MONDE**

L'infranchissable défenseur
Paolo Maldini (IT) a été
titulaire à tous les matchs
disputés par l'Italie en coupe
du monde entre 1990 et 2002.
Il n'a jamais été remplacé,
même en cas de prolongations
ou tirs au but (ce qui n'était
pas rare pour une équipe
tournée vers la défense).
Maldini a joué 2 217 min
en coupe du monde
(soit 36 h, ou 1 jour
et demi).

Football de club

Paul Pogba (FR), le **footballeur le plus cher**, a coûté 105 millions € à Manchester United en 2016.

▲ LE PLUS DE MATCHS EN COMPÉTITIONS DE CLUBS DE L'UEFA
Le 14 mars 2017, Iker Casillas (ES) a joué son 175e match en compétition de l'UEFA pour Porto (PR), face à la Juventus (IT), à Turin (IT). Le gardien a porté le maillot du Real Madrid de 1999 à 2015 avant de rejoindre Porto. Il a également disputé le **plus de matchs en UEFA Champions League** (168).

L'invincibilité la plus longue pour un promu en Bundesliga
Le RB Leipzig (DE) a enchaîné 13 matchs sans défaite, du 28 août au 3 décembre 2016. Après avoir sauvé le nul à la dernière minute de son 1er match, le club a remporté les 8 rencontres suivantes, du 30 septembre au 3 décembre, avant de céder 1-0 contre Ingolstadt.

Le plus jeune entraîneur en Bundesliga
Julian Nagelsmann (DE, né le 23 juillet 1987) avait 28 ans et 203 jours lorsqu'il a pris les rênes du TSG 1899 Hoffenheim, le 11 février 2016.

L'invincibilité la plus longue en Ligue 1
Le Paris Saint-Germain est resté invaincu pendant 36 rencontres dans l'élite, du 15 mars 2015 au 20 février 2016, pour un bilan de 32 victoires. Les Parisiens ont inscrit 98 buts, soit 2,72 par match en moyenne. Auparavant, Nantes détenait le record avec 32 matchs en 1994-1995.

Le 1er match de Serie A sans Italiens
Lorsque l'Internazionale et l'Udinese (tous 2 IT) se sont affrontés le 23 avril 2016, aucun des 22 titulaires n'était italien. L'Inter s'est imposé 3-1.

Le plus de victoires consécutives à domicile en Champions League
Le Bayern Munich (DE) a gagné 16 matchs de Champions League de suite, du 17 septembre 2014 au 15 février 2017, inscrivant 58 buts.

Le plus de victoires consécutives en Liga
Le Real Madrid (ES) a enchaîné 16 succès en 1re division espagnole, du 2 mars au 18 septembre 2016, égalant la performance de son grand rival, le FC Barcelone, du 16 octobre 2010 au 5 février 2011.

Le plus de clubs entraînés en UEFA Champions League
Carlo Ancelotti (IT) a dirigé 7 équipes dans la plus grande compétition de clubs, entre 1997 et 2016 : Parme, Juventus, AC Milan (tous IT), Chelsea (GB), Paris Saint-Germain (FR), Real Madrid (ES) et Bayern Munich (DE).

Le plus de buts marqués par un joueur en UEFA Champions League
Le 18 avril 2017, Cristiano Ronaldo (PT) s'est offert un triplé avec le Real Madrid en quart de finale retour face au Bayern Munich, portant son total en Champions League à 100 réalisations. Il avait inscrit les 15 premiers avec Manchester United (GB).

Le plus de cartons jaunes pour une équipe en un match de Premier League
Le 2 mai 2016, 9 joueurs de Tottenham Hotspur (GB) ont été avertis, lors du nul 2-2 contre Chelsea, à Stamford Bridge, Londres (GB).

La victoire la plus large en Major League Soccer (MLS)
Le 21 mai 2016, les New York Red Bulls ont écrasé leur rival New York City FC 7-0, un écart aussi large que le succès du LA Galaxy (8-1) contre le FC Dallas, le 4 juin 1998, et que la victoire de Chicago Fire (7-0)contre les Kansas City Wizards (tous US), le 4 juillet 2001.

▲ LE PLUS DE TITRES CONSÉCUTIFS EN UEFA EUROPA LEAGUE
Séville (ES) a remporté son 3e titre consécutif en UEFA Europa League le 18 mai 2016, en battant Liverpool (GB) 3-1 en finale, au parc Saint-Jacques de Bâle (CH). L'entraîneur Unai Emery (ES) a participé aux 3 sacres – le **plus de titres en coupe UEFA/UEFA Europa League pour un entraîneur**, ex æquo avec Giovanni Trapattoni (IT).

▲ LE PLUS DE BUTS EN 1 SAISON DE SÉRIE A
Le buteur Gonzalo Higuaín (AR) a battu un ancien record de Serie A en inscrivant 36 buts pour Naples (IT) en 2015-2016. Le record précédent de 35 buts avait été signé par Gunnar Nordahl (SW) avec l'AC Milan (IT), en 1949-1950. Higuaín a marqué 3 buts contre Frosinone lors de la dernière journée pour s'adjuger le record, dont une spectaculaire bicyclette.

Le plus gros retournement de situation précédent en Champions League avait été réussi par le Deportivo La Corogne en 2004. Battu 4-1 à l'aller par l'AC Milan, le club s'était imposé 4-0 au retour.

▲ LE PLUS DE MATCHS DE PREMIER LEAGUE COMME BUTEUR SANS DÉFAITE
James Milner (GB) a marqué dans 47 matchs de Premier League, sans que ses équipes ne perdent (37 victoires), du 26 décembre 2002 au 19 mars 2017, sous les couleurs de Leeds United, Newcastle United, Aston Villa, Manchester City et Liverpool (tous GB).

▶ LE PLUS GRAND RETOURNEMENT DE SITUATION EN CHAMPIONS LEAGUE
Le 8 mars 2017, le FC Barcelone (ES) a réussi à renverser le 4-0 infligé à l'aller par le Paris Saint-Germain pour s'imposer 6-1, au Camp Nou (Barcelone, ES), et se qualifier au score cumulé (6-5). Les Catalans ont inscrit 3 buts dans les 7 dernières minutes, avec un doublé de Neymar précédant le coup de grâce de Sergi Roberto (photo) à la 95e min.

Football international

Rendu célèbre par les supporters de l'Islande à l'Euro 2016, le « clapping » est né dans le club écossais de Motherwell.

▲ LE PAYS LE MOINS PEUPLÉ À SE QUALIFIER POUR LE CHAMPIONNAT D'EUROPE DE L'UEFA
L'Islande et ses 331 918 habitants se sont qualifiés pour le championnat d'Europe 2016. Lors de la phase finale en France, l'Islande s'est inclinée 5-2 en quarts contre le pays hôte, le 3 juillet, après avoir éliminé l'Angleterre 2-1, en huitièmes.

La plus longue série sans victoire pour une sélection nationale
Andorre n'a gagné aucun de ses 86 matchs, du 17 novembre 2004 au 13 novembre 2016, avant de battre Saint-Marin 2-0, lors d'un match amical, le 22 février 2017.

Le plus de victoires avec le même sélectionneur
L'Allemagne a remporté 97 victoires sous Joachim Löw (DE), du 16 août 2006 au 26 mars 2017, et notamment la finale de la coupe du monde 2014.

Les plus hauts revenus pour un footballeur (année actuelle)
Selon Forbes, Cristiano Ronaldo (PT, ci-dessous) avait touché environ 88 millions $ en 12 mois, au 1er juin 2016.

▲ LE MEILLEUR BUTEUR EN COUPE DU MONDE DE FUTSAL DE LA FIFA
Alessandro Rosa Vieira (BR, à droite), surnommé Falcão, a signé 48 buts entre le 18 novembre 2000 et le 21 septembre 2016. Considéré comme le meilleur joueur de futsal de l'histoire, il a disputé 3 finales de coupe du monde pour 2 sacres. Pour son dernier match, il a signé un hat-trick contre l'Iran et atteint 10 buts dans l'édition 2016.

Le joueur le plus âgé en finale de coupe d'Afrique des nations
Le gardien Essam El-Hadary (EG, né le 15 janvier 1973) a joué la finale de la CAN 2017 contre le Cameroun à l'âge de 44 ans et 21 jours. Ses espoirs de remporter une 5e couronne ont été anéantis, le Cameroun s'imposant 2-1, au stade de l'Amitié, à Libreville (GA), le 6 février.

Le joueur le plus âgé en championnat d'Europe de l'UEFA
Gábor Király (né le 1er avril 1976) avait 40 ans et 74 jours lorsqu'il a affronté l'Autriche avec la Hongrie au Stade Matmut Atlantique de Bordeaux (France), le 14 juin 2016. Il avait fait ses débuts contre le même adversaire en 1998.

▶ LE PLUS DE BUTS EN CHAMPIONNAT D'EUROPE (JOUEUR)
À l'Euro 2016, Cristiano Ronaldo a inscrit son 9e but, lors du succès 2-0 du Portugal contre le pays de Galles, le 6 juillet. Il égalait ainsi le record de Michel Platini (FR), auteur de 9 buts en une seule édition, en 1984.
Ronaldo a par ailleurs marqué le **plus de buts en phases finales de l'Euro** (4), de 2004 à 2016.

▲ LES 1ERS FRÈRES À JOUER L'UN CONTRE L'AUTRE EN CHAMPIONNAT D'EUROPE DE L'UEFA
Granit et Taulant Xhaka portaient respectivement le maillot de la Suisse et de l'Albanie lors de la phase de groupes de l'Euro, à Lens (FR), le 11 juin 2016. La Suisse du cadet Granit s'est imposée 1-0, Taulant ayant lui été remplacé. Les frères sont nés en Suisse de parents albanais.

Le plus de matchs à la tête d'une même sélection
Óscar Tabárez (UY) a dirigé 171 matchs de l'Uruguay en 2 mandats : 1988-1990 et 2006-2017. Il dépasse ainsi le record de 167 matchs de Josef « Sepp » Herberger (DE).

L'affiche internationale la plus fréquente
Au 2 septembre 2016, l'Argentine et l'Uruguay s'étaient affrontés à 187 reprises. Les Argentins comptaient 87 victoires et 57 défaites (43 nuls).

Le plus de défaites aux tirs au but en Copa América
L'Argentine a été éliminée de la Copa América aux tirs au but à 5 reprises : en 1995, 2004, 2011, 2015 et 2016.

▲ LE BUT LE PLUS RAPIDE EN ÉLIMINATOIRES DE LA COUPE DU MONDE FIFA
Le 10 octobre 2016, Christian Benteke a ouvert le score pour la Belgique après 8,1 s de jeu contre Gibraltar, à l'Estádio Algarve (PT). Gibraltar avait pourtant donné le coup d'envoi. Au final, Benteke a inscrit un triplé pour une victoire de la Belgique 6-0.

Auteur d'un tir au but manqué en finale de la Copa América 2016, Lionel Messi avait annoncé sa retraite internationale, mais les supporters ont réussi à le faire changer d'avis.

◀ LE PLUS DE BUTS PAR UN REMPLAÇANT EN UN MATCH DE COPA AMÉRICA
Le 10 juin 2016, Lionel Messi est entré en cours de jeu pour l'Argentine et a inscrit 3 buts contre le Panamá, à Soldier Field (Chicago, US). C'est autant que Paulo Valentim, auteur d'un hat-trick pour le Brésil contre l'Uruguay, à l'Estadio Monumental de Buenos Aires (AR), le 26 mars 1959.

Football américain

Parier sur le toss au Super Bowl est une tradition aux États-Unis. Après 51 matchs, le côté pile mène 27-24 sur le côté face.

▲ LE 1ER JOUEUR DE NFL À MARQUER DES TOUCHDOWNS À LA COURSE, À LA RÉCEPTION ET EN RETOUR DE KICK-OFF EN 1 MATCH DE PLAYOFFS

Le 14 janvier 2017, Dion Lewis a marqué 3 types de touchdown, lors du succès des New England Patriots (31-16) contre les Houston Texans. Gale Sayers (1965) et Tyreek Hill (2016) y étaient aussi parvenus, mais en saison régulière.

Toutes les équipes et tous les joueurs sont originaires des États-Unis, sauf mention contraire.

Le meilleur taux de passes réussies en 1 saison NFL

Le quarterback des Minnesota Vikings, Sam Bradford, présentait un taux de 71,6 % en 2016, devançant les 71,2 % de Drew Brees en 2011.

Le meilleur taux de field goal en carrière NFL

Au 31 décembre 2016, Justin Tucker avait transformé 168 de ses 187 tentatives pour les Baltimore Ravens, soit un taux de réussite de 89,8 %.

Le plus de passes réussies pour un rookie en 1 saison NFL

Carson Wentz a réussi 379 passes pour les Philadelphia Eagles, en 2016, battant le record de 354 passes établi par Sam Bradford avec les St Louis Rams, en 2010.

Le plus de saisons à 5 000 yards à la passe en carrière NFL

Le quarterback des New Orleans Saints, Drew Brees, a gagné 5 000 yards à la passe à 5 reprises : 2008, 2011-2013 et 2016.

Le 1er quarterback de NFL à plus de 4 000 yards à la passe pour ses deux 1res saisons

Jameis Winston a gagné plus de 4 000 yards pour les Tampa Bay Buccaneers, lors des saisons 2015 et 2016.

Le plus de victoires en étant mené au dernier quart-temps en 1 saison NFL (quarterback)

Sur la saison 2016, Matthew Stafford l'a emporté 8 fois, alors que les Detroit Lions étaient menés au dernier quart-temps.

▲ LE PLUS DE PÉNALITÉS CONCÉDÉES PAR UNE ÉQUIPE EN 1 MATCH DE NFL

Les Oakland Raiders ont concédé 23 pénalités pour un total de 200 yards, contre les Tampa Bay Buccaneers, le 30 octobre 2016. Trois équipes en avaient précédemment concédé 22 : les Brooklyn Tigers et les Chicago Bears en 1944, ainsi que les San Francisco 49ers en 1998. Malgré tout, les Raiders ont gagné 30-24 après prolongation.

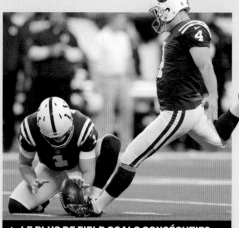

▲ LE PLUS DE FIELD GOALS CONSÉCUTIFS PAR UN TIREUR DE NFL

Adam Vinatieri a converti 44 tirs à la suite avec les Indianapolis Colts, au cours des saisons 2015 et 2016. Il surpasse le record précédent de 42 field goals inscrits par Mike Vanderjagt (CA) sur les saisons 2002-2004.

Le **plus de transformations consécutives par un tireur NFL** est de 523, par Stephen Gostkowski, des New England Patriots, en 2006-2016.

Le plus jeune entraîneur de NFL

Le 12 janvier 2017, Sean McVay (né le 24 janvier 1986) est devenu le plus jeune entraîneur de NFL de l'ère moderne en prenant la tête des Los Angeles Rams, à 30 ans et 354 jours.

Le plus de passes et de courses pour un touchdown dans un même match de NFL

Le 8 septembre 2016, Cam Newton a offert une passe de touchdown et a couru pour un touchdown avec les Carolina Panthers contre les Denver Broncos. C'était la 32e fois de sa carrière qu'il le faisait – une de plus que Steve Young (1985-1999).

Le joueur de NFL le plus lourd à envoyer une passe de touchdown

Le 26 décembre 2016, Dontari Poe a offert une passe décisive pour les Kansas City Chiefs, vainqueurs 33-10 contre les Denver Broncos. Poe pèse 156,94 kg.

Sa course d'un yard pour marquer lors du succès 33-3 des Chiefs contre les San Diego Chargers, le 22 novembre 2015, fait de lui le **joueur de NFL le plus lourd à inscrire un touchdown à la course**.

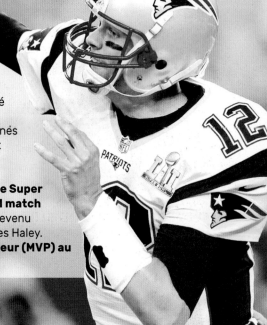

▶ LE PLUS GRAND RETOURNEMENT DE SITUATION AU SUPER BOWL

Le 5 février 2017, les New England Patriots ont rattrapé un retard de 25 points pour s'imposer au 51e Super Bowl, au NRG Stadium de Houston (US). Ils étaient menés 28-3 par les Atlanta Falcons, au 3e quart-temps, avant de l'emporter 34-28 en prolongation.

Le quarterback Tom Brady (à gauche et à droite) a accompli le **plus de passes réussies en 1 match de Super Bowl** (43) et le **plus de yards gagnés à la passe en 1 match de Super Bowl** (466). C'était le 5e succès de Brady, devenu le **joueur le plus titré au Super Bowl**, comme Charles Haley. Brady détient aussi le **plus de titres de meilleur joueur (MVP) au Super Bowl** (4).

Base-ball

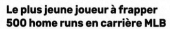

En 2016, les New York Mets et les Miami Marlins vendaient les hot-dogs les plus chers de la Major League Baseball (6,25 $ pièce).

Toutes les équipes et tous les joueurs sont originaires des États-Unis, sauf mention contraire.

Le plus jeune joueur à frapper 500 home runs en carrière MLB

Le 7 août 2016, Alex Rodriguez des New York Yankees annonçait sa retraite sportive. Il a frappé 696 home runs dans sa carrière, franchissant la barre des 500 le 4 août 2007, à 32 ans et 8 jours. Il compte aussi le **plus de grands chelems en carrière MLB** (25).

Le match de playoffs le plus long (9 manches)

Le 13 octobre 2016, le Match 5 des séries de National League Division entre les Los Angeles Dodgers et les Washington Nationals a duré 4 h et 32 min. Les Dodgers l'ont emporté 4-3, au Nationals Park de Washington (US).

Le plus de home runs par des remplaçants en 1 match de MLB

Le 8 avril 2016, les remplaçants des St Louis Cardinals ont réussi 3 home runs contre les Atlanta Braves, au Turner Field d'Atlanta (US). Jeremy Hazelbaker, Aledmys Díaz (CU) et Greg Garcia ont contribué au succès (7-4) des Cardinals.

Les Cardinals allaient aussi réussir le **plus de home runs par des remplaçants en 1 saison MLB** (15), soit un de plus que les San Francisco Giants et les Arizona Diamondbacks, en 2001.

La franchise de base-ball la mieux cotée

Les New York Yankees étaient évalués à 3,4 milliards $ par Forbes, au 31 mars 2016. C'était la 19e année de suite que le club dominait ce classement. Les Los Angeles Dodgers suivaient avec une valeur estimée à 2,5 milliards $.

Les Cleveland Indians ont perdu les World Series 2016 et ont également hérité d'un triste record : celui de la **plus longue disette en World Series**. Ils n'ont plus gagné le titre depuis 1948, soit 68 ans.

▲ LE PLUS JEUNE LANCEUR TITULAIRE EN PLAYOFFS DE MAJOR LEAGUE BASEBALL (MLB)

Âgé de 20 ans et 68 jours, Julio Urías (MX, né le 12 août 1996) a joué pour les Los Angeles Dodgers contre les Chicago Cubs, au Match 4 de leur série de National League Division, le 19 octobre 2016.

Le **plus jeune joueur de MLB** était aussi un lanceur : Joe Nuxhall (né le 30 juillet 1928), pour les Cincinnati Reds, avait 15 ans et 316 jours le 10 juin 1944.

▲ LE PLUS DE HOME RUNS CONSÉCUTIFS EN DÉBUT DE CARRIÈRE MLB

Le shortstop débutant Trevor Story a réussi au moins 1 home run dans chacun de ses 4 premiers matchs avec les Colorado Rockies, en 2016. Story en a frappé 2 pour ses débuts en MLB contre les Arizona Diamondbacks, le 4 avril, à Chase Fields (Phoenix, US), 2 autres les 5 et 6 avril, toujours contre Arizona, et encore 2 contre les San Diego Padres, le 8 avril.

Le plus de runs frappés en 1 match de World Series

Addison Russell des Chicago Cubs a marqué 6 points lors du Match 6 des World Series 2016 contre les Cleveland Indians, le 1er novembre. Il égalait ainsi le record codétenu par Bobby Richardson (1960), Hideki Matsui (JP, 2009) et Albert Pujols (DO, 2011).

Le joueur le plus âgé à atteindre 30 home runs en 1 saison

David Ortiz (DO, né le 18 novembre 1975) a signé son 30e home run de la saison à 40 ans et 280 jours, avec les Boston Red Sox, lors de la défaite (4-3) contre les Tampa Bay Rays, à St Petersburg (US), le 24 août 2016.

Le joueur de MLB le plus âgé à réussir son 1er home run

Le 7 mai 2016, le lanceur Bartolo Colón (DO, né le 24 mai 1973) a réussi son 1er home run en MLB, avec les New York Mets, contre les San Diego Padres. Il était âgé de 42 ans et 349 jours.

▲ LE PLUS DE STRIKEOUTS EN 1 MATCH DE MLB

Max Scherzer a réussi 20 strikeouts en un seul match pour les Washington Nationals contre les Detroit Tigers, le 11 mai 2016 (victoire 3-2 des Washington). Seuls deux autres lanceurs ont fait aussi bien : Roger Clemens (2 fois pour les Boston Red Sox, en 1986 et 1996) et Kerry Wood (pour les Chicago Cubs, en 1998).

▲ LA PLUS LONGUE ATTENTE AVANT UN TITRE EN WORLD SERIES

Le 2 novembre 2016, les Chicago Cubs ont décroché le titre aux World Series après un succès épique (8-7) au Match 7 contre les Cleveland Indians, au Progressive Field de Cleveland (US), mettant ainsi fin à l'une des plus longues disettes du sport américain. Le dernier sacre des Cubs remontait au 14 octobre 1908 (il y a 108 ans et 19 jours).

▲ LA MOYENNE DE POINTS MÉRITÉS LA PLUS BASSE EN 1 SAISON MLB

En 2016, Zach Britton des Baltimore Orioles n'a concédé que 4 points en 67 manches, soit une moyenne de 0,54 point. C'est la moyenne de points mérités la plus basse de MLB pour un lanceur à plus de 50 manches.

Basket-ball

Lors du **1er match de basket**, à Springfield (US), le 21 décembre 1891, des corbeilles à pêches servaient de panier. Score final : 1-0.

◄ LE PLUS DE POINTS DANS LE 1ER QUART-TEMPS EN NBA

Kevin Love, des Cleveland Cavaliers, a inscrit 34 points dans le 1er quart du match contre les Portland Trail Blazers, le 23 novembre 2016.

Le **record NBA de points marqués en un quart-temps : 37**, par Klay Thompson des Golden State Warriors contre les Sacramento Kings, le 23 janvier 2015.

Le plus de lancers francs en un match

Deux joueurs ont enquillé 24 lancers francs dans un seul match de NBA : DeMar DeRozan le 4 mars 2016 et Dirk Nowitzki (DE) le 17 mai 2011.

Le plus de ballons perdus en une saison

James Harden a concédé 374 pertes de balle avec les Houston Rockets lors de la saison 2015-2016.

Le plus de 3 points réussis par les 2 équipes en un match de NBA

À eux deux, les Dallas Mavericks et les Golden State Warriors ont réussi 39 paniers à 3 points, le 25 mars 2016.

Tous les records sont issus de la National Basketball Association (NBA) ou Women's National Basketball Association (WNBA). Tous les joueurs et toutes les équipes sont américains, sauf mention contraire.

Le 1er joueur à dominer les 5 statistiques dans une série de playoffs

LeBron James a signé 208 points, 62 passes, 79 rebonds, 18 interceptions et 16 contres pour la victoire de Cleveland 4-3 contre Golden State, du 2 au 19 juin 2016. Les Cavaliers étaient menés 1-3 et ont fini par s'imposer au match 7, à l'Oracle Arena d'Oakland (Californie, US), le 19 juin. C'est le **plus grand retournement de situation en playoffs**.

Le plus de 3 points marqués par une équipe en un match de NBA

Les Cleveland Cavaliers ont passé 25 paniers à 3 points lors de leur victoire 123-98 en playoffs contre les Atlanta Hawks, le 4 mai 2016.

Les Golden State Warriors ont inscrit le **plus de 3 points en une saison (équipe)**, en 2015-2016 (1 077).

Le plus de rebonds défensifs en carrière

Kevin Garnett a récupéré 11 453 rebonds défensifs en 22 ans de carrière avec les Minnesota Timberwolves, Boston Celtics et Brooklyn Nets, de la saison 1995-1996 à 2015-2016.

▼ LE PLUS DE PANIERS À LA SUITE (WNBA)

L'ailière Nneka Ogwumike a enchaîné 23 paniers d'affilée pour les Los Angeles Sparks sur 3 matchs, les 7-14 juin 2016.

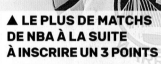

▲ LE PLUS DE 3 POINTS EN UN MATCH DE PLAYOFF DE NBA

Klay Thompson a inscrit 11 paniers à 3 points avec les Golden State Warriors, le 28 mai 2016. Son record a été établi lors du succès 108-101 contre l'Oklahoma City Thunder, à Oklahoma (US), dans le match 6 de la série de playoffs.

Le plus de lancers francs en carrière WNBA

Tamika Catchings a converti 2 004 lancers francs pour les Indiana Fever en 2002-2016. La joueuse compte aussi le **plus de rebonds en carrière WNBA** (3 316) et le **plus d'interceptions en carrière WNBA** (1 074). En outre, elle a remporté 4 médailles d'or de suite aux jeux Olympiques d'été (voir p. 241).

Le plus de points marqués en playoffs WNBA

L'ailière des Minnesota Lynx Maya Moore totalise 268 points en playoffs WNBA. Elle est passée devant les 262 points de Diana Taurasi en en inscrivant 18 contre les Los Angeles Sparks, le 9 octobre 2016.

▲ LE PLUS DE MATCHS DE NBA À LA SUITE À INSCRIRE UN 3 POINTS

Stephen Curry a marqué des 3 points dans 157 matchs consécutifs pour les Golden State Warriors, du 13 novembre 2014 au 3 novembre 2016.

Curry enregistre aussi le **plus de 3 points par un joueur en une série de playoffs NBA** (32), avec les Warriors contre les Cleveland Cavaliers, en 2016.

Le meneur prolifique a aussi réussi le **plus de 3 points en une saison régulière de NBA** (402), en 2015-2016, ainsi que le **plus de saisons consécutives à dominer le classement NBA à 3 points** (4), en 2012-2013, 2013-2014, 2014-2015 et 2015-2016 — à chaque fois avec les Warriors.

Même pour Stephen Curry, il y a toujours une marge de progression. Pour l'inciter à mieux jouer, sa mère lui demande 100 $ chaque fois qu'il perd la balle sur les parquets.

Hockey sur glace

En 1932, le Maple Leaf Gardens de Toronto (CA) est devenu la 1re enceinte de hockey à utiliser une horloge à 4 côtés.

▲ LE PLUS DE VICTOIRES À LA SUITE POUR UN GARDIEN EN DÉBUT DE SAISON
Avec son succès 5-0 contre les Detroit Red Wings, le 12 novembre 2016, Carey Price des Canadiens de Montréal (tous 2 CA) est devenu le 1er gardien de NHL à remporter ses 10 premiers matchs de la saison.

Tous les records sont issus de la National Hockey League (NHL) disputée aux États-Unis et au Canada. Tous les joueurs et les équipes sont américains, sauf mention contraire.

Les 4 buts les plus rapides
Le 3 avril 2015, les St Louis Blues et les Dallas Stars ont inscrit 4 buts en 49 s, à Dallas (US). Cette prolifération de buts a permis de devancer le record de 1983 de 53 s, lors du match entre les Toronto Maple Leafs (CA) et les Chicago Blackhawks.

Dans cette même rencontre, les équipes ont marqué 3 buts en 38 s en début de 2nde période – les **3 buts les plus rapides par les 2 équipes en début de période**. Score final : 7-5 pour St Louis.

Les 2 buts les plus rapides
L'attaquant des Columbus Blue Jackets Nick Foligno et celui du Minnesota Wild Mikael Granlund (FI) ont marqué à 2 s d'écart, lors d'un match joué à Columbus (US), le 5 janvier 2016. Le 19 décembre 1987, Ken Linseman pour Boston et Doug Gilmore pour St Louis avaient déjà réalisé cette performance.

Le plus de matchs gagnés en une saison par un gardien
Avec les Washington Capitals en 2015-2016, Braden Holtby s'est imposé à 48 reprises, soit autant que Martin Brodeur (tous 2 CA) avec les New Jersey Devils en 2006-2007.

Le plus de tirs au but consécutifs réussis par les 2 équipes en un match
Les Florida Panthers et les New York Islanders ont converti les 9 premiers tirs de leur séance à Sunrise (US), le 27 novembre 2015. Le 10e tireur a raté pour les Islanders, offrant la victoire aux Panthers.

Le 27 novembre 2015, 8 matchs se sont décidés en prolongation ou aux tirs au but, égalant le **plus de matchs prolongés en une journée** – le 22 février 2007.

Le plus de mises en échec par un joueur en une saison
La mise en échec est une technique agressive de défense où un joueur met son corps en opposition pour empêcher un adversaire de jouer. Matt Martin (CA) en a fait 382 pour les New York Islanders en 2014-2015, battant son propre record de 374 en 2011-2012.

Le plus de minutes de pénalité en un match de playoff
Deryk Engelland a accumulé 42 min de pénalité pour les Calgary Flames contre les Vancouver Canucks (tous CA) en playoff de Stanley Cup, le 17 avril 2015. Il a égalé le triste record de Dave Schultz (CA) pour les Philadelphia Flyers contre les Toronto Maple Leafs (CA), le 22 avril 1976.

Le **plus de minutes de pénalité en un match de NHL** est de 67, par Randy Holt (CA) pour les Los Angeles Kings contre les Philadelphia Flyers, le 11 mars 1979.

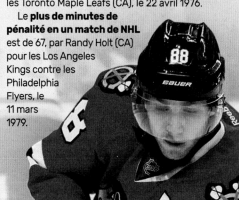

Derek Stepan, Fabian Brunnström (SE), Alex Smart et Real Cloutier (tous 2 CA) ont tous marqué un triplé à leurs débuts en NHL.

▲ LE PLUS DE BUTS LORS D'UN 1ER MATCH
Auston Matthews a marqué 4 buts pour son 1er match avec les Toronto Maple Leafs, lors de la défaite 5-4 contre les Ottawa Senators (tous 2 CA), à Ottawa, le 12 octobre 2016.

Le plus de buts en prolongation en saison régulière
Alex Ovechkin (RU) a marqué son 19e but en prolongation en saison régulière pour offrir la victoire 6-5 aux Washington Capitals contre Toronto (CA), le 3 janvier 2017. Il revient ainsi à la hauteur de Jaromír Jágr (CZ). Ovechkin totalise plus de 1 000 buts avec les Capitals depuis 2005.

La plus longue série de points par un défenseur rookie
Shayne Gostisbehere a marqué au moins 1 point sur 15 matchs de suite lors de sa 1re saison professionnelle de NHL avec Philadelphia, du 19 janvier au 20 février 2016. Les points regroupent les buts et les passes décisives.

La plus longue absence en playoff pour une équipe
Les Edmonton Oilers (CA) ont manqué la qualification pour la 10e année de suite en 2015-2016. La seule autre équipe absente pendant 10 ans d'affilée était les Florida Panthers, en 2002-2011.

▲ PATRICK KANE
Le joueur des Chicago Blackhawks Patrick Kane (né le 19 novembre 1988) se souviendra de sa saison 2015-2016. Il a marqué dans 26 matchs de suite et est devenu le 1er joueur américain à remporter le Hart Memorial Trophy depuis sa création en 1923-1924. Kane est aussi le **plus jeune joueur à inscrire le but de la victoire en prolongation** en Stanley Cup, lors du match 6 face aux Philadelphia Flyers. Il avait 21 ans et 202 jours en ce 9 juin 2010.

▲ LE PLUS JEUNE CAPITAINE
Connor McDavid (né le 13 janvier 1997) a été nommé capitaine des Edmonton Oilers (tous CA), à l'âge de 19 ans et 266 jours, le 5 octobre 2016. McDavid avait 20 jours de moins que Gabriel Landeskog (SE, né le 23 novembre 1992), désigné capitaine du Colorado Avalanche en 2012.

Rugby

L'or des Fidji au tournoi de rugby à VII masculin à Rio 2016 était la toute 1re médaille olympique du pays.

▲ LE PLUS DE POINTS MARQUÉS PAR UN JOUEUR AUX QUATRE NATIONS DE RUGBY À XIII

Le demi de mêlée Johnathan Thurston (AU) a inscrit 126 points en 3 tournois : 2009, 2011 et 2016. Il a manqué les tournois 2010 et 2014 sur blessure. Thurston compte aussi **le plus de matchs consécutifs disputés au State of Origin** (36), pour Queensland, du 25 mai 2005 au 13 juillet 2016.

Le plus de grands chelems au Tournoi des cinq/six nations

En 2016, l'Angleterre remportait tous ses matchs du Tournoi des six nations pour la 13e fois. Ses autres grands chelems ont été signés en 1913-1914, 1921, 1923-1924, 1928, 1957, 1980, 1991-1992, 1995 et 2003.

Le plus de pénalités inscrites en un match du Tournoi des cinq/six nations

Le 19 mars 2016, Maxime Michenaud (FR) a réussi 7 pénalités contre l'Angleterre, au Stade de France, à Saint-Denis (FR). C'est le 8e joueur seulement à accomplir cette prouesse dans la compétition.

Le plus de matchs remportés au Rugby Championship

Créé en 2012 pour remplacer le Tri-nation, le Rugby Championship intègre la Nouvelle-Zélande, l'Australie, l'Afrique du Sud et l'Argentine. Le 8 octobre 2016, la Nouvelle-Zélande a remporté son 24e match. Les All Blacks n'ont perdu que 2 matchs dans la compétition, pour un nul.

Le plus de matchs disputés au State of Origin

Réputé pour être la plus grande compétition du sport australien, le State of Origin est une série annuelle de trois matchs de rugby à XIII disputés entre Queensland et Nouvelles-Galles-du-Sud. Le talonneur Cameron Smith (AU) a disputé 39 matchs pour Queensland en 2003-16. Il n'a raté qu'une rencontre, en 2010, sur blessure.

Le plus de matchs pour un avant en NRL

Corey Parker (AU) a disputé 347 matchs pour les Brisbane Broncos du 24 mars 2001 au 16 septembre 2016.

▲ LE PLUS DE MATCHS INTERNATIONAUX EN RUGBY À XV (FEMMES)

La pilier Rochelle « Rocky » Clark (GB) comptait 122 capes, au 17 mars 2017. Elle a battu le record de 115 sélections de l'Écossaise Donna Kennedy, le 19 novembre 2016, en entrant en cours de jeu contre la Nouvelle-Zélande. Clark avait débuté contre le Canada le 28 juin 2003.

▲ LE PLUS DE VICTOIRES CONSÉCUTIVES POUR UNE NATION DE L'ÉLITE EN RUGBY À XV

La Nouvelle-Zélande a remporté 18 matchs de suite, entre le 15 août 2015 et le 22 octobre 2016. Les All Blacks ont finalement cédé le 5 novembre 2016 face à l'Irlande 40-29, au Soldier Field, à Chicago (US). L'Angleterre a ensuite fait aussi bien, avec 18 succès, du 10 octobre 2015 au 11 mars 2017, avant une défaite 13-9, le 18 mars, également contre l'Irlande.

Le plus de victoires consécutives pour une nation en rugby à XV

La Nouvelle-Zélande et l'Angleterre partagent le record de victoires à la suite dans l'élite (voir ci-dessus), mais le record absolu est détenu par Chypre. « Les Mouflons » ont remporté 24 matchs consécutifs, entre le 29 novembre 2008 et le 1er novembre 2014, avant une défaite 39-20 contre la Lettonie.

Le plus de points marqués lors d'un tournoi olympique de rugby à VII (joueur)

À Rio 2016, le rugby a fait son retour aux JO pour la 1re fois depuis 1924. Avec ses 10 essais dans le tournoi féminin, l'ailière Portia Woodman (NZ) totalise 50 points. Elle a décroché l'argent avec les All Blacks après la défaite 24–17 contre l'Australie en finale le 8 août 2016.

▲ LE PLUS DE POINTS INSCRITS EN CHAMPIONNAT D'ANGLETERRE DE RUGBY À XV

Le demi d'ouverture Charlie Hodgson (GB) a pris sa retraite en 2016, fort de ses 2 623 points marqués en championnat. En l'espace de 16 ans avec les Sale Sharks (2000-2011) et les Saracens (2011-2016), Hodgson a signé 39 essais, 332 transformations, 550 pénalités et 38 drops. Il compte aussi 38 sélections pour l'Angleterre.

Le 8 octobre 2016, Denny Solomona a fait ses débuts avec les Samoa face aux Fidji, à Apia (WS). C'était la 1re rencontre à domicile pour l'équipe des Samoa en rugby à XIII. Les Fidji l'ont emporté 20-18.

◄ LE PLUS D'ESSAIS EN UNE SAISON DE SUPER LEAGUE

L'ailier d'origine néo-zélandaise Denny Solomona a signé 40 essais pour les Castleford Tigers (GB), du 7 février au 25 septembre 2016, concluant la saison par son 7e triplé de la saison contre les Widnes Vikings. Il a battu le record précédent de 36 essais établi en 2004 par Lesley Vainikolo. En décembre 2016, Solomona est passé au rugby à XV, avec les Sale Sharks.

Tennis

Le tennis dérive du jeu de paume français, qui était autrefois joué mains nues et non avec des raquettes.

Après une année 2016 faste, Andy Murray a été élevé au rang de Chevalier de la reine.

▲ LE PLUS DE VICTOIRES CONSÉCUTIVES EN GRAND CHELEM (HOMMES, ÈRE OPEN)
Novak Djokovic (RS) a gagné 30 matchs de suite en grand chelem, du 29 juin 2015 au 29 juin 2016. Il a remporté les 4 tournois majeurs (Wimbledon, US Open, open d'Australie, Roland Garros) à la suite, à cheval sur 2 ans. Seul Rod Laver (AU) y était parvenu en 1969. « Nole » a empoché 90 sets et n'en a concédé que 11 sur la période.

Le plus d'apparitions à la suite dans le tableau final d'un grand chelem
Blessé, Roger Federer a dû faire l'impasse sur Roland Garros en 2016, mettant un terme à une série de 65 participations successives dans les tableaux finaux des 4 tournois majeurs. À son retour à l'open d'Australie 2017, le Suisse est parvenu à battre Rafael Nadal en finale pour décrocher un 18e succès et améliorer son record du **plus de titres en grand chelem (hommes)**.

Au 29 janvier 2017, Federer comptait aussi **le plus de matchs gagnés en grand chelem (hommes)** (314). Selon Forbes, il a empoché 68 millions $ en 12 mois, jusqu'au 30 juin 2016, soit **les gains annuels les plus élevés pour un tennisman (année glissante)**.

Le plus de semaines consécutives comme n°1 mondial (femmes)
Au cours d'une année record pour Serena Williams (US), celle-ci a égalé le record de Steffi Graf (DE), avec 186 semaines au sommet du classement WTA. Le règne de Serena a duré du 18 février 2013 au 5 septembre 2016, quand elle a cédé sa place à Angelique Kerber.

▲ LE PLUS DE DOUBLES DE COUPE DAVIS
Le 16 juillet 2016, Leander Paes (IN, en haut, à droite) a remporté son 42e match de double en coupe Davis, associé à Rohan Bopanna (IN, en haut, à gauche), face à la Corée du Sud dans le groupe I d'Asie/Océanie, à Chandigarh (IN). Paes égale le record de Nicola Pietrangeli (IT) et ses 42 succès en double entre 1954 et 1972.

Le plus de médailles olympiques de tennis
Venus Williams (US) a obtenu sa 5e médaille olympique à Rio 2016, avec l'argent en double mixte, au côté de Rajeev Ram (US), le 14 août 2016. Toutes ses autres médailles sont en or, puisqu'elle a remporté 3 fois le double avec sa sœur Serena et le simple, à Sydney 2000. Venus partage ce record avec Kathleen McKane Godfree (GB), en 1920-1924.

À l'open d'Australie 2017, Venus disputait son 73e grand chelem — **le plus de tournois du grand chelem disputés par une joueuse dans l'ère open**. Elle a atteint la finale.

▲ LA JOUEUSE LA PLUS ÂGÉE À DEVENIR Nº 1 MONDIALE
Le 12 septembre 2016, Angelique Kerber (DE, née le 18 janvier 1988) a détrôné Serena Williams au sommet du classement de la Women's Tennis Association (WTA), à 28 ans et 238 jours. Cette année-là, elle a remporté l'Open d'Australie — son 1er grand chelem — et l'US Open, atteignant la finale à Wimbledon et aux JO.

Le moins de matchs disputés pour atteindre une demi-finale de grand chelem
À l'US Open 2016, 3 adversaires de Novak Djokovic ont déclaré forfait. Avec les abandons de Jiří Veselý (CZ, blessé au bras), Mikhail Youzhny (RU, jambe) et Jo-Wilfried Tsonga (FR, genou), Djokovic a donc atteint les demies en ayant disputé 2 rencontres pour un total de 6 h et 24 min sur les courts.

Le plus d'aces en un match WTA
Kristýna Plíšková (CZ) a réussi 31 services gagnants au second tour de l'open d'Australie, à Melbourne, le 20 janvier 2016. Elle a finalement perdu contre Monica Puig (PR), malgré 5 balles de match.

Le match de tennis en fauteuil roulant le plus long
Le 13 septembre 2016, Jamie Burdekin et Andy Lapthorne (tous 2 GB) ont décroché le bronze en petite finale du double paralympique, après 4 h et 25 min de jeu. Ils ont battu la paire israélienne Itai Erenlib et Shraga Weinberg 3-6, 6-4, 7-6 (7-2).

▶ LE PLUS DE TITRES EN INDIVIDUEL EN GRAND CHELEM (FEMMES, ÈRE OPEN)

Le 28 janvier 2017, Serena Williams (US) a battu sa sœur Venus 6-4, 6-4, en finale de l'open d'Australie, au Melbourne Park. C'était le 23e titre de Serena en grand chelem, un de plus que Steffi Graf. Depuis ses débuts à l'open d'Australie 1998, Serena compte **le plus de matchs gagnés en individuel en grand chelem**, avec 316 succès.

▲ LE PLUS DE TITRES OLYMPIQUES EN INDIVIDUEL
À Rio 2016, Andy Murray (GB) a conservé le titre qu'il avait acquis aux JO de Londres 2012. Il est devenu le 1er joueur à compter 2 médailles d'or en individuel. Murray a écarté Juan Martín del Potro 7-5, 4-6, 6-2, 7-5 au terme d'une finale épique de plus de 4 h. Del Potro empochait aussi sa 2e médaille olympique après le bronze, à Londres.

Opposées en finale de l'open d'Australie 2017, les sœurs Williams affichaient à elles deux 71 ans et 349 jours — **l'âge cumulé le plus élevé pour des finalistes de grand chelem (individuel, ère open)**.

Boxe

Le seul boxeur à s'être battu pour le titre de champion du monde poids lourds lors de son 1er combat pro est Pete Rademacher (US), en 1957.

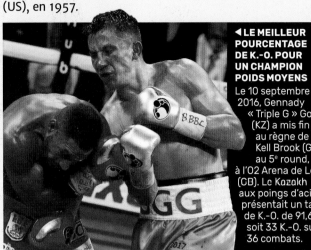

◀ **LE MEILLEUR POURCENTAGE DE K.-O. POUR UN CHAMPION POIDS MOYENS**
Le 10 septembre 2016, Gennady « Triple G » Golovkin (KZ) a mis fin au règne de Kell Brook (GB) au 5e round, à l'O2 Arena de Londres (GB). Le Kazakh aux poings d'acier présentait un taux de K.-O. de 91,67 %, soit 33 K.-O. sur 36 combats.

▲ **LE PLUS DE TITRES DE CHAMPION LINÉAIRE EN POIDS LOURDS**
En 2016, la boxe a perdu sa légende : Mohamed Ali (US), qui a remporté 3 titres mondiaux « linéaires » dans sa catégorie. Un titre linéaire est attribué lorsqu'un boxeur bat le champion en titre incontesté. Le 1er succès d'Ali remonte à 1964 face à Sonny Liston (US). Il s'est ensuite imposé lors du combat « Rumble in the Jungle » contre George Foreman (US) en 1974. Ali a signé son dernier succès linéaire contre Leon Spinks (US, ci-dessus, à gauche avec Ali), à La Nouvelle-Orléans (US), le 15 septembre 1978. Un record du monde qui colle parfaitement à l'image de « The Greatest », le plus grand de tous.

▲ **LE PLUS LONG RÈGNE DE CHAMPIONNE DU MONDE**
Face à Chie Higano (JP), le 11 novembre 2016 au Korakuen Hall de Tokyo (JP), Momo Koseki (JP) a remporté sa 17e victoire en défense de son titre World Boxing Council (WBC) en poids « atome ». Elle avait décroché la ceinture par K.-O. technique au 2e round contre Winyu Paradorn Gym (TH), le 11 août 2008 à Tokyo, soit 8 ans et 92 jours plus tôt.

Le plus de titres olympiques en boxe (femmes)
Claressa Shields (US) et Nicola Adams (GB) comptent 2 médailles d'or olympiques chacune, à Londres 2012 et Rio 2016. Adams a conservé son titre en mouches, le 20 août, à l'âge de 33 ans et 299 jours, devenant la **championne olympique de boxe la plus âgée**.

Shields l'a imitée chez les poids moyens en battant Nouchka Fontijn (NL), le 21 août 2016. Shields avait décroché son 1er titre à 17 ans et 145 jours, faisant d'elle la **championne olympique de boxe la plus jeune**.

Le **plus de titres olympiques remportés en boxe** est de 3, par László Papp (HU) en 1948-1956, Teófilo Stevenson (CU) en 1972-1980 et Félix Savón (CU) en 1992-2000.

Le plus de titres olympiques à la suite dans une même catégorie (pays)
Le 17 août 2016, Daniyar Yeleussinov a offert au Kazakhstan une 4e médaille d'or olympique consécutive en welters, égalant le record de Cuba de 4 titres à la suite en poids lourds, entre 1992 et 2004.

LE PLUS DE DÉFENSES DU TITRE CONSÉCUTIVES

CATÉGORIE	NOM (NATIONALITÉ)	COMBATS	DATES
Lourd	Joe Louis (US)	25	1937-1948
Minimum	Ricardo López (ME)	21	1991-1998
Moyen	Bernard Hopkins (US)	20	1996-2005
Super-mouche	Khaosai Galaxy (TH)	19	1985-1991
Welter	Henry Armstrong (US)	18	1938-1940
Mi-mouche	Yuh Myung-woo (KR)	17	1986-1991
Mouche	Pongsaklek Wonjongkam (TH)	17	2001-2007
Coq	Orlando Canizales (US)	16	1988-1994
Lourd-léger	Johnny Nelson (GB)	=13	1999-2005
	Marco Huck (DE)	=13	2009-2014
Super-léger	Julio César Chávez (ME)	12	1989-1993
Super-plume	Brian Mitchell (ZA)	12	1987-1991
Mi-moyen	Gianfranco Rosi (IT)	11	1989-1994

Chiffres vérifiés au 8 novembre 2016

Le plus de temps entre 2 champions linéaires
Le 16 septembre 2016, Shinsuke Yamanaka (JP) est devenu le 1er champion linéaire en coqs depuis 1987, après 29 ans et 171 jours selon *The Ring*. Il a battu Anselmo Moreno (PA), à l'Edion Arena d'Osaka (JP), au 7e round d'un combat marqué par 5 mises au tapis.

Le champion du monde le plus âgé
Le 17 décembre 2016, à près de 52 ans, Bernard « The Executioner » Hopkins (US, né le 15 janvier 1965) a livré son dernier combat professionnel contre Joe Smith Jr (US), s'inclinant au 8e round. Hopkins a remporté 3 titres à 49 ans et 94 jours en battant Beibut Shumenov (KZ), à la DC Armory de Washington (US), le 19 avril 2014.

Le plus de gains pour un boxeur (sur 12 mois)
D'après *Forbes*, le champion toutes catégories Floyd Mayweather Jr (US) a empoché 44 millions $, entre le 1er juin 2015 et le 1er juin 2016. 32 millions $ proviennent de ses victoires et 12 millions $ de ses contrats de sponsors.

Le combat Vargas-Salido a été précédé des 10 coups de cloche traditionnels en hommage à la légende Mohamed Ali, décédé la veille, à l'âge de 74 ans.

▲ **LE PLUS DE « POWER PUNCHS » LANCÉS DANS UN COMBAT DE SUPER-PLUMES**
Un « power punch » désigne tout coup de poing hors jab. Lors du match entre Francisco Vargas et Orlando Salido (tous 2 MX), au StubHub Center de Carson (US), le 4 juin 2016, CompuBox a recensé un total de 1 593 power punchs : 776 par Vargas et 817 par Salido. Si 615 de ces coups ont touché leur cible, le match s'est arrêté à égalité après 12 rounds, deux des trois juges étant incapables de départager les boxeurs aux points.

Arts martiaux

Aux jeux Olympiques 2016 de Rio, Cheick Sallah Cissé (CI) a pris l'or en taekwondo avec un dernier coup de pied... à la tête !

▲ LE 1ᵉʳ SPORTIF CHAMPION DU MONDE EN BOXE ET MMA

Le 14 novembre 2015, Holly Holm a battu la championne Ronda Rousey (toutes 2 US), remportant la ceinture UFC poids coqs. Elle est ainsi devenue la 1ʳᵉ athlète, homme ou femme, à décrocher le titre mondial en arts martiaux mixtes (MMA) et en boxe. En 2006, Holly avait remporté la ceinture WBA welters.

Le 1ᵉʳ combattant en Ultimate Fighting Championship à détenir 2 titres en même temps

Le 12 novembre 2016, le champion UFC plumes Conor McGregor (IE) affrontait Eddie Alvarez (US), au Madison Square Garden de New York (US), pour le titre en poids légers. McGregor s'est imposé en 2 rounds, devenant le 1ᵉʳ champion du monde dans 2 catégories.

Le duel McGregor-Alvarez était la rencontre phare de l'UFC 205, qui a rapporté 17 700 000 $, soit le **plus de revenus générés par les entrées à un combat UFC**.

Le plus de défenses du titre consécutives en poids mouches UFC (homme)

Demetrious « Mighty Mouse » Johnson (US) a défendu son titre 8 fois, entre le 22 septembre 2012 et le 23 avril 2016. Il était devenu le 1ᵉʳ champion mouches UFC en remportant le 1ᵉʳ combat de la catégorie contre Joseph Benavidez (US).

Le plus de pays médaillés aux JO d'été en judo

Rio 2016 a vu 26 pays décrocher des médailles en judo, entre le 6 et le 12 août, dont Cuba, les Émirats arabes unis et la Slovénie. Victorieuse en moins de 52 kg femmes, Majlinda Kelmendi a offert au Kosovo sa toute première médaille olympique.

Le plus de titres olympiques en taekwondo (total)

Quatre athlètes comptent 2 médailles d'or olympiques de taekwondo. Ha Tae-kyung (KR) et Chen Yi-an (TW) ont pris l'or aux JO de 1988 à Séoul (KR) et de 1992 à Barcelone (SP), quand le taekwondo était encore un sport de démonstration. Hwang Kyung-seon (KR) a

▲ LE PLUS DE TITRES INDIVIDUELS REMPORTÉS LORS DE JO CONSÉCUTIFS (FEMME)

Kaori Icho (JP) a décroché 4 médailles d'or à la suite entre Athènes 2004 et Rio 2016. Ses 3 premiers titres ont été obtenus en lutte libre 63 kg, le 4ᵉ en 58 kg. Véritable star de la lutte féminine, Kaori est restée invaincue toutes compétitions confondues pendant 13 ans, avant de perdre un match en janvier 2016. Elle a néanmoins retrouvé les sommets à Rio, alors qu'elle était menée à 5 s de la fin de la finale face à Valeria Koblova (RU).

décroché l'or en poids moyens chez les femmes à Pékin en 2008 et à Londres en 2012, tandis que Jade Jones (GB) s'est imposée chez les 57 kg à Londres en 2012 et à Rio en 2016.

Le **plus de médailles olympiques gagnées en taekwondo (femmes)** est de 3, par Hwang Kyung-seon, entre 2004 et 2012, et Maria Espinosa (MX), entre 2008 et 2016.

Le plus de victoires en sumo dans l'élite

L'élite du sumo professionnel regroupe 42 lutteurs, les *makuuchi*. Du 8 juillet 2007 au 24 juillet 2016, Hakuhō Shō (MN, ci-dessous) a totalisé 903 succès dans cette division, record parmi les *rikishi* (lutteurs). Il a surpassé le record précédent – 879 victoires – lors du Grand tournoi d'été des sumos 2016, à Tokyo (JP).

▲ LE COMBAT UFC EN VIDÉO À LA DEMANDE LE PLUS REGARDÉ

La revanche entre Conor McGregor (IE) et Nate Diaz (US), lors de l'UFC 202, a généré 1 650 000 achats en vidéo à la demande. L'événement s'est tenu à Las Vegas (US), le 20 août 2016. L'affiche a été remportée sur décision à la majorité par McGregor, obtenant ainsi sa revanche après sa défaite au 2ᵉ round contre Diaz le 5 mars 2016.

En 1968, le père de Hakuhō, Jigjidiin, avait remporté la 1ʳᵉ médaille olympique de la Mongolie, en lutte.

▶ LE PLUS DE TITRES SANS DÉFAITE EN CHAMPIONNAT D'ÉLITE DE SUMO

Un *zenshō-yūshō* est un tournoi de sumo remporté sans défaite. Entre 2007 et 2016, Hakuhō Shō (MN, né Mönkhbatyn Davaajargal, à droite) y est parvenu 12 fois ; 4 fois de plus que Futabayama Sadaji (JP, entre 1936-1943) et Taihō Kōki (JP, 1963-1969). Hakuhō a décroché son 12ᵉ *zenshō-yūshō* le 22 mai 2016 contre Kakuryū Rikisaburō par *utchari*, en le sortant de l'arène.

Cricket

Le 12 décembre 2016, Shania-Lee Swart (ZA) a inscrit 160 des 169 points de son équipe, la seule à avoir marqué des courses !

Le plus de points en Twenty20 International

Le 6 septembre 2016, l'Australie s'est imposée 263 à 3 sur ses 20 séries contre le Sri Lanka, au stade Pallekele International de Kandy (LK). Une victoire acquise notamment grâce au 145 non éliminé en 65 balles de l'ouvreur Glenn Maxwell.

Le plus de balles consécutives sans concéder de course en test-match

En tentant d'arracher le nul contre le Sri Lanka, le 30 juillet 2016, l'Australie a joué 154 balles, soit 25,4 séries, sans encaisser de point. En vain, puisque l'Australie s'est finalement inclinée.

▲ LE LANCEUR LE PLUS RAPIDE À PRENDRE 100 GUICHETS EN ODI

En éliminant Dhananjaya de Silva (LK) lors d'un match à Colombo (LK), le 21 août 2016, Mitchell Starc (AU) a fait sa 100e victime en One-Day International (ODI) en seulement 52 matchs. La **lanceuse la plus rapide à prendre 100 guichets en ODI** est Cathryn Fitzpatrick (AU), en 64 matchs, de juillet 1993 à février 2003.

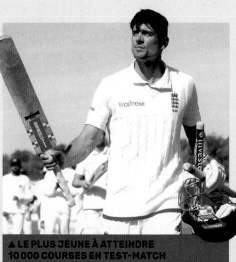

▲ LE PLUS JEUNE À ATTEINDRE 10 000 COURSES EN TEST-MATCH

Ancien capitaine de l'Angleterre, Alistair Cook (né le 25 décembre 1984) avait 31 ans et 157 jours quand il a marqué son 10 000e point dans sa série de 47 non éliminé contre le Sri Lanka, à Chester-le-Street (GB), le 30 mai 2016. Cook a battu le record de Sachin Tendulkar (IN), qui avait 31 ans et 326 jours quand il y est parvenu le 16 mars 2005.

Le plus de jours consécutifs de test-match

Du 21 juillet au 20 août 2016, il y a eu 31 jours de cricket test consécutifs. La série est finalement tombée à l'eau lorsque les 3 derniers jours du match entre l'Afrique du Sud et la Nouvelle-Zélande ont été annulés à cause de la pluie.

Le plus de guichets pris à domicile en test-match (homme)

En décembre 2016, James Anderson (GB) avait pris 296 guichets en 69 test-matchs joués à domicile.

▲ LE PLUS DE MATCHS D'ODI EN TANT QUE CAPITAINE (FEMME)

Charlotte Edwards (GB) a raccroché en 2016 après avoir été capitaine de l'Angleterre durant 117 matchs d'ODI depuis 1997. Au cours d'une brillante carrière en test, ODI et Twenty20, Edwards a signé plusieurs records, dont celui du **plus de courses inscrites en ODI (femme)** – 5 992. Ses 9 centuries en ODI constituent par ailleurs le **plus de centuries en carrière ODI (femme)**.

Le plus jeune batteur à marquer plus de 100 points contre toutes les nations de test

Né le 8 août 1990, Kane Williamson (NZ) avait 25 ans et 364 jours quand il a infligé 113 points au pays hôte, à Bulawayo (ZW), les 6-7 août 2016. Williamson a ainsi inscrit des centuries aux 9 nations de test en battant le record de Kumar Sangakkara (LK), âgé de 30 ans et 38 jours en 2007.

Le plus de matchs entre 2 tests

Le 20 octobre 2016, Gareth Batty (GB) est revenu en équipe nationale pour affronter le Bangladesh. Sa dernière apparition en test remontait au 3-5 juin 2005 – 142 test-matchs avant. À son retour, Batty, 39 ans, a pris 4 guichets et l'Angleterre s'est imposée.

Le plus de courses concédées par des 1ers lanceurs en One-Day International

Le 5 octobre 2016, l'Afrique du Sud et l'Australie ont joué un ODI, à Durban (ZA). Les 4 premiers lanceurs ont concédé 325 courses en 39 séries. À eux 4, Dale Steyn et Kagiso Rabada (tous 2 ZA) et Chris Tremain et Daniel Worrall (tous 2 AU) n'ont pris que 4 guichets.

Le Pakistan pouvait se consoler de sa défaite record en ODI contre l'Angleterre. Mohammad Amir a marqué 58 points en 28, égalant égaler le score le plus élevé en ODI pour un 11e batteur.

◄ LE SCORE LE PLUS ÉLEVÉ EN ONE-DAY INTERNATIONAL (HOMMES)

Le 30 août 2016, l'Angleterre s'est imposée 444 à 3 contre le Pakistan, à Trent Bridge (Nottingham, GB). Alex Hales (à gauche) a fini meilleur marqueur avec 171, devant Jos Buttler (90 non éliminé en 51 balles) et le capitaine Eoin Morgan (57 non éliminé). L'Angleterre devance d'un petit point le record précédent, établi par le Sri Lanka pour la perte de 9 guichets contre les Pays-Bas, à Amstelveen, le 4 juillet 2006.

Le plus de points marqués en Indian Premier League (IPL)

Désigné joueur de l'année en 2016, Virat Kohli (IN) a inscrit 4 110 courses pour les Royal Challengers Bangalore depuis la création de l'IPL en 2008.

Lasith Malinga (LK) a pris le **plus de guichets en IPL** – 143 en 98 manches. Une performance d'autant plus remarquable qu'il a raté 2 éditions sur blessures.

Golf

La victoire des États-Unis 17-11, à la Ryder Cup 2016, était leur 1re depuis 2008 et leur plus large depuis 1981.

▲ LE SCORE LE PLUS BAS SUR UN TOUR (18 TROUS) D'UNE ÉPREUVE DU PGA TOUR
Jim Furyk (US) a rendu une carte de 58, soit 12 sous le par, lors du Travelers Championship dans le Connecticut (US), le 7 août 2016. Furyk a complété la moitié du parcours en 27 coups seulement, avec 7 birdies consécutifs sur les trous 6 à 12. Au 18e green, il a pris ses 2 putts pour signer le score le plus bas sur le PGA Tour.

Q : Quel oiseau donne son nom à un score de 4 sous le par sur un trou ?

R : Le condor

Le score le plus bas sur un tour lors d'un tournoi majeur (hommes)
Le golf compte 4 tournois majeurs : l'Open britannique, l'US Open, le championnat PGA et le Masters. Le score le plus bas lors d'un tour dans ces épreuves est de 63, une performance accomplie 30 fois par 28 golfeurs. Phil Mickelson (US) et Henrik Stenson (SE) ont rejoint le « club des 63 », lors du 145e Open britannique joué à Ayrshire (GB), les 14-17 juillet 2016. Plus tard dans le mois, Robert Streb (US) a aussi rendu une carte de 63 lors du 98e championnat PGA, au Baltusrol Golf Club de Springfield (US), le 29 juillet 2016.

Le **score le plus bas sur un tour d'un tournoi majeur (homme ou femme)** est de 61, par Kim Hyo-joo (KR), à l'Evian Championship, le 11 septembre 2014. Elle était âgée de 19 ans et a remporté le tournoi.

▲ LE PLUS JEUNE CAPITAINE DE RYDER CUP
Véritable légende du golf, Arnold Palmer (US) est décédé le 25 septembre 2016. Il a remporté 7 titres majeurs et 62 épreuves du PGA Tour. Son style flamboyant a conquis les spectateurs et lui a valu des hordes de fans, la fameuse « Armée d'Arnie ». En 1963, Palmer, à 34 ans et 31 jours, était capitaine de l'équipe américaine de Ryder Cup, à l'East Lake Golf Club d'Atlanta (US).

Le score le plus bas sous le par dans un Majeur masculin
Les 14-17 juillet 2016, Henrik Stenson (SE) a remporté le 145e Open britannique, au Royal Troon Golf Club d'Ayrshire (GB), avec 20 coups sous le par. Il a signé des cartes de 68-65-68-63, soit un score total de 264.

Stenson a ainsi égalé la prouesse de Jason Day (AU), champion du 97e championnat PGA, sur le Straits Course de Whistling Straits, près de Kohler (US), les 13-16 août 2015.

▲ LE SCORE LE PLUS BAS SOUS LE PAR DANS UN MAJEUR FÉMININ
Lors de l'Evian Championship à Évian-les-Bains (FR), les 15-18 septembre 2016, Chun In-gee (KR) a fait 21 sous le par, avec des cartes de 63-66-65-69 pour un score total de 263, soit 4 coups devant ses compatriotes Park Sung-hyun et Ryu So-yeon. In-gee a battu le record de 19 sous le par détenu par 5 golfeuses.

Le score le plus bas après 36 trous sur une épreuve du PGA Tour
Le 12 janvier 2017, Justin Thomas (US) a fait 59 sur le 1er tour du Sony Open d'Hawaï (US). Il a continué avec un 64 pour un score cumulé de 123, soit 17 sous le par, à la moitié du tournoi.

Le **score le plus bas après 36 trous, au Players Championship**, est de 129, par Jason Day (AU), au TPC Sawgrass de Ponte Vedra Beach (Floride, US), les 12-13 mai 2016. C'est le **tournoi de golf le plus richement doté** : 1,89 million de $ en 2016.

Le plus d'US Open sur un même parcours
Créé en 1903, l'Oakmont Country Club de Pennsylvanie (US) a accueilli son 1er US Open en 1927. Ce Majeur s'y est ensuite disputé 8 autres fois. Les 3 derniers vainqueurs – Dustin Johnson (US, 2016), Ángel Cabrera (AR, 2007) et Ernie Els (ZA, 1994) – y ont remporté l'épreuve pour la 1re fois.

▲ LE PLUS DE PARTICIPATIONS À LA RYDER CUP (JOUEUR)
Phil Mickelson a représenté les États-Unis pour la 11e fois à la Ryder Cup 2016, organisée du 30 septembre au 2 octobre, au Hazeltine National Golf Club de Chaska (US). En contribuant au succès de son équipe 17-11, Mickelson a égalé les 11 participations consécutives de Nick Faldo (GB) pour l'Europe entre 1977 et 1997.

La plus jeune golfeuse à gagner 5 millions $ sur le LPGA Tour
Née le 24 avril 1997, Lydia Ko (NZ) n'avait que 18 ans et 303 jours quand elle a obtenu la 2e place de l'Open féminin d'Australie, le 21 février 2016, lui permettant de dépasser les 5 millions de $ de gains de gains.

D'origine coréenne, Ko est aussi la **plus jeune golfeuse à remporter un Majeur féminin** (18 ans et 142 jours, Evian Championship 2015) et la **plus jeune golfeuse n° 1 mondiale** (17 ans et 283 jours, le 1er février 2015).

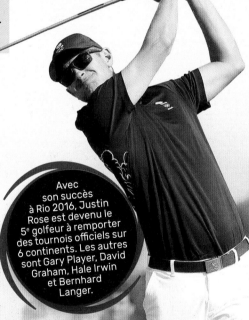

Avec son succès à Rio 2016, Justin Rose est devenu le 5e golfeur à remporter des tournois officiels sur 6 continents. Les autres sont Gary Player, David Graham, Hale Irwin et Bernhard Langer.

▶ LE 1ER TROU-EN-UN EN TOURNOI OLYMPIQUE
À Rio, en 2016, le golf est redevenu une discipline olympique après 112 ans d'absence. Un retour fêté en fanfare par Justin Rose (GB), auteur d'un trou-en-un le 11 août. Avec son fer-7 au départ du trou n° 4 (par 3), il a expédié sa mise en jeu à 3 m du drapeau avant d'enquiller son putt. Rose a rendu une carte de 67 pour s'offrir la victoire, devenant le 1er médaillé d'or en golf depuis 1904. Jaco van Zyl (ZA) a signé le 2e trou-en-un 2 jours plus tard.

Sports mécaniques

Le 27 novembre 2016, Nico Rosberg (DE) a gagné son
1er championnat de F1 et a pris sa retraite 5 jours plus tard !

Le plus de vainqueurs différents en une saison de MotoGP

La saison 2016 de MotoGP a été particulièrement disputée avec 9 vainqueurs différents : Marc Márquez, Jorge Lorenzo, Maverick Viñales, Dani Pedrosa (tous ES), Andrea Iannone, Andrea Dovizioso, Valentino Rossi (tous IT), Jack Miller (AU) et Cal Crutchlow (GB). Huit pilotes se sont succédé sur le podium entre les 6e et 13e courses.

Le plus de points en carrière de F1 pour un pilote

À la fin de la saison 2016, le pilote de Mercedes Lewis Hamilton (GB) avait totalisé 2 247 points en championnat du monde dans sa carrière. Son 1er poursuivant est le quadruple champion Sebastian Vettel (DE), avec 2 108 points.

▲ LE PLUS DE POLE POSITIONS EN MOTO
Du 17 mai 2009 au 23 octobre 2016, Marc Márquez (ES) a signé 65 pole positions. Il en a obtenu 37 en MotoGP, 14 en Moto2 et 14 en Moto3. Le record a changé de main tout au long de 2016, jusqu'à ce que Jorge Lorenzo (ES) n'obtienne la dernière pole de la saison, à Valence, le 13 novembre, et revienne au niveau de Márquez.

▲ LE PLUS TITRÉ AU RALLYE DAKAR EN QUAD
Marcos Patronelli (AR) a remporté son 3e rallye Dakar en quad en 2016 après ses titres en 2010 et 2013. La course 2016 a traversé l'Argentine et la Bolivie au cours de 13 étapes intenses. Le quad est une affaire de famille chez les Patronelli : le frère de Marco, Alejandro, a remporté 2 fois le Dakar et a signé la 2e place en 2016.

Le plus rapide en NHRA Drag Racing en funny car

Dans le monde du dragster, les « funny cars » se démarquent par leur moteur à l'avant et une carrosserie en fibre de verre ou de carbone. Lors d'un événement de la National Hot Rod Association (NHRA), à Topeka (US), le 20 mai 2016, Matt Hagan (US) a profité d'une piste rapide et d'un temps clément pour atteindre une vitesse de pointe de 540,04 km/h en 402,3 m, départ arrêté. « Avec de telles conditions sur une piste aussi rapide, ces voitures volent vraiment », a déclaré le double champion après coup.

▲ LE PLUS JEUNE PILOTE DE F1 À 100 PODIUMS
Le triple champion du monde de Formule 1 (F1) Lewis Hamilton (GB) avait 31 ans et 276 jours quand il a obtenu la 3e place du Grand Prix du Japon, à Suzuka (JP), le 9 octobre 2016. Il est devenu le 3e pilote à atteindre la marque des 100 podiums, après les légendes Alain Prost (FR, en 1983) et Michael Schumacher (DE, en 2002). Seul Schumi y est parvenu en moins de courses.

▲ LE PLUS JEUNE À REMPORTER UNE COURSE DE F1
Le 15 mai 2016, Max Verstappen (NL) a gagné le Grand Prix d'Espagne, à Montmeló, à 18 ans et 228 jours. Le pilote, fils de Jos Verstappen, est devenu le 1er Néerlandais à s'imposer lors d'une épreuve de F1. Il avait quitté Toro Rosso pour Red Bull Racing quelques jours avant la course.

Le plus de miles en tête pendant une course de NASCAR

En 2016, Martin Truex Jr (US) était en tête de la Coca-Cola 600 pendant 946 km, soit 392 des 400 tours. Truex Jr s'est ainsi octroyé son 1er succès de l'année, son 4e en NASCAR (National Association for Stock-Car Auto Racing). La course se tenait sur le Charlotte Motor Speedway de Concord en Caroline du Nord (US), le 29 mai.

Stéphane Peterhansel et Jean-Paul Cottret auraient pu remporter 8 Dakar. En 2014, ils ont reçu l'ordre de laisser filer le leader Nani Roma pour éviter tout risque de collision.

Le plus de points à l'arrivée au championnat du monde des rallyes pour un constructeur

Au rallye de Monte-Carlo, le 20 janvier 2002, les pilotes Ford sont arrivés 3e et 4e. C'était le début d'une incroyable série de 212 points à la suite pour le constructeur jusqu'au rallye de Monte-Carlo 2017, le 22 janvier.

Le plus de victoires d'étapes pour un pays au championnat du monde des rallyes

Du 26 janvier 1973 au 22 janvier 2017, la France a décroché 184 victoires d'étapes en WRC, par 18 pilotes différents, dont les 2 champions Sébastien : Loeb (78 victoires) et Ogier (39 victoires).

◀ LE PLUS DE VICTOIRES AU DAKAR
Cette course d'endurance est ouverte aux amateurs comme aux professionnels. À l'origine, elle reliait Paris (FR) à Dakar (SN), mais des éditions se sont aussi tenues en Afrique du Sud et en Amérique du Sud. Le binôme pilote-navigateur composé de Stéphane Peterhansel et Jean-Paul Cottret (tous 2 FR) s'est imposé à 7 reprises : 2004-2005, 2007, 2012-2013 et 2016-2017. Qui plus est, Peterhansel a remporté le Dakar 6 fois de plus à moto.

Cyclisme

Les vélos pour les courses sur piste n'ont pas de frein.
Les cyclistes ralentissent en rétropédalant.

▲ LA POURSUITE HOMMES LA PLUS RAPIDE (4 KM)
Bradley Wiggins, Ed Clancy, Owain Doull et Steven Burke (tous GB) ont bouclé les 4 km de la poursuite par équipe, en 3 min et 50,265 s, le 12 août 2016, aux jeux Olympiques de Rio de Janeiro (BR). C'était la 2ᵉ fois que la Grande-Bretagne battait le record à Rio, après avoir affiché un chrono de 3 min et 50,570 s à l'entraînement.

Le plus de coureurs à l'arrivée du Tour de France
Ils étaient 174 cyclistes à terminer le Tour de France 2016, du 2 au 24 juillet. Le record précédent, établi en 2010, était de 170. En 2016, Mark Cavendish (GB) a remporté 4 sprints, portant son total à 30 succès, soit **le plus de victoires en sprint final sur le Tour de France**.

Le 500 m départ arrêté le plus rapide (dames)
Jessica Salazar Valles (MX) a survolé les 500 m, en 32,268 s, départ arrêté, lors du championnat panaméricain d'Aguascalientes (MX), le 7 octobre 2016. Valles a battu le record de 32,794 s établi à Granges (CH) un an plus tôt par Anastasia Voynova (RU), qui n'était que la 2ᵉ femme à passer sous la barre des 33 s.

Le sprint par équipe le plus rapide (dames)
Le 12 août 2016, Tianshi Zhong et Jinjie Gong (toutes 2 CH) ont terminé les qualifications de la vitesse par équipe en 31,928 s, aux JO de Rio (BR). En finale, elles ont battu la Russie pour s'adjuger la médaille d'or.

Le plus de titres en championnat du monde UCI de VTT cross-country (hommes)
Nino Schurter (CH) a remporté l'édition 2016 du championnat du monde de VTT cross-country de l'Union cycliste internationale (UCI), à Nové Město na Moravě (CZ). C'était le 5ᵉ succès de Schurter, soit autant que Julien Absalon (FR).

▲ LA POURSUITE DAMES LA PLUS RAPIDE (4 KM)
Le 13 août 2016, aux Jeux de Rio (BR), Joanna Rowsell-Shand, Elinor Barker, Laura Trott et Katie Archibald (toutes RU) ont remporté la poursuite par équipe sur 4 km, en 4 min et 10,236 s. Le quatuor a battu le record du monde dans ses 3 courses, la dernière avec plus de 2 s d'avance sur les États-Unis.

La poursuite individuelle B la plus rapide sur piste (hommes)
Stephen Bate (GB) a terminé l'épreuve de poursuite individuelle B, en 4 min et 8,146 s, aux jeux Paralympiques 2016 de Rio (BR), le 8 septembre. Les épreuves paralympiques sont classées selon les handicaps des athlètes. La catégorie B correspond aux athlètes malvoyants et non-voyants, qui courent en tandem avec un pilote voyant devant. Le partenaire de Bate était Adam Duggleby (GB).

La poursuite individuelle C5 la plus rapide sur piste (dames)
Le 8 septembre 2016, Sarah Storey (GB) a remporté la poursuite individuelle C5 en 3 min et 31,394 s, aux jeux Paralympiques de Rio (BR). En cyclisme, la catégorie C1 désigne un handicap physique lourd et C5 un handicap moins marqué.

▲ LE PLUS DE TITRES MONDIAUX EN VTT CROSS-COUNTRY (HOMMES)
Julien Absalon (FR) a remporté 7 coupes du monde : en 2003, 2006-2009, 2014 et 2016. Absalon a signé sa 33ᵉ victoire d'étape en s'adjugeant son dernier titre. Il était le grand favori pour triompher aux JO 2012 à Londres, mais il a subi une crevaison peu après le départ et n'a pu rattraper son retard.

Meares a pris l'argent à Pékin 2008, 7 mois après une fracture aux cervicales lors d'un accident à Los Angeles (US). Elle a décroché l'unique médaille australienne en cyclisme à Pékin.

Pour préparer sa course au Qatar, Martin s'est entraîné dans sa salle de bain avec le chauffage à fond.

▲ LE PLUS DE TITRES MONDIAUX UCI EN CONTRE-LA-MONTRE (HOMMES)
Tony Martin (DE) a remporté le championnat du monde UCI de contre-la-montre 4 fois, en 2011-2013 et 2016. Il a égalé le record de Fabian Cancellara (CH), champion en 2006-2007 et 2009-2010. Martin a signé sa dernière victoire en date à Doha (QA), terminant le parcours de 40 km en 44 min et 42,99 s. Il compte au total 7 médailles dans cet exercice.

▶ LE PLUS DE MÉDAILLES OLYMPIQUES EN CYCLISME SUR PISTE (DAMES)
Entre 2004 et 2016, Anna Meares (AU) a décroché 6 médailles olympiques dans 4 épreuves : 2 en or, 1 en argent et 3 en bronze. Derrière Meares, 3 coureuses totalisent 4 médailles : Shuang Guo (CH), Laura Trott (GB) et Sarah Hammer (US). Trott est la seule à avoir toujours remporté l'or.

Sports de cible

Le joueur de snooker Mark King (GB) a remporté son 1er titre à l'open d'Irlande du Nord, en novembre 2016, après 25 ans de compétition.

Van Gerwen a commencé à jouer aux fléchettes à 13 ans. Deux ans plus tard, il était champion européen junior.

▲ **LE 1ER OLYMPIEN INDÉPENDANT À REMPORTER UNE MÉDAILLE D'OR**

Après la suspension de son pays par le Comité international olympique, le soldat Fehaid Al-Deehani (KW) a participé aux JO de Rio 2016 avec l'équipe des athlètes olympiques indépendants. Il a remporté l'or en double trap le 10 août 2016, devant Marco Innocenti (IT) 26-24 en finale. Son compatriote Abdullah Al-Rashidi a pris le bronze en skeet, également en tant qu'athlète indépendant.

Le plus de victoires en championnat du monde féminin de la British Darts Organisation (BDO)

Avec son succès 3-2 contre Deta Hedman (GB, née JM), au Lakeside Country Club de Frimley Green (GB), le 9 janvier 2016, Trina « Golden Girl » Gulliver (GB) a obtenu son 10e sacre mondial BDO. Elle avait notamment remporté les 7 premières éditions du tournoi, en 2001-2007.

Le plus de continents sur lesquels un sportif est monté sur un podium olympique

La tireuse de double trap et skeet Kim Rhode (US) a obtenu une 6e médaille olympique à Rio 2016. Elle a gagné des médailles sur 5 continents : Australie, Amérique du Nord et du Sud, Asie et Europe.

Le plus de titres mondiaux de lancer de fer à cheval (hommes)

Alan Francis (US) a décroché sa 21e couronne au championnat du monde de lancer de fer à cheval en 2016. Il devance Ted Allen (US), sacré pour la 10e et dernière fois en 1959.

▲ **LE PLUS DE POINTS À 70 M EN 72 FLÈCHES (HOMMES)**

Le 5 août 2016, Kim Woo-jin (KR) a inscrit 700 points sur 720 possibles, au Sambódromo de Rio de Janeiro (BR). Avec un arc « recurve », aux branches recourbées, il a battu le record précédent établi par Im Dong-hyun (KR), à Londres 2012, d'un petit point. Kim a réalisé cette performance au tour de classement en individuel, mais s'est incliné au 2e tour contre Riau Ega Agatha (ID).

▲ **LA MEILLEURE MOYENNE AUX FLÉCHETTES EN PREMIER LEAGUE**

En battant Michael Smith (GB), à Aberdeen (GB), le 25 février 2016, Michael van Gerwen (NL) a obtenu une moyenne aux 3 fléchettes de 123,4.

Le 1er janvier 2017, il a également obtenu **la meilleure moyenne aux championnats du monde PDC** avec 114,05, lors de la demi-finale à Londres (GB). Son adversaire, Raymond van Barneveld (NL), a perdu malgré une moyenne de 109,34, la 4e plus haute du tournoi !

Le plus de matchs professionnels de snooker pour un joueur

Au cours d'une carrière étincelante marquée par 6 titres mondiaux, Steve Davis (GB) a disputé 1 453 matchs professionnels de ses débuts en 1978 jusqu'à sa retraite en 2016.

Le plus de victoires aux Masters de snooker

Le 22 janvier 2017, Ronnie O'Sullivan (GB) a battu Joe Perry (GB) 10-7, en finale des Masters de snooker, à l'Alexandra Palace de Londres (GB). C'était la 7e fois que « La Fusée » remportait la compétition après des succès en 1995, 2005, 2007, 2009, 2014 et 2016. C'est un titre de mieux que Stephen Hendry (GB).

Le plus de participations au championnat du monde de croquet (joueur)

Trois joueurs ont disputé 14 mondiaux de croquet : Robert Fulford (GB, en 1989-2013), Stephen Mulliner (GB, en 1989-2016) et David Openshaw (GB, en 1989-2016).

Le plus de gains au bowling en carrière Professional Bowlers Association

Walter Ray Williams Jr (US) totalise 4 638 519 $ de gains entre 1980 et 2016.

▲ **LE PLUS DE BREAKS À PLUS DE 100 POINTS EN UN MATCH DE MONDIAL DE SNOOKER**

Lors de sa demi-finale de championnat du monde contre Alan McManus (GB), au Crucible Theatre de Sheffield (GB), le 28-30 avril 2016, Ding Junhui (CH) a enchaîné 7 séries à plus de 100 points signant un véritable tour de force. Il a remporté le match 17-11, mais s'est incliné en finale contre Mark Selby (GB).

En 2008, un projet visait à enseigner aux joueurs boliviens de bowling la technique à deux mains. Un vrai succès, puisque le pays a remporté des compétitions en Argentine et au Brésil.

◄ **LE PLUS JEUNE JOUEUR DE BOWLING À REMPORTER UN TITRE MAJEUR**

Anthony Simonsen (US, né le 6 janvier 1997) n'avait que 19 ans et 39 jours quand il a remporté le Masters United States Bowling Congress (USBC) 2016, au Woodland Bowl d'Indianapolis (US). Connu pour sa technique à deux mains (voir à gauche), Simonsen a battu l'amateur Dan MacLelland (CA) 245-207 en finale avec 8 strikes sur ses 9 premiers lancers.

Haltérophilie

Médaillé d'or à Rio 2016, Óscar Figueroa (CO) a laissé ses chaussures sur le tapis pour annoncer sa retraite.

▲ LE POIDS LE PLUS LOURD EN SQUAT (HOMMES, SANS ASSISTANCE)

Le 16 octobre 2016, Ray Williams (US) a soulevé 456 kg en squat, lors de l'USA Powerlifting Raw Nationals d'Atlanta (Géorgie). C'était le 1er porté à plus de 450 kg en squat « brut » (sans tenue spéciale ni genouillères, seulement une ceinture et des protège-tibias). Il attribue sa force à son alimentation, « pain au maïs et lait ribot ».

Le poids le plus lourd en squat (femmes, assitées)

Le 8 juillet 2016, Samantha Coleman (US) a soulevé 299,82 kg en squat, lors d'une épreuve de la Powerlifting Association, à Rosemount (Minnesota, US). Elle a aussi soulevé 177,35 kg en développé-couché le même jour. Coleman est l'une des rares femmes à avoir arraché du sol plus de 272,15 kg. Elle porte parfois une tiare pour symboliser « la beauté dans la force ».

L'arraché le plus lourd en 77 kg (hommes)

Lü Xiaojun (CN) a soulevé 177 kg en arraché aux JO de Rio, le 10 août 2016. Malheureusement, ce n'était pas suffisant pour décrocher l'or. Il a obtenu la médaille d'argent derrière Nijat Rahimov (KZ), auteur de **l'épaulé-jeté le plus lourd en 77 kg** avec un soulevé de 214 kg. Rahimov a éclipsé le record précédent de 210 kg, établi en 2001 par Oleg Perepetchenov (RU).

L'arraché le plus lourd (plus de 105 kg, hommes)

Behdad « Salimi » Salimikordasiabi (IR) a soulevé 216 kg, aux JO de Rio, le 16 août 2016. Le succès avait toutefois un goût amer pour Salimi, puisque ses 3 tentatives en finale de l'épaulé-jeté chez les plus de 105 kg ont été invalidées par les juges. L'Iranien a donc terminé avec un score nul, le privant de tout espoir de médaille au général.

Le soulevé total le plus lourd en 105 kg (hommes)

Lors d'une épreuve spectaculaire avec son lot de records (voir ci-dessus), Lasha Talakhadze (GE) a réussi un total combiné de 473 kg. Il a soulevé 215 kg en arraché et 258 kg en épaulé-jeté. Talakhadze a remporté la médaille d'or devant Gor Minasyan (AM) et son compatriote Irakli Turmandize (GE).

Le record précédent chez les plus de 105 kg était de 472,5 kg, par Hossein Rezazadeh (IR). L'Iranien détient toujours le record de **l'épaulé-jeté le plus lourd en plus de 105 kg** avec 263,5 kg, réussi lors des JO d'Athènes, le 25 août 2004.

▲ LE SOULEVÉ TOTAL LE PLUS LOURD EN 56 KG (HOMMES)

Long Qingquan (CN) a soulevé 307 kg, à Rio 2016, le 7 août. Bien aidé par un porté de 170 kg sur sa dernière tentative d'épaulé-jeté, il s'est emparé de l'or avec un total plus élevé que Halil Mutlu (TR), précédent recordman qui avait soulevé 305 kg, à Sydney 2000.

Le soulevé le plus lourd en force olympique (plus de 107 kg, hommes)

Dans la catégorie reine de force olympique aux jeux Paralympiques de Rio 2016, Siamand Rahman (IR) a soulevé 310 kg en développé-couché, le 14 septembre.

La catégorie la plus légère a été remportée par Nazmiye Muratlı (TR), le 8 septembre. Elle a porté 104 kg, soit **le soulevé le plus lourd en force olympique (moins de 41 kg, femmes)**.

Le plus de victoires à l'Arnold Strongman Classic

Les 4-5 mars 2016, Žydrūnas Savickas (LT) a remporté l'Arnold Strongman Classic, décrochant son 8e titre après des succès en 2003-2008 et 2014. Cette compétition dérive de l'Arnold Sports Festival, une compétition d'haltérophilie baptisée en l'honneur de son co-créateur, Arnold Schwarzenegger.

◄ LE SOULEVÉ TOTAL LE PLUS LOURD EN 63 KG (FEMMES)

Deng Wei (CN) a vécu un rêve pour ses 1ers JO, à Rio 2016. Le 9 août, elle a réussi **l'épaulé-jeté le plus lourd en 63 kg** avec 147 kg. Avec son arraché de 115 kg, elle a totalisé 262 kg, ce qui lui a valu à la fois 1 médaille d'or et 2 records du monde.

▶ LE SOULEVÉ TOTAL LE PLUS LOURD EN 85 KG (HOMMES)

Le 12 août 2016, Kianoush Rostami (IR) a soulevé 396 kg pour s'emparer de l'or chez les 85 kg, aux JO de Rio 2016. Il a porté 217 kg en épaulé-jeté et a réussi un arraché de 179 kg. Il a ainsi amélioré son propre record du monde total d'un seul kilo.

Les épreuves olympiques d'haltérophilie sont divisées en 2 catégories : l'arraché, où une barre d'haltère doit être soulevée en un mouvement continu, et l'épaulé-jeté, où l'athlète s'arrête en squat avant de se redresser.

Athlétisme

Rio 2016 était les 1ers Jeux d'été organisés en Amérique du Sud, et donc pendant l'hiver dans le pays-hôte.

▲ LE PLUS DE DOUBLÉS OLYMPIQUES EN COURSE DE FOND
À Londres 2012 et Rio 2016, Mo Farah (GB, né SO) a décroché 2 titres olympiques consécutifs en course de fond (5 000 m et 10 000 m). Il a fait aussi bien que Lasse Virén (FI) à Munich 1972 et Montréal 1976. En s'imposant sur deux 5 000 m olympiques de suite, Farah et Virén partagent le record du **plus de médailles d'or olympiques consécutives sur 5 000 m (hommes)**.
La collection de médailles de Farah inclut aussi **le plus de titres aux championnats d'Europe d'athlétisme (hommes)** (5). Il a remporté le 5 000 m à Barcelone 2010, Helsinki 2012 et Zurich 2014, et le 10 000 m en 2010 et 2014. En reconnaissance de ses exploits, Farah a été fait chevalier de l'ordre britannique en 2017.

Le mile le plus rapide (femmes, en salle)
Le 17 février 2016, Genzebe Dibaba (ET) a remporté la course d'un mile en salle, au Globen Galan de Stockholm (SE) comptant pour le circuit mondial en salle de l'IAAF, en 4 min et 13,31 s. Le record précédent de 4 min et 17,14 s était détenu par Doina Melinte (RO) depuis 26 ans, établi 12 mois avant la naissance de Dibaba.
Lors d'une soirée riche en records, Ayanleh Souleiman (DJ) a couru **le 1 000 m le plus rapide (hommes, en salle)** en 2 min et 14,20 s, devançant Wilson Kipketer (DE) et ses 2 min et 14,96 s établies le 20 février 2000.

▲ LE PLUS DE VICTOIRES EN MEETINGS DE LA LIGUE DE DIAMANT IAAF
Créée en 2010, la Ligue de diamant de l'Association internationale d'athlétisme (IAAF) compte 14 meetings annuels et totalise 32 disciplines (16 pour les hommes et pour les femmes). Aucun athlète, homme ou femme, n'a remporté plus de victoires d'épreuve que Sandra Perković (HR), avec 34 succès au disque, entre le 12 juin 2010 et le 1er septembre 2016.

▲ LE 800 M EN FAUTEUIL LE PLUS RAPIDE (T52, HOMMES)
Raymond Martin (US) a complété son 800 m T52 en 1 min et 51,64 s, aux qualifications américaines, à Charlotte (US), le 2 juillet 2016. On le voit ci-dessus lors des qualifications pour le 1 500 m, qui ont eu lieu le même jour.
Quatre ans plus tôt, le 1er juillet 2012, Martin avait déjà réussi **le 200 m en fauteuil le plus rapide (T52, hommes)**, en 30,18 s, à Indianapolis (US).

◄ USAIN BOLT
À Rio 2016, le légendaire sprinter jamaïcain a remporté l'or sur 100 m et 200 m pour la 3e fois de suite, après ses succès à Pékin 2008 et Londres 2012. Grâce à ces performances, il détient le record du **plus de titres olympiques** (et le **plus de titres consécutifs**) **sur 100 m** et **200 m**.
Bolt a aussi couru **les 100 m et 200 m les plus rapides**, respectivement en 9,58 s et 19,19 s.

La victoire du relais jamaïcain au 4 × 100 m à Pékin 2008 a été annulée après un test antidopage positif de Nesta Carter. Dans le cas contraire, Bolt aurait aussi détenu le 1er triple triplé olympique en sprint avec des succès en 100 m, 200 m et 4 × 100 m sur trois JO consécutifs.

Q : Quelle était la particularité des médailles paralympiques à Rio 2016 ?

R : Elles étaient remplies de billes d'acier pour tinter et produire le « son de la victoire » pour les athlètes malvoyants.

Le 10 km le plus rapide (femmes)
Almaz Ayana (ET) a remporté le 10 000 m féminin — et sa 1re médaille d'or olympique — en 29 min et 17,45 s, le 2 août 2016. Le record précédent de 29 min et 31,78 s avait été établi le 8 septembre 1993, 23 ans plus tôt, par Wang Junxia (CH).

Le 3 000 m steeple le plus rapide (femmes)
Le 27 août 2016, Ruth Jebet (BH) a battu un record de 8 ans sur la spécialité avec un chrono de 8 min et 52,78 s, au meeting de Paris (FR) de la Ligue de diamant de l'IAAF. Née au Kenya, la coureuse avait empoché l'or à Rio 12 jours plus tôt.

Les 100, 200 et 400 m les plus rapides (total)
Wade van Niekerk (ZA) a écrit l'histoire en 2016 avec des courses en moins de 10, 20 et 44 s (voir p. 216). Le sprinteur qui totalise le meilleur temps combiné sur 100, 200 et 400 m reste toutefois Michael Johnson (US), avec un total de 72,59 s, entre 1994 et 1999. Le chrono cumulé de Van Niekerk est de 72,95 s. Le recordman du 100 et 200 m, Usain Bolt, pointe lui à 74,05 s.

Le plus de médailles olympiques en 3 000 m steeple
Mahiedine Mekhissi-Benabbad (FR) a décroché sa 3e médaille olympique en 3 000 m steeple, à Rio 2016. Il a pris le bronze, après avoir remporté l'argent en 2008 et 2012.

Le plus de titres en Ligue de diamant IAAF

À la fin de chaque saison de Ligue de diamant, le sportif qui a accumulé le plus de points dans sa spécialité remporte le trophée final. Entre 2010 et 2016, Renaud Lavillenie (FR) s'est imposé à 7 reprises en saut à la perche.

Le plus de titres en Ligue de diamant IAAF (femmes) est de 5, pour Valerie Adams (NZ) au lancer de poids en 2011-2014 et 2016. Son record a été égalé par Sandra Perković (HR) au disque en 2012-2016.

Le 100 m en fauteuil le plus rapide (T53, femmes)

Huang Lisha (CH) a survolé le 100 m T53 en fauteuil, en 16,19 s, lors des jeux Paralympiques 2016 de Rio, le 8 septembre. La catégorie T53 regroupe les athlètes qui n'ont plus l'usage des membres inférieurs.

Le 400 m en fauteuil le plus rapide (T53, femmes) est de 54,43 s, par Hongzhuan Zhou (CH) aux Jeux

▲ LE 100 M LE PLUS RAPIDE (T44, FEMMES)

Le 17 septembre 2016, Sophie Kamlish (GB) a franchi la ligne d'arrivée en 12,93 s, aux jeux de Rio 2016. Malheureusement, Kamlish a manqué l'or : en finale, elle a été devancée par Nyoshia Cain (TT), qui a parcouru le 100 m en 6 centièmes de seconde de moins qu'elle.

▶ LE 100 M HAIES LE PLUS RAPIDE (FEMMES)

Kendra Harrison (US) a survolé le 100 m haies féminin en 12,20 s, lors du meeting de Ligue de diamant, à l'Olympic Stadium de Londres (GB), le 22 juillet 2016. Elle a ainsi battu un record qui tenait depuis le 20 août 1988, lorsque Yordanka Donkova (BG) avait pointé à 12,21 s, à Stara Zagora (BG).

▲ LE PLUS DE MÉDAILLES D'OR OLYMPIQUES EN ATHLÉTISME (FEMMES)

Le 19 août 2016, Allyson Felix (US) a décroché sa 6e médaille d'or aux JO, au relais 4 x 100 m. Engagée dans la 1re ligne, la Team USA l'a emporté malgré un lâcher de relais en qualifications. Avant cela, Felix avait gagné le relais 4 x 100 m à Londres 2012 et le 4 x 400 m à Pékin 2008, Londres et Rio. Elle a aussi décroché l'or en 200 m individuel en 2012.

de Rio, le 11 septembre 2016.

Le lancer de massue le plus lointain (F32, femmes)

Maroua Brahmi (TU) a lancé sa massue à 26,93 m, aux jeux Paralympiques de Rio, le 9 septembre 2016. Deux jours plus tard, à la même épreuve, Joanna Butterfield (GB) a réussi **le lancer de massue le plus lointain (F51, femmes)** à 22,81 m. La classe F32 désigne un handicap de coordination ; F51 un handicap moteur, une puissance ou des mouvements limités.

Le lancer de javelot le plus lointain (F40, hommes)

Ahmed Naas (IQ) a lancé son javelot à

35,29 m, le 11 septembre 2016. La classe F40 désigne les athlètes de petite stature.

Le lancer de marteau le plus lointain (femmes)

Anita Włodarczyk (PL) a jeté à 82,98 m, au Skolimowska Memorial de Varsovie (PL), le 28 août 2016. C'était la 2e fois en quelques jours qu'elle battait le record après son lancer à 82,29 m lui permettant de décrocher l'or olympique le 15 août.

Le plus de victoires au challenge IAAF du lancer de marteau (hommes)

Paweł Fajdek (PO) a remporté 3 challenges, en 2013 et 2015-2016. Il a ainsi égalé la performance de Krisztián Pars (HU) en 2011-2012 et 2014.

Le saut à la perche le plus haut (femmes, en salle)

Jennifer Suhr (US) a franchi une barre à 5,03 m, à Brockport (US), le 30 janvier 2016. Elle battait ainsi son propre record de 5,02 m établi le 2 mars 2013.

Le plus de victoires au challenge IAAF de marche (hommes)

Wang Zhen (CH) a remporté 2 challenges de marche, en 2012 et 2016. Auparavant, Robert Korzeniowski (PO) en 2003-2004, Paquillo Fernández (ES) en 2005-2006 et Jared Tallent (AU) en 2008 et 2013 avaient fait aussi bien.

Okagbare a pris le bronze au saut en longueur à Pékin 2008. Depuis, elle a remporté l'or aux jeux du Commonwealth, au championnat d'Afrique, aux mondiaux de relais de l'IAAF et aux All-Africa Games.

▲ LE PLUS DE PARTICIPATIONS À DES MEETINGS DE LIGUE DE DIAMANT

Blessing Okagbare (NG) a participé à 50 meetings de Ligue de diamant de l'IAAF, dans les épreuves de 100 m, 200 m et saut en longueur, du 3 juillet 2010 au 9 septembre 2016. Elle est talonnée par Viola Kibiwot (KE, sur 1500 m et 5000 m) et Asbel Kiprop (KE, en 800 m et 1500 m), qui comptent toutes les deux 48 participations.

Marathons

En 2016, Patrick Downes et Adrianne Haslet ont couru le marathon de Boston 3 ans après avoir été amputés d'une jambe suite à l'attentat de 2013.

▲ LE PLUS DE VICTOIRES AU MARATHON DE BERLIN (FEMMES)
Aberu Kebede (ET) a remporté son 3e marathon de Berlin en 2016, après 2010 et 2012. Elle égale Jutta von Haase (RDA/DE, en 1974, 1976, 1979), Renate Kokowska (PO, en 1988, 1991, 1993) et Uta Pippig (DE, en 1990, 1992, 1995).

La plus rapide au marathon de Tokyo
Le 26 février 2017, Sarah Chepchirchir (KE) a terminé le marathon de Tokyo en 2 h, 19 min et 47 s. Pour son 3e marathon en compétition, elle a battu son record personnel de 4 min. Chepchirchir a aussi battu le record tokyoïte précédent de 2 h, 21 min et 27 s, établi par Helah Kiprop (KE), le 28 février 2016.

Le 26 février 2017, Wilson Kipsang (KE) a été le **plus rapide au marathon de Tokyo (homme)**, en 2 h, 3 min et 58 s. Sur un parcours modifié, il a amélioré le record précédent de 1 min et 44 s.

Le meilleur temps cumulé aux World Marathons Majors
Entre 2006 et 2015, Hermann Achmüller (IT) a terminé les marathons de Tokyo, Boston, Londres, Chicago, New York et Berlin, en 14 h, 16 min et 32 s.

Le plus de semi-marathons pieds nus consécutifs
Salacnib « Sonny » Molina (US) a couru 11 semi-marathons pieds nus consécutifs, du 8 au 18 septembre 2016. L'orthopédiste a traversé les États-Unis en quête de courses et a couru 18 semi-marathons officiels en 30 jours… tous pieds nus.

▲ LE SEMI-MARATHON LE PLUS RAPIDE (FEMME)
Le 1er avril 2017, Joyciline Jepkosgei (KE) a remporté le semi de Prague (CZ), en 1 h, 4 min et 52 s. Au passage, elle a signé **le 10 km sur route le plus rapide (femme)**, en 30 min et 4 s ; **le 15 km**, en 45 min et 37 s, et **le 20 km** en 1 h, 1 min et 25 s. Ce n'était que sa 5e course sur cette distance.

▶ LE PLUS JEUNE VAINQUEUR DU MARATHON DE NEW YORK (HOMME)
Le 6 novembre 2016, Ghirmay Ghebreslassie (ER, né le 14 novembre 1995) s'est imposé à New York, à 20 ans et 358 jours.

Le 22 août 2015, Ghebreslassie était déjà devenu le **plus jeune vainqueur du marathon aux Championnats du monde (homme)**, à Pékin (CN), à 19 ans et 281 jours.

Le plus de victoires au marathon de New York en fauteuil (femmes)
Tatyana McFadden (US, née RU) a remporté la course à 5 reprises, en 2010 et 2013-2016. Elle égale le record d'Edith Wolf-Hunkeler (CH), championne en 2004-2005 et 2007-2009. McFadden, née avec un spina-bifida, est engagée en catégorie T54 et compte 7 médailles d'or paralympiques.

Elle partage aussi le record du **plus de victoires au marathon de Londres en fauteuil (femmes)**, avec 4 succès, en 2013-2016, autant que Francesca Porcellato (IT), victorieuse en 2003-2006.

VIRGIN LONDON MARATHON money 2017

Le 23 avril 2017, plus de 50 000 coureurs ont pris le départ du marathon de Londres — **la plus grande collecte de fonds sur une même journée et un même lieu**. Voici quelques-uns des personnages les plus hauts en couleur qui y ont participé.

1. Nageur Joe Spraggins (GB) – 2'42''24
2. Elfe Ashley Payne (GB) – 2'58''16
3. Hot-dog Gary McNamara (GB) – 2'59''35
4. Viking Paul Richards (GB) – 3'03''11
5. Moine Malcolm Treby (GB) – 3'03''32
6. Costume à trois Graham O'Loughlin (IE), Evan Williams et Ian Williams (tous GB) – 3'13''09
7. Crustacé (homme) Simon Couchman (GB) – 3'13''18
8. Wonder Woman (femme) Rebecca César de Sá (GB) – 3'16''19
9. Costume intégral d'animal (homme) Laurence Morgan (GB) – 3'16''36
10. Nonne Daniel Jordan (GB) – 3'17''12
11. En bottes en caoutchouc Damian Thacker (GB) – 3'21''27
12. Évêque Max Livingstone-Learmonth (GB) – 3'21''32
13. Moine (femme) Sarah Dudgeon (GB) – 3'21''33
14. Cuistot (homme) Terry Midgley (GB) – 3'22''27
15. Monsieur Patate Philip Powell (GB) – 3'24''19
16. Personnage de dessin animé (femme) Rebecca Vincent (GB) – 3'24''28
17. Sorcière (femme) Nicola Nuttall (GB) – 3'26''13
18. Servante (homme) Kevin Day (GB) – 3'26''43
19. Nonne (femme) Victoria Carter (GB) – 3'26''53
20. Costume à deux Alex Smith et Chris Stone (tous 2 GB) – 3'33''22
21. Fruit (femme) Lorna Pursglove (GB) – 3'41''25
22. Dans un sac de couchage (homme) David Smith (GB) – 3'44''01

David Weir s'est aussi imposé à New York, en remportant le marathon 2010 en 1 h, 37 min et 29 s.

▲ LE PLUS DE VICTOIRES AU MARATHON DE LONDRES EN FAUTEUIL (HOMME)

David Weir (GB) a gagné le marathon de Londres en fauteuil pour la 7e fois, le 23 avril 2017, en 1 h, 31 min et 6 s. Il s'était déjà imposé en 2002, 2006-2008 et 2011-2012. Avec ce 7e titre, il devance Dame Tanni Grey-Thompson (GB) et compte le **plus de victoires au marathon de Londres en fauteuil (homme ou femme)**.

Le plus de médailles olympiques en marathon pour une nation

Entre 1904 et 2016, les États-Unis ont remporté 13 médailles en marathon. Ils ont dominé les 1res éditions avec 7 médailles jusqu'en 1924 (dont un triplé à St Louis en 1904), mais ces dernières années, le Kenya et l'Éthiopie dominent sans partage. À Rio 2016, le Kenya est brièvement revenu à hauteur des États-Unis avec l'or d'Eliud Kipchoge, mais Galen Rupp (US) a décroché le bronze tout juste 1 min et 21 s plus tard. Rupp est ainsi devenu le 3e Américain à monter sur le podium d'un marathon olympique depuis 1924.

Les 1res triplées en marathon olympique

Les sœurs identiques Lily, Leila et Liina Luik – le « trio de Rio » – ont représenté l'Estonie au marathon olympique 2016. Lily est arrivée la 1re, à la 97e place.

Le 50 km marche le plus rapide (femme)

Le 15 janvier 2017, Inês Henriques (PT) a remporté le Championnat portugais de marche, à Porto de Mos, en 4 h, 8 min et 26 s. Il s'agissait du 1er record du monde féminin officiel de l'IAAF dans cette discipline.

▲ ELIUD KIPCHOGE

Le 6 mai 2017, Eliud Kipchoge (KE) a couru le challenge marathon « Breaking2 » de Nike, en 2 h et 25 s, sur le circuit de Monza (IT). Bien qu'il ait battu le temps de Dennis Kimetto (KE) – 2 h, 2 min et 57 s – et signé le **marathon le plus rapide (homme)**, le record n'a pas été homologué par l'IAAF en raison des « lièvres » utilisés pour imposer le rythme.

▲ LE MARATHON LE PLUS RAPIDE (COURSE FÉMININE UNIQUEMENT)

Le 23 avril 2017, Mary Keitany (KE) a décroché son 3e titre au marathon de Londres, en 2 h, 17 min et 1 s. C'est 41 s de mieux que le record précédent pour une course féminine et le 2e temps de l'histoire derrière Paula Radcliffe (GB), auteure du **marathon le plus rapide (femme)**, en 2 h, 15 min et 25 s, en 2003.

Le plus de podiums à l'Ultratrail du mont Fuji

Fernanda Maciel (BR) est montée 3 fois sur le podium de l'ultramarathon japonais : sur la 2e marche en 2014 et 2015 et sur la 1re en 2016. L'Ultratrail du mont Fuji est une course de 165 km à faire en moins de 46 h.

Le plus de victoires au marathon roller de Berlin (homme)

Le skater Bart Swings (BE) a remporté 4 marathons de roller en ligne consécutifs, entre 2013 et 2016, à Berlin.

Swings a aussi signé le **meilleur temps au marathon roller de Berlin** (56 min et 49 s), le 26 septembre 2015.

LES PLUS RAPIDES AU WORLD MARATHON MAJORS

Marathon	Record (hommes)			Record (femmes)		
Berlin	Dennis Kimetto (KE)	*2'02"57	28 sept. 2014	Mizuki Noguchi (JP)	2'19"12	25 sept. 2005
Boston	Geoffrey Mutai (KE)	2'03"02	18 avr. 2011	Bizunesh Deba (ET)	2'19"59	21 avr. 2014
Chicago	Dennis Kimetto (KE)	2'03"45	13 oct. 2013	Paula Radcliffe (GB)	2'17"18	13 oct. 2002
Londres	Eliud Kipchoge (KE)	2'03"05	24 avr. 2016	Paula Radcliffe (GB)	*2'15"25	13 avr. 2003
New York	Geoffrey Mutai (KE)	2'05"06	6 nov. 2011	Margaret Okayo (KE)	2'22"31	2 nov. 2003
Tokyo	Wilson Kipsang (KE)	2'03"58	26 févr. 2017	Sarah Chepchirchir (KE)	2'19"47	26 févr. 2017

Indique le record masculin et féminin en marathon.

=23. **Pom-pom girl (femme)**
Julia Mitchelmore (GB) – 3'46"55

=23. **Biscuit (femme)**
Cat Dascendis (GB) – 3'46"55

25. **Matériel médical**
Mark Conlin (GB) – 3'48"09

26. **Costume intégral de dinosaure (femme)**
Gemma Stevens (GB) – 3'57"46

27. **Double hélice d'AND (homme)**
John Lambourne (GB) – 3'58"28

28. **Cadenas (homme)**
Kou-Hau Tseng (GB) – 3'59"40

29. **Cabine téléphonique**
Warren Edwicker (GB) – 4'07"57

30. **Personnage de télévision (femme)**
Alice Gerlach (GB) – 4'13"39

31. **Étoile**
Michael Law (GB) – 4'20"07

32. **Dragon (femme)**
Jayne Moreton (GB) – 4'32"54

33. **En cotte de mailles**
Thomas Langdown (GB) – 4'50"16

34. **Papier hygiénique (femme)**
Susan Ridgeon (GB) – 4'54"00

35. **Voiture (homme)**
Thomas Bolton (GB) – 4'55"09

36. **Personnage de Star Wars (homme)**
Jeremy Allinson (GB) – 4'59"12

37. **Avion (homme)**
Paul Cousins (GB) – 5'03"15

38. **En portant un appareil électroménager**
Ben Blowes (GB) – 5'58"37

39. **Costume à cinq**
David Hepburn, Megan Walker, Ceyhun Uzun, Andrew Sharpe, Holly Bishop (tous GB) – 6'17"26

40. **Avec un sac à dos 45 kg**
Marc Jenner (RO né GB) – 6'47"03

Natation

Aux Jeux de 1900 à Paris figuraient le 200 m obstacles : les nageurs devaient grimper sur des poteaux et passer sous des barques.

▲ LE 800 M NAGE LIBRE LE PLUS RAPIDE
EN GRAND BASSIN (FEMMES)
À Rio 2016, le 12 août, Katie Ledecky (US) a remporté le 800 m, en 8 min et 4,79 s. C'était sa 4e médaille d'or et son 2e record du monde aux JO. Le 7 août, elle avait gagné le 400 m nage libre en 3 min et 56,46 s, soit **le 400 m nage libre le plus rapide en grand bassin (femmes)**.

Le 100 m brasse le plus rapide en grand bassin (hommes)
Le 7 août 2016, Adam Peaty a décroché la 1re médaille d'or britannique aux Jeux de Rio, en 57,13 s. Le nageur a battu son propre record du monde établi la veille en qualifications, avant d'accélérer encore en finale.

Peaty détient aussi le titre du **50 m brasse le plus rapide en grand bassin (hommes)** (26,42 s), réalisé au championnat du monde de la FINA, à Kazan (RU), le 4 août 2015.

Le 100 m papillon le plus rapide – S13 (femmes)
Le 8 septembre, Rebecca Meyers (US) a pris l'or aux jeux Paralympiques 2016, en 1 min et 3,25 s. Quatre jours plus tard, Meyers, atteinte du syndrome d'Usher, a établi 2 autres records : **le 200 m nage libre le plus rapide S13 (femmes)**, en 2 min et 7,64 s, et **le 400 m nage libre le plus rapide S13 (femmes)**, en 4 min et 19,59 s.

◄ LE PLUS DE MÉDAILLES D'OR POUR UNE NAGEUSE EN COUPE DU MONDE FINA
Surnommée la « Dame de fer », Katinka Hosszú (HU) a obtenu 225 médailles d'or en coupe du monde FINA entre 2012 et 2016. Le 3 août 2015, elle a nagé **le 200 m 4 nages en grand bassin le plus rapide (femmes)** (2 min et 6,12 s), lors du championnat du monde de la FINA, à Kazan (RU).

Q : Quel âge avait Alzain Tareq lors du championnat du monde de la FINA 2015 ?

R : 10 ans – ce qui en fait **la plus jeune nageuse** dans cette compétition.

Le plus de médailles aux jeux Paralympiques pour un nageur (hommes)
Daniel Dias (BR) a obtenu 24 médailles en épreuves de natation en 2008, 2012 et 2016, dont 14 en or, 7 en argent et 3 en bronze. Né avec des malformations aux bras et aux jambes, Dias n'a commencé la natation qu'à 16 ans et a appris les 4 nages en 2 mois seulement.

Le 100 m papillon le plus rapide en grand bassin (femmes)
À Rio 2016, Sarah Sjöström a offert le 1er titre olympique en natation à la Suède. Sjöström s'est imposée en finale du 100 m papillon, en 55,48 s, le 7 août.

Le 100 m dos le plus rapide en grand bassin (hommes)
Le 13 août 2016, Ryan Murphy (US) a effectué la partie dos du relais 4 x 100 m en 51,85 s. Son équipe a remporté l'or.

▲ LE NAGEUR OLYMPIQUE TITRÉ LE PLUS ÂGÉ EN INDIVIDUEL
Anthony Ervin (US, né le 26 mai 1981) a décroché l'or en 50 m nage libre à l'âge de 35 ans et 78 jours, à Rio, le 12 août 2016. Ervin avait remporté son 1er titre à Sydney 2000, il détient donc aussi le record de **la plus longue attente entre 2 titres olympiques en natation** (15 ans et 325 jours).

▲ LE PLUS DE MÉDAILLES OLYMPIQUES
Michael Phelps (US) a pris sa retraite après les JO de Rio 2016 avec le titre d'athlète le plus décoré de l'histoire olympique. En 4 éditions, Phelps a raflé 28 médailles, 10 de plus que son 1er poursuivant, la gymnaste Larisa Latynina (URSS/GB). Il compte notamment 23 titres en or, **le plus de médailles d'or aux JO**.

Le 200 m brasse le plus rapide en petit bassin (hommes)
Au championnat allemand de petit bassin, à Berlin (DE), le 20 novembre 2016, Marco Koch (DE) a nagé le 200 m brasse en 2 min et 0,44 s. Koch a ainsi effacé sa déception de Rio 2016, où il n'a fini que 7e de la finale du 200 m brasse, le 10 août.

Le 100 m nage libre le plus rapide en grand bassin (femmes)
Le 2 juillet 2016, Cate Campbell (AU) a survolé le 100 m, en 52,06 s, au Grand Prix d'Australie à Brisbane. Campbell a ensuite participé aux JO de Rio 2016 et a contribué au record du **relais 4 x 100 m nage libre le plus rapide (femmes)**, en 3 min et 30,65 s. Le quatuor australien était composé en outre d'Emma McKeon, Brittany Elmslie et de la sœur de Cate, Bronte Campbell (toutes AU).

Le plus de médailles d'argent décernées lors d'une même course olympique
Le 12 août 2016, la finale du 100 m papillon hommes des Jeux de Rio était l'une des épreuves les plus serrées de l'histoire des JO. Derrière le vainqueur, Joseph Schooling (SG), 3 nageurs sont arrivés à égalité en 51,14 s : Michael Phelps (US), Chad le Clos (ZA) et László Cseh (HU).

▼ LE PLUS DE MÉDAILLES D'OR EN COUPE DU MONDE DE LA FINA (HOMMES)
Entre 2009 et 2016, Chad le Clos (ZA) a amassé 116 médailles d'or en coupe du monde de la Fédération internationale de natation (FINA). C'est presque 2 fois plus que son dauphin, Roland Schoeman (ZA), et ses 64 titres. Le Clos a remporté 2 fois l'argent à Rio 2016 avant de signer le **100 m papillon le plus rapide en petit bassin** (48,08 s), le 8 décembre, à Windsor (CA).

Sports nautiques

Le terme apnée vient du grec *apnoia*, qui signifie « sans respirer ».

La plongée en apnée la plus longue (apnée dynamique, avec palmes)

Le 3 juillet 2016, Mateusz Malina (PL) et Giorgos Panagiotakis (GR) ont tous les deux parcouru une distance horizontale de 300 m sous l'eau, à Turku (FI), soit l'équivalent de 6 bassins olympiques de 50 m avec une seule respiration !

La plongée en apnée la plus profonde (immersion libre/apnée libre, femmes)

Le 6 septembre 2016, Jeanine Grasmeijer (NL) a atteint 92 m de profondeur, à Kralendijk, aux îles Sous-le-Vent. En immersion libre, les plongeurs ne peuvent pas utiliser d'équipement de propulsion.

▲ LE PLUS DE MÉDAILLES D'OR EN NATATION SYNCHRONISÉE

À Rio 2016, Natalia Ishchenko (à gauche) et Svetlana Romashina (à droite ; toutes 2 RU) ont remporté l'or dans l'épreuve en duo, décrochant leur 5e titre olympique chacune. Elles égalent le record de leur ancienne partenaire Anastasia Davydova (RU) entre Athènes 2004 et Londres 2012. Les 3 nageuses étaient associées dans l'épreuve par équipe à Londres.

▲ LE PLUS DE TITRES OLYMPIQUES EN KAYAK LORS D'UNE MÊME ÉDITION DES JO (FEMMES)

Les 16-20 août 2016, Danuta Kozák (HU) a trusté les podiums à Rio. Elle a remporté 3 titres sur 500 m en kayak : en K-1, K-2 et K-4. Kozák est devenue la 3e rameuse à décrocher 3 médailles d'or lors des mêmes Jeux, après Vladimir Parfenovich (URRS/BY, 1980) et Ian Ferguson (NZ, 1984).

Le plus de victoires consécutives en courses internationales d'aviron en deux sans barreur (hommes)

Hamish Bond et Eric Murray (tous 2 NZ) forment l'une des équipes les plus titrées de l'histoire de l'aviron. Entre le 19 juin 2009 et le 11 août 2016, ils ont traversé 8 saisons sans la moindre défaite, enchaînant 69 victoires, dont 6 championnats du monde et deux jeux Olympiques. À Londres 2012, Bond et Murray se sont imposés en 6 min et 8,50 s, explosant **le record du deux sans barreur le plus rapide (hommes)** de plus de 6 s.

Le deux de couple le plus rapide en poids légers (femmes)

Lors de la régate de coupe du monde d'aviron à Poznań (PL), le 19 juin 2016, Maaike Head et Ilse Paulis (toutes 2 NL) ont terminé en 6 min et 47,69 s. C'est mieux que les 6 min et 48,38 s que Charlotte Taylor et Katherine Copeland (toutes 2 GB) avaient signé le 20 juin 2015.

La 1re égalité pour une médaille olympique en canoë-kayak

Le 20 août 2016, la finale masculine du 200 m kayak K-1 s'est jouée dans un mouchoir de poche. Le bronze a été attribué à la fois à Saúl Craviotto (ES) et Ronald Rauhe (DE), avec un chrono de 35,662 s.

▲ LE PLUS DE TITRES DE WATER-POLO DÉTENUS EN MÊME TEMPS (HOMMES)

En water-polo, les Serbes évoluent sur une autre planète. Le 20 août 2016, ils ont battu leurs rivaux de Croatie 11-7 pour empocher l'or olympique et signer un quintuplé majeur après leurs titres en coupe du monde 2014, Ligue mondiale 2015, championnat du monde 2015 et championnat d'Europe 2016.

▲ LE PLUS DE MÉDAILLES D'OR OLYMPIQUES CONSÉCUTIVES PAR ÉQUIPE (FEMMES)

La nageuse synchronisée Wu Minxia (CH, à gauche) a obtenu sa 4e médaille d'or de suite à Rio 2016, égalant le record partagé par les basketteuses Lisa Leslie, Sue Bird, Tamika Catchings et Diana Taurasi (toutes US). C'était le 5e titre olympique de Wu, soit **le plus de médailles d'or olympiques en plongeon (femmes)**.

En 2009, Medina est devenu **le plus jeune surfeur à gagner une épreuve des World Qualifying Series** en s'imposant au Maresia Surf International, à l'âge de 15 ans et 202 jours, 10 jours après être passé pro !

Le plus de championnats du monde freestyle KPWT pour une femme

Gisela Pulido (ES) a remporté 10 championnats freestyle de kitesurf KPWT (anciennement PKRA) : en 2004-2011, 2013 et 2015. En 2012 et 2014, Pulido est arrivée 2e derrière Karolina Winkowska (PL), elle-même 2e en 2015.

Le plus de points inscrits en une saison de championnat mondial de surf WSL (femmes)

Tyler Wright (AU) a dominé le championnat du monde de surf WSL en 2016, en remportant 5 des 10 épreuves avant de s'adjuger le titre final. Son total de 72 500 points a éclipsé le record précédent de 66 200 points établi par l'Hawaïenne Carissa Moore en 2015.

▲ LE 1ER BACKFLIP DANS UNE ÉPREUVE DU CHAMPIONNAT MONDIAL DE SURF

Le 14 mai 2016, Gabriel Medina (BR) est entré dans l'histoire du surf en réalisant un salto arrière au 2e tour de l'Oi Rio Pro, à Barra da Tijuca (Rio de Janeiro, BR). Medina, sacré 1er champion du monde brésilien en 2014, a reçu la note maximale de 10 par les 5 juges pour son backflip historique. Il a finalement pris la 3e place de l'épreuve.

Sports d'hiver

Le 30 septembre 2016, Yuzuru Hanyu (JP) a réussi le 1er quadruple loop en compétition patinage artistique masculin.

(tous 2 FR) ont totalisé 118,17 points au championnat du monde ISU, à Boston (US).

Le 9 décembre 2016, Tessa Virtue et Scott Moir (tous 2 CA) ont obtenu 80,50 points, le **meilleur score en programme court (danse sur glace)**, en finale du Grand Prix de patinage artistique à Marseille.

Le 1er à s'imposer sur 500 m et 1 000 m aux mondiaux de patinage de vitesse (hommes)

Pavel Kulizhnikov (RU) a signé le doublé aux championnats du monde 2016, à Kolomna (RU), les 13-14 février. En 2015, il avait remporté l'or sur 500 m et l'argent sur 1 000 m, à 0,04 s près.

Toujours à Kolomna, Denis Yuskov (RU) a réussi le **plus de victoires consécutives sur 1500 m**, aux mondiaux de patinage de vitesse (hommes), avec un 3e succès après 2013 et 215.

▲ LE PLUS DE VICTOIRES EN COUPE DU MONDE DE SAUT À SKI (FEMMES)

Le 16 février 2017, Sara Takanashi (JP) a remporté sa 53e épreuve de coupe du monde, à Pyeongchang (KR). Elle avait débuté le 3 décembre 2011, à 15 ans et 56 jours, avant de remporter sa 1re épreuve, le 3 mars suivant. Takanashi détient 4 sacres : 2013, 2014, 2016 et 2017.

Le plus de participants aux mondiaux de Bandy

Sport voisin du hockey sur glace, le bandy se joue avec une balle. Deux équipes de 11 joueurs s'affrontent sur un terrain de foot gelé. Les mondiaux 2017 en Suède comptaient 18 nations, dont la Mongolie, les Pays-Bas et une équipe de Somaliens de Suède, soit autant qu'en 2016.

Depuis sa création en 1957, le **plus de victoires aux mondiaux de bandy (hommes)** est de 24, un total cumulé par l'Union soviétique (1957-1979, 1985 et 1989-1991) et la Russie (1999-2001, 2006-2008, 2011 et 2013-2016).

Le **plus de victoires aux mondiaux de bandy (femmes)** est de 7, par la Suède, qui a remporté tous les tournois depuis sa création en 2004, sauf en 2014.

Le plus de titres consécutifs en coupe du monde de biathlon (hommes)

Martin Fourcade (FR) a décroché son 6e titre de suite en 2017, soit 3 de plus que Raphaël Poirée (FR) et Frank Ullrich (DE).

Le **plus de médailles aux mondiaux de biathlon (hommes)** est de 45, par Ole Einar Bjørndalen (NO), entre 1997 et 2017.

Le meilleur score en patinage artistique – programme libre (danse sur glace)

Le 31 mars 2016, Gabriella Papadakis et Guillaume Cizeron

Le plus de victoires pour une province au championnat canadien de curling

Le Brier, championnat canadien de curling, existe depuis 1927. La victoire d'Alberta en 2016 était sa 27e, soit autant que Manitoba après son succès en 2011.

Le plus de victoires pour un constructeur en International 500 de motoneige

La course de motoneige « I-500 » se déroule sur un parcours de 500 miles (804 km), à Sault Ste Marie (Michigan, US). Bunke Racing a franchi en 1er la ligne d'arrivée, le 4 février 2017, offrant un 26e sacre au constructeur Polaris (US).

Le plus de victoires en coupe du monde de ski (femmes)

Le 21 janvier 2017, Lindsey Vonn (US) a obtenu son 77e succès en coupe du monde FIS de descente, sur la piste Kandahar, à Garmisch-Partenkirchen (DE). C'était sa 39e victoire en descente, le **plus de courses de descente remportées par une skieuse en coupe du monde**. Ce succès intervenait quelques semaines après une grave fracture du bras droit à l'entraînement.

▶ LE MEILLEUR SCORE EN PATINAGE ARTISTIQUE – PROGRAMME COURT (FEMMES)

Evgenia Medvedeva (RU) a obtenu 79,21 points, en finale du Grand Prix de l'Union internationale de patinage (ISU), à Marseille (FR), le 9 décembre 2016.

Le 27 janvier 2017, Medvedeva a aussi décroché le **meilleur score en patinage artistique – programme long (femmes)** (150,79), aux championnats d'Europe ISU, à Ostrava (CZ).

▲ LA PLUS RAPIDE AU 1500 M EN SHORT-TRACK

Choi Min-jeong (KR, ci-dessus) a réalisé un chrono de 2 min 14,354 s à l'épreuve de coupe du monde ISU de patinage de vitesse sur piste courte, à Salt Lake City (US), le 12 novembre 2016. Avec Shim Suk-hee, Kim Ji-yoo et Kim Geon-hee (toutes KR), elle a aussi réussi le 3 000 m relais en short-track le plus rapide, en 4 min 4,222 s.

Le 22 décembre 2015, Hirscher a échappé de peu à une collision avec un drone-caméra, lors d'un slalom de coupe du monde, à Madonna di Campiglio (IT).

◀ LE PLUS DE TITRES CONSÉCUTIFS EN COUPE DU MONDE DE SKI ALPIN FIS (HOMMES)

Marcel Hirscher (AT) a remporté 6 coupes du monde de ski alpin de la Fédération Internationale de Ski (FIS) consécutives, en 2012-2017. Au passage, il détient le **plus de titres en coupe du monde FIS de ski alpin (hommes)** devant Marc Girardelli (LU, né AT), sacré 5 fois en 1985-1986, 1989, 1991 et 1993.

Jeux Olympiques d'hiver

PyeongChang 2018

Les JO d'hiver 2018 se tiendront à Pyeongchang (KR).
Qui rejoindra ces athlètes hors norme ?

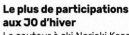

Le plus de participations aux JO d'hiver

Le sauteur à ski Noriaki Kasai (JP) et le lugeur Albert Demchenko (RU) étaient présents à 7 jeux Olympiques, d'Albertville 1992 à Sotchi 2014.

Demchenko (né le 27 novembre 1971) est le **médaillé le plus âgé aux JO d'hiver**. Il a décroché l'argent, le 9 février 2014, à l'âge de 42 ans et 74 jours.

Le plus de médailles d'or lors d'une même édition

Eric Heiden (US) a remporté 5 épreuves de patinage de vitesse aux JO 1980, à Lake Placid (US), s'imposant sur 500 m, 1 000 m, 1 500 m, 5 000 m et 10 000 m.

Le plus de médailles d'or lors d'une même édition par une sportive est de 4, toujours en patinage de vitesse, par Lidiya Skoblikova (URSS/RU), sur 500 m, 1 000 m, 1500 m et 3 000 m, à Innsbruck 1964.

▲ LES 1ʳᵉˢ OLYMPIADES D'HIVER

Les jeux Olympiques d'hiver ont été organisés pour la 1ʳᵉ fois à Chamonix (FR), du 25 janvier au 5 février 1924. Les JO devaient promouvoir les sports sur neige et glace non praticables en été. Devant 10 004 spectateurs payants, 247 hommes et 11 femmes issus de 16 nations ont participé à des épreuves telles que le patinage de vitesse, le curling et le hockey (ci-dessus). Le 26 janvier, Charles Jewtraw (US) est devenu le 1ᵉʳ champion des JO d'hiver, en s'imposant sur 500 m en patinage de vitesse, au stade olympique de Chamonix.

▲ LE PLUS JEUNE MÉDAILLÉ D'OR EN INDIVIDUEL AUX JO D'HIVER

Tara Lipinski (US, née le 10 juin 1982) s'est imposée en patinage artistique, à Nagano (JP), le 20 février 1998, à 15 ans et 255 jours.

Le **plus jeune athlète médaillé d'or** est Kim Yun-mi (KR, née le 1ᵉʳ décembre 1980), à Lillehammer 1994, où elle a remporté le 3 000 m relais féminin de short-track, à 13 ans et 85 jours.

▲ LE PLUS DE MÉDAILLES REMPORTÉES AUX JO D'HIVER

Entre 1998 et 2014, Ole Einar Bjørndalen (NO) a décroché 13 médailles en biathlon, épreuve mêlant ski de fond et tir à la carabine. Ce total inclut 8 titres, soit le **plus de médailles d'or remportées aux JO d'hiver**. Bjørndalen partage ce record avec son compatriote Bjørn Dæhlie, qui s'est imposé en ski de fond, en 1992-1998.

À Sotchi 2014, Bjørndalen a triomphé sur le 10 km de biathlon, à 40 ans et 12 jours, devenant le **médaillé d'or le plus âgé en individuel aux JO d'hiver**.

Q : Qui a conçu la cérémonie d'inauguration des jeux Olympiques d'hiver 1960 ?

R : Walt Disney.

Le plus de médailles olympiques consécutives en individuel

En luge, Armin Zöggeler (IT) – surnommé le Cannibal pour sa manière de croquer ses concurrents – est monté sur le podium lors de 6 JO d'hiver consécutifs, entre 1994 et 2014.

Le 1ᵉʳ médaillé aux JO d'hiver venu de l'hémisphère sud

À Albertville 1992, la skieuse Annelise Coberger (NZ) a pris l'argent au slalom. Elle est devenue la 1ʳᵉ médaillée de l'hémisphère sud, 68 ans après la création des jeux Olympiques d'hiver.

Le plus de médailles olympiques en hockey sur glace pour un joueur

Le Canada a remporté toutes les finales de hockey sur glace féminin, sauf à Nagano 1998. L'attaquante Jayna Hefford et la milieu Hayley Wickenheiser ont été de toutes les victoires, obtenant donc 4 médailles d'or et 1 d'argent.

Le plus de titres paralympiques aux JO d'hiver

Ragnhild Myklebust (NO) totalise 22 médailles d'or, entre 1988 et 2002, en ski de fond, course sur luge et biathlon. Elle compte aussi 3 médailles d'argent et 2 de bronze.

Le plus de titres paralympiques aux JO d'hiver (hommes) est de 16, par Gerd Schönfelder (DE), en ski alpin, en 1992-2010, auxquels s'ajoutent 4 médailles d'argent et 2 de bronze.

Le plus de frères lors d'une même épreuve aux JO d'hiver

À Calgary 1988, les deux duos mexicains de bobsleigh étaient menés par 4 frères : Jorge, Eduardo, Roberto et Adrián Tamés.

▶ LE PLUS DE MÉDAILLES REMPORTÉES AUX JO D'HIVER (FEMMES)

Trois skieuses de fond comptent 10 médailles olympiques chacune : Raisa Smetanina (URSS/RU, 1976-1992), Stefania Belmondo (IT, 1992-2002) et Marit Bjørgen (NO, à droite, 2002-2014). Sur les 10 médailles de Bjørgen, 6 sont en or, soit le **plus de médailles d'or remportées aux JO d'hiver (femmes)**. Elle partage ce record avec Lidiya Skoblikova (URSS/RU, 1960-1964) en patinage de vitesse et Lyubov Yegorova (RU, 1992-1994) en ski de fond.

En 2015, Marit Bjørgen a écrit une page d'histoire en remportant les 3 globes de cristal de la coupe du monde (général, distance et sprint) pour la 2ᵉ fois. Elle avait déjà accompli cet exploit en 2004-2005.

Sports extrêmes

D'après une analyse de 2015, 100 h de vidéo filmée avec une GoPro sont téléchargées chaque minute sur YouTube.

La chute libre la plus rapide (homme)

Développé au milieu des années 2000, le speed skydiving consiste à sauter d'un avion pour tenter d'atteindre la plus grande vitesse en chute libre. Le 13 septembre 2016, Henrik Raimer (SE) a atteint 601,26 km/h, au 5e tour du championnat du monde de la Fédération aéronautique internationale (FAI), à Chicago (US). Il est ainsi devenu champion du monde de la discipline.

La plus longue distance avec objectif déclaré en deltaplane (femme)

Le 7 janvier 2016, Yoko Isomoto (JP) a conduit son deltaplane Wills Wing T2C de classe 1 de Forbes à Walgett, en Nouvelle-Galles du Sud (AU), soit une distance de 367,6 km.

La plus grande montée en deltaplane (homme)

Anton Raumauf (AU) s'est élevé à 4 359 m d'altitude au-dessus de Burgsdorf et Helmeringhausen (NA), le 3 janvier 2016 (Ratifié par la FAI).

▲ LE BACKFLIP À VÉLO LE PLUS LONG
Le 13 août 2016, la star des X-Games Kevin « KRob » Robinson s'est attaqué au record du backflip à vélo en direct sur ESPN, à Providence (US). Pour dépasser son objectif de 19,5 m, Robinson a dû atteindre 69,2 km/h avant de décoller, ce qu'il est parvenu à faire en étant tracté par un 4x4. S'il a chuté à son 1er essai, il a recommencé quelques minutes plus tard pour réussir un saut monstrueux de 25,6 m.

▲ LE SAUT LE PLUS HAUT SUR UN POGO STICK
Le 15 octobre 2016, Biff Hutchison (US) s'est élevé à 3,36 m, soit 2 fois la hauteur d'homme, sur un bâton sauteur, à Burley (US). Son record précédent de 3,2 m, partagé avec Dalton Smith (US), avait été égalé par Nic Patiño (US) au Pogopalooza 2016, à Swissvale (US) le 8 juillet 2016.

Le plus long saut sur rampe en pick-up

Le 25 août 2016, Bryce Menzies (US) s'est envolé sur 115,64 m entre deux rampes au-dessus d'une ville fantôme aux États-Unis. Il a établi son record dans un pick-up Pro 2, lors d'une répétition pour une émission de télé au Bonanza Creek Ranch (US). Pour plus de sauts sur rampe, voir p. 208-209.

Le plus rapide en luge de rue sans propulsion

Mike McIntyre (USA) a atteint 164 km/h lors de l'épreuve « L'Ultime Descente », sur la côte des Éboulements, à Québec (CA), le 10 septembre 2016. McIntyre a battu le record de Cédric Touchette (CA), qui avait atteint 157,41 km/h en 2008.

▲ LE PLUS DE TITRES MONDIAUX EN MOUNTAINBOARD
En boardercross, les courses de planches tout-terrain se déroulent sur des pistes étroites et sinueuses. Matt Brind (GB, ci-dessus au 1er plan) a remporté le championnat du monde de boardercross à 3 reprises, en 2014-2016. Un seul autre rideur a déjà décroché le timbale : Kody Stewart (US) en 2013. En 2016, Stewart est arrivé 2e du Mondial organisé à Bukovac (RS).

Le plus de titres mondiaux en rafting en eaux vives (hommes)

La victoire de l'équipe masculine du Brésil lors du championnat du monde 2016 de la Fédération internationale de rafting (IRF) était sa 6e au total. Le Brésil s'était déjà imposé en 2007, 2009 et 2013-2015. Les Sud-Américains devancent désormais la fameuse Team Bober de Slovénie, championne à 5 reprises en 1995-1999.

Le 1 000 m dans la glace le plus rapide (homme)

Petar Stoychev (BU) a nagé 1 km en 12 min et 15,87 s, au 2e championnat du monde de nage dans la glace Aqua Sphere, à Burghausen (DE), le 6 janvier 2017. Le même jour, Judit Wittig (DE) a réalisé le **1 000 m dans la glace le plus rapide (femme)**, en 13 min et 13,58 s.

Arrêter un skate lancé à 130 km/h nécessite un équilibre incroyable et du talent. Les skateurs doivent se redresser lentement, écarter les bras et dézipper leur tenue qui fait office de parachute.

◄ LA DESCENTE EN SKATE DEBOUT LA PLUS RAPIDE
Le 31 mai 2016, la légende du skateboard Erik Lundberg (SE) s'est mis en tête de battre le record de vitesse de 129,94 km/h en skate de descente. Le parcours, situé à Québec (CA), mesurait 1 km avec une pente atteignant 18 %. Après quelques descentes de reconnaissance, Lundberg a atteint 130,36 km/h. L'astuce ? Rester aussi immobile que possible...

X-Games

À Austin 2016, Jackson Strong est sorti de l'hôpital quelques heures après un accident en quarterpipe pour gagner le Best Trick de Moto X.

Le plus de médailles en Snowboard Slopestyle aux Winter X-Games (femme)

Avec l'argent glané aux X-Games 2016, Jamie Anderson (US) a empoché 11 médailles de 2006 à 2016. Elle a commencé par le bronze en 2006 et a toujours atteint le podium par la suite. Au total, Anderson peut se vanter d'avoir remporté 4 médailles d'or, 5 d'argent et 2 de bronze. À Aspen 2016, elle a signé son meilleur score avec 89,00 points, synonyme de deuxième place derrière la Canadienne Spencer O'Brien (91,00).

▲ **LE PLUS DE MÉDAILLES D'OR EN BMX STREET (HOMME)**

Garrett Reynolds (US) domine l'épreuve de BMX Street depuis sa 1re participation aux X-Games en 2008, avec 8 titres sur 9 possibles. Seule ombre au tableau pour Reynolds : il a dû se contenter de l'argent à Los Angeles en 2013, battu par Chad Kerley (US). Dans ses runs, il a signé quelques-unes des figures les plus élaborées jamais vues en BMX.

LE PLUS DE MÉDAILLES CONSÉCUTIVES EN SKATEBOARD PARK (HOMME)

Pedro Barros (BR) est monté 9 fois consécutives sur le podium depuis ses débuts aux X-Games en 2010, décrochant notamment l'or à Austin 2016. Il compte au total 6 médailles d'or et 3 d'argent. Avec son père Léo Kakinho (BR), lui aussi skateur pro, Barros a construit un pipe géant dans son jardin, qui attire désormais tous les skateurs de Florianópolis (BR).

Le 1er couple marié à s'affronter aux X-Games d'été

L'épreuve de Flat-Track Harley Davidson est une course de moto effrénée qui se déroule sur une piste de terre de 0,8 km, sur le Circuit of the Americas, près d'Austin (US). Pour sa 1re édition, le 4 juin 2015, la ligne de départ était notamment occupée par les époux Jared et Nichole Mees (tous 2 US). Une défaillance mécanique au dernier tour a privé Jared de la victoire, mais il est revenu l'année suivante pour décrocher l'or.

Organisée le 2 juin, l'édition 2016 était disputée entre autres par Cory et Shayna Texter (tous 2 US) — **les 1ers frère et sœur à s'affronter aux X-Games d'été**. Toutefois, aucun des deux n'a réussi à se qualifier pour la finale. C'est finalement Shayna qui a récolté les lauriers familiaux en terminant 21e, une place devant son frère.

Le plus de spectateurs en une journée aux X-Games d'hiver

Le 30 janvier 2016, 49 300 spectateurs étaient amassés à Aspen (US) pour la 3e journée des X-Games d'hiver Twenty. Le temps était aussi extrême que les sports, mais la tempête de neige n'a pas découragé les fans. Ils ont été récompensés par les épreuves de ski, monoski X et Superpipe en snowboard, ainsi que par des concerts de DJ Snake et deadmau5.

Le plus de médailles remportées aux X-Games d'été sans décrocher l'or

Entre 1998 et 2016, Simon Tabron (GB) est monté 14 fois sur le podium, mais jamais sur la plus haute marche. Il a obtenu 6 médailles d'argent et 4 de bronze, toujours en BMX Vert. Aux X-Games 2016, Tabron a obtenu son meilleur score avec 86,00 en 2 runs, mais n'a pu prendre que l'argent, devancé par son compatriote Jamie Bestwick (90,66). Fait incroyable, c'était la 5e fois que Tabron échouait juste derrière Bestwick.

▲ **LE MEILLEUR SCORE EN SNOWBOARD SUPERPIPE AUX X-GAMES D'HIVER (FEMME)**

Deux 1080 consécutifs et un McTwist ont permis à Chloe Kim (US) de signer un score de 98,00 en Snowboard SuperPipe, aux X-Games d'Oslo (NO), le 26 février 2016. Née le 23 avril 2000, Kim n'avait que 15 ans et 309 jours quand elle a remporté sa 3e médaille d'or, devenant la **plus jeune triple championne des X-Games**.

Le plus de médailles d'or aux X-Games d'hiver (femme)

En Snowboard Cross féminin, personne ne rivalise avec Lindsey Jacobellis (US). De 2003 à 2016, elle a décroché 10 médailles d'or dans l'épreuve aux X-Games d'hiver d'Aspen (US). Elle aurait même pu augmenter son butin si elle n'avait pas raté 2 éditions en raison de blessures.

Si elle domine les X-Games depuis plus de 10 ans, Jacobellis n'a pas connu la même réussite aux jeux Olympiques d'hiver. En 2006, à Turin (IT), alors qu'elle avait 3 s d'avance vers la fin de la course, elle a chuté en tentant un method grab et a laissé filer Tanja Frieden (CH) vers l'or. Jacobellis est également tombée alors qu'elle menait dans la chaleur de Sotchi 2014, ratant au passage la qualification pour la finale.

Le trick préféré de Pâmela Rosa en skate est le front feeble. Le skateur doit glisser sur un rail avec l'arrière de sa planche. Il faut parfaitement répartir son poids pour réussir cette figure.

▲ **LA PLUS JEUNE CHAMPIONNE DE SKATEBOARD STREET AUX X-GAMES**

Née le 19 juillet 1999, la lycéenne Pâmela Rosa (BR) n'avait que 16 ans et 221 jours quand elle a remporté l'or aux X-Games d'Oslo (NO), le 25 février 2016. Grâce à une prestation technique aboutie, Rosa a inscrit 80,33 points à son 1er run, ce qui lui a suffi pour balayer ses concurrentes. C'était sa 3e médaille consécutive dans l'épreuve après l'argent en 2014 et 2015.

En revue

Au sommet de son fameux saut périlleux arrière, la gymnaste Simone Biles (US) atteint presque 2 fois sa taille.

▲ LE PLUS DE SERVICES GAGNANTS EN VOLLEY FÉMININ OLYMPIQUE

Ekaterina Kosianenko a servi 8 aces, lors du succès de la Russie 25-13, 25-10, 25-16 contre l'Argentine, à Rio 2016, le 6 août. La Russe, qui évolue au Dinamo de Moscou, a mieux servi que Zoila Barros et Yanelis Santos (toutes 2 CU), auteures de 7 aces dans des matchs de 5 sets.

Le plus de titres en championnat du monde de racquetball (homme)

Depuis 1984, le Mondial de la Fédération internationale de racquetball (IRF) se tient tous les 2 ans. Le 23 juillet 2016, Rocky Carson (US) a remporté son 5e titre de suite en simple masculin en battant Daniel de la Rosa 15-11, 5-15, 11-5 en finale.

Le **plus de titres en championnat du monde de racquetball (femmes)** est de 3, par 3 joueuses : Michelle Gould (US) en 1992, 1994 et 1996 ; Cheryl Gudinas (US) en 2000, 2002 et 2004 ; et Paola Longoria (MX) en 2012, 2014 et 2016.

Le plus de matchs olympiques consécutifs gagnés en beach-volley

Entre Athènes 2004 et Rio 2016, Kerri Walsh Jennings (US) a gagné 22 matchs consécutifs en beach-volley olympique. Elle a remporté 3 médailles d'or consécutives en duo avec Misty May-Treanor avant de céder face aux Brésiliennes Ágatha Bednarczuk et Bárbara Seixas en demi-finales, à Rio 2016. Walsh Jennings et sa nouvelle partenaire April Ross ont pris le bronze.

Le plus de titres en championnat mondial de softball féminin

Depuis sa création en 1965, le championnat mondial de softball féminin s'est tenu 15 fois. Le 24 juillet 2016, les États-Unis ont remporté leur 10e titre, devant le Japon, 7-3, à Surrey (CA). C'était la **6e** finale consécutive entre ces 2 pays. Ce score constituait aussi la **finale de championnat du monde de softball féminin la plus prolifique**.

▲ LA PLUS JEUNE CHAMPIONNE D'OPEN SQUASH

Nour El Sherbini (EG, née le 1er novembre 1995) avait 20 ans et 181 jours quand elle a remporté le championnat mondial, à Kuala Lumpur (ML), le 30 avril 2016. El Sherbini – devenue la plus jeune championne du monde junior en 2009, à 13 ans seulement – a remonté 2 sets pour battre la numéro 1 mondiale Laura Massaro (GB) 6-11, 4-11, 11-3, 11-5, 11-8.

Le plus de médailles olympiques en badminton (hommes)

Déjà champion à Londres 2012, Zhang Nan (CH) s'est emparé de l'or en double masculin et en double mixte, à Rio 2016.

Seuls 3 autres joueurs ont remporté 3 médailles olympiques : Kim Dong-moon (KR, 1996-2004), Lee Chong Wei (MY, 2008-2016) et Fu Haifeng (CN, 2008-2016).

Ils sont tous devancés par la joueuse Gao Ling (CN), qui compte 2 médailles d'or, 1 d'argent et 1 de bronze en 2000-2004 – le **plus de médailles olympiques en badminton**.

Le plus de titres en Mondial de badminton par équipe (femmes)

Instauré en 1956, l'Uber Cup de badminton a été remporté 14 fois par la Chine, soit toutes les éditions entre 1984 et 2016 sauf 3 : 1994, 1996 et 2010. En 2016, la Chine a battu la Corée du Sud 3-1, remportant ainsi sa dernière victoire en date.

Brent Harvey a annoncé sa retraite du football AFL le 7 octobre 2016, North Melbourne ayant refusé de prolonger son contrat. Harvey prévoyait de rester au club pour encadrer les jeunes.

▲ LE PLUS DE MATCHS DE FOOTBALL AUSTRALIEN

Le 30 juillet 2016, le joueur de North Melbourne Brent Harvey a surpassé la légende Michael Tuck (tous 2 AU) avec sa 427e apparition en AFL. À la fin de la saison, le 10 septembre, il comptait 432 matchs disputés au total. Il avait démarré pendant la saison 1996, à 18 ans et 112 jours. Dans sa carrière, « Boomer » a inscrit 518 buts et 334 behinds, totalisé 1 689 marks et parcouru quelque 7 300 km sur le terrain.

▲ LA PLUS JEUNE MÉDAILLÉE OLYMPIQUE EN TENNIS DE TABLE

Le 16 août 2016, Mima Ito (JP, née le 21 octobre 2000) a offert la médaille de bronze au Japon en tennis de table en battant Feng Tianwei (SG). Ito a rejoint ses coéquipières Ai Fukuhara et Kasumi Ishikawa sur le podium, à l'âge de 15 ans 300 jours. Elle avait remporté le titre individuel à l'Open d'Allemagne de la Fédération internationale (ITTF) à l'âge de 14 ans et 152 jours, devenant la **plus jeune gagnante d'un titre individuel sur le Circuit mondial ITTF**.

▲ LE PLUS DE BUTS MARQUÉS PAR UN JOUEUR EN UNE SAISON DE LIGUE DES CHAMPIONS EHF DE HANDBALL

Mikkel Hansen (DK, ci-dessus à droite) a marqué 141 buts pour le Paris Saint-Germain Handball (FR), lors de la saison 2015-2016 de Ligue des champions de handball. L'ailier gauche a inscrit 9 buts lors du 1er match contre Flensburg (DE) et a dépassé les 10 buts à 6 reprises, dont 2 fois lors des demi-finales, contre Kielce (PO) et THW Kiel (DE).

Le plus de titres en championnat du monde des clubs de volley féminin FIVB

Le 23 octobre 2016, l'Eczacıbaşı VitrA (TR) a conservé son titre FIVB. C'était la 1re équipe à s'adjuger le trophée plus d'une fois depuis sa création en 1991.

Le plus de participants à la Ligue mondiale FIVB de volley (hommes)

L'édition 2016 de la compétition regroupait 36 équipes, 4 de plus qu'en 2015. La Serbie a été sacrée championne pour la 1re fois.

Le plus de buts marqués par un joueur en Ligue des champions EHF de handball

Entre 1998 et le 11 mars 2017, Kiril Lazarov (MK) a inscrit 1 164 buts en Ligue des champions EHF.

Le plus de Super Globe IHF (hommes)

Trois clubs ont remporté 2 fois le Super Globe de la Fédération internationale de handball : BM Ciudad Real (ES, 2007 et 2010), Barcelone (ES, 2013-2014) et Füchse Berlin (DE, 2015-2016). Berlin a battu le PSG d'un point pour conserver son titre.

Le plus de finales consécutives au championnat du monde IHF de beach handball masculin

Le Brésil a atteint toutes les finales du Mondial de beach handball sauf la 1re en 2004 et décroché 4 titres. En 2016, pour leur 6e participation de suite, les Brésiliens se sont inclinés face à la Croatie.

Le plus de titres en Champions Trophy en hockey féminin

L'Argentine a remporté le titre 2016, totalisant ainsi 7 victoires. Las Leonas (« Les Lionnes ») ont aussi triomphé en 2001, 2008-2010, 2012 et 2014.

La milieu Luciana Aymar a participé aux 6 premiers succès, soit le **plus de titres en Champions Trophy de hockey féminin remportés par une joueuse**.

Le plus de titres en Champions Trophy en hockey masculin

L'Australie s'est adjugé le trophée à 14 reprises : en 1983-1985, 1989-1990, 1993, 1999, 2005, 2008-2012 et 2016. Son dernier succès a été glané après les tirs au but contre l'Inde, au Lee Valley Hockey and Tennis Centre de Londres (GB).

▲ LE PLUS DE TITRES EN COUPE DU MONDE DE KABADDI (HOMMES)

L'Inde (ci-dessus, en bleu) a accueilli et remporté la coupe du monde de kabaddi tous les ans depuis la création de la compétition : en 2010-2014 et 2016. Son 6e titre a été obtenu en battant l'Angleterre 62-20 en finale, le 17 novembre 2016. Cette épreuve adhère au « cercle Punjab » et non au « style standard ».

L'Inde détient aussi le **plus de titres en coupe du monde féminine de kabaddi** (4), décrochés en 2012-2014 et 2016.

Le plus de jeux Olympiques consécutifs pour une gymnaste

Oksana Chusovitina (UZ) a disputé ses 7es jeux Olympiques, à Rio 2016, à l'âge de 41 ans et 56 jours. Elle avait débuté à Barcelone 1992 sous la bannière de l'équipe olympique unifiée et s'était adjugé l'or dans l'épreuve par équipe.

Le plus de médailles olympiques en sports équestres

À Rio 2016, Isabell Werth (DE) a chevauché Weihegold Old pour prendre l'or en équipe et l'argent en individuel en dressage. Elle totalise 10 médailles olympiques : 6 en or et 4 en argent. Ses 1ers JO étaient à Barcelone 1992, où elle avait décroché 2 médailles sur Gigolo.

▲ LE PLUS RAPIDE À TERMINER UN TRIATHLON IRONMAN (HOMME)

Un triathlon Ironman est une épreuve harassante d'une journée comprenant 3,86 km de nage, 180,25 km de vélo et un marathon de 42,20 km. Le 17 juillet 2016, Jan Frodeno (DE) a terminé le Challenge Roth Ironman, à Roth (DE), en 7 h, 35 min et 39 s. Frodeno a battu le record précédent de près de 6 min, bien qu'il soit tombé dans un fossé au 2e tour de son parcours à vélo.

▶ LE PLUS DE VICTOIRES D'ÉPREUVES EN WORLD TRIATHLON SERIES ITU (HOMME)

Le 2 juillet 2016, Alistair Brownlee (GB) a décroché sa 21e victoire d'épreuve, aux World Series de l'Union internationale de triathlon (ITU), à Stockholm (SE). En finale 2016, à Cozumel (MX), le 18 septembre, Alistair a ralenti pour aider son frère Jonny à franchir la ligne (à droite).

À Rio 2016, Alistair a conservé le titre olympique en triathlon, qu'il avait remporté à Londres 2012, obtenant au passage le **plus de médailles d'or olympiques en triathlon** (2).

Index

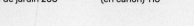

Index

Remerciements

Éditeur en chef
Craig Glenday

Responsable éditorial
Stephen Fall

Mise en page
Tom Beckerlegge, Rob Dimery

Responsable de projet
Adam Millward

Éditeur
Ben Hollingum

Éditeur Jeux vidéo
Stephen Daultrey

Responsable Recherche documentaire
Carim Valerio

Directeur général de l'édition
Jenny Heller

Responsable de l'iconographie et du graphisme
Michael Whitty

Éditeur iconographe
Fran Morales

Recherches iconographiques
Saffron Fradley

Chercheurs de talents
Jenny Langridge, Victoria Tweedy

Maquettiste
Billy Waqar

Révision-correction
Ben Way, Matthew White

Conception graphique
Paul Wylie-Deacon, Matt Bell de 55design.co.uk

Illustrations originales
Maltings Partnership, Sam Golin

Directeur de production
Patricia Magill

Responsable de la production éditoriale
Jane Boatfield

Assistant de production
Thomas McCurdy

Consultants de production
Roger Hawkins, Dennis Thon, Tobias Wrona

Gravure
Res Kahraman de Born Group

Photographies originales
Richard Bradbury, Jonathan Browning, James Cannon, Mark Dadswell, Al Diaz, James Ellerker, Paul Michael Hughes, Ranald Mackechnie, Olivier Ramonteu, Kevin Scott Ramos, Ryan Schude

Conception de la couverture
Paul Wylie-Deacon at 55 Design

Production de la couverture
Spectratek Technologies, Inc (Terry Conway, Mike Foster), API Laminates Ltd (Steven Emsley), GT Produktion (Bernd Salewski)

Indexation
Marie Lorimer

Impression et façonnage
MOHN Media Mohndruck GmbH, Gütersloh, Allemagne

Consultants
Dr Mark Aston, James Burns, Rob Cave, Martyn Chapman, Nicholas Chu, Steven Dale, Warren Dockter, Dick Fiddy, David Fischer, Mike Flynn, Ben Hagger, Dave Hawksett, T Q Jefferson, Eberhard Jurgalski, Bruce Nash (The Numbers), Ocean Rowing Society International, Dr Paul Parsons, Clara Piccirillo, James Proud, Dr Karl P N Shuker, Ian Sumner, Matthew White, Robert D Young

Dépôt légal : septembre 2017
62-9308-6
ISBN : 978-1-910561-92-8

Les records sont faits pour être battus ; en effet, c'est l'un des critères clés pour composer une catégorie de record. Aussi, si vous pensez pouvoir battre un record, informez-nous en et présentez votre candidature. Contactez-nous toujours avant de vous lancer dans une tentative de record.

Retrouvez régulièrement sur le site **www.guinnessworldrecords.com** des informations sur les records et des vidéos des tentatives de record. Rejoignez la communauté en ligne GWR.

Développement durable
Le papier utilisé pour cette édition est fabriqué par UPM Plattling, Allemagne. Le site de production bénéficie d'une certification forestière et ses activités de la certification ISO14001 ainsi que du certificat EMAS.

Les papiers UPM sont d'authentiques produits Biofore, issus de matériaux renouvelables et recyclables.

Pour l'édition française
Responsable éditoriale : Anne Le Meur
Réalisation : Dédicace/NordCompo (Villeneuve-d'Ascq)
Traduction : Olivier Cechman, Karine Descamps, Charlotte Faraday, Alice Gallori, Cécile Giroldi, Laurent Laget, Agnès Letourneur, Guillaume Marlière, Christine Mignot, Anne-Marie Naboudet-Martin
Relecture : Anne-Fleur Drillon et Odile Raoul
L'éditeur remercie Anaïs Tertrais pour son aide précieuse.

Guinness World Records Limited a recours à des méthodes de vérification très précises pour certifier les records. Malgré ses efforts, des erreurs peuvent subsister. Guinness World Records Limited ne peut être tenu pour responsable des erreurs ou omissions que comporterait cette édition. Toute correction ou précision de la part des lecteurs est bienvenue.

Guinness World Records Limited utilise le système métrique dans cette édition. Pour la conversion des monnaies, lorsqu'une date précise est indiquée, nous appliquons le taux de change en vigueur à l'époque. Si seule l'année est mentionnée, nous appliquons le taux de change au 31 décembre de l'année.

Il est important de prendre conseil auprès de personnes compétentes préalablement à toute tentative de record. Les candidats agissent à leurs risques et périls. Guinness World Records Limited conserve l'entière liberté d'inclure ou non un record dans ses ouvrages. Être détenteur d'un record ne garantit pas sa mention dans une publication de Guinness World Records.

OFFICIALLY AMAZING

THE JIM PATTISON GROUP

SIÈGE SOCIAL
Président-directeur général : Alistair Richards

Administration
Directeur financier : Alison Ozanne
Contrôleur financier : Andrew Wood
Responsable des comptes débiteurs : Lisa Gibbs
Responsables financiers : Jaimie-Lee Emrith, Daniel Ralph
Assistants comptables : Jess Blake, Yusuf Gafar
Comptes débiteurs : Tajkiya Sultana
Comptes clients : Jusna Begum
Responsable des analyses de ventes : Elizabeth Bishop
Directeur des affaires juridiques et commerciales : Raymond Marshall
Responsable des affaires juridiques : Terence Tsang
Assistant des affaires juridiques : Xiangyun Rablen
Adjoint juridique : Michelle Phua
Directeur des Ressources humaines : Farrella Ryan-Coker
Assistant des Ressources humaines : Mehreen Saeed
Responsable administratif : Jackie Angus
Directeur informatique DSI : Rob Howe
Responsable DSI : James Edwards
Développeurs informatiques : Cenk Selim, Lewis Ayers
Support informatique : Alpha Serrant-Defoe
Analyste / testeur : Céline Bacon
Directeur général des records : Marco Frigatti
Responsable de la gestion des catégories de records : Jacqueline Sherlock
Responsable Recherche et documentation : Carim Valerio
Responsable RMT : Alexandra Popistan
Responsables de catégories : Adam Brown, Tripp Yeoman, Victoria Tweedy
Chef de catégories : Danielle Kirby
Consultant des records : Sam Mason

Stratégie de marque mondiale
Directeur général de la stratégie de marque mondiale : Samantha Fay
Responsable de marque : Juliet Dawson
Directeur de création : Paul O'Neill
Responsable de production mondiale : Alan Pixsley

Marketing mondial
Directrice du marketing mondial : Katie Forde
Directeur de la programmation TV et des ventes de programmes : Rob Molloy
Responsable de la distribution audiovisuelle : Paul Glynn
Responsable du contenu audiovisuel et coordinateur de production : Jonathan Whitton
Responsable du numérique : Veronica Irons
Éditeur Web : Kevin Lynch
Rédacteur Web : Rachel Swatman
Responsable des réseaux sociaux : Dan Thorne
Producteur vidéo numérique : Matt Musson
Producteur vidéo assistant : Cécile Thai
Développeur Front-End : Alex Waldu
Responsable Brand & Consumer Product : Lucy Acfield
Responsable marketing B2B (événements Live) : Louise Toms
Responsable B2B (Presse & Publicité) : Emily Osborn
Assistant marketing : Victor Fenes
Conception graphique : Rebecca Buchanan Smith
Assistant de conception graphique : Edward Dillon

EMEA & APAC
Directeur général EMEA APAC : Nadine Causey
Responsable des ventes éditoriales : John Pilley
Responsable comptes clés : Caroline Lake
Responsable des droits internationaux : Hélène Navarre
Distribution : Alice Oluyitan
Responsable des comptes clés et des licences : Sam Prosser
Responsables des développements : Lee Harrison, Alan Southgate
Responsables de comptes commerciaux : Jessica Rae, Inga Rasmussen, Sadie Smith, Fay Edwards
Représentant régional – responsable du développement, Inde : Nikhil Shukla
Directeur des relations presse : Jakki Lewis
Responsable des relations presse : Doug Male
Responsable des relations presse B2B : Melanie DeFries
Attachée de presse internationale : Amber-Georgina Gill
Responsables du marketing : Justine Tommey / Chriscilla Philogene
Responsable du marketing B2B : Mawa Rodriguez
Responsable du marketing B2C : Christelle Betrong
Chargé du marketing de contenu : Imelda Ekpo
Responsable de la gestion des records, APAC : Ben Backhouse
Responsable de la gestion des records, Europe : Shantha Chinniah
Responsables des records : Mark McKinley, Christopher Lynch, Matilda Hagne, Daniel Kidane, Sheila Mella
Assistant de gestion des records : Megan Double
Responsable de production : Fiona Gruchy-Craven
Responsable de projet : Cameron Kellow
Responsable régional, MENA : Talal Omar
Responsable RMT, MENA : Samer Khallouf
Responsable des records, MENA : Hoda Khachab
Responsable marketing B2B, MENA : Leila Issa
Responsables des comptes clés, MENA : Khalid Yassine, Kamel Yassin
Juges officiels : Ahmed Gamal Gabr, Anna Orford, Brian Sobel, Glenn Pollard, Jack Brockbank, Lena Kuhlmann, Lorenzo Veltri, Lucia Sinigagliesi, Paulina Sapinska, Pete Fairbairn, Pravin Patel, Richard Stenning, Kevin Southam, Rishi Nath, Seyda Subasi-Gemici, Sofia Greenacre, Solvej Malouf, Swapnil Dangarikar

AMÉRIQUES
Directeur général Amériques : Peter Harper
Directeur général du marketing et des ventes, Amériques : Keith Green
Directeur général des ventes éditoriales, Amériques : Walter Weintz
Directeur Amérique latine : Carlos Martinez
Responsable du développement de la marque, Côte Ouest : Kimberly Partrick
Responsable des ventes : Nicole Pando
Responsable de comptabilité : Ralph Hannah
Comptables : Alex Angert, Giovanni Bruna, Mackenzie Berry
Responsable de projet : Casey DeSantis
Responsable des relations presse : Kristen Ott
Assistant des relations presse : Elizabeth Montoya
Coordinateur des relations presse : Sofia Rocher
Coordinateur numérique : Kristen Stephenson
Responsable des ventes éditoriales : Lisa Corrado
Responsable du marketing : Morgan Kubelka
Marketing consommateur : Tavia Levy
Responsable de la gestion des records, Amérique du Nord : Hannah Ortman
Responsable de la gestion des records, Amérique latine : Raquel Assis
Responsables des records, Amérique du Nord : Michael Furnari, Kaitlin Holl, Kaitlin Vesper
Responsables des records, Amérique latine : Sarah Casson
Ressources humaines et administration : Kellie Ferrick
Juges officiels, Amerique du Nord : Michael Empric, Philip Robertson, Christina Flounders Conlon, Jimmy Coggins, Andrew Glass, Mike Janela
Juges officiels, Amérique latine : Natalia Ramirez Talero, Carlos Tapia Rojas

JAPON
Directeur général Japon : Erika Ogawa
Administrateur : Fumiko Kitagawa
Directeur RMT : Kaoru Ishikawa
Responsables des records : Mariko Koike, Yoko Furuya
Chargé des records : Koma Satoh
Directeur marketing : Hideki Naruse
Concepteur graphique : Momoko Cunneen
Responsable de la promotion commerciale et des relations presse : Kazami Kamioka
Responsable du marketing B2B, des relations presse et de la publicité : Asumi Funatsu
Responsable de projet Événements Live : Aya McMillan
Responsable des contenus numériques et éditoriaux : Takafumi Suzuki
Directeur commercial : Vihag Kulshrestha
Responsables de comptabilité : Takuro Maruyama, Masamichi Yazaki
Chef comptable : Daisuke Katayama
Comptable : Minami Ito
Juges officiels : Justin Patterson, Mai McMillan, Gulnaz Ukassova, Rei Iwashita

CHINE & TAÏWAN
Président : Rowan Simons
Directeur général, Chine & Taïwan : Marco Frigatti
Directeur commercial, monde et Chine & Taïwan : Blythe Fitzwiliam
Responsable de comptabilité : Catherine Gao
Responsable de projet : Reggy Lu
Chef comptable : Chloe Liu
Responsable des relations avec l'étranger : Dong Cheng
Responsable numérique : Jacky Yuan
Responsable RMT : Charles Wharton
Responsable des records : Alicia Zhao
Responsable des records / Coordinateur de projet : Fay Jiang
Responsable des ressources humaines et de l'administration : Tina Shi
Assistant administratif : Kate Wang
Responsable du marketing : Wendy Wang
Responsable du marketing B2B : Iris Hou
Responsable numérique : Lily Zeng
Marketing : Tracy Cui
Responsable des relations presse : Ada Liu
Directeur des contenus : Angela Wu
Juges officiels : Brittany Dunn, Joanne Brent, John Garland, Maggie Luo, Peter Yang

▼ CRÉDITS ICONOGRAPHIQUES

1 Ranald Mackechnie/GWR ; **2** Maltings Partnership ; **4** Alamy ; **6** Alamy ; **7** Shutterstock, Ranald Mackechnie/GWR ; **8** Alamy, Getty, James Cannon/GWR ; **9** PA ; **10** Sam Golin ; **11** Shutterstock ; **12** Paul Michael Hughes/GWR ; **13** Stuart G W Price, Danny Hickson ; **14** Jeremy Simons, Melissa Gayle ; **15** Matt Alexander ; **16** Shutterstock ; **18** René Riis ; **19** Getty, Alamy, iStock ; **20** Alamy, Shutterstock ; **21** Alamy, Getty, Alamy ; **22** Shutterstock ; **23** Alamy, Shutterstock, Dennis s.k collection, Heinrich Pniok, Eric Hunt ; **24** SPL, Alamy, SPL, Shutterstock ; **25** iStock, Shutterstock, Alamy, USGS, Christopher Spencer, Shutterstock ; **26** Getty, Alamy, Shutterstock ; **27** iStock, Getty, Shutterstock, Getty, Shutterstock, iStock, Getty ; **28** Superstock, Alamy, Getty, Shutterstock ; **29** Getty, Alamy, Getty, NASA, Getty, Alamy ; **30** Alamy, Shutterstock ; **31** Alamy, Shutterstock ; **32** NERC ; **33** Getty, Shutterstock, NOAA, Shutterstock, Mark Thiessen/National Geographic, NOAA, F Bassemayousse, US Navy ; **34** Alamy, Getty, ESA, Getty, NASA ; **35** Alamy, Superstock, Alamy ; **36** Maltings Partnership ; **38** Shutterstock ; **40** Christina Painting, Alamy ; **41** iStockphoto, Nature PL, Sarefo, Alamy, Shutterstock, Alamy, Udo Schmidt, Alamy ; **42** Alamy, Shutterstock ; **43** Alamy, SPL, Alamy, Shutterstock, Alamy ; **44** Alamy, Shutterstock ; **45** Alamy, Shreeram MV, Alamy, Shutterstock ; **46** Alamy, Getty, Shutterstock ; **47** Alamy, Getty, Alamy, Shutterstock, Alamy, Shutterstock ; **48** Photoshot, Shutterstock ; **49** Shutterstock, Alamy, iStock, Alamy, iStock, Superstock, Getty, Alamy ; **50** Alamy, The Wilson Post, ogniets, Alamy, Shutterstock ; **51** Alamy, Shutterstock, Alamy, Shutterstock ; **52** Kevin Scott Ramos/GWR ; **54** Shutterstock, Frederic A Lucas, Shutterstock ; **55** Alamy, Getty ; **56** Getty, Ardea, Alamy, Superstock, Alamy, Getty, Shutterstock ; **57** Alamy, Getty, Alamy, Shutterstock, Alamy ; **58** Shutterstock ; **59** Kevin Scott Ramos/GWR, Paul Michael Hughes/GWR ; **60** PA, Getty, Cheung Chung-tat & Liu Yi, Royal Saskatchewan Museum, PA ; **61** NOAA Fisheries West Coast, weedmandan/Birdshare, Warut Siriwut, Getty ; **62** Maltings Partnership ; **66** Getty, Maltings Partnership, Getty ; **67** Getty, YouTube, Dreamstime ; **68** Alamy ; **69** Dvir Rosen, Getty, Alamy ; **70** John Wright/GWR, Getty, Alamy ; **71** Jonathan Browning/GWR, Ryan Schude/GWR, Ryan Schude/GWR, Richard Bradbury/GWR, Reuters ; **72** DPA/PA, Cristian Barnett/GWR, Shutterstock, Alamy ; **73** Jaroslaw Nogal, Al Diaz/GWR, John Wright/GWR, Shutterstock ; **74** Alamy, James Ellerker/GWR ; **75** Paul Michael Hughes/GWR, Getty, Oliver Ramonteu/GWR, Alamy ; **77** Photolure, Sam Christmas/GWR ; **78** John Wright/GWR, Paul Michael Hughes/GWR ; **79** Paul Michael Hughes/GWR, Paul Michael Hughes/GWR ; **80** John Wright/GWR, John Wright/GWR, Shutterstock ; **81** Richard Bradbury/GWR, Paul Michael Hughes/GWR, Paul Michael Hughes/GWR, Ken Butti, Ranald Mackechnie/GWR ; **82** Cliff Roles, Shutterstock ; **83** Ranald Mackechnie/GWR, Kevin Scott Ramos/GWR ; **84** SWNS, Gil Montano/GWR, Philip Robertson, Paul Michael Hughes/GWR, Sarah Mirk ; **85** SWNS, Alan Place, Alamy ; **86** Maltings Partnership ; **88** Kevin Scott Ramos/GWR ; **90** Maltings Partnership ; **92** Alamy ; **93** Alamy ; **94** Alamy, Shutterstock, Alamy ; **95** Alamy ; **98** Getty ; **99** Shutterstock, Reuters ; **101** Alamy ; **102** Ryan Schude/GWR ; **103** Getty, Kevin Scott Ramos/GWR, Alamy, Ranald Mackechnie/GWR, Kevin Scott Ramos/GWR ; **104** Maltings Partnership ; **106** Kevin Scott Ramos/GWR ; **108** Michael Roach, Ranald Mackechnie/GWR, iStock, Shutterstock ; **109** Shutterstock, Kevin Scott Ramos/GWR, Kevin Scott Ramos/GWR, James Ellerker/GWR ; **110** Shutterstock ; **111** Paul Michael Hughes/GWR, Jonathan Browning/GWR ; **112** Anders Martinsen, Shutterstock ; **113** Getty ; **114** Rod Kirkpatrick, Paul Michael Hughes/GWR, Jeff Holmes, Shutterstock ; **115** Ranald Mackechnie/GWR, Richard Bradbury/GWR, Paul Michael Hughes/GWR, Shutterstock ; **116** Carla Danieli, Tim Anderson, Shutterstock ; **117** Alamy, Definate Films, Matthew Horwood, Ken Bohn ; **118** Shutterstock ; **119** Paul Michael Hughes/GWR, Kevin Scott Ramos/GWR, Ranald Mackechnie/GWR ; **120** Alamy, C Y Photography ; **121** NewsFlare, Mark Dadswell/GWR ; **122** Kevin Scott Ramos/GWR, Shutterstock ; **123** Getty, Kevin Scott Ramos/GWR, Kevin Scott Ramos/GWR ; **125** Giuseppa Laratro ; **126** Maltings Partnership ; **128** Barcroft Media ; **129** Barcroft Media ; **130** Shutterstock ; **131** Shutterstock, Kevin Light, Alamy, Shutterstock, Alamy, Getty ; **132** Shutterstock ; **133** NASA, Alamy, PA ; **134** Alamy ; **135** Shutterstock ; **137** Rod Mayer ; **138** NASA, Shutterstock ; **139** Willems Johan, Antje Ackermann & C Michel, Alamy, Red Bull ; **141** Stuart Bailey, Getty ; **142** Maltings Partnerships ; **144** Getty ; **146** Shutterstock, Alamy ; **147** Alamy, Getty, Alamy, Getty, Alamy, Getty ; **148** Alamy, Shutterstock ; **149** iStock, Alamy ; **150** Alamy, Shutterstock ; **151** Shutterstock, Alamy, Shutterstock, Getty, Alamy, Getty ; **152** Shutterstock, Alamy ; **153** Alamy, NTT Docomo, Alamy ; **154** Shutterstock ; **155** Sotheby's, Alamy, Getty, Alamy, Shutterstock, Alamy ; **156** Shutterstock, Alamy, Shutterstock ; **157** Getty, Grey Flannel Auctions, Shutterstock, Andrew Lipovsky, Reuters, Alamy ; **158** Shutterstock, Reuters ; **159** Toilography, Reuters, Reuters, Reuters, Paul Michael Hughes/GWR ; **160** Alamy, Reuters, NASA, Alamy ; **161** Shutterstock, Alamy, Getty ; **162** Maltings Partnerships ; **164** Alamy ; **165** Shutterstock ; **166** Alamy, Getty, Shutterstock ; **167** Kathy Bushman, Sotheby's, Sotheby's ; **168** Alamy, Paul Michael Hughes/GWR, Shutterstock ; **169** Getty, Shutterstock, BBC, Getty ; **170** Alamy, Shutterstock ; **171** Alamy, Shutterstock, Alamy ; **172** Getty, Alamy, Shutterstock ; **173** Alamy, Shutterstock, Alamy, Shutterstock, Getty, Alamy ; **174** Alamy, Shutterstock ; **175** Alamy, Ryan Schude/GWR ; **176** Shutterstock ; **177** Shutterstock, Alamy, Getty, Alamy ; **178** Alamy, Getty, Alamy ; **179** Alamy ; **180** Kevin Scott Ramos/GWR, Errisson Lawrence ; **181** Shutterstock, Washington Green Fine Art Group, Joan Marcus, Shutterstock ; **182** Maltings Partnership ; **184** Alamy ; **186** Alamy, Shutterstock ; **187** SPL, Shutterstock, SPL, YouTube, Getty, Alamy ; **188** NASA, Alamy, NASA, Getty, NASA, Shutterstock ; **189** NASA, ESA, NASA, Shutterstock ; **190** Alamy, Lindner Fotografie, Hermann Jansen, Shutterstock ; **191** IAAC, AMNH/D Finnin, Carlos Jones, University of Washington ; **192** Panaxity, Shutterstock ; **193** Shutterstock, Gilman Collection, SEAC Photographic Collection ; **194** Seah Kwang Peng, YouTube, Shutterstock ; **195** Alamy, Getty ; **196** Getty, Bob Mumgaard ; **197** Getty, Alamy ; **198** Maltings Partnership ; **200** Richard Bradbury/GWR ; **202** Alamy, Shutterstock, Alamy, Hattons Model Railways ; **203** Boris Lux, Alamy, Getty ; **204** Alamy, Shutterstock ; **205** Alamy, Shutterstock, Alamy, Getty, Alamy ; **206** Getty, Shutterstock ; **207** Shutterstock, Roderick Fountain, Barcroft Media ; **208** Getty ; **209** James Ellerker/GWR, Richard Bradbury/GWR, Robert Chandler, Drew Gardner/GWR, YouTube ; **210** Shutterstock, YouTube, Alamy, Shutterstock ; **211** Getty, Alamy, Crown Copyright, TopFoto, Alamy ; **212** iStock, Michael Garnett, Alamy ; **213** Mike Boettger, Shutterstock, Getty, Alamy ; **214** Maltings Partnership ; **216** Alamy ; **217** Alamy ; **218** Getty, Shutterstock ; **219** Alamy, Getty, Alamy, Getty, Alamy, Getty ; **220** Getty, Shutterstock, Alamy ; **221** Alamy, Getty, Alamy, Getty ; **222** Getty, Shutterstock ; **223** Getty, Shutterstock, Getty ; **224** Getty ; **225** Getty, Alamy, Getty ; **226** Getty, Alamy, Getty, Shutterstock ; **227** Alamy, Shutterstock, Getty, Shutterstock ; **228** Getty, Alamy, Getty ; **229** Alamy, Getty ; **230** Getty, Alamy ; **231** Getty, Alamy, Getty, Alamy ; **232** Red Bull, Red Bull, Alamy, Paul Michael Hughes/GWR, Getty ; **233** Alamy, Red Bull, Alamy, Getty ; **234** Alamy, Shutterstock, Getty, Alamy ; **235** YouTube, Alamy ; **236** Getty, Alamy ; **237** Getty, Alamy, Shutterstock, Alamy ; **238** Alamy, Shutterstock ; **239** Shutterstock, Reuters, Shutterstock ; **240** Alamy, Shutterstock ; **241** Alamy, Shutterstock, Alamy, WSL ; **242** Alamy, Getty ; **243** Alamy, Getty, Shutterstock, Getty ; **244** ESPN ; **245** Alamy, Red Bull, ESPN, ESPN ; **246** Silvio Avila, Getty, Alamy ; **247** Getty.

Guinness World Records adresse ses remerciements pour leur aide dans la réalisation de cette édition à :

ABC Australia (Emma Mungavin) ; Hans Åkerstedt (1er Vice-Président, FAI Commission d'aérostation) ; Alex Burrow Events (Alex Burrow, Garret Wybrow) ; Carmen María Alfonzo ; Andrew Kay and Associates (Andrew Kay, Margot Teele) ; Mark Archibald ; Sophie Barling ; BBC (Kez Margrie, Cheryl Taylor) ; Billy Oscar Bell ; Kerry Bell ; Leon Stanley Bell ; Ronnie Albert Bell, Bender Media Services (Susan Bender, Sally Treibel) ; Claudia Bienek (Zoo de Berlin) ; Brandon Boatfield ; Joseph Boatfield ; Luke Boatfield ; Ryan Boatfield ; Iain Borden ; Andrea Braff ; Corrinne Burns ; Raymond Butler ; CCTV China (Pia Ling, Serena Mei, Guo Tong, Wang Wei) ; Ted Chapin ; Quay Chu ; John Corcoran ; Lydia Dale ; Discovery Communications (Bente Engebretsen, Alena Kararic, Kerrie McEvoy, Nesta Owens et Jonathan Rudd) ; Emirates (Andy Grant) ; Endemol Shine Italia (Stefano Torrisi, Orsetta Balsamo) ; Enriched Performers (Sarah Riches) ; E-Vision (Fatiha Bensalem) ; Benjamin Fall ; Rebecca Fall ; John Farnworth ; Caroline Feer ; Marco Fernandez de Araoz ; Jono Field ; FJT Logistics Ltd (Ray Harper, Gavin Hennessy) ; David Fletcher ; Justin Garvanovic ; Karen Gilchrist ; Oliver Granger ; Chelsea Greenwood ; Pete and Victoria Grimsell ; Grizzly Media (Adam Moore) ; Philine Hachmeister (Zoo de Berlin) ; Markus Haggeney (Directeur Sports et Événements, FAI – Fédération aéronautique internationale) ; Hampshire Sports and Prestige Cars ; Amy Cecilia Hannah Alfonzo ; Sophie Alexia Hannah Alfonzo ; Haven Holidays ; Danny Hickson ; High Noon Entertainment (Jon Khoshafian) ; Isabel Hofmeyr ; Jonathan Holt (Archive and Library Officer, The Tank Museum, Bovington, GB) ; Marsha Hoover ; Colin Hughes ; Chayne Hultgren ; Tom Ibison ; ICM (Colin Burke, Michael Kagan) ; Integrated Colour Editions Europe (Roger Hawkins, Susan Hawkins) ; ITV America (David Eilenberg, Eric Hoberman, Adam Sher) ; Al Jackson ; Gavin Jordan ; Richard Kakayor ; Dani Kane ; Stephen Kish ; Jane Klain (The Paley Center for Media) ; Haruka Kuroda ; Kurz ; Orla Langton ; Thea Langton ; Frederick Horace Lazell ; Liam Le Guillou ; Asha Leo ; LEONHARD KURZ Stiftung & Co. KG ; Lion Television (Simon Welton, Susan Cooke, Sarah Clarke) ; Bruno MacDonald ; Mart Maes (WeMakeVR) ; Missy Matilda ; Dave McAleer ; Claire McClanahan ; Brad Miller ; Amara, Florence, Joshua et Sophie Molloy ; Dr Laura O'Brien (conférencier en histoire européenne moderne à la Northumbria University) ; One Stop Party Shop (Mike Jones, Rob Malone) ; Nick Patterson ; Alice Peebles ; Terry Phillip (Reptile Gardens) ; Prof Alistair Pike (Département d'archaeologie, University of Southampton) ; Trieste Pinzini (ID) ; POD Worldwide (Yip Cheong, Christy Chin, Alex Iskandar Liew) ; Prestige (Jackie Ginger) ; PrintForce.Com (Mark McIvor) ; R and G Productions (Éric Bron, David Charlet, Stéphane Gateau, Patrice Parmentier, Jérôme Revon) ; Rightsmith (Jack Boram, Laura Dorsey, Mica Imamura, Masato Kato, Jackie Mountain, Omar Taher, Sachie Takahashi) ; Lindsay Roth ; Eric Sakowski ; Milena Schoetzer (Team Assistant, FAI – Fédération aéronautique internationale) ; Dr Jennifer Sessions (chargée de cours d'histoire, University of Iowa) ; Natasha Sheldon ; Ben Shires ; Bridget Siegel ; Dr Andrew W M Smith (maître de conférence en histoire contemporaine et politique, University of Chichester) ; Gabriel Smith ; Scarlett Smith ; Glenn Speer ; Claire Stephens ; Andy Taylor ; TC Soho (JP Dash, Steve Langston) ; TG4 Ireland (Siobhan NI Bhradaigh, Lís Ní Dhálaigh Karina Feirteár) ; Julian Townsend ; Turner (Zia Bales, Susanna Mazzoleni, Marco Rosi) ; United Group (Vladimir Gordić) ; UPM Paper ; Martin Vacher (Spotify) ; Marawa Wamp ; Whale and Dolphin Conservation (Marta Hevia) ; Lara White ; Sevgi White ; Brian Wiggins ; Linda Wiggins ; Paul Wiggins ; Beverley Williams ; Hayley Wylie-Deacon ; Rueben George Wylie-Deacon ; Tobias Hugh Wylie-Deacon ; Cherry Yoshitake ; Evan Younger ; XG-Group

▼ PAGES DE GARDE

AVANT/1re ligne :
1. Record de temps pour tenir une bicyclette en équilibre sur le menton
2. La plus grande mêlée de rugby
3. La plus grande brassière choli/katori
4. Le plus grand rassemblement de personnes habillées en robe bavaroise
5. La plus grande anamorphose

AVANT/2e ligne :
1. La plus grande brouette
2. La plus grande image humaine représentant une ampoule
3. Le plus grand défilé de tracteurs anciens
4. La note sifflée la plus haute
5. Le cours de gymnastique avec ballon Pilates le plus fréquenté

Avant/3e ligne :
1. Le saut de rampe le plus long – monster truck
2. La plus petite sculpture en cure-dents
3. Le véhicule électrique le plus efficace
4. Le plus grand rassemblement de personnes vêtues d'une robe de mandarin
5. La plus longue chaîne de traîneaux
6. Le plus grand rassemblement de mariées

Avant/4e ligne :
1. Le semi-marathon le plus rapide en poussant une poussette jumeaux (homme)
2. Le plus grand toboggan flottant
3. La plus grande séance de taekwondo
4. Le plus de tours en jonglant avec 5 massues en 30 s

Avant/5e ligne :
1. Le plus d'avions en papier lancés dans une pastèque en 1 min
2. Record de temps pour gravir les Sept sommets et parcourir à ski les derniers degrés polaires (femme)
3. La plus grande image humaine en transformation
4. Le plus de heelflips en skate en 1 min
5. Le fruit du jacquier le plus lourd

Arrière/1re ligne :
1. Le wheelie sur glace en moto le plus rapide
2. La plus grande sirène d'alarme
3. La théière la plus chère
4. La plus grande pyramide de tasses en plastique
5. Le plus de personnes soufflant des bougies en même temps

Arrière/2e ligne :
1. La plus longue distance parcourue sur un tapis roulant en 1 h en portant un poids de 9 kg (équipe)
2. La personne la plus jeune à avoir fait l'ascension des Sept sommets et parcouru à ski les derniers degrés polaires
3. Le véhicule le plus lourd tracté sur 30 m (homme)
4. La plus longue chaîne de pinces à papier (individuel)
5. Le plus d'acrobaties "cheerleading basket toss" simultanées

Arrière/3e ligne :
1. Le wheelie latéral le plus rapide en voiture
2. La plus grande collection de cannes en bois
3. Le plus grand rassemblement de personnes vêtues d'une robe chinoise
4. La plus grande danse cérémonielle du Mexique ancien
5. La plus grande hélice d'ADN humain

Arrière/4e ligne :
1. La plus grande clé
2. Tapis roulant, la plus grande distance courue en 24 heures (homme)
3. Le 100 m en slackline le plus rapide
4. Temps record pour maintenir en équilibre un ballon de football sur le genou

Arrière/5e ligne :
1. Parachute – La plus grande formation en chute libre séquentielle (femme)
2. Le marathon le plus rapide en costume de super-héros (homme)
3. Le plus de tasses tenues en équilibre sur le front
4. Le plus de burritos confectionnés en 3 min
5. Le plus grand vol d'hélicoptères en formation

▼ CODES PAYS

AD Andorre
AE Émirats arabes unis
AF Afghanistan
AG Antigua et Barbuda
AI Anguilla
AL Albanie
AM Arménie
AN Antilles néerlandaises
AO Angola
AQ Antarctique
AR Argentine
AS Samoa américaines
AT Autriche
AU Australie
AW Aruba
AX Åland, Îles
AZ Azerbaïdjan
BA Bosnie-Herzégovine
BB Barbade
BD Bangladesh
BE Belgique
BF Burkina Faso
BG Bulgarie
BH Bahrein
BI Burundi
BJ Bénin
BL Saint-Barthélemy
BM Bermudes
BN Brunéi Darussalam
BO Bolivie (État plurinational de)
BQ Bonaire, Saint-Eustache et Saba
BR Brésil
BS Bahamas
BT Bhoutan
BV Bouvet, Ile
BW Botswana
BY Bélarus
BZ Bélize
CA Canada
CC Cocos/Keeling (Îles)
CD Congo, République démocratique du
CF République centrafricaine
CG Congo
CH Suisse
CI Côte d'Ivoire
CK Cook, Iles
CL Chili
CM Cameroun
CN Chine
CO Colombie
CR Costa Rica
CS Tchécoslovaquie
CU Cuba
CV Cabo Verde
CW Curaçao
CX Christmas, île
CY Chypre
CZ Tchèque, République
DD Allemagne de l'Est
DE Allemagne
DJ Djibouti
DK Danemark
DM Dominique
DO Dominicaine, République
DZ Algérie
EC Equateur
EE Estonie
EG Egypte
EH Sahara occidental
ER Erythrée
ES Espagne
ET Ethiopie
FI Finlande
FJ Fidji
FK Falkland/Malouines (Îles)
FM Micronésie, Etats Fédérés de
FO Féroé, Iles
FR France
GA Gabon
GB Royaume-Uni de Grande-Bretagne et d'Irlande du Nord
GD Grenade
GE Géorgie
GF Guyane française
GG Guernesey
GH Ghana
GI Gibraltar
GL Groenland
GM Gambie
GN Guinée
GQ Guinée équatoriale
GR Grèce
GS Géorgie du sud et les îles Sandwich du sud
GT Guatemala
GU Guam
GW Guinée-Bissau
GY Guyana
HK Hong Kong
HM Heard, Ile et MacDonald, îles
HN Honduras
HR Croatie
HT Haïti
HU Hongrie
ID Indonésie
IE Irlande
IL Israël
IM Île de Man
IN Inde
IO Indien (Territoire britannique de l'océan)
IQ Iraq
IR Iran, République islamique d'
IS Islande
IT Italie
JE Jersey
JM Jamaïque
JO Jordanie
JP Japon
KE Kenya
KG Kirghizistan
KH Cambodge
KI Kiribati
KM Comores
KN Saint-Kitts-et-Nevis
KP Corée, République populaire démocratique de
KR Corée, République de
KW Koweït
KY Caïmans, Iles
KZ Kazakhstan
LA Lao, République démocratique populaire
LB Liban
LC Sainte-Lucie
LI Liechtenstein
LK Sri Lanka
LR Libéria
LS Lesotho
LT Lituanie
LU Luxembourg
LV Lettonie
LY Libye
MA Maroc
MC Monaco
MD Moldova, République de
ME Monténégro
MF Saint-Martin (partie française)
MG Madagascar
MH Marshall, Iles
MK Macédoine, l'ex-République yougoslave de
ML Mali
MM Myanmar
MN Mongolie
MO Macao
MP Mariannes du nord, Iles
MQ Martinique
MR Mauritanie
MS Montserrat
MT Malte
MU Maurice
MV Maldives
MW Malawi
MX Mexique
MY Malaisie
MZ Mozambique
NA Namibie
NC Nouvelle-Calédonie
NE Niger
NF Norfolk, Ile
NG Nigéria
NI Nicaragua
NL Pays-Bas
NO Norvège
NP Népal
NR Nauru
NU Niue
NZ Nouvelle-Zélande
OM Oman
GP Guadeloupe
PA Panama
PE Pérou
PF Polynésie française
PG Papouasie-Nouvelle-Guinée
PH Philippines
PK Pakistan
PL Pologne
PM Saint-Pierre-et-Miquelon
PN Pitcairn
PR Porto Rico
PS Palestine, Etat de
PT Portugal
PW Palaos
PY Paraguay
QA Qatar
RE Réunion
RO Roumanie
RS Serbie
RU Russie, Fédération de
RW Rwanda
SA Arabie Saoudite
SB Salomon, Iles
SC Seychelles
SD Soudan
SE Suède
SG Singapour
SH Sainte-Hélène, Ascension et Tristan da Cunha
SI Slovénie
SJ Svalbard et île Jan Mayen
SK Slovaquie
SL Sierra Leone
SM Saint-Marin
SN Sénégal
SO Somalie
SR Suriname
SS Soudan du Sud
ST Sao Tomé-et-Principe
SU URSS
SV El Salvador
SX Saint-Martin (partie néerlandaise)
SY République arabe syrienne
SZ Swaziland
TC Turks-et-Caïcos (Îles)
TD Tchad
TF Terres australes françaises
TG Togo
TH Thaïlande
TJ Tadjikistan
TK Tokelau
TL Timor-Leste
TM Turkménistan
TN Tunisie
TO Tonga
TR Turquie
TT Trinité-et-Tobago
TV Tuvalu
TW Taïwan, Province de Chine
TZ Tanzanie, République unie de
UA Ukraine
UG Ouganda
UM Îles mineures éloignées des États-Unis
US États-Unis d'Amérique
UY Uruguay
UZ Ouzbékistan
VA Saint-Siège
VC Saint-Vincent-et-les-Grenadines
VD Vietnam (Sud)
VE Venezuela (République bolivarienne du)
VG Îles vierges britanniques
VI Îles vierges des Etats-Unis
VN Vietnam
VU Vanuatu
WF Wallis et Futuna
WS Samoa
XX Pays inconnu
YE Yémen
YT Mayotte
YU Yougoslavie
ZA Afrique du Sud
ZM Zambie
ZR Zaïre
ZW Zimbabwe
ZZ Pays multiples

Dernière minute

Les records suivants ont été homologués et ajoutés à notre base de données après la date officielle de clôture des contributions pour cette année.

La plus grande mosaïque de cartes bancaires
Une mosaïque de cartes gold de l'ICBC (AR) comprenant 32 400 cartes individuelles a été créée par l'ICBC, le 14 mars 2016. L'image finale atteignait plus de 151 m².

La plus grande mosaïque de gobelets jetables
Dans le cadre du lancement de leur nouvelle campagne sur Internet, le 9 avril 2016, Vodafone Mobile Services Ltd (IN) a conçu une mosaïque de 627 m² à l'image de leur logo en utilisant des gobelets jetables, à Lucknow (IN). Il a fallu 250 employés et 4 h et demie pour disposer environ 140 000 gobelets.

Le plus grand carnet
Le 26 avril 2016, un carnet de 0,99 m² a été présenté au Business Design Centre d'Islington (Londres, GB). Créé par le papetier Nuco, il s'agissait de la réplique à l'échelle de l'un de leurs produits. Il pesait 40 kg.

La plus grande mosaïque de chemises
Le 1er juin 2016, le géant de la lessive Ariel a dévoilé une mosaïque de 4 224 chemises recouvrant 1 482,03 m², dans une usine de Louveira (São Paulo, BR). Il s'agissait d'une initiative en vue de soutenir la candidature de Rio de Janeiro pour l'organisation des jeux Olympiques.

Le plus grand rassemblement de personnes déguisées en fantôme
Le 12 juin 2016, 263 personnes déguisées en fantôme ont hanté le centre de conférences Marina Bay Sands de Singapour. L'événement spectral s'intégrait dans le lancement du nouveau film de Sony Pictures *Ghostbusters* (US/AU, 2016).

Le plus de cuillères en équilibre sur le corps
Le 26 juin 2016, Dalibor Jablanović (RS) a posé 79 cuillères en équilibre sur son corps, à Stubica (RS). Bien qu'il ait battu les 64 cuillères de Marcos Ruiz Ceballos (voir p. 125), le record de Dalibor n'a pas été homologué avant la clôture des contributions.

La plus grande image composée d'ampoules
Le 17 juin 2016, LG Electronics and Invisible, Inc (tous 2 KR) ont présenté une œuvre d'art constituée de 18 072 ampoules, à Gimpo City (KR). Ce réfrigérateur entouré de fruits et légumes a été créé par l'artiste Serge Belo (CA).

La théière la plus chère
Une théière appartenant à la N. Sethia Foundation (GB) a été estimée à 3 millions $, à Londres (GB), le 9 août 2016. Le joaillier Fulvio Scavia (IT) a créé à la main cette théière « Égoïste » recouverte de diamants taillés et recelant un rubis de 6,67 carats.

La victoire avec la plus grande avance en final du concours général de gymnastique des jeux Olympiques (femme)
Simone Biles (US) a gagné l'or aux JO de Rio avec un score de 62,198, le 11 août 2016 – une avance de 2,100 sur la 2e, Alexandra Raisman (US), qui a atteint 60,098.
Selon le rapport annuel de Google sur les tendances en ligne, Biles est la **sportive la plus cherchée sur Internet (actuelle)**. Elle est 5e de la liste des personnes les plus cherchées en 2016. Le **sportif le plus cherché sur Internet (actuel)** est le nageur Michael Phelps (US), qui se hisse au 3e rang général.

Le plus d'ampoules LED allumées simultanément
Les étudiants de l'université du Nevada à Las Vegas (US) ont allumé simultanément 1 590 ampoules LED, le 31 août 2016. Ils étaient alignés pour former les lettres « UNLV » en rouge.

Le plus de points à 30 m en extérieur avec 36 flèches et arc classique (homme)
Kim Woo-jin (KR, voir p. 234) a réalisé 360 points et 26 X au 48e Tournoi national d'archerie de Yecheon (KR), le 5 septembre 2016. Lors de cet événement, de nombreux archers ont totalisé 360 sur 360 ; la 1re place a donc été attribuée à l'archer réalisant le plus de X. Le X est atteint lorsque la flèche se plante dans le plus petit cercle du centre de la cible, à l'intérieur du 10.

Le plus rapide à construire une pyramide de LEGO® à 6 niveaux (duo)
Le 17 septembre 2016, Shana et Richard Wilkins (tous 2 US) ont érigé une pyramide de LEGO® à 6 niveaux, en 14,72 s, à Richmond (Virginie, US). Il s'agit du 1er record établi lors du *Brick Fest Live !*, au cours du lancement de *Guinness World Records LIVE !* aux États-Unis.
Thomas « Tommy » Ladd (US) a établi le record du **plus de briques LEGO® ôtées d'une plaque et tenues dans la main en 30 s (16)**, le 18 septembre.
Le même jour, l'animateur du *Brick Fest Live !* Evans Elias Richards (US) a été le **plus rapide à assembler 3 Minifigures LEGO®** (18,44 s).

Le plus grand bol de céréales
Le 17 septembre 2016, un bol de muesli bio pesant 1 589,4 kg a été offert en tant que prix « ZONK ! » d'un épisode centré sur l'alimentation durant le jeu télévisé de la chaîne CBS *Let's Make a Deal*, à Los Angeles (Californie, US).

Le poivron le plus lourd
Homologué par Le Potager extraordinaire le 22 septembre 2016, à Arnage (FR), un *Capsicum annuum* cultivé par Mehdi Daho (FR) pesait 621,07 g. Ce poivron a été vérifié avant l'édition 2016 du Concours national des fruits et légumes géants qui se tient chaque mois d'octobre en Vendée.

Q : Qui a été la personne la plus cherchée sur Internet en 2016, selon Google ?

R : Donald Trump

La plus grande vidéoprojection
Pour célébrer l'ouverture de Cercle de lumière, festival international de Moscou (RU), LBL Communication Group (RU) a créé une vidéoprojection géante couvrant 50 458 m², le 23 septembre 2016.

Le plus grand plateau de fromages
Le 23 septembre 2016, Philippe Marchand (FR) a présenté 2 140 fromages issus de 730 variétés à Nancy (FR) et a pulvérisé le précédent record de 590 variétés (voir p. 113). Cet événement s'est déroulé pendant la semaine nationale de la gastronomie. Les fromages ont été offerts à la banque alimentaire de Nancy.

Le plus grand cours de batterie
Le 3 octobre 2016, le projet Bang the Drum organisé par Inspire-works, Street Child United et les écoles de Londres (tous GB) a attiré 1 827 participants, au Copper Box Arena du Parc olympique Queen Elizabeth, à Londres (GB).

Le plus de drones en vol simultanément
Intel Corporation (US) a fait voler 500 drones en même temps au-dessus de Krailling (DE), le 7 octobre 2016.

Le plus de traversées consécutives d'une piscine remplie d'un fluide non newtonien
Le 26 novembre 2016, 107 personnes ont traversé une piscine remplie d'une mixture de fécule de maïs et d'eau, au festival Pure & Crafted à Muldersdrift (ZA). L'événement était organisé par Gaviscon (ZA). Un fluide non newtonien possède une viscosité variable en fonction de la force ou de la pression qui lui est appliquée – ce qui signifie qu'il est possible de le traverser sans couler.

Le plus d'énergie produite en pédalant sur des vélos statiques en 1 h
Le 26 novembre 2016, 300 participants ont pédalé 1 h, sur 100 vélos stationnaires, pour produire 8 999 wattheures d'énergie, au Burj Park de Dubaï (AE).

La plus haute prise d'une balle de cricket
Kristan Baumgartner (GB) a rattrapé une balle de cricket lancé de 62 m de haut, à Windsor (Berkshire, GB), le 30 novembre 2016. Il bat ainsi le record de 46 m établi par l'ancien capitaine de l'équipe anglaise Nasser Hussain (voir p. 122).

Le plus grand cours de cricket (lieu unique)
Cricket Australia a accueilli un cours pour 488 personnes, à Sydney (AU), le 2 décembre 2016. Cette leçon annonçait le lancement du programme national d'été junior.

La plus grande machine Rube Goldberg
Les machines Rube Goldberg tirent leur nom d'un dessinateur américain célèbre pour avoir représenté des machines très complexes n'accomplissant que des tâches très simples. Le 2 décembre 2016, l'entreprise Scandiweb (LV) a donné le coup d'envoi des illuminations de Noël à Riga (LV) à l'aide d'un dispositif composé de 412 étapes mécaniques séparées. Le final était déclenché par un sonomètre, lui-même mis en route par les cris et les clameurs de la foule.

La plus grande composition florale
Dubai Miracle Garden (AE) a créé une composition

florale en forme d'Airbus A380 mesurant 72,95 x 78,34 x 21,98 m, à Dubaï (AE), le 2 décembre 2016.

La plus grande représentation humaine d'un organe

Le 6 décembre 2016, 3 196 étudiants de GEMS Cambridge International School (AE) se sont réunis pour représenter 2 poumons humains, à Abu Dhabi (AE). Parrainé par Novartis Middle East FZE (AE), l'événement avait été organisé afin de sensibiliser le public à la broncho-pneumopathie chronique obstructive (BPCO).

Le plus de personnes emballant des cadeaux simultanément

Le 13 décembre 2016, 876 employés de l'entreprise Jewson (GB) ont emballé des cadeaux, à Birmingham (GB).

Le sceau le plus cher vendu aux enchères

Un sceau appartenant à l'empereur Qianlong de la dynastie Qing, qui régna de 1735 à 1796, a été vendu 22 millions $ à un acheteur anonyme, le 14 décembre 2016. Qianlong aurait possédé 1 800 cachets.

Le plus de joueurs de Monopoly (lieu unique)

Le 12 janvier 2017, 733 personnes ont joué au Monopoly, lors d'un événement organisé par Rustic Cuff et Addicted 2 Cuffs (tous 2 US), au Renaissance Hotel de Tulsa (Oklahoma, US). Les participants ont utilisé la version du Monopoly de Rustic Cuff, dont les propriétés ont l'apparence de bijoux.

La 1re traversée de l'Atlantique à la rame (trio)

Du 14 décembre 2016 au 2 février 2017, l'équipe American Oarsmen – composée de Mike Matson, David Alviar et Brian Krauskopf (tous US) – a traversé l'Atlantique d'est en ouest, de La Gomera à Antigua, en 49 jours, 14 h et 4 min. Ils ont parcouru 4 722 km (2 550 miles nautiques) à bord d'*Anne*.

Le plus de suites d'un film d'horreur

Avec les sorties simultanées de *Witchcraft XIV: Angel of Death*, *Witchcraft XV: Blood Rose* et *Witchcraft XVI:*

Hollywood Coven en janvier 2017, la série de films d'horreur *Witchcraft* (US) peut s'enorgueillir d'avoir offert 15 suites à l'original de 1988.

La plus longue carrière en ODI (femme)

La carrière longue de 90 rencontres de One-Day International (ODI) de Clare Shillington (IE) s'étend sur 19 ans et 195 jours, du 8 août 1997 au 19 février 2017. Elle a totalisé 1 276 courses ODI en 79 tours de batte, avec une moyenne de 17,72, et inscrit 6 half-century et un record de 95 not out.

Le plus de burpees en 1 h (femme)

L'entraîneur de fitness Kathryn Beeley (AU) a réalisé 1 321 burpees en 1 h, le 27 février 2017, au MissFit gym de Brisbane (Queensland, AU). Beeley a battu le record établi à 1 272 par sa compatriote Eva Clarke en 2015 (voir p. 76).

Le 100 m le plus rapide sur un ballon sauteur (femme)

Le 9 mars 2017, Ali Spagnola (US) a rebondi vers la gloire et sur 100 m en 38,22 s, au Drake Stadium de l'UCLA, à Los Angeles (Californie, US). Spagnola a battu le record précédent établi en 39,88 s, par Dee McDougall (voir p. 80).

La plus haute pile de tortillas

Ben Leventhal (US) a empilé des tortillas sur une hauteur de 58,03 cm, à la Mashable House du festival SXSW, à Austin (Texas, US), le 10 mars 2017.

Le plus grand buste (sculpture)

Le Shiva « Adiyogi » érigé par la fondation Isha (IN), une statue de la déesse hindoue Shiva, mesure 34,24 m de haut, 24,99 m de large et 44,9 m de long. Il a été homologué le 11 mars 2017 (Tamil Nadu, IN). Le monument a été dévoilé par le Premier ministre Narendra Modi, le 24 février.

La plus longue rencontre professionnelle de hockey sur glace

Pendant les barrages de la GET-ligaen en Norvège, un match entre le Storhamar Hockey et les Sparta Warriors, les 12-13 mars 2017, a duré 217 min et 14 s. Cette égalité

marathon, disputée au Hamar OL-Amfi de Hamar (NO), a connu 8 prolongations avant que Joakim Jensen finisse par marquer pour le Storhamar. Ce record bat le précédent, établi à 176 min et 30 s par les Detroit Red Wings et les Maroons de Montréal, sur 6 prolongations, les 24-25 mars 1936.

Le plus grand arbre de Pâques

Le 16 mars 2017, un arbre de Pâques constitué de 82 404 œufs de poule peints a été présenté par l'Associação Visite Pomerode (BR), à la 9e Osterfest de Pomerode (Santa Catarina, BR).

Le plus jeune DJ

Le 20 mars 2017, Itsuki Morita (JP, né le 26 novembre 2010) a joué un set au restaurant et bar *L & L*, à Osaka (JP), à 6 ans et 114 jours. Itsuki a utilisé un Pioneer XDJ-AERO DJ system pour sa performance longue de 1 h, devant 30 personnes.

La plus grande image humaine d'un avion

Pour célébrer les 11 ans de l'ESTACA (École supérieure des techniques aéronautiques et de construction automobile), à Laval (FR), 474 étudiants vêtus de bleu se sont réunis pour représenter un avion, le 21 mars 2017. Ils ont battu le record établi à 350 par Ethiopian Airlines, le 29 juin 2016 (voir p. 124).

La plus grande étreinte d'arbre

Le 21 mars 2017, 4 620 personnes ont étreint des arbres, à Thiruvananthapuram (Kerala, IN). La tentative, organisée par Asianet News Network et le Jardin et Institut de recherches tropicales Jawaharlal Nehru, s'est déroulée lors de la « Journée internationale des forêts » des Nations unies. Chaque participant devait étreindre un arbre pendant au moins 60 s pour l'homologation.

Le plus de haïkus ayant pour sujet une ville

L'équipe de haïku de Luton, dirigée par Tim Kingston avec pour membres Andrew Kingston, Stephen Whiting et Andrew Whiting (tous GB), a posté en ligne chaque semaine des haïkus

ayant pour sujet Luton (Bedfordshire, GB), depuis le 23 janvier 2007. Au 24 mars 2017, on comptait 2 700 poèmes parus dans *Clod Magazines*. Ils ont été édités dans un volume imprimé.

Le plus haut score en patinage artistique – total combiné (femme)

Le 31 mars 2017, Evgenia Medvedeva (RU, voir p. 242) a remporté le championnat du monde de l'Union internationale de patinage (UIP), à Helsinki (FI), avec un score de 233,41.

Le lendemain, Yuzuru Hanyu (JP) a établi le **plus haut score en patinage artistique – programme libre** (223,20). Il a patiné sur *Hope and Legacy* de Joe Hisaishi.

La plus rapide University Boat Race (femme)

Le 2 avril 2017, Cambridge a remporté le trophée de la course d'aviron féminine en battant Oxford en 18 min et 33 s, à Londres (GB).

Le plus de prix Pulitzer et de citations

Le 10 avril 2017, *The New York Times* a reçu les prix Pulitzer pour le reportage international, la photographie d'actualité (Daniel Berehulak, AU) et l'article de fond (C. J. Chivers, US). Cela porte le total de ses prix et citations à 122.

La plus longue durée en portant des poids (bras tendus)

Le 11 avril 2017, Anatoly Ezhov (BL) a tenu un kettlebell de 20 kg les bras tendus pendant 2 min et 35 s, à Arkhangelsk (RU). Le colosse Ezhov a battu son propre record de 2 s.

La plus longue manche dans une partie de snooker professionnel

Le 12 avril 2017, Fergal O'Brien (IE) et David Gilbert (GB) ont joué une manche décisive pendant 2 h, 3 min et 41 s, au cours de la ronde finale qualificative du Betfred World Snooker Championship, au Ponds Forge International Sports Centre de Sheffield (South Yorkshire, GB). O'Brien a remporté la manche marathon 73 à 46 et la rencontre 10 à 9.

Les mosaïques sont toujours très populaires dans le *GWR* – il en existe une grande variété, en piles, éclairs, chaussettes, savons, parapluies, pop-corn, lacets de chaussures et haltères… entre autres !

Le plus gros rhinocéros en origami

Le 19 avril 2017, Liu Tong et The MixC (tous 2 CN) ont créé un rhinocéros en origami atteignant 7,83 m de long et 4,06 m de haut, à Zhengzhou (province du Henan, CN). Le papier utilisé mesurait 14 x 14 m et pesait plus de 100 kg.

Le plus de quilles renversées au bowling en 24 h en duo

Le 22 avril 2017, Trace et Steve Wiseman (tous 2 US) ont renversé 35 976 quilles, à Louisville (Kentucky, US). Trace a battu le record précédent à 19 h 12, en utilisant la boule de son arrière-grand-père.

Le plus grand labyrinthe végétal permanent

Le Labyrinthe papillon de la station touristique de Sunhu, à Ningbo (province du Zhejiang, CN), couvre une superficie totale de 33 564,67 m² et ses allées atteignent 8,38 km de long. Inspiré de l'histoire chinoise *Les Amants papillons*, ce dédale comprend des tours, des ponts et des passages souterrains. Il est ouvert depuis le 22 avril 2017.

Le raton laveur le plus populaire sur Instagram

Au 3 mai 2017, Pumpkin le raton laveur comptait 1,1 million d'abonnés sur le réseau social permettant de partager des photos. Elle vit aux Bahamas avec 2 chiens, Oreo et Toffee, et leurs propriétaires Laura et William Young.

Le message le plus retweeté

Afin d'obtenir un approvisionnement à vie de nuggets de poulet chez Wendy's, Carter Wilkerson (US) a fait retweeter un message 3 430 655 fois – homologué le 9 mai 2017. Un nombre supérieur au célèbre selfie pris par Ellen DeGeneres pendant les Oscars.

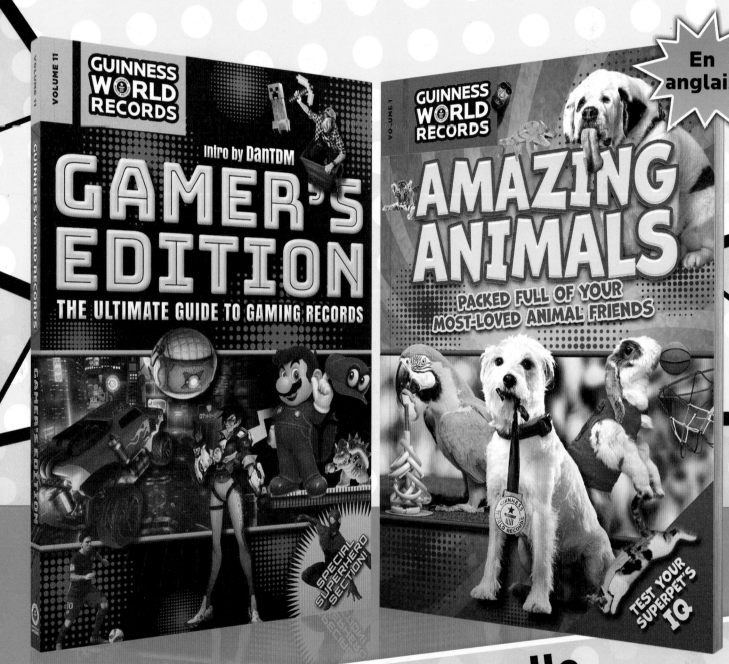